现代校长的专业智慧

营造育人文化篇

青岛市教育局

编著

中国海洋大学出版社

·青岛·

图书在版编目（CIP）数据

现代校长的专业智慧.营造育人文化篇/青岛市教育局编著.--青岛：中国海洋大学出版社，2020.12

ISBN 978-7-5670-2714-5

Ⅰ.①现… Ⅱ.①青… Ⅲ.①校长—学校管理—经验 Ⅳ.① G471.2

中国版本图书馆 CIP 数据核字 (2021) 第 004004 号

现代校长的专业智慧（营造育人文化篇）

出版发行	中国海洋大学出版社		
社　　址	青岛市香港东路 23 号	邮政编码	266071
出 版 人	杨立敏		
网　　址	http://pub.ouc.edu.cn		
电子信箱	2586345806@qq.com		
订购电话	0532-82032573（传真）		
责任编辑	矫恒鹏	电　话	0532-85902349
印　　制	青岛国彩印刷股份有限公司		
版　　次	2021 年 3 月第 1 版		
印　　次	2021 年 3 月第 1 次印刷		
成品尺寸	185 mm ×260 mm		
印　　张	36.75		
字　　数	782 千		
印　　数	1～2500		
定　　价	60.00 元		

发现印装质量问题，请致电 0532-58700168,由印刷厂负责调换。

序言

在中小学校里,校长权力最大。权力越大,责任越大。如果校长的权力运用不当,就会对学生发展、教师发展、学校发展造成负面影响。校长是学校的灵魂,一个学校有个好校长,是教师们的幸运,更是孩子们的幸运。校长管理学校是专业性的活动,并非人人都能胜任。一个不懂管理、不懂教育的外行,是管不好一所学校的。专业的人做专业的事才能做好。校长的专业水平直接决定着一个学校的办学水平和教育质量。

专业成长的过程就是专业化的过程,校长的专业成长包括三个方面:专业知识、专业能力和专业精神。专业知识涉及"知不知",专业能力涉及"能不能",专业精神涉及"愿不愿"。人往往是先"知"而后"能",专业知识是专业能力的基础。但是,如果一个人能力很强,但是不愿意干事,没有干事的动力,最终也干不成事;所以,想干事＋能干事＝干成事。

校长首先要"想干事",要树立正确的权力观与政绩观,要认识到自己的责任,要以积极的态度、饱满的热情、坚定的意志投入管理工作。如果自己消极怠工、不思进取,就会贻误学生、教师、学校的发展。管理之责神圣,不可亵渎,管理工作会影响很多人的未来,校长对于管理工作要有敬畏之心。

校长还要"能干事",根据我国校长专业标准的要求,我国中小学校长要做好六项专业职责,即规划学校发展、营造育人文化、领导课程教学、引领教师成长、优化内部管理、调适外部环境。这六项内容要求校长既要"懂教育"又要"懂管理"。

校长要有正确的教育观,要坚持育人为本,而不是"分数挂帅"。要为学生的"一世"做准备,要培养学生一生受用的关键素养,如思维能力、创新能力、合作能力、交流能力,而不是只为学生的中考或者高考这"一时"做准备,要立足学生的长远利益和根本利益,教育不能急功近利,更不能庸俗势利。校长要做课程改革与教学改革的内行里手,引领学校的课程与教学改革。

校长要有正确的管理观。校长做的是"教育管理",管理是为教育服务的、为育人服务的,不能为管理而管理。管理不是为了把师生管住管死,而是为了发展人、解放人。校长要做现代校长,要具有现代精神,要做"现代管理",即科学管理、民主管理、依法管理。科学管理要求实事求是,具有科学精神,不是有权就任性,不是乱作为;民主管理反对专制,要求师生和家长参与学校管理,校长多听取各方意见和建议,在民主的基础上决策,而不是独断专行、专制霸道;依法管理反对人治,要求加强法制建设和制度建设,通过制度来管事、管人、管钱,而不是随意随性而为。

加速校长的专业成长路径有三:一是政府增强校长培训的针对性、实效性,精准提升校长专业素养;二是通过校长人事制度改革尤其是通过校长评价制度改革,用好评价这个指挥棒,促进校长专业成长;三是校长自身要勤于学习与反思,要多读书,并把理论与实践有机结合,通过反思使理论与实践互动互惠,使自己快速成长。

青岛市教育局为促进中小学校长、幼儿园园长快速成长,发挥名校长的示范、引领与辐射作用,投入专项经费建立名校长工作室,涵盖学前教育、小学教育、中学教育、职业教育、特殊教育等各学段。这些工作室依据教育部颁布的《校长专业标准》深入开展理论研究,大胆进行实践探索,取得了很好的成效。本书精选的"现代校长的专业智慧"就是名校长工作室的重要研究成果,是多年来青岛学校管理的宝贵经验,它凝聚了全市3000多名中小学校长、幼儿园园长的专业智慧,值得大家学习借鉴。

褚宏启

（北京开放大学校长、北京师范大学教授）

目录 ——CONTENTS

第一部分 学前教育

第二部分　小学教育

第三部分　中学教育

第四部分　职业教育

第五部分　特殊教育

第一部分

学 前 教 育

童心教育

平度市白沙河街道张戈庄中心幼儿园　迟洪芝

大自然希望儿童在成人以前就像儿童的样子。——卢梭

"童心教育"是张戈庄中心幼儿园近五年倾全力打造的办园品牌。此办园品牌源于对幼儿教育"小学化"的纠偏,基于 2012 年 10 月教育部颁布的《3～6 岁儿童学习与发展指南》对幼儿学习与发展提出的最基本、最重要的指导,从童心管理、童心课程、童心环境、童心教师、童心家园五大领域展开童心教育实践,完善、细化了童心教育的框架体系,形成并锻造了"童心教育"办园品牌。

一、 "童心教育"的实施背景

我们的思考:童年是人生最有生气的时期、最有乐趣的时期,童年又是最娇嫩的时期、最需要爱护的时期。现在的幼儿教育却在一定程度上失去了童心和童趣,幼儿的生活被设计,幼儿教育小学化,被过早地进行了知识的认知,使大多数儿童失去了信心,丢掉了童趣。张戈庄中心幼儿园是一所农村幼儿园,幼儿作为人生的一个阶段,我们应该整体把握阶段过程属性和阶段本体属性。其一,为幼儿持续发展打下扎实的基础(身体基础、精神基础、学习基础);其二,为孩子保留一个美好灿烂的童年,通过陪伴与唤醒,让儿童成为儿童。

我们的思路:让儿童成为儿童,幼儿园提供适合孩子成长需要的教育,幼儿教育工作者要研究幼儿,以幼儿为本,基于幼儿、发展幼儿,基于成长、培养习惯,基于个性、培养特长。

我们的探索:在行走中把握平衡,以童心文化为视角,以童心管理为抓手,以童心课程为核心,以童心环境为载体,以童心教师为保障,以童心家园为生长点,大力推进基于儿童文化的个性化教育,实现儿童有生命力的成长。

二、"童心教育"的内涵指向

"童心",《辞海》解释:"儿童的心情,孩子气。"引申为真心,真情实感。明代思想家李贽在其所著的《童心说》中说:"夫童心者,绝假纯真,最初一念之本心也。"可以说,童心是人类最美好、最纯洁的真情,是一种对人生、对生活的热爱之情。在实践中,我们深刻认识到:必须重新理解教育与儿童生活的关系,研究其内在的发展规律,关爱儿童、保护童真、激发童趣。

◇发展愿景:成为一所敬畏童心、生动成长的杰出幼儿园。

◇核心价值:通过幼儿的内在教育、教师的帮助教育和环境的浸染教育,引导幼儿确立"率真、关爱、求索"的核心价值,以正确的价值观为孩子们打造精纯的底色。

◇教育使命:葆童真,激童趣,为幼儿身心健康打基础,培养会幸福的幼儿;爱生活,会工作,为教师的职业发展铺路,培养懂儿童的教师;有文化,有质量,深化童心教育,成为教育最好的幼儿园。

◇教育目标:育人为本,提升课程建设的能力,给幼儿带来成长的机会;育心为道,体验童心文化的进步,给幼儿带来快乐的童年;育体为根,关注个体生命的状态,给幼儿带来健康的生活。

三、童心教育的基本框架

遵循"创造适合儿童发展的教育"的理念,张戈庄中心幼儿园以"童心教育"为办园特色,逐步构建了以"童心管理、童心课程、童心环境、童心教师、童心家园"等为载体的"童心教育"五大体系,让儿童享受教育幸福,为儿童的成长打好身心健康基础,使幼儿始终保持纯真、善良、好奇、富有冒险精神等童心的特质。

◇童心管理——以激励为导向的教师管理。只有充满童心的教师才能教育出充满童心的孩子,幼儿园将"童心教育"的核心价值"率真、关爱、求索"延展为童心管理的"同心、真心、开心"。赢在同心,强调合作的团队化管理;胜在真心,关注主体的个性化管理;效在开心,倡导教师愉快工作的创新性管理。

◇童心课程——以学习者为中心的课程管理。"童心教育"倡导对儿童的尊重,倡导生命个体的健康成长。幼儿园充分秉承这一理念形成了独特的课程建设体系,即完满生活者课程、终身学习者课程和快乐游戏者课程,从深度、广度和综合性三个维度实现课程建设。

◇童心环境——以生活者为中心的文化管理。环境创设从幼儿的角度,以幼儿的眼光来创设环境,让幼儿参与环境创设,以小主人的身份与教师合作,支持、启发、引导幼儿与环境互动,整体体现"三化一性",儿童化、艺术化、教育化和安全性,创建形象鲜明、色彩明亮、谐调生动,富有童趣的内外部环境。从幼儿生理和心理的特点出发,蹲下身子"变小"与幼儿平等交流、共同学习,创设充满童心童真的心理环境。

◇童心教师——以成长发展为目标的品牌榜样。研训一体,苦练内功促发展。我园引导教师创造性地开展教学研究,要求童心教师做到"五个一",安排童心教师帮扶新教师,使师徒两者教学相长,共同学习,共同提高。幼儿园确立了"重点培养、梯队推进、整体提高"的教师发展策略,为教师提供专业成长的环境和演练的舞台,童心教师发挥领军作用,充分展示其独特的教学风格。

◇童心家园——以合作共赢为核心的家园共育。社会学习是一个漫长的积累过程,需要幼儿园、家庭和社会密切合作、协调一致,共同促进幼儿良好社会性品质的形成。采取家长驻校等多种形式整合家庭教育资源,达成有效的家园合力,最大限度地利用已有的教育资源并发挥其作用,形成教育合力,促进儿童身心健康发展。

以"和"思想为引领,推动幼儿园内涵发展

青岛市城阳区夏庄街道中心幼儿园　郭文辉

近年来,夏庄街道中心幼儿园不断探索研究适合本园发展的路径,实现区域一流名园的目标,通过"和乐教育、幸福一生"的办园思想文化引领,不断优化育人环境,创新工作机制,加强幼儿园文化建设,促进了幼儿园健康和谐发展。

一、精谋细润——"和乐教育,幸福一生"的办园理念

自 2003 年幼儿园建园至今已有十多年的发展历史,如何在"情感教育"特色的基础上进一步提升,成了幼儿园教职工的心头大事。幼儿园既要满怀深情地尊重历史,感恩过去,又要充满激情地传承创新,憧憬未来。经过高屋建瓴精心谋划,幼儿园发展必须基于幼儿本真特点,尊重孩子的天性,让孩子健康快乐地成长。因此,最终确立幼儿园的办园理念:和乐教育,幸福一生。和乐教育,并不是和谐快乐的简单相加,强调的是人与自然的和谐,遵循孩子成长规律。在基于传统文化的基础上,融合仁、义、礼、智、信等传统文化,传达了对传统文化的继承和发展,对现代教育理念的融合和创新。在这一理念的引领下,中心幼儿园坚持倡导"以乐育礼,以乐育智,

"以乐育信,以乐育善"的教育理念,以培养健康、快乐、智慧、灵动的阳光儿童为终极目标。在办园思想的引领下,凝练出"以艺体特色为根""以智慧游戏为乐""以师生幸福为本""以情感情怀为魂"四大特色。在办园特色的引领下,让幼儿园成为孩子的"乐"园、教师的"和"园、家长的"亲"园。

二、实践"和"管理思想——推动幼儿园内涵发展

幼儿园初步尝试实践"和"管理思想,围绕"唤醒—服务—分享—成就"四部曲厚实内涵建设,打造一支有理想、有热情、有创新、有内涵的教师队伍。

1. 实施"和"思想管理制度

重新审视了幼儿园管理工作中的定位,确定了有效促进幼儿园发展的管理理念,坚持规范管理与人文管理相结合的原则,关注教师的发展,尊重教师的差异,发挥教师的特长,满足教师的需求,努力体现管理的人本化、制度化、科学化、规范化。按照幼儿园工作的各个层面,制定完善《幼儿园管理手册》。为使制度人本化、有可操作性,针对情况本着"制度细线条变粗线条""无形有型变可行的原则",硬性制度变灵活,制定切实可行的人性化制度和考核细则。制度人性化和规范管理形成了目标明确、各负其责、团结协作的良好氛围。有了灵活可行的制度,幼儿园管理工作做到了有章可循、有规可依。

2. 实施"和"团队建设

师资队伍建设,是幼儿园发展的重中之重。幼儿园建立以张扬个性、发挥教师特长、提倡团队合作、整体提升教师业务素质的团队联盟体,围绕"提升一种理念,培育一个和谐团队,优化一套高效制度,呵护一群阳光儿童"的目标扎实推进"和乐"文化和团队建设,不断优化育人机制。尝试发展"抱团发展"的新模式,加强领域团队、级部团队、项目团队、优师工作室等管理和培养。一年多来,中心幼儿园以青蓝工程和优师带徒工程建设为抓手,以优秀教师、骨干教师带团,发挥激励效应,形成了你追我赶学示范的良好氛围,推动了幼儿园管理工作向着规范化内涵化方向发展。

3. 建立"和"评价制度

幼儿园建立完善的"和"评价制度,以教师评价促进教师的成长。对各岗位教师进行分层次评价,细化岗位职责流程,工作干到哪里,评价相应追随在哪里。开学初每位教师制定自己的成长规划,幼儿园为每个教师建立成长档案袋。这样,刚性的评价过程就变成了教师专业成长、自我诊断的过程。同时,幼儿园注重人文评价,通过教学新秀、最美教师、最具奉献教师、学科带头人、感动中心人物评选等,激发老师的

工作积极性和工作热情,增强了教师职业的幸福感。

让"棋文化"满"园"飘香

——谈对幼儿园棋文化环境的创设

青岛市市北区瑞安幼儿园　杨丽菁

棋文化,中华民族五千年文明史中一颗璀璨的明珠,它是我们祖先智慧的结晶,是人类文化史上的一件瑰宝,是一门启迪智慧、陶冶情操的艺术。"棋是文化的一部分,不仅有娱乐功能,更是一门开发智慧、锻炼人的思维、提高民族智力水平的综合艺术,具有很高的社会价值和文化价值。"幼儿园将棋文化纳入课程的过程中,在开展的与"棋"有关的活动中,注重发挥环境的教育引导功能,引导幼儿与适宜的棋文化环境产生互动,促进幼儿良好的发展。

一、营造"棋文化"大环境,发挥环境的感染熏陶作用

为了让棋文化特色弥漫在园内的各个角落,以文化的魅力潜移默化地影响幼儿对"棋文化"的兴趣,加深幼儿对"棋文化"的了解,我们充分利用园舍特点,开辟的小棋室等教育阵地,从不同的角度向孩子展示了有关各类棋的一些小知识,给孩子们营造了一个图文并茂的"棋文化"展示区。如多功能厅墙上我们请画家为我们泼墨执笔画下一幅名为"棋如人生"的国画,画中一位花甲老人正在与一名孩童对弈,在"棋乐融融"的氛围中,更是提升了幼儿园的文化品位。此外,将中国象棋的挂饰装饰在多功能厅,孩子们做操经过时,总会伸出小手指一指,说一说自己认识的中国象棋棋子;多功能厅的展台上摆着孩子们下棋的照片、获奖的照片、奖杯等,通过氛围的营造,让孩子们在耳濡目染中强化意识,分享成功,体验乐趣。尤其是各班的小棋室,个性化的棋文化内容填充了每个角落。例如,小棋室的墙上展出的各类有关"棋文化"的成语及幼儿能够通俗易懂的儿歌。"棋如人生""棋乐融融"等成语孩子们已经耳熟能详,"车马象,车马象,白后住在白宫里,留下一格给白王,白兵一排站前面"等小儿歌,更是朗朗上口,使孩子们在学习儿歌的过程中不知不觉了解了有关

棋的各类知识,为孩子们能够更好地"懂棋爱棋下棋"打下了基础。孩子们搜集的各类有关小棋手比赛和国际象棋大师的照片是孩子们最喜欢去看的内容,每到活动区活动时,几个孩子就来到小棋室的展台一起说一说自己认识的国际象棋大师及自己知道的有关国际象棋大师的故事……"染于苍则苍,染于黄则黄",这些无声的语言在不知不觉中起到"润物无声,春风化雨"的作用,让孩子们感受到园内浓郁的棋文化氛围,陶冶了情操。

二、创设棋文化小环境,在对弈中品棋论道促发展

环境对人的影响是明显的,通过环境育人,使孩子们接受有声有色的教育,是幼儿园顺利开展"棋文化"研究的重要保证。"棋道虽小,棋品最尊"。为了让孩子们在下棋过程中了解"下棋要讲礼节,棋风要正,这与做人一样"的道理,我们在小棋室墙面上展示"应该这样下棋"的下棋规则图,里面通过照片和注释向孩子们介绍了下棋应该遵守的一些规则,通过隐性指导提醒了孩子应该如何下棋;"棋如人生",孩子在下棋的过程中人生观受到了潜移默化的影响,知道做事要实事求是,不能弄虚作假;凡事要成功,都得付出努力,都要靠自己的真本事;下棋有输有赢,人生有成功有失败……我们通过故事、儿歌等形式,引导幼儿正确面对成绩与挫折,激发孩子不畏困难、竞争向上的精神。在班中组织各类棋类比赛时,我们也是抱着肯定的态度,鼓励孩子"胜不骄,败不馁",培养孩子健康良好的心理,使孩子能正确面对生活的成功与失败。

三、建构棋文化园本课程,深入挖掘"棋"的文化内涵

将"棋文化"纳入幼儿教育课程中,建构体现我园特色的棋文化园本课程,使棋文化与幼儿园课程紧密地衔接在一起。为了培养幼儿"学棋"的兴趣,开学初我们发放了"棋文化资料征集表",通过此表向家长征集各类与"棋"有关的故事、传说、儿歌、游戏等,并将家长收集来的资料进行汇总,将符合幼儿年龄特点的内容装订成册。如故事《国际象棋的由来》、儿歌《快乐吃子歌》等,幼儿耳熟能详,在幼儿下棋的过程中,幼儿的想象、观察、分析等能力也有所提高。

素素雅雅的弈语,朴实而丰厚;巧巧妙妙的弈思,斑斓而跳跃;深深邃邃的弈理,变幻而奇妙;精精湛湛的弈技,博大而高远;绵绵长长的弈趣,浓郁而蓬勃;飘飘逸逸的弈韵,个性而美丽;弈海徜徉,徜徉弈海……我们相信:播下的"种子"通过精心培育,一定会有好收成。我们努力:把精彩每一步留在孩子们的人生轨迹之中。

小园所，大气魄

平度市新河镇新河中心幼儿园　郑素岩

背景分析：新河镇新河中心幼儿园是一所地地道道的乡镇中心幼儿园，在发展中它不满足于平度市首批青岛市农村示范幼儿园的基准，又于 2019 年 11 月通过了山东省示范幼儿园的验收。幼儿园的小有名气不仅仅是因为这些已取得的成绩，而是因为它独特而雅致的育人氛围。

问题梳理：作为一所农村幼儿园，怎样在竞争激烈的环境中求生存，怎样优化并提高管理水平，怎样使教师幼儿受育人氛围熏陶而乐于学习并得到自然而然地发展，这些都需要是我们注重并加以潜心研究。

实施策略：工作中，我们是从以下几个方面作为契合点加以研究并实施拓展的。

一、自主

在清明节、端午节、重阳节等节日里组织主题活动，希望孩子们从小便拾遗传统、传承美好并发扬光大。教师带领幼儿走进社区开展服务及进行巡讲巡演活动，常态推进中间或抓住一些关键节点，以求把"合乐教育"理念从不同的维度加以凸显。为了充分彰显孩子的主体地位，幼儿园还倡导了"我的活动我做主"理念：在六一儿童节期间幼儿参与谋划活动、在"国旗下的好孩子"演讲时大胆讲述自己的进步，让孩子真正做幼儿园的主人。利用地域性材料进行亲子制作是新河中心幼儿园的又一亮点，我们将优秀的亲子作品用于楼道、走廊装饰，在丰富校园文化的同时提升了孩子们的自信心。

二、传承

传承传统文化是新河中心幼儿园另一校园活动亮点，入园离园时经典歌曲、诗词歌曲吟诵，户外传统游戏场地的架构中进行跳房子、跳井棋、登山棋等活动，户外运动项目中老鹰捉小鸡、跳竹竿、赶木木牛等。在这里，孩子们能静下心来：认识、欣赏、喜欢、挚爱……每一个孩子都能结合不同的活动找到自己的契合点、兴奋点。这样的园所带给孩子们积极向上的心态和饱满的精神状态,它为孩子们喜欢上传统文化搭建了一个很好的平台,使优秀传统文化有望在下一代得以根植并有效传承。

三、爱国

2019年8月,新河镇新河中心幼儿园荣获教育部颁发的"全国足球特色幼儿园"荣誉称号,它是迄今为止农村幼儿园中为数不多的体育活动中的最高奖项。这一成绩的取得得益于幼儿园深入贯彻落实习近平总书记关于振兴中国足球"从娃娃抓起、从基层抓起、从基础抓起"的重要指示精神。新河镇新河中心幼儿园加快推进足球工作:思想上重视,行动上跟进。日常工作常态拉动,全员参与、班组呈现,短时间内便取得了一定成效。2019年12月25日,我园参加了青岛市第一届幼儿足球嘉年华活动并斩获"宝贝小将联合射准"地市级亚军殊荣。荣誉的取得让孩子们领略了足球的独特魅力,引发了孩子们对足球的浓厚兴趣,培养了孩子们坚忍的意志和积极向上的精神。赛场上的奋力奔跑、追逐,健康与快乐写在孩子们的脸上,这一切皆因足球。新河镇新河中心幼儿园的孩子们在足球运动之路上一定会走得更远!精彩不断!

发展足球运动,振兴中华雄风!从孩子良好运动习惯的形成到荣誉的取得,幼儿园正用运动品质激发孩子们的爱国情感!

新河镇新河中心幼儿园的全体幼儿教师对工作的孜孜以求提升了幼儿园的文化氛围,推动着幼儿园人文环境的不断完善。教师幼儿们珍贵的情感渗透在幼儿园建设中的一点一滴,这些共同创造的文化带来的温暖力量将激励着新幼儿教师一如既往、勇往直前!

特色与品牌同行

即墨区实验幼儿园　丁淑秀

青岛市即墨区实验幼儿园创建于1993年,1995年晋升为即墨市第一批山东省级示范幼儿园。在丁淑秀园长的带领下,2017年荣获青岛市十佳幼儿园称号,是即墨区唯一一所青岛市十佳幼儿园。丁淑秀园长亲力打造一个绿色、生态的园所环境,在《3—6岁儿童学习与发展指南》的引领下,坚持"研究与实践同步,特色与品牌同行",逐步形成了以户外活动和创意美术为特色的"玩美教育"教育品牌。

自主混龄的户外游戏活动。丁淑秀园长因地制宜,合理规范地设置场地,将幼儿园划分成四大区域,供幼儿选择不同的活动。丁园长带领教师通过不断的"实践—反思—再实践",通过现场观摩幼儿的活动,最终在幼儿园设立了有趣的沙水区,兼有钻、爬、攀登等多功能的长廊区,利用小树林创建的探险区,门前甬路的民间游戏区等,成为孩子们户外游戏的好去处。有了场地,如何挖掘并利用幼儿园现有的户外活动场地和体育器械的最大使用功效成为丁园长接下来着手解决的问题。丁园长提出了"游戏结构的多元化、游戏材料的层次化",投放了大量适合幼儿实践的活动材料,又结合园本课程,制作了大量简单实用的自制玩具,幼儿可以根据自己的能力,选择高矮、宽窄、材质不同的器材进行游戏,满足幼儿不同的发展需求,充分地体现了层次性、差异性。另外,丁园长和教师一起研究器械的一物多玩,形成"幼儿在前,教师在后"的模式,鼓励并支持幼儿的探索。如幼儿在玩轮胎的过程中,探索出十几种不同的玩法,滚着玩、跳着玩、搬着玩、同伴合作玩等,整个过程积极投入,动手动脑,既增加了活动的趣味又能保证幼儿户外锻炼的时间、强度,让每个幼儿都能在自己原有的水平上得到提高。

同时,丁淑秀园长改变了传统的"教师教,幼儿学"的模式,以幼儿为主体,尊重幼儿,给予幼儿选择和探究的权利,让幼儿根据自己的能力和水平自主选择种类、难易程度不同的活动,让每一个幼儿获得身心的愉悦。与此同时,丁园长还打破了年龄、班级的界限,带领教师打造一个天然、自由的运动场所,以年级互动带动全园互动,实现了混龄户外,释放天性。大自然的阳光、空气、水是促进孩子身体健康的重要因素,独具特色的户外活动区域的创建,还幼儿以游戏的生活,让幼儿找回童年的幸福与快乐。

想象创造的创意美术活动。丁淑秀园长一直致力于幼儿想象力和创造力的培养,幼儿园创意美术活动是行之有效的途径。结合《3—6岁儿童学习与发展指南》,丁淑秀园长从幼儿园实际出发,进行了创意美术活动的研讨和组织,主要有以下三个方面。

1.童趣满园,打造"美"的园所文化

丁淑秀园长提出"幼儿园的环境,是幼儿的环境,他们有布置和装饰的权利"。幼儿园的走廊、楼道、门厅等公共环境,随处可见幼儿的涂鸦和手工作品;班级的每一面墙、每一个角落都成为幼儿创造的场所,更是作品的集合地。通过各种展示会,让幼儿充分享受创作的快乐,从而激发更大的热情。

2.创意材料，实现"妙"的想象创作

丁淑秀园长打破了传统的绘画工具和场地的限制，让幼儿创作不再拘泥于纸和笔，让幼儿想画、敢画、愿意画。丁园长将生活中常见的材料用于幼儿美术创作中，如树枝、石头、海绵甚至水枪、刷子等，材质和大小的不同更激发了幼儿的创作欲望，锻炼了幼儿的动手和动脑能力。

3.年龄为界，确定"异"的班级特色

丁淑秀园长认为基于幼儿年龄的美术教育才是适宜的，她提出"小班激发兴趣，中班打好基础，大班重在提高"的美术教育思路，在大量的实践和总结中，确立了实验幼儿园的美术特色课程，小班以"涂鸦""撕贴"和"泥工"为形式；中班以"线描画""水彩画"和"手工制作"为重点；大班以"创意彩绘""蜡笔画"和"废旧物品变变变"为主题，做到班班有特色。

平度市明村镇中心幼儿园特色校园文化的形成

平度市明村镇中心幼儿园　蒲海霞

幼儿园校园文化是一种环境教育力量，是幼儿和教师茁壮成长的土壤，它对教师的健康成长起着深刻的影响，它对幼儿的茁壮成长起着潜移默化的作用，它对幼儿园的发展有着巨大的推动力。

平度市明村镇辖区较大，存在多个民办园，明村镇中心幼儿园是在夹缝中求生存，生源不足，教师素质不高，对于校园文化的建设没有清晰准确地认知，还只是一个单一的"幼稚园"，仅仅以看护孩子为主。在2013年完成标准化建设以后，在上级各级领导的关怀重视之下，同时也是基于对于校园文化的清晰认识，幼儿园开始结合实际着力于打造独具特色的校园文化，以环境孕育文化，以文化蕴养特色，以特色促内涵发展。

幼儿园围绕《幼儿园素质教育指导纲要》《3—6岁儿童学习与发展指南》的思想，创设了独具特色层层开展的校园文化，设计了园徽、园标、园吉祥物，优化办学理念及办学目标；提升素养的传统教育文化、"立足平度　放眼中国　走向世界"楼道文

化、爱国爱家乡文化、户外体育活动文化,使整个幼儿园呈现出大格局的现代幼教的文化氛围。

以环境孕育文化。打造二楼剪纸特色区域,悬挂、张贴剪纸作品让幼儿欣赏剪纸之美;三楼为青花瓷特色,让幼儿感受传统青花之韵味;开设美工专用室,提供材料与工具让幼儿在里面自由发挥想象力与创造力,在欣赏、感受的同时亲手体验传统文化之美;经典诵读贯穿于幼儿一日活动之中,朗朗诵读声与特色环境营造出浓郁的传统教育文化氛围。

班级内创设温馨主题环境,走廊墙壁以"立足平度 放眼中国 走向世界"层层展开,营造独具一格的楼道文化,让幼儿在不经意间认识我们的家乡,了解我们的国家,幼儿园围墙有《弟子规》、五十六个民族、十二生肖绘画,让幼儿在户外游戏时随时感受传统优秀文化和多民族团结的爱国情感,让幼儿园的每一处环境都会说话,将爱国、爱家乡的情感渗透其中。

幼儿园户外绿化布局合理,植物种类多样,形成"春有花,夏有荫,秋有果,冬有绿"的绿化美景。依托国家十三五课题"利用农村资源开展幼儿园的户外体育活动研究",结合幼儿园发展实际,将宽阔的户外场地,利用沙、土、石、木等丰富的农村资源,合理规划,给幼儿营造了一个快乐天地:体能训练区,训练幼儿的综合体能和勇敢精神;战壕区,让孩子不忘历史;沙池区,亲近自然,亲近泥土;搭建区,动手动脑,训练幼儿空间思维能力;滚筒游戏和跳大绳等,增强幼儿团队意识。户外环境不仅创设适合幼儿锻炼身体的活动区域,同时还设有涂鸦区、养殖区、种植区、棋社区、农家乐等相对安静的区域,动静结合,手脑并用,有效践行和谐教育理念,将教育与大自然相融合,让幼儿在实践中感悟生活、了解生活、掌握技能、提升艺术素养,形成了幼儿园独具特色的户外体育文化。

教学楼一楼打造为图画书阅读特色,圆弧区为亲子阅读区,大厅、拐角处皆有小书吧,走廊两侧张贴师幼、亲子绘制的图画书故事,大厅摆放大幅图画书封面图画,吊饰为图画书故事封面,向幼儿及家长提供有价值的图画书,为幼儿营造一个真正轻松愉悦的阅读氛围,同时幼儿园开展"2＋1＋N"模式的图画书阅读活动,形成浓郁的阅读文化气息。

文化熏陶，育人为本

李沧区衡水路幼儿园　王　开

文化育人指以人类创造的文化去感化人、熏陶人、培育人。文化育人观认为教育场所是一个释放多元文化力的文化场，是育人的摇篮，良好的文化氛围，对受教育者的可持续发展有着巨大的影响作用。而我园的传统文化氛围的营造是实现育人为本的目标的重要途径。以"我喜欢的传统文化"主题为例，在幼儿园课程实施过程中，为幼儿营造了良好的文化氛围，在活动中感受和体验中华传统文化的艺术美。

在"我喜欢的传统艺术"主题中，我们从幼儿个性化收集自己喜欢的传统艺术入手，满足幼儿分享交流的兴趣，与幼儿共同探索传统艺术的精神和文化，在欣赏、临摹、创作、表演、展示中尽显传统艺术的丰富多彩，引导幼儿在多彩美妙的传统艺术中，探索其中的内涵与真谛，传承我们的经典传统文化，使幼儿的学习探索走向深入。

一、传统艺术种类多

主题伊始，孩子们带来了各种自己喜欢的传统艺术品，有的还制作了自己喜欢的有关传统艺术的信息报，他们迫不及待地分享起来。对于自己收集的信息，孩子们都能说出这种艺术的名称、使用的手法、内容等。为了让幼儿更充分的交流，我们将喜欢同一种艺术的孩子分成一组，以小组的形式继续分享交流自己的信息，然后每个小组综合最有价值的内容，推选一名幼儿代表在全班继续分享小组经验，这样既给每个孩子提供了表达的机会，满足了其表达的愿望，又很好地将个体经验共享为集体经验，丰富了幼儿对多种传统艺术的感知。

二、把教室变成艺术工作坊

多种多样的传统艺术激发了孩子们的学习兴趣，大家纷纷表示想去画一画、剪一剪，尝试着做一做、演一演自己喜欢的传统艺术。那收集来的材料怎样利用呢？我和孩子们开展了讨论。

师：我们收集了这么多的传统艺术作品，小朋友都想去尝试着做一做，那这些材料我们怎样来利用呢？

李雨汐：可以把毛笔画放在美工区里，我可以在那画水墨画。

美嘉：剪纸可以放在益智区里，到时候有的小朋友在桌子上拼摆，有的就可以在里面剪纸。

优优：我们可以在音乐区里唱京剧，可以把我带的光碟放到电视上我们学着唱！

乐乐：制作间里可以摆上青花瓷的瓶子、衣服、雨伞，我们可以在里面制作青花瓷的东西！

既然孩子们这么有想法，教师就放手让他们自己尝试布置、摆放这些艺术品。孩子们很快就把带来的材料分别摆放到了各个区角中，他们自然地将各个区域赋予了不同的功能，老师也不亦乐乎地和孩子们一起摆放着材料。虽然各个区域的材料摆放稍显凌乱，但是体现了孩子们是学习环境的主人，环境创设的过程成为孩子们学习的过程。

三、变身小小艺术家

孩子们带着浓厚的兴趣与创作欲望，一头扎进了自己喜欢的各个工作坊里开始了区域游戏活动。

在中国水墨画坊里，孩子们对笔墨纸砚充满了好奇，这儿摸一摸，那儿看一看："老师，这个纸和我们平常用的纸不一样呢，这个纸好软呀！""老师，这个毛笔真好玩，它下面都是毛毛，我们是在这些毛上沾上颜料画画吧？""咦，这个黑乎乎的东西怎么会有黑色的墨汁呢？"孩子们的问题千奇百怪，我向孩子们进行了简单介绍："在水墨画中，我们有文房四宝，叫作笔墨纸砚，分别是毛笔、墨汁、砚台、宣纸。"我一边举起这些工具，一边演示它们的用法："要在砚台里加入一点水，然后用墨条轻轻地来回摩擦，这样就会有黑黑的墨汁用了！"为了让孩子直观感受对毛笔的掌控，我现场进行了示范，告诉孩子中锋时笔杆儿冲向天空，画出来得线条是细细的，侧锋时笔要平躺下来，画出来的线条是粗粗的。

水墨画坊里，孩子们了解了基本的技能技巧之后，他们有的观察水墨画大师的作品进行临摹，有的结合现在春天的季节进行水墨画的创作。

刺绣坊里，孩子们在刺绣布上画好想要刺绣的内容，自己尝试着穿针引线一上一下的绣着。他们有的在刺绣架上绣，有的在圆盘上绣，还真是像模像样呢！

京剧坊里，摆满了琳琅满目的京剧脸谱、陶瓷挂件和脸谱翻牌玩具等材料，孩子们东瞅瞅、西看看，随手拿出一个自己看好的脸谱放在桌子上，又找到一个白色脸谱模具一边观察一边开始在上面画出线条，涂上相应的颜色。

青花瓷坊里，孩子们选择手绢、雨伞、衣服等生活中的物品，在上面装饰自己喜欢的花纹与图案，有的孩子还会用橡皮泥做出青花瓷的瓶子和盘子，种类繁多。

剪纸坊中，因为幼儿有过剪纸的经验，他们有的采用抠洞剪的方法，有的采用折叠四个角、五个角、六个角多角度剪纸的方式，通过画上不同的图案，从而剪出不同样式的剪纸作品。

雕刻坊里，孩子们在纸壳板上画出不同寓意的图案，有和和美美、连年有余、花开富贵……他们把前期在"年"主题中的经验都迁移到新的活动中，手拿小刀，一点一点认真地在纸壳上刻出阴影的部分。

教室环境与丰富多彩的传统艺术活动激发了幼儿积极地学习兴趣，他们自主收集材料、自主创设工作坊、自主开展喜欢的创作活动。教师与幼儿共同营造了浓厚的传统文化氛围，对传统艺术的专注和投入支持着幼儿成为学习的主人。

构建文化建设　彰显特色育人

平度市同和街道中心幼儿园　孙会珍

一、背景分析

优秀园所文化的形成是一所幼儿园办园理念成熟的重要标志。这种园所文化应是向上、向善、向美的。园长作为幼儿园管理的核心和灵魂，应对园所文化做出明确、自主、远见卓识的选择和追求，有意识地弘扬和倡导人文教育的理念，努力构建幼儿园文化的育人平台，使幼儿园逐步形成一种春风化雨、润物无声、潜移默化的园所精神和文化氛围，促进幼儿、教师、家长、幼儿园四位一体共同发展。

二、问题梳理

近年来，我们从实际出发，寻找最佳的切入点，注重内涵发展，不断地完善办园理念、努力为幼儿的终身发展打下良好的基础。那么如何进一步打造和谐的园所文化环境,提升教师内涵素养,更好地推进素质教育的不断深化,建设同幼特有的"和爱教育"文化,成为我们努力的方向。

三、实施策略

(一)创设"和爱教育"环境

(1)幼儿园人文环境的内涵提升。如:幼儿园东墙题有"天和风雨顺、地和五谷丰、人和万事兴"的"和","爱人者人恒爱之"的"爱"。大厅醒目处题有"做一个有爱心的人"的园训,整个环境处处体现着"和"与"爱"的文化。

(2)班级设立"和爱区角"。在主题背景的支撑下,各班深入挖掘可用的教育资源,结合我国优秀传统节日及国庆节等活动,创设了"和爱医院""我爱种植""爱心驿站"等一系列爱自然、爱社会的区角活动,满足幼儿不同的兴趣需要,让"和爱"教育环境潜移默化地影响师幼。

(二)打造"和爱教师"团队

(1)加强教师师德内涵培训。利用每年的师德建设活动月,组织教师认真学习"四有""两做"教师标准、师德师风建设系列文件、典型案例等,将师德各项规范内化于心,外化于行。梳理形成《和爱教师——师德活动宣传月》《和爱教师——最美教师宣讲篇》等册子,包含"教师宣誓篇""万名教师访万家篇""培训掠影篇""师德演讲篇""最美教师宣讲稿"等,这都是最美和爱教师的缩影。

(2)专业引领助推教师成长。邀请教研员参与幼儿园"订单式教研",莅临教学现场进行指导,加强了老师们在课程实施和区域游戏活动中的观察和指导能力;幼儿园鼓励教师积极参与一师一优课、优质课等各项业务评选,帮助不同层次的教师进一步挖掘教材,研究教法,打造教学特色。

(3)建立"135"新教师培养目标。通过新教师汇报课,锤炼新教师教学基本功,不断提升新教师业务能力和水平。

(4)加大教师外出培训力度。不断外派教师参加各级各类培训活动,通过观摩学习,教师们拓宽了思路,提高了自身的专业素养,"二次培训"的有效落实,起到了以点促面的作用。

(三)构建"和爱教育"课程

近几年,我园不断探究"和爱教育"特色建设之路,从课程体系、教育内容体系和评价体系等多方面进行挖掘,根据幼儿年龄特点和同和当地特色,细化"和爱教育"园本课程建设过程性管理。教师利用"边研究、边实践、边修订"的形式,群策群力,构建形成"美丽的家乡同和""我爱大自然""环保小卫士"等"和爱"主题园本课程,其中"我和小鸟交朋友"课程,在2019年青岛市中小学、幼儿学前精品校(园)本课程评选中被评为精品课程。

(四)实施"和爱教育"课题

我园申报的中国学前教育研究会"十三五"滚动课题"家园社协同,开展'和爱教育'课程资源的开发与利用的研究"于2018年3月正式立项,旨在通过家园社三位一体模式,深挖"和爱教育"课程资源,逐步完善"和爱教育"课程体系,使"和爱教育"园本课程真正为幼儿的发展服务,形成《"和爱教育"优秀家社活动案例集》《幼儿园家园社协同共育金点子》等。

幼儿园育人文化特色品牌的打造最终的落脚点是在幼儿的发展上。因此,在"和爱教育"课程体系建设过程中,人与人的和谐相处、人与自然和谐相处、人与社会和谐相处等资源,还需要深度挖掘。我们将继续研讨,努力前行,再创辉煌。

且先"倾听"

——平度开发区中心幼儿园园本文化建设

平度开发区中心幼儿园 官伟丽

一、"老师比我懂"

我走进幼儿活动室,有小女孩把画举到我的面前:"园长阿姨你看,这是我画的。""你画的真漂亮!"我赞美着,但并没有看懂,她画的小姑娘穿着怪怪的拖着地的衣服。于老师站在我们身边:"你画的是新娘子吗?"女孩立即眉开眼笑,使劲地点头:"是呀!就是结婚的新娘子,你看这是她穿的婚纱!"于老师:"昨天我们欣赏图片时有一张是结婚婚纱照,女孩子很感兴趣。"得到了老师们的理解,四五个绘画的孩子都把作品递过来给我们看,那些在我眼里没有什么差别的图画,在于老师的眼里却都能说出人物的名字，都是一部动画片里的角色。

走进教育现场，我常常会凭借自己老练的专业经验对孩子的活动做出专业评断，并经常认为自己的评价是相当专业的，所以常常先入为主地进行交流，且交流过程中的话语权往往都是倾向于管理者一方。刚才的一幕让我深刻地体悟到，其实最懂孩子的是跟孩子们长时间在一起的老师，作为管理者，是不是应该以"倾听"为前提呢？

二、且先"倾听"

于是当走进教育现场与教师的沟通时，我都会首先询问倾听老师的做法、想法、看法，在充分了解教师的基础上提出自己的见解和建议，尤其是中心园的各个幼儿园里发展水平参差不齐，差异性大，更需要"倾听"基础上的现场指导。当组织教研活动时，开始改变"我讲你听"的方式，首先通过问题、预先操作、案例前置等方式，引发教师的主体经验参与，活动组织者以"倾听"为前提组织指导教师。当评价教师组织的活动时，请教师自评在前，理解教师需要什么，为什么需要的基础上，给予有效的帮助和提升。

"倾听"使我更加理解老师，理解了她们的喜怒哀乐，我不再随便埋怨、批评、责怪她们；"倾听"使我发现了教师，发现了平常没有关注到的教师的能力、品质，相信她们能够做得更好；"倾听"使得我和老师的沟通更加深入，教师更愿意把知心话说出来，探讨问题的深度和广度都在不断增加。

三、"倾听文化"落地生根

随着我的"倾听"逐渐增多，群体中的倾听成为一种习惯，并以倾听习惯为基础建立起相应的管理机制。

互动式的情境管理制。注重捕捉教师的教学行为，认真倾听她们的想法，然后用教育理论引导教师，从而促使教师学会观察、学会分析、学会反思，以此达到领导与教师互相取长补短和共同进步的效果。

舆情收集反馈机制。倾听了解教师情绪，发现问题及时处理和说明，赢得教师理解与支持，营造幸福的生活环境与和谐的舆论环境，尊重和维护教职工对学校工作的知情权、建议权、批评权和监督权，让教师时刻感觉到自己在集体中的存在和价值。

教师自主探究制。支持教师从孩子那里获取生长的能量。减少对教师大一统的束缚，给予教师自由探索的空间，允许并支持教师发现追随儿童的兴趣，始终保持对儿童的好奇，在观察发现儿童生命成长变化过程中，体认到教师的自我价值，从而获得满足感和幸福感。

随着习惯而滋生形成的是"倾听"文化。文化是一场春雨,有一种润物细无声的力量,滋润了老师们的幸福成长。

有"礼"走天下

莱西市望城街道中心幼儿园 张 妍

我国素有"礼仪之邦"的美称,讲文明,懂礼仪,是弘扬中华传统文化的重要途径。礼仪是人们在社会交往活动中的行为规范与准则,是道德修养的外在体现,也是文明的标志。幼儿礼仪则是指幼儿在幼儿园、家庭、社会中所必须遵循的一些简单的行为规范。

《3—6岁儿童学习与发展指南》中指出:幼儿的社会性主要是在日常生活和游戏中,通过学习与模仿,潜移默化地发展起来的。亚里士多德也说过:"幼年时形成的习惯可以改变一生。"因此,培养幼儿文明礼仪素养,提升幼儿从善、从真、从美的良好习惯可以让孩子受益一生。针对现在的孩子成长过程中出现的"自私、没礼貌、懒惰、任性"等问题,我们本着"文明礼仪教育从娃娃抓起"的原则,让孩子走进礼仪,逐步培养具有初步礼仪素养、全面和谐发展的"懂礼、知礼、有礼"幼儿。

一、精心创设 打造礼仪教育环境文化

《纲要》指出:"环境是重要的教育资源,应通过环境的创设和利用,有效促进幼儿的发展。"为了充分发挥环境这一隐性课程在礼仪教育中的作用,我们的校园文化建设中突出了礼仪教育特色,为幼儿建立了一个讲文明学礼仪的生活、学习空间。如:园门口两边的壁画和园内的礼仪文化理念墙,都营造了浓厚的文化氛围,以一幅幅寓意深刻的故事画面,让孩子们从中感受到礼仪教育的魅力。园内各处的环境创设则系统地呈现了各种传统文化元素,如:文明礼仪的标志美图、成语故事、节日习俗、礼貌用语应知应会、礼仪儿歌,等等,处处有礼仪教育元素,时时有礼仪文化润泽,仿佛是为孩子们打开了一扇扇窗户,在潜移默化中被环境熏陶,充分发挥了环境的作用,实现了"幼儿与环境对话",达到了"润物无声"的教育效果。

二、注重实践 开展礼仪教育体验活动

开展多种形式的礼仪实践教育活动,在实践锻炼中,让文明礼仪行为内化于心,使幼儿形成良好的文明行为习惯成为可能。

(一)游戏体验我当先

游戏是幼儿园的基本活动,也是幼儿最喜欢的活动形式。在园内设置"小小礼仪岗"角色体验活动、"争当文明值日生"评比活动、"小鬼当家"实践体验活动,等等,让孩子在体验中学会礼仪常识。

(二)礼仪故事我来演

将传统美德中有关礼仪教育的内容编入故事集,如"孔融让梨""黄香温席"等,让幼儿在理解故事、表演故事的同时明白道理,懂得正确的礼仪方法。

(三)社会实践我来做

组织孩子参加系列社会实践活动,如"我是文明小乘客""学做礼仪小导游"等,并开展让座、排队有序上车等行为的练习,让孩子在实践中学礼仪、用礼仪。

三、家园共育 营造文明礼仪教育氛围

(一)将礼仪教育融入在园一日生活

幼儿园不但在教育活动中,教孩子怎样做人,还在游戏、入园、进餐、如厕、午睡、户外活动等一日生活中,制定各项行为规则,对每个环节的行为提出具体要求,把礼仪内容细化到各个环节中。如:早晨入园时,要主动地向老师和同伴打招呼,与父母说再见;午餐时,要做到细嚼慢咽,桌面要保持干净,不浪费粮食等。这些基本的待人接物的礼仪习惯也在日常生活中得以养成。

(二)将礼仪教育延伸至家庭社区

为充分发挥家庭社区的教育功能,巩固幼儿园的教育成果,幼儿园定期通过举办礼仪知识讲座、举行家长论坛等形式让家长更好地掌握成人礼仪规范和家庭礼仪、社交礼仪知识,并在生活中注意自身的礼仪行为,处处为孩子树立榜样,创设良好的家庭教育环境,并监督孩子在家中的文明行为养成,实现家园教育的一致性。

随着礼仪教育的有效实施,孩子们初步懂得了日常生活中的基本规则,基本形成了良好的文明行为习惯,变得越来越懂礼、知礼、守礼。我园的大班主题课程"文明

礼仪大家行",也于 2019 年 9 月被评为"青岛市精品课程"。

愿孩子们都能有"礼"走天下。

深入实施生活化课程　大力开展有温度的教育

青岛西海岸新区琅琊中心幼儿园　肖桂芳

我们幼儿园以七彩生活为课程实施的起点,坚持"幼儿为本""教师素质先行"的原则,开展自然、和谐的生活教育,让孩子们沐浴着阳光快乐地成长,为今后优雅、温暖地生活奠定基础。

一、实施人文管理,营造有温度地教育环境

现代化幼儿园强调的是人文管理,营造的是"和谐、自主、有为"的管理氛围,让教师感受到尊重、赏识,感受到教育的温度。

(1)推行人文关怀,营造和谐环境。在管理中倡导以"赏识"为主,推行人文关怀,关注教师需要。每周例会前 5 分钟,被称之为"点赞时刻",教师轮流发言简述一件事、表扬一个人,既融洽了团队关系,宣扬了正能量,又缓解了开会给大家带来的疲劳感和乏味,提高了会议执行力。

(2)以人为本,用尽其才。管理的最高境界是让每个人都感觉自己很重要,让每个人的智慧最大限度地迸发出来。幼儿园管理就是要让每一位教师获得专业成长的幸福。我们积极实施项目认领负责制,让每一位教师有能力成为自己的主人,在项目研究中发展自我、联结团队,在项目展示中成长自我、看见团队,在管理团队的同时,成就教师。

二、提高职业素养,打造有温度的教师团队

我们相信:爱、责任、能力,会成就一位有温度的教师,而有温度的我们足以让教育的每一个环节"暖"起来。

(1)职业道德要高尚:做有爱的教师。师德活动月期间,开展"最佳搭档"评选、"最美幼教人"师德故事演讲及评选等活动,让教师学有榜样,做有标准,帮助教师牢

固树立正确的道德准则,用道德准则去约束自己,养成良好的工作习惯。

(2)服务意识跟得上:做有责任的教师。在民主生活会上"晒晒我的家 夸夸我的娃"及多种形式的业务学习活动,让教师学会换位思考,增强服务意识、责任意识。

(3)业务能力要赶上:做有能力的教师。我们坚持"读、研、做"教研模式,提高教师开展一日保教活动的能力。以读好书、多读书为起点,丰富教师的文化底蕴:积极开展读书沙龙、漂流图书等活动,定期交流读书收获;以研为引领,提升教师的专业素养,提供外出学习、观摩与交流活动,为教师寻找专业引路人;以做为落脚点,彰显个人生命价值,学以致用,活学活用,让教师成为课程实施、幼儿教育的主动实践者。

三、实施节日特色课程,走进有温度地教育

以实施传统节日教育活动为主线,开展一日保教活动,让孩子们徜徉在生活的海洋里,认识生活,感知生活,温暖的生活。

一是寓传统节日教育于集体教育活动之中,打造缤纷课堂。

我们深入挖掘传统节日教育资源,组织开展"传承文化经典"知识交流活动,让教师能够正确把握其审美价值和各种情感基调,确定活动方案。春节庆祝活动时,"精彩的春节故事""春节习俗知多少"等集体教学活动,让孩子们明白什么是除夕、春节,知道扫尘、贴春联、守岁等春节的习俗。孩子幼小的心灵深处会根植这样一个概念:春节是我国一个古老的节日,也是一年中最重要的一个节日,春节预示着希望,代表着团圆……

二是寓传统节日教育于户外活动之中,体验运动之乐。

节日是人们生活的实实在在的内容,让幼儿主动、快乐、自然地享受节日生活,体验和理解节日内涵,必须动起来。清明节的踏青游山、端午节的"快乐球运动"、中秋节的"跋山涉水过中秋"等活动,这些常态的运动,具有特殊的意义,既能加深孩子们对节日认识,又赋予孩子们健康的体魄。

三是寓传统节日教育于环境创设之中,点亮环境文化。

环境"润物细无声"的教育作用不容忽视,一方面以图文并茂的形式展示每个民族传统节日的由来与传说、风俗习惯,凸显民族文化主题;另一方面突出幼儿的制作过程——变废为宝。这既能培养幼儿生活中的环保意识,又能发展幼儿的想象力和创造力,让幼儿学会生活、有创意的生活。

四是寓传统节日教育于亲子活动之中,亲情伴成长。

在传统节日教育课程中,充分发挥和挖掘家长社区教育资源,开展丰富多彩的亲

子及社区活动,实现家园共育。在开展重阳节主题活动时,邀请爷爷奶奶参加亲子活动,设置"听爷爷讲过去的故事""我帮奶奶捶捶背""感恩礼物送给您"等活动,增进祖孙间的情感,让幼儿学会如何表达爱,懂得感恩,体验祖辈生活的艰辛,激发对美好生活的热爱与珍惜。

教育源于生活,重现生活,又服务于生活,我们愿意陪同幼儿一起寻觅、发现和创造生活的美好,开展有温度又适度的教育,让幼儿更加温暖地行走在人生这条漫漫长路上。

"会说话"的环境

青岛西海岸新区第一幼儿园　谭湘菲

青岛西海岸新区第一幼儿园致力于绿色教育的研究,绿色教育源于自然的环境,近几年,幼儿园对环境的理解也在发生着变化。力求遵循"课程中心,儿童视角"的原则进行研磨与思考,以赋予环境更多的儿童教育元素。

一、让环境成为理念的形象化表达

走进第一幼儿园,迎面雪白的墙壁上,会有一副巨大的浮雕,刻在墙角的一只蜗牛正在努力地爬向浮雕正中间八个大大的汉字"绿色教育,自然天放"。这幅浮雕形象地诠释着"绿色教育"理念,无声地提示着进入幼儿园的每一个成人,幼儿的发展像小蜗牛一样是非常缓慢的过程,提示成人要尊重规律施加影响,切不可拔苗助长。在户外,本着"最儿童视角"的理念,幼儿园着力打造自然而有挑战性的户外特色环境。如贯通院落的小溪,起伏的山坡,给孩子创设了一个野趣的自然环境;小农场着力给孩子们呈现一个完整的生态系统,从动植物生长到生态堆肥,把绿色教育的理念真正落实到行动上。

二、让环境与课程互促生成

幼儿园始终认为环境是隐性的课程,只有从课程的视角审视环境,才能让冰冷的建筑具有教育的温度与灵性。幼儿园是钢架结构建筑,对于孩子们来说幼儿园的建造过程非常有意义,于是幼儿园用照片记录从开工到竣工的全过程,制作墙面"绿色家园诞生记"成为"房子大观"主题重要的资源;根据"幼儿园过生日了"这一课程内容,创设了29届毕业生合影照片墙和"时光不老 我们不散"教师合影照片墙,这些都成为宝贵的课程资源。同时,环境又能生成课程。幼儿园的一个门厅并不宽敞,幼儿园通过大鱼的形象给孩子们营造了一个广阔的想象空间。天花板上一条大鱼的尾巴露在外面,另一面墙上却伸出一条大鱼的头。根据这一环境,孩子们生成了"我给大鱼起名字""大鱼的故事"等活动,有的孩子觉得这是一条鱼,有的孩子觉得里面还有很多鱼,有的孩子把天花板想象成海洋,还有的想象成天空。环境与课程的互促生成,使课程越来越丰富的同时,环境也在不断生长。

三、让儿童成为环境的主人

在小班入园适应的活动中,老师们引导小朋友和家长共同制作了很多艺术作品布置在环境中,小朋友入园适应的过程成了环境创设的环境,这样的环境让孩子们有了强烈的归属感和安全感,大大降低了幼儿独自入园的焦虑。走廊里,在孩子们触手可及的地方,幼儿园安装了很多易于幼儿操作的墙面玩具,孩子们随时随地触摸、拔插、拼摆,给幼儿提供了更多发展的可能;班级门口、活动室、楼梯间,到处都是孩子们稚嫩而富有想象力的作品,每个孩子都感觉到自己被尊重、被重视。审美价值与教育价值完美统一的绿色环境,使孩子们的学习自然发生,大大拓展了孩子们的发展空间。

健康人生从这里起航

——青岛市山东路幼儿园健康教育文化建设实践

青岛市山东路幼儿园　吕　荣

一所幼儿园没有灵魂就如同一盘散沙,文化注魂、文化引领发展,如何传承为关键。

在实施特色教育、构建园所文化中,从幼儿园(名称)的来历、一路的历程、研究的课题、人员的组成、周边的环境、身处的位置、幼儿园的特色、办园理念等都是重要的线索。

一、向"健"而行，推动文化逐步形成

历史特色回顾：山东路幼儿园作为一所自收自支的幼儿园，从 1985 年建园至今，从户外活动研究到一物多玩的深化，从体育游戏的研究到心理健康研究，从体能研究到大健康观的落实，特别是近年来通过十二五国家级课题"经典诵读促教师专业提升"、十三五市级课题"儿童健康行为指导策略"等课题的研究，逐渐搭建起幼儿园课程发展的阶梯，办园特色成效显著，健康教育文化逐渐深厚。

二、析"健"明路，把舵文化发展方向

观念文化是一所幼儿园的文化的内核。

近年来将"健康人生从这里起航"作为我园办园理念

更多考虑到幼儿教育是根的事业，是基础教育的基础，为人的一生发展奠基阶段。

三、观念文化的引领，找准落脚点

观念文化是幼儿园文化的内核。

1. 学习反思夯实"健康教育"的理论基础

挖掘国内外先进理念对于健康教育的引领与理论支撑。

习近平总书记在全国卫生与健康大会上发表重要讲话，提出的全方位健康服务，不仅是指生理健康，还包括心理健康、道德健康、社会健康、环境健康等，这些共同构成了完整的健康概念。

新《规程》和《纲要》也明确提出了幼儿心理健康教育的重要性，这充分体现了强调全面育人观，倡导培养幼儿完美人格。

结合国内外专家、学者的教育理论，将发展心理学、社会学，融入课程理念当中，为"满足当下幼儿的未来发展奠基"，不断汲取、融合先进的教育理念，以崭新的理念作为引领，有效地指导课程的开发与完善。

2. 做思结合，健康教育内涵发展

在健康教育的背景下，幼儿园洋溢着教师具备"健康理念"的教育思想，彼此分享"健康教育"的教育智慧。

在完整健康教育观的指导下,始终坚持"健康、快乐、自主、和谐"主文化,始终坚持以奠基、养成、发展为落脚点,确立"以健强体、以健悦心、以健启智、以健促和、以健明德"的教育理念,关注全体幼儿,施以全面教育,实现"健康快乐、探究求知、自主和谐、做幸福的人"的教育目标,真正成为体现"健康人生从这里起航"办园理念的"健康教育"品牌园。

构建了幼儿学习文化理念:拥有健康,还要享受健康,更能创造健康。教学文化理念:丰富幼儿健康经验,充分感受体验,实现有效地学;提升幼儿健康经验,寻求有效策略,实现有效教学。教学研究文化理念:不仅知其然,更要知其所以然。

园徽设计:组织全体教职员工,人人参与设计园徽,教师用理念进行解读。设计不是目的,而是让她们将理念内化。

对吉祥物蝶儿的解读:在日常工作中迸发智慧火花,意味着孩子们成长蜕变,到破茧成蝶,放飞美丽梦想。

一花一木皆蕴文化:将一颗伴随幼儿园成长、给孩子们带来甘甜与无限欢乐的无花果树,命名为"健康树"。

二、环境文化的创设,提供发展条件

依据"运动可以代替药物,而所有的药物都不能代替运动"等科学观念。我园充分利用时间、空间、材料,创设人际充分开放、探究的支持性环境。

自1987年坚持户外活动研究,在研究中体现以下四性。

★ 环境的可利用性:在"小天地 大健康"物质文化理念的指导下,充分利用每一个角落、每一块场地,在小场地里培养幼儿愉快充实自主有序。

★ 物品的丰富性:我们多年坚持户外自制玩具研究,根据不同的动作发展,提供不同的玩具材料,充分体现"处处是健身之地 物物是健身之器"。

★ 玩法的多样性:为充分发挥幼儿的创造性,玩中求乐、主动发展。我们积极开展一物多玩研究并融入各项活动之中。

★ 富有挑战性:根据不同年龄阶段动作发展特点,创设挑战游戏环境,让孩子们玩出胆量、玩出自信,学会了关心、学会了合作,体验到战胜困难后的自豪与喜悦。

三、行为文化的体现,促进健康和谐发展

(一)营造氛围,实现人际和谐的"和"文化

"和"文化,是实现育人环境的基础。它体现在员工间、师幼间、家园间以及人与

自然间的和谐。

我们从"和谐"入手,加强幸福时尚教师和谐梯队建设(名师型—骨干型—胜任型—新教师四型教师),在教师间以级部、班组为单位、骨干教师与青年教师捆绑互动等形式开展教学研究、组织文体活动,加强团队"和"文化建设,积极营造良好的人际关系,形成"忠恕仁爱 天人合一"的精神文化。

(二)践行健康教育文化,落实教育目标

针对幼儿年龄小、自我保护能力差、容易感染患疾等特点,通过寓教于乐的、幼儿喜闻乐见的活动,做到"五大领域渗透,一日生活内化",通过"主动建构、探索体验、合作交流、互动支持、做中内化"的途径,培养幼儿良好的健康意识,养成科学卫生的生活保健习惯,获得终身可持续发展的有益的成长经验,实现了"健、康、智、乐、美、德"的大健康理念。

(三)注重幼儿心理健康教育,培养良好品质

以绘本为载体,开展心理健康教育活动研究,不断完善课程内容逐步建立起心理健康课程框架,结合幼儿学习及心理年龄特点,抓住幼儿期心理健康的关键期及关注点,在安全感和情绪管理中所存在的心理关键问题,我们采用体验式的活动策略,在研究中开展家庭沙盘游戏,进行藏在心里的烦恼绘画等活动,总结了"融情体验式语言教学法",凸显了园本课程特色,发挥了课程是实现文化的重要载体作用。

以海育人 向海而歌

青岛市市南区洪泽湖路幼儿园 隋吉敏

进入新时代,青岛市迈出了海洋经略发展战略步伐。我园在传承健康教育文化的基础上,通过 STEAM 先进教育理念与海洋教育思想的学习,积极将海洋教育研究纳入健康教育当中,作为青岛市海洋科普联盟成员单位、区海洋教育基地园,积极研发海洋教育课程,从环境、区域、研学等方面深化海洋育人。

一、创设海洋主题环境，实施环境育人

环境即教育。幼儿园因地制宜，秉承"环境育人、悦动童心"的理念，打造富有海洋气息的育人环境，创建"海洋教育走廊文化"，班班营造生趣灵动的海洋环境，让幼儿在与环境的对话中，感知体验，润物无声。老师们根据"长在大海边""快乐远航""海洋朋友多"等主题，挥动指尖智慧，创设精美的海洋环境，制作新颖独特的海洋童趣玩具，并开展"对话海洋"的环境创设现场教研活动，大家边欣赏、边交流、边研讨，一路走来真可谓"指尖海味，视觉盛宴"。

二、开展区域游戏，丰富海洋认知

在海洋教育中坚持以游戏为基本活动形式，开展海洋主题下的区域游戏，让幼儿在玩中做，做中学，丰富对海洋生物、环境、文化与生活的认知。本着适宜性、趣味性、本土性的原则，结合幼儿认知水平和发展需求，开展"海边真好玩""海上的船""海洋动物的秘密"等区域游戏活动，幼儿在丰富的游戏活动中知海、爱海、护海。

三、创新户外游戏，体验海洋乐趣

全面规划设计户外场地，创设"小飞鱼"悬吊滑行、"捉小鱼"追逐跑、"晒小鱼"攀爬等运动情境，幼儿在富有挑战的户外海洋游戏中获得健康发展。采用混龄走班制，打破班级和活动范围的界限，幼儿自主决定玩什么，和谁一起玩，怎么玩，一种玩具玩多长时间，完全自己选择，自己做主。幼儿交往的范围从一个班扩展到全园、从班级老师延伸到全园工作人员，为幼儿提供了丰富的人际交往环境，有效促进幼儿交往的发生与发展，幼儿变得自主、大方、主动、积极。

四、携手家园共育，亲近蓝色海洋

有效利用家长社区资源，开展"亲近蓝色海洋"活动，定期带领孩子们沿着海边木栈道健步行，扑进大海的怀抱、赶海、跳浪花、玩沙雕等，领略大海的波澜壮阔、自然景象。组织幼儿走进奥帆基地、水族馆和极地海洋世界，游览贝壳博物馆和海军博物馆等，感知海洋的生态、科技、生活与国防等。引领幼儿学做小海军，走进军营与海军叔叔面对面交流、家园携手进入青少年海洋国防教育基地进行拓展项目训练等，体会海军保家卫国的气概，树立国防意识。

开展"爸爸带我去远航"海洋研学活动。幼儿园共成立 40 余支海洋研学小分队，分别走进中科院海洋研究所、黄海研究所、海洋地质研究所、远洋船员学院、驻青

海军部队等 10 余个与海洋相关的领域和单位,帮助幼儿深刻领会海洋文化精髓,探索海洋生物的奥秘,激发孩子们知海、爱海、护海的海洋意识;将海洋博士爸爸、海洋生物专家妈妈、解放军叔叔请进幼儿园,让幼儿了解海洋环境、蓝色海洋经济发展成就,从中"品尝"丰富的海洋知识营养大餐,增强海边人的自豪感。

为了将我们对海洋热爱的声音传得更远,幼儿园每年的合唱节上都有以"以海育人、向海而歌"为主题的海洋版块节目,教师与家委会成员组成智囊团,分为"赶海的小姑娘"幼儿演唱团,"一只蓝色的歌"教师演唱团,"亲亲美人鱼"家长演唱团,用我们动听的声音,在孩子们纯净的心灵间弥漫出对海洋浓浓的眷恋。

海洋有着博大的胸怀,海洋教育需要海纳百川,需要不断深化、拓展、延伸,让海边长大的孩子从小知海、爱海、护海,插上海洋科学的翅膀,放飞海洋的梦想,启航,远行……

营造育人文化，引领学校可持续发展

青岛市李沧区青山路幼儿园　张　华

文化是一所学校的灵魂,发挥着无声胜有声的重要作用。它是所有教职工精神追求、审美情趣、思维方式、行为方式等的和谐统一,引领着一所学校、幼儿园的可持续发展。

作为园长,来到李沧区青山路幼儿园后,首先思考的便是幼儿园育人文化的建设。因此,对幼儿园所在地理位置,周边环境、幼儿园教师、家长和幼儿的实际情况进行了分析,发现青山路幼儿园里草木丛生、鲜花点缀,幼儿园的老师、家长和小朋友来自四面八方,资源丰富。

因此,如何让多个不同的个体形成和谐统一的团体便成为文化确立的首要条件。于是,根据教师、家长、幼儿的长时间相处,交流、讨论,确立了"和美相约　创新乐享"的园文化核心理念。"天地之气,莫大于和","和,故能生万物","和,故能美",为此,李沧区青山路幼儿园将凝聚家、园、社区之和气,发挥教师、家长、社会人员之合力,为幼儿创设一个美丽的花园、成长的乐园、和谐的家园,开启这场美好之约……

"和美相约,和而不同",万物之中因不同的个体而丰富多彩,异彩纷呈。因此,在李沧区青山路幼儿园这个和谐的大家庭中,鼓励创新,激发每个人的潜能和个性特点;支持创造,促使每个人都张扬个性、展现聪慧。

在此理念引领下,确立了"拥抱青山每片绿"的办园理念:每一名幼儿即是青山路幼儿园里的一抹绿色,教师就是护绿者,用心呵护、用情拥抱、用爱滋养,并根据幼儿个体成长的需要为其提供不同的阳光、空气与水分,耐心等待其长大。

确立了"做一件让世界更美丽的事"的园风。引领教职工拥有热爱幼儿教育的教育情怀,坚持立德树人,拥有高尚师德,承担起育人的职责,真正干一行、爱一行、精一行,通过自己的不懈努力,让幼儿收获成长,让家长收获满意。

明确了"美丽的花园 成长的乐园 和谐的家园"的办园目标,通过家庭、幼儿园、社会三位一体的合力,为幼儿创设美丽的花园的环境,为其提供走进大自然、欣赏感知大自然、探索发现大自然、表达自我、自主操作、动手动脑、认识社会与生活的机会;通过教师的放手与支持,使幼儿在轻松、自主的探索中,发现、创新中,快乐地学习与成长。

此外,根据园文化精神价值体系的理念,幼儿园也初步创设了自然、优美,可供幼儿操作的物质环境文化;制定了制度文化,形成了幼儿园各项规章制度;形成了礼仪文化——教职工礼仪规范、幼儿行为礼仪歌、家长行为礼仪规范。

如今,青山路幼儿园正在积极向上、蓬勃发展的育人文化中努力、拼搏,培育着健康、聪慧、快乐的幼儿!

丰富文化内涵,引领团队发展

青岛市崂山区橄榄城幼儿园　邢洪彦

苏霍姆林斯基说过:"领导学校,首先是教育思想上的领导,其次才是行政上的领导。"优质的办学理念、先进的教育思想,是指导教师专业成长的航标,是幼儿健康成长的切实保障,也是幼儿园可持续发展的灵魂和动力。如何科学定位幼儿园的核心理念,让其特定的文化底蕴和识别意义更有价值,以此引领团队的发展呢?

我园前身为青岛市人民政府机关幼儿园,始建于1953年,数代幼教人凭借那份令人振奋的精神和让人感动的执着,在60多年的栉风沐雨中,克难攻坚、拼搏创新,先后建立了4个园区,在社会上获得了较高的美誉度。2010年前后,周园长经历了批判与取舍,继承了优良的传统,叠加了锐意创新、厚积薄发的现代精神,构建了"融"文化体系。"融"字现代解释为熔化、汇合、流通、长久、明亮、和谐。又引申为继续、承接、成长、成熟、昌盛之意。

2018年因体制改革,市府幼儿园埠东园区归属于崂山区教体局,更名为崂山第二实验幼儿园。我们基于原品牌文化——"臻爱育人"的传承,延续着充满温度的"融"文化。我们明确,幼儿园要做的就是有温度的教育、孩子喜欢的教育,未来需要的教育。老师们也在暖暖的氛围中努力学习自我成长,同时也赋予了孩子们暖暖的爱——温暖着他们的心灵,帮助其产生力量,助推其积累智慧。同时,根据自身的特点(团队年轻,经验尚浅),我们贯彻"兼融并包"的精神和"循本求源"的探究动力,创新了汇集聚合的"融"文化思想,明确了新时代的办园目标:在遵循"立德树人"根本任务的前提下,坚持"与时俱进"的坚定态度,融合"广博多元"的育人文化,秉承"知行合一"的优良品质,以人文感召凝聚团队精神,以科学保教引领幼儿成长。

思想引领行动,我们在继承创新中完善了园文化体系:办园目标即"发展幼儿、成就教师、打造优质教育品牌";管理理念即"科学规范、尊重支持、和谐致远";教育理念即"基于儿童,助推发展,成就未来";服务观念即"让幼儿每一天都快乐,让家长每一天都满意,实现教育的公平优质"。为凸显我园的社会性特色,我们的课程理念为"学会学习,做爱学、勤学、勇于创新的社会人;学会生存,做自理、自立、不怕挫折的社会人;学会做人,做正直、快乐、有责任感的社会人;学会融通,做全面发展、拥有完美人格的社会人"。

在办园行为中,我们追求的是"融荣与共,和谐发展"——促进幼儿的全面发展,助推教师的专业成长,提升园所的教育品质;在管理文化中,我们体现的是"融懿和美"——幼儿园的管理者闻融敦厚,在熙融和乐的教育氛围中成就教师自我实现;在教育理念中,我们实现彰显的是"融冶乐学"——助幼儿在和乐平等的关系中主动学习,融会贯通厚德利智。

人的生命之初如同一张白纸,需要教育者为其铺陈一层温暖的底色。从事启蒙教育的我们定会不忘初心使命,凝心聚力绘出最美好的基色,助力孩子在这"爱意满满"的底色上描绘出自己灿烂的人生风景。

求真务实，营造"回归本真"的育人文化

王哥庄宁真幼儿园　常娜娜

众所周知,幼儿园是一个教育场所,是传播文化和发展文化的场所。一方面,幼儿园通过人类社会已有的"文化"教育幼儿;另一方面,在教育幼儿的过程中使已有的相关"文化"得到完善、创新和发展。如何在发展的过程中不断形成和完善幼儿园的特色文化和气质,使这种文化和气质能潜移默化地影响每一个来园的幼儿,是每一个学前教育管理者都必须深入思考的问题。在我园独特文化形成发展过程中,我们始终坚持求真务实的工作态度,追寻教育最本真的规律,呵护最纯真的幼儿成长,营造适宜幼儿发展、助推教师成长、让家长满意的育人文化。

一、以历史为线，探寻"回归本真"育人文化的土壤

宁真幼儿园地处崂山区北部山村,这里民风淳朴、务实求真,在撤点并园大潮中,2008年由附近十个自然村的小幼儿园合并建成现在的幼儿园。幼儿园成立之时,在定名过程中各部门联合大学教授、社会有识之士进行多番论证、商议,最终选用辖区内的历史遗迹"凝贞观"的读音,取"宁静致远、求真务实"之意,得名"宁真"。

建园之初,由于历史遗留问题,教师结构老化、教育思想陈旧现象明显,为了打破这种僵化的教育模式和状况,在幼儿园成长和发展的过程中,每一个"宁真"人都本着自己的教育初心,真真切切关爱每一位幼儿,认认真真做好每一项工作,踏踏实实用自身的实际行动践行着"求真务实"的工作作风,借助国家和全社会对学前教育不断增加的关注和支持,我们逐步从最接近幼儿园的"真"字入手,求真务实,努力探索,渐渐营造出了"回归本真"的育人文化。

二、从理论中来，摸索"回归本真"育人文化的根基

读史使人明智,培根如是说。任何一门学科都不是一蹴而就的,在其产生发展过程中,都有值得我们研究和学习的地方,学前教育也是如此。在一次次地教师学习与培训的过程中,"宁真"人本着求真务实的精神,研究了国内外幼儿教育的发展历史,

希望逐渐弄清各种幼儿教育理论的来龙去脉,也汲取这些理论发展中的经验和教训,为我们形成和发展自身独特的育人文化提供强有力的理论支持。从柏拉图第一次提出幼儿社会教育的主张,到卢梭顺应儿童天性的教育,再到福禄贝尔所倡导的自由教育,蒙台梭利的"敏感期"教育,到杜威的"教育即生活"主张,我们不断地在"文化"的海洋中追寻我们的实际行动与文化的契合点。终于在不断摸索中,我们惊喜地发现我国著名教育家陶行知先生曾说过,"千教万教教人求真,千学万学学做真人",他主张的教学做合一思想与我们求真务实的园所文化不谋而合。随着对教育理论研究的不断深入,"中国幼教之父"陈鹤琴先生的"活教育"理论更加丰富了我们求真务实的教育理念,我们逐渐形成了在"教活书、活教书、教书活"理念影响下,鼓励幼儿发现他自己世界的"回归本真"的育人文化。

三、到实践中去,诠释"回归本真"育人文化的幸福乐章

一直以来,做"真教育"是无数教育家和教育实践者对理想教育的追求。我们深知,不论是理论的研讨还是对历史的追寻,最终都是要运用到实践中,要让"回归本真"的育人文化真正使幼儿受益。

1. 坚持"幼儿为本"的初心

在工作中,我们引导教师和家长尊重幼儿的成长规律和特有表达方式,以《3—6岁儿童学习与发展指南》为指导,对每一个幼儿充满信心、悉心观察,本着科学精神,让每个幼儿按照适合自己的方式健康快乐地成长。

2. 营造"回归本真"的自然环境和人文环境

环境对人的成长具有潜移默化的作用,自然环境和人文环境都是幼儿园环境的重要组成部分。园长带领全体教职工以"回归本真"理念为指导,克服困难,营造出恰切的自然环境和人文环境,力求做细、做实、做好、做精,与公平公正公开的制度文化建设和积极向上、求真务实的精神文化营造相得益彰,真正形成了自信向上、宽容友善、充满爱心、健康活泼的园风园貌,为幼儿的成长提供了良好的环境。

3. 引入大自然的"活教育"的课程

大自然是幼儿最好的教材,生活中处处是教育。基于这样的认知,我们充分鼓励幼儿自己探索,在课程中融入了充满乡土特色的"崂山茶文化""王哥庄大馒头"等课程,带幼儿真正到茶园、馒头坊参观了解生活中最真实的、最淳朴的状态,幼儿不仅收获了知识,也更了解了我们传统的茶文化和饮食文化,"回归本真"育人文化有效地促进了幼儿体、智、德、美各方面的协调发展。

文化的形成从来就不是一朝一夕就形成的,它离不开每一个人的参与和努力。我们的"回归本真"育人文化才仅仅走过了短短的几年时间,在文化的历史长河中,它是那么渺小,但是我们始终相信在一代又一代"宁真"人的"真"态度中,这种脚踏实地、积极向上又追求科学的文化氛围会越来越多地给每一个幼儿和教职工带来积极地影响。

在充满爱的氛围中,静待花开

莱西市机关幼儿园　林春凤

莱西市机关幼儿园是一所有着 60 多年历史的老园。一代代的机关幼儿园人不断继承、创新、发展,形成了独有的校园文化气质。

走进幼儿园三幢保教大楼,每一幢都有自己的主题文化,小班楼是"土地、种子与希望",中班楼是"森林、鸟儿与创造",大班楼是"海洋、鱼儿与自由",每一幢楼的主题都蕴含着生活、生存、生命的深刻意义,并根据幼儿年龄的身心特点,以大自然的生物体现着生命的成长,让幼儿每天走进幼儿园,徜徉在富有生命意义的氛围下,感受大自然万物的成长与灵动。同时,在"生命"的主题下,让老师和家长感受爱的意义和价值。

在幼儿园的办公区,是园所的办园理念与制度文化区。"为幼儿未来的全面、个性、健康、可持续发展奠基"是我园的办园宗旨;"无论孩子多小都要像小大人一样受尊重,无论孩子多大都要像小宝贝一样被呵护",这是我们的一个保教理念。在我园,从园长到老师,大家身体力行,微笑面对每一位幼儿,大家蹲下来讲话,抱起来交流,牵着手教育;《教师职业行为六要十八不准》《我是教师我做到》《我是家长我做到》等各项贴近教师和家长实际的制度以统一的格式张挂在走廊上,时刻规范和提示着大家的言行举止。

在班级教室内外,幼儿园设置了三墙一展的布局,即"课程主题墙""幼儿作品展示墙""草根艺术墙"和楼梯走廊的"亲子作品展台",这些无言的墙壁在潜移默化中发挥着或展示自我,或鉴赏美育等多种教育功能,引领着师生、家长走向美的追求。

不仅仅是静止的文化熏陶,更为重要的是以活动为载体的文化乐事。为了构建

"师幼共同成长的快乐家园",我们组织开展多种多样的"特别活动"。

每周一次的潜能小组活动是我们多年来坚持的一种以小社团为载体的同龄混班游戏活动。每周三、周四下午,中班和大班的孩子们便打破了班级限制,五个中班、四个大班分别自由申报组成 10 个左右的潜能小组,如舞蹈、绘画、泥工、足球、武术、跆拳道、经典听诵等,潜能小组的老师或由本园教师兼任或从社会聘请。每到此时孩子们便如欢快的小鸟飞奔进自己喜欢的小社团,开始自己恣意的发挥,孩子们在这里释放自己的喜好与潜能,逐步培养和形成自己的良好兴趣。

每年一度的游园会也是我们坚持的一项"特别亲子活动",时间安排在六一前后,时间长达三天。老师们根据幼儿年龄特点,提前精心设计 10 余项有趣的游戏项目,有的布置在教室内,有的设置在院子里,既有旨在培养亲子情感的"背背乐",也有旨在培养幼儿手眼协调性的"亲子独木桥",还有训练观察力和注意力的"我的发现",全园所有孩子、所有家长轮番进场。在快乐翻天的互动游戏中,孩子们每年都是在"意犹未尽"中度过真正属于自己的节日。

在老师中开展的文体展示,更是五花八门,或者是节目会演,或者是技能比武,或者是趣味体育,或者是拓展训练,活动的组织和形式围绕"爱"的主题,由老师们自主决定,幼儿园负责后勤保障。老师在轻松愉快的活动中,释放了压力,展示了自我,增添了快乐。

快乐是每一个人的追求,在构建快乐家园的过程中,我们努力在校园硬件与软件的建设中,时时处处营造浓厚的"爱"的氛围,引领着老师们在点点滴滴里、潜移默化中,践行着我们的办园宗旨,播下爱的种子,在快乐中静待花开……

打造和谐环境,营造育人文化

青岛西海岸新区王台中心幼儿园　薛宗艳

文化建设是幼儿园可持续健康发展的精神支柱、动力之源,同时也是科学发展观的体现。为了给幼儿创设一种美而和谐的环境,促进孩子们健康、活泼、快乐地成长,在新文化理念指导下,我园注重环境创设,努力打造自己的园所文化。

1. 营造丰富的物质文化氛围

物质文化是校园文化的载体，是幼儿园重要的隐形教育者，它潜移默化地影响着每一位师生和家长。在校园环境的规划布局上，我们努力营造优美的育人环境，使教师和幼儿的身心得到愉悦，获得美的情感体验。如幼儿园的室外环境有花坛、百果园、雕塑、室外玩具、戏水沙池等，我们在设计这些文化元素时，不仅考虑了美观大方，更重要的是必须保证可靠的安全性。室内环境文化有教学设施设备、生活设施，并利用每一个空间和角落创设富有教育意义的环境，从而实现润物细无声的育人理念。

2. 建设以人为本的制度文化

"没有规矩，不成方圆"。我园始终坚持以人为本的制度文化建设，为幼儿和教师的身心健康发展提供制度保障。把"软文化"与"硬制度"熔于一炉，铸造出刚柔相济、软硬相容的"合金"式的规章制度。多年来，我园一直立足"以幼儿发展为本，以教师成长为本，以家长满意为本"的办园理念开展各项活动。充分尊重每个幼儿，做幼儿的好朋友，是我园校园文化建设的重要举措，即尊重幼儿的权利、尊重幼儿的人格、尊重幼儿的个体差异、尊重幼儿的安全需要。在教师方面，我们要求教师对待幼儿及家长多一分理解、多一分友爱、多一分平等、多一分引导、多一分鼓励，并时刻提醒老师，始终让幼儿生活在一个充满爱的环境之中。

教师的素质是决定一切教育工作成败的关键，我们努力营造一种积极进取、团结向上、温馨安全的情感氛围，真诚地对待每一个教职工，让教师成长于学习之中、发展于工作之中。在施教的同时，老师也能不断积累知识和才能，不断提升自身的价值和品位，从合格教师逐步成长为优秀教师、名教师，从而更好地实现自身的价值。

3. 打造积极进取的精神文化

幼儿园精神文化是一所幼儿园本质的、个性的、精神风貌的集中反映，是幼儿园文化的核心，也是其发展的动力。我们十分重视幼儿园的办园品位，注重弘扬团队精神、加强精神文化的学习提升，高度重视幼儿园精神文化的建设。本着"自我提高、同伴互助、优势带动、形成特色"的原则，我们培养、锻炼、打造了一支凝聚力强、业务精、素质高的教师队伍。共同愿景体现着全体员工共有的目标、价值观和使命感，它像一条纽带把全体员工的心紧紧拴在一起。

另外，我们还创设"亲、和、爱"的育人环境。要求老师做到多和孩子说说话、拉拉手、抱一抱等，让孩子感觉到教师对他的关爱、重视、理解，从而产生依恋之情，使幼儿有良好的情绪、情感，喜欢上幼儿园。教师的一个个细小动作，都营造了宽松、和谐、平等的人际环境。孩子们在快乐中放飞思想,在快乐中创造,在快乐中健康成长。

校园文化所营造的育人氛围无时无刻不在发挥着作用。现在,我园是一个融合童趣、智慧、快乐的天地。幼儿园文化建设已经逐步成为师幼的自觉行动,小到师幼的一言一行,生活中的点点滴滴,大到工作学习中的无私奉献,情感上的愉悦洒脱。可以说,通过幼儿园文化建设,我们的学习氛围更加浓厚,班子战斗力进一步增强,教职工的工作积极性进一步提高,幼儿的素质也得到大幅度提升,相信通过文化的融入和渗透,我园的校园文化必然硕果累累。

让环境与幼儿对话

青岛市城阳区红岛街道办事处阳村幼儿园　刘淑叶

幼儿园是孩子们健康成长的乐园。为了让孩子们有一个更好的学习生活环境,在新的文化理念指导下,我园注重环境创设,突出文化特色,努力打造自己的特色文化,为幼儿创设一种美而和谐的环境,促进孩子们健康、活泼、快乐地成长。

一、优化校园外部环境,不断营造"文化育人"的园所氛围

让幼儿园里时时处处充满浓浓的文化气息,让孩子在健康和谐的环境文化中,感受美的氛围、接受美的熏陶、引导美的行为、得到美的升华,强化校园文化在素质教育中的隐性教育功能。例如,室外大型壁画不断完善,幼儿园的外墙我们以拍球、跳绳、单车等阳光运动主题,展现了我园在户外活动中的特色;内墙中我们结合本地资源体现了美丽的大海以及有寓意、孩子们喜欢的童话故事等,为幼儿营造美的环境,在室外的地面画上各种图形、迷宫等,为幼儿提供美育探索的小天地。

二、为幼儿创设温馨舒适的生活环境,让每一面墙壁都会说话

各班为幼儿创设了温馨舒适的生活环境、学习环境、活动区,充分让每一个角落和每一面墙壁作为向幼儿传递信息、创设氛围或展示其学习成果的有用之处。例如,益智区墙壁不只是美观的摆设,而是自制了可以操作的益智玩具墙;美工区的墙面

也不再是美丽的范例展示,而是结合主题呈现孩子区域中的创作以及适合小班孩子的涂鸦墙等。在环创的过程中我们提倡老师不能把精力放在"我想怎么布置,我想怎样创设"上,而应将精力放在"我怎样启发、引导支持幼儿参与,幼儿怎样参与,我能提供怎样的条件"上,把环境还给孩子,让环境和孩子对话。

另外,活动区材料的丰富更是能体现幼儿园环境教育价值的一部分。老师们通过分析班级幼儿年龄特点,充分利用家长资源,让他们共同参与收集相应低结构材料。在活动区游戏过程中,我们会引导幼儿针对问题进行思考,自主选择游戏材料(或者以物代物)。他们讨论着,操作着,在不知不觉中分工又合作,体验着游戏带来的快乐。层层有教育主题,班班有教育特色,处处有教育契机的浓厚育人氛围,每个班级成为一部立体的、多彩的、富有吸引力的游戏乐园。

三、打造特色户外区域环境,让孩子爱上游戏

爱玩是孩子的天性,游戏是孩子的基本活动,每一个孩子都有无限发展的可能性。因此我们努力创设符合幼儿天性特点的户外活动,让他们在玩中乐、乐中学,玩中有得、玩中有创,更好地促进他们的全面发展。

近几年我们加强了幼儿户外自主游戏的研究,充分发挥游戏的独特价值,把游戏还给孩子,让自由的游戏点亮孩子的生命,促进幼儿富有个性的发展。为此经过不断地研究和改进,幼儿园因地制宜,利用靠海的有利条件和农村的自然资源,最大限度地挖掘环境的教育功能,让孩子在自然游戏中快乐成长。我们为孩子们创设了各种不同功能的户外游戏区,把户外场所划分成几个区域,如:野外挑战区、特色民俗街、特色泥塑、农家小院、渔家小院、水世界、顺丰快递等,丰富多样的活动区每天都可供孩子们自主选择,自由玩耍,最大限度地与大自然相融合,符合幼儿身心发展需求,为幼儿打造了幸福童年。

另外,我们加强美术特色的研究,把"以美激趣、以美育人"的理念贯穿于美术特色的研究当中,增设创意制作、创意剪纸、创意面塑等特色课程,将创意美术的教育思想内容融进园本课程,努力打造"一班一品"的班级美育特色,建立特色工作坊,让孩子在色彩斑斓、想象奇异的美术世界里动手动脑,充分发挥自己的创造力和想象力,在创造美和表现美的过程中获得美的情感体验以及成功感。

总之,幼儿的世界应该是美丽的,在幼儿园里他们眼睛所触及的每一处风景、每一个角落都应该是美的。作为幼儿教师,应合理利用环境这一"隐性课程",综合组织各方面的教育内容,并渗透于幼儿一日生活活动中,充分发挥环境教育的相互作用,使幼儿园环境逐步形成一种春风化雨、润物无声、潜移默化的园所精神和文化氛

围,使教师、幼儿、环境之间真正互动起来,让有限的活动环境成为幼儿无限成长的
阶梯。

让每一个孩子在幼儿园文化浸润中快乐成长

青岛市城阳区红道街道邵哥庄幼儿园　王瑞松

我园结合园本特色,关注精神文化、环境文化、管理文化和课程文化,倾力打造
"以人为本"的校园文化精神,开展文化建设系列活动,显特色,创设品牌,从而提高
全园教职工文明意识,促幼儿园内涵发展。

一、科学的办园理念成就幼儿园的精神文化

一所幼儿园的办园理念和办园思路是幼儿园精神文化的灵魂,因此在认真审视
幼儿园的历史发展、师资力量、文化传承以及园所特色的基础上,在新时代教育思想
的指引下我园将"自主发展、合作创新、健康成长、快乐生活"作为园所办园理念,致
力于培养"健体魄、会生活、爱探索、善表达、懂关爱、显个性"的快乐儿童。并依据核
心价值理念,制定办园目标、教育目标、共同愿景、办园宗旨、园训、园徽、园歌等,形
成幼儿园的精神文化体系。我们用多种形式,引导教职工对精神文化体系的理解和
认同,形成了"团结务实、进取创新"的优良园风,让每一个孩子在科学的教育理念和
园所文化的浸润中健康快乐地成长。

二、打造精细化的管理文化

一所幼儿园的精细化管理质量和水平决定着教育教学、保育服务等方方面面的
质量和水平,体现着一所幼儿园的园本精神和园所文化。幼儿园管理中大事少,琐碎
的小事多,也正是由于这些小事一点一滴构成了幼儿园工作的全部内容,我们的管
理核心理念就是"精心是态度,精细是过程,精品是结果",让精细化管理思想成为教
职员工的共识,让标准化精细化、严谨的各项工作流程运用在幼儿园一日生活当
去。加强一日常规管理,一日管理体现"三严":制度严、执行严、落实严;"三新":

点子新、办法新、思想新;"三细":常规管理过程细、检查指导工作细、结果反馈评价细。形成"以人为本"的管理模式,为教职工营造"有序、愉快、理解、支持、发展"的工作环境,提高幼儿园科学民主管理水平。

三、让课程文化成为幼儿园的灵魂

课程是幼儿园的灵魂,幼儿园始终坚持以幼儿发展为本的园本文化与现代教育理念于一体,构建了凸显个性、根植生活、快乐成长的"快乐生活课程",满足幼儿多元发展。在课程实施中,我园坚持在生活中养成习惯,在快乐运动中健康成长,在社会实践中拓展经验,在感知尝试中探索发现,在艺术活动中自主表达。老师们以一日活动为载体,融游戏与各项活动中,让幼儿在生活中快乐成长。园长是教师投身课程文化建设的榜样和向导,始终遵循生活就是课程的理念,引领教师充分利用自然资源和社区资源,发挥乡土资源特色,形成了贴近幼儿生活的特色课程,如"小鱼网、大游戏""我家住在海岛渔乡",有效利用丰富有趣的生活资源,拓展幼儿的生活经验,让快乐生活课程文化在幼儿的心中生根发芽。

四、让环境文化建设成为园所文化的载体

让每一面墙壁会说话,让每一处环境成为孩子的游戏场,这是幼儿园所奉行的理念。环境文化是精神文化的外在标志,因此我们依据园所文化内涵,规划、设计幼儿园环境,营造出具有园所特点的文化墙,打造适合幼儿快乐游戏的户外活动空间,利用我们靠海的有利条件和农村的自然资源,最大限度地挖掘环境的教育功能,让孩子在自然游戏中快乐成长。我们为孩子们创设了户外游戏区,把户外场所划分了 10 个区域:沙水乐园、挑战区、民间游戏区、建构区、泥巴乐工作坊、草编坊、磨坊、渔家乐、玩乐区、民俗街。丰富多样的活动区每天都可供孩子们自主选择,自由玩耍,最大限度地与大自然相融合,符合幼儿身心发展需求。丰富多彩的活动环境成为幼儿园环境文化的载体,提高了幼儿园的文化品位,助推幼儿健康、快乐成长。

浸润"阅美"文化，让生命走出童年的美

青岛市即墨区墨城中心幼儿园 张英波

幼儿园是孩子们的第二个家，是孩子们健康成长的乐园。为了让孩子们有一个更好的学习生活环境，我们以"阅美乐行"教育中"阅"和"美"为主导，注重环境创设，突出文化建设，努力打造自己的特色文化，在总体环境创设注重和谐的情况下，各班级、各个活动室的设计又有着和而不同的特色。为幼儿创设了一种美而和谐的环境，促进孩子们健康、活泼、快乐地成长。

一、硬件建设为园所文化的构建奠定基础

健康优美的园所环境就像是一部立体的、多彩的、富有吸引力的教科书，它有利于孩子陶冶情操、美化心灵、激发灵感、启迪智慧，更有利于孩子素质的提高。我们注重物质文化建设，努力让物质文化凸显个性美，让幼儿园的一景一物、每面墙壁、每个角落都在无声地说话。如：幼儿应拥有较大的户外活动场地，因此幼儿园为幼儿设置了沙池、水池和攀岩墙等软硬结合的活动场所。充足的活动空间，为幼儿提供了锻炼身体增强体质的有利条件。此外，幼儿园还配置了齐全的功能室、活动室、寝室，满足了幼儿对活动空间的要求。

二、环境创设是园所文化的重要体现

《纲要》中强调环境是重要的教育资源，应通过环境的创设和利用，有效地促进幼儿的发展。如赏心悦目的门厅文化，不但及时向社会、家长展现幼儿园风貌，反映幼儿园工作动态，而且随四季及节日的变化体现季节特点和节目文化。又如个性凸显的班级文化，各班为幼儿创设温馨舒适的生活环境，与课程相适应的学习环境及内容丰富、材料充足的活动区，教室的每一个角落和每一面墙壁都尽可能得到充分利用，作为向幼儿传递信息、创设氛围或展示其成果的有用之处。再如风格不同的走廊文化，我们的教学区共有三层，每个楼层都设计了不同的主题文化：一楼是主题是"慧如大地"，整个楼层的色调以黄绿色为主，给人一种清新、自然的感觉；二楼的主题文

化是"博如深海",整个楼层的色调以蓝绿色为主;三楼的文化主题是"智如宇宙",整个色调以太空蓝紫色为主题,让孩子勇于探索。

三、创设良好的阅读环境,形成润物无声的精神文化

幼儿园阅读活动,需要丰富的图书资源作为依托,也需要一个安静温馨的阅读环境,因此我们专门创建了"阅美"图书馆,馆内温馨的阅读环境体现着童话的画面美、意境美,小沙发、小桌子、小椅子为幼儿的阅读提供了一个舒适的环境;我们还在幼儿园公共区域打造阅读区,让阅读成为一件可以随时进行的事情。一方面我们选择了一个相对安静的大厅,铺上颜色温馨的地垫,摆上柔软的沙发椅子和一排排小书架,放上适合家长和幼儿阅读的不同种类的图书,家长接送幼儿入园或者离园的时候,都可以在这里停下来,阅读几分钟;另一方面我们还巧妙地利用的幼儿园的楼梯和走廊,在这些地方悬挂上"图书袋",里面装上图书和精美的借阅卡,幼儿可以自由借阅,让一本书的故事讲述,变成了许多人的故事分享。

以"阅美乐行"教育为引领,我们将继续努力,使幼儿园逐步形成一种春风化雨、润物无声、潜移默化的园所精神和文化氛围,促进幼儿、教师、家长、幼儿园四位体共同发展。

向深处扎根　向高处生长　向宽处行进

——以"幼儿园和美文化的建构"为例

胶州市胶北街道办事处北关中心幼儿园　邢立芹

作为一处城乡接合部的中心园,我们确定"和美"文化的理念。一是基于北关中心幼儿园的文化背景:幼儿来自多种层次家庭,家长对优质教育的迫切需求。二是基于幼儿园"以和育人,以美启智"的办园宗旨。三是基于培养目标:尚自然,扬个性,培养六美儿童。幼儿园的办园理念设计两个层面:一是指向幼儿,让所有幼儿在和美文化的润泽下,打好尚美、创新的人生基础。二是指向教师,努力传承追求卓越的教师团队,让教师享受自己的教育成效及受人尊敬的职业认同。

1.传承创新中扎深和美文化之根

基于我园建园20年来发展历程,我们从根本上重构"和谐美好"园所新形象,"大树和小鸟"成为幼儿园的形象表达,塑造体现了"和美文化"的核心精神。

2.多方对话中激活和美文化之源

与专家对话:我园充分利用市教科所专家的引领,聚焦教师在教育实践中的困惑,运用先进的理论和实例,找出问题的症结,解决研究过程中的关键性问题,提升教师从实践走向理论,从理论回归实践的综合能力。在专家引领下,明确了和美文化的价值定位,确定了和美的核心理念:和而不同,至善至美。

与核心团队对话:在和美文化建构初期,园所核心团队重点围绕"我们的精神追求是什么""和美文化的灵魂是什么""如何实现和美教育"等问题展开更深层次的探讨与交流,并进行加工、梳理、提炼出尊重、多元、和乐、共进等和美文化核心关键词。

与教师团队对话:教师团队曾围绕和美文化开展多次的访谈、调查活动,通过绘和美、论和美、话和美等形式多样的活动,围绕"和而不同,至善至美"的核心问题展开分享交流,进而提炼出"和美文化"的精神内涵,以此来形成"和美文化"核心价值共识。

与家长对话:我们通过"和美幼儿园是什么样子""和美教师是什么样子""和美幼儿是什么样子""和美家长是什么样子"等相关问题组织家长开展沙龙活动和访谈活动,让家长畅所欲言,建立了家园同构管理网络,形成了家园同构和美蓝图。

3.以物达意中展示和美文化之魂

和美视觉形象:我们环境视觉形象紧密围绕"和美——以和育人,以美启智"这一理念为出发点设计了园标、班级标志等符号文化。园徽以一棵苗壮的大树作为主体形象,映照出园所生机蓬勃的面貌。标志中的树干造型,以厚重的笔触,巧妙融合了"北关"的"北"字,象征着在爱的沃土中扎根,以苗壮的成长,承托起多彩蓬勃的未来。标志中的树冠造型,用稚朴的线条,勾勒出温馨饱满的枝叶,象征着"叶茂花繁",成长的岁月中,让每个孩子和老师一同走过最美的时光。标志中的雏鸟造型,以灵动的笔锋,于枝头添一只小鸟,展翅欲飞……象征着"生机蓬勃",在童年的旅途中,愿每个孩子都能遇见最美的自己,在属于自己的天空自由飞翔。

和美物质环境:成长是快乐有爱的、需要陪伴的,正如一颗种子在和谐美好的大地上破土发芽,长叶开花,需要阳光雨露的陪伴与滋养。提取象征快乐、力量的种子、大树,充满爱心能量的太阳和风等自然元素与主题串联,用不同的表现形式进行设计。

和美互动环境：创设吸引幼儿与环境互动的温馨小角落，涂鸦角、阅读角，鼓励幼儿读读、画画；创设"亲子收集博物馆"，鼓励幼儿对材料进行加工组合改造，与同伴互动，尽情地想象和创造。同时，分别在楼梯拐角创设了以"爱，惊艳了童年""爱，美丽了相遇"为主题的两块师生共处和同伴互助的主题墙面，让和美幼儿园成为充满美好记忆的场所，记录了每一位和美乐园中与师幼、同伴之间共同生活的暖意浓浓的故事，以此来激发老师、孩子的凝聚力和对文化的认同感，唤起师生的归属感。

青岛西海岸新区滨海新村幼儿园园所文化建设初探

青西新区滨海新村幼儿园　　陈清淑

园所文化是围绕教育教学管理而形成的，是园所的灵魂，是办园方向和办园思想的具体体现，是形成园所特色的必要条件，更是提高园所发展力的基础。营造育人文化，形成共同的发展愿景，是幼儿园园长的专业标准之一，面对一所刚刚从小学附属幼儿园剥离为局属幼儿园的园所，应该如何打造育人文化呢？

一、优化顶层设计，确立制度文化

（一）根植于中华优秀传统文化沃土，确立"和乐"教育办园理念

"和乐"是中国传统文化的基本精神，也是中华民族不懈追求的理想境界。《幼儿园园长专业标准》规定："重视幼儿园文化潜移默化的教育功能，将中华优秀传统文化融入幼儿园文化建设。"为此，幼儿园继承和发展原有的快乐课程内涵，加入传统文化的精髓"和"字，确立了"和乐"教育办园理念，用"和乐"教育理念领航快乐课程建设。

（二）围绕和乐教育理念，确立办园目标。

幼儿园确立了开启和乐人生，润泽纯净心灵的办园目标，培养具有家国情怀的中国儿童，培养有内涵、看得见儿童、找得到课程的教师。

（三）立足于办园目标，确立幼儿园办园特色。

根据办园目标,确定和乐教育办园理念,提炼出绘本阅读和传统文化特色,在3—6岁阅读习惯培养的关键期培养孩子良好的阅读习惯,弘扬和传承优秀传统文化,从小培养孩子的中国灵魂。

二、基于办园理念，夯实课程文化

幼儿园基于和乐教育办园理念,多维度打造传统文化特色园本课程。一是创设传统文化课程,打造和乐园所文化。幼儿园的环创是非常系统的传统文化特色,如剪纸、刺绣等,用传统文化元素浸润孩子的童年。二是打造传统节日主题特色,整合节日文化课程。结合春节、元宵节等传统节日组织特色活动,构建传统节日特色活动课程体系。三是传统文化进课堂,构建传统文化课程。我们对传统文化尤其是列为非遗的传统文化进行了梳理、分类,初步建构起传统文化园本课程。四是民间游戏再创新,打造和乐特色体育。我们收集、整理、创新民间游戏,孩子乐在其中,美在其中,悟在其中。五是启动三年读百本绘本、听百个传统故事活动,让美德教育始终陪伴孩子成长。

三、立足长远发展，打造教师文化

我们幼儿园遵循"小事要通气,大事多商议,重大事项按程序"的和而不同的管理文化,打造了和衷共济的教师团队。

（一）改变考核方式，坚持正向奖励

对出勤奖变请假扣多少工资为不请假奖励多少工资,大幅度降低了教师请假的频率。对坚持学习的教师进行奖励,保证了教师学习的积极性。

（二）崇尚大道至简，净化人际关系

每学期调整一次考核方案,坚持优劳优酬,多劳多得;弱化民评,每个月只按照工作绩效发放工资,减少教师的后顾之忧。

（三）设立"黑军"，完善监督机制

我们幼儿园有五名接近退休年龄的老教师,他们均有幼教管理经验。我们幼儿园给予其充分的尊重和信任,让他们监督幼儿园的工作,可以随时向园长提出工作意见和建议,提高了工作积极性。

（四）坚持灰度管理，张扬教师个性

每个教师个性不同，潜力不同，我们尊重教师个性，扬长避短，让教师富有个性的成长。我们有一名教师非常具有灵性和创造性，有独特的审美能力，但心直口快，跟别人合作有难度。我们安排她负责全园环境创设，她感觉自己受到了尊重，很好地完成了任务，其他教师也看到了她的优点，从而缓和了人际关系。

园所文化不是一成不变的，它必将随着园所的发展而发展和深化，我们将在发展过程中优化园所文化建设，这是优秀园长的使命，也是优秀幼儿园的使命。

让优秀传统文化根植孩子幼小心灵

青岛西海岸新区泊里中心幼儿园　逄金华

"泊里红席""泊里大集"……在泊里镇一张张老"名片"中，能读到这座西海岸新区西部小镇悠久的历史和丰富的非物质文化遗产。

青岛西海岸新区泊里镇的泊里红席相传始于春秋战国时期，现泊里红席编织技艺被列为山东省非物质文化遗产；然而随着近年来区域经济的不断发展，泊里红席这项手艺，传承与发展前景却不容乐观。泊里大集为青岛市非物质文化遗产，一直以来充满生机，且有愈加浩大之势。为了让孩子能够了解传统文化，激发幼儿热爱地方优秀传统文化的情感，我园充分利用地域文化的有利条件，挖掘其时代意义和教育价值，让孩子们感受传统文化的无穷魅力，萌发对家乡的喜爱之情。

一、细研磨，入课程

将省非物质文化遗产泊里红席、泊里大集引入园本课程，在实施过程中培养良好品质。红席是一种编织，在幼儿园文化中体现，对孩子而言是编织幸福童年，对教师是编织教育乐章，对家长、社区编织的是一种纵横交织的教育合力。同时将泊里红席添加到泊里大集游戏中，游戏是一种复杂的社会性交流活动，教师在游戏中为幼儿提供大量知识储备、环境和材料，支持和引导幼儿参加安全的、有意义的游戏。它就像是延伸到幼儿园内的社会场所，让幼儿体验身临其境的感觉，同时在制作参与中锻炼幼儿手眼协调和交往等各种能力。

二、多感知，重体验

我园通过多种方式让幼儿感知红席的制作工艺，体验传统文化的内涵。老师带领孩子亲临编织现场，参观红席合作社、红席体验馆，近距离感受红席制作过程的复杂和精巧，体验红席手艺人吃苦耐劳的优秀品质。我们请家长带领幼儿去泊里大集的红席摊位，欣赏各种花样的成品红席，感受传统手工制作的伟大智慧。将优秀的文化传承人请进幼儿园，为老师、幼儿现场讲解红席的历史与发展、制作与应用。根据幼儿年龄特点和发展水平的差异，把红席原材料篾子用不同的物品代替，如不织布、卡纸、塑料篾子等，让幼儿用趣味性的材料，亲身体验编制方法，培养幼儿对传统文化的喜爱。

三、创环境，出特色

我园秉承"相伴成长、精彩绽放"的办园理念，以幼儿发展为基础的同时，积极融合当地传统特色文化，在环境创设中注重层次的递进，体现和而不同，创设一种美而和谐、积极互动的环境。

活动室和走廊主题墙用对应的色彩通过红席编织手法，编制出具有特色的主题背景墙，将各种红席创意作品展示在美工区和相应的位置。

尊重幼儿爱玩的天性，将活动区域向室外延伸。结合本土资源，幼儿园积极创设大集游戏场景，将各种交往区域延伸到户外大集中，充分解决了班内交往区的单一性。在游戏过程中，孩子们参与多个区域，培养了多项技能，其情感、社会性得到良好发展。

四、乐参与，促发展

为让传统文化在幼儿园里生根发芽，我们成立以省特级教师、青岛名师为带头人的专题教研组，教师带头乐学好学，并根据不同年龄段挖掘有意义的游戏活动。特色教研组借助每一次的研讨，积淀经验的同时也探究总结找到活动的短板，如在开始游戏活动中，主要体现在每周一次的大集满足不了全体幼儿的参与、单纯的买卖关系不能满足幼儿的长期兴趣，为此及时进行策略调整："全员参与，大带小"，以分组大带小混龄的方式，每周举办，人人参与。实行"自制买卖一条龙"服务的方式，即结合节日、时令等，每个展台都是一个主题，每个摊位融入制作环节，孩子们多角色的快乐参与，感受大集热闹的气氛，体验了传统民俗文化。

幼儿期是社会性发展的关键期,因此以"泊里红席"和"泊里大集"等形式为依托,让幼儿更好地了解家乡传统文化,从小触摸非物质文化遗产精髓,感受家乡悠久的发展历史,从而对家乡产生无限热爱之情。

一班一品,打造班级文化建设

李沧区重庆中路幼幼儿园　张　花

在打造幼儿园文化建设过程中,班级是落实幼儿园文化内涵的最基础单位。

班级文化建设以幼儿园文化建设理念为核心,以课程落实、环境表征、活动展示、家园共育等活动载体为主要表现手段的一种个性化文化建设形式。我园在创建文化建设中注重班级文化建设,开展了"一班一品"班级文化创建活动。

创建活动中,各班教师结合自身优势、幼儿兴趣、年龄特点等,打造班级风格和特色,如经典绘本阅读、蓝色海洋、中国传统文化、艺术风格、宇宙科技、自然森林等,形成了"班班有风格,班班有特色"的班级文化氛围。

如中一班的经典绘本阅读班级文化特色。班级在开展幼儿园组织的"爱享阅读"系列活动时发现,有的孩子特别喜欢绘本阅读,家长在亲子阅读中也特别支持,为了让所有的孩子都爱上阅读,培养良好的阅读习惯,因此班级老师萌发了以绘本故事为主要表现形式,让班级的每一个角落、每一寸空间都体现浓郁的经典绘本元素,打造经典阅读绘本班级文化特色,让每一个孩子都爱上阅读,让每一个家庭都成为书香家庭。棕黄的牛皮纸、蓝色的格子布营造出淡雅、清新的书香气息,因地制宜的手工绘本树,将孩子们最喜欢的绘本展示其中,班级绘本题材的藤蔓吊饰、水杯标识、绘本区角牌等与班级特色照相呼应。

班级活动区的名称是以幼儿喜欢的绘本故事命名,如:音乐表演区——《大脚丫舞台》、益智区——《巧虎的实验室》、搭建区——《大卫的建筑工地》、美工区——《霸王龙的美工室》、阅读区——《读书孩子的小书房》等。这些绘本都是老师在幼儿园里和小朋友一起分享的图书,或者是亲子共读过的绘本,他们吸引着孩子们积极地参与活动区活动中。美术区里,他们创编绘本,制作绘本,由易到难,有模有样;表演区里,大脚丫的舞台上,孩子们充分发挥想象、动手制作设计各种造型……绘本里面的故事和角色也鲜活的融入活动区活动中,与主题教育内容紧密地结合起来,为区角活动的开展注入了新的活力。

区域活动中区域牌的设计、区角环境的布置、水杯标识等,每一处、每一角都是绘本的延伸与再创作,为幼儿营造了温馨、和谐、浓郁的阅读氛围。如每一个幼儿水杯、衣帽橱的标志,都是由孩子们自己选择自己喜欢的绘本故事,将封页缩印后制成的。哪一本才是自己喜欢的绘本呢?孩子们就得先选绘本,再和爸爸妈妈一起进行亲子阅读,和这本绘本成为好朋友。孩子们喜欢上了这个故事,又怎么能记不住自己的标志呢?

班级还开展了丰富有趣的亲子阅读活动。班级的荔枝电台亲子阅读每天都会按时播放,家长们积极参与,和宝贝们一起认真准备,荔枝电台成了全班家长和宝贝们每天晚上期待的一件事情。班级好书推介栏目、亲子阅读心得交流栏目定期更换;班级的经典绘本分享、读书沙龙活动开展得如火如荼,时常看到下班后老师与家长促膝长谈分享读书故事,孩子们在读书中获得的成长让爸爸妈妈感到欣慰,读书中遇到的困惑成为老师和家长们共同研究解决的课题……班级还根据绘本特色制作了属于自己班级的宣传Logo、二维码、宣传海报等。班级绘本文化特色的打造,让家长、孩子们爱上阅读,爱上班级,爱上我们的幼儿园。

"一班一品"班级文化诠释着幼儿园文化建设、办园理念和特色,蕴藏着宝贵的教育契机,是全面提高幼儿综合素质的不竭源泉。

以体验教育推进幼儿园文化建设

胶州市胶州路幼儿园　李香芸

党的十九大报告中鲜明地提出"创新是引领发展的第一动力"。借着十九大的春风,我带领教师对国内外幼教模式进行了感性观察和理性思考,结合专家的点播提升,将"体验教育"作为幼儿园文化建设的核心,确立了"让每一个孩子体验成长的快乐"的办园理念。在这一理念指导下,幼儿园致力于体验文化打造,将体验文化理念融入幼儿园特色建设中,创造了全体师生的体验家园。

一、精心规划，拓展体验空间

园内场地小，寸土寸金细改造。我园户外活动面积仅有 1500 平方米，我们利用有限空间，创设多元体验区。针对户外活动面积较小的现状，以儿童视角进行户外环境改造。一是沙池区改造聚焦"探索性"。向空中要空间，把功能单一、面积较大的沙池区进行改造。拆除灌木，扩大沙池面积，连接两棵粗壮的大树做成树屋，设计建造了集冒险、攀爬、悬垂、投、钻等多功能、环绕式、双层大型滑梯，满足幼儿游戏探索的需要。二是闲置区改造聚焦"天然性"。幼儿对泥土有着一种天然的亲近。把园长室窗外一块不足 20 平方米的土地，从单一的收纳区改造成低结构材料的投放区，保留原有的树和花，幼儿收集来的废旧锅碗瓢盆投放在这个区域里，营造野趣可玩的自然环境。三是户外运动场改造聚焦"挑战性"。广阔的空间更适合幼儿自主游戏。把原有的三个大型滑梯和一个中型攀爬玩具进行精简，拓展了幼儿大动作挑战空间，孩子们在这里走高跷、爬高梯、跃障碍、踩轮胎，玩得不亦乐乎。四是后院改造聚焦"自由性"。把幼儿园后院狭长较小的空间进行发掘、拓展，搭上简易棚子做成泥巴区。周围 1.6 米以下的墙上贴上瓷砖、黑板、废旧白板，建成涂鸦区。另外，还修建了低矮的小水池，方便幼儿作画和清洗工具及自身卫生。

园外巧拓展，幼儿快乐多体验。大自然是幼儿的精神家园、成长乐园。我通过引领家长学习《指南》，达成"游戏是幼儿的基本活动"的共识。于是，各级家委会利用家长资源，多途径、多渠道，用心搜寻适宜幼儿发展的体验基地。根据幼儿园园本课程主题内容，确定了 12 个体验基地，如"红色基因"爱国教育基地、胶州洋河采摘园、崂山二月二农场、胶北万亩林场等。家庭、幼儿园和社会共同努力，实现了体验基地的有效拓展。在体验基地里，大班幼儿抓着绳索玩攀岩、匍匐前进过封锁线；中班幼儿勇敢走过独木桥、爬上竹梯炸碉堡；小班幼儿挎着篮子捡鸡蛋、弓着身子躲猫猫。每个基地都能够根据大、中、小班幼儿的游戏需要，提供丰富的游戏场地和材料，让幼儿有了更广阔的游戏空间。幼儿在大自然的怀抱里尽情游戏，体验成长的快乐。

二、精心设计，打造体验文化

室内巧利用，边边角角多功能。我们的大厅以"自然、童趣、体验"为主题，色彩与图案搭配和谐统一，办园理念和教育思想明确；大厅北角开设了亲子阅读区，供家长和孩子体验亲子共读的乐趣；大厅东侧开辟了搭建体验区，提供了各种大型积木供亲子及师生活动；二楼的多功能厅开辟了阅读体验馆，二楼阳光房是三铺龙拳体验室；小、中、大班三层走廊分别创设生活实践区、美工创意区和爱国教育体验区；班级活动室有各种自主游戏体验区，都从幼儿实际出发，生动、直观、真实、开放，让幼儿充分享受体验的快乐；班级墙面环境设计以主题活动为抓手,根据幼儿的年龄特点,引导幼儿用不同形式进行表达,让环境成为幼儿表达心愿,体验成功、展示自我的平台。

在幼儿园文化建设过程中,我们注重把"体验教育"作为一条主线,贯穿在幼儿园教育思想和培养目标中,并通过富有特色的幼儿园环境呈现出来,使每个走进幼儿园的人都能感受到体验教育在追随幼儿发展需要,展示着幼儿园先进的办园理念和文化内涵。"体验教育"已浸润幼儿园多个领域,为幼儿园注入生机和活力,幼儿、教师、家长在这里一起体验成长的快乐,推进了幼儿园和谐、优质、有内涵、有特色地发展。

筑书香家园　育聪慧宝贝

青岛市市南区和田路幼儿园　侯　杰

阅读是开启幼儿智慧的窗户,是打开幼儿心灵的大门,是幼儿精神成长的重要渠道。青岛市市南区和田路幼儿园自 2006 年起以青岛市"十一五"课题"早期阅读促进幼儿语言表达能力"的研究与探索为契机,打造书香浸润育人文化,以生活教育课程理念为引领,通过"创设书香乐园环境、深研阅读指导策略、组织丰富阅读节、关注家园亲子共读"四大策略为抓手,建构起我园"一心四读三成果"的阅读循环圈,全方位、多渠道构建早期阅读生态,并形成园所育人特色。

一、点燃阅读氛围，全面唤醒阅读力

（一）建立阅读书屋，共享图书资源

幼儿园结合园所实际,打造书香乐园成长环境,有效利用空间,创设了图书阅览室、主题小书吧、亲子阅读休闲区、书香家庭长廊等阅读空间,向教师、家长传递了一种"崇尚阅读"的理念。各班级也打造具有生活课程特色的温馨阅读区,营造浓厚的书香氛围来激发幼儿阅读的兴趣。

（二）提供丰富图书，感受阅读快乐

在阅读材料的提供上，根据幼儿的年龄特点选择绘本、故事、童话、儿歌、古诗、漫画、科普等不同题材、不同内容的阅读材料，教师们按照书的内容和用途分类摆放，便于幼儿阅读，扩大了幼儿的阅读量，也让宽泛、丰富的书籍吸引幼儿的阅读愿望。

二、深研阅读策略，挖掘阅读内驱力

教师的专业指导和引领是促进幼儿早期阅读能力品质提升的关键，为此幼儿园注重培养教师阅读指导能力，帮助教师迸发教育智慧、提升指导策略。

（一）推"书女"工程，带智慧名师

幼儿园实施书女培养工程，让阅读成为教师的一种习惯。"以书赠师、阅读书单、读书计划、书香教师评选"等活动的开展激励教师养成阅读习惯、学会读书。

（二）融汇多元方法，提升指导策略

经过多年的实践，我园教师凝练出比较专业有效的指导阅读方法，如情境体验式阅读、儿歌来激趣式阅读、提问设疑式阅读、各领域教育活动融合阅读等策略，让教师的指导阅读活动有目的、有计划、有方法、有创新，使幼儿在阅读实践过程中获得信息经验，更好地认知与理解内容。

三、拓展阅读特色活动，提升阅读表现力

幼儿园创新拓展阅读特色活动，以广阔的活动视野、广泛的活动形式、广博的知识获得，让幼儿的个性得到张扬。

（一）眼入耳闻、视听浸润

幼儿园组织开展了走进身边的书店，静心翻阅、每天坚持阅读打卡、好书漂流的相互推荐、百灵鸟广播站中不同板块的主持播报、经典诵读会、声情并茂的故事大王评选、微信平台上快乐宝贝故事屋、午饭后老师的睡前故事等活动，让幼儿通过视觉、听觉的享受，不断浸润在早期阅读的氛围中。

（二）演绎经典、绽放光彩

亲子图书制作、戏剧故事展演、百米长卷故事绘画、跳蚤市场、图书义卖、书香家庭评选等特色活动的开展则让幼儿在与教师、同伴、家长的互动体验中，大胆自主地

表达自己的感受与理解、发现与体会。

四、整合家园共育资源，传递阅读经验

幼儿园把握阅读延伸的方向，指导家长在家庭中营造阅读氛围，开展亲子阅读。比如：第一，提出幼儿家庭阅读"一、二、三工程"，即建一个"家庭小书房"；至少订二份幼儿杂志；父母每天有三十分钟的时间与幼儿一起"看看、听听、讲讲"。第二，开展家长执教活动，邀请具有阅读资源的家长来到幼儿的课堂给幼儿带来不一样的阅读体验。第三，在家访过程中围绕幼儿家庭阅读的情况进行面对面的专业指导，帮助家庭亲子阅读的效果更具实效。

历经十余年坚持不懈的探索与实践，幼儿园浸润在丰厚的阅读氛围之中，幼儿园领导教师团队开展早期阅读特色活动的专业经验和能力日益提高，园所幼儿的倾听与表达、阅读与书写的兴趣、习惯与能力得到长足发展，家长由原来的"陪读者"转变为"共读者"的角色，家园共同携手实现：让阅读成为习惯、让阅读成为生活、让阅读具有品质、让阅读展现内涵。

开启幼儿创造之门——打造幼儿园趣美文化建设

青岛市市北区银河之星幼儿园　黄　伟

美术是孩子的第二种语言，是孩子用心灵和世界对话的一种方式，"美"是美感、体验，"术"是技术、表现。在幼儿阶段，美术活动能够给孩子直接的滋养，能让孩子畅快地表达心声。因此，美育对于儿童生命成长具有弥足珍贵的意义。

《指南》指出：幼儿艺术领域学习的关键在于充分创造条件和机会，在大自然和社会文化生活中萌发幼儿对美的感受和体验，丰富其想象力和创造力，引导幼儿学会用心灵去感受和发现美，用自己的方式去表现和创造美。这是幼儿园美术教育的核心。

从幼儿园美术教学现状来看，存在以下三方面的问题：第一，作品的成人化现象依然严重。教师总是以成人的眼光和标准要求孩子，忽略了孩子的内心感受。第二，日常教学依然以临摹为主，把美术教学的重点放在技能上，以画的"像"与"不像"作

为评价儿童作品的标准。第三,缺乏整合的孤立的美术。美术内容缺乏与生活、社会的联系,缺乏与课程主题及其他学科的有机融合;美术材料的运用比较单一,缺乏创新,对材料的价值认识不足,使材料不能很好地为幼儿服务。

基于以上思考,在《纲要》和《指南》的指引下,我们边学习、边实践、边思考,依托主题,在充分尊重幼儿的审美兴趣和创造表达方式的基础上,开展了趣美文化研究。

1. 深刻理解《指南》精神,提高认识,转变观念,达成共识

系统进行《指南》学习,从理论到实践层层推进,突出全园参与,主要组织形式有以下几点。

(1)理论引领:由园长导读,学习理论部分知识。

(2)经验研讨:教师根据美术教学经验"举一反三",剖析理论,深入研究。

(3)视频鉴赏:借助视频,用"鉴赏"的态度,对优秀的创意美术活动案例做多角度解读,从中寻找先进的教育理念和优秀的教学方法,指导实践。

(4)实践观摩:落实《指南》精神,各班级开展区域活动开放观摩。

在经过认真、深入的学习之后,我园教师逐步提高了认识,达成共识:

一是"感受与欣赏"是"表现与创造"的前提,幼儿只有在真实情景中感知事物,才有助于幼儿进行美术的创作;二是幼儿的作品是以独特的方式表达对外部世界的认识和理解,所以要尊重幼儿独特的创意以及个性化的表现方式;三是不为追求结果的"完美"而对幼儿进行千篇一律的训练,用游戏的方式将美术技巧融入教学活动中,不用"像不像""对不对""好不好"来评价幼儿作品。

2. 借培训,提升教师感受与欣赏的审美素养

(1)提供物质保障。物质保障是开展创意美术的基础,首先,我们采购大量的世界经典名家名画系列丛书,采购了多个体系的创意美术课程的教师、幼儿用书以及系统的教学PPT等软件包,为教师开展教研和教学提供支持。另外,从材料上,我们也从种类和数量上加以填充,为开展创意美术教学做好充足的物质准备。

(2)和教师一起开展"与大师面对面,让创意无处不在"主题培训,欣赏大师的作品。组织教师一起走近大师,欣赏大师名作,让教师感受大师名作的独特视角、丰富内涵、鲜明的艺术效果,感受其艺术的魅力,提升自己的审美能力。如欣赏荷兰画家梵·高《向日葵》,让教师感受梵·高用简练的笔法表现出植物形貌,充满了律动感及生命力。欣赏法国艺术大师塞尚所画的《苹果和橘子》及其他水果作品,让教师感受"色彩丰富到一定程度,形也就成了"。塞尚是在探索以一种永恒的不变的形式去表现自然。欣赏荷兰绘画大师蒙德里安的著作,让教师感受运用方块融合创意、结合块面的撞色的艺术。欣赏毕加索的名画,感受变形在美术作品中的运用和美感。

（3）借专家,促教师美术理念提升。专业研究人员的参与是园本教研水平层次提升的重要因素,所以我园聘请园外专家开展引领式创意美术研究活动。我们聘请了幼儿美术教育专家潘洁、杨本喜来园指导。专家指导教师运用专业的眼光解读和科学地评价幼儿的作品,而不是简单地用"像不像""好不好"等标准来评价。专家强调"创作过程胜于创作结果"。《3—6岁儿童学习与发展指南》指出,"不能为追求结果的完美而对幼儿进行千篇一律的训练,以免扼杀其想象与创造的萌芽"。通过专家的引领,教师们从自身改变了思想观念,将鉴定成功的标准放在过程的探索和发展上。近距离接触专家,聆听专家的教育思想,感受名家的教育艺术,为我园教师的专业发展提供了强大的专业引领与技术支持。

第二部分

小学教育

"和美文化"视域中品格教育校园文化
隐性课程构建

青岛西海岸新区港头小学 李殿清

港头小学确立了以"和美文化"引领学校的发展,并已全面构建了和美文化的网格化发展愿景,和美教育文化的核心理念是"和谐、尚美","和"是"美"的基础,"美"是"和"的一种境界,"和为美之本,美为和之求",就是要和谐施教,以美育人,使教师教得舒心,学生学得开心,家长和社会放心。"和"是内涵,是行为方式和内在品质;"美"是外显,是时代价值,是奋斗目标。

如果说学校文化是根,是顶层设计,那么校园文化是学校文化的充分体现,是物质文化在空间的外显,更是学校育人的隐性课程。

一、校园文化设计理念——首先我们要回答两个问题

(一)我们需要的校园物质文化是什么

一个词:大道至简。简到实用、简到大气、简到美观、简到精致 。

(二)校园文化设计理念

和以化之,美以成之。

我们的校园文化是从本校土壤里生长出来的,每个文化的呈现点在学校都有它的生长点,校园文化的第一受众是学生,校园文化是学校的隐性课程。

以品格教育作为和美文化的实施路径,讲好港头小学的故事。

二、校园文化的设计说明

(一)学校内部主色调

蓝色是高贵的象征,人的高尚品格最宝贵,以"宝石蓝"衍生出"品格蓝",因此

学校的主色调是"品格蓝"。

（二）校园布局要求

自然的生态美、布局的有序美、管理的整洁美、形式的诗性美、意境的宁静美、物语的内涵美。

（三）室内四栋楼主题建构思路

简言之，和美文化统领，以校训谋篇章，以品格教育为主线，以"品润心灵"为主题，以六大品格教育支柱为内容主体，建设校园内外充盈着品格教育文化的空间设计，建设一所让品格教育浸润透的学校。

学校主要有四栋楼，四栋楼以我们的校训命名，分别为和美楼、尚德楼、启智楼、笃行楼，这也是每栋楼的小主题。

教学楼层侧重体现感恩美、有序美、诚信美、尊重美、勤学美、自信美、自律美；实验楼和信息楼层侧重体现严谨美、智慧美；餐厅和风雨操场侧重体现节俭美、勇敢美、坚持美；艺术楼层侧重体现专注美和坚持美；

尚德大讲堂侧重体现爱国美和责任美。

进入港头小学新校区，赫然入目的是矗立在榉树广场以品格命名的六根石柱，彰显着学校正在实施的六大品格教育内容；大厅东墙是以校花"荷花"为表现形式的品格教育理念墙，连廊东侧设计有荷花池，学校选择荷花为校花，主要考量的一是"荷"谐音"和"，二是荷花的花语是"出淤泥而不染，濯清涟而不妖"，而花语正吻合学校的品格教育本色。校园内外充盈着浓浓的品格教育文化的空间设计，想要建设一所真正让品格教育浸润透的学校。打造学校品格教育校园文化隐性课程，更重要的是在潜移默化中培育孩子们的良好品格。

和谐尚美 以和至美

青岛西海岸新区港头小学 李殿清

一所学校的精彩,在于她的文化;一所学校的品位,在于她的精神。英国著名管理学家彼得·德鲁克认为:管理应以文化为基础。

一、和美文化的内涵

在新时代,我们赋予"和美"与时俱进的诠释。和的层面:贯彻党的教育方针,落实立德树人的根本任务,符合儿童成长规律,实施全面育人的素质教育,开发适合儿童生活的课程,为学生人生奠基。美的层面:践行社会主义核心价值观,落地核心素养,儿童具有感恩、诚信、有序、专注、尊重、勤学六大品格,培养学生成为身心健康、乐学善思、主动发展、品格高尚的和美少年,德智体美劳全面发展。

二、和美文化的五个维度

(一)和美环境:安全、向上、优美

和美教育的文化追求,首先表现在对校园物质文化的精心策划,我们的校园环境主要体现为安全、向上、优美,对培养学生的审美情趣和道德情操起到潜移默化的教育和激励作用。让每一面墙壁会说话,让每一株花草能育人,让每一条通道都富有生命力,让每一处设施都具有教育功能,让每一个角落都有和美在闪光。让校园环境成为滋养学生心灵、熏陶学生情操的沃土,这是学校对校园环境建设的基本要求。

(二)和美课堂:和谐、自主、高效

和美课堂是以学生为本的和谐课堂,它包含师生民主平等、相互尊重、正视差异,教风正,学风浓;和美课堂是自主学习、自主探究的课堂,它强调学生学习的主动性,呼应学校的学风——勤学、好学、乐学,强调"授之以鱼不如授之以渔",关注学生的可持续性发展。和美课堂是高效课堂,它倡导民主、简约、明晰、有效的教学,以基础

夯实,思维活跃,潜能卓越为课堂目标。为彰显和美特色文化,我们认为,必须以具有我校特色的课程的实施,如蛋壳画课程、石头画课程、舞蹈课程、排球课程等,规范地继承和学习,让学生浸润其中,健康成长。因此,我们针对本地的自然、社会、文化、历史等发展情况和学生发展的需要,开发和实施"尚美"课程群,以培养和提高学生的人文精神、科学态度、社会实践能力,彰显学校文化。

(三)和美少年:身心健康、乐学善思、主动发展、品格高尚

基于学校校情,我们认为,一个学生的成长,首先是要有健康的身体和心理,这是基础和前提;乐学就是乐于学习,在学习中寻找快乐;善思是善于思考,主动探究,敢于质疑;教人"授之以鱼不如授之以渔",学校要创设学生自主发展的空间,由"要我学"为"我要学",为学生将来自主成长扎下深厚的根;品格高尚是指学校落实和美文化的主要路径就是实施品格教育,也是我们落实国家立德树人的要求,品格高尚是我们育人的终极目标。

(四)和美教师:和气、正气、大气

和气,指和睦融洽。家校、师生、同事交流需要在和睦融洽的氛围中进行,同事间真诚相待,开展富有意义的良性竞争,从而促进团队不断成长。这是人与人之间交往的成功之道。

(五)和美团队:团结、协作、创新

团结就是要创设和谐的人际氛围,同事之间形成可信赖的关系,相互尊重、理解,最大限度地发挥每个人的聪明才智和工作热情;协作就是我们的教师团队凝心聚力,富有成效地把每件事做出教育的味道来;创新就是我们要建设一所科研为主特色的学校,创新意识至关重要,需要群策群力,攻坚克难。

(四)和美文化实施的主要路径——品格教育

近几年来,学校以承担市"十三五"重点课题"以品格教育为核心的家校育人共同体构建策略的研究"为契机,将品格教育作为学校的立校之本,先后确立六大品格教育支柱,制定了六大品格教育支柱标准;确立了以读书银行、品格银行为主线的品格教育过程性评价;开发了以基本品格标准为内容的"互联网+""品润心灵"数字化评价平台;建立了"互联网+"家校互动平台;开展了以"品润心灵"为主题的丰富多彩的校内外品格教育活动;落实品格教育贯穿于教育教学全过程。以品格教育为核心的家校育人共同体正在有效构建中。

如果说学校文化是根，那么校园文化就是枝和叶，是学校文化的充分体现，是物质文化在空间的外显，更是学校育人的隐性课程。

涵养"智能"气质，塑造乐陶"五乐"小公民

青岛定陶路小学　郭晓霞

一、背景分析

学校聚焦区域"以海育人"的整体目标，践行"十个一"行动方案，落实德育课程内容，推进德育一体化实施。借助智能教育平台资源，把智能教育与快乐体验式教育相结合，开展了丰富多彩的德育活动，在红色基因课程等原有课程的基础上，完善以社会主义核心价值观为引领的中小学德育一体化工作机制，突出"尊重他人，学会合作"主题，搭建与其相应的实施框架。形成"乐陶学生劳动技能教育体系"，充分发挥劳动教育综合育人功能，实现与其他九项行动的螺旋上升叠加成效。形成家庭、学校、社会三位一体的育人体系，完善"智能乐陶德育"课程。塑造乐陶少年多样态、多元素成长内容，培养学生成为乐于学习、乐于实践、乐于合作、乐于创造、乐于担当的"五乐"小公民。

二、典型做法

1. 深化智能德育一体化课程，全员育人，综合提升学生素养

基于智能教育平台资源，培养"五乐"小公民，实施快乐体验式德育教育融合策略，创设红色基因课程、法治教育课程、主题月经典课程、仪式课程、实践课程，全方位建构德育一体化课程体系。

2. 课堂引领，智能助力，进阶学习，促学生智能发展

学校以"智能教育"为平台，依托"乐陶小讲师""乐陶小达人"等展示平台，锻炼学生搜集、处理、运用信息的方法和技能，录制完整的视频，提升学生独立思考、提出疑问和反思的能力。

3. 体质为先，以球育人，打造学生快乐体育成长之路

学校重视学生体质健康，深入落实阳光体育活动一小时，通过大课间、午间健步行、体育课、体活课四个时间段为学生打造足够的校内体能负荷训练。布置体育家庭作业，通过天天打卡的方式将体育锻炼延续到课外。学校科学应用体质监测成绩分析，为每位学生绘制运动机能雷达图，并进行个性化指导，体育课中针对体检中呈现出的不同弱项的学生进行分类辅导，提倡一节体育课分组进行不同的体育锻炼和体育技能训练。学校组织开展春季田径运动会、班级排球联赛、校长杯国际象棋比赛等普及性校园赛事，大课间、体育课、活动课开足开齐，保证每天锻炼1小时。学生逐步掌握了排球、游泳、击剑和武术技能。

4. 培育"乐陶美育"品牌，综合提升学生艺术能力

学校美育工作紧紧围绕"十个一"项目推进方案，以"乐陶美育"为特色品牌，以项目化、策略化为工作特色，以"普及＋特色"为工作原则，为"乐陶学子"全方位发展助力。组织进行了三次测评系统平台主题培训，七位艺术学科教师通力合作，将全校670名学生艺术学习过程性资料和特长学习资料进行了积累和平台录入，规范了学生艺术档案夹的使用。在艺术学科研究方面，通过艺术学科月份试卷设计、检测，收集了检测数据340余份，分析了学生艺术素养发展态势，调整了学科教学策略，进一步规范了月检测制度。

5. 实施"劳动助成长"项目，锻炼劳动技能，提升服务意识

按照市南区教育和体育局"劳动助成长"项目要求，充分发挥劳动综合育人功能，加强学生生活实践、劳动技术和职业体验教育，全面实施"劳动助成长，悦动好生活"系列活动。

开展成长在校园专题实践，加强劳动教育，增设劳动岗位。利用升旗仪式和班队会面向全校学生进行劳动教育，培养热爱劳动的好习惯，树立良好的劳动观念，并对每天的卫生值日、每周扫除进行检查，鼓励维护校园和班级卫生，组织高年级参加红领巾志愿服务小岗位，用完午餐后，将餐盘送到指定位置，并主动帮助低年级的队员清扫周边卫生。

建设成长在家庭主题实践，锻炼劳动技能，争当劳动明星。结合"家校合作，相伴成长"家校工作，合力探索设计符合学生的家务劳动实践作业，让学生在家录制家务劳动视频，每周利用学校智能教育平台进行推送，劳动技能范围不仅涵盖内务整理、居家打扫等简单家务劳动，而且还包括家常菜烹饪劳动技能等。到目前为止，学生录制劳动视频多达550余节，学生参与率高达80%。

致敬服务劳动,提升劳动价值。引导少先队员尊重每一位劳动者,倡导珍惜劳动成果,积极寻访环卫工人、人民警察等劳动者并向他们致敬。学校依托蒲公英青岛暖阳服务队公益平台,与莱阳谭格庄小学、残疾人安养中心等服务阵地进行对接帮扶,积极主动参与公益活动,引导学生参与义卖、献爱心、捐献图书等志愿服务活动,培养服务社会的奉献精神,使校外劳动更加多样化。

三、实施效果

经过科学的计划和扎实推进,2019年学校学生体质健康合格率99.5%,优良率56%。社团常态建设求高质量,积极参与了省、市、区艺术展演与比赛,在合唱、啦啦操、向大师致敬等各项竞赛中保持了优势,荣获区艺术节合唱类节目比赛特等奖第一名、朗诵类节目比赛一等奖、市级科幻画比赛一等奖,中俄学生绘画展入选三幅作品。目前,我校获得区艺术节合唱类比赛一等奖、啦啦操类比赛一等奖、舞蹈类比赛二等奖、器乐类比赛二等奖、朗诵类比赛二等奖;获得市艺术节啦啦操比赛一等奖;获得省七艺展合唱类节目展演。

我校落实了"乐陶美育"国家艺术课程校本化实施方案,做好了合唱、啦啦操、手绘、经典诵读、书法等一系列课程的组织实施。我校举办了校级"影展""美展"以及为四年级一班庄洪凯同学开设了"乐陶学子个人画展",树立了美育榜样,激发了学生发展内驱力,为学生特长展示搭建了平台,开阔了学生视野,提升了美育眼光。

四、问题和反思

学校在育人文化的构建过程中,采取了一系列有效的措施,但作为排球传统项目学校,对"女排精神"的挖掘还不够充分,需要在今后的工作中,进一步挖掘"团结协作、顽强拼搏"的女排精神内涵,培养德智体美劳全面发展的新时代小公民。

"融乐汇彩"——办家门口的优质学校

青岛沧海路小学　楚蔚君

在新时代教育思想的引领下,每一所学校都拥有自己的教学特色,每一种特色都能够促进学生的全面发展。青岛沧海路小学紧邻胶州湾,与碧波荡漾的大海咫尺之间,这也注定了我们与大海有着不解之缘。学校不但成为青岛市海洋特色学校,同时也将大海包容与宽广的气质来定义"海之品格"的育人目标。在此背景下,"融乐汇彩"——办家门口的优质学校这一学校发展新坐标应运而生。

一、"融乐汇彩"理念解读

学校"融乐汇彩"教育理念既是对学校文化的概括总结,也是学校发展的总体目标。其中的"融",是学校塑造学生"海之品格"的育人目标之一,有着"开放、包纳、有序"的内涵,是学校对"海之品格"最精炼的概括。"乐",是开心、快乐。是对"向真、向善、向美"的最真诠释。"汇",即凝心聚力,百川归海。教师、学生、家长、社会各界关心学校发展的力量汇聚在一起,办一所家门口的优质学校。"彩",既是对多彩育人理念的落地实施;也是学校发展的定位和目标。学校要充分发挥在柔道、科技、心理等方面上的优势,统合资源、相互带动,使学校和学生的发展呈现出精彩纷呈、绚丽多彩的良好局面。

二、营造良好育人环境

青岛沧海路小学以蓝色海洋文化作为学校发展的主色调,从教学楼内外的颜色到显性文化的内容,从建筑风格到学生评价无不围绕着海洋展开。

教学楼内每层都有教育主题,从一楼至三楼分别以"博海寻珠""沧海一粟""扬帆远航"为主题营造习惯养成、品读书香、传承经典、海洋科技等主题教育氛围,使孩子们能够"抬头即见经典、漫步感受宽广"。

教学楼外,围绕着社会主义核心价值观开展了丰富多彩的宣传教育,各类宣传栏、展板都能从学校特色出发,展示师生积极向上的精神面貌。学校还特别建立了两处读书长廊和一处红领巾种植园,为"书香校园"建设和劳动教育开展搭建活动平台。

三、打造闪亮文化品牌

在日常教学中,学校坚持"融乐汇彩"的教育理念,以注重学生知识获取为基础,将柔道、科技以及多领域的特色教育融于其中,在确保学生基础教育得到保障的前提下,进一步拓宽发展的平台,为学生获取更广泛、多元的知识与能力创造了条件,为培养全面发展的人奠定了坚实基础。目前,在"基础教育＋特色"的发展道路上,学校荣获全国柔道教育首批示范学校、全国科普教育示范学校、全国首批中小学体育教育示范学校、山东省心理健康教育等荣誉称号,柔道、心理健康教育、生存教育等已经成为我校闪亮的文化品牌。

学校希望在"融乐汇彩"文化引领下培养更多具有海之品格的人,希望每一个孩子健康、快乐、自信、有责任心、有尊严地成长。

打造"若水"育人文化　促进学校内涵提升

青岛西海岸新区风河小学　王明昌

风河小学位于黄海之滨,风河之畔,青岛西海岸新区海洋活力区。

我们坚持以"让每个孩子都绽放生命光彩"为办学理念,致力于学校文化建设的整体设计,努力创设若水文化育人的氛围,同时形成了"点点滴滴 从我做起"的校训、"山容海纳 追求卓越"的校风、"博学善教 润物无声"的教风、"学于点滴 勤于点滴"的学风,以及以"水德润心"德育品牌建设理念系统。

一、营造若水育人环境，让学校成为蓓蕾绽放的花园

校园环境建设是构建和谐校园文化的重要环节,营造若水校园文化环境氛围,发挥寓教于景、润物无声的作用。我们努力让每一面墙壁,每一个活动的场所都成为若水育人环境。走进校园,整洁的环境给人舒心的感觉,教学楼大厅的若水文化,激

励着我们奋发向上。墙壁上一幅幅内容新颖的壁画、一个个寓意深刻的故事,引导思考,启迪智慧。

积极完善若水走廊的熏陶。走廊、楼梯的设计体现趣味性、教育性。一楼是低年级学生,结合低年级学生的年龄特点把一楼主题定为文明礼仪、道德修养;二楼是中高年级学生,我们把主题定为励志、创新。楼道内还开辟学生作品主题专栏。同时,加强功能室文化建设,结合学科特点布置了主题鲜明、针对性强的文化设施,努力让每一面墙壁会说话,发挥"随风潜入夜,润物细无声"的教育功效。

二、培育若水师资团队,营造团结友爱温馨的家园

"若水教师",我们定位为:"面对生活,有容乃大;面对教研,博采众长;面对孩子,润物无声。"

开展"校长邀约谈心活动",倾听教师的心声;推行教师健身制度,购买羽毛球、呼啦圈、毽子等器材,保证每位教师每天30分钟的锻炼时间,让教师们在平时的工作中能做到劳逸结合,每天都充满笑容,拥有健康的体魄、良好的心态。

通过三笔字达标考核、演讲、朗诵、信息技术培训、教学技能比武等活动提高教师的基本功;开设"教师若水论坛";每学期以"听课周"系列活动为载体,通过教师同伴研修、同课异构、磨课辩课等方式,有计划、有目的地对广大教师实施教育科研培训、科研信息服务等,提升教师科研水平;开展"三课""赛课"等活动,建立教师集体备课有效机制,最终达到人人能当骨干型教师、人人能做研究型教师。

三、构建若水灵动课堂,共生教学成长智慧的学园

有特色的学校才有活力,有特色的课堂才有生命力。充满灵动的若水课堂就是要最大限度地开发"水源",使学生源头活水无穷,激情不断。

1.以生为本,关注每一个学生的生命成长

在若水灵动课堂推进的过程中,我们以激发学生学习主动性为中心,把学生作为课堂的主人,把思考的权利、学习的时空还给学生,让学生有充分表达自己思想和展示思维的舞台,让他们在质疑问难和讨论交流中获取知识,提升能力,感受成功的愉悦。

2.巧用若水评价

作为教师我们应该学会赏识学生,善于发现学生的闪光点,课堂上抓住学生的不同特点,采用多样、灵活、生动、丰富的评价语言,尤其是当学生智慧的火花闪现之

时,我们要不惜言词,大加赞赏,这样才是富有魅力的若水课堂!

3. 实行课堂开放,办好家长学校

每学期我们都组织"家校互通"课堂开放活动,要求每位教师都上开放课。家长走进学校、走进教室,了解学校的管理与发展趋势,了解课堂教学和课改动向,从而更好地配合学校,共同关注孩子的健康成长。

四、开展若水德育活动,打造师生精神幸福的乐园

育人为本,德育为先。以水为源,润物无声。我们始终把学生放在教育的主体地位,坚持"水德润心"的教育理念,有层次、有步骤地开展教育活动,使学生快乐健康地成长。

1. 月主题活动

依托中华传统文化节日,从学生的日常行为习惯出发,结合小学生的年龄和心理特点,我们每个月活动都有主题、有目标、有评价。

2. 月常规活动

(1)若水大阅读活动。每周推荐好书,每月组织读书交流活动(演讲比赛、征文等),提倡亲子阅读、亲生阅读。

(2)若水书法活动。每天下午利用课前 10 分钟练习书法,每月举办一期书法比赛。

3. 兴趣组(队)活动

为了培养学生个性、培养兴趣爱好、挖掘发展潜能,我们以书法、绘画、围棋、快板等为载体组建了兴趣小组,注重培养学生特长。我们还开展评选若水礼仪之星、若水文明之星、若水体育之星等各类若水之星评选活动。

在"若水"文化的全方位引领下,全校师生在"知水之源、赏水之韵、品水之德、悟水之智、习水之能、惜水之润"的全过程中,以水明理、以水增智、以水导行,让水为成长带来丰厚的精神底蕴,为进步提供坚实的思想基础。莘莘学子在"若水"文化的沐浴下,寻到精神生命之源,奠定终生发展之基。

打造润心校园文化品牌

即墨区第四实验小学　王成广

　　即墨柳腔被誉为"胶东之花"，2008 年被列入国家级非物质文化遗产名录。著名诗人、剧作家贺敬之曾经写下了"杯接田单饮老酒，醉人乡音听柳腔"的佳句。近年来，我校把具有乡音、乡情、乡韵的即墨柳腔引入校园，打造"柳腔润童心"艺术特色品牌。学校成立专门干部教师团队，开发柳腔校本课程。我校确立的柳腔校本课程的开发实施目标是让柳腔润泽孩子心灵，不是把学生培养成专业演员，而是以此为载体，通过柳腔知识和表演技能的学习，对学生进行道德品质、文化素养、艺术审美、团结协作、创新实践等方面素养的熏陶与教育，让学生在参与中陶冶性情、砥砺品行、体验成功、发掘潜力，在成长过程中有所收获和记忆，变得有气质、有活力、有内涵，促进学生的全面发展。

　　2018 年 10 月学校开发实施的"即墨柳腔"校本课程被评为青岛市精品课程。2019 年 1 月在山东省第六届中小学生艺术展演活动中案例《让乡音、乡韵、乡情润泽孩子心灵》、校园剧《司马光砸缸》获一等奖。2019 年 7 月，《新墙头记》获第 23 届中国少儿戏曲小梅花荟萃集体节目奖。2019 年我校被山东省教育厅推荐参加全国优秀传统文化传承学校评选。

　　柳腔中很多经典剧目蕴含着丰富的教育价值。如《状元与乞丐》，乞丐命儿子的母亲不信天命，在逆境中立志教子成材；而状元命儿子的父母迷信天命，纵子无度，娇惯溺爱，最后落得家破子毁的下场。《牛》，这是首部柳腔戏曲电影，是根据即墨区道德模范人物杨建哲的事迹加工创作的。《家风》，主要内容是以即墨女孩马俊俊信守承诺替夫还债等故事为背景，演绎了诚信无价的感人故事。挖掘柳腔课程的教育价值，让学生通过柳腔校本课程的学习、体验获得成长的力量，让柳腔乡音、乡情、乡韵润泽学生心灵。

　　柳腔特色的成功打造，得益于我们的一个核心理念，那就是"柳腔润童心"！"润"，讲求内化，用熏陶、体验、参与的方式走进心灵，打动人心，润泽心灵！

　　今年以来，我校领导班子一直在琢磨提炼自己的文化品牌，使之能内化于心，外化于形,以更好地践行于行。"柳腔润童心"特色的打造,让我们眼前再次豁然一亮:通过"柳腔润童心"特色的打造,"润"字已走进了老师们和学生们的心中,我们何不以"润"字为核心来形成自己的文化品牌,于是我们召开了多轮干部会、教师会,确定了以"润泽心灵,立德树人"为核心理念的"润心教育"学校文化品牌.

品牌解读:学生如正在成长的小树,每一个都如此不同,每一个都如此重要! 他们需要老师们春风化雨、润泽心灵、立德树人,才能长成更加枝繁叶茂的参天大树!

办学愿景:打造一所走进师生心灵、促进师生主动成长的润心教育学校。

办学目标:把学生培养成为习惯良好、自信向上、顽强拼搏的阳光少年。

办学理念:润泽心灵,立德树人。

校训:加油,我很重要!

教风:润心灵,共成长。

学风:我努力,我能行!

学校引导老师们把"润心教育"的核心理念"润泽心灵,立德树人"运用到日常教育教学中,智慧育人,享受育人的快乐,师生的精神面貌有了进一步改变,师生的精气神有了进一步提升!

加强校园海洋文化建设,营造海洋科普育人氛围

青岛西海岸新区薛家岛小学　郭太艳

学校是传承和发展文化的重要场所,尤其是学校的师生,更是校园文化的活载体。因此,学校不仅仅要求每一门课程而是整个学校生活的每一项活动,都应渗透、弥漫着文化气息,都应具有共同的文化追求。

走进薛家岛小学,清新的空气扑面而来,令人神清气爽。一棵棵树木绿荫如伞,四季常青;一盆盆鲜花五彩缤纷,清香扑鼻;隽永的"融 容 赢"三字映入眼帘,这里是学生们学习的乐园,也是老师们施展才华的摇篮。我校承百年历史文化,扬"开放包容 创新 进取"的精神,行"仁爱 智慧 精致 柔韧"的道路。我校重点突出海洋教育特色,以创新型教育培养学生的创新精神和实践能力,努力塑造素质全面、个性突出的学生。

69

一、创建具有海洋生命力的校园环境氛围

具有海洋生命力的校园文化环境对人的发展的重要影响是不可低估的。通过"墙、馆、廊、室、课堂"的设计建设,使学校内配设施达到了海洋科技教育的需求。"墙"指校园内、外墙。校园外墙通过手绘,呈现海洋乐园的氛围;内墙为海洋科普知识墙,分为海洋的形成、海洋生物、海洋文化、海洋节日、海洋的开发等几个大的方面,把海洋教育体现在时时处处。"馆"指海洋科技馆,集活动性、趣味性、学习性、研究性于一体,分为海洋生物标本区、教学活动区、活动掠影区三个大的区域,教学活动区是师生进行研究性学习活动的区域。"廊"指教学楼之间的海洋科技教育长廊,"海洋强国之梦长廊"和"海洋生命长廊"。"室"指动物标本制作室、贝壳工艺品制作室、沙画教室、陶艺室。特色教室的建设,为特色课程的实施创造了良好的条件。另外,我们打造了"海洋意识课堂"。通过这些教育活动阵地建设,创设一种情境教育的氛围,让学生耳染目睹,收到潜移默化的教育效果。学校利用室内长廊,积极开展特色海洋文化,通过实物展示、彩绘等制作海洋生物知识长廊 8 块、强国之梦长廊 8 块,海洋生命长廊陈列 50 余种贝壳。

二、加强班级特色文化建设教育氛围

为全面实施素质教育,加强未成年人思想道德建设,着力创建海洋科技教育文化校园,充分发挥特色育人的作用,学校班级管理与"海文化"挂钩。各级部分别根据海洋生物、海洋环境、海洋文化、海洋经济、海洋科技、海洋国防几个方面进行班级命名,并从中提取积极向上的寓意,作为班级文化进行打造,开展相关的活动,从而形成良好的班风。

三、建设海洋特色课程体系

学校重视学生的核心素养,建设海洋特色课程体系,即"基础型课程＋拓展型课程＋实践型课程"三位一体的海洋课程。学校组织骨干教师组成编写组,编写了"海洋科技教育丛书"。本丛书根据学生的年龄特点、知识水平、认知能力和发展需要分层、分类编写。学校以《蓝色海洋教育》为凭借,生成了《标本制作课程》《沙画课程》《贝壳课程》等系列教材,荣获省级优秀教育资源评选二等奖、青岛市优秀教育资源评选一等奖。目前学校已开发海洋教育类校本教材达 35 种,形成了丰富的海洋育人文化。

四、落实海洋教育活动实效

开展海洋主题教育活动,融合拓展教育内涵。为促进我校海洋教育的深入开展,

巩固我校海洋教育成果,增长师生、家长海洋知识,增强海洋权益及国防意识,全面推进学校科技教育制度化、规范化建设和科技教育活动的深入开展,学校每年举行为期3个月的海洋节活动,教师学生全员参与,吸纳社会、家庭、社区等广泛参加。通过各项海洋文化科普活动,培养了小学生热爱海洋、亲近海洋与探索海洋、情系海洋的意识。

校园文化建设是学校的灵魂,也是学校综合办学水平的重要体现。打造特色的校园文化,以人为本,因地制宜,实现环境育人、活动育人,进而促成师生的长足发展,成就师生的精彩人生,形成教育特色。海洋教育是一项系统工程,我们将在实践中深入挖掘蓝色海洋教育内涵,精心提炼海洋教育精髓,创设海洋文化主题校园,大力营造海洋科普氛围,促进学校海洋育人文化向更深层次发展。

自然安静的文化基质

——学校发展的内生力

青岛市城阳区夏庄小学　高彩霞

自然安静的文化基质,是指学校外在彰显规范有序的气质,内在具备持久稳固的精神定力,处处呈现蓬勃的生活气息、生长节奏和生命张力。近几年,夏庄小学致力于走向安静生动的学校生活,专注于培育空间环境的儿童意蕴,专注于推动课堂现场的持续改进,专注于儿童活动的内涵意义,专注于提高教师的实践智慧,走在文化引领的内涵发展路上。

一、精铸管理之“魂”——文化引领

曲水清澈的白沙畔,葱茏恬静的万树园,东与巍巍崂山相邻,时见云蒸霞蔚;北接渺渺水库,常有碧波相迎……依傍于斯,相融于斯——夏庄小学就坐落在这风光旖旎的崂山西麓。学校始创于1916年,迄今已有百余年历史。百年风雨于自然与人文之间成就了学校深厚的文化内涵和清幽的治学环境。

（一）扎根历史　传承发展

在城阳区"实施三大工程,建设教育现代化强区"科学发展的总体战略进程中,按照区教育和体育局"一校一品,一校一特色"的校园文化建设目标,我们思考与探索……学校文化的形成应该是学校主体(校长、教师和学生)所具有的共同理念,同时又是与特定的学校历史传统相联系的。夏小人翻阅古籍,研读历史,继承和挖掘地域文化,形成学校独特的文化。

追溯历史。明代成化初年,栾氏由胶州迁徙崂山西麓九顶山下立村,因山顶云雾缭绕,山下碧水长流,整个山村沐浴在霞光之中,故取村名"霞庄",后逐步演化为夏庄。历史悠久、文化璀璨,这里是中国三大古文化龙山文化发祥地之一。

细细研究"夏",这是一个会意字。据小篆字形,从页,从臼,从夊。合起来像人形。本义,古代汉民族自称,中国之人也;后引申泛指季节——夏季。大禹之子启建立夏王朝时,取万物生长最为旺盛的季节夏作为国家部落标志,寓意强大繁荣之意。

从这个意义上说,夏庄小学的文化首先是人的文化。于大自然中,取山的坚韧,水的智慧,着眼于培养学生的文化人格,拥山之德,怀水之志,心有文韵诗情,胸有苍生世界,灵魂中有中华民族的血脉流淌。夏小人以诗为犁,耕耘桃李千红万紫;以诗为基,把"教师的敬业是孩子的希望,学生的快乐是教师的幸福,家长的满意是学校成功"作为共识,办温暖教育,创高尚服务,建和谐校园,铸百年品牌是学校的教育追求。

（二）润物细无声——一所流淌诗歌的学校

"有诸内而形于外",任何一种外形都是某种内涵的反映。诗意教育的真谛,"遵循天性,守护天真,维护天成,追寻天籁"。当诗意教育成为夏小的校园文化内涵时,必然与夏庄小学的校园环境建设相互渗透,彼此之间互相制约和依赖,构成和谐的整体。

学校以诗歌为基础,以"诗文化"为主题,构建起诗意流淌的环境。"亭台雨榭""碧草书屋""竹林小憩"……校园的每一个角落都流淌着浓浓的诗意。学校楼道,分别以琴、棋、书、画命名。楼道的诗句则把"亲、清、静、净"的校园物语寓于诗中,这些诗句默默地提醒着孩子们既要努力读书又要学会做人。

孩子的阅览室——碧草书屋,"映阶碧草自春色,隔叶黄鹂空好音"出自杜甫《蜀相》。"碧草"喻指夏小学子将像碧草一般成长、学习,以展碧草春色。走进其中,你会感受到碧草书屋童趣、清新的风格。诗歌教育课和阅读课都排进了孩子们的课表,教会孩子们乐读、会读、多读,让书香伴随夏小学子共同成长。

孩子们古朴、典雅的"浣花诗社",摆放在桌上的一本本精美的诗集本,就是孩子们从他们诵读和创作的诗中挑选出来的他们最喜欢的诗和他们自己创作的最得意的诗——《诗社读本》和《学生诗集本》。这间洋溢着诗情画意的小屋是诗社的孩子们最爱来的地方。

在夏庄小学,这样有故事、有来历、有韵味的地方还有很多——诗路花语、朗读亭、三味书屋……校园文化是写在校园天空的大书,也是渗进校园每片砖瓦的细节。

二、激活管理之"核"——和谐教师文化

"凡物之壮大者而爱伟之,谓之夏。"做好教育,办好学校,要教师为本。以"爱"为校魂,把关注师生的生命成长、生存状态、生活质量、生涯发展作为教育的核心理念。

（一）做仁爱之师

教育是温暖人心的事业,教师应该是一个内心温暖的人,教育需带领儿童过温暖的生活。一个教师好管理,而一群教师怎么办? 这就需要营造一种积极向上的氛围,一种自觉践行的文化。学校的做法是:校长带头、干部跟进、党员／名师示范、青年效仿。在践行中,校长和干部、党员教师的示范引领作用不可忽视,要在道德上、情感上、专业上时刻做引领。教师文化建设是个过程,学校采取了一系列举措。

1. 健全学校章程，完善规章制度

健全学校章程,完善党建工作制度、行政管理制度、德育管理制度、教学管理制度、评先奖优、教师工作评价等系列规章制度,进一步规范管理行为,提高管理效益。掌上App,教师随点随学,并采用儿歌形式熟知内容。

2. 重视发挥评价的导向功能

围绕"向上向善,办有温度的教育,做善美教师"这一目标,每学年,学校都要开展特色班组评选和"最美夏小教师"评选。教师文化的核心——"做仁爱儒雅之师"得以充分浸润,"儒雅,就是你不断修炼出来的面对学生时的微笑,时常投向孩子的赞赏的眼光,并能够站住身子,弯下腰还一个鞠躬礼……"

3. 重视团队文化建设

作为学校文化的一个重要组成部分的教研组文化,在教师的成长发展中起着举足轻重的作用,是教师成长发展的"小环境""小气候"。每年春天,花开的季节,学校有一项重要的活动——"绿苑杯"课堂教学比赛。这是学校进行团队建设重要的

渠道。办公室、教室里,甚至连走廊都成为老师们研课的地方。上课前,教研组帮着打印、分发教案;帮着调试多媒体和话筒;帮着带队上课;课堂中随时抓拍精彩瞬间,为青年教师的成长留下珍贵记忆。那些向青年教师竖起的拇指是对青年教师的肯定和鼓励;那紧紧靠在一起的身姿是团队和谐的见证;那发自内心的会心一笑温暖了彼此的心。

和谐生动的教师文化,可以带给教育无限生机。教师节,着学生校服,来一组童年记忆;元旦节,同台献艺,欢声笑语喜迎新春。一个人文夏庄小学、活力夏庄小学、关怀夏庄小学、创新夏庄小学正在长成。

（二）聚焦课堂文化建设,关注教师生涯发展

学校文化必然少不了课堂文化。"诗意课堂"是学校"诗意教育"文化基因的产物和实践创新,"诗意课堂"是简约、生成、共生、智慧、本色的课堂。学校从备课、上课、科研三个维度,引领老师们对"诗意课堂"进行探索和实践,助推教师专业成长。

1.积极为青年教师的培养指路子、铺路子、压担子、搭梯子

学校对新教师提出"一、三、五"培养目标,即经过一年培训后能站稳讲台,三年后能形成自身教学风格,五年后争取成为教学骨干。学校落实师徒结对制度、见习班主任制度等,成序列开展教学节、汇报课、竞赛课、抽签课、教学技能比赛等活动,加快青年教师的成长。

2."抓两头,促中间",狠抓青年教师、优秀教师两支队伍建设

实施"语文工作室""数学工作室""英语工作室""班主任工作室"等实验项目建设,形成层级联动。"名师开讲"活动邀请齐鲁名师、岛城名师到学校送课、讲座,发挥名家名师的示范引领作用。

3.学校以"相约星期三"四维深度合研为载体,聚焦课堂、聚焦教学

通过教材研读、教学设计、微型上课、课堂实践、研磨改进、校际研磨系列过程,形成课堂教学研修的动态模式。在以生为本、以标为纲、以导为方、以学为主的"四为课堂"理念下,展开"基于课标,把握学习目标;基于学情,确定学习内容;基于素养,进行语言实践;基于思维,展开学习过程"的课堂教学研究。

学校以"教学、科研、师训"一体化之路促教师专业素养长足发展。学校60%以上教师执教过区公开课,三十余名教师区市优质课比赛获奖。学校在全区学业水平调研中成绩优异,连续12个学期达区A类水平,连续6年荣获"城阳区教育教学工作示范学校"。城阳区小学教学管理工作现场会在夏庄小学成功举行。

三、锦添管理之"韵"——"春暖花自开"课程文化

课程是文化的载体,每一所学校都有着自己独特的课程文化。立足于学生发展的必备品格和关键能力,通过设计科学合理的学校课程体系,使学校文化力得以充分释放。学校里的每一个孩子都是一朵等待绽放的花朵,教育的目的就是唤醒潜能、发展禀赋 、实现优秀品质,绽放出美丽身姿。

夏庄小学的"花自开"课程理念:春暖花自开。"暖",是指温暖的教育;"自"指自然,秉于自然,顺乎天性。在我们心里,"自然"是儿童的书声,是天使的歌声,是孩子们的笑声,是滋养心灵的声音。课程愿景:夏花绽放满园。给孩子提供合适的土壤、阳光、养料和环境,让孩子自然地、不断地生长,就一定能绽放他独特的美。这就意味着,课程是温暖的滋养,课程是生命的场景,课程是丰富的经历,课程是个性的丰满。

仁善、睿智、健康、优雅,是我们的育人目标,我们将培养目标进行了细化,形成了低中高年级的分段课程目标。每个孩子都有自己的特点,有自己独特的需求,不同的人要有不同的课程来实现"绽放自己"的发展目标,"花自开"课程分为健康、修身、语言、思维、艺术五大类。富有逻辑的课程体系是我们托起未来美丽的姿态,以学生视角开发课程是我们俯下身来闻香的情怀。

(一)扎根历史,传承发展,构建学校文化发展新样态

传承与弘扬地域文化是学校发展的责任与使命,也是学校发展的血脉和营养。学校依托"夏庄农耕""城阳非遗""崂山传说"以及青岛特有的发展历史,将这些地域历史文化资源与学校的办学文化和课程建设相融合,形成"夏精神活动化""农耕文化主题化"和"非物质文化遗产社团化"的思路,丰富学校发展的新内涵,构建学校文化发展新样态。

(1)地域文化课程得到充分落实,要与学科教学整合;与综合实践活动课程相整合;进行隐形课程建设。在校内建"第三教育空间"——百年校史馆、菜篮子美学馆、夏家生态园。

(2)从精神层面引领孩子成长。学校开发"一园一房三馆"劳动特色课程。一园就是校园外的"夏家生态园",校园内的蔬菜种植区,校园外农户的蔬菜园和小果园。一房是学校的"夏家厨房",是学校专门为培养学生的生活技能开设的课程。三馆是学生学习的场馆(学校)、生活的场馆(家庭)、爸爸妈妈工作的场馆(社会)。在青岛菜篮子基地深入开展"寻访菜农"活动,对学生进行农耕文化教育。同学们来到菜地,看到菜农耕作的地方,体验菜农的劳作,现场采访观看菜农的精耕细作,感知城阳农民的勤劳、勇敢。搜集老农具照片,听菜农讲述每一件古老的农具承载着农耕

文化的记忆,传递着远古先民风餐露宿、日出而作日落而息的生活印记。

（3）学校还有很多的非遗社团,有体育运动类的,有毽子空竹类的,还有一些地方曲艺类的,也有一些手工艺术类的,如扎染、拓年画。每周都有一些民间的老师到学校的来指导我们的老师和孩子们学习这些门类的技术。学校把地域文化的课程建设和孩子们的特长发展结合起来,根据非遗文化创编的舞蹈《花饽饽》获得城阳区原创作品大赛一等奖;非遗舞蹈《甜甜的糖球》参加了2019东亚文化之都（青岛）文艺演出,并受邀参加手拉手学校青岛枣山小学"艺动城乡"展演活动。

（二）构建开放、融合、创新型社会化学习生态

"学习在窗外,他人即老师,世界是教材"。社会实践是培养未来公民社会实践能力和社会责任感的关键环节。学校充分利用校外资源建设行知课程,走进中国海洋大学培植梦想;在青岛纺织博物馆追溯百年母亲工业;走进莫言家乡,领略红高粱文化,感知诺贝尔文学奖获得者的成长环境……实践学习已成为学校教育的新常态。正逢中华人民共和国成立70周年,夏庄小学的学子开启特殊的"走读青岛·点赞祖国"红色走读之旅。小小脚丫走出校园,在"校外课堂"中丈量青岛的发展与变革,了解青岛的人文历史,感知齐鲁名人的精神气节。校园内,国旗下课程根植"社会主义核心价值观",开设"红色课堂",听老红军老党员讲红色故事,将中国梦的种子播撒在心中,争做向上向善好少年。

四、抓住管理之"要"——融合支持力量

学校管理,不仅要抓好内,更要用开放的心态凝聚社会的力量,赢取更多的支持。这一内一外两股力量,往往也是办学成功的关键。

（1）构建校内外合力育人的共同体。学校重视家校合作,注重引导家庭建设。通过家长学校、家长驻校管理、家长课堂等形式有效实现家庭教育与学校教育的融合。深耕家校合育沃土,实施立体化融合式发展的"7＋N"家校合育模式,构建起校内外合力育人的共同体,实现家校教育思想、目标、行动一致的同频共振,以完整的教育助力学生成长。

（2）深入推进教育"共同体"建设。开放办学,做好区域交流和对外交流工作。学校先后与甘肃省成县沙坝学区、平度市崔家集小学、贵州关岭岗乌小学签订帮扶协议,着力推进对口帮扶工作。组织甘肃成县校长考察团;组织平度崔家集小学、甘肃成县、贵州岗乌骨干教师跟岗学习,夏庄小学骨干教师多次送课帮扶学校,在交流互动中同参与、同研究、同提高。

（3）寻标对标定方向，提升学校品质发展新境界。认真审视发展进程中的经验、问题和困惑，精心寻标深圳市翠北小学建立合作发展模式，作为今后学校发展的引路典型，在文化建设、队伍打造、课程建设方面增加发展优势。

融合的家长社群文化，学校从传统的一个孤立的学习场景转变为了一条纽带、一个连接点、一个平台。在此过程中将其影响辐射至家庭、社区乃至社会，与历史、自然及文化相呼应。

教育是"慢"的事业，"静专""笃行"，学校才能由内而外衍生出一种趋向质变的生长力量，实现自身的不断超越。近年来，在务实精进的管理下，学校质量领先、特色突显，获得社会的认可、家长的支持，学校正式迈入了跨越式发展的轨道。我校20余人获市、区优秀教师、教学能手、青年教师优秀专业人才等荣誉称号；30余名教师参加市区优质课比赛获一、二等奖。学校先后获评为全国小学语文"开放创新"教学研究实验基地、全国家长学校建设实验学校、全国国际象棋特色学校、全国"零犯罪学校"、山东省规范化学校、山东省人工智能试点学校、山东省优秀《齐鲁少年》小记者站、青岛市德育工作先进集体、青岛市文明单位、青岛市文明校园、青岛市立德树人美丽校园、青岛市优秀家长学校、青岛市优秀家长委员会等荣誉称号。

文化助力，让教育充满生长的气息

青岛长阳路小学　戴　茜

为营造学校发展的文化场，打造一所"童年如花，朵朵精彩"的学校，学校确立了精神引领，创设氛围，打造特色文化育人之路。

一、创设"童年如花"品牌，让学校更具吸引力

"校长，我也能走上舞台，站到那块红毯上吗？""校长，原来电脑是这样的呀！""校长，我能把家里的小金鱼带到班里吗？"……这些学生稚嫩而新奇的小想法、小要求，引发了校长的思考：学校新市民子女的数量急剧上升，已占全校学生比例的65%，如何使来自全国五湖四海的学生尽快融入青岛城市生活，经历由表及里的成长，变得更阳光、更自信、更快乐？如何使学校充满吸引力，有自己的特色属性？

结合学校实际,我带领干部教师从关注每个孩子生命发展的角度出发,提炼出了"童年如花"特色文化品牌,建立起以"尊重生命、尊重规律、尊重差异、尊重发展"为核心的学校教育思想体系,逐渐形成了"花儿课程""花儿课堂""花儿社团"等特色文化建设路线图。

二、构建"花儿朵朵开"体系,让孩子更具个性化

围绕"感恩""美德""责任""创新""多元""自主""快乐"等元素,最终确立了以生活素养为核心,适合长阳学子发展的四大基本素养——公民素养、语言素养、科学素养和艺体素养,并以此为导向,构建了"花儿朵朵开"课程体系。

"亲爱的小花朵们,你们从早上一踏入校门就开始期待着美餐了吧? 或是说,很多同学在昨天晚上就在憧憬如何在'美食战场'大显身手,当一名小小美食家了吧? ……"这是我曾经写给四年级一班孩子们的一封信,里面提到的美食大餐其实就是我校"花儿朵朵开"课程中的一门。只有尊重孩子的情感、亲近孩子的思维,才能让课程变成孩子们喜欢的样子。看,绿色天地的郁郁葱葱;闻,点心工坊的阵阵飘香;学,Flash 动漫设计;做,E 时代的新人;小小排球,练出了健康与从容;小小剪刀,剪出了智慧与快乐……生趣盎然的课程设计之风在学校蔚然兴起。

三、打造"1+X"花儿课堂,让孩子更具创造性

适合孩子成长的教育就是最好的教育,孩子之所需即为学校之所择。那么,孩子们最喜欢什么呢? 是快乐,课堂也不例外。为此,学校努力夯实课堂基础,从关注学生感受出发,进行"1+X"花儿自主课堂学习方式的实践与探索,并发布了"花儿课堂实施纲要"。如今,"追求尊重差异,突出自主发展"已逐渐成为长小师生生命律动的内在节拍。

"校长,我想参加这次朵朵自主管理集团的应聘,您能支持我,投我一票吗?""我终于得到十佳朵朵的奖章了!""我喜欢上学,因为每天都有新发现。"现在,班级内的每个孩子都是小能人:在运动场上每个孩子都是小健将,在蓝天下每个孩子都是小画家,在舞台上每个孩子都是小演员,在校园里每个孩子都是小明星……花儿课堂,沁人心脾,正诠释着自主成长的理念,演绎着花团锦簇般精彩童年。同时,学校启动了"花儿少年成长行动计划":推行"花儿朵朵走四方"社会实践活动,组建七个"花儿社团",即"花儿义工社""花儿亲自然""花儿爱运动""花儿探星空""花儿寻历史""花儿美食团"和"花儿与消防"。孩子们在活动中用自己的行动证明了"每一个你我都可以成为最好的自己"。自社团成立伊始,孩子们便成立了自己的合唱团、篮

球队、民乐团、曲艺社、京剧团、舞蹈团，自发组织了"军营里的娃娃兵""我做建筑设计师""污水处理调研""走进非遗"等社会实践活动。在这里，晨诵、午读，日复一日；读书节、艺术节、科技节、体育节，年复一年。春种夏耕，秋收冬藏，孩子们正在努力收获属于自己的"精彩花季"。

洮花朵朵竞开颜

——"育心"文化特色办学探索之路

青岛洮南路小学 孙文欣

青岛洮南路小学以人为本，遵循规律，着力唤醒、激发和培育师生内心成长的力量。从入心的学校管理、共心的师资队伍、精心的课堂教学、润心的德育活动和悦心的评价体系，探索出"洮花朵朵开"五位一体实施途径。2016年，学校喜获教育部颁发的全国心理健康教育示范校称号，成为全省唯一一所获此殊荣的小学。

一、人文关怀——入心的学校管理

学校管理始终从"人本关爱"的角度出发，形成以开放办学、民主管理、团队共赢、激励机制为支撑的管理文化。学校"敞开大门办教育"，通过家长开放日、家长义工驻校等活动尽可能满足家长的诉求与建议，获得家长从心理上的认同感。学校在推行全员聘用制、项目负责制、评优选先等运行机制过程中，用共同的价值追求凝结人心，用贴切的管理制度形成合力，坚持将民主决策与校长负责相结合，层级管理与项目管理相结合，年级组全面管理与年级学科教研组管理相结合，逐步建立管理分权、职责明确、任务落实的运行机制。学校通过"怡情工程"的开展，通过健身解压、文化传承、团队建设等方面的文体活动不断提升教师的审美情趣与生活态度，形成充满人文关怀的和谐团队。学校注重发挥评价对教师的导向激励作用，定期评选"感动洮小月度人物""党员先锋岗""最美教师""特色教师"等称号，发现教师的闪光点，多元肯定不同特质的教师个体和团队。

二、激发潜能——共心的师资队伍

学校以培养高尚师德与锻造专业师能为目标,打造共心的教师队伍。学校广泛发掘师德楷模,注重表彰校园内的优秀教师师德典型,并大力弘扬崇高师德形象。近三年,学校教师分获全国优秀教师、山东省优秀教师、青岛市优秀教育工作者、青岛市优秀教师、青岛市学科带头人、青岛最美教师……每月一次的"感动校园月度人物",学校都通过微信平台定期推出教师风采展,唤醒教师个体内在行动力,激发团队合作自豪感,使广大教师学有方向,做有动力。学校搭建平台,积极聘请专家、名师做客"洮小讲坛";同时又积极外派教师赴教育发达地区深度学习、开阔视野。在学校的大力支持下,学校专职心理教师顺利通过国家二级心理咨询师考试。学校现有国家三级咨询师4人,中级心理健康辅导员十余人;专职心理教师1人,兼职20人。学校拥有以培养拔尖教师为主的"特色教师工程"、以培养骨干教师为主的"洮园英才青年人才库",以及以培养新任教师为主的"洮园新秀团队"。通过有针对性的分层培养,不断提升教师队伍的全面素质。

三、情智共生——精心的课堂教学

学校着力打造以平等和谐、多维互动、以情启智、情智共生为特征的课堂教学模式。随着对心理效应、情感过滤说等理论学习,老师们将学习动机、学习风格、学习策略等非智力因素引入教育教学全过程,"情智教学"的课堂模式也逐步形成。根据"洮小情智课堂"评价标准,教师们的教学设计更加符合学生心理特征与认知水平,创设多元学习情境,激发新知学习动机、开展多维交流互动、突出情感体验学习、提供尝试表现机会。渐渐地,教室中安全平和的心理环境,师生间平等和谐的心理相融、课堂上心灵之间的互动融合,赋予了教学以提升精神生活品位的独特意义,让洮小的课堂焕发出蓬勃的生命张力。2017年,学校又根据教育部相关标准,制定了"洮小学子六大积极心理品质",并据此设定了24项培养目标。

四、顺木之天——润心的德育活动

学校从儿童心理出发,以孩子们是否喜欢参与,全体孩子是否能投入参与为重要判断标准,开创了以道德修养、健康生活、特色文化和综合实践为主题的德育活动,形成了独具特色的"金色童年"德育活动体系。学校结合"全国心理健康日",让学生在心理戏剧展演、心理绘画、悄悄话对你说等精彩纷呈的活动中尽情地展现最好的自己。学校还结合学生成长的心理节点,专门开设"心灵成长"课。洮小新生踏入学校的第一天,是带着自己喜欢的玩具参加"入校课程",在点朱砂、击鼓、拜师、描红中迎接人生开笔礼;新队员们是在"入队课程"中带上鲜艳的红领巾;孩子们也会在"十岁课程"中庆祝人生中的第一个十年;在小学阶段的最后一堂"离校课程"中留下笑声和泪水,带着不舍和憧憬离开母校。每一次开心的笑声和感动的泪水都正是这入心入情的活动所带来的特有表达。

五、多元评价——悦心的评价体系

学校以"人的自我实现"为价值追求,确立以多元主体、创新载体、树立自信、全员覆盖为依托的评价体系。"花开洮小"师生颁奖典礼是全校师生共同期待的表彰仪式。在全国、省、市、区、校级比赛中的获奖以及在各个方面表现突出的学生都会走上领奖台,在全校师生的注目中和掌声中完成一次次充满着仪式感和荣誉感的获奖体验,每学期实现对不同潜能方向学生100%的奖评覆盖率。学校还不断创新评价载体,从儿童的天性出发,创立幻影洮园小影评、亲子互动小当家、动手实践小创客等八项别样的表彰项目,不断激励学生全面发展,让师生共享幸福的教育生活。

今后的洮南路小学,将会更加善用"育心"文化凸显学校个性,在优雅的校园环境中,人文的民主管理中,思辨的课堂智慧中,开怀的校园活动中,阳光的师生面貌中,呈现"育心"文化滋养下的教育新样态。

青岛百盛希望小学"百花盛开 朵朵出彩"

青岛百盛希望小学　乔严平

学校文化是一所学校全体师生员工认同和遵循的价值取向、行为准则、道德规范和思想作风的总和,体现的是全校师生的主流价值观。学校文化建设是学校最高层面的建设,它引领着学校各项建设,推进学校的可持续发展,提高教育的品质。优秀的学校文化可以造就良好的人文环境,陶冶学生的情操,培养学生的健全人格,引导学生树立社会主义核心价值观,培养全面发展的优秀人才。

作为文化,价值理想是核心,传承积淀是基础,理解认同是关键,行为自觉是追求。学校文化以具有学校特色的精神形式、制度形式和物质形态为外部表现,并影响和制约着学校群体成员的活动方式、精神面貌与文化素养。

一、精神文化

精神文化是学校文化建设的核心工程,是学校最高层次的思想和战略系统,是学校形象定位和传播的基点,是学校的精神契约,是意蕴深厚的精神标杆,是学校的文化精魂。它对内激励师生为学校的办学目标而奋斗,对外展示学校的价值追求。

(1)文化定心。"百盛"之名来自一所捐资建校企业,建校以来,百盛已经成为区域内的新地标。我们发现,百盛一词本身具有丰富的教育内涵和人文情怀,我们发掘了校名"百盛"本身蕴含的教育价值,由"百盛"展开,还原"百花盛开"的本意,由此做出这样的定位:百盛是一所学校,是一个百花园,更是一种富有诗性的办学追求。我们从中找到了"出彩教育"这一办学特色的出口,用"出彩教育"撬动学校内涵发展,于是形成了这样的文化定心:

百盛是艺术的百花园,百花盛开在枝繁叶茂的知识之树上;
百盛是文学的百花园,百花盛开在倾听花开的童话王国中;
百盛是教育的百花园,百花盛开在静待花开的育人艺术里。

(2)文化主题(契合办学宗旨):百花盛开,朵朵出彩。我们以"百盛"为文化源头,运用我们对百盛一词的独特理解来确立与学校身份相匹配的文化主题——百花盛开,朵朵出彩。我们既把校名"百盛"巧妙嵌入文化主题,又把学校的核心理念——"出彩教育"嫁接到文化主题之内;既体现我们把每位学生比作盛开的花朵,把"百盛"校园比作教育的"百花园",又用"百花齐放"来描摹百盛人的生活样态,用"出彩"来表达百盛人的价值取向。这样,让文化主题既成为学校的办学宗旨,又成为最恰切的公益广告语,还为学校张贴了最符合自己身份的文化标签。我们以此为主干开枝散叶,将极具灵性的文化触角伸及工作中的方方面面。

(3)办学目标:办百花争艳的特色学校,铸人人出彩的教育品牌。首先,在尊重学校历史,谋求创新发展;尊重社会需求,谋求内涵发展的基础上,由百花的表象走向百花的内在,体现了新时期学校发展的基本策略——文化立校,特色发展。其次,瞄向树立村级小学的标杆,形成胶州教育的一张教育名片,提升百盛小学的品牌示范作用,对周边、对胶州,乃至山东产生强有力的辐射作用。用更加开放的思维来办学,它体现在先进的办学理念、现代管理制度、超前的课程文化、开放的课堂形式等与世界教育的并轨与同步。

(4)教育理念:出彩教育——为每一朵鲜花找到芬芳的方向!"出彩"意思是表现出精彩来,比喻十分完美地展示自己的长处。每个人都有自己的强势智慧,出彩教育就是一种扬长的教育,它面向的是全体学生,它不忽略每一位学生的存在,肯定每一个人存在的价值,它尊崇的是"三百六十行,行行出状元"的教育思想,它赞赏的是"每一朵花都有它艳丽的色彩"的观念。出彩教育的目标就是为百盛的每一朵鲜花都找到芬芳的方向,让每一朵鲜花都出彩,让百盛的师生找到生命的价值,焕发出新的生命活力。

①打造出彩课堂。我们将以愉悦高效为根本要求,以"人人出彩"为课堂目标,出台"出彩课堂"标准,加强科研力度,规范课程实施。

②推出"百花竞艳,人人出彩"德育品牌。我们为落实立德树人的根本任务,立足文化创建,通过德育一体化工程和评价体制改革,创建具有百盛印记的德育品牌。

③启动"出彩"教师培养计划。我们将以"出彩课堂"为抓手,通过课例教研、专题研讨、教学展示、集体备课等活动,扎扎实实搞教学研究,提升教师教育教学水平,培养有较强影响力的名师。

（5）学校精神:一花独秀不是春,姹紫嫣红春满园。这句话中体现了"公平、平等、开放、包容"的精神。首先,学校教育是公平、平等的,它不是掐尖式的精英教育,而是面向全体学生,我们肯定每个人的价值,为每个人提供平等的机会,为每个人提供公平的环境。其次,学校教育是包容、开放的,我们认为文明是多姿多彩的,不同文明凝聚着不同民族的智慧和贡献,没有高低之分,更无优劣之别,所以在教育上做到人类文明兼收并蓄,以期让世界姹紫嫣红。

（6）校风:百花竞艳 各美其美。让校园中的每一朵花都生机勃勃,都竞相开放,都展现自我,让每一朵花都成为校园中的一道独特的风景。

（7）教风:百家争鸣,标新立异。校风辐射到教学上,体现了百家争鸣、标新立异的教风。

（8）学风:博学博取,多才多艺。

（9）学生观:一花一世界,一沙一天堂。

（10）学校铭言:

用一双童话的耳朵随时倾听花开的声音。

时光不语,静待花开。心平气和,淡泊流年。

二、形象文化

（1）校徽——百盛的精神图腾。

（2）校歌——有旋律的学校宣言。

（3）吉祥物——学校最可爱的大使。

（4）校报——《一路花香》，最便捷的文化名片。

（5）电视台——有声有色的文化平台。

（6）学校网站——最浓缩的芯片。

（7）家校联系卡—— 连心花巷。

三、环境文化

苏霍姆林斯基说过：物质文化建设是校园文化建设的重要组成部分，健康优美的校园环境就像是一部立体的、多彩的、富有吸引力的教科书，它有利于陶冶学生的情操、美化心灵、激发灵感、启迪智慧，也有利于学生素质的提高。当师生置身于整洁、优美、文化品位非常高的校园环境中时，就能使人精神振奋、愉悦，潜移默化地陶冶人的情操，使人积极向上。

我们的环境文化站在"百花盛开，多多出彩"的同一起点上，立足"幸福快乐的百花园"这一立意，将学校环境化成"花"的海洋。校园环境分为实花园和虚花园两条线索，一实一虚，或隐或现，让学生在校园中可以寻梅，可以访兰，也可以问菊，还可以品竹……真正营造"一花一世界"的教育意境，达成自然的生态美、布局的有序美、形式的诗意美、意境的宁静美、物语的内涵美。

四、文化呈现

（一）主体建筑

大门口：引言墙

当你漫步于百盛校园，沿着一路花香的小径，触目可及是万木竞生、姹紫嫣红的景象：玉兰怒放，繁茂美艳；海棠吐蕊、花姿动人；桃花含苞，楚楚有致；杏花点点，满树似锦；梨花如雪，迎风俏丽；樱花树树，飘落纷纷；满枝金黄的连翘，花香浓郁的迎春……每朵花有每朵"花"的色彩，每朵花有每朵花的姿态，你不让我，我不让你，都在不遗余力地展示着自己的风采，装扮着美丽的春天，构成了一副"百花盛开，朵朵出彩"的画卷。

1. 教学楼：命名为"沁芳楼"

沁芳意即飘出花香。百盛人比作花，那百盛人的雅品雅行就是花的馨香，故命名为沁芳楼。

大厅：

（1）东墙：主题墙——"百花盛开，朵朵出彩"。

（2）西墙：

办学目标：办百花争艳的特色学校，铸人人出彩的教育品牌。

教育理念：出彩教育——为每一朵鲜花找到芬芳的方向！

学校精神：一花独秀不是春，姹紫嫣红春满园。

校风：百花竞艳　各美其美。

教风：百家争鸣，标新立异。

学风：博学博取，多才多艺。

（3）一楼走廊：北墙玫瑰花语——予人玫瑰，手有余香。

南墙：学生作品展示栏。（本层用玫瑰花或花瓣做载体，呈现内容）

（4）二楼走廊：北墙月季花语——持之以恒，等待希望。（美艳长新）

南墙：学生作品展示栏（本层用月季花或花瓣做载体，呈现内容）。

（5）三楼走廊：北墙石榴花语——求真向善，朴实无华。

南墙：学生作品展示栏（本层用石榴花或花瓣做载体，呈现内容）。

（6）四楼走廊：北墙水仙花语——高雅素洁，吉祥如意。

南墙：学生作品展示栏（本层用水仙花或花瓣做载体，呈现内容）。

2. 公寓楼：命名为"玉英楼"

玉英为花之别称。明张叔元《宜春令·纪情》套曲："怪无般野蔓闲藤，缭绕琼枝妒玉英。"

3. 办公楼：命名为"问菊楼"

走廊：菊花花语——孤标傲世偕谁隐，一样花开为底迟？（本楼用菊花做载体，呈现师生作品展示）

4. "访兰楼"

走廊：兰花花语——高洁典雅，刚柔并济。（本楼用兰花做载体，呈现师生作品展示）

5. "寻梅楼"

走廊：梅花花语——疏影横斜水清浅，暗香浮动月黄昏。（本楼用梅花做载体，呈现师生作品展示）

6."赏桂楼"

走廊：桂花花语——何须浅碧深红色,自是花中第一流。(本楼用桂花做载体,呈现师生作品展示)

7."品樱楼"

走廊：樱花花语——纯洁高尚,绚丽浪漫。(本楼用樱花做载体,呈现师生作品展示)

8.爱莲楼

走廊：莲花花语——出淤泥而不染,濯清涟而不妖。(本楼用莲花做载体,呈现师生作品展示)

9.如雪楼

走廊：梨花花语——粉淡香清自一家,未容桃李占年华。梨花冰身玉肤,凝脂欲滴,妩媚多姿,应该是柔的化身；梨花,抖落寒峭,撇下绿叶,先开为快,独占枝头,它是刚和柔的高度统一。(本楼用梨花做载体,呈现师生作品展示)

10.流丹楼

走廊：桃花花语——满树和娇烂漫红,万枝丹彩灼春融。(突出桃花盛开时鲜艳明丽的色彩来烘托烂漫的春光,使人仿佛见到繁花满枝,万树流丹的壮观景象,可用于描写桃花盛开时的美丽景色)

"桃花一簇开无主,可爱深红映浅红"。

(本楼用桃花做载体,呈现师生作品展示)

(二)校园景观

一苑一坞秀,几园四廊香。

(1)借翠苑。

(2)绘锦坞。

(3)瑶云园、蝶阵园、月茗园。

(4)春蕾廊、夏蓓廊、秋芝廊、冬香廊。

(三)教室文化

可以考虑用花来命名班级。每个班就是一个主题"小花园",用来命名的花就是班花,可以深刻挖掘每一朵花的深刻文化内涵,借助它的内涵构建班级的班风、班训,创作班旗、班徽、班歌,进一步形成百花竞艳的文化格局。

（四）办公室文化

一是可以站在"园丁"角度；二是也可以站在"花"的角度考虑文化的创建。三是构建"百花"课程体系。

课程是儿童全部学校生活的总和。为儿童提供什么样的课程，就是为儿童提供什么样的成长。因此，我们的课程定位为学生自主发展的跑道、广泛参与的桥梁、厚实文化基础的载体、成为完整的人的路径。

我们认为适合儿童发展的课程，才是有生命力的好课程。因此顺应儿童天性，尊重儿童自由，发展儿童特性，理清儿童、课程、教师和学校之间的关系，让他们在学习和生活中身心自由，成就独特的自我，是我们对课程建构的哲学思考。我们以培养"全面发展的人"为核心，紧扣人文底蕴、科学精神、学会学习、健康生活、责任担当、实践创新六大核心素养开发开设课程，做好学校选修课程与国家、地方课程的有效衔接，充分挖掘校内外资源，坚持从儿童出发，以满足儿童个性化成长，结合学校文化主题，立足出彩教育，落实"为每一朵花找到芬芳的方向"的目标，创建具有百盛特色的课程体系。

为满足孩子生命成长需要，我们以学校实际为课程的立足点；以核心素养为课程的抵达点，初步制定《百盛小学课程实施纲要》，开发并实施"百花"课程体系。

1."百花之蕾"基础性必修课程

包括思品、语文、数学、英语、科学、音乐、体育、美术、信息技术、安全教育、环境教育、传统文化、校内外实践活动课程。

拟整合为以下六大学科：

①阅读与表达；

②数学与生活；

③信息技术与科学；

④艺术与审美；

⑤体育与健康；

⑥校内外实践活动。

2."百花之瓣"个性化选修课程

我们努力为儿童提供更适切、更多元、更丰富的课程选择。学校设语言类、书法类、体育类、绘画类、手工类、曲艺类、科普类七大类社团。让学生自主建构知识结构，选择更适合自己的学习方式；自主布置有性格的教室、独立选择社团，开展小课题研究，助力自主多元发展，释放儿童潜能，张扬儿童个性。让学生在多样选择，多种体验下收获学习的进步、能力的提高。

3．"百花之蕊"学校特需课程

包括国学涵养课程、艺术熏染课程、环境隐性课程、"出彩少年"德育课程、胶州"非遗"课程等。

特需课程在于凸显学校鲜明的艺术特色、书香特色、德育特色。大力开展中华经典诵读活动。在活动推进中，通过古诗文诵读、课本剧、话剧、表演剧等形式，传承中国优秀的传统文化，感悟经典诗文的丰富内涵，涵养师生的性情品德，提升人文素养与创新素养，形成"百盛"独特的读书氛围，打造具有浓厚文化底蕴的书香校园。积极推进书香班级、书香校园、书香之家建设，积淀学校、家庭文化底蕴。

四、德育文化

为落实立德树人的根本任务，立足文化创建，通过德育一体化工程和评价体制改革。

我们以"鲜花出彩，香远益清"为主题，开展"养成教育"。首先，我们确立"出彩鲜花（少年）"的标准，让鲜花的出彩与五大校园生活规范《课堂规范》《卫生规范》《礼仪规范》《升旗规范》对接。其次，通过"红艳鲜花（少年）、琼姿鲜花（少年）、馨香鲜花（少年）、出彩鲜花（少年）"的评选创新评价方式，推出四级层次递进式评价机制，同时赋予各种鲜花激励功能。最后，与课程建立连接，形成一体化的德育路径，培养学生良好的行为习惯和法制观念，创新德育形式，形成具有百盛印记的德育品牌。

精心运筹，营造德育的"场"

胶州市铺集镇张家屯小学　丁万春

"与善人居，如入芝兰之室，久而自芳也。""随风潜入夜，润物细无声。"学校教育，就是要营造让道德行为给生命以美和尊严的氛围。从明确本真教育的办学指导思想之初，学校领导班子就将校园德育文化建设摆上了重要工作日程。

一、典型案例

我校六年级振宇同学是一个博学强记、思维活跃、表达清晰的优秀学生,但正因为如此,他也常常独霸课堂。为了这个问题,学校老师在课堂上与他僵持过很多次。有一次就因为老师说了一句"你先放下手",就伤了他的自尊心,几天未到校上课。现在的孩子情绪敏感,有个性,像这样品学兼优的学生在思想上出现问题不在少数。最后这名学生在师生及家长共同教育下,才认识到自己的错误。

二、案例分析

在学校教育中,无论是智育还是德育,课堂无疑都是主阵地。在课堂上,孩子习得了交流、互助、自律与思考的能力,获得了高分成绩。而在课下,我们教师却很少关注学生的品行,这样在德育教育方面的缺失,对我们今后优秀人才的培养,都是弥补不了的遗憾。

三、对策建议

1. 匠心布局,建设校园"硬"文化

为营造浓厚的"本真"特色教育氛围,学校对校园文化建设进行了统筹规划,本着"让每一面墙壁都会说话、每一个角落都能育人"的校园文化设计理念,构建了立体化学校文化建设体系,力求实现学校文化与德育的整合统一。

学校的校园处处都展示着学校的本真文化。迈步走入教学楼一楼大厅,映入眼帘的是充盈着浓浓文化气息、古色古香的门厅文化墙,墙体上悬挂着"让每一位学生走向成功"的办学理念和育人目标。拾级而上,你会发现学校的教学楼楼层是按照"仁、义、礼、智、信"的文化理念逐层设计的,每个楼层悬挂张贴着的匾牌、诗文都彰显着相应的主题德育文化。

2. 全心全意,建设校园"软"文化

只有校园墙体上的"硬"文化是远远不够的,全体教职工和家长以身作则的言行所展示的"软"文化才是更加重要的。鉴于此,学校借助每周的干部会、党员会和全体教师会,反复阐述学校的办学思想和举措,以求统一思想、达成共识。学校要求,管理干部必须首先要做好教职员工和学生的带头人与示范者,但凡要求教师和学生做到的,干部必须率先垂范,以身作则。但凡要求学生做到的,无论是学科教师还是班主任,都必须立足岗位职能尽职尽责。学期末,德育处负责对学生进行德育"行"的考核,考核的内容主要包括班级学生在学期中礼仪、卫生、纪律等常规德育项目和基

于年级德育主题下的特色德育实践活动质量，考核成绩计入该班班级全过程量化。

校园"硬"文化和"软"文化的协同发展，使得"人人都是德育工作者""校园无小事、事事教育人"不再是一句空话，为学校的本真教育的落实奠定了坚实的基础，成了有力的保障。

苏霍姆林斯基告诫我们："不要让上课、评分成为人的精神生活的唯一的、吞没一切的活动领域。如果一个人只是在分数上表现自己，那么就可以毫不夸张地说，他等于根本没有表现自己。"而我们的教育者，在人的这种片面表现的情况下，就根本算不得是教育者——我们只看到一片花瓣，而没有看到整个花朵。努力让每一个孩子都绽放成完美的花朵，而不仅仅是一片单薄的花瓣，这正是我们教育工作者的工作愿景。

厚植德育根基，营造育人文化

青岛市崂山区凤凰台小学　孙吉昌

一、背景

校园文化建设是一个学校提升办学品位，全面推进素质教育的重要保证。良好的校园文化对学生思想品质、道德情操的形成具有潜移默化的作用，对陶冶和塑造学生的美好心灵会产生积极影响。作为一种文化现象，校园文化是指在整个学校教育过程中由师生共同创造的物质财富和精神财富的总和。它包括物质形态的校园设备设施、文化设施，活动形态的校园活动，以及由此作用于师生内心的心理形态的积淀，通常反映在学生课堂以外的情景设施以及课余时间组织。

在当前新课程改革背景下，加强校园文化建设，对于优化育人环境，全面贯彻教育方针，真正落实素质教育，提高整体办学水平，具有不可替代的重要作用。校园文化建设是实施素质教育的载体，也是学校教育管理的一项重要内容。

二、典型做法

（一）铸造灵魂，树立育人文化核心

走进凤凰台小学校园，第一眼你会看到这块刻着"铸墨生华"四个大字的石头。

这四个字,是我们凤小教师"行胜于言、生存于心"的精神写照。这块石头,代表着凤小教师立志"让每个生命绽放光彩"的育人信念。往里走,就是学生们最崇敬的雷锋石像,每年三月是我校的"雷锋教育月"。在凤凰台小学,雷锋精神代代相传,永不磨灭。学校树立了"立德树人"的育人文化核心,在校园文化的设计中,"立德树人"的理念随处可见。

(二)创建品牌,"海洋文化长廊""师德长廊"会说话

2017年以来,"全国海洋科普教育基地"和"青岛市爱国主义教育基地"先后在我校挂牌成功。我校先后组建了海洋科普教室和海洋长廊,让学生在校园里如同走进海洋博物馆,能够亲身感受海洋文化气息。

教学楼三楼是我校的"师德长廊",整条长廊会让你感受到儒雅的师者风范,处处彰显我校教师的师德魅力,与我校"立德树人"的育人文化核心相统一。

在凤凰台小学,处处都有充满教育意义的设计。走进美观大方的班级,给人的感觉是整齐、清洁、生动,呈现出一种朝气蓬勃、清新雅致的文化氛围。每个班级利用后黑板、内外宣传栏,向同学和老师们展示着自己班级的文化。教学楼外的花坛内,金桂和耐冬错落有致,与充满朝气的教室相映成趣。清洁淡雅的教学楼和绿意盎然的景致相映生辉,学生身在其中就是在体验美、感受美、享受美。

(三)依托活动,提升校园文化氛围。

中小学开展文明礼仪教育,全面提高青少年学生的思想道德素质和文明礼仪素养,必将为他们的文明生活、幸福成长奠定坚实的基础。我们长期秉持"育人为本,德育为先"的办学理念,根据学生年龄特点和认知水平确定了具体的文明礼仪教育内容,体现了科学性、系统性和可操作性。

每年的重阳节,我们组织学生到敬老院,为那里的孤寡老人送温暖,献爱心。学生们通过和老人拉家常、询问老人的身体情况、帮助老人打扫卫生等活动,把爱心献给了孤寡老人。每年"雷锋教育月",学生们办手抄报,走上街头、社区做好事,已然成为一种习惯。母亲节、端午节、中秋节、春节……各项活动都如火如荼地开展,我们班级依托学校举办运动会、文化节、艺术节等多种有益于学生身心发展的文娱、体育活动,让学生在丰富多彩的校园生活中得到熏陶。利用校园广播站、学校网站、校报、橱窗、黑板报等宣传阵地,积极宣传文明礼仪知识,表扬涌现的好人好事。

三、实施效果

通过学校大环境和一系列的教育实践活动,创设了良好的育人环境,全方位提高了我们学生的文明素养，使学生成为优雅大方、豁达乐观、明礼诚信的合格小公民。

四、问题与反思

在学校育人文化建设中，要注重校本原则。立足校本，植根校园，建设个性鲜明的校园文化。深入挖掘学校办学所积淀下来的文化内涵，并尽量物化；不断吸收先进文化，生成、创造学校自身的文化。因此，在以后的工作中，我们要更加善于发掘我校学生的优秀品质，找到他们的闪光点；立足本校实际，与时俱进，不断改进我校的文化育人方法和手段，让我校育人文化建设更上一个台阶！

立德树人，和悦成长

青岛重庆中路第一小学 李 莉

习近平主席在全国教育大会中提出培养什么人，是教育的首要问题。我国是中国共产党领导的社会主义国家，这就决定了我们的教育必须把培养社会主义建设者和接班人作为根本任务，培养一代又一代拥护中国共产党领导和我国社会主义制度、立志为中国特色社会主义奋斗终生的有用人才。教育部印发的《中小学德育工作指南》中明确指出：要加强党对中小学校的领导，全面贯彻党的教育方针，坚持社会主义办学方向，牢牢把握中小学思想政治和德育工作主导权，使中小学校成为坚持党的领导的坚强阵地。

一、加强学习、理念育人

《中小学德育工作指南》中指出"要落实立德树人的根本任务"，立什么"德"，树什么"人"，则是我们教育工作者应该思考的问题。"立德"，立什么德？习近平总书记强调，基础教育是立德树人的事业，要旗帜鲜明加强思想政治教育、品德教育，加强社会主义核心价值观教育。即为少年儿童的思想政治教育、理想信念教育、品德教育、社会主义核心价值观教育。"树人"，树什么人？则要解决"为谁培养人""培养什么人""怎样培养人"的教育的首要问题。教育就是要培养中国特色社会主义事业的建设者和接班人。教育的源头在教师，特别是十九大以后，加强教师的理念引领势在必行。因此,学校先后开展了多次班主任德育论坛、经验交流座谈会、班主任(辅导员)培训会,使得老师们在一次次的学习和交流中提高认识、重视"立德树人"的根本任务落实,进而能够将党的理想信念教育扎根于教师和学生的心中。

二、团队衔接、活动育人

学校通过国旗下讲话、主题活动、关注重大事件专题讨论研究会等形式引导孩子了解国家大事,促进学生广阔的视野与格局的形成。把即将进入初中阶段的六年级学生作为学校中年龄最大的一拨学生,对小学生活熟悉得不能再熟悉,自信、青春期前期的躁动、对初中生活的未知,都让孩子们好像失去了目标一样,不知道自己的目标和未来在哪里。针对这一现象,我们学校就从少先队和共青团的衔接作为突破点,邀请青岛33中学的团委书记兼大队辅导员宋艳主任为毕业班的同学们进行了"团队知识知多少?"的专题讲座。通过有奖互动问答,对少先队、共青团的相关知识进行了梳理和讲解,同时也使得同学们们对初中的生活有了进一步的了解,消除了陌生感,更重要的是在关注学习成绩的同时,树立早日入团的目标,激励自己全面进步。

三、拓展提升、实践育人

结合海军节和建国70周年,学校为六年级的同学专门设计了"向海图强,新梦启航"主题毕业研学实践活动,以时间为脉络,从古到今了解中国及青岛海防相关历史,培养正确的海洋观和国防意识,让学生进一步感受"少年强则国强",建设祖国强大海防需要每一位学生的努力,以史为鉴,不忘初心,砥砺前行,通过主题式的研究实践活动拓展提长,进行理想信念教育。

四、多管齐下、协同育人

学校积极与社会各界对接,走出去,请进来,开展丰富的主题活动,让学生在社会环境中增进对社会的了解。与中国建设银行青年志愿者结对做公益,请VR、AR技术精英入校讲解潮流科技,请法律专家讲法律知识,走进消防大队体验,听网警叔叔讲网络安全,走进高校实验室了解前沿技术,等等,多元化的教育共同体,让学生全方位的认知社会,共同育人。

学校文化最是根

青岛市即墨区第一实验小学　车爱平

学校文化是教育领域里广受关注的一个话题，好像是从企业文化嫁接过来，但又具有不同的特点。应该说所有的校长对学校文化的认识都会经历一个过程，我从开始的懵懵懂懂，认为学校文化就是学校宣传用语，特别是张贴墙壁上的名言警句、温馨提示，到越来越深刻地认识到学校文化是植根于学校师生行为背后的内在的思想、精神，是引领学校发展的魂！

记得在一次培训会上，有位教授说给他十个清华北大的学生，与之交谈十分钟，他就可以区分出哪是清华哪是北大的学生，这不是故弄玄虚，而是有据可依，这"据"就是学校文化，学校文化潜移默化地影响浸润着学生，使之不自觉地就流露出来这种特质，学校文化对人的影响竟然如此之大。现在许多家长在为孩子选择学校的时候也并不是冲着硬件去，而把学校底蕴、学校历史、文化作为关注的首要因素，在社会日益发达、教育日益均衡发展的今天，硬件设施、师资资源在政府的合理配置下都能"可控"，只会越来越好，但最难以通过外力加以控制的就是学校历史和文化。因此致力于构建健康的学校文化，珍视学校文化在学校发展中的作用和价值，是一个学校校长首先应该考虑的。有人一提学校文化就觉得这是鸿篇伟志，交与我做似乎是老鼠啃天无从下手。其实这是对学校文化的误解。

什么是学校文化？

学校文化首先是一种物质文化，文化需要外在的形式呈现出来，这外在的形式表现在物质环境上，就是校园环境文化。校园环境设施首先要尽力体现一种美感，这一点很容易理解，美丽的环境愉悦人、约束人、影响人；其次校园环境、设施在设计建造时应该考虑使用对象——孩子，实现建筑、设施的实用性，同时把学校想要体现的文化内涵蕴含其中。我校在教学楼的整面外墙上设计了一面笑脸墙，笑脸全部来自学校的孩子的真实笑脸，笑脸墙寓意深远，彰显学校阳光教育的内涵："学生的笑脸是学校的阳光，我们要通过教育者的努力让每一个在学校的孩子绽开笑脸，健康、快乐、阳光地成长！"

学校文化其次是一种精神文化，表现在师生的目标、教风、学风上。当面对不同的情境，学校师生却表现出同质行为，做出同质的选择，这种选择、这些行为的背后共有的东西就是学校文化。它似乎是无形的东西，看不见、摸不着却又犹如空气，无处不在，弥散在学校的每一个角落，它以无形的力量影响着学校每一个人的一言一行，影响着大大小小的决策和选择，影响着学校发展的点点滴滴。我们通过挖掘学校历史寻找学校优势所在，从而最终确定的学校阳光教育理念，是学校文化的内核。为推行学校阳光文化，我们逐渐形成了教师主流文化、学生文化、家长文化、校园文化、学校课程文化为一体的实验一小五大学校文化，以"为学生幸福一生奠基"的办学理念为引领，我校阳光文化，更具体化地体现在育人上，即"培养阳光心态、健康身体、良好习惯、广博见识、发展潜力的小学生"的育人目标的确立，"健康、智慧、爱"是阳光文化的重要内涵，"品德第一、习惯为先"是学校阳光文化的基本理念。

学校文化起步于理念，但必须落实到行动上。只有通过行动，我们期待的文化才能真正进入人心，被认同、浸润、内化，从而成为每一个人的行为指南。举个例子来说：我校的教师主流文化主要以七项教师主流价值观体现出来，即①我代表学校；②有研究、反思才有成长；③爱是通行证；④帮助别人就是快乐自己；⑤快快乐乐干累活；⑥创新使人年轻；⑦责任是最重的砝码。为推行教师主流文化，我们在教师读书活动、教学研究活动、团队建设、教育反思、对外交流等方方面面的活动中主旨鲜明的叫响7条教师主流价值观，通过开展这一系列的活动反复强化突出7条教师主流价值观，从而促进共识的形成、行为的矫正、文化的建设。学校每期的周工作总结——《阳光聚焦》，每两个月的《七彩阳光》校报，专设每周一星教师及团队风采版块，聚焦亮点，捕捉细节，及时把老师们最美的一面予以肯定和倡扬。这些优秀老师的做法、说法，使大而空的价值引领有了温润的、可以触摸的载体，从而使正气的树立成为可能，形成了学校"践行七项主流价值观，做敬业、担当、儒雅、博爱"的教师主流文化。

记得有一期的《阳光聚焦》将镜头瞄准了一件微不足道的小事：我们学校一位负责物资管理的老师外出回来后看到自己的内线电话上显示了某级部的号码，马上回拨过去："刚才是你们办公室的哪位老师给我打过电话，我刚刚回来，有什么要紧事吗？"事后那位联系过她的老师感慨道："她生怕耽误了我们一线老师的事，她把我们的事看成天大的事……"这个小小的不足道的细节，却让奋战在一线相对重要岗位的老师们感动好久，因为别人的"看重"，也让她们"看重"了别人。每个岗位的老师都有了这样的体察和感悟，学校每一个岗位或许都不可或缺，后勤岗位的老师也不必妄自菲薄，虽然分工不同，但每个人都很重要，每个人都能发挥作用，每一个都能以自己的方式来推动学校的发展。

当然,学校在文化建设中一定要坚持明确的方向、一以贯之的毅力,使文化得以影响和传承,否则学校文化就会成为空的东西,成为无积累的"海市蜃楼"!

"和乐崔小",铸就校园文化建设深厚的灵魂

平度市崔家集镇崔家集小学　金海平

"和",一直是中国传统文化的核心内容之一。"人、事、物、情"和,才能有一个和谐的自然环境和人文环境,才能使教育发挥出本源的作用,才能使教育的思想,根植于师生的心里,进而实现师生的和与乐,进而达到人与人、人与社会、人与自然的和谐共生,因势而学,和势而教,进而达到教育发展的最高境界,打造融合、宽容、和谐且具有文化韵味的人文校园。

2012年10月,崔家集小学新建教学楼投入使用,在征求多方面意见的基础上确立了"和谐发展,快乐成长"为学校的办学理念,着力营造"师师和谐、师生和谐、生生和谐、干群和谐、家校和谐"关系,促进教师在快乐中专业化成长,促进学生在快乐中求知,在快乐中成长,促进学校在特色中发展。

学校的主体是教师和学生,促进师生的发展、成长是学校的第一要务,而"和谐发展,快乐成长"则是我们追求的终极目标。如果把"和谐与快乐"比作一棵参天大树,优美和谐的环境就是这棵大树的根本,良好的校园人际关系就是它的枝叶,而丰富的校园文化,就是它的精髓所在、灵魂所在。

优美的校园环境是和谐的根本。首先,我们校园的自然环境是和谐优美的。如果孩子跨进校园所看到的一切,所接触的一切,处处是俯拾不完的美丽,身心自会有言说不尽的愉悦,思想也会无止境地翱翔。在绿草如茵、鸟语花香、亭榭交错、空气清新的校园环境里,学生会潜移默化地受到美的熏陶,放飞美的心灵。我们学校校园虽然不大,但各种花草树木构成了一道独特的校园风景。教室窗外令人沉醉的绿意,不仅能给人以美的陶冶,也能给人以智慧的启迪,以及由此感受到的无穷的希望和力量。

我们还精心打造了人文环境。一帧帧醒目的优秀学生照片、一篇篇精心挑选的

佳作都可以融入校园环境的建设。尤其当校园环境浸透着每个师生的汗水，凝聚了每个师生的智慧，就更能激发每颗心灵的自豪感和对学校的热爱之情。

其次，只有良好的人际关系的校园，才能称得上是和谐、快乐。教师只有真诚地爱着学生，真切地关注每一个学生的成长，才能赢得学生的尊敬和爱戴，学生才能在和谐的校园里健康成长。身为教师，还应引导学生彼此用心营造一种充满真情与关爱的氛围，当一个学生遇到困难时，大家都能伸出援助之手，给幼小的心灵以温暖的慰藉，给平凡的日子以真切的感动……

当整个校园溢满和谐的氛围时，快乐便会随之而来："师师和谐、师生和谐、生生和谐、干群和谐、家校和谐"，教师在快乐中专业化成长，学生在快乐中求知，在快乐中全面发展，学校在特色中发展。由此"和乐教育"逐渐在师生中生根、发芽，"和乐崔小"这一品牌初具雏形。

在"和乐教育"的引领下，我们确立了学校校徽，组成部分的寓意分别是："绿芽"成双手状，寓意教师全心全意呵护学生，使学生得以健康茁壮成长；"和平鸽"象征着学生在学校这片纯净的天空中自由飞翔；"太阳"象征着学生在教师的精心的呵护下快乐成长；"星星"预示着学生都可以成长为明日之星。制定"打造和谐校园，让教师和学生收获到幸福"的办学目标，确立"做阳光人，行阳光事"为校训，"正气、和气"为校风，"带着一颗爱心和孩子一起快乐成长"为教风，"乐学会玩，善于合作"为学风，学校一切工作围绕着这些来运作，一种和谐而快乐的氛围初步形成。

用传统文化育人

青岛蓝谷高新技术产业开发区中心小学　秦志昆

中华传统文化，是中华文明成果根本的创造力，是民族历史上道德传承，各种文化思想、精神观念形态的总体。主要由儒、佛、道三家文化为主流组成。传统文化不仅思想深邃圆融，内容广博；更重要的是，儒家、佛家、道家三家文化，高扬道德，为国人提供了立身处世的行为规范，以及最终的精神归宿。儒家以仁义教化为核心；道学以顺应自然为核心；佛学以慈悲、大爱、为核心，强调"诸恶莫做，众善奉行"。对培养青少年的爱国情感，弘扬和培育民族精神，促进社会协调发展，具有重要的现实意义和深远的历史意义。

一、让传统环境育人

校园环境是师生赖以学习、工作、生活的外部条件,是校园内在精神的外化,体现了一所学校的文化内涵。传统校园环境建设,让学生耳濡目染,实现环境育人。

1. 创建校园传统宣传阵地

橱窗、宣传栏是校园文化建设的重要载体,学校进行全新改造,使之成为学校传统教育宣传阵地的一块亮点。围绕"传统教育"这一主题,把活动中评比出来的优秀作品定期展出,如手抄报、书画作品、摄影作品、优秀作文等。让每一道墙壁会说话,让每一道墙壁能育人,教学楼的墙壁布置成"传统画廊"。教室"传统"环境的营造,如在教室一角开辟出"传统文化角",引导学生学习中华经典,感受中华文化之博大精神。

2. 组建校园传统活动阵地

学生是受教育的主体,学校成立"传统文化"少年工作室,以学生为主体,融入社会,研究传统文化,设立专题研究组,如解说员组、宣传组、故事组、采访组、时事报告组、好人好事组、网络负责小组。在校园网中开辟出"传统文化专栏",由网络负责小组成员把活动中积累的材料发布出来,发动全校学生点击进入察看、交流。

3. 营造校园传统文娱阵地

为了营造校园传统文娱阵地,学校规定每月的第四周为"传统文化主题周"活动,校红领巾广播站利用晨会和午间播放传统歌曲或讲述中华经典传统故事,每个班级吟诵一段经典内容。在此基础上,每学期组织一次"经典班班唱"比赛,发挥文艺活动团结、鼓舞的作用,开创学校传统工作新局面。

二、让传统精神融入课程中

课堂教学是学校教育的主渠道,我们在传授知识、培养能力的同时,重视传统,从中渗透学生的道德品质教育。为了把传统精神教育与学科教学紧密结合起,学校以经典诵读为主要内容,编制校本课程"传统文化"。

1. 校本课程的教学

校本课程"传统热土"纳入课程的建设中,在时间上保证每周一课时,如编制校本课程"传统热土"的课程标准,制订教学计划,撰写教学反思,组织校本课程的教学研讨会,举行校本课程"传统热土"教学设计比赛,编制"传统热土"优秀教案集等。把活动融入课堂教学中,结合教材内容,召开主题班会,如"手拉手、心连心,我为传统添光彩""清明时节忆先烈"等,把中国传统文化教育内容有目的、有意识地渗透给学生。

2. 校本课程的课外实践

社会实践是人的品德形成的关键,我们变被动地接受社会影响为主动地利用社会的作用来对小学生进行道德品质教育。因此,校本课程"传统热土"的教学,要与课外实践紧密结合。以传统节日为载体,吸引学生广泛参与,如在端午节,开展"传统文化诵读经典主题演讲"活动,中秋节开展我们的节日——中秋节等。在学生学完整套课程,了解传统文化后,组织六年级学生了解民俗,走进社区,把课内学习与课外实践紧密结合起来。

三、让传统实践活动育人

传统文化教育的核心是爱国主义教育,教会学生学会爱、感受爱、奉献爱是学校传统实践的基点,更是学生培养目标之一。我们从"讲—写—画"着手,把对学生传统精神教育内化为学生自觉的行为,让学生成为自己发展的主人。

品牌效应下学生品格的养成

——即墨区环秀三里庄小学青岛市十佳德育品牌创建

青岛市即墨区环秀三里庄小学　邱兆辉

近年来,青岛市即墨区环秀三里庄小学坚守"以人为本,和谐发展"的办学理念,致力于"雅文化"的打造与营建,依托"诗教进校园"活动的普及与开展,创立了"青岛市十佳德育品牌"——"雅润童馨"德育品牌。创建该品牌的理念在于通过高雅、儒雅、文雅的中华古典文化,塑造和改变每个孩子的精神场,使其在"雅韵润泽,默化无声"的情境中顺天致性、自信致远,真正做到德化远播、志高馨远。如何以品牌为载体塑造学生良好品格,学校坚持不懈地进行了研究和探索。

一、铸造"雅润童馨"队伍，播撒品格引领花种

从古典文化中汲取精华融入德育,关键在于建立一支品德修养高尚、文化素养高雅的教师队伍。学校建立了由校长负总责、班主任和任课教师共同承担的纵向连接的工作体系,制定完善了从一日常规、过程到终结性评价的一系列制度规范,带动教师树立崇高的理想信念,注重褒扬和激励。大力开展教师读书实践工程,倡扬浓厚的读书氛围,引导教师参加诗教培训,全员学习研究传统文化精髓,提高文化修养,成为学校"雅文化"的亲历者和实践者、认同者和实施者。结合实际,采取"送出去、请进来"、定期开展研讨、专题培训学习等方式,从理论和实践等各个层面加强辅导员队伍建设。学校以领导小组为核,以教师个体为裂变细胞,普遍推行"雅文化",将其播撒到每名学生,无缝隙覆盖,将"雅文化"的种子深植学生内心,坚持强化"雅润童馨"的德育理念。

二、把牢"诗教育德"重点，深化"诗韵养德"特色

1. 诵读经典，润泽生命

学校注重以古典文化的教育为切入点,以黑板报、红领巾广播站等为载体,全面开展"诵千古美文,做少年君子"系列活动,编写了"诵读经典,润泽生命"系列读本六册——《童雅》,并将其纳入校本课程;开展"日有一诵",指导学生每天诵读经典一首,并通过小手拉大手,带动家庭全员共读;通过丰富多彩的诵读经典、礼赞经典活动,引领学生深入感知经典的文化魅力,体验传统文化的博大精深。

2. 梦圆创作，成就儒雅

学校将诗词写作纳入学校课程,引导学生积极开展古诗词的创作。2013年4月,组织成立了"童雅"诗社,全体师生共同参与。学校编辑出版了诗刊《童雅》,定期刊登师生优秀作品,为每个孩子提供展示的平台,成就其从"读经典"到"用经典"的创作梦。诗社创建以来,先后在《中华诗词》《东崂诗词》等专业诗刊发表诗词三百余首,极大提升了学生的精神气质。学校也先后得到区级、省级表彰,乃至荣获"中华诗教先进单位"称号。

3. 传承嫁接，家校携手

学校为推动学生深层次感受传统文化,进一步形成对"雅文化"的认知,将传统文化中的泥塑、剪纸、陶艺等制作工艺引入到校本课程,自编教材,自成体系,通过专

题学习与实践,培育学生更为广阔的文化视野。同时,通过组织家长开放日活动、面对面活动,邀请家长进校园,互动、互促,提升"雅润童馨"德育品牌的影响力,推进学校、家庭、社会三位一体良性互动,促成学生感恩、爱人、孝悌等美德的形成。

三、涵养温文儒雅习惯,固本强基提升素养

1.寓教于评,多元成长引领学生自觉养成

学校根据传统文化"仁义礼智信,温良恭俭让"的古训并结合实际,提出了学校"雅文化"八大基本素养,建立了"雅文化"多元评价体系。班级评价实行过程与终结性评价相结合、质与量相结合的方式,评选产生"和雅班级"。个人评价则采用八大素养卡片,学生日常表现优异,可获得相应"素养荣誉卡",设立"和雅学子榜",对获得"和雅之星"卡片较多的学生予以展示。评价体系的实施,使评价由较为抽象的准则转化成了具体实践,学生的点滴进步,即可随时得到"素养荣誉卡",良好的行为习惯和道德品质就会在潜移默化中形成。

2.寓教于乐,快乐成长引领学生全面发展

学校注意结合重要节庆日、纪念日,并围绕"雅文化"这个核心,积极开展实践活动,寓教于乐。例如每月举办一次"国学——我最棒"知识演说赛,由学生将平日学到的国学典故,用诵读或表演的方式展现出来,给每个人以充分展示的舞台。通过开展各种比赛活动,真正使学生将"雅"的文化理念融入日常学习生活中。在雅中作乐,在雅中成长,学生的综合素养不断提升,提升了自信,涵养了气质。

3.寓教于学,儒雅课堂引领学生心灵润泽

学校坚持"和雅教育"的理念,积极倡导外表优雅、内涵博雅、谈吐文雅、举止典雅、气质高雅的师生行为规范标准,提出了"背诵跟进、重在感悟、积极展示、内化于心,外化于行"的儒雅读书法;重视少先队专题科研,创造性地实施了以激励学生"自我管理、自主发展"为核心的工作模式,形成了浓厚的"小事入手,成就完美"的班级文化;各个班级的室内外布置均凸显了"雅文化"的特色,营造了生动活泼、洁净素雅、健康文明、催人奋进的良好氛围。各中队设立"圆梦书吧",开展"献出一本书,共圆诗书梦"活动,让经典渗透到学生生活的每一个角落;加强班级制度建设,积极培育健康向上的班风和学风,引领全员争创"儒雅中队",努力打造儒雅课堂,成就和雅教师,培育和雅学生。

4.寓教于境，精致文化默化学生品格环境

学校重视人与自然和谐向上的德育氛围的营造，努力追求校园整体美、环境艺术美、人文和谐美的高雅境界，极大提升了师生的人文素养。加强校园的绿化、美化与净化工作，充分发挥静态环境的启迪作用，使之切实具备与教育要求相适应的吸引力和情感感召力。精心打造了"雅润童馨"德育长廊，学生徜徉其中，每时每刻都能感受到传统文化的博大精深和恒久生命力，在校园文化的熏陶与浸润下，师生的个性得到进一步张扬，心灵得到进一步升华。

好习惯伴成长

鳌山卫中心小学　王　波

学校的一切教育活动都是课程。学校逐步统整德育与教学活动，将学校的德育活动、学科教学、课外活动、体育锻炼等一系列有计划、有组织的活动统一纳入课程体系，构建以课程为中心，以活动为载体，适合学生发展的活动课程系统。

一、让感恩成为习惯

现在的孩子，不太懂得理解父母的付出，不太懂得及时感谢别人的帮助、体会别人带来的温暖，我们通过开展"感恩母校，致敬童年""最美的遇见"毕业课程不断规范学生的行为习惯，培养学生的道德素养。评选最美毕业生，设计毕业墙，书写毕业寄语。六一儿童节期间，通过评选形象大使，寻找同学们身边的感恩榜样。设计庆六一邀请函，家长、学生齐动手，让学生寻找自信，学会感恩，搭建起亲子交流互动的平台。

二、让锻炼成为习惯

体者，载知识之车，寓道德之舍业也。人人一条绳，人人会绳跳，人人热爱跳绳，通过丰富多彩的体育活动激发学生的参加体育锻炼的兴趣，养成体育锻炼的习惯。

三、让读书成为习惯

老师们发现,读书能够陶冶学生情操,培养学生的品格,也是提高教育教学质量的一条重要途径。因此,我们启动"让读书成为习惯"读书工程,编辑、印制了学校经典诵读教材,各班建立图书角,营造读书的氛围。举行经典诵读展示活动,逐步打牢读书的印记,激发学生兴趣。召开"让读书成为习惯"专题家长培训会,统一家长的思想,营造书香家庭、书香校园的氛围,让更多的农村的家长参与读书中来,在家庭中,引领孩子多读书,一起成长。

四、让好习惯伴成长

通过四步流程,构建习惯养成教育大框架。

1.明确要求

好习惯内容:①微笑待人,主动打招呼;②每日为父母做件事;③用好每一分钱;④集体的事情一起干;⑤轻声慢步上下楼;⑥说了就要做;⑦用过的东西放回原处;⑧及时感谢别人的帮助;⑨每天读书半小时;⑩认真写好每个字。逐条细化,通过诵读、校园广播、好习惯厅、习惯儿歌创作、班会等形式,让学生明确日常行为规范的具体要求。并根据十大好习惯制定了各年级行为习惯素质标准。

2.制度激励

以创建管理示范班为切入点,规范班级管理,推动团队发展;以争当"好习惯之星"为平台,养成学生良好习惯;制定各年级行为习惯素质标准,做好学生行为习惯检测,加强德育评价。制定《鳌山中小学习惯示范班具体规定》《好习惯之星评选办法》等一系列制度,把好习惯的养成与学生评价挂钩,班班设立争星台,实行星级过关,把"好习惯之星"作为学生评先选优的必备条件之一,每月进行评选。每学期根据学生行为习惯标准的内容,每个年级确立检测点,定出检测标准,划定检测人群,进行现场检测,做到月月检测,反馈促进。

3.强化训练

对于一日常规、习惯养成,时时抓细节,发现问题,及时整改,要求螺旋上升,最终使学生形成道德信念,内化为学生的自觉需求,变"要我做"为"我要做"。把学生的日常行为习惯分成专项进行训练,例如,在针对"认真写好每个字"的训练,将其分解为执笔姿势、书写指导、写字比赛、作业检查等几部分分解训练。

4. 活动促进

围绕十大好习惯,我们开展了"为了妈妈的微笑""祖国妈妈我爱你""让书香芬芳我们的心灵"等丰富多彩的教育活动,注重做到四个一点,即"确立主题小一点""离学生生活近一点""活动内容实一点""活动形式新一点",通过系列活动的开展,把道德认识转化为道德信念,进而把学生的道德行为由外在监管转化为内在需求。通过坚持不懈的努力,养成教育已初见成效。

打造"和乐合美"校园,实现"树人书人"理想

平度市常州路小学   张新宙

平度市常州路小学始建于1983年,是一所具有良好传统的学校。学校地尽其用,每一项设施、每一个景致都被赋予了特定的文化内涵,是一个充满灵气的"绿色""人文""书香"的"庭院式"美丽小院。

六年来,学校在传承常小三十多年优秀传统的基础上精心打造了以"和乐合美"校园精神为核心统领的新的校园文化体系——以新教育理念文化、儒家文化、竹石文化、藤架文化、读书文化、英语科学生物角文化、绘本文化等为主题的庭院广场文化;解读"和乐合美"校园精神、励志育人、推进主题阅读、展示摄影艺术风采的楼梯文化;以孟学"三百"和家教家训为主题的台阶文化;以"书润心灵"读书工程、"十二心"品格教育、文明礼仪为主题的走廊文化;展示"三风"、三百工程和绘本教育的大厅文化;以安全教育、海洋教育为主题的院落文化;以崇德尚品为主题的"岁寒三友"角落文化;以筑造梦想殿堂为主题的创客空间文化;以中华优秀传统美德和社会主义核心价值观为主题的大门两边的校外社区文化。

一、新教育理念文化,凝聚"和乐合美"精神

学校于2013年成为全国新教育实验挂牌校。学校的办学理念主要源于新教育——"过一种幸福完整的教育生活"!校训"做最好的自己,品幸福的人生",告诉大家每个人都是独一无二的生命个体,要扬长避短、张扬个性,要时时处处去体味享

受人生的幸福；办学宗旨"为了一切的人，为了人的一切"，是说办学不仅仅为了学生，还要为了其他人；"办有灵气的教育，育有个性的人才"，是学校的办学目标；"和乐合美"是学校的校园精神。

二、"书润心灵"读书文化，润泽"和乐合美"校园

常州路小学最具标志性的应该就是一进大门就涌入眼帘的那个大大的书的雕塑。它来自社会捐助，是学校自行设计制作的。上面镌刻着"书润心灵"四个红色大字。书页上镌刻着迪金森的《没有一艘船能像一本书》，它是学校的读书主题诗。这个书雕，每天在叮嘱着常小人要让读书成为生命的一部分。

在学校人流量最大的那个大通道，设置了开放书架，每到课间孩子们可以在这里随手取下一本书静静地读一会儿——希望通过这样的环境让孩子们形成一种共识：只要在读，哪怕只看了一眼，就具备了成为最美天使的资格。

在阅览室大门两边有一副书法对联："读万卷书，行万里路。"告诉每个人要想成为一个让人仰慕的有成就的人，就要博览群书和行走天下。

三、德育"十二心"品格文化，锻造"和乐合美"少年

在教学楼主大厅，学校设计了"十二心"品格展示树，让"十二心"天天映入孩子们的眼帘，时时受到感染。

在教学楼三楼的走廊北墙面，学校精心设计了由名言俗语、图片故事和心灵感悟组成的宣传牌，生动形象地展示了"十二心"品格教育内容，使孩子们处处受到影响。

在校门南侧墙体，学校设计了"十二心"品格 Logo 和解读，希望通过"十二心"品格教育，全方位、立体打造学生的良好品格，编织孩子们多彩的梦想和人生。

四、中华优秀传统文化，塑造"和乐合美"新人

校园中心文化广场的儒家文化、楼道启蒙文化和家教文化，时时启迪着孩子们做人做事；天天影响着大人去做个好老师、好家长。

五、标识符号文化，编织"和乐合美"远航风帆

校徽——校徽以"树•人•书"三个意象为设计元素，体现着常州路小学人"百年树人"和"书润心灵"的教育理想。

校牌——校牌设计元素是钥匙和帆船，寓意是每个常小人通过学习和生活，拿到属于自己的那把开启智慧大门的钥匙，扬帆远航，走向美好的远方。

读书标识——寓意是书像一艘船那样载着人遨游知识的海洋,把人带向远方。

……

有行动就会有收获,只有坚持才有奇迹!我校 2016—2019 年分别获得山东省规范化学校、山东省文明校园、平度市书香校园称号。

营造育人文化
——打造花园、乐园式校园

莱西市沽河街道中心小学　柳云智

近年来,我校立足实际、追求实效,挖掘一切可以利用的因素,美化校容校貌,建设校园环境文化,营建校园文化氛围。

一、不断完善学校硬件设施

学校大门、旗台旗杆、围墙、橱窗(宣传栏、公示栏、学习园地)、垃圾箱、车棚等完整美观。注重校园美化、绿化,在花草树木的选择上,保证了春季百花争艳、夏日绿树成荫、秋天红叶满枝、隆冬绿意盎然。师生们步入校园,犹如置身于一个美丽的大花园。

二、打造特色楼道文化

楼梯间,画出了醒目的中线,台阶上写上了"轻声细雨,举止文明""时时能有礼,处处受欢迎"等文明提示语;走廊上,设计了读书长廊,着力营造文化氛围。墙面上各班都有一块让学生展示才华、放飞童心的活动园地,每月按照学校德育的主题更换内容(如"寒假十个一成果展""可爱的家乡""英雄在我心中""民族精神代代传"等),不限形式、不限材料,不限色彩,只要求学生充分动手参与,千姿百态的"活动园地"是校园一道靓丽的风景。

三、精心选择和制作校园音乐，让学生在校的一日学习与生活都受到音乐的提示与陶冶

周一早上，步入校园，聆听温馨的迎接曲；集会、做操、放学下楼时各层楼会听到不同风格的优美乐曲；升旗仪式上，听到管乐队现场演奏的出旗曲、国歌、颁奖曲；课间活动或解散上楼时，听到经典的儿歌；每天早上、下午到校，会听到优美抒情的防溺水宣传语……在优美乐曲的提示与感染下，全体师生仿佛置身于音乐的殿堂，每到统一集会、做操的上下楼时，每到上午或下午的放学时，校园内外都是井然有序，杜绝了很多安全隐患，形成一道亮丽的风景线，为家长们留下了深刻印象。

四、长期开展"弯弯腰、伸伸手、动动脑"活动

号召同学们无论在校内校外，只要看见地上有垃圾就主动弯腰拾起，像吸尘器一样，使自己路过之处、停留之处、活动之处不留下任何垃圾。同时，主动完成一些自己力所能及、举手之劳的事情，为建设家乡、美化校园、方便他人做出一份贡献。

五、开设各种社团活动，丰富同学们的课外生活

校足球队、合唱队、舞蹈队和书法组在青岛市、莱西市等组织的活动中都取得优异成绩。

我校在校容校貌建设统一规划设计上，力争使学校的一草一木、一墙一砖都会"说话"，使学生随时随地都受到书香文化的感染和熏陶，体现校园"处处皆教育"的深刻内涵，提升校园文化品位。

相伴美好童年，共绘美丽人生

青岛市城阳区实验小学　牛秀娟

校园文化是立校之本，是师生思想凝聚的纽带。城阳区实验小学以"相伴美好童年，共绘美丽人生"为办学理念，着力打造"尚美"教育特色品牌。尚美教育，即崇尚美好，以美为途径培育美的人的教育。意为师生逐真知、蕴雅行，不断追求人生中

的真善美。我们旨在通过学校的教育实践，为每个孩子走向成功的美好人生奠定坚实根基。学校的校训是"世界因我更美好"，寓意我们要努力通过学校教育让孩子们做一个品德高尚、心灵纯洁、人格健全的人；成为有文化修养、有人文关怀、有责任担当的人。让师生拥有美好的品格和心灵去温暖世界，拥抱未来。学校的校徽由三部分组成，其中的美字代表尚美教育，三个奔跑的人代表着学校、家庭、社会形成合力，共同奋进、不断超越，美字左上方的星星，寓意着每一个师生都是最美之星，我们要发现每一个教师和学生身上的闪光点，让自信照亮师生的成长之路。

学校围绕"好教育"六个要素，即正确的育人目标、好的教师、好的课程、好的教法、好的环境、好的管理，坚持"以美养德、以美启智、以美促全、以美治校"的管理理念，从德育、教学、管理、学生特长发展等方面出发，发展"美"，实现"美"。

1. 以美养德

我们的育人目标是培养有梦想，负责任；会学习，喜探究；广兴趣，懂审美；爱运动，乐生活的美德少年。塑造仁爱宽厚、尊重包容、勤奋敬业、才识卓越、身心健康的仁德之师。

2. 以美治校

创建温馨优雅美的环境、小善大爱美的行为、各美其美美的评价、以人为本美的学校管理、实现家校合作美的育人。

3. 以美促全

通过特色办学、校园节日、学生社团等促进学生全面可持续发展。

4. 以美启智

学校将课程作为学校文化内涵发展的重要组成部分，积极构建"多元至美"课程体系，打造足球教育、艺术教育、科技教育、英语教育办学特色，让师生享受"美"，创造"美"，使学生的综合素养得到全面发展。在"多元至美"课程体系之下，我们积极创建"自然、饱满、丰富、灵动、诗意、有趣"的"臻美课堂"。希望我们的课堂能够充满美，让美在学校里、在课堂上聚集，让孩子们"在这里，与美相遇"，最终实现师生和学校的"至美"发展。学校大力推进学科建设，提出了"醇美语文""趣味数学""享受英语""缤纷音乐""快乐体育""创意美术""多彩科学"的学科建设目标，积极构建了"1＋X"的学科课程群，"1"是国家课程，"X"是校本课程，学校大力研究开发"六小"学校课程，包括艺术与审美的"小达人课程"、科学与研究的"小牛顿课程"、社会与交往的"小天使课程"、数学与思维的"小能手课程"。力争让课程成为孩子们走向美好人生的旅程,让课程成为孩子们生命成长的载体。

目前,学校课改丛书"课堂,与美最近的距离"已经出版发行。我们相信,教育是与美相遇的事业,让各种课程化成美的风景,让风景中的人,不管是老师,还是孩子,都浸润在这美的课堂中,把学习变成一种天然的向往与喜爱。让教与学充满情趣,富有成效。

通过"以美养德、以美启智、以美促全、以美治校"所创设的独特教育教学活动,学生的综合素养得到全面发展。学校培养了一批品德高尚、心灵纯洁、人格健全、有文化修养、有人文关怀、有责任担当的优秀学子。

平度市南京路小学于志坚校长的校园文化情怀

平度市南京路小学 于志坚

平度市南京路小学始建于 1999 年,位于美丽的现河东畔,是一所环境优雅的文化圣地。学校占地 64 亩(42660 平方米),现有 5 栋教学楼,建筑面积 20051 平方米,现有 70 个教学班,3032 名学生,166 名教师。 在于志坚校长的带领下,南京路小学始终以提高学生的整体素质,培养学生的创新精神和实践能力为核心,大力推进教育教学改革,力求使学生成为有特长,德、智、体、美全面发展,具有创新精神的高素质人才。 在这一办学思想的指导下,学校把营造校园环境的育人氛围放在德育工作的重要位置,加强校园环境的整体规划,突出环境育人功能。使学校的环境建设步入了人文化、科学化的发展轨道。

一、校园的自然环境陶冶师生心灵

"对周围世界的美感能陶冶学生的情操,使他们变得高尚文雅。"在 2017 年,随着学校新教学楼的建成,学校总体面积得到了扩展。于校长充分利用校园改造的有利时机,发挥校园可绿化、美化面积大的优势,精心设计绿化、美化方案,不断加大资金投入,种植花草树木,铺设草坪绿地。校园三季有花,四季常绿,体现出独具匠心的建筑美。

1. 创设优美的校园环境，营造良好的育人氛围

"一个美的教育环境，对于学生来说是一个立体的、多彩的、富有创造力和吸引力的无声教科书。"经过几年来的艰苦努力，校园面貌发生了显著变化，今天的南京路小学，整体布局和谐，绿化美化得体，文化气息浓厚，卫生干净整洁，视野宽阔，具有鲜明的时代特征。

2. 加大资金投入，规范美化校园环境

为了搞好校园环境建设，突出环境育人的功能，学校成立了以于校长为组长，德育副校长主抓，总务、政教两处具体实施的校园环境建设领导小组。同时，学校把校园环境建设列入学校的发展规划和学年计划的重要日程当中，有目的、有计划、有步骤地进行了校园环境建设。

二、注重校园的人文环境建设，塑造师生美好的心灵

学校在大力投入资金，改造校园环境的同时，整合教育资源，着力于塑造学校的人文环境：把学校的一切教育因素按照学生的发展需要纳入学生的感知范围，凸显环境陶冶情操、美化心灵、引导行为、启迪心智、激发灵感的德育功能。

1. 抓常规管理，完成学生自我教育，树立良好校风

学校在认真贯彻执行《中小学生守则》《中小学生日常行为规范》的同时，还结合本校实际制定实施了《南京路小学学生一日生活常规》，对学生从到校、上课、课间、做操、课外活动到放学等各个环节都做出了明确规定。同时，加大检查、督导的力度，认真抓好落实，培养学生养成良好的行为习惯。

2. 实施科学化、人性化管理制度，促进良好教风的形成

学校实行层级管理，并通过纵向渠道层层落实岗位责任制，各部门分工明确，责任到人，互相协作。学校在抓好干部的思想素质、业务素质、管理能力的提高方面重点做到"五抓、三提高、三增强"。即抓思想、抓作风、抓学习、抓管理、抓青年干部的培养；提高思想觉悟、提高组织能力、提高指导能力；增强责任意识、增强全局意识、增强服务意识。

3. 积极开展丰富多彩的教育活动，形成严谨的学风

活动是教育的有效载体。我校通过开展丰富多彩、形式多样的教育活动，让学生在情感体验中受到教育。每学年初，我校开展的军训活动，强化了学生的遵规守纪意识，激发了学生学习的内在动力。学校每年的春季田径运会都要举行声势浩大的开

幕式,而每次开幕式都要精心排练,力求完美,使整个运动会既展示了学生良好的精神风貌,也锻炼了学生的意志品质。

相信南京路小学在全校师生的共同努力下,一定会谱写出更加辉煌灿烂的篇章。

加强校园文化建设,凸现学校育人功能

平度市南京路小学 于志坚

立德树人是学校共有的追求目标。而在共性的基础上发展个性、培育特色,又是各学校深化教育改革,实现内涵发展的现实需要。特色学校建设是增强学校活力,提高办学效益实施素质教育的重要举措。为了进一步形成鲜明的办学特色,突出学校的发展优势,培育独特的学校文化,促进学校的和谐发展,实现学校的育人功能,平度市南京路小学依据市教育局关于特色学校建设的指导思想,遵循"特色项目——学校特色——特色学校"的过程分三步推进,在提升校园文化品位,强化德育特色的研究实践中,本着探索实践的创新理念,在原有学校德育教育开展扎实的基础上,抓细抓实,提出"让孩子享受童年幸福,为孩子奠定一生基础"的办学理念,以强化校园文化建设为载体,凸现育人功能,促进学生发展。

一、分析校情,立足现实,制定特色创建目标

平度市南京路小学创办于 1999 年,是一所正在高速发展的义务教育学校。学校领导班子重视校园文化建设,在教育教学中重视对学生的品德教育。学校确定了以校园文化建设为载体,具体为"以学生为本,培养品德高尚、充满活力,具有创造力的'四有新人';以教师为本,造就素质优秀、善于探索、和谐进取的教师队伍;以学校发展为本,建设内涵发展、持续发展的特色名校"的校园文化建设目标。

二、以校风建设为导向,形成学校精神文化

校风是魂,在一定程度上体现了学校办学方向、培养目标,优秀的校风是学校全面推进教育改革,提高教育质量的保证。通过师生的讨论甄选,确定了南京路小学的"三风一训":

校训：厚德、尚美、求真、爱国

校风：文明、和谐、勤奋、进取

教风：学高、身正、严谨、爱生

学风：诚信、感恩、乐学、向上

三、以环境建设为基础，营造学校环境文化

在校园环境建设上，学校从净化、绿化、美化入手整治校容校貌。学校进一步强化三洒二扫的卫生制度，细化校园卫生区域责任，把环境区域分解到各班，明确责任，每天由学生会组织检查、评比。在学校通道和操场边栽植法桐、冬青、玉兰，甬道边种植花草，布置花坛，使校园春夏秋花香满园，冬季松柏滴翠。同时在校门内侧建设文化主题走廊、开放式橱窗，校园墙壁悬挂名人名言、文化宣传语，着力体现人文气息。通过设立交通安全展板法制教育橱窗，观看交通安全教育、法制教育光盘，对学生进行法制教育，使学生在日常学习、生活中接受先进文化的熏陶和文明风尚的感染，在良好的校园人文、自然环境中陶冶情操，促进自我全面发展和健康成长。

四、以各项活动为重点，丰富校园文化生活

活动建设是校园文化建设的血脉，它丰富活跃着校园文化，丰富的校园文化活动能使学校充满生机和活力。多年来学校以升旗仪式、学生表彰大会及重大节日、重大纪念日等为契机，渗透爱国主义情感教育和自信乐观的个性品质教育。扎实搞好班级文化建设，布置美化教室，设置班级学习园地，提供学生张扬青春风采的平台。通过班训、班风、学风的建设展示班级风采，体现班级特色，让教室成为学生表现自我、优化个性的场所。利用每年一次的学校春季运动会和秋季的校园艺术节，丰富校园、促进学生个性成长，引导学生崇尚团结友爱，展示自我特长，延伸校园文化的内涵，达到在活动中锻炼人、在活动中塑造人的目的。

五、以校园网络建设为手段，拓展校园文化空间

网络为校园文化提供了一种全新的物质技术环境，校园网不仅仅是大众传媒，它也已成为校园文化的重要组成部分。校园文化借助新空间，有了新的深化与延伸。学校以网络为载体，通过计算机课、多媒体平台开展形式多样、生动活泼的素质教育活动。在计算机课上，课任教师一方面向学生传授微机操作技能，一方面指导学生健康上网，利用互联网拓展孩子的视野，开辟他们与外面丰富多彩世界的沟通，使他们能更快捷地接受外界信息，跟上时代步伐。

经过几年的探索和实践,南京路小学校园文化建设取得了一定成效。回首拼搏路,我们将在以后的工作中进一步强化校园文化建设,突出德育育人功能,争取在特色学校创建中走得更远、更稳、更自信。

打造幸福德育品牌 彰显幸福教育理念

青岛郑州路小学 李昌科

郑州路小学是一个有温度、有德性的成长乐园,学校以"幸福教育"为核心理念,深入实施我校德育品牌"幸福少年"。让"争创幸福少年"行动光芒四射,让生命在幸福中绽放。我校立足实际完善修订了新的"幸福少年"评价体系,评价体系具有环保、节约、易操作的优点。以印章代替纸质卡片,将责任教育与感恩教育、好习惯教育等有机融合,通过"幸福花朵印章""幸福果实印章""幸福金银铜牌""十佳幸福少年"四级争创阶梯,从班级每周幸福之星、每月幸福少年、每年金银铜牌奖章、六年"幸福少年"奖杯,学校形成了系统的学生激励机制,打造出"人人争创幸福少年""班班竞争流动红旗"的良好竞争氛围,让每位郑小学子成为会学习、敢担当、勇争先的新时代幸福少年。

为让"争创幸福少年"活动扎实推进,形成品牌特色。我校自己设计并印刷了3000本幸福少年成长手册,力求全面记录同学们在思想品德、行为习惯、学习习惯和特长培养等方面的每一点成绩和进步。每位教职工按照学校统一制定的幸福少年评价标准,结合自己班级和学科的特点,对每位同学给予评价和奖励。这样"争创幸福少年"学生评价机制就会有制度保障。

附:郑州路小学"幸福少年"评价体系操作步骤及要求

(一)第一级 幸福花朵印章

幸福花朵印章是表彰学生在思想品德、行为习惯、学习习惯等方面所取得的进步。表彰学生在学科学习、特长发展中所取得的成绩,或学科学习中的创新思维等。盖于幸福少年成长手册中每学期纸张正反面相应的位置。

例：做好事、关爱他人、课堂纪律、认真听讲、积极发言、按时完成作业等内容。

"幸福花朵"印章由全体教师共同发放，其最为重要，是学生最终能否获取幸福少年金银铜牌的最初始阶段。为使存在着差异的每位学生都能增强信心，自我约束，尽力地为争取高一级的目标而努力，从而达到在思想品德、行为习惯、特长发展都能取得明显进步的目的，具体的发放要求如下。

（1）在发放过程中，各年级同学应尽可能地统一标准。教师也可随时根据学生实际表现情况做出适当调整。

（2）此级印章可适当向后进学生及在某一方面有进步的学生倾斜。

（3）每周每位老师发放的"幸福花朵"数量为20乘以任教班级数。班主任，特别是任科教师应充分用好"印章"帮助学生养成好习惯，使学生有更多的机会获取高一级的标志，但也要控制好奖励次数，对于学生在某一方面好的表现要控制奖励次数。

（4）各位学生平时获得的奖章盖于各科书籍封面，自行保存好。每周一统计，各班级分小组让学生将获取的"幸福花朵"盖在幸福少年成长手册中相应的位置。周一下午第三节以喜报的形式进行班级表彰。

（5）班主任需格外关注学生每一枚"幸福花朵"的由来并标明时间。发挥班干部的作用，同学间经常互相学习、检查，营造学生间比学赶帮的良好氛围。

（二）第二级　幸福果实印章

（1）由班主任为满20枚"幸福花朵"印章的同学换发1枚"幸福果实"印章。

此级标志由班主任负责发放。

学生满20枚幸福花朵印章，应到班主任老师处换取一枚"幸福果实"印章。

（2）班主任每月填写一份学生"幸福果实"统计表上交德育处。

（3）对于后进的、难以换取"幸福果实"的学生，班主任可帮助他们找出各自的闪光点，予以鼓励，使其树立信心。

（4）换取时间由各班主任自行安排。建议以年级为单位经常保持沟通。

（5）学校每月对幸福果实获得最多者进行校级表彰，每班提报一人。

（三）第三级　幸福少年（徽章）

（1）每学年由德育处根据各班获得"幸福果实"印章的数量的前六名进行表彰。

各班可获1枚"幸福少年"金牌，2枚"幸福少年"铜牌奖牌，3枚"银牌幸福少年"银牌奖牌；

此级标志由学校德育处负责发放。

德育处对金银铜牌登名造册报学校行政会。经学校行政会讨论通过后，学校组织隆重的颁奖仪式,由校领导在全体师生前颁奖,并与其合影留念。

（2）少先队负责将学生事迹简介在学校广播站、公示栏内做宣传,并做好书面资料的汇总与保存。

（3）学校对"幸福少年"金银铜牌获得者的认可度将进行抽查。不符要求的取消荣誉,另行处理。每周五,班主任填写好"成长喜报"幸福少年。

（四）第四级　十佳幸福少年（奖杯）

幸福成长手册是关注学生小学六年的成长过程,每届学生毕业前,我校将根据获得奖牌个数评选10名"十佳幸福少年"颁发奖杯。

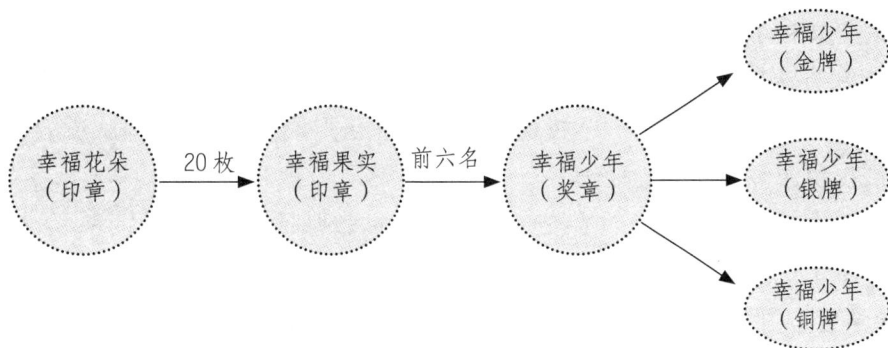

以党建教育为引领，办学生喜欢的学校

胶州市第三实验小学　常晓东

杜村小学是一所农村小学,随着胶州改革开放步伐的加快,外来务工子女较多,很多学生因家庭教育不足导致个人信心、信仰缺失。同时,学校教育内部也存在一些问题,如教研活动由于缺乏引领,不够深入高效。再如部分班主任党性认识不足,班级管理方法传统守旧,班集体缺乏凝聚力。还有青年教师自我成长问题、家庭教育缺位问题等。以上种种,成为制约学校深入发展的重要问题。

2012年8月,常晓东担任杜村小学校长,他重视党建工作在教育教学实践中的应用。尤其是党的十九大召开之后,常校长提出实施了党建"五照亮"工程,并将其与学校"三元教育"理论实践相结合,取得了较好的效果。学风教风呈现出明显的变化,管理体制不断规范,素质教育得到全面贯彻,师生综合素质迅速提升。

在党建"五照亮"工程的实施实践下,学校的学风得到了明显优化,学生及学生家长对学校的认可度越来越高。

(1)教师发展状态的变化:学校教师在党支部和党员教师的引领下,增强了理想信念,争相在平凡的岗位上实现人生价值,积极向上创先争优,涌现出了一大批优秀教师、骨干教师。如体育教师侯方杰,他勇于承担、无悔无怨,带着学校足球运动员们风雨无阻地训练,使我们一所农村小学连年荣获乡镇组第一名,在全市也名列前茅。教导处主任孙佳,克服很多困难,制定了一系列行之有效的课堂教学改革办法,带领骨干研究组建构了"三声三策六步导学"模式,极大提高了课堂效率。骨干教师王博,积极探索新方法新思路,在各级各类教学比赛中屡夺佳绩,屡获殊荣,获评为"青岛市学科带头人""胶州名师"。学校优良的教风业已形成,持续为教师队伍的发展、学校的发展提供源源不断的内驱力。

(2)学生的变化与成长:学校充分发挥党员教师的育人骨干作用,构建"党建+育人"教育理念,利用课堂及课外多种育人途径,组织学生学习了解中华民族文明史,指导学生学习党的一系列重要思想,引导学生践行社会主义核心价值观,弘扬民族精神,突出爱国主义教育。学生在"三元教育"的影响之下,初步做到了"能健体、会学习""能友善、会孝亲""能独立、会思考",受到了家长的广泛认可。

(3)家庭教育的变化:学校在党支部的领导下,组织成立了家长委员会和家长学校,充分发动家长中党员先进分子的力量,定期召开家长委员会工作会议,并以家长学校为依托,进行家庭教育培训,指导家庭教育工作的有效开展。通过几年来的工作开展,大部分家长树立了正确的教育观念,教育指导子女的能力得到了明显提升。

杜村小学从一所名不见经传的农村小学,到先后通过青岛市标准化学校、青岛市现代化学校、青岛市规范化学校、青岛市文明校园、全国足球特色学校的验收,这些成绩的获得,很大程度上得益于党建"五照亮"工程的实施。2019年8月,常晓东来到第三实验小学担任校长,将继续以党建教育为引领,办学生喜欢的学校。

李哥庄小学育人文化营造策略

胶州市李哥庄镇李哥庄小学 于 林

李哥庄小学坚持以"立德树人"为指引,坚持营造以德为先、品学兼优的育人文化氛围,学生在校内外所展现出的高素质精神面貌,受到了各界的一致好评。

一、坚持德育为先,发挥"三结合"教育优势

学校坚定贯彻执行文明校园"六个好"标准,同时,学校深入开展了文明礼仪、法制、生命安全等主题教育活动。学校积极开展全国青少年"文明礼仪伴我行"活动,学生通过学习礼仪、实践礼仪、宣传礼仪、展示礼仪等活动将文明礼仪入脑入心。学校还组织学生参加文明礼仪知识竞赛、开展自创文明礼仪童谣等活动,取得了丰硕成果;拓宽德育渠道,发挥"三结合"教育优势,办好家长学校,增进家校联系;巩固德育基地,发展社区教育,邀请协作单位有关人员到校做法制、安全等专题讲座。

二、重视传统文化及重大节日的文化教育意义

学校充分发挥优秀传统文化的时代意义与教育价值,开展每日晨读学国学诵经典活动,在由中共青岛市委宣传部、青岛市文明办等主办的青岛市第四届中小学生"学国学、诵经典、传美德"竞赛活动中,李哥庄小学代表队的三位同学在经过激烈的角逐后以第一名的优异成绩夺得小学组冠军!

传统节日是一个民族文化遗产的重要组成部分,我校充分利用传统节日、纪念日等契机开展主题教育、实践活动。为进一步弘扬新时代"雷锋精神",传承"红色基因",我校开展为期一个月的"弘扬雷锋精神,争做新时代好队员"主题活动;在植树节、地球日开展"小手拉大手共筑碧水蓝天"环保主题教育活动。在清明节到来之际,我校通过开展主题班会、扫墓、网上祭奠、经典诵读等方式,缅怀英烈,倡导文明,对学生进行传统民俗教育、爱国主义教育;在端午节开展"习传统文化,过传统佳节"主题活动,同学们一起包粽子、佩香囊、戴五彩绳……体会对祖国文化的传承就是一

种爱国。开展红色研学实践活动，走进胶东大店村红色记忆展厅，聆听了战争年代的红色革命文化介绍。

三、凝聚文化建设力量，齐创校园文化

学校建设了三个室外文化广场，设有多个宣传栏，分为安全、少先队知识、心理健康等板块，定期更换。每个教室都有一块黑板报和一个班级展板，学校每学期组织四次班级黑板报和展板评比，让文化阵地遍布校园的每一个角落。

学校充分凝聚教师和学生的共同智慧，发挥校园文化的潜移默化育人作用，让每一面墙壁会说话。学校消防栓外的玻璃上粘贴了二十四节气知识、世界名校简介、社会主义核心价值观、经典诗文等内容。

红领巾广播站是少先队大队部的一个宣传阵地，是对队员们思想教育的有效途径。队员们在广播站的系列活动中，增强主人翁观念，提高自我管理的能力。每个栏目个性更鲜明、有特色，以生动有趣的内容形式，加强了广播站和队员的互动，激发了队员收听的积极性，并让队员们在广播中获得锻炼本领的机会，给他们创造一个展示才华的舞台。

让评价文化助力学生全面发展

——林蔚小学"活润成长评价系统"简介

崂山区林蔚小学　　宋林林

崂山区林蔚小学（崂山区鹤琴小学）地处崂山腹地，学生300人，12个教学班，学生均来自周边14个自然村，是典型的乡村学校，学校也是民族教育家陈鹤琴活教育思想实践基地学校，目前也是全国第三家鹤琴小学。学校多年来坚持"活润成长，涵养一生"的办学宗旨，把"做人，做中国人，做现代中国人"作为我们的培养目标，以"活润学子成长行动"为载体，以"活润成长评价系统"建构与实施为手段，聚焦立德，引导孩子们实现德智体美劳的全面发展，培养"活润学子"。

一、立足全面发展，形成评价体系

"活润成长评价系统"是林蔚小学基于校情学情自主设计并参与研发的一套基于互联网平台的学生综合素质评价系统，其以立德树人，引导全面发展为根本导向，从"润德""润智""润美""润行""润健"五个维度全面客观记录学生在德智体美劳各个方面的发展，通过线上评价引导学生在实际学习与生活中积极参与、全面发展。同时，电子平台又尊重差异，促进个性成长。

二、落实育人目标，反映持续成长

1.评价不光是激励，更是一种方向

全面深化学生评价改革，且让评价过程可视化、数据化，让评价的历程成为由全体学生共创生成的一个新的学习场，是我们开发"活润成长评价系统"的初衷。

2.一锤定音的评价时代已经过去了，现代评价体系的特征之一是用多样化记录反映人的持续成长

今天的评价改革：学生学业评价要从知识技能维度向学习态度和学习习惯指标扩展，从总结性评价向过程性评价转变。

3.关注人的发展，落实育人目标

评价一定是为育人服务的，同时又是检验育人目标达成的一种手段。学校践行"活教育"并形成了"活润成长 涵养一生"的教育理念，形成"活润教育"特色，并根据国家教育方针、战略主题以及"活教育"目的论，结合学校实际提出培养心美、智润、身健的"活润学子"的育人目标。围绕"三个维度"形成了"五大素养"：心美——爱国爱家，行善尚美；智润——自主学习；身健——勤劳实践，善于运动。这一目标体现了学校对立德树人、全面发展、多元成长的关注。我们需要这个评价手段来指导反馈育人目标的达成。

三、实施评价体系，助力学生发展

（一）建立科学框架体系

评价最大的难点是找到一个培养全面发展的人的科学的框架体系。而我们学校以"活润学子"建立顶层设计，构建"活润课程体系"，把"活润学子"成长的"五项目标"落地到"润德""润美""润智""润行""润健"五个领域的课程中，让丰富的课

程润泽孩子们生长。

根据现有课程体系,围绕"一个核心"(活润学子成长)"三个维度"(心美、智润、身健)"五大素养"(爱国爱家、行善尚美、自主学习、勤劳实践、善于运动)"二十二个指标",初步形成了"活润成长"评价体系轮廓,最终形成了润德系列(爱国章、守纪章、文明章、助人章、责任章)、润智系列(勤学章、合作章、阅读章、书写章、善问章、创新章)、润美系列(艺术创意章、艺术表达章、艺术展示章)、润行系列(环保章、实践章、劳动章、服务章)、润健系列(安全章、体健章、运动章、竞技章)。为了更好地推进这个评价体系,我们开发了基于互联网+评价的"活润成长"评价系统。它利用大数据采集,使用多样化、开放性的评价方法和手段,对学生的日常学习过程进行成长记录与分析,在每一类的下拉式菜单中对应奖章要求。

(二)设计学生喜欢的评价形式

1."樱桃贝贝"伴随评价成长

"自然生长"是我们学校"耕读堂"课程的课程理念,结合我们"樱桃之乡"地域特点,我们把"自然生长"链接学生综合评价,研发以"樱桃贝贝成长记"为背景的"活润成长评价系统"。孩子们自己设计了"樱桃贝贝"形象logo,并用自己实际行动来帮助"樱桃贝贝"从一粒种子长到樱桃树结出樱桃娃。学生可以在上课、课间、活动、比赛……所有的学习生活中,根据表现获得不同的成长章,比如认真完成家庭作业、上课积极回答问题都可以获得润智类中的勤学章,自觉遵守校规班训可以获得润德类的守纪章,体质健康达标可以获得润健类的健体章,积极参加班级或学校的艺术类比赛可以获得润美类的艺术展示章,每天参与卫生等劳动可以获得润行类的劳动章……所有颁章轨迹后台自动记录,并根据设定的晋级规则晋级。学生界面会根据所得章数量,根据晋级情况,经历种子、发芽、长叶、开花、结果的樱桃贝贝循环成长过程,每一个环节都有鼓励语。

2."大集"兑换让评价总结更有趣

学校的所有课程和活动都融入评价中,一年为一个周期,一学期为一个阶段总结。每学期结束时,学校会设计"大集"活动,学生的成长章可兑换成长币,学生持成长币到"大集"上挑选自己心仪的物品或心愿卡,这时你会发现,所有的孩子或多或少都会有收获,收获的喜悦蕴含成长的力量。

今年我们又进一步研发了网上"成长币超市",学期结束时"超市"会上架同学的心仪奖品和心愿活动,学生凭借表现获得"成长章"可以形成"成长币",帮助学生在"成长币超市"平台进行心愿兑换。学生的成长章换成长币后,后台系统会自动减掉使用的成长章,剩余部分可以继续参与下学期的累计,累积到学年结束为止。每学年结束系统会自动生成五个方面的得章记录及樱桃贝贝的成长情况保存在家长手机端。

将学生置于同一育人体系的背景下,每个学生各学科学习兴趣、习惯、表现,包括平时活动及课间表现,都会以"活润成长章"的形式体现在自己的评价系统中,形成了可供参考的多维度的评价数据。"活润评价系统"打破了传统的评价方式和途径,得到学生的高度欢迎。在获得"活润成长章"的过程中,他们的成长和能力也被真实记录,发挥了评价的多样性功能。

(三)关注学生的差异发展、动态发展

"活润成长"评价不仅是对现有相关体系的有机结合,还致力于今后的不断发展、双向互动。对不同年级、不同学生有共同的标准,也有差异化的要求。学生在评价体系的参与过程中,个性特长能得到充分尊重。家长通过手机端观看自己孩子争章的过程,知晓孩子已经获得了多少章、在班级中的程度等,而教师通过网页版统计数据更可以迅速知晓每个孩子争章进程、班级情况等,并据此对学生进行表彰。通过这个体系,评价真正从空洞走向了真实,从被动变成了主动,从而使工作更加有章可循、有据可查。

立足现实,办人民满意的农村学校

即墨区移风店中心小学 王化堂

一、直面现实,梳理困境,明确思路

小学六年是人生发展的关键期,尤其在农村,父母大多数进城打工,孩子大部分由爷爷奶奶看管,对孩子的家庭教育普遍落后。

学校必须适时跟上,才能够培养适应终身发展和社会发展需要的现代公民。而要实现这一目标,只有坚持目标导向与问题导向相结合的工作思路和工作方法,才是我们一切工作取得成功的关键。

所谓目标导向,就是从办什么样的学校、培养什么样的人的目标"倒推",理清学校发展方向、发展思路以及每个时间节点和空间节点必须完成的任务和采取的具体措施;所谓问题导向是指从迫切需要解决的现实问题以及发展中随时遇到的实际问题"顺推",明确破解难题的途径和方法。这种"倒推"和"顺推"的结合,合乎科学的思维方式,能使我们的工作从"大处着眼,小处着手",体现着教育理想与求实精神的完美结合。

二、要明确教育的核心力量是课程

作为一处农村小学,我们认为,既不能盲目跟风,也不能妄自菲薄,应根据实际情况因地制宜,量力而行。

学校首先要对学生需求、教师特长和学校资源进行详细的调研。调研从两个方面着手:一是需求调研,即学生喜欢什么? 二是条件调研,即学校能做什么? 最终,在综合考量学生需求和老师能力之后,我校开发了具有地方特色的"走近母亲河"课程,因为学校紧邻大沽河畔,是孩子长大和玩耍的地方。

伴随着课程的开发与实施思路的转变,我们发现:学生的学习热情不仅发生了极大变化,而且各方面的素养都有所提升,校本课程真正成为点燃了学生学习兴趣的火种,拓展了学生能力的沃土。

三、变革学科教学方式,提高课堂教学效率

夸美纽斯曾经说过:"教学工作应该寻找并找出一种教学方法,使得教师因此可以少教,但是学生却可以因此多学,使学校因此可以少些喧嚣,厌恶和无益的劳动,多具闲暇、快乐和坚实的进步。"

课堂教学是提高教育教学的主阵地。提高了课堂教学效率,也就是提高了教学质量,课堂教学要真正突显学生的主体地位,教师要少讲少讲再少讲,学生要多练多练再多练。充分调动学生的积极性,让学生动起来,这应该是教师教学的重中之重的工作。

四、校园文化是学校的灵魂

没有校园文化,学校就没有灵魂,教育就没有灵气。校园文化的建设也不是一朝一夕的事情,它的形成有其自身发生、发展的过程,并且有着形成、发展、修正和完善的不同时期。拓展校园文化的功能,创新校园文化的建设,学校才能永远充满蓬勃的生机、时代的活力。更新观念、以人为本;关注生命、注重育人;减负增效、享受幸福;

改革创新、追求成功……这将是我们奋斗的目标。

我校专门建立了校园文化宣传栏,使学校文化充满校园的每一个角落,促进全体校园人的全面、科学、可持续发展。最终使每个班级有特色、每个学科有特征、每个学生有特长、每个教师有特点,把学校真正建设成师生生活的幸福家园、孩子成长的幸福乐园。

大信中心小学人文环境营造

青岛市即墨区大信中心小学　刘元泽

大信中心小学坚持文化育人,以古朴雅致的文化氛围在大信镇广受好评。

一、文学滋养气质

学校创立了校报《满天星》和《萌芽报》,"学校信息""学习快讯""社会大事""文学长廊""校长的话""老师的悄悄话"等板块,将校内校外的与学生相关的事情,用清楚易懂、条理清晰又幽默清新的语言讲述出来,浇灌着孩子们好奇而渴求新鲜事物的心田。经典的作品让学生们领略了古今中外名家风采。校长和老师们的鼓励和引导又充满启迪与温情,娓娓道来,让学生在关怀中接受教导和启发,从而自觉思考、完善自己。《满天星》和《萌芽报》鼓励学生投稿,"佳作赏析""愿懂你心""说说心里话"等栏目,既启迪了学生的文学意识,也创造了一个师生、生生交流与展示的平台。文字的书写架构文学的天堂,优美的语言滋养气质的风华。《满天星》和《萌芽报》滋润着学生们心中的文学萌芽,点燃了点点文化的灯火,萌芽终会长成全校文化的参天大树,满天星光终会汇成文化的璀璨星空。

二、音乐提高素养

音乐是大信中小的又一特色项目,包括大信中心小学每天播放与歌唱的校歌和定期举办的主题音乐节活动。

学校自己创作的校歌《快乐学习 快乐生活》以清新婉转的旋律、积极向上的歌词深受全校师生的喜爱。每天清晨,学校播放校歌,迎接师生们的到来。师生们总是不自觉地哼唱,踏着音乐的节拍,心情随着脚步变得更加轻松。在音乐的欢乐氛围中,开启一天的学习和工作。

大信中心小学还定期举办各种主题的音乐节,提高学生的艺术素养,提升学生的自主自信。一月份,以"迎新春,启新章"为主题的音乐节,充分挖掘学生的才艺,学生以班级为单位组成队伍,在音乐老师的帮助和指导下,选择适合自己声色的歌曲,展示自己的信念希望与畅想。六月份,以"我的金色童年"为主题的音乐节,给学生们搭建了释放活力、展现风采的舞台。脍炙人口的歌曲,配以学生们个性十足的走秀、舞蹈、魔术等才艺,让盛夏的校园充满欢乐,更让学生们在欢笑中收获了积极向上的心态和饱满的精神状态。九月份,以"老师,我想对你说"为主题的音乐节,为有音乐特长和喜欢音乐的学生搭建了一个展示和欣赏的平台,更是感染了一大批对音乐好奇的学生,使他们真实地找到了各自的兴奋点,从而爱上了艺术的表达方式。十月份,以"我和我的祖国"为主题的师生齐唱红歌活动,开启了音乐节的序幕。在悠扬稚嫩的歌声中,全体师生的爱国热情得到了升华,同时,也深刻地感受到了音乐的巨大魅力与感召力。不仅仅是学生,老师们也在一次次的音乐节中,重温自己的少年时代,同时,更体会到自己工作岗位的重要性。悠扬的音乐声也滋养了老师们的心灵,让老师们在艺术的氛围中创作出更多优秀作品,指导学生们领略更多艺术的美好。

三、书法熏陶心灵

大信中心小学同样重视书法艺术,形成了"全校师生齐动笔,墨香浸满校园"的良好书法氛围。学校定期举办"指尖跳跃热爱"系列软笔书法活动。习字可以静心凝神,感受中华传统文化的魅力,学生们在淡淡墨香的熏陶中静静成长。

学校对艺术的重视,带动了校园内学生和教师们整体艺术素养的提高,推动着学校人文环境的不断完善。大信中小师生们真挚的情感渗透在校园活动中的一点一滴,这些共同创造的文化带来的温暖力量激励着他们勇往直前。

龙山中心小学校园文化建设

青岛市即墨区龙山中心小学 江志林

龙山中心小学坚持"以物质文化建设为依托,以精神文化建设为核心"的文化建设思路,以丰富多彩的活动为载体,积极构建校园文化框架,全面推进素质教育。现对我校校园文化建设工作介绍如下。

一、学校环境文化建设

物质文化是学校文化建设的基础,也是学校文化的载体。为了给师生创设一个优美、和谐的学习生活环境,不管是老校还是拆迁后重建的新校,学校一直秉着"让每一块墙壁都会说话,让每一棵花草都能传情"的环境育人理念。在新建学校里,教学楼走廊内每个班级门口,添加了班级展示宣传栏,室内外的墙上挂上了学风、名人名言、学生作品、小学生日常行为规范、教师职业道德等。校园里新栽植的绿树花草,不仅美化了校园环境,还增添了浓厚的学习氛围。

二、开展精神文化主题活动

精神文化是校园文化的核心和灵魂。良好的校园精神,它可以对学生的行为产生影响和制约,增强学校的凝聚力,打造校园文化特色。

1. 践行社会主义核心价值观

加强爱国主义、集体主义和时事政治教育,引导学生增强爱国之心,报国之志。多年来,我们把爱国主义、集体主义、社会主义教育和学校教育事业的发展结合起来,以每周升旗仪式、学生表彰大会及重大节日、重要活动为契机,开展了"秉承传统文明,弘扬民族精神"和"少年强则国强"的教育活动;以改革开放好为主题,开展了"改革开放40周年"征文比赛、歌咏比赛等活动,增强了学生勤奋好学、爱国爱校的责任感和使命感。

2. 加强学生良好道德品质的培养

我们坚持开展了"争做新时代好少年"活动,举行了"爱家""爱校""爱老师""爱同学""尊老爱幼"系列读书活动、征文比赛、演讲比赛,这些活动引导学生崇尚团结、友爱、互助、奉献的精神,弘扬了助人为乐的优良传统。

3. 着力打造校园足球文化品牌

我校成立校足球队以来,充分利用场地优势,坚持科学训练,以特色为点,推动全校的体育课堂创新,深入践行青岛市"十个一"行动项目。我校女子乙组足球队在青岛市 29 届市长杯足球联赛获得季军。

三、塑造和谐发展的教师文化

1. 开展听评课活动,逐步提升教师素质

通过听课教研,提高教师的业务水平。我校的具体做法是:原生态课,校长推门随堂听课;跟踪课,一次不行就再听,直到满意为止;教研课,提前准备公开课。从各层次、各角度,不断提高教师的专业水平。

2. 加强校本培训,打造学习型教师队伍

为了激励教师们的学习热情,我校规定每位教师每学期要做到:参加两次教育教学讨论会并发言;上交一份高质量的教学案例;准备一节校级公开课。要给学生一杯水,教师就要有一桶水,为了让教师这桶水的内涵更丰富,我们不断关注教师专业知识的提高。

四、形成以人为本的特色文化

扎实开展活动是我校的一大特色,在教育教学中坚持开展丰富多彩的校园文化活动,让校园成为学生学习、成长、发展特长的乐园。常规活动有养成良好行为规范、抗震救灾知识的普及和紧急疏散演练、感恩教育、做文明学生等主题活动,既进行了思想品德教育,又丰富校园文化生活,开拓了学生的视野。绘画书法比赛、诗歌诵读大赛、主题演讲比赛等活动,为学生提供表现舞台,展现学生的个性特长。

校园文化建设是一项周期长、见效慢的工作,需要不断地实践、思考、探索和整改,时刻铭记"以文化经营学校,让环境成为隐性课堂"的理念,相信校园文化建设工作将会更好。

营造育人文化　幸福润泽师生

青岛市第二实验小学　江建华

2015年8月建校之初,青岛市第二实验小学确立了"办一所有温度的幸福学校"办学目标,将"好人在好的关系里做好事"的幸福哲学理念渗透到每一位师生的心中,落实到行动中。通过"邮"彩文化、环境育人、悦读工程、品质课堂四个维度努力实现"让学校到处充满阳光和创新活力,让每个儿童获得成长快乐和文化滋养,让每位教师拥有教育智慧和职业幸福"的教育愿景。

一、"邮"彩文化,温润幸福校园

踏入校门,最先映入眼帘的是一个墨绿色大邮筒,这是我校特色"邮彩"文化的主角。自建校以来,我校以"校园主题邮局"为传播载体,将邮政服务与校园文化创意进行完美结合,并自主研发"邮"彩课程,让学生通过一枚小小的邮票,探索其中所蕴含的历史、文化、艺术、社会等。此外,我校不断完善"邮彩评价",从班级、个体两方面进行评价。班级中,从行为习惯、班级文化、体质达标几方面实施月评,期中阶段对突出的班级进行集体走场馆奖励,增强集体荣誉感,突出其中每一个体的参与性、重要性;个人评价从德、智、体、美、实践五个维度展开,在"积分—集邮—兑奖"中让孩子站在成长舞台的正中央。

二、环境育人,滋养幸福师生

彻见真性,营造幸福"真环境"。文化育人于无形,立德树人于点滴。近五年的校园文化建设过程,是凝聚智慧、积累共识的过程。从一楼的校园邮局、瓦楞纸社团展,到二楼的丝路公园、礼仪长廊、书林,再到三楼的科学玩耍角区、爱心角区、少先队走廊文化,我们将文化角区与校本课程相融合,打造成课程的校内实践基地,实现角区文化与学生心灵的深度"对话",传递幸福教育意蕴。

共同体建设,成就幸福教师。我校以"雁阵效应"作为理论基础,以共同体建设为支点、推动教师团队发展,自然有机形成"守正出新,和合共生"学校精神的实践与探索。教研组共同体、年级组共同体、个性化教师共同体……一个"教师共同体"就像一支"雁队",志趣相投的老师们实现了"抱团式"发展。阶梯磨课活动中,教研组团队共研一课,共议得失,取舍改进,实现骨干教师和年轻教师的共同成长。每学期的德育论坛,教师们相互分享相互学习,相互促进,不断提升对自身的要求,追求专业化的发展。

三、夯实悦读工程,打造书香校园

1. 三级图书借阅制度,让阅读超越时空随时随地发生

最是书香能致远,我校基于"悦读课程化"的探索,将悦读纳入到校本课程中,并建立了学校藏书室、走廊开放图书吧、班级图书角三级图书借阅网,努力把学校变成一座大图书馆。沐浴书香,浸润经典,悦读丰盈了师生的生命,让每一位师生都遇到更好的自己。

2. 诵读微课程,让阅读在孩子的生命中绽放

每天15分钟的经典诗文晨诵微课,开启着学子美好的一天。学生手捧学校自制的《悦读手册》,分层诵读。放声读,静心读,跨越时空,学生们跟诗人对话,听智者教诲。语文课前,有三分钟朗读专项练习;中午有30分钟的自由午读;回家后,有夜读十页书的亲子共读。

3. 经典读书节,让阅读成为孩子们快乐的源泉

每年五月份的读书节是学校工作计划中的"规定动作",也是孩子们最期盼的节日。好书推荐微戏剧、经典诵读擂台赛、亲子故事与演讲大赛、创意绘本和书签、阅读达人秀、走进图书馆、作家进校园……一系列的活动为孩子打开了悦读新模式,在幸福文化氛围中传承经典,熏染气质。

四、打造品质课堂,引领师生成长

1. 课型打磨,提升品质

学校一年一度的教学节始终遵循李沧区"多彩教育,品质课堂,爱校如家,人民满意"的工作思路,聚焦深度学习,点亮品质课堂。通过"专家讲堂""我的课堂看过来""教学竞技展风采""评课促成长""教学方法齐开放""小课题大家谈"等活动搭建平台,与此同时,我们尝试打破了往届教学节的模式,通过首席教师引领课、骨

干教师示范课、年轻教师展示课、新教师汇报课、赛教教师精品课五个层面,开展了试卷讲评课、练习课、复习课以及新授课四个维度的研究,用科研引领教学,用教研提升教学,用培训促进教学。

2. 模式提炼,各领风骚

我校语文、数学、科学三个校级工作室,积极进行教学实践应用经验的总结与提升,重点研究了学科品质课堂的教学流程或模式。"原味"语文工作室推出整本书阅读导读课课型教学模式,"行远"数学工作室梳理出"启思、赋能课堂六步教学模式"。STEM "1＋X"科学工作室总结了小学科学"工程与技术"QCPC四步教学模式。教学方法与模式的提炼对改变教师传统的教育观念、优化教学过程、提高教育教学质量起到了推动作用。

3. 课题研究,凝智启行

在近些年的探索与实践中,我校逐步形成了省、市、区、校四级科研网络,学校、团队、个人三层研究梯队的课题研究模式,以学校主课题带动子课题,以名师工作室的团队课题带动个人小课题,形成人人参与课题、人人研究课题的良好氛围。目前,我校已有国家级课题1项、省课题2项、市课题3项、区课题4项、校课题34项,越来越多的教师在课题研究中体验到专业成长的喜悦。

总之,五年来,在专家的引领下,我校的团队在"营造育人文化,引领师生成长"方面,守正出新,大胆创新,在不断积累中丰富学校文化内涵,在不断完善中继续前进发展,我们将以一以贯之的初心,全力做好幸福教育!

"和雅教育"开启师生幸福人生

青岛市即墨区长江路小学 王道田

近几年,长江路小学以"和雅教育"办学理念为引领,按照"和而不同,雅而有致,做最好的自己"的核心内涵,积极创建"和美优雅"的书香校园,努力打造"和爱儒雅"的教师团队,倾力培养"和乐文雅"的学生群体。用"和雅"文化引领学校向内涵式发展、特色发展、高水平发展。

一、积极建设"和美优雅"的书香校园

1."雅景"凸显雅

一是学校把办学理念、团队精神等主流价值观制作成简明易懂的文化标签,融于景致中,布置于校园各处。二是学校设立了诗歌、海洋、音乐、美术、科技等主题文化长廊,让学校的每一条走道和每一面墙壁上都能看到学校的特色文化、中华传统文化。三是学校设立了师生活动宣传栏,定期更换学生的作品,让学生处处都能徜徉在自己喜爱的文化中,时时都能沉浸在成功的喜悦里。四是为班级制作了班级文化宣传栏,可以展示自己的特色文化。教室外,特色活动,内涵丰富、个性十足;教室内,墙上设立的和雅之星评级表、争做和雅好少年、生活大比拼等栏目,成为班内成员彰显个性的展示舞台。校园里处处都是"和雅"文化,激励着师生做人求学,形成了丰富多彩的视觉课程。

2."雅声"凸显雅

一是学校把古诗、成语等经典作品制作成音频文件,每天在校园广播里播放,让书韵充满校园。二是学校设立开放的"读书吧",把图书室布置在教室内,学生既可以把学校的图书临时存放,也可以发动学生把自己的书带到学校来进行"漂流",让学生随时随地能泛舟书海、浸润书香。三是学校实行"课前三分钟""每周一诵"制度,各班级每天第一节课由学生轮流上台演讲,每周升旗仪式时间全体学生进行经典诵读,让学校的每一天都充满雅趣。

二、全力打造"和爱儒雅"的教师团队

1.团队式评价引领教师和谐共进,打造儒雅教师团队

我校已经构建了一套较为成熟的教师成长模式,也就是将教学常规管理、教研活动、教学质量等进行团队式评价,通过专业引领、同伴互助、资源共享,实现自我反思与专业提升,促进和谐团队的形成。

2.校本研修坚持多样化发展,提高教师的基本教学技能

在校本研修学习中,学校坚持集体备课务实化、推门进听课常态化、领导干部观评课制度化、开展教师素养大赛活动,以赛带练,促进教师素养提升工程全面化等多种措施,让教研与教育教学相互结合,让教研与教育教学相互促进,达到共同提高的目的。

3.以课题研究为引领，打造和雅课堂

学校现有省级课题两个，青岛市级课题三个，学校每个教研组都有学科小课题，各课题小组通过集备研讨、主题研讨、课堂教学、教学反思等方式开展研究活动，通过研究来捕捉教育教学中的"问题"，有针对性地解决教育教学中的问题，取得了成效。

三、倾力培养"和乐文雅"的学生群体

1.开展丰富多彩的德育活动，培养学生高尚人格

我校的"德润长江"品牌被评为青岛市德育品牌。学校以德育活动为载体，通过开展"家务劳动大比拼活动""学雷锋活动""感恩活动"等多彩德育活动来提升"德润长江"品牌的内涵和影响力，培养学生健康、健全的人格，以及正直、友善的品德。

2.构建"慧雅课堂"，引导自主学习

我们正逐步构建"小组合作，团队竞赛"的课堂教学模式，制定了"小组合作，团队竞赛"教师课堂教学评价方案，通过评价方案的实施，引导教师优化教学方法，转变学生学习方式，从而达到打造高效课堂的目的。通过开展各类课外活动，如"国学达人"挑战赛、数学思维训练比赛、读书节、海洋节、写字节、班级才艺大赛等来丰富学生的课外课堂。

3.开发"博雅课程"，引领快乐生活

我校着力打造以诗歌教学为突破口的文化特色教育。经过五年的积累，学校在诗歌教学方面取得了优异成绩。至今，师生共创作诗词作品超 1000 余首，其中有 200 多篇在各类诗词刊物发表。学校按年级编写了《多一点诗意》校本教材，共六册，供全校学生免费循环使用。2017 年，学校被中华诗词学会授予"中华诗教先进单位"称号。

4.组建"高雅社团"，发展个性特长

学校共开设了 70 多个社团，利用每周五下午时间开展活动，全校所有学生可以根据自己的需求自由选择，参与其中。孩子们在活动中发展特长、张扬个性，让他们拥有高雅的快乐人生。

5.广泛开展艺体活动，人人参与，个个展示

我们开展的各项活动力求让每个孩子都站到舞台或运动场的中央，成为活动的主角，像各班学生才艺展示，篮球、足球联赛等，都力争让更多的学生参加，极大地激发了学生的潜能，增强了校园生活的幸福感。

营造育人文化

——以"共生文化"引领学校共同体发展

城阳区第三实验小学　王建娥

城阳区第三实验小学历来重视文化立校,校长王建娥在 2017 年接手这所学校时,对学校文化有了更多思考,在传承"和美教育""和阳文化"的同时,结合习主席在全国教育大会上提出为谁培养人、培养什么人、怎样培养人的一系列问题,以及当前钱理群先生称我们的教育已经是在培养精致的利己主义者时。我们进行了深刻反思,在强调学生个性发展的同时更加注重共性发展。结合教育的原点及学校的现状,与教师、家长、专家共同研讨了学校发展定位,提出了"共生教育"理念,以期构建一种各美其美、美人之美、美美与共的教育新生态,实现天下大同的教育理想。

一、营造合作共赢的精神文化

以学校三棵 50 多年的白杨树携手成长和大自然存在的松杨共生现象为内生基因,将共生这个自然哲学和社会哲学的普遍原理运用到教育中,内化为独特的精神文化。

办学理念:协力共生,合作共赢。

办学目标:办一所具有学习共同体、发展共同体、命运共同体的共生共赢的优质品牌学校。

育人目标:培养质朴、坚强、向上,会共处,善协作,能分享的"和阳"少年。

校训:像大树一样茁壮成长。

校风,共建共享,共荣共美。

教风:和合共生,守正出新。

学风:团结协作,互学共进。

用办学目标、"三风一训"来营造良好的育人氛围。完善学生与教师、学生与父母、学生与学生的共同发展,借力所有的资源,融家长、学生、教师共同成长为一个学习共同体、发展共同体、命运共同体,促成合作共赢的局面。

二、营造优美和谐的环境文化

校园内三棵杨树周边设立"和阳"广场,以"协力共生,合作共赢"为内容的八块展牌屹立于此,学生每天上放学都可以看得到,将学校文化入眼、入口、入心、入脑。美丽的四合院内有三棵高大的松树和三棵柔美的玉兰,我们称为松兰苑,也昭示着"和阳"路上的实验三小培养的"和阳"学子既要有松树的坚强,也要学习玉兰的柔美。三味书屋、三松堂(书法社)、梧桐诗社、科技 E 园、校史馆等环境文化设施,处处体现着有活力的温馨家园、有智慧的书香学园、有精彩的梦想 E 园。

三、开展好丰富多彩的活动文化

以核心素养为目标,以青岛市教育局"十个一项目"为引领,通过丰富多彩的活动文化完成学生自身的内在素质与品质的共生;以人与自然、人与社会、人与他人的和谐、协调整合共同发展,培养学生良好品质。学校设立读书节、科技节、生活节、体育节、艺术节、传统节日等节日课程和多元校本课程促使学生德智体美劳全面发展。

四、形成完善合理的制度文化

创建学习共同体模式,学生、教师、家长每个人都是主角,每一个人的学习权和尊严都应受到尊重。

教师进行捆绑式评价模式,在公共性中追求自己的卓越。①科学划分团队,构建团队文化。②群体活动,搭建团队合作平台。③创新评价机制,提升团队精神。

课堂教学实行"小组合作学习",以"共创课堂"为特征,完善"三图六构"课堂模式研究。以学生高效学习为目标,以自主、合作、探究为路径,以思维导图为引领,以小组合作为形式,让学习真实发生,形成新课程背景下的有效课程模式。

通过不断完善学校的精神文化、环境文化、活动文化、制度文化等,创造和谐优美的育人环境,培育社会主义接班人。

田横中心小学文化建设突出人本文化

即墨区田横中心小学　于海艳

田横中心小学依据现代教育的管理思想,倡导人文情怀,学校文化建设突出以人为本的管理理念。学校领导不但对全校师生进行严格管理,还对他们充满爱心,用极大的热情去关怀爱护每一位师生。

一、营造育人精神文化

一是树立良好的教风。教师在日常教育教学以及学习过程中,不断探索新理念、新方法,总结新经验,形成了具有鲜明个性特点的教学风格。新学期开学,开展师德教育月系列活动,以行风建设和教育效能为契机,深化师德师风建设,狠抓教师队伍建设。全体教师以饱满的精神风貌、良好的师德风尚,服务教学、服务学生、服务社会。

二是树立良好的学风。学校在全体学生中开展养成教育,重视学生的行为习惯养成教育。从卫生、常规两方面抓起,每学期初,学校把第一个月设立为文明礼仪教育月,每个周的每周二定为行为习惯训练日,每周三下午定为全校卫生整理日,以行为习惯和养成教育为主线,大力开展讲文明活动。鼓励学生在学习、生活实践过程中,养成良好的学习习惯、生活习惯、道德习惯和行为习惯,使学生成人又成才。

三是树立良好的校风。校风是学风、教风以及学校的管理理念、办学思路、学校精神风貌等方面的总和。严格要求学生上下楼梯、课间活动、上放学路队按秩序活动,学校少先队监督岗配合值周老师定期不定期的进行检查督促,每周一升旗时表彰优秀班级,颁发流动红旗。通过勤公示、勤督促,学校各方面风气正、理念新,校园书声琅琅,和谐、绿色、干净、良好的校风蔚然而成。

二、营造育人制度文化

学校的制度建设是学校文化建设的政策保障,也是学校文化建设的重要内容。

学校首先建立健全各项管理制度,学校管理在具体教育教学中做到有章可循、有法可依。在制定各项制度的过程中,学校站在科学发展观的高度,科学、合理地进行决策。

一是从学校实际出发,实事求是地科学决策。学校建校 2 年,属于学校发展的初级阶段,首先就是从制度开始的,无规矩不成方圆,有了制度约束就有了工作的衡量之尺。

二是集中群众智慧,召开教代会,广泛听取全体教师的心声,尊重他们的意见,实行民主化决策。

三是牢固树立以教学为中心的理念,使学校各项制度服务于教育教学。学校领导深入教学一线,校长积极参与课程开发,学习先进的教育教学理念,经常进班级听课,参加班级组织的各项活动,积极参加教研组开展的教学研讨活动,组织和带动教师开展校本研究活动。提高教学质量是学校的重要任务,学校制定、采取了各种措施来提高课堂教学效率,从教师的备课、讲课、辅导、评价全过程管理,千方百计提高教学质量。

三、最后是营造育人物质文化

一是加强学校文化管理。学校聘请专家对学校文化建设进行系统规划,一楼为党建、安全文化;二、三楼为国学传统文化;四楼为师生作品展示平台。同时争取专项资金,加大资金投入。

二是营造学校文化氛围。学校从净化、绿化、美化入手整治学校环境,创设各种文化设施,开辟文化教育阵地。

三是开展学校文化教育。学校开展以"文明礼仪,规范养成"为核心的体验养成系列教育,成立合唱、舞蹈、绘画、花样跳绳四支兴趣队组和 13 个少先队活动社团。

学校文化建设是一项系统工程,田横中心小学科学规划、统筹实施,在加强外在的硬件设施文化建设基础上,更深入地强化内在的软件文化建设,学校文化建设正朝着内涵的方向深层次发展。

注重内涵，提炼特色

——如何制定科学有效的发展规划

即墨区蓝村中心小学　于红艳

学校发展规划既是一种重要的管理手段，又是一种重要的管理理念。无论学校大小，都必须科学制定并有效实施学校发展规划，尤其是要注重发展规划的内涵，注重提炼办学特色。学校发展规划对学校科学长远的发展有着实实在在的促进作用。

学校规划是一项十分艰巨而又细致的工作，它对学校发展起着至关重要的作用。身为一校之长，义不容辞地对学校的发展前景负有领导责任。科学制定出学校发展规划，切实搞好学校人力、物力、财力的优化配置，从而实现学校发展目标。

一、明确方向，确定目标

学校发展规划，无论是长远的还是近期的，是总体的还是分项的，都必须具有明确的方向性，总体上要不折不扣地执行党和国家的教育方针，符合教育政策法律的有关规定。具体上要从学校的实际出发，要体现学校的办学思想、办学理念、办学愿景和办学特色。校长要明确方向，在认真调查研究，广泛听取教职员工意见的基础上，制定出学校发展目标。

二、分析现状，因校制宜

在制定规划前，校长要认真分析学校的人力、物力、财力、周边环境、地属关系等现状，一切从校情出发，因校制宜，注重可操作性和特色性，校长要冷静地分析为什么要制定这个规划，这个规划要完成什么任务、达到什么目标，分析实现规划的可能性及怎样去实现这个规划，需要采取哪些手段和措施，达到规划最佳效果；规划中的每一个环节在什么时候进行、什么时候完成。

三、把握节度，与时俱进

凡事举兴须有节有度。制定学校规划要讲究分寸，注意火候，抓住时机，与时俱进。特别是制定近期规划或单项规划，要准确把握时间和时空。俗话说："量菜着盐，量体裁衣。"时局、时空、条件适度则可行，否则不可强行。这就要求校长要做到心中有数，注意事物发展变化的各种因素的统计和量化，才能制定出科学、正确、合理的规划。校长不能脱离实际，凭空想象，好高骛远地制定可望而不可即的规划。当然，规划具有超前性，但超前不能成为海市蜃楼。

四、全面考虑，突出重点

校长在拟订规划时，要周密考虑学校工作的方方面面，准确掌握学校发展变化的内在因素及外部环境，掌握其规律性，按客观规律办事，真正做主观与客观相统一。不能将学校所拥有的人力、物力、财力都满打满入，必须做到留有余地，要像部队作战一样，留有预备队，这样方能将规划中的每个阶段目标和分目标定得恰如其分并留有活动的余地。有的地方还要做到以退为进，以迂为直。要做到德育、智育、体育建设全面考虑，国家、集体、个人利益统筹兼顾，人力、财力、物力综合平衡。在全面考虑的基础上应突出重点，分清主次，要抓住主要矛盾，着力解决学校发展的热点、难点、关键问题。

学校发展规划的制定和实施，必须尊重并符合国家方针政策，要注意的是制定学校发展规划不是推倒重来，应建立在原有的基础之上，所以必须尊重学校的实际，特别要注重从学校的发展历史中提炼学校的传统精神，这样才能使师生员工产生亲切感，激发他们参与的主动意识。学校发展规划的实施，要依靠全体师生员工的共同努力，要得到全体师生员工的高度认同，所以就必须尊重师生员工的意愿，要把全体师生员工引领到规划的制定和实施中来，并注意集中发挥他们的智慧。只有这样，学校发展规划的制定与实施才能收到应有的成效。

灰埠小学蔺文燕校长深入课堂听课评课的智慧

平度市新河镇灰埠小学 蔺文燕

课堂是实施素质教育,深化教育改革的主阵地。听课评课是校长日常工作的"必修课",是校长了解、诊断教情学情,把握教学质量的"探测器";是帮助和指导教师不断总结教学经验,提高教学水平的"助推器";是引领教师从事教育教学工作的"灯塔";是有效调动教师教学积极性、主动性和创造性的"催化剂";更是校长展示管理能力,树立学术权威,彰显领导艺术和个性魅力的"广告牌"。校长如何练就这门"必修课",让"探测器"更精准,让"助推器"更有力,让"灯塔"更明亮,让"催化剂"更提速,让"广告牌"更耀眼,这就需要校长掌握听课评课智慧。几年来,蔺文燕校长一直坚持深入教学第一线,深入课堂,参加教师的听评课活动,与教师一起探讨课程改革的新路子,感受颇深。

一、因"类"而异,选择合理的听课评课形式

授课教师有刚参加工作不久的新教师,也有经验丰富的老教师;有教坛新秀、骨干,也有教学能手、名师;有活跃、豪放型,也有内敛、严肃型,类型不同,各有差异。我们就要因"类"而异,确定听课评课形式,促进教师的个性发展,使课堂教学丰富多彩、百花齐放。

1.计划预约听课评课

所谓计划预约听课评课,是指学校有计划地事先安排的听课评课。对于刚参加工作不久的新教师和内敛、严肃型教师最适宜这种听课评课形式。由于事先有预约,他们课前就有充分的时间研读教材、钻研教法、精心备课,上课的自信心就会大增,课堂教学水平就能得到最大限度地体现和发挥。

2.随机推门听课评课

随机推门听课评课,是事前不打招呼的一种随机性听课评课。教坛新秀、骨干,教学能手、名师及活跃、豪放型教师,适宜这种听课评课形式。因为这些教师理念先

进,教学经验丰富,驾驭课堂能力强,虽然有校长介入听课评课,也能轻松驾驭课堂,反映课堂教学实况,有利于这类教师增强自主能力,进一步提高教学技艺。

3.跟踪听课评课

跟踪听课是对教学成绩在级部或学校暂时落后的老师进行的听课评课,目的在于帮助他找准并分析课堂教学原因,短时间内调整教学策略,进一步提升教育教学成绩。

二、 在听评课中关注教师教学方式的转变

传统的听课方式,大多关注教师的教学基本功、知识水平、讲课的能力等。在课程改革的今天,作为校长参加听评课活动,不仅要关注教师的教学基本功、知识水平和讲课的能力,更重要的是关注教师教学方式的转变。在教学的实施过程中,准确地把握新课程标准,坚持正面教育原则。新的教学过程,学生应是主体,知识的获得是一个主动的过程,教者不再是知识的传授者,而是知识的引领者;学习者不再是信息的被动接受者,而是知识获得过程的主动参与者;新的教学过程还应是师生互动、生生互动的双向或多向交流过程。因此,作为教师一定要转变传统的权威式的老师讲学生听的教学模式,要使学生由被动地听转变为主动地学。

三、在听评课中关注学生学习方式的转变

教师教学方式的转变,会促使学生学习方式的转变。蔺校长认为,在听评课过程中,特别要关注教师的教学方法是否有利于培养自主学习的能力。自主学习是一种主动独立性的学习。学生是否愿意学、想学,在于学生对学习是否有兴趣,是否意识到学习是一种责任。因此,教师要让学生参与确定学习目标。采用自主、合作的方式,并让学生从学习中获得积极的情感体验。新的学生观必然带来教师角色的转变,带来师生关系的转变。

四、在听评课中关注教师课堂评价方式的转变

课堂教学是情感、经验的交流、合作和碰撞的过程,教师面对的是一个个有丰富情感和个性的人。在课堂教学中,教师的个性化、灵活化、多样化的评价语言,是激发学生个体潜能发挥的重要因素。教学评价语言应该充满激励,充满人文关怀。教师要及时把握和利用课堂动态生成因素,对学生发表的不同意见,在采取宽容态度的前提下,或者延迟评价,或者恰如其分地进行分析评判,或者顺势引导学生自己发现

错误、改正错误……充满爱心、智慧的牵引和评价,有助于营造愉悦、宽松的学习气氛,给学生创造出一个认识自我、建立自信的良好空间,激发其内在发展的动力,看到自己努力的方向,产生争取进步的信心,更好地激发学生对所学内容的浓厚兴趣。

听课评课是一门学问,更是一门艺术。校长必须静下心来,认真学习各学科知识,积淀自己的文化素养;定下神来,认真钻研教材,提高文本解读能力;沉下身来,认真阅读教育教学专业书籍,研究教法,提升听课评课艺术。放下架子,深入课堂,与老师真诚交流,就一定能练好这门"必修课",成为教师们的"最爱"。

学校文化建设的行与思

平度市东阁街道蟠桃小学　　王俊寿

学校校园文化建设就是对校园文化的整体布局进行规划调整,对校园环境进行升华,让师生有着更好的学习生活环境。蟠桃小学在文化建设方面做了以下几个尝试。

一、确立正确的规划理念

校园文化建设要树立全员共建意识,学校领导、师生员工、家长都要重视、参与,从科学发展观出发,在继承传统和校园原有风格的同时,着重体现出学校的发展目标和办学理念、办学特色、教育教学目标、学校建设规划,找到立足点,找准切入点,不仅要体现特定的地域性、历史性、文化性和艺术性,而且还要体现出人才培养的优化环境。鉴于这些考虑,我校在文化建设方面着重从精神文化、物质文化、活动文化、制度文化进行了整体规划设计和建设。

二、以办学理念为核心,引领精神文化建设

学校紧紧围绕"务本求实,以爱润心"教育理念,坚持"让每一位教师身心愉悦地工作,让每个孩子健康快乐成长,让学校成为师生学习的乐园、成长的摇篮、精神的家园"的办学理念,强化"爱校、爱家、爱国"的校训教育,形成"尊重、合作、博学、健体"的良好校风。要求教师树立"乐教、求实、灵活、创新"的教风,形成"乐学、善思、

自主、创新"学风,以此精神文化融入师生工作、学习、生活中,内化为师生品质,从而唤醒、激发师生崇高的情感和强烈的进取心,成为师生员工心理和行为的内驱力,真正发挥鼓舞士气、凝聚师生的熏陶、引领、促进作用。

三、以学校章程为依据,加强制度文化建设

学校制度文化作为学校文化的重要组成部分,是处于核心精神文化和浅层物质文化之间的中间层文化,它不仅是维系学校正常秩序必不可少的保障机制,也是学校文化建设和学校发展的保障系统。如果把学校文化建设比喻成一艘前行的巨轮,那么高悬的航标就是精神文化,航行的规章守则就是制度文化。因此,我校一直将学校制度文化建设放在在学校文化建设大体系中的重要位置。

四、以设施布局为载体,加强物态文化建设

为了优化育人环境,树立鲜明的学校形象,形成有文化底蕴的浓厚的校园文化氛围,我们从办学宗旨、办学理念、学校历史、发展规划、师生规范等方面综合考虑,形成特色鲜明、统一和谐的校园形象。

1. 加大经费投入,科学规划校园整体布局

我们以优化育人环境为切入点,以营造高品位的文化氛围为突破口,以创建"特色名校"为发展目标,不断加大经费投入,对校园进行了布局调整。完备的设施,幽美的环境,为学校的持续发展提供了保障。

2. 重视人文建设,提高校园文化品位

"处处是教育之地",我们力求让校园自然环境和人文环境体现出学校文化特色和底蕴。

学校走廊文化更是我们重点打造部分。教学楼中,一楼走廊展示的是家乡的历史与文化,包括家乡概况、地方名人、历史故事等;二楼走廊张挂文明礼仪宣传图片,培养学生的行为养成;三楼走廊张挂感恩教育内容,通过典型事例教育学生学会感恩。每个教室的门外还有宣传看板,展示出各班的班级文化和师生风貌。

3. 人人参与,构建各具特色的班级文化

在老师的指导下,学生自主设计的班级环境,凸现出班级特色和散发出浓郁的文化气息,教室的墙壁变成了学生学习创造的天地。走进教室如同走进了知识的海洋,不同的年级不同的班级有不同的栏目。

五、以师生活动为主导，推动行为文化建设

形式多样、丰富多彩的校园文化活动是校园文化建设的血脉，是校园文化得以延续与发展的源泉，它不但为师生提供了展示才华、发展个性的舞台，还有利于学生实践能力和创新精神的培养，还能提高了学生的综合素质，使学校充满生机与活力。

一所学校文化的规划与建设，显示出这所学校办学的境界与品位。学校文化建设的核心是理念文化，学校办学理念承载着一所学校昨天的历史、今天的现实和明天的理想。

依托德育品牌建设，营造校园德育文化的实践探索

平度市旧店镇旧店小学　李云峰

近年来，我校秉承"在继承中发展，在发展中创新"的工作思路，积极实践德育教育办学理念，大力开展"润心育德"实践活动，探索创建德育工作品牌，取得了显著成效。

我国当代著名散文家余秋雨先生在长沙市明德中学为明德中学师生开文化讲座时，明德中学师生在交流活动中以"秋雨"二字，提出了"春雨润物、秋雨润心、文化有声、教化有情"，论断精辟，集中体现了中国传统文化中人与自然和谐相处的宇宙观，表现出了文化的宽容、共享和借鉴，表达了明德中学师生对文化大师的尊敬。我校以此凝练提出"润心育德"德育品牌，以此将教育直接指向学生内心修养，从根本上着手塑造富有"爱人以德、与人为善、诚实守信"的人才，真正为学生终生发展服务。

"润心育德"核心理念为：以"关爱、理解、互动"为德育工作思路，抓住德育关键，突出德育主体，优化德育载体，使学校的德育形成"爱心""善心""诚心"的"三心"德育特色，让德育因行动而光芒四射，让学校因和谐而充满活力，全面提高学生的综合素质。为此，学校确定了"三条主线展开、三个阶段推进、三个层面操作"的层级推进创建思路。

三条主线并列展开：浸润爱心、善心、诚心（从校园文化建设入手）；积淀爱心、

善心、诚心(从学生阅读好书入手);爱心、善心、诚心(从学生的养成教育入手)。

三个阶段逐步推进:个体成为爱心、善心、诚心之人;与他人共为爱心、善心、诚心之人;形成德育品牌,丰富学校内涵。

三个层面协同操作:班级层面,小行为呈现润心;学校层面,大主题引领润心;社会层面,大舞台共建润心。

校园文化是学校内部形成的特定的文化环境与精神氛围,是无形的教育力,良好的校园文化对学生教育能起到潜移默化的作用。学校精心布置的一草一木,整洁亮丽的环境,让整个校园充满生机。学校还设计了丰富的墙体文化,名人名言、学习篇、感恩篇等激励性标语,如"己所不欲勿施于人""勿以善小而不为,勿以恶小而为之"的中华民族传统美德;"天行健,君子以自强不息"的中华民族自强精神;"少壮不努力,老大徒伤悲"的中华民族志向;"欲穷千里目,更上一层楼"的博大胸怀;"锄禾日当午,汗滴禾下土"的勤劳质朴;"羊有跪乳之义,鸦有反哺之恩""亲爱我,孝何难"的感恩之心;响彻校园的《弟子规》《三字经》……一切的一切,融入孩子心灵深处,成为孩子生命的一部分。还有学生自己创作、布置的宣传栏,时时向学生渗透着"三心"教育,让学生时刻置身于充满愉悦的德育氛围之中,激励其奋发向上。

书写测评巧拉动，写字教学大效应

——写字教学活动的几点思考

平度市古岘镇古岘小学　宿林生

书法是中华民族的文化瑰宝,是人类文明的宝贵财富,是基础教育的重要内容。通过书法教育对小学生进行书写基本技能的培养和书法艺术欣赏,是传承中华民族优秀文化、培养爱国情怀的重要途径,是提高学生汉字书写能力、培养审美情趣、陶冶情操、提高文化修养、促进全面发展的重要举措。

一、小学写字教学现状分析

根据平时教学中的观察,我们发现小学生写字中存在着种种问题,主要表现在如下几个方面。

（1）由于应试教育的长期影响，学校的写字课形同虚设。有的让学生做作业，或用来上其他课，有的学校甚至不设写字课。

（2）学生写字兴趣不高，惰性太强。写字课是专门开设的一堂课，也需要系统地学习，可是学生重视不够，因而兴趣无从谈起。并且随着生活水平的提高，学生惰性增强，沉不下心，稳不住神，心情浮躁，不愿意在写字上花功夫。

（3）学生写字姿势和握笔姿势不正确。写字讲究"三个一"，即眼离书本一尺，胸离书桌一拳，手离笔尖一寸。虽然写字时我们一再要求，但不过一会儿再看，趴着的，歪着脖子的……什么姿势的都有，因此字写出来也是东倒西歪。正确的执笔姿势要求大拇指、中指、食指能灵活地运用，手离笔尖一寸，但是大部分学生都不符合这个要求，有的食指弯进大拇指内侧，有的手腕向内侧翻，致使三指无法灵活配合，写字很慢还很别扭，更别说字的间架结构和灵活的执笔运笔。

（4）教师不够重视写字课及写字训练，教学要求不严，学生写字习惯差。写字教学一直以来都不太被教师们所重视。随着教学任务的加重，时间一紧，很多中高年级的教师就把写字这一重要教学环节给省略掉了，只注重文章的分析，用在生字教学上的时间越来越少，进入课堂可以看到，学生写字时的坐姿和执笔方法存在的问题很多。翻开学生的各科作业，字迹潦草、卷面不整洁等现象很普遍。

（5）教师书写水平不高，也是制约写字教学的重要因素。很多老师也能意识到书写的重要性，但因自身水平有限在教学上无从下手，自己不专业，在教育学生时也只能表面上强调。

二、开展写字测评所带来的积极效果

（1）学校开始重视。由于学生书写成绩开始纳入学校考核，所以目前各学校都开始重视书法教学。我们学校安排专门领导分管，在中高级部安排专任教师，学校成立书法研究室，编撰专门写字教材，便于学生练习和教师指导；学校建立书法知识长廊，便于学生观摩，把师生优秀的书法作品统一装裱，悬挂在楼梯两侧，起到示范引领的作用；同时有计划地开展师生写字竞赛、展览，举行书法艺术节，开展写字评优活动；各班级教室内外统一设置展板，展板上设计好背景图画，把学生比赛获奖作品分批进行展览，达到相互交流，榜样引领的作用。书法作品有时与古诗鉴赏相结合，或与读书心得相结合，这样既能提高学生书写兴趣，又能丰富学生知识。

成立书法社团，教师定期培训。为进一步激发学生书写兴趣，我校成立了校级书法社团，该团以毛笔书法为主，学校统一提供笔墨纸砚，配备专职辅导教师，每周定期进行活动,软笔书法更具魅力,对激发学生书写兴趣会产生积极的引领作用。

教师的素质和兴趣对书写教学的影响也很大,基于这一点,我们学校定期对教师进行培训,让老师做学生的表率,备课批改板书都要规范,并且平日要自觉加强练习,达到教学相长的目的。为使师生的书写水平迅速提高,学校提出书写的基本要求:大小均匀,横平竖直,笔画摆匀,主笔突出。我们要求全校师生都从基础做起,平日再配合临摹,整体书写水平提升很快。

目前全校练字氛围浓厚,以此带给学生审美的冲击和心理的愉悦,引导他们感受生活之美,创造艺术之美,营造心灵之美。

(2)家长开始重视。原来学生作业家长只关注是否完成,现在因为测试成绩纳入学生评价,家长逐步认识到书写的重要性,平日监督孩子作业时,开始关注孩子的书写,家长与学校形成合力,孩子的书写水平在逐步提高。有些认识到位的家长,甚至让孩子参加社会上的专业机构培训,让孩子从小打好扎实的书写基础。

(3)学生开始重视。学校和家长重视了,孩子自然而然开始重视,不管作业还是写字课,都在不自觉地加强训练。因为他们知道这会直接关乎他们的书写成绩和考试学科的卷面成绩。

(4)社会开始重视。各种辅导机构开始呈现,正好迎合学校家长的期望,条件好的家长会把孩子送去进行专业训练,这对部分有潜力的学生也是一件好事。

三、学生受益情况

由于书写的测评,带动学校、社会、家长及学生本身开始重视写字训练,收益最大的还是学生自身,虽然仍有部分学生达不到训练要求,但是他们在思想上还是重视的,只是一时半会儿效果还不明显。提高写字水平确实不是一日之功,需要长期坚持,短时得不到提高也很正常,起码学生有了这种意识,这就是进步。只要学校创设好良好的氛围,各个层面都开始重视,学生就会在不自觉中提升自己的书写水平。

四、今后需要努力的方向

我们教体局开始重视学生书写的重要性,把书写纳入学生考核,应该说比原来大有改观,鉴于写字教学现状的诸多问题,必定要有相应的对策,以使写字教学步入健康的、适合当前素质教育的轨道。

1. 转变写字教学观念

写字教学中进行一些带有提高性质的书法培训是必要的,但首先要让所有学生把字写端正,写规范,从小打好写字基础。其次,引导学生练就一手好字不仅仅是写字教师或语文教师的任务,是全体教师的责任;同时,也要争取获得家长的支持与配合。其实,写字的好处不仅仅在实用,其更大意义在于,练习写字的过程,实际上就是陶冶情操、培养审美能力、提高文化修养的过程。学生通过长期的写字训练,可以受到美的感染,陶冶高尚的情操,培养坚毅的意志、审美观念和一丝不苟、爱好整洁的良好习惯,有益于提高他们的道德文化素养。因此,在信息化时代来临的今天,写字教学仍然要引起学校、家庭、社会多方的重视。

2. 多种手段激发写字兴趣

"兴趣是最好的老师。"写好字是弘扬祖国传统文化的一种具体表现,继承和发扬祖国的传统文化也是一种爱国的实际行动。在写字教学过程中,经常地反复地把这些知识灌输给学生,不仅能使学生增强把字写好的信心,而且可以培养学生热爱母语,热爱祖国的兴趣。

然而兴趣不是学生自发产生的,需要教师采用恰当的手段激发、强化。教学中教师应当不断提高学生写字的兴趣,激发他们写字的热情,增强他们写字的信心,培养他们克服困难的毅力,使学生能够自觉地知难而进,勤学苦练。

3. 培养正确的写字姿势

儿童书写姿势正确,书写时精神集中,力达笔端,全身气血顺畅,从儿童的心理、生理角度来看,不仅能开发全脑功能,促进形象思维、视觉发展、调节心律和呼吸,而且还可以起到锻炼身体的作用。教育是明天的事业,也可以这样理解,写好字也是为了孩子们更加美好的明天,所以,教师要有高度的责任感,从思想上重视写字教学,把写字教学纳入素质教育的轨道上来,才能更好地上好写字课,指导学生写好字。

4. 重视写字课上的指导和训练

写字课可以很好地让学生学写字,练练字,教师应充分利用小学写字教材,交给学生汉字的整体观念,把握字的结构,规范字的笔画,掌握字的笔顺规则,并在老师的悉心指导和严格训练下,把字写好。另外写字也要遵循一定的规矩、法则,俗话说:"没有规矩,不能成方圆。"如果严格遵循规矩,刻苦训练,持之以恒,就能收到事半功倍的效果。重视教师榜样示范作用。加强写字教师队伍建设,是提高写字教学效率的关键。唯有老师善书,学生才能善书。在书写时,安排好字的结构,注意字的笔顺,展示给学生一个个端端正正的汉字。持之以恒,养成习惯。写好字并不是一朝一夕就能形成的,俗话说:冰冻三尺,非一日之寒。要掌握书写规律,从来不是靠几节写字课能完成的,它需要长期的坚持,养成习惯。我们在写字的同时,既可以培养学生的情操,也能陶冶他们的性情。

学校写字教学的基础性地位,决定着写字教学需要我们全体教师长期的坚持不懈的努力,我们应该充分认识这一过程的长期性与复杂性,其长期性决定了我们在写字教学中要以一以贯之的态度正确应对,绝不能有过冷过热的态度;其复杂性决定了我们在写字教学中要正确应对来自各方面的冲击,积极采取各种有效措施化解各种不利因素的影响。总之,尽管目前小学写字教学存在着这样或那样的问题,但只要我们广大教师达成共识,齐抓共管,下功夫,花精力,我们的学生通过勤奋刻苦地训练,一定能练就一手整洁、规范、美观的好字;写字教学就一定能拥有一个坚实的基础性地位,有一个美好的明天。

德润心灵,为孩子的一生幸福着想

崂山区华楼海尔希望小学　王伦波

崂山区华楼海尔希望小学坚持"一着想两爱三全四本"的教育理念,以"高质量、轻负担、有特色、可持续"为目标,践行陶行知生活教育理论,探讨开放教育新思路,着力建设书香校园、生态校园、科技校园、艺术校园,努力建立开放性德育品牌。学校的特色德育工作贯穿于学校教育教学的全过程和学生日常生活的各个方面,对促进学生的全面发展,保证人才培养的正确方向起着主导作用。合校以来,学校认真贯彻党的教育方针,坚持以德育为首,育人为本的办学方向,确立了"以德育人、严抓常规、形成特色"的德育工作思路,拓宽了德育工作渠道,提高了德育工作的针对性、实效性和主动性,取得了良好的效果,建立了鲜明的德育品牌,散发出育人的芬芳。

一、健全一个机制,完善德育网络

学校积极倡导全员育人,建立了德育工作网络化实施系统。一是建立了以校长为组长的德育工作领导小组,指导和运筹全面工作。二是建立实施系统,形成了以分管副校长分工抓,政教处、少先队负责抓,护导教师轮流抓,班主任具体抓,任课教师配合抓,学生干部协助抓的德育工作网络化实施系统。三是软件系统,制定、完善了一系列规章制度,使工作有章可依、有规可循。

二、抓好一条主线，坚持养成教育

"德育对中、小学特别是小学生更重要的是养成教育。"养成教育虽不是德育的全部，但却是德育中最"实"的部分，是看得见、摸得着的，它是德育的质的指标。为此，学校上下达成共识，一定让学生养成良好的习惯。

学校要求全体教师都要建立"德育人人有责"的意识，时时处处育人。每学期开学初进行养成教育月活动，并制定具体目标，将好习惯培养到底。如：学生的坐姿、物品摆放、整理书包、课间纪律等，经过长期的严格要求和反复训练，学生逐渐由"他律"发展成"自律"。开展"规范日常行为，养成文明习惯"主题教育活动。以小学生一日常规教育训练、《小学生日常行为规范》为重点，开展"好习惯伴我成长"（学习好习惯、卫生好习惯、节约好习惯、行为礼仪好习惯）教育活动。把礼仪教育、诚信教育作为重要载体，充分发挥学生的主体作用，坚持教育与管理、自律与他律相结合的原则，让学生自主组织活动、管理评价，使良好的行为习惯内化为自觉的行动。开展"纪律示范班""卫生示范班""十佳少先队员"等评比表彰活动，以教育为先导，以制度为保证，以检查督促为抓手，以行为训练为基础，以习惯的内化与养成为目标，从基础小事抓起，注意点滴积累，切实提高学生的文明水平。另外，学校的带班领导和护导教师工作也扎实有效，每天从早七点到下午四点半，都有带班领导和护导教师全天值岗。每节课间，楼道内都有护导教师和值周学生巡回检查，维持保障课间秩序，校园内每个课间也会有护导教师检查，让学生时刻注意自己的行为，从而约束自己的行为。

三、拓宽一个空间，形成三位一体网络

1. 重视"父母课堂"

人们常说："父母是孩子的第一位老师，家庭是孩子受教育的第一课堂。"家庭教育对学生思想品德的形成有着至关重要的作用。因此，学校重视和发展家庭教育。帮助每个家庭征订了一本《父母课堂》，并开好每一次"父母课堂"，帮助家长建立正确的教育思想，提高对素质教育的认识水平，把家庭教育与学校教育紧密结合起来，共同关爱学生。

2. 实施"素质开放日"

学校还在每学期开设了素质开放日，让家长们都能走进课堂，更进一步地了解学校的教学情况以及孩子的上课情况等，并邀请家长针对教师的教学提出合理化建议，有效推动了家长学校的基本建设，帮助家长建立了正确的亲子观和成才观，推广

了科学的家庭教育方法,促进了社会主义新农村建设。现在,家长已成为我校与家庭联系的纽带,成为学校教育和家庭教育交流的桥梁,融洽了家校关系,形成了学校工作家长支持、家教困惑学校帮助的良好局面。

3.形成三位一体的教育网络

现在的教育应是一种多元化、开放式的教育体系。应该把教育作为一个整体,学校教育、家庭教育、社会教育则是这个整体中相互作用、相互依赖的有机组成部分,因此确立了家校合作,教育无分歧的理念。加强与社区的沟通,完善学校、家庭、社区的三位一体的教育网络,成立学校和班级家长委员会,充分挖掘社区、家长资源,在社区、家庭教育中渗透感恩和做人的思想,使社区、学校和家庭达到共同育人的目的。

随风潜入夜,润物细无声

青岛市崂山区张村河小学　王　平

校园文化是学校教育的灵魂,张村河小学以"让每个孩子都绽放光彩"为办学宗旨,以"爱育曙光,七彩绽放"为校训,形成了"阳光暖心,书香怡情"的校风、"德润童真,智启芬芳"的教风、"博艺养趣,勤学致美"的学风和"弘德思远 日新有恒"的学校精神,凝练成独具一格的以"七彩阳光"为核心的学校理念系统。

2014 年,张村河小学将国学经典诵读作为学生民族精神教育的重要途径,通过国学经典诵读,拓展优秀国学经典的内涵。学校构建了国家课程、地方课程、校本课程、兴趣课程等相结合的特色课程体系,在语文、音乐、美术、体育、信息技术学科教学中与经典诗文有机融合,教师巧用故事、绘画、舞蹈、武术,让国学和学生的实际生活结合起来,打造国学特色课堂。精选《三字经》《弟子规》《论语》等国学经典,在全校范围内大力推进"晨读、午写、暮省"经典诵读活动,保证全员参与。实施诵读考级,以评价激发学生诵读积极性。每年的 9 月 28 日,举行纪念孔子诞辰活动,一年一度的读书节,开展诵经典、写经典、唱经典、演经典等丰富多彩的诵读活动,激发学生诵读经典的热情。

盈和楼前的国学广场东西两面是古色古香的木质走廊,每块宣传栏内是国学精髓12个字:"孝、悌、忠、信、礼、义、廉、耻、仁、爱、和、平"图文并茂的解读,另一面是《毛遂自荐》《水滴石穿》等传统小故事讲述。盈和楼、广怡楼内是不同的版块,有"三更灯火五更鸡,正是男儿读书时"等中华古韵,"学、礼、智、德"等弟子规释义,"囊萤映雪"等励志指导,"戊戌变法"等历史事件,诗意盎然独具特色的国学文化不仅扮靓了张村河小学的校园,也陶冶着孩子们的情操,让经典文化真正浸润到学生的日常生活,内化为学生的日常行为。

学校发挥校园文化的育人内涵,突出学校艺术教育的创新,努力做到活动育人、环境育人。通过美化校园、布置教室、特色走廊、宣传栏、黑板报等,营造了充满朝气、富有美感的校园文化艺术环境。每年六一儿童节庆祝及元旦文艺汇演是孩子们最快乐的时光,学校举行合唱、舞蹈、器乐、武术、管乐、戏剧等丰富多彩的文艺节目,为具有不同才华的学生搭建了一个展示艺术才华、放飞梦想的舞台,每个孩子尽情享受着属于他们的盛大节日。每年举行校园艺术节,组织班级合唱、班级舞蹈、班级器乐、朗诵、吟唱、绘画、手抄报等比赛,使全体学生在艺术天地里展示自己的才能和个性,学会表现美、欣赏美、感悟美,提升艺术素养。

每年的春季和秋季运动会既是运动的盛会,也是孩子们快乐的源泉。而飞翔足球、七彩篮球、七彩排球、骄阳羽毛球、花样啦啦操、适情雅趣中国象棋、奕慧国际象棋、阳光少年举重等丰富的社团活动吸引孩子们在体育海洋里遨游。科技节众多的趣味活动项目更是学校靓丽的风景,让学生们沉醉其中流连忘返……

随风潜入夜,润物细无声。校园文化具有无形的教育力量,对学生的熏陶是潜移默化的。在"七彩阳光"的浸润下,学校积极营造文化育人氛围,打造生命共长的阳光乐园,让每个孩子都绽放光彩!

胶州市三里河小学编码育人文化基因

胶州市三里河小学　王书友

学校校园文化是学校发展的软实力,是学生生命成长的密码,也是全校师生的精神家园,决定着学校的价值追求和发展目标。三里河小学围绕"思河之源、聚合之力、成和之美"的 3HE 教育文化品牌,以地域文化为根基,以校园环境为磁场,以课程建设为抓手,着力提升学校校园文化,打造 3HE 校园文化。

一、探寻校园文化的源头活水

三里河是胶州文明的发源地,三里河文化源远流长,有着 4000 多年的文明史。校园里有古莒国之都,有古介国之影,有古胶州八景之一的介亭春树。三里河小学依托三里河文化进行追根溯源,坚持文化立校,全力打造"思河之源、聚合之力、成和之美"的 3HE 教育文化品牌。因取"河、合、和"三个字的谐音,故概括为 3HE。其中思河之源是办学文化根基,聚合之力是办学策略,成和之美是办学目标和追求。

二、营造校园文化的环境氛围

三里河小学以三里河精神为基点,以三里河水相为文脉,创意了学校的环境文化。步入校园,无论站在哪个地方,眼前总是一幅美丽的画面。

走进教室,室内环境布置以 3HE 教育文化品牌为基调,呈现清新、优雅的环境氛围,墙壁文化区、图书阅览区、植物种植区……区区有特色。班主任结合实际情况,征集学生、任课教师及家长的意见,创建班级品牌,每个班级设计班徽,制定班训,形成班风,确立班级口号、班歌和班级目标。现在全校有"礼仪班""冰心班""凤翰班"等 33 个特色班级,形成了"班班有特色,生生显个性"的文化景观。

办公室里也注重学校精神文化的打造与提炼,用精神文化引领人、感召人。围绕"思河之源、聚合之力、成和之美"的文化轴线,全体教职工分成"幸福团队、阳光团队、梦想团队"等 6 个团队,每个团队设计了团徽,确立了团队目标,明确了团队精神,实施"团队的事情自己负责、创造的荣耀共同分享"的管理办法。

三、构建校园文化的课程建设

课程能助推学校的内涵发展,能为学生的成长提供最强有力的支撑。三里河小学建设"有根有魂"的课程——结合办学特色和育人目标进行课程顶层设计:结合"思河之源、聚合之力、成和之美"的 3HE 教育文化品牌建设课程,结合培养"正气、灵气、大气"的现代有益公民的育人目标建设课程。建设"有形有神"的课程:遵循"让学生站在学校中央"的课程建设理念,全面提升学生的"人文、科学、身心、艺术、实践"五大核心素养,践行青岛市教育局"十个一"项目,实现"一个好身体、一种好心情、一生好习惯、演奏一种乐器、写一手俊字、爱好读书"的课程目标,系统构建"基础性课程、拓展性课程、活动性课程"三大课程体系,努力实现课程"校本化、师本化、生本化"。

春风化雨,润物无声。3HE教育文化品牌孕育出的校园文化成为弥漫三里河小学校园的空气,潜移默化影响着学生的发展,成为学生生命成长世界的丰沃的土壤,成为学校内涵发展的"动力源"与"助推器"。

胶州市向阳小学让"文明"成为校园的精神标识

胶州市向阳小学　王书友

一所学校有一所学校的品格,一所学校有一所学校的性格。我们向阳小学就是一所把文明当作精神标识的学校。多年来,我们以文明校园创建为抓手,坚持把"文明校园"创建与学校各项工作紧密结合,在课程建设与教学管理两条线上下功夫,形成了"文明向阳"的基本格局。概括起来主要体现在以下六个方面。

一、领导班子向阳而行

秉承"抓好党建是最大的政绩"的理念,我们形成了以党建工作为统领,党建工作与业务工作高度融合的办学思路。我们推行了党组织领导下的校长负责制,实现了党对教育工作的全面领导;将党建工作融于教育教学的各个环节,实现让小草和鲜花都得到党的阳光普照的样态;领导班子依托党组织加强政治理论学习,开展初心教育,加强党性锤炼,不断提高思想政治素质和业务素质,保障了党的教育方针在我校的彻底落实。

立足党的全心全意为人民服务的初心,我们在班子建设和学校管理中提出"管理即服务"的理念,牢固树立为教师、学生和家长服务的理念,建立了"服务中心",为老师、家长和学生提供"一站式"服务。

通过学习、教育和实践,我们逐渐建立了一支党性觉悟高、理论功底深、廉洁形象好、协作力、执行力、向心力、战斗力强的向阳而行的领导班子。

二、思想道德迎阳而进

坚持立德树人,培植社会主义核心价值观,全面培育阳光少年是我校思想道德建设的使命。阳光少年，首先是红心向党的少年。学校开展"缅怀先烈，红心向党""崇尚英雄，精忠报国"等主题队日活动，引领学生传承红色文化，激发爱国热情。阳光少年也是懂得感恩的少年。学校开展"庆三八节，感恩母亲"，连续8年开展了"红包换轮椅"爱心助残活动，累计为残疾人朋友捐赠轮椅1380台，以系列活动培养学生感恩意识。阳光少年是阳光心态的少年。学校建立了"阳光心语"咨询室，开展了"阳光周四欢乐总动员"兴趣课程活动，加强与学生的心灵交流。阳光少年还是热爱劳动的少年。学校制定了"阳光少年六个一家务劳动实践活动"方案和实操记录手册，督促和鼓励全体学生在家庭中积极参与劳动实践，提升动手能力和家庭责任感。学校建立德育一体化实施方案，开发了"责任教育""感恩教育"等特色德育课程，用课程促进学生树德立品。

三、活动阵地朝阳花开

我校的活动阵地丰富多彩，每块阵地都是实施阳光教育的"小战场"。学校建立了"阳光书吧"，并在每个教室建立了"图书漂流柜"；开展"新学期第一讲""第一写"竞赛活动和书市大集图书义卖等活动；建立小雏鹰广播站、电视台；铺开网络和新媒体使用；学校每月刊发一次校报《阳光》，每学期刊发两期校刊；加强少年宫建设，推行阳光艺体"5＋1"工程，开展国际跳棋、太极拳（扇）、竹竿舞、乒乓球、绳健和艺术特色项目胶州秧歌等进校园活动，使之成为学生的活动课程超市……活动阵地满足了学生的需求，强健了学生体魄，开发了学生智慧，丰富了学生的童年生活。

四、教师队伍映阳而立

学校以"最美向阳人"为价值标杆加强教师队伍建设。首先开展"向阳最美教师"评选活动，将坚持教书与育人相统一、言传与身教相统一、潜心问道与关注社会相统一的"四有"好教师授予"向阳最美教师"荣誉称号，发挥他们感召、引领、楷模作用，积聚起强大的正能量，影响全体老师全心全意做学生锤炼品格、学习知识、创新思维、奉献祖国的引路人；其次开展"阳光班主任"评选活动，弘扬先进，发挥阳光班主任的示范、辐射作用；三是开展"阳光助教青蓝工程"等，加强骨干队伍建设和青年教师培养，整体提升教育教学水平。在此基础上，我们开展"班班到和办办到"活动，评选"阳光魅力班级"和"阳光魅力办公室"，通过一系列评选整体提升教师政治和业务素质，培养高尚师德，使教师人人成为文明向阳的最美大使。

五、校园文化顺阳而生

多年来,学校以"建阳光学校,施阳光教育,做阳光教师,育阳光学子"为主线,以营造特色鲜明、人人向往的阳光校园为目标,坚持走文化立校、内涵发展之路,发掘了"创新、领先、高质"的向阳精神,逐步形成了以"阳光教育"为核心理念,以"做更好的自己"为精魂的精神文化、制度文化、管理文化、课程文化、德育文化、评价文化、环境文化,打造了知名的向阳品牌。

六、优美环境沐阳而建

我们创新思维,发挥效应,将空间用到极致,构建了精致的校园环境。如教学楼楼顶建起了面积 300 多平方米的"空中生物园";多媒体教室楼顶用钢结构建起了面积 200 多平方米的 16 厅,一厅六用。一楼门厅处,建起了"向阳年轮",将建校 56 年的历史浓缩其中;建起了综合教育馆,将 10 个主题馆 220 块牌,立体布局,新颖别致,润物无声;建设了"感恩角""知行轩""向阳留园"以及革命传统、时代精神、传统文化等富有向阳特色的环境文化,润泽学生心灵,涤荡学生灵魂,让学校的每一面墙壁、每一处景观都发挥育人功能。

文明校园创建是学校行走在文明路上的一个小站,它仅仅是对我们前一段工作的总结。今后,学校将继续秉承"让文明成为向阳的精神标识"的目标砥砺前行,进一步擦亮向阳品牌,全力构建阳光幸福、和谐美丽的文明校园。

不忘初心乐育人　打造家门口的优质学校

青岛人民路第一小学　王海波

"孩子在快乐的状态下学习最有效""知之者不如好之者,好之者不如乐之者",这些古今名家的话阐释的是同一个道理,就是快乐学习的重要性。刚刚过完 60 岁生日的青岛人民路第一小学,在"快乐育人,育快乐人"办学理念指引下,不断提炼创新学校特色,内化师生行为,形成了学校独特的"乐"文化,不断增强学校的核心竞争力和持续发展力。

学校愿景：

通过师生的不懈努力，实现教师乐教、学生乐学，努力办一所家门口的优质学校。

办学目标：

● 学生发展目标：快乐成长，自主探究，走好人生道路每一步。

● 教师发展目标：快乐工作，幸福生活，走好职业生涯每一步。

● 学校发展目标：快乐育人，科学发展，走好名校创建每一步。

学校文化的框架就像高层建筑，必须与教育教学工作紧密结合，才能彰显其魅力，于是我们的工作在办学理念的引领下，在实施载体方面突出"五有"。

一、有温馨的校园环境

学校给师生提供了温馨的环境。南楼以书香长廊为主，给学生推介童话经典故事，让阅读浸润童心；西楼突出海洋教育，以"懂海""亲海"为主题介绍家乡的海和世界的海，呈现学生海洋研究性学习成果；北楼突出学校特色的传承，呈现行为习惯养成、交通安全特色、足球特色、艺术特色。

二、有积极快乐的教师团队

一是成立专家顾问团。学校邀请了市德育专家、教学专家等组成专家顾问团。通过采用课堂教学指导、课题研究指导等方式，全方面对教师进行培训，对于重点培养的优秀教师进行追踪指导，督促教师全面提升教育教学水平。二是成立青年发展营。我校教师整体年轻化，学校45岁以下成员按学科分为五个教研组，每组有一位干部任组长，带领开展组内活动，通过青蓝工程、教师阅读工程、教学金点子等活动，助推青年教师成长。

三、有精心打造的乐学课堂

一是创立"三环五步"教学法。"三环"，即预习感知——局部探究——反思运用。五步，即激情导入（体验情境之乐）——自主尝试（体验探究之乐）——合作交流（体验分享之乐）——巩固拓展（体验应用之乐）——评价反馈（体验收获之乐）。二是扎实做好专题培训。业务干部对"三环五步"教学法结合课例进行了系列性详细解读。通过分步骤有序研究、推进，使全校教师对"三环五步"教学模式有更为清晰的理解和更深入的实践体验。

四、有丰富多彩的快乐课程

一是进一步完善校本课程建设体系。在探索实践"特色＋主题"课程体系基础上，构建"一主两辅"，即"以特色课程为主，以主题课程和拓展课程为两翼"的学校课程体系。二是进一步探索校本课程实施形式。"特色课程"的实施以《快乐足球》校本教材的重新修订为抓手，丰富课程内容。"主题课程"的实施继续探索级部主题的新一轮开发，各形成学校主题课程授课菜单。"拓展课程"仍采用"提供课程菜单——学生走班学习"的方式，切实满足学生个性成长的需求。

五、有富有童趣的快乐实践

一是结合德育思源课程搭建实践平台。组织各年级学生分别到各个博物馆参观，组织四年级十岁成长礼研学活动。在全校范围内举行小厨神大赛，参加公益心理体验活动等，开阔学生视野，提高实践能力。二是结合"十个一"项目搭建实践平台。结合市"十个一"项目行动计划要求，组织了"英"有尽有英语文化节、"家国情"七彩语文才艺节，发展了学生语文素养。

"哪所学校的师生脸上总洋溢着友善、真诚的微笑，哪所学校就特别有文化。"人民一小的师生们印证着"乐"文化对教育的影响力。今后在"快乐育人，育快乐人"办学理念的引领下，学校会更积极营造愉快合作的学习环境、多彩自主的活动环境、友爱融洽的人际环境、优美文明的校园环境，不忘初心，快乐育人，打造家门口的优质学校。

校园文化，润物无声的育人课程

青岛市即墨区第三实验小学　梁丽丽

学校文化是一所学校在长期发展中逐步形成的，师生认同并有本校特色的校园精神的整体体现，它代表着学校发展的方向，是学校发展的原动力。我们确立了以"成长教育"为核心的育人文化体系，构建和谐校园文化环境，打造蓬勃向上的和谐团队，让管理透出人文关怀，让细节渗透教育真谛，引领每名师生做最好的自己。

一、"做最好的自己"的理念文化

我们认为,每个人生来不同,校园生活中的每一个孩子都是独一无二的,教育的意义就在于成就每个生命的独特价值,让每一个孩子在成长中找到适合自己的位置和平台,成为真正的发展主体,成为有尊严的人,成为能创造的人,成为最好的自己。我们的教师也是如此,教学相长、育人育己、超越自我,成长为最好的自己!

学校以校训"做最好的自己"作为"成长文化"核心价值观和切入点,构筑学校理念文化。我们倡导教师顺应天性、尊重差异、关注个性,树立"三相信"的学生观,相信每一个学生都有成长的愿望,相信每一个学生都有成长的潜能,相信每一个学生都可以在老师的帮助下获得成长;同时,"三相信"的教师观也自然生成。"三相信"价值观引领全体师生在浓浓的校园成长氛围中发现自己、激励自己、成就自己,最终成为最好的自己!

二、"绿色、和谐、内涵、活力"的环境文化

在实验三小,环境也是一门课程。"让每一面墙壁都说话,让每一束花草都怡情,让每一处情境都育人",是学校创建校园环境文化的追求。学校紧紧围绕"做最好的自己"这一核心理念,对校园的环境文化进行了规划建设。从以"做最好的自己"为主题的校训厅、奥运墙,到独具匠心的艺术长廊、书香长廊、环保长廊、德育长廊、体育长廊;从"群星灿烂"的星星榜到熠熠生辉的"班级一景";从精彩纷呈的班级展示,到自信自强的成功之星;从书画社成员荣获国家金奖参与世博,到春天艺术团走上青岛电视台展示风采、橄榄球队获得全国锦标赛冠军,处处体现了成长教育的文化亲和力,彰显着学校文化的力量!

三、"合作、高效、责任、关怀"的管理文化

管理育人,发展人,我们所追求的管理文化是系统科学、简洁清晰、优质高效。我们逐步形成了"三维双主体"的管理机制。"三维"指"成长型教师个人绩效方案""成长型绿色阳光优秀团队创建方案""成长型星级教研组创建方案";"双主体"指每个人既是个人的"主体",又是团队的"主体"。我们以上述三个维度的管理评价为核心,激发"双主体"的主观能动性,全方位形成了"团队与个人"相融合的基于"优秀标准和成长度"的评价机制,只要达到了规定的"优秀"标准,每个团队都可以成为优秀团队,人人都可以成为优秀教师,有力地激发了团队和个人的成长力量,学校越来越成为一个充满成长气息和向上动力的正能量场。

四、"尊重、沟通、激励、成长"的教师文化

学校发展,教师为本。如果说帮助孩子成长是教师最大的成功,那么帮助教师成长则是学校最大的成功。

搭建专业成长平台。学校把教研组作为教师成长的核心力量,通过集备磨课等教研活动、"师徒结对,青蓝牵手"青蓝工程、教学名师工程、课题研究等,引领教学教研往更高水平发展。

搭建多元评价平台,用多把尺子对教师进行专业发展评价,每学期都进行教育教学成果奖、课题研究奖、教学进步奖、教学质量奖、育人理念奖等的评选与表彰,激励每一位老师都能在工作中树立自信、体验成长。

搭建精神成长平台。学校以"做幸福教师,创幸福校园"为目标,构建"人情化关怀、人性化管理、人文化引领"的发展机制,大力实施教师关爱工程,努力营造和谐、成长、温暖、向上的工作与生活环境;开展"阳光心态·愉快工作"十项修炼活动,引领老师在工作中创造幸福,在生活中品味幸福;通过开好教代会、成立教师智囊团、征集优秀金点子等,让更多的教师成为学校的主人;组织开展多彩的教师社团活动和团队比赛,愉悦身心,汇聚人心;坚持双周人物和双周工作微创新推介活动,树立典型,价值引领,传递校园正能量。

五、"尊重、责任、自主、互助"的学生文化

学校立足于"相信学生、赏识学生、利用学生、发展学生",通过实施"小组合作学习"转变教学方式,激发每一个孩子的学习潜能,使学生的学习发生了三大转变:由"等老师讲"变为"自主预学",由"听老师讲"变为"小组合作",由"回答问题"变为"展示交流"。学生在"合作、展示"中学会了尊重、责任、对话、质疑和交往,形成了"自信、自主、自觉、自强"的学风,这些影响一生的核心素养,就是学生未来人生的有力支撑!

推而广之,学校将"小组合作互助"的理念深入应用到教育教学各项工作中,在学生学习、活动、生活的各个方面深层次地落实小组竞赛、团队评价策略,各班级根据实际加以灵活应用或创新发展,增强了学生的合作互助意识和团队责任感,形成你追我赶、积极向上的良好学风班风,大大提高了学生的学习积极性和自主管理能力。

六、"责任、权利、沟通、共长"的家长文化

苏霍姆林斯基说过:"最完备的教育是学校与家庭的结合。"我们充分认识到家

庭教育的重要性,多方提高家长育人能力,联手为孩子的成长护航。

一是拓宽沟通渠道,通过家长会、学校微信平台、家访、家长开放日活动、发放调查问卷、班级微信群等多种沟通方式,加强沟通交流,形成教育合力。二是改变工作思路,针对家长提出的意见和建议,学校换位思考,积极与家长进行沟通,寻求解决问题的最佳方式。三是活动共建共长。定期举办家长开放日活动,实现家校共建共促成长。通过家长金点子、书香家庭、最美家风评选活动,倡扬家教新风;邀请家长志愿者参与日常管理、社团辅导、国旗下讲话等,发挥家长的力量引领孩子成长。

"做最好的自己"文化建设将三小打造成了一个和谐向上的心理磁场,成为学校一门育人的润物无声的隐形课程。

创建优美和谐校园文化,提升学校办学质量和效益

平度市东阁街道崔召小学　綦丰吉

学校文化建设是全面实施素质教育的有效载体,是提高育人水平、丰富学校内涵、提升办学品位的重要环节。为了进一步优化育人环境,推动学校文化建设深入开展,提高我校教育教学管理水平,营造良好的育人氛围,全面提升学校的办学质量,崔召小学自 2014 年以来,通过深入调查研究,结合学校区域特点和学校长远规划,积极争取平度市教育体育局和东阁街道办事处党委政府的支持,科学谋划,精心组织,先后投入 160 余万元打造育人环境建设改造。通过几年来的努力,崔召小学的校园文化建设已初见成效,校园内外环境焕然一新,发生了翻天覆地的变化。

一、学校基本情况

崔召小学坐落于平度市东阁街道办事处崔召路 99 号,地处平度市东北方向,毗邻美丽的桃花涧风景区,距平度市中心约 15 千米;现有 20 个教学班,学生 942 名,教职工 70 名,辖崔召小学崮山后校区和青岛律师希望小学。

二、办学理念

学校以"为学校可持续发展创造条件,为学生终生发展奠定基础"为办学理念,

确立"尊重学生,关爱学生,不放弃一个学生"的办学思想,以"打造精品学校,办人民满意的教育"为办学目标。

三、校园文化建设指导思想

以党的十九大精神、习近平新时代中国特色社会主义思想和全国教育大会精神为指导,以全面贯彻党的教育方针为宗旨,以立德树人、构建和谐优美校园为根本任务,以学校精神文化建设为核心,以学校环境文化建设为基础,以制度文化建设为重点,以活动文化建设为载体,继承弘扬以中华民族的优良传统和社会主义核心价值观相结合,以优化、美化、净化校园文化环境和打造精品学校,办人民满意的教育为发展目标,体现我校"为学校可持续发展创造条件,为学生终生发展奠定基础"的办学理念,促进学生健康成长和教师的专业成长。

四、校园文化建设实施原则

(1)育人性原则:根据学校实际,结合时代特点和形势需要,发挥校园文化建设的育人功能,使广大师生在校园文化建设中提高思想道德修养和良好行为习惯养成的整体素质。

(2)整体性原则:校园文化建设要符合党和国家的教育方针,围绕学校中心工作,密切联系社会实际,体现时代精神。同时,校园文化建设在功能中应该是一个统一的整体。

(3)特色性原则:创新校园文化建设的途径和方法,丰富校园文化的内容和形式,在传统中挖掘新意,通过新事物来领悟传统文化,用融合的手段来为校园文化注入生机与活力。

(4)继承与发展原则:校园文化建设要坚持继承与发展的原则,精心设计、主题鲜明、内容丰富、形式多样、特色明显,做到硬化、净化、美化、文化,各个场所布置个性鲜明,符合特点,能使用规范字,体现浓厚的学校文化底蕴和办学特色。

五、校园文化建设整体思路和主要内容

崔召小学校园文化建设的总体思路是,围绕一个主题,抓好二条主线,突出三大育人内涵,努力打造四大板块,建好五大墙壁文化。具体概括为,围绕创优美和谐文化校园,提升学校办学的质量和效益这一主题;抓好校园外部建设和内部建设两条主线,努力突出校园文化建设的中华经典诵读育人内涵,明理善行,以礼塑美德育教育内涵和国防科技教育内涵;努力打造好活动区域、教学区域、专用室区域和校园绿

化区域四大板块；建设好院墙墙壁文化、走廊墙壁文化、教室墙壁文化、办公室墙壁文化和教室外墙墙壁文化五大文化。

校园文化建设的开展，有力助推学校教育教学各项工作的顺利发展，崔召小学连续四年获得学校工作综合考核评估优秀等级。学校先后被评为全国创造教育先进集体、青岛市规范化学校、青岛市德育工作先进单位、青岛市优秀家长学校、青岛市民主管理达标单位、青岛市现代化学校、青岛市数字化智慧校园、青岛市标准化食堂、青岛市节约型学校、青岛市示范家长学校、平度市教书育人先进单位、青岛市交通安全示范校、平度市十大文化校园、青岛市文明校园、青岛市卫生优秀学校、平度市四星级食堂、平度市十大安全校园、平度市风采学校等称号。

营造育人文化　润泽师生心灵

胶州市广州路小学　徐玉梅

胶州市广州路小学创建于 2002 年，占地 30 亩，建筑面积 8400 平方米。全校师生精诚合作，创新发展，学校先后获得青岛市现代化学校、青岛市规范化学校、青岛市文明单位、青岛市智慧化校园、青岛市规范管理优秀校园等多项荣誉称号，连续 14 年荣获"胶州市教学管理先进单位"。如今的广州路小学，打造出浓厚的育人氛围，浸润师生的心灵。

一、"以正润德"，弘扬"红色教育"

学校党支部确立了"润德先锋"党建服务品牌，牢固树立"一个党员一面旗"的先锋模范作用，让党建引领学校发展，让红色教育润泽师生心灵。

1.润德广场，力量的感召

我校在养正楼和求真楼中间建立润德广场，有一像两旗。一像是养正雕塑像，像高 1.8 米，用汉白玉雕刻而成。女教师左手抱书，右手呈宣誓姿势，前面两名少先队员，行标准队礼，是党员、队员宣誓的标准，也蕴含着全体师生"永远听党话，时刻跟党走"的坚定信念。

两旗是党旗和队旗,是党员少先队员活动的场地。庄严的宣誓,严格的流程,精密的安排,让红色教育真正走进师生心里,落实在实际行动中。

2.润德展馆,学习中感悟

学校新建了润德展馆,展馆中陈列着系列图书,供党员阅读。四面墙上分别是"润德先锋""党员之家""主题党日+""主题队日+""最美党员""最美小村民"等系列评价标准,让党员(队员)时刻牢记党(队)的宗旨,认真践行党员(队员)标准。

此馆一馆四用,还是学校特色展馆、安全教育展馆、传统文化展馆。老师们可以根据需求组织学生在此开展系列教育活动。

3.润德长廊,榜样的力量

为发挥党员先锋引领作用,学校构建了"两廊四馆六室八评"管理机制。两廊即养正楼两侧两条红色长廊,分别展示着我校润德先锋优秀党员和润德队员。四馆即科技馆、润德馆、国学馆、图书馆,既是学生的社团活动室,也是学生放飞梦想,快乐起航的乐园。六室即少先队活动室、怡心园工作室、科学探究室、芳菲工作室、杏坛合作室、录播教室,都是全体师生活动、展示特长的舞台。八评即最美党员、最美教师、最美班主任、最美学生、最美家长、最美宝贝、最美小村民、最美员工。学校对所有人员进行全方位评价,激发大家的工作积极性,努力营造以校为家的良好育人氛围。

二、"以正怡情"培育"养正文化"

走进校园,这里鸟语花香、绿树成荫,教育教学设施处处彰显着"正"文化。综合楼冠以"养正楼",教学楼命名"求真楼",每个楼层都有"养正"的"人文景观",教学楼东西两侧建有养正"小书吧""小玩吧";校园龙腾路、凤阳路也都用养正"最美教师""最美学生"展示牌装饰,是学校一道靓丽的风景。

走进班级,养正文化氛围愈加浓厚。"蒙以养正·展我风采"墙壁文化彰显着学生"认认真真写字,堂堂正正做人"的高尚品质;班级"四表"都打上了养正的印迹。图书吧、文化墙和"最美学生"评比栏,都传播着浓浓的正能量。班级每月分别从"正德、启智、严行、爱美"四个方面进行养正智慧评价,评选出班级最美学生,学期末,每月都获得班级"最美学生"的同学获得由校委会、家委会共同颁发的学校最高荣誉"蒙以养正最美少年"。

走进每一个角落,都在传播着"正"的气息。养正校歌、养正广播站,营造"正"的氛围;养正校报、养正微信公众号,为师生们搭建了传递"正"能量的平台;"听名曲、读名著、背名诗"工程,精选百余首古今中外校园名曲、经典诗词,利用校园广播,在中午和放学时循环播放,涌动着"正"的气息。尤其是全体师生出操时,"踏曲而行"的阵容与精神面貌,震撼着整个校园。

三、"以正评价"彰显"学校特色"

我校通过开展丰富多彩的主题教育活动,丰富学生的校园生活,创造良好的德育氛围,扎实落实学校办学特色

1. 最美评价,精神的力量

学校从"正德、启智、严行、爱美"四个层面制定了最美学生、最美教师评价办法,通过"日检查公示—周汇总评价—月评选表彰—学期末养正教育颁奖大会"的形式,评选出学校"八个最美",将他们的照片悬挂在楼体上,彰显榜样的示范引领作用。

2. 润德银行,物质的激励

根据最美学生评价积分,既评选出班级、校级最美学生,又激励学生利用此项积分,到润德银行兑换相应的奖品,跳绳、魔方、足球等,都是学生自己推荐学校购买的奖品,也是他们通过自己的努力获取的丰硕回报,满满的幸福,满满的感动。

3. 丰富活动,方向的引领

学校大队部组织了丰富多彩的少先队主题活动,三月份有"红领巾爱英模"红色大讲堂演讲比赛,"中华颂,感恩母亲"诵读比赛;四月份有清明节扫墓、放纸鸢活动,走进敬老院慰问演出,走进艳丽花卉开展爱绿护绿活动;五月份心理健康活动月启动仪式,家长会,心理剧展演,一年级入队;六月份的六一庆祝活动。每月活动主题不同,但活动目标一致,在活动中育人,在活动中提高素养。

"叶因春后长,花为雨来浓。"学校创新的"养正教育"是学生成长中不可或缺的正义之韵,是生命拔节成长时弹奏出的正义之音。如今,"养正文化"已经成为广州路小学不断进取的力量,它正承载着广州路小学一家人的新希望、新梦想,扬帆起航,程腾远洋!

创设海洋文化主题校园，大力营造海洋科普氛围

青岛西海岸新区薛家岛小学　闫　东

薛家岛小学紧紧围绕青岛市提出的蓝色海洋教育战略，深入挖掘海洋教育内涵，学校从理念规划、资源保障、实施成果、课程开展等方面整体推进，收到显著成效。

学校围绕"融　容　赢"核心文化，海洋教育特色日益鲜明，办学活力不断增强，学校获得全国海洋教育科普基地、全国海洋意识教育基地、山东省规范化学校、青岛市首批中小学海洋教育特色学校、青岛市德育工作先进集体、青岛市十佳德育品牌等五十多项市级以上荣誉称号。中央教育电视台、搜狐新闻、青岛电视台、《青岛日报》等多家媒体对学校发展进行了专题报道。学校致力于从多个方面创设海洋文化主题校园，营造海洋科普氛围。

一、抓好海洋科技教育实践活动阵地建设

通过"一墙、一馆、一室、一课堂、两廊"的建设，使学校内配设施达到了海洋科技教育的需求。

"一墙"指校园内外墙。"一馆"指海洋科技馆，集活动性、趣味性、学习性、研究性于一体，分为海洋生物标本区、教学活动区、活动掠影区三个大的区域。教学活动区是师生进行科技研究性学习活动的区域。此区域内设计了知识方凳，方凳平放可以摆世界地图和中国地图，其他三面附有海洋知识，学生在此上课时，既可以用来坐，又可以用来进行学习活动。"一室"指沙画教室。一课堂是投资100多万建设的海洋意识课堂。"两廊"指"海洋强国之梦长廊"和"海洋生命长廊"。

二、厚实海洋文化，营造和谐蓝色氛围

为了营造蓝色氛围，校园整体规划突出"四个主题"，立足"三种境界"。确立书韵楼大厅立足学校、墨香楼大厅立足中国、博慧楼大厅立足世界与未来。

突出四个主题，教学楼文化一楼是初识海洋，二楼是智慧海洋，三楼是海洋强国，四楼是和谐海洋，并分别悬挂了孩子们自己制作的实物展示——沙画、标本、剪画和

贝壳。

三、建设海洋特色课程体系

学校重视学生的核心素养,建设海洋特色课程体系,即"基础型课程＋拓展型课程＋实践型课程"三位一体的海洋课程。基础型课程即国家课程;拓展型课程目标在于从兴趣出发、开阔眼界,为课题研究做准备;实践型课程目标在于激发兴趣,培养实践能力和创新精神。学校以《蓝色海洋教育》为凭借,生成了《标本制作课程》《沙画课程》《贝壳课程》等系列教材,荣获省级优秀教育资源评选二等奖、青岛市优秀教育资源评选一等奖,目前学校已开发海洋教育类校本教材达35种。形成了丰富的海洋育人文化。

四、以活动落实海洋教育实效

学校每年举行为期3个月的海洋节活动,教师学生全员参与,吸纳社会、家庭、社区等广泛参加。"海韵剪影"、"海底总动员"、"炫彩圆盘"创意展示、"知海行动"、"童心大海"教育行动、"蓝色畅想"征文大赛、"校园小画家"蓝色绘画作品征集等,可谓异彩纷呈,学生制作的沙画、贝壳画、标本等赠送给了100多个国内外单位和友人。

通过各项海洋文化科普活动,培养了小学生热爱、亲近与探索海洋、情系海洋的意识。

五、海洋教育助推学校持续发展

富有成效的海洋教育活动,使学校品牌效应不断扩大。青岛市教育科研"十二五"规划重大课题《海洋教育课程开发与实验的研究》开题会议在我校召开,2015年10月青岛市"充分挖掘近海资源 实施海洋生命教育的研究"课题顺利结题,"海洋意识教育对青少年成长的影响研究"正在申报中国教育学会课题。2015年3月,学校承办了新区第一届海洋论坛,同年12月成功承办青岛市第四届海洋论坛,多次在全国海洋会议介绍经验,2018年,学校成功承办(第八届)全国青少年海洋教育论坛,2019年6月,山东省海洋教育现场观摩会在薛家岛小学举行。

海洋教育是一项系统工程,我们将在实践中深入挖掘蓝色海洋教育内涵,精心提炼海洋教育精髓,创设海洋文化主题校园,大力营造海洋科普氛围,促进学校海洋育人文化让更深层次发展。

田园教育特色促学校发展

莱西市滨河小学　赵春萍

近几年来,学校结合地处城乡、有丰富的田地资源的实际情况,在杜威"生活即教育,社区即课堂"等理念支持下确立了"田园教育"发展思想。两年来,学校在田园教育思想、田园环境、田园课程、田园行动方面彰显了"田园教育"品质,"田园教育"得到家长、师生、社会的一致好评。

一、凝练"田园教育"思想

学校要发展必须确立一种文化并以此引领学校整体工作地开展。我校是一所农村小学,如何依托丰富的田地资源,办出我们自己的特色是我一直思索的课题,我先后到青岛、北京等地学习专家的文化建设理论,参观了多处青岛名校,组织教师到青岛名校挂职学习,邀请琴岛工作室的专家、教授到校指导,在学习、反思、探索、实践中我逐步引领着老师们梳理出我们的"田园教育"的办学思想,核心理念是"守望田园,绿色成长"。基于核心理念,我们构建了四个系统结构:田园管理、田园课堂、田园环境、田园成长,学校一切工作皆在田园教育思想统领下。

二、创设"田园教育"环境

"田园学校,就应该有田园环境的特点",为了充分利用农村学校的优势,发挥环境育人的作用,我组织老师们在校园内栽种了多种树木、蔬菜,柿子林、樱桃树、地瓜、芋头、黄瓜、土豆、西红柿、芸豆……树上安放了很多老师学生制作的"鸟窝",甬道两旁的树边上种满了葫芦,田间地头铺设了鹅卵石甬路,屯粮的"丰收"囤子、小木墩凳、让孩子们小憩休息的秋千、各种种植的农具、草帽等,处处彰显着田园特色。各班级文化更是田园味浓,喇叭花班、太阳花班、智慧树班、春华秋实班,教室内孩子们以组为单位用蛋壳、竹筒、小编筐栽种的各种小植物,更是生趣盎然,纯朴、自然的田园环境,处处可以让学生受到教育,时时可以让学生受到感染。

三、开发"田园教育"课程

"大自然、大社会都是活教材""活的乡村教育要用活得教育资源",在田园教育理念的引领下,我组织全体师生因地制宜,创造性地开发学校特色课程开展丰富的活动促进学生发展。

①情境课程:陶行知先生认为"在生活中找教育",情境课程"春之声""夏之乐""秋之韵""冬之思",组织孩子们在大自然中游戏、观察、体验、感悟,芬芳的田园梦想在尽情放飞……

②野外文化课程,包括"野炊""义卖蔬菜""收获节"等校本课程。

③阅读文化课程包括:"田园诗集课程""田园作文课程""田园成果展览课程"。

四、开展"田园教育"行动

理念是行动的先导,为了让学校理念有效落地,促进教师、学生、家长的持续发展,学校依托"做最好的自己"校训,构建了"田园教育"行动三个子系统:最好的教师成长行动,最好的学生成长行动,最好的家长成长行动。

(一)最好的教师成长行动

(1)规划、愿景引领。每位教师根据自身特点,制定了三年发展规划,包括了课堂教学、教学基本功、读书业务提升、课题研究等方面。每学期教师又制定出个人工作愿景,规划。愿景的制定,引领教师持续发展,为教师铺就成长之路。

(2)"每月一讲"引领。

(3)读书活动引领。读书活动坚持做到六个一:①坚持每学期集体共读一本书。②坚持每周一读,利用每周业务学习时间朗读一段话,使阅读与普通话相结合,不仅使教师受到思想的熏陶,同时又提高基本业务水平。③坚持每周一享。④坚持每周一写。每周坚持记教学随笔、教学反思,每周坚持参与〈琴岛教师成长工作室〉跟帖。⑤坚持每学年一讲(演讲)。⑥每学期组织一次读书笔记展评活动,每次都将结果记入教师的考核,并设奖奖励。

(4)外出学习引领。

(二)最好的学生成长行动,

(1)丰收果评价促成长。

(2)设置红领巾监督岗,强化学生自主管理。学期初学校统一竞选设立红领巾监督岗,负责监督学校全面工作,卫生、纪律、礼仪、田地管理情况等,每天一检查,每周一汇总，及时与丰收果评价挂钩。

（3）设置班干部轮值讲评制度。

（4）"小雨点撒播爱"显爱心。

（5）"晨诵、午读、暮省"品书香。

（三）最好的家长成长行动

（1）健全家委会组织。成校校级、班级家长委员会。

（2）健全制度。学校制定了家长委员会组织机构和职责、家长委员会章程等制度。

（3）让家长参与管理。

总之，田园教育是一种理想，是我们的追求，我将带领全体师生一直行走在追寻的路上，相信有田地、阳光、白云做伴，我们将全方位营造自然自主、体验合作、创造发展的田园教育天地，让学生在自然、阳光下享受到学习的乐趣，对未来充满梦想。

"二力"并举，营造和乐育人文化

胶州市第四实验小学　徐瑞芳

以文化建设为切入点促进学校的发展是一条非常有效的途径。胶州市第四实验小学是一所发展不足10年的学校，但发生了日新月异的变化，这其中以"和乐"为核心的文化建设是促使学校发展的关键。

一、倾力和乐文化景观打造

因为我们认为在文化建设中，物质环境建设是最基础的部分，有位哲人曾说过："对学生真正有价值的东西，是他周围的环境。"学校的校容校貌，表现出的是一个学校整体精神的价值取向、文化品位，而校园文化作为一种环境教育力量，对师生的健康成长有着潜移默化的强大教育功能。当学校确定了发展愿景，明确了学校文化建设的内涵，必须依照新的文化对学校物质环境进行改造，这是文化建设的必由之路，也是学校发展的必经阶段。为此，我们基于"和乐"育人目标，对学校的物质文化环境进行了整体改造,使其更好地承载和乐育人的目的。

1. 在自然景观打造上,着力进行了绿化、美化

学校地处胶州新城区核心地带,在这种天时地利人和的优越条件下,要努力与新城区的景观打造融为一体,为新城区创造一道和乐风景。

为此学校围绕"三季有花、四季常青、人文和谐、环境育人"的建设目标,对校园进行绿化、美化,强化校园环境的和乐化。为此,学校以赏绿树、观花观果树为基本树种,巧妙穿插四时花木,力求树木高低错落、疏密有致,乔、灌、藤、花、草、果多层次配置,做到绿化有序、美化有韵,形成生态合理、配置科学、设计艺术的绿化景观。在做好校内道路硬化和留足学生运动空间的前提下,最大限度地见缝插绿,校园绿化覆盖率达到45%,可绿化面积做到100%。使学校上有大树遮阴、下有绿草铺地、间有鲜花点缀,达到立体绿化效果。一进校园,就像来到了美丽的大花园,令人赏心悦目。

2. 在人文景观打造上,着力进行了和乐文化建设

我们根据孩子的年龄特点,在不同的地方设置不同的以"和乐"为主题的教育内容。为此我们打造了"五楼、四塑、三园、两区、十一廊"的和乐校园文化景观。

如今漫步在四实小,目光所及无不彰显出和乐为核心的教育理念。一进校园,醒目的校徽即让人印象深刻:一只由"4"字抽象而出的和平鸽展翅飞翔,寓意师生们在此放飞梦想,快乐启航。袖珍式的校园被分为和园、乐园、体园三个区域。五座楼房分别被命名为"和风"楼、"和畅"楼、"和煦"楼、"和韵"楼、"和美"楼。楼内四座大型雕塑栩栩如生,让人很容易产生丰富的联想:读书雕塑图、和乐雕塑图、中华文明雕塑图、放飞理想雕塑图。楼内的走廊更是充满了诗情画意的传统文化特色:和乐有序廊、和乐相亲廊、和乐书香廊、和乐健体廊、和乐益智廊、和乐育美廊、荷诗廊、节日廊、和字廊等,穿行其中,就像是进入一座充溢着浓郁书香文化的博览园。

为了能以文化人、浸染心灵,学校把校园文化作为育人的一项重要工程落到了实处,根据孩子的年龄特点,设置不同的教育内容,在和乐有序的楼层用对话的形式为孩子们解答遵守社会秩序的规则。在和乐相亲楼层中设置感恩系列的教育,一幅幅孩子与家长、与老师、与朋友的相亲相爱的图片,看到图文并茂的画面,一种大德育观在潜移默化的熏陶感染着师生的心灵。感恩妈妈给我生命,感恩祖国给我舞台,感恩老师给我教导,感恩朋友给我友谊,感恩社会给我机会……做到了让每一面墙壁能说话,每一个角落都育人。

二、着力和乐教师行动文化形成

为了营造真正意义上的和乐文化,更要注重人际间关系的友好与和乐。而所谓"人和",其关键在于教师。在文化建设过程中,教师向来是变革的核心力量,如果没有教师对学校这种发展愿景的认同,任何美好的理念都只能成为空中楼阁。这就要拥有一个懂得和乐精神、能够在教育教学中贯彻实施和乐理念的专业化教师团队。首先要明确和乐文化理念。我们认为"和乐文化教育"是以"和"为基,以"乐"为本,以人的和谐发展为目的,创造性地整合优化学校教育系统内外各要素,促进受教育者得到和而不同的发展。为此学校努力让和乐文化流淌在教师心田,融入教师的血液。我们的主要做法是:改会议,把和乐文化渗透其中。

一提开会,一般来讲,大家不太积极主动,但我校的会议座无虚席,几年如一日。

(1)每周有个"集会日",即每周一下午学生放学后全体教职工的集会,我们也称作激励会,内容分三个板块:分别是"智慧传递""回眸本周""精彩下周"。即每周在集会的开始教师轮流登台推介印发小文章,谈体会写感悟,内容广泛,包罗万象,不管是教育教学,还是人生感悟,自我修炼,关键是触动心灵,温暖人心。如《一颗棋子见品质》《善待你所在的单位》等,至今大家先后推荐学习了近百期的"每周一读"。接着就是"回眸本周",即把本周工作反思梳理,并把本周涌现的和乐育人事迹向大家介绍交流,以感染影响启迪他人。尤其是每次大型活动后,我们都会进行总结表彰,大张旗鼓地感谢为学校发展付出智慧和心血的老师们,从班子到老师,从门卫、清洁工到临聘教师,让每个人感受到在这个和乐家园的存在价值及生命意义。最后就是"精彩下周",我们会把下周围绕和乐校园创建的工作任务、工作策略做好规划与布局,使大家工作有方向,心中有目标,工作有成效。

(2)每学期有个颁奖日,这就是期末放假的那一日。学校会为本学期涌现出来的"和乐校园人物""特殊贡献人物""和乐团队"进行颁奖表彰。通过自行申报、班组推荐、学校评审等程序,从班主任、学科教师、后勤等方面,推介出爱岗敬业、无私奉献、团结同事、乐教善教、口碑好的优秀教师;开展的四实小"和乐团队"评选活动,即以教研组为单位,考评出团结和谐、勇于创新的优秀群体,以弘扬正气,创造团结奋进的学校团队。把期末总结会改为隆重的颁奖会,把校长的一言堂改为中层领导、教研组长、教师诵读颁奖词的群言堂,大家互相发现亮点、肯定长处,彼此拥有了感动和理解,拥有了和谐和快乐。

(3)逢节有个庆祝日。这是我们基于和乐文化而设置独特的教师活动。比如利用节假日去采摘郊游,到全国红色教育基地参观考察,到世界蔬菜博览会观光学习、到革命传统教育基地实践体验等,学校举行过"美丽的教育绚烂的人生——教师节抒怀""我爱我校演讲比赛""和乐校园庆新年"等别开生面的联欢会,特别是每月的教师集体生日会也是老师们的所爱,朗诵、合唱、独唱、舞蹈、双簧、三句半……老师们各显神通,尽情抒发对教育、对学校、对学生的无怨无悔的爱,和乐教育在这里得到了生动的诠释。

（4）平日有个集研日,即语数英等各学科组每周有一次"集研日"。这是学校日常进行的针对化、定时化、课程化的校本培训。校本培训则是定位于要把和乐文化实践化、行动化的个性化培训。我们把"和文化研究"规定为四实小每名教师的必修课,并据此来寻求育人的策略,每一个人通过自己的行动把和乐文化从墙面上和口号上落实到一点一滴的教育实践中。在逐步地探索过程中,我们形成了富有和乐文化特色的教师自主研修氛围,教师的和乐教育策略通过集研日得到分享和讨论。比如:"我的和乐治班方略""我的和乐教学金点子""我的和乐教育故事""他山之石"等,老师们常以演讲的形式,充满激情地讲述自身及他人教书育人的动人故事,从一件件平凡而细微的小事中,折射出教师用心育人、爱心育人的真挚情感及爱岗敬业的育人风采。

总之,为了让"和乐"文化成为教师的行动文化,我们注重在日常活动中去一点一滴的渗透,努力让每个人,都拥有自我价值的实现感、自我认同感、对学校对教育的责任感自豪感,在潜移默化中,让和乐成为教师如影相随的生存状态。这种教师发展文化有力地促进了教师专业水平的提高,并由此带来了学校的教育质量的不断提高,学校和乐文化特色也逐渐形成。

小细节看一所学校的文化自觉

胶州市里岔镇里岔小学　刘学友

当你走进一所学校,听一听,看一看,如果这是一所好的学校,其外显形象、办学质量等元素,很容易引发共鸣。当然能够触动你的不仅仅是学校的办学理念、校园建设……往往更应该是学校工作的一些细微之处!走进胶州市里岔小学校园里,你就会感受到许许多多这样的小细节,你就会感受到学校办学理念潜在的文化自觉。

一、活动重教育

"学校活动是学生人生观、价值观和世界观形成的主阵地",这是刘学友校长坚持的观点。里岔小学开展学生活动突出了两个细节:一是注重仪式感。每周的"主题升旗仪式"、"一年级入队仪式"、"我与祖国共成长"开学典礼、"感恩 成长"六年级毕业典礼等活动的开展,学校少先队均有规范的流程,系列的主题活动不仅丰富了学生的校园生活,更为重要的是每次活动隆重而又庄严的仪式感,让学生从小养成做事认真、注重礼仪、尊重生活、热爱生活的社会规则意识!当然,仪式感更会给孩子们留下永久的回忆,见证孩子们成长的时刻!二是注重传承性。里岔小学大部分主题活动的开展避免了随意性,每学年除了上述的主题活动外,像"端午·诵读""金秋艺术节""快乐元旦"等,学校以少先队为主体形成了相对固定的活动时间,每年的活动主题有变化,内容有变化,形式有变化,但是一定定时开展,确保每级学生在小学阶段都经历传统节假日(如重阳节)、重要成长时刻(如入学毕业等)的主题教育。如学校"5·1我爱劳动"主题教育,学校专门设立"三园一基地"开心农场,组织同学们在不同的季节种植不同的作物,自己参与种植,参与管理,参与收获。每年"蔬菜园""葫芦园""果树园"里都有学生劳动实践的身影,"每个班劳动实践基地"里都有同学们劳动的汗水、丰收的喜悦。同学们在劳动中获取信心,增强责任心,感知创造的乐趣,体验劳动的快乐。

二、管理有主题

学生管理工作是学校工作中的重中之重,良好的校风、优秀的班风、安全有序的教学环境都离不开条理的学生管理工作。走进里岔小学,你会看到晨读、午练、课间活动、上学、放学、营养午餐、校园卫生等工作皆是井然有序,优良的校风得益于学校力推的专题性养成教育。

如学校开展的以"静"和"净"为主题引领的"养成教育系列星级班级"评选活动,有效促进了学生文明行为习惯的养成,增强了学生对班集体的集体荣誉感和责任感。一段时间专题活动的开展,都会解决学生管理中存在的一个问题。如针对学生文明礼仪存在的问题开展的"礼"的教育,针对学生午餐浪费问题开展的"三思"活动等。

三、教室变展室

里岔小学高标准建立起器乐类、体育类、艺术类、科技类等14个社团,学校共有13个社团专用活动教室。据刘学友校长介绍,该校立足校本实际,传承以"色彩校园彩绘人生"的办学特色,以色彩校园为文化主轴,引领学校内涵式发展。当你走进一个个鲜活的社团活动教室时,你会感受到"色彩校园"的内涵一目了然。13个活动教室俨然就是13个展室,色彩教育六色四彩的内涵得到了具体的呈现,尤其是看到每个活动室的管理制度、活动器材、使用记录、学生作品时,你仿佛就看到了学校每周学生集体社团活动时热闹的场面。当你看到荣获青岛市精品校本课程一等奖的校本教材《快乐象棋》和《麦秸烙画》、胶州市中小学生中国象棋锦标赛连续六年的团体冠军奖杯、青岛市鼓号操大赛"银号奖"、山东省器乐大赛金奖等社团活动成果时,你更会理解该校夯实"色彩校园"办学特色的坚持了。

当你走进校园,你会看到修剪整齐的花草树木,你会看到没有一片纸屑的洁净校园,你会看到生机盎然的教室,你会看到活泼可爱的笑脸……这些随处可见的小细节应该就是里岔小学的文化。

在浸润中育根

城阳区流亭街道空港小学　孟　萍

在习总书记号召弘扬复兴优秀传统文化的今天,国学经典进校园为中小学生开启了一扇重拾国学经典的大门,不仅可以瞻其华美,还可经世致用,触手可及。自2018年起孟萍校长提出将"在浸润中育根"国学进校园系列工作列为学校重点工作,通过"四个三"工程让师生感悟国学经典的传统文化魅力,润心育根,完善养成教育。

一、抓住三个时间段，将传统文化浸润到养成教育中

在"晨诵、午听、暮省"三个关键时间段做文章,让孩子们从国学经典中学做人、学做事、学说话、学礼仪,传承中华文明和人文精神。

深入推进每日晨诵。坚持做到每日一读,每周一课,适度讲解。孟校长鼓励班主任将晨诵形式多样化,加强教师指导,学生以自学自悟为主,教师利用早读时间对文意和词句适度讲解,不求甚解,但求熟读。系统进行每日午听。以"班级值日"的方式每天中午讲解10分钟的国学小故事或者国学小常识,为大家呈上丰富美好的"午后茶点"。扎实开展每日暮省。孟校长还创造性地提出将每日暮省与规范放学路队

相结合,学生每天放学路队行进时齐声诵读晨诵内容,省察一天的学习、生活和行为规范。

二、把握三个抓手，将传统文化浸润到课堂课程中

以国学读本、走班选课和礼仪宣讲为抓手,将国学经典知识的传授更加系统化,更具连贯性。

抓好校本教材的编排。以学生年龄特点和理解能力为原则,孟校长亲自主抓编排国学经典读本,品味经典,传承美德。课堂的源头在课程建设,编排国学经典读本将诵读活动和课堂教学有机结合,有效地促进国学教育的可持续发展。

抓好走班选课的试点。将国学教育与走班选修相结合,通过试点选修班推进"国学进校园"工作进程。孟校长建议每个年级固定设有国学小讲堂、经典吟诵班和国学小剧场,她希望通过学、唱、吟、演、悟,多方位全面了解中国传统经典文化。

抓好礼仪宣讲的普及。以礼仪教育为着力点,让润德课程落地,完善德育课程体系。孟校长认为将经典国学与礼仪规范相融合,雅行润心,一定能够培育出更多的空港阳光少年。首先结合学生实际,对礼仪教育的内容进行梳理,将传统文明礼仪加以改造与传承,明确了相关的标准和要求,并将这些内容编成好记上口的三字经。然后通过学校礼仪宣讲队面向全体学生普及中国传统礼仪,引导学生养成礼仪规范,让学生懂礼、行礼、践礼、传播礼。

三、搭好三个平台，让传统文化浸润更有动力，更可持续

"国学经典诗文达级、国学经典系列展演活动、空港国风少年评选"是孟校长非常重视和支持的三个平台,她认为激发学生了解国学经典的兴趣,提升学生学习国学经典的动力,引导学生从小参与各项活动中去,可以树立学生的民族自尊心、自信心和自豪感,从中华传统文化中挖掘和寻找熠熠生辉的精神瑰宝。

四、做好三个拓展，让传统文化浸润更有张力，更加立体

通过"特色课程、校园文化、家校共育"三个拓展层面,将国学经典内化于心,外化于行。

将经典国学教育拓展到学校特色课程,通过书经典、画经典、诵经典、演经典、唱经典等特色课程活动,百花齐放再现古味风雅。

将国学经典拓展到学校文化建设,打造有根基的育人环境,感悟圣人思想精髓。"润物细无声,久熏幽兰人自香",打造特色墙壁文化。让校园的每一面墙壁都会说

话。利用学校古色古香的国学长廊举办国学小讲堂、国学礼仪培训等活动。让学生走进校园，目之所及，耳之所闻，心之所感都是中华传统文化的精粹。

将国学经典拓展到家庭教育中，让经典浸润家风。通过"亲子共读、共听、共悟经典""知礼明行伴成长"等特色家校共育活动，将中华民族的传统美德浸润渗透到家庭教育中。话家风，亮家训，孟校长呼吁大家积极响应习近平总书记"重视家庭建设，注重家庭，注重家教，注重家风"的重要指示，重视发挥家庭教育在学生思想道德建设中的重要作用。

百年国学梦，香自沉浮来。学校通过一系列切实可行的课程设置和活动安排让国学经典走进校园，形成稳定的可持续发展的"中国传统文化教育模式"，让中国优秀的传统文化，能够似涓涓细流，流淌进孩子们的心田。

文化化人，润物无声

青岛西海岸新区王台小学　马金福

礼仪教育是社会主义精神文明建设的重要内容。青岛西海岸新区王台小学把"尚礼"教育作为德育品牌，把"以礼规行，以礼养德，以礼育人"作为学校德育教育的目标，推行"礼行天下"的文化理念，把生活教育和文化熏陶有机地结合起来，将"礼"文化融入校园文化建设的方方面面，引领师生过有文化的生活，在潜移默化中绽放生命的精彩。

涵养习惯，以礼育人。从最基本的生活礼仪抓起，引导同学们践行文明礼仪，学会"六会""四入"。"六会"：学会走路，学会说话，学会学习，学会饮水，学会就餐，学会如厕。"四入"：入楼即静，入室即座，入座即学，入学即专。按教学楼分布，在校园内外标注出路线（求知线、博学线），要求同学们按规定的路线出入校，校内如厕、就餐、活动按规定的路线行走，真正做到了文明有序。将礼仪文化根植入课前三分钟，专专注力训，坐姿端、眼有神、面微笑；课后一分整理桌面，左书右本中间文具盒，摆放整齐，椅归位。

将礼仪教育渗透到学校班队活动中，每学年第一学期的言之有礼月、恭而有礼月、克己复礼月、明礼慧心月，第二学期的知书达礼月、彬彬有礼月、明礼至善月、礼行天下月,做到月月有主题,周周有活动。注重仪式教育,开学礼、毕业礼、告别礼等充分利用特殊节日、红色文化等对学生开展礼仪教育,真正做到文化化人,静待花开。

在日常评价上,在"礼"文化的浸润下,学校层面采用周"尚礼班级"表彰,月"尚礼少年"鼓励相结合的模式;班级层面个人采用教育积分制下的"知礼少年""守礼少年""明礼少年"层级评价和周"优胜小组"表彰评价模式。真正做到了多点激励,调动起了同学们争优创先的积极性。在班级管理中实行"礼"文化浸润下的班级积分制管理与小组合作学习相结合的管理模式。构建小组合作共同体,开展小组合作模式,是我校有效提升教学质量的一项举措。积分管理是一种通过以奖分为主,来肯定鼓励学生的正向表现;以扣分为辅,来警示禁止学生的不当行为的学生管理评价方式,通过科学的激励,使学生快乐学习,健康成长。积分的主要来源有班级管理积分、学科高效课堂积分、家校合育积分。在班级管理中,实行小组成员捆绑式积分,小组成员的个人积分之和计入小组积分,有利于提高积分的实效性。在班级管理中,把积分制管理与班级文化建设结合起来通过建立学校文化浸润下的班级Logo、班级团队名称、班级呼号、班训、班级目标、班歌、班规等,可以增加班级凝聚力和班级成员的认同感。以建立"礼行班"为例:班名,礼行班;Logo,变形的"LX",由太阳下面在草坪上跳舞的男孩和女孩组成,变形的X代表男孩、变形的L代表女孩,寓意在阳光下愉快的读书、快乐的生活。班级呼号:礼行少年,筑梦向前! 班训:以礼规行,文明有序。 班级目标:阳光健康,快乐成长。 班歌:《放飞梦想》(歌词略)。班规:牢记文明礼仪,践行"六会""四入"(具体内容略)。

"生活即教育",走进校园。右转是一块长长的菜地"青青菜园"。菜园里有同学们在综合实践课上自己种的蔬菜,每到夏秋两季,每当路过菜园,看着自己亲手种下的黄瓜长出顶花带刺的小黄瓜,茄子从一棵棵小苗到结出紫色的茄子,小灯笼似的南瓜一天天长大,在感受劳动美的同时,也体验了丰收的喜悦。左转是"礼行"广场,学校主题雕塑"奔向未来"坐落在广场一角,六只鸽子正在携手奔向远方,寓意在学习道路上团结协作,合作共生。体现出学校一贯提倡的小组合作、建立学习共同体理念。

著名教育家苏霍姆林斯基曾经说过这样一句话:"无论是种植花草树木,还是悬挂图片标语,或是利用墙报,我们都将从审美的高度深入规划,以便挖掘其潜移默化的育人功能,并最终连学校的墙壁也在说话。"学校的餐厅文化、如厕文化、运动场文化、文化墙、教学楼走廊文化、名人名言、宣传展板、班级内外壁报、板报等无不渗透着学校墨香书韵,礼行天下的文化理念。学校在每个班建立图书角,利用晨读、午诵、读书卡、手抄报、墙壁报、校园广播站等形式开展形式多样的读书活动。在每个教室设绿色角,摆放绿色植物,给每一盆植物做知识卡片,既美化环境又净化了空气,还增长了知识,力求做到让"墙壁说话",让"角落启智",使其成为"无声的导师"。

总之,通过培育以"礼"为核心的校园文化,将学生置身于一个文化气息浓厚、文明程度高的氛围之中,从而培养学生良好的礼仪习惯、促进学生健全人格的形成,达到文化化人,润物无声。

至善教育文化

青岛市城阳区棘洪滩街道棘洪滩小学 万 伟

棘洪滩小学位于棘洪滩街道政府驻地,它与亚洲最大的人造堤坝平原水库——被誉为"亚洲明珠"的棘洪滩水库相距不远,这一得天独厚的地理优势使得棘洪滩小学的师生们自然而然地感受着"滩里"水之浸润和滋养。

近年来,在万伟校长的领导下,棘洪滩小学以"上善若水,润心启行"为核心教育理念,以学生"知善,向善,乐善"为育人目标,注重学生养成教育和多元化发展,积极开展丰富多彩的教育活动,全面推进素质教育和教育创新,教育教学质量和办学效益稳步提高。

一、办学理念与"中国梦"

2012年11月29日,新一届中央领导集体在国家博物馆参观《复兴之路》展览后,习近平总书记发表了关于"中国梦"的重要讲话。"中国梦"成了我们实现中华民族伟大复兴的目标和信念;而"体现理想,追求进步;国家富强、民族振兴、人民幸福;实现中华民族伟大复兴"就成了"中国梦"的核心内涵,为我们指明了梦想实现的路径。

2014年,正值棘洪滩小学新一轮三年发展规划重新拟定之际,学校面临新的挑战,同时又迎来了新的发展机遇。以万伟校长为首的新一届领导班子审时度势,带领全体教职工,结合学习领会习近平总书记有关"中国梦"的系列讲话精神,谈梦想、话现实,关注国运,描绘未来。在课堂教学、校园文化建设、社会实践和学校管理中紧紧抓住"中国梦"这个主题，利用各种教育契机对师生们进行理想信念教育，引导师生们将个人梦想和"中国梦"结合起来，以更加奋发有为、昂扬向上的精神风貌，为实现国家富强、民族复兴、人民幸福的伟大"中国梦"而发奋学习、努力工作、不懈奋斗。

二、办学理念与"止于至善"

"中国梦"的实现，要有把"梦"转为现实的"圆梦教育"。2014年初春，万伟校长带领全体教职工围绕新办学理念体系展开了探究、征集、甄选、论证、解读……2015年元旦，伴随着新年的钟声，在详细解读了众多的入选作品后，"上善若水"的办学理念得到全体教职工的普遍赞同。

2000多年前，儒家先哲在《大学》的开篇中提出"大学之道，在明明德，在亲民，在止于至善"的理想和追求。"大学之道"，原意是治国安邦的学问，也可以理解为教育之道。"至善"就是教育的最高境界，是教育的"中国梦"。

那么，究竟什么才是"至善"的境界呢？

老子的《道德经》中有"上善若水，水善利万物而不争，处众人之所恶，故几于道"之说。"水之善"，善在三德：至柔之德——柔中有刚；处下之德——顺势而行；不争之德——利人利物，滋养万方。"善"有美好、善良、擅长、友好等意，具有深刻的伦理学、哲学和社会学内涵。人类一切美好的东西都可称之为"善"，其中既有善心，也有善行。因此，"善"既是道德修养，也是行为追求。在这一办学理念的指引下，万校长提出将"勿以善小而不为，勿以恶小而为之"这一古训定为棘洪滩小学的校训，引导老师们形成"善教、善导、善研"的教风，教育孩子们践行"善学、善思、善行"的学风。

学校是生命成长的地方，应该充满阳光般的温暖和情感的润泽，让生活其中的每一个生命都能感受到成长的快乐，都能体验到成功的喜悦。党的十八大把教育的根本任务定义为"立德树人"，万校长认为的"至善"，就是使人与生俱来的善性在"明明德、亲民"的过程中自强而厚德、宁静而冲逸；在"立德树人"的传承中，实现复兴和超越，达到至善至美的境界。这正与"立德树人"提出的在"成人"中育人的理念相契合。

在"上善若水，润心启行"的校园育人文化氛围的熏陶中，棘洪滩小学的教育追求就是，让"善"如水一般浸润校园的每个角落，让师生在"善"滋养下幸福生活。

赏墙壁文化，蕴师生情怀

青岛莱西市城西小学　李永贵

莱西市城西小学始建于 1978 年 3 月,学校东傍大沽河,西依仙足山,北靠莱西湖,南望莱西城。学校先后荣获青岛市文明校园、青岛市智慧校园、青岛市健康校园、青岛市优秀家委会、青岛市示范家长学校、莱西市美丽校园、莱西市办学质量先进单位等荣誉称号,成功召开了莱西市、青岛市创建标准化学校现场会,是一座山清水秀的农村小学。

美丽的校园处处有风景,一面面墙壁以生动活泼、简洁明快的标语或画面向同学和老师们传达着校园精神。莱西市城西小学结合校本文化建设,让学校的校园文化墙成为学校的一道独特的精神风景线,让每一面墙壁都"说话"。把校园文化内涵设计在学校墙面上,让文化来陶冶师生们的心灵,给每一个文化墙设计不一样的主题画面,优美的校园环境有着"随风潜入夜,润物细无声"的作用。涓涓细流,天长日久,这些看似不起眼的墙文化,已经融为校园文化的一部分。学校文化设计努力做到以下几点。

传达办学理念。学校在有限的资源条件下,努力争取促进学生最优化成长。朴实的教育理念蕴含着坚定动人的教育信仰。"尊重教育,和润城西"——"以师生可持续发展为本"的办学理念、"好习惯终身受益"的校训、"开放、自由、包容、博大"的校风、"和风细雨、润物无声"的教风、"自主、合作、乐学、多思"的学风……主题教育板块将学校的办学理念提纲挈领地精准传达。

凸显育人主题。一面文化墙,就是一处独特的风景。

以励志教育为主题的"凿壁偷光""程门立雪""孔融让梨""卧薪尝胆""铁杵磨针"等成语故事,将传统文化凝结在校园文化中,引导学生热爱祖国的传统文化,树立历史责任感和民族使命感,从而激发学生磨砺意志,树立远大理想,确立人生的远大目标。

以科学教育为主题的"神舟七号""太空探索""地球故事"一幅幅精美的图画激发学生的学习科学的兴趣,增长知识,开阔视野。

为了强化培养同学们的健康安全、自我保护意识,以安全为主题的"火灾袭来迅速逃生""遇到有人溺水应大声呼救或拨打119""拒绝校园暴力,拒绝校园欺凌"等一个个安全故事画面发人深省,让学生吸取教训,学会如何自救。

彰显育人榜样。以榜样的力量潜移默化地影响每位学生,让知识的海洋滋润每位同学的心田。以读书为主题的"名人读书小故事""阅读的十个好习惯""读书的正确方法"等一系列丰富多彩的小知识对培养广大师生的阅读能力和阅读技能,丰富校园文化生活,提高校园文化品位具有极大的推动作用。

马克思说过:"人创造环境,同样,环境也创造人。"有声有色的校园墙壁文化焕发出勃勃生机。一面面会"说话"的文化墙不仅成为校园一道道靓丽的风景线,更能在无形中启迪学生的心智,展现孩子们健康向上的精神风貌,充分发挥着校园文化的隐形教育功能。校园文化体现学校的办学理念,反映教师的教育教学思想与水平,是学生成长的记录,是学校发展的历程。校园文化墙已经一点一滴地渗透到教师和学生的学习和生活当中去。相信在李永贵校长的带动下师生会更加积极向上,城西小学会蓬勃发展,走好品牌特色之路。

文化育人,润物无声

青岛西海岸新区田家窑小学　逄淑宽

文化建设是学校可持续健康发展的精神支柱、动力之源,同时也是科学发展观的体现。为了给学生创设一种美而和谐的环境,促进孩子们健康、活泼、快乐地成长,在新文化理念指导下,我校注重育人教育,努力打造自己的学校文化。

一、营造浓郁的文化氛围

教育家苏霍姆林斯基说:"孩子在他们周围——学校走廊的墙壁上、教室里、活动室里,经常看到的一切,对于他们精神面貌的形成具有重要意义。"为此,我们在教学楼大厅墙壁上,书写学校三风、办学目标;在楼道内张贴警示标语,走廊悬挂学生的书画作品;教室门口挂班级管理人、口号、荣誉;在教室张贴《小学生日常行为规范》《中小学生守则》以及名言警句,教室黑板上方悬挂国旗,后墙上有黑板报或文化园地,创建班级图书角;在功能室,张贴《管理制度》"名言警句",责任管理到人。既营造了浓郁的校园文化氛围,更创设了良好的育人氛围。

二、涵养习惯,以礼育人

礼仪教育是社会主义精神文明建设的重要内容。而我校把"以礼规行,以礼养德,以礼育人"作为学校德育教育的目标,推行"礼行天下"的文化理念,把生活教育和文化熏陶有机地结合起来,将"礼"文化融入到校园文化建设的方方面面,引领师生过有文化的生活,在潜移默化中绽放生命的精彩。

从最基本的生活礼仪抓起,引导同学们践行文明礼仪,学会"六会""四入"。"六会",即学会走路、学会说话、学会学习、学会饮水、学会就餐、学会如厕。"四入",即入楼即静、入室即座、入座即学、入学即专。按教学楼分布,在校园内外标注出路线,要求同学们按规定的路线出入校,校内如厕、就餐、活动按规定的路线行走,真正做到了文明有序。将礼仪文化根植入课前三分钟,专注力训练有坐姿端、眼有神、面微笑;课后一分整理桌面,左书右本中间文具盒,摆放整齐,椅归位。

将礼仪教育渗透到学校班队活动中,每学年第一学期的言之有礼月、恭而有礼月、克己复礼月、明礼慧心月,第二学期的知书达礼月、彬彬有礼月、明礼至善月、礼行天下月,做到月月有主题,周周有活动。注重仪式教育,开学礼、毕业礼、告别礼等充分利用特殊节日、红色文化等对学生开展礼仪教育,真正做到文化化人,静待花开。

三、营造书香校园,发挥育人功能

苏霍姆林斯基告诫我们:"启发智慧和鼓舞人心的书,往往决定一个人的前途。"我们着力营造书香校园环境,让校园处处溢满浓浓的书香气息,为此我们以形式多样的读书活动为载体,引导师生遨游书海,增强文化底蕴。另有经典古诗文阅读与创作活动、"趣味读书"与"好书推荐"班队会活动、图书漂流及推磨式阅读活动、班级读书文化评比活动等。在开展好各种活动的同时,还要求学生摘抄名人、名言警句,做好读书卡片,写好读书笔记等。目前读书活动已成为学校常态化的活动,既增加了校园的读书氛围,使学生的素质能力得到了锻炼,也推动了学校教育教学质量的提高。

总之,多措并举的校园文化,将学生置身于一个文化气息浓厚、文明程度高的氛围之中,从而培养学生良好的礼仪习惯、促进学生健全人格的形成,达到文化化人,润物无声。

依托德育品牌 营造"尚善"育人文化

青岛包头路小学 杭 伟

青岛包头路小学着眼未来,坚持以"尚善"教育为核心,以"笃学尚行,止于至善"为办学理念,以"让每一个学生都乐学善思,绽放成长笑脸"为育人目标,立足立德树人,积极打造"尚善润德"德育品牌,建构"一体五翼""尚善"课程育人体系,开展"尚善教育润童心"系列德育活动,打造了"博文尚善"的教师队伍,"崇德尚善"的家长群体,"乐学善思"的包小美少年,实现了质量立校、品牌强校、文化治校、特色兴校的美好愿景。

一、"尚善润德"品牌,凝聚德育价值

德育品牌反映着学校办学的价值取向、文化追求和独特个性。学校秉承的"尚善"教育,就是让每个人"做最好的自己"的教育,这是一种基于传统,面向世界,面向未来的教育。学校提出"尚善润德"这一品牌,是融合学校文化内涵、学情和未来社会对人的发展需要的基础上确立的。

"尚善润德"德育品牌标识,整体风格延续中国传统文化元素,设计主题以"德"为主,突出德育工作摆在素质教育的首要位置。标识设计采用印章篆刻,突出中国文化,印章中篆体的"德"上半部分笔画向下微弯,为半弧形,印章整体为方,天圆地方,寓意天下以德为主。印章整体下半部分为流动的水,突出"润"和如水般品德的含义。流动的水采用字母"S"的形状,突出了"尚善"这个含义,寓意"尚善润德"就像水一样,造福滋养万物,育人润物无声。

二、"尚善"系列活动,推动修身立德

精心打造"尚善润德"德育品牌,推进中小学修身立德工程,是学校德育工作的重要内容。学校树立"德育即生活"的理念,通过建设"有智慧、善管理、勤反思、能创新"的德育干部教师团队,将"尚善"教育与"与美德同行""红领巾相约中国梦"等主题活动有机融合,围绕"礼、诚、勤、信、孝、爱、美"等内容,深入开展"月月有主

题,美德伴成长"等主题教育系列活动,授之以知,晓之以理,引之以情,导之以行,不断提升学生的美德修养。《"笃学尚行"快乐成长记录册》和《好习惯存折》的多元化激励性评价,记录着学生成长的轨迹。"动力火车,七彩链接"微笑墙上满载"尚善美少年"成功的喜悦。

三、"尚善"缤纷课程,促进全面发展

学校以"求真、尚善、德美"为基调,积极建构以传统文化教育为主的"一体五翼""尚善"课程育人体系("一体"即"尚善"教育为核心体,"五翼"即学校课程主翼、学科课程支翼、环境课程侧翼、节日课程副翼、实践课程尾翼),开设了"魔力线条"等27门学校课程,实现让每个孩子"读一本好书、写一笔好字、会一门乐器、学一种科技、有一项体育特长"的育人计划。每学期,学校还以"爱我家乡,走进青岛""绿色视野通古今"等主题性研究为抓手,实施"游学"社会实践活动,倾力培养具有民族情怀、国际视野、生态意识、追梦动力的"尚善"学子。每年的"尚善"文化节,让"尚善"学子在快乐体验中,释放成长的精彩,促进学生全面发展,塑造"自我悦纳"的美好人性。

科技教育——打造科学与人文交融的优质教育品牌学校

青岛宁夏路第二小学　安晓兵

青岛宁夏路第二小学是青岛市规范化学校,现有26个教学班,师生1200余人。自建校伊始就将科技教育作为学校特色用心打造,学校紧紧抓住传承、探究、提升这几个关键环节,分层次、多渠道、全方位推进科普教育工作开展,近两年又开始着力投入和培植"STEAM教育"在学校和师生中生根发芽,力求以"STEAM教育"带动学校的科技特色更加鲜明并形成品牌。

一、传承篇——增强科技教育感召力

（一）氛围来浸润

学校的校园文化着力突出"科技氛围"营造,学校的发展愿景是建设"科学与人文交融的优质教育品牌名校";校风是"与美善偕行,与科技共长";学校显性文化中,"行"文化长廊,为科技特色长廊,从阿基米德定律到人类社会的进化史,从学生的创意设计到精心制作的小发明,无一不在向学生渗透着科普知识。学校在专用教室非常紧张的情况下建成了创客空间站,并在扩建教学楼项目中规划了多个高品质的创客教育活动场所,保证让学生更多的创意变为现实。

（二）队伍来推进

着力发展创客科普教育,必须有一支懂科学、会动手、能创造的教师队伍。一方面采用"捆绑合作式"推进:学校建立了以"班主任和校本老师"为主的科技第一梯队辅导员;其他老师都是第二梯队。校本培训时间科技老师对全校进行"模型的制作与飞行或航行技巧辅导"、头脑风暴的指导等竞赛项目进行专题讲座和答疑式互动交流,迅速适应在教学中渗透科技教育和辅导学生的需求。

另一方面通过"高位引领式"推进:让科技辅导员参加全国、省、市级的专业培训,专业素质快速提高。学校有近20位老师获得全国、省、市级科技活动优秀指导老师的称号。学校不断发挥示范辐射作用,科技分管领导、科技教师多人次在市、区进行经验交流,《山东教育》《市南教育》还专版介绍过学校的科技教育及科技辅导员的先进事迹。

二、探究篇——焕发科普教育生命力

（一）科研来引领

学校确立了科技特色与课题结合的发展思路。前期,深入开展的"十二五"课题"整合教育资源 提高小学生科技创新能力的实践研究"顺利结题,学校课题研究发展到多学科、学校整体、周期长的研究。多角度提升学生科技素养,为培养新世纪的创新人才打下坚实的基础。

（二）活动来促动

学校组建了无人机、遥控模型、3D打印、机器人、各类模型等多个科技社团。连年参加各级"头脑奥林匹克竞赛""师生科技成果评选""创新大赛"等各类竞赛。尤其是创新大赛中学校的"袅袅炊烟、悠悠我心""听,地铁在诉说""远离手机控、莫当低头族"主题实践活动全部在省市评选中获奖;其中,"听,地铁在诉说"获得全国二等奖。学生们在活动中收获着知识、收获着能力、收获着快乐!

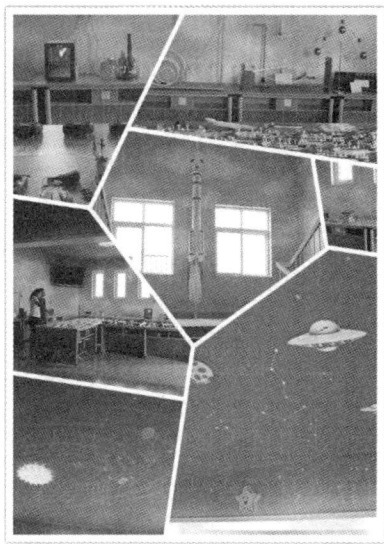

三、提升篇——突出科普教育影响力

（一）课程来提升

为了寻找新的增长点。2011年学校研讨开发了课程自编教材《科技与生活》《科技与实践》《科技与创新》。2012年5月通过青岛出版社的审验,正式出版。2014年,学校课程"科技教育"作为学校的特色课程,获得青岛市特色课程评选一等奖。2017年9月,在青岛市校本课程评选中获得青岛市精品课程奖。以课堂教学为主渠道进行相关知识渗透,科技教育向深入发展。

（二）发明来凸显

学校逐步确立了软件硬件齐抓,显性隐性并行的工作方法,创新成果越来越明显:"节能水壶"获得全国宋庆龄发明奖;"电动杯刷"、"防爆酒瓶"、聋哑人专用门铃、安全提示镜、安全输液器等多件作品获得全国海尔发明奖。2013年,学生凭借"自动喂鱼器"已经有了属于自己的专利,这是青岛市首例小学生实用专利,截止到现在,"定时喂鱼器""多功能烟盒""调节桌膛大小的书桌""一种哨子""垂直打孔器"等十余项专利相继被"中

华人民共和国国家知识产权局"授权。

我校始终以科普建设为基石,努力营造了一种良好的科技教育氛围。科普工作一年一个新台阶,年年都有新亮点。

走在"同成教育"的路上

胶州市大同小学　代洪霞

"同成教育"是大同小学的核心理念,基于大同小学的历史沿革及学校文化内涵,贯穿一条育人成长主线。

大同小学始建于 1946 年,校名"大同"有着深厚的历史渊源,"大同"之说见于《礼记》,大同思想是孔子儒家学说的重要组成部分,"大道之行,天下为公,选贤与能,讲信修睦……"在人类思想史上占有重要地位,在我国乃至世界有着广泛、深远的影响。以"大同"思想为指导,我们进行过以"塑造成功教师、培养成功学生、引领成功家长、打造成功学校"的成功教育研究;进行过以"学生成长、教师成就、教学生成"的"三成"教育模式实验。目前,正在探讨以教师"三品"、课堂"四本"、学生"五德"为主要内容的培养学生"成人成才"全面发展的教育教学实践。教育教学围绕"同成教育"进行,教育教学体现"同成教育"特点,"同成教育"在教育教学过程中不断完善、发展,成为学校教育教学的核心理念。

"同成教育"具有整体性、发展性、创新性特点;"同成教育"的核心是培养学生成人成才,培养全面发展的人才。

我们的校训是"同心同德,成人成才"。"同心同德"指信念一致,思想统一,同一心愿,同一目的。东汉末年经学大师郑玄对孔子的大同思想是这样解说的:同,犹和也,平也,既"和"且"平"。在这里的"同心同德"是指教师和学生心相通、心相依,凝心聚力,同心同德培养学生成人成才。

"成人成才"指的是育人目标,是同心同德之目的。学生成人的底线和成才的根基是品行端正,要成才先要成人,培养学生先成人再成才是我们肩负的教育重任,在此基础上才能把学生培养成为全面发展的人才。

"同心同德,成人成才"的关键是"同"和"成","同心同德"是意志和信念,"成人成才"是方向和目的。

我们的校风是"诚实、和谐、求真、卓越"。诚实与和谐泛指品德行为。诚实是做人之根本,是中华民族的传统美德。忠诚老实,言行一致,表里如一,履行诺言,说到做到,是诚实的具体体现。和谐泛指教师之间,学生之间,学生与老师之间要"和蔼、和睦",要尊师爱生又不失原则(和而不同),这样才是和谐。

求真与卓越是针对事业而言。教育是事业,事业的价值在于奉献。所谓"求真",就是务实"求是",指工作学习要踏实认真,要有奉献精神,要认真扎实地工作和学习;卓越是指杰出,不寻常,超出一般。卓越是对教师和学生工作学习的高标准要求,也是教师和学生工作学习的精神追求。

"诚实、和谐、求真、卓越"是学校的外在文化形象,是教师和学生工作学习的尺度和范式。

我们的教风是"严谨、博学、敬业、创新"。严谨与博学指教育是科学,科学的价值在于求真。严谨即严肃、细密、认真,教育教学工作容不得半点马虎和草率,其成败之关键在于严谨;现代教育要常态学习、要终生学习。教师要博学,要学识广博,学识不广博,就不能胜任教育教学工作,也很难与现代教育同步。

敬业与创新中,敬业是态度,是精神,是做好教育教学工作的思想基础。执着于事业,事业才会成功;教育是艺术,艺术的价值在于创新,创新是推动教育前进的不竭动力,思维要敏捷,观念要更新,方法要改革,要有开拓进取精神,只有这样,教育教学才会有活力有生气,才能不断前进。

我们的学风是"勤奋、好学、善思、明理"。荀子曰:"锲而舍之,朽木不折;锲而不舍,金石可镂。"孔子曰:"知之者不如好之者,好之者不如乐之者。"荀子和孔子对勤奋好学都做过精辟的论述。勤奋与好学是克"敌"制胜的学习法宝,是最真切、最朴实的学习态度和学习精神,是人的一种内在的自主学习的精神动力。

"学而不思则罔,思而不学则殆"是孔子对"善思"做出的最准确的诠释。只学习不思考迷茫,只空想不学习空虚,"善思"才会"完美","善思"才能创新。孔子曰:"不学礼,无以立。""礼"泛指文明礼貌,"明理"就是要讲文明懂礼貌,是中华民族的传统美德,"明理"才能自立,"明理"是做人之根本。

阳光普照　润泽生命

崂山区辽阳东路小学　刘　峰

崂山区辽阳东路小学是一所新建公办学校,2018 年 7 月正式投入使用。学校总投资 1.1 亿元,建有教学楼、综合楼、办公楼、风雨操场等,占地面积 2 万余平方米,建筑面积近 1.5 万平方米,设计规模为 30 个教学班。教学设施一流,现代化教育装备齐全,校园典雅精致又蕴含浓厚的传统文化气息。学校目前有教职工 16 人,一年级 2 个班,2 年级 2 个班,130 名学生。

我们依据校名"辽阳东路"中的"阳"字,确定学校走"阳光教育"的办学特色,提出了"向阳而生"的核心理念,"阳"即阳光、温暖、向上、积极的品质;"生"即生机、生命、生活、生长,寓意在辽阳东路上学的每个孩子拥有阳光般的品质,健康快乐地成长,真正让每个生命灿若阳光。校训:面向阳光 逐梦成长。办学目标就是打造一所有温度、有色彩、有朝气、有梦想的阳光品牌学校。在校园文化建设方面,我们着力创建"阳光普照"的校园环境。从校徽的设计、主题雕塑的设计到整个校园布局,甚至是校园的各个角落都体现阳光教育的理念,整个色调都是温暖的、积极的、向上的、生机的、活力的,给师生创设一个温暖舒适、生机盎然的学习生活环境。

学校楼层文化富有特色,每一层都有大主题,凸显不同的文化内涵。教学楼一层是"根"主题,背景是一棵根深叶茂的大树,寓意是让孩子做有根的人,保持善良的本色,配一首小诗"人生若树,善良是根,深汲爱的涵养,让梦想的枝干向阳舒展",将"善"的文化表达得淋漓尽致。二层是"叶"主题,背景墙是郁郁葱葱的叶子,凸显"真"文化,一首小诗"绿叶对阳光的渴求,恰似童心对真理的渴望,时而静谧无声,时而激昂作响",寓意让孩子保持真诚的本色,求真向善,追求真理。三层是"花"主题,背景墙是积极向上的向阳花,凸显"美"的文化。一首小诗"娇艳的花儿,散发着淡淡的清香,绽放着绚烂的笑颜,这是心灵对淳美的眷恋",寓意让孩子永远向美而行,追求美好的事物,学会发现美、表现美、创造美。四层是"果"的主题,背景墙是硕果累累的果实,凸显"慧"的文化。一首小诗"愿你作一束,轻盈曼舞的蒲公英,载着智慧的种子,随风而起,落地生根",表达的是从春华到秋实,从稚嫩到明达,积累的是智慧,收获的是成长。寓意追求真善美是做人永恒的目标,而拥有智慧才是真正的成长与收获。

走在美丽的校园,洋溢书香,处处阳光。报栏画墙,有点睛之语或趣味书画,吸引孩子驻足观赏。日出东海,有鸟语花伴或书声琅琅,展现一派勃勃生机金象。在这里,培育的是"心明体健、灵动向上"的阳光学子;在这里,打造的是阳光普照、润泽生命的校园文化。

加强校园文化建设，营造良好育人氛围

蓝村第二小学　解　钢

学校是传承和发展文化的重要场所,尤其是学校的师生,更是校园文化的活载体。因此,学校将不仅仅要求每一门课程而是整个学校生活的每一项活动,都应渗透、弥漫着文化气息,都应具有共同的文化追求。特别在新一轮课程改革的实验活动中,加强农村小学校园文化建设,使学校课改工作能在一种浓厚的文化氛围里进行,这将无疑是推动课程改革科学有序健康向前发展的内在动力。

一、创建生命化的校园环境氛围

1. 校园文化环境的重建

具有生命力的校园文化环境对人的发展的重要影响是不可低估的。我校在校门口左右两边建造两个花坛,配合学校门口电动门,给人第一印象是良好,感觉到学校的文化气息浓厚,校园优美。学校门口东边宣传栏内容广泛,涉及教育教学、安全、健康卫生等各个方面,让家长了解学校的教育教学动态。西边的宣传栏展示了学校的校风、教风、学风、办学理念,接受群众的监督。教学楼走廊都有宣传画,有名人画像,交通安全宣传画等,会议室《教师职责》《班主任职责》等一一上墙,装贴名人画像及名言,教室后面黑板报内容定期更换,建设校园文化长廊等,使师生无时无刻都受到健康向上的文化熏陶,真正努力实现"让学校的每块墙壁都会说话"。优美、恬静、整洁的校园,不仅给师生提供了良好的学习、工作和生活环境,而且给人以艺术的感染和美的享受,发挥了育人的作用。

2.师生精神文化的营造

"书是人类进步的阶梯""读书破万卷,下笔如有神""知识就是力量"。这些前瞻性名言、古训,均为我们揭示出读书的重要性。为此,我校开展了作文、数学、美术、音乐、书法、舞蹈、乒乓球等形式多样的活动,开放图书馆的图书资料,让学生进行课外阅读,并定期举行一些读书比赛。把学生的作品定期展示,以提高学生参与的积极性,营造一种你追我赶的学习氛围。同时,利用每周一升旗仪式进行国旗下讲话,对学生进行爱国主义教育、行为规范教育、安全卫生教育、品德思想教育以及革命传统教育等,起到良好的效果。

二、形成规范的校园生活氛围

我们制定了《优秀中队评比细则》《班主任考核细则》《文明班级评比细则》《三好学生评选标准》《先进教师评比办法》等规章。有了制度,必须严格执行,否则,规章就只是一纸空文,对师生缺乏规范作用。我们利用少先队值日员检查落实。每周一公布,还开展规范教室、文明班级评比活动。对于刚入学的一年级新生,我们每学期规定开学初的第一个月为日常行为规范强化月。通过看、练、比的方法,使他们在短时间内养成良好的习惯,为今后的学习打下基础。

三、营造健康向上的文化氛围

加强的交流与互动,采用"请进来,走出去"的办法,努力营造一种健康向上的社区文化氛围。例如请法制辅导员、关工委来学校进行爱国主义教育、法制教育、安全教育。开座谈会、讲座、心理辅导课,开展各种生动活泼的共建活动。做好家校联系,办好家长学校,及时向家长宣传课程改革的重要性。能与家长紧密联系,接受群众的监督,与家长共同商讨教育好下一代的良策。许多家长能够为了改善学校办学环境、支持学校课改工作出力,形成了学校、家庭、社会三位一体的教育网络。

让每一颗星星都闪亮

平度实验小学　张晓峰

山东省平度实验小学始建于1952年,是首批山东省规范化学校,获山东省教学示范校、山东省文明单位、山东省文明校园、山东省依法治校先进学校、全国足球特色学校、全国家长学校示范校等荣誉称号。学校以"六年好习惯,一生好品质"为办学理念,创建"情智少年,雷锋相伴"德育品牌,传承红色基因,以"一轴两翼"为动力,以"星文化"为主题,实施课程育人,多举措引领学校发展,打造自主探究自主发展的文化氛围,让每一颗星星都闪亮,让每一个孩子做最好的自己。

一、平度教育走进新时代

全市教育和体育系统认真贯彻落实习近平新时代中国特色社会主义思想和全国教育大会精神,牢记使命勇担当,抓改革、抓质量、抓保障、抓公平、抓治理,全力打造教育名城、推进教育现代化。以党建工作为引领,创新推行"党建＋师德建设",形成了风清气正的教育氛围;办学条件得以进一步改善提升,中小学操场改造工程,平度孩子结束了"晴天一身土,雨天两脚泥"的历史;与社会携手办学,知名度得以进一步提升。全市家校合作得以全面展开;发挥小学发展联盟校结合发展的优势,整合优势资源,促进联盟校共同发展提升,做到优质学校带动、多方交流与合作。形成城乡共建、资源共享、以强带弱、共同发展的办学格局,推动全市小学教育优质均衡发展。

二、脚踏实地,起航远行

理念篇:立足平度实验小学基础,深入挖掘学校历史底蕴,拓展夯实学校内涵。守正创新,梳理提炼出"让每一颗星星都闪亮的"的学校核心文化理念。立德树人,创新实践"红星闪闪放光彩"的少先队建设新模式、"红星闪闪润党旗"党建品牌,致力于打造每一个教师快乐工作、幸福生活的平台,走出了一条基于学校历史、通过创新创造引领老校实践素质教育新模式的改革之路。

发展篇：秉承"六年好习惯，一生好品质"为办学理念，通过六年的学习生活，养成学生终身受益的习惯品质。让好习惯外化为行，内化于心。"播种一个行动，收获一个习惯"，习惯生活化、具体化、精细化。让良好的学习习惯、常规习惯、行为习惯，有法可依、有章可循，伴随孩子健康快乐成长。

通过实施"一轴两翼""两翼联动"，一轴是指教育教学质量的全面提升，两翼：一翼是指，以音体美综合实践等为主的活动类课程，主要培养学生的各种兴趣爱好；另一翼是指，以习惯养成为核心的各类素养教育，主要培养学生良好的品德和行为习惯。让孩子充分展示个性，根据孩子不同特点，因材施教，量身打造孩子未来的发展，让每一颗星星闪耀自身的光亮！

课程篇："1"和"40"效率。学校自今年开始，提出提升"1"和"40"效率。"1"代表 1 节课、1 位教师，"40"代表课堂 40 分钟、班级 40 名学生。通过激发每一位教师的课堂活力、关注班级每一位学生，优化课堂，将托底培优落到实处，细化课堂管理各个环节，打造小组合作学习共同体，进一步提升高效情智课堂质量。

教研篇：关注集体创优、教研组建设、名师的培养、做实学科会商。通过"拜师"活动，老教师带动新教师，促进新教师专业发展，引领新教师成长发展。教研组作为教学常规管理中一个重要的单位，要实施集体创优，时时刻刻将学科教研活动开展起来，打造名师团队，扎实有效地开展教育教学研究。打造团队团结，凝聚力强，大家齐步走、集体创优共同发展的局面。

多元整合：学校创新"星"文化教育，设立综合实践活动专题"红星闪闪""星行途中"，不断丰富"星"文化内涵，通过丰富多彩地走进社会、走近自然、关注社会，让学生在实践中获得经验，在多样的活动中各种能力得以发展和提升。关注孩子的个性化发展需求，以张扬学生的个性为宗旨，围绕四季按照时间轴设计校本课程，搭建各种舞台，打造丰富多彩的情智特色社团活动。依据学生兴趣大力实施"3＋2"社团活动模式，根据学生的个性特点和爱好不分年龄阶段搭建社团，使学生个性得以张扬，学生在参与实践活动的过程中得到了交流和促进。

阅读攻略：细化"3＋1"读写模式，进一步提升小学生语文素养。利用学科会商研究阅读指导课、阅读汇报交流课该如何上的问题。从社会层面、家庭层面补充资源，拓展人文教育，营造读书氛围，共创文化家庭。

不忘初心，砥砺前行！平度实验小学将一如既往地在教体局的正确领导下，守正创新、努力奋斗，让实验小学的每一颗星星都闪亮自身特有的光亮！

"疑思议得三循环"教学模式的研究

青岛淮阳路小学　袁海涛

近年来,我区教体局全面实施"生本智慧课堂",旨在提升全区中小学教师充满激情的教学意识,激励学校与教师进行"生本智慧课堂"教学模式探索,创设浓郁的、积极的"激情自主课堂"氛围,让学生思维活跃,产生强烈的求知欲,积极主动地参与到愉悦的学习中,从而形成"人人激情、课课高效、善教乐学"的新局面。

反观我校的课堂教学中存在的问题:教师的教育观念没有根本性的更新,课堂上采取控制与灌输的方式把教材细嚼后和盘托给学生,学生处于消极装载知识的状态。少数教师有体现学生的自主探究意识,但往往流于形式,放而不开,演而少导,导而勿演,以主导代主体,要么主体代主导。课堂上一问一答较为热闹,但实际上学生的思维却受到阻抑。

如何从根本上扭转这些弊病,在有限的时间、精力内,充分调动学生的积极性,激发学生内在的学习动机,培养学生的思维习惯,引导他们主动地探求新知,促使其完成从"学会"到"会学"到"乐学"的转化,培养出具有创新精神和探究能力的高素质的人才,我校于2013年起,在专家的指导下,组织骨干教师开展了"疑思议得三循环"课堂教学模式的研究。

"疑思三循环"教学模式是指课堂教学过程的三个主要环节——即激疑自思,初议初得;解疑共思,再议再得;质疑深思,三议三得;真正让课堂焕发出生命活力。

第一步:"激疑自思,初议初得"

在预习阶段,学生根据授课主题和教学内容,初步预习后提出自己的问题,可以自我思考也可以小组初议的形式,发挥群组优势,共同归纳梳理问题,从而形成需要解决的"主干"问题,并通过阅读教材或其他方式探究问题,并尝试解答问题,强调过程与方法的体验与感悟。

第二步："解疑共思，再议再得"

是指通过师生或生生互动的方式，对于初议难以解决的问题合作解决。

再议要建立在学生充分自探的基础上进行，难度小的问题同桌讨论，难度大的问题小组讨论。如果通过讨论仍解决不了的问题，教师则予以讲解。

第三步："质疑深思，三议三得"

在基本完成本节主要学习任务的基础上，鼓励学生质疑问难，标新立异，针对本节知识再提出新的更高层次的疑难问题，再次进行深入探究解答，从而达到查漏补缺、深化知识、发散思维、求异创新的目的。

构建"疑思议得三循环"课堂教学模式，有利于学生大胆质疑，有利于课堂教学的真正民主、个性得到充分的发展，有利于优化课堂教学，调动学生主动参与积极性，有利于打造高素质的教师队伍，强化教师对教材的整合能力，为教师拓展了一个广阔的研究领域，对驾驭课堂教学和管理学生的能力具有提升作用；有利于学校教育教学质量的提高，为学校走内涵发展之路开阔思路。

厚植学校文化　构筑育人体系

青岛市金水路小学　方建磊

青岛金水路小学始建于 1928 年，2003 年更名为青岛金水路小学。学校全面贯彻党的教育方针，坚持"以人为本、全面发展、突出特长"的办学理念，学校提出了"诚实做人踏实做事"的校风，"德艺双馨敬业奉献"的教风和"自主创新乐学善思"的学风，校训"做最好的自己"为师生提出了个性化的发展要求。创办让家长放心、教师舒心、学生出彩的花园、家园、乐园式的学校，让每一位学生拥有金色童年，成就最好的自己！

一、打造"花园式"环境文化，营造浓厚育人氛围

学校坐落于上、下王埠两村交界处，占地约 30 亩，赭黄色的 4 层教学楼像极了一

顶博士帽,端庄沉稳。教学楼顶的"金色童年,水木清华"是学校品牌,它巧妙地扣紧校名中的"金水",寓意深长,与学校的名字相得益彰,体现出办学人的独具匠心,向人们展示着金水路小学的发展远景、办学宗旨。

步入金水路小学的校园,"水木清华"之感扑面而来。垂柳、女贞、雪松、龙爪槐各色树木浓绿团团,翠枝摇曳,火红的石榴花开得正热闹,颇有朱熹诗句"五月石榴照眼明"的意境。花丛中、树荫下点缀着"尚美""励志""弘德"等石头景观,校园中心那三四米高的太湖石像一柄如意亭亭玉立,脚下一只小小的石象正顽皮地向身边的孩子张望,透露着无限的童趣,让人们读出"吉祥如意"的深意。

二、构建"金色童年"课程文化,提升独特育人魅力

"致中和,天地位焉,万物育焉。"课程是推进学校特色建设,促进学生成长成才,实现育人目标的重要载体。

(一)育人贵在育心

围绕"以人为本、全面发展、突出特长"的办学宗旨,形成富有学校特色的"金色童年"课程体系。"通过国家课程与地方及校本课程的整合,让学生在学习中绽放精彩的自己;通过多彩课程的阳光沐浴,让学生感受到更多的快乐与幸福;通过富有学校特色的'金色童年'体系下三类课程的相结合,让每一个金水学子都能经过六年的学习生活而更加出彩"。立身以立学为先,立学以读书为本。学校高度重视学生的晨读质量,注重学生到校的学习状态,倡导各班利用晨读唤醒学生一天的学习热情。学生的阅读课现在已经进入了课堂,学生在与书本的亲密接触中,已经受到了良好的熏陶和感染。与此同时,学校在每个年级、每个班开设了心理健康教育课,设置了"温馨小屋"学生心理咨询室,在学生的成长过程中,为他们塑造一个健康的心灵,完善人格品质。

(二)育人质在育体

"阳光体育"课程,是我们学校一道靓丽的风景线。学校发掘教师的特长,结合学生的身心发展实际,自创自编了一套融健美操、足球操于一体的课间操,符合学生身体锻炼的要求,受到了学生的喜爱和家长的好评。每天下午放学铃声一响,学生们便走出教室,伴随着欢快悦动的音乐节奏,在阳光的照耀下运动……校园里绳彩飞扬,既锻炼了孩子们的身体,又愉悦了孩子们的身心。学校还定举行运动会、趣味性游戏以及形式多样的各类体育活动,引导更多的学生参与到体育运动中来,增强体质,磨炼意志;培养了学生的拼搏精神和团结协作能力,增强了集体荣誉感和班

级凝聚力。

（三）育人立在育美

艺术教育是素质教育不可或缺的重要内容。为了使学生在艺术的熏陶下提升素质，陶冶情操，针对学校的实际，除学校常规的艺术教育活动课程以外，学校大胆创新，对课程进行整合。针对学校优势，分别开设舞蹈、书法、绘画、手工制作等特色活动小组，活动中学生既陶冶了情操，又锻炼了才艺。艺术节是我校校园文化建设的重要组成部分，每学年学校还组织开展朗诵比赛、歌咏比赛等多种多样的艺术节活动，从而拉近师生之间的距离，活跃校园文化氛围，丰富学生课余文化生活，展现金水学子积极进取的精神风貌和良好的综合素质。

校长"问好"下的好习惯养成

青岛市崂山区朱家洼小学　蓝永传

朱家洼小学始建于1908年胶澳总督府设立的朱家洼蒙养学堂，"蒙养"，这二字见于《易经·蒙》："蒙以养正，圣功也。"蒙以养正意思是指从童年开始就要施以正确的教育，后世遂将"蒙养"二字用于教育蒙童或启蒙教育之意。

什么是正确的教育，这其中当然就包含好的习惯，好的习惯会影响学生的一生。朱家洼小学近年来坚持开展"好习惯伴我成长"养成教育活动，以文明礼貌、用餐文明、课间活动、卫生习惯、路队等为重点项目。引导学生由他律到自律，品德由内化到外化，从身边的小事做起，培养学生良好的道德意识和行为习惯。

蓝永传校长以自身的实际行动带动了学校好习惯的养成，每天早晨他会在学校门口向全体师生问好，他总是大声地向每一个学生问"早上好！"。学生一开始还没有什么反应，一天天、一月月、一年年，几年坚持下来，慢慢地彼此就更加尊重，文明礼仪之风也形成了。文明礼貌不是一朝一夕能养成的，现在学生每天入校前都会向校长、老师、值班的保安叔叔问好。

身教重于言传，孔子曰：其身正，不令而行；其身不正，虽令不从。自己品行端正了，不需要命令别人，别人也会去遵从；自己品行不端正，即使命令别人，别人也不会遵从。

校园里的纸花,只要是蓝校长经过,都会自己弯腰捡起来。夏天操场积水了,拿起一把大扫帚扫一扫。冬天下雪了,拿起大扫帚扫一扫。下雨了,学生没有带伞,拿起自己的雨伞把学生一个个护送到校车上。蓝校长带领全体教师一起用实际行动影响学生。

俗话说:"嫩枝容易弯也容易直。"这就说明了加强小学生良好习惯的养成教育的重要性,他们年龄小,知识少,行为习惯正处在形成之中,可塑性大,可变性强。也正如现代著名教育家叶圣陶先生所说:"教育是什么,往简单方面说,只需一句话,就是要养成良好的习惯。"

好习惯的养成,关键是养成教育,须遵循"从他律到自律"这一规则。好习惯的养成,应落到实处,从细微处入手,可以通过训练养成,加强训练,指导与主体意识相结合。好习惯的养成,要持之以恒,常抓不懈,不是一蹴而就的,在实践中体验,在活动中感受。

学校结合班级小岗位建设,把好习惯细分为生活习惯、文明习惯、道德习惯、学习习惯。通过引导学生争创好习惯奖章,用 28 天强化一个好习惯的养成。

就像有位教育学家说的,教育本质是:一棵树摇动另一棵树,一朵云推动另一朵云,一个灵魂唤醒另一个灵魂。

以海育人,打造海逸文化场

青岛普集路小学 林立春

青岛海逸学校是一所年轻的新校,是全市首家教育集团的学校之一。在建校之初,就需要我们对学校发展有准确定位。我们依托集团本部的百年名校,采用了同质复制的方法,使学校发展站在了较高的平台之上;而在复制中,注意既继承集团百年名校的优良传统,又不照抄照搬,在详细分析了学校所处地域的内外部发展条件后,渐渐明晰了学校的发展方向。学校位于新建的小港湾蓝色经济区内,小港湾蓝色经济区的规划建设,作为弘扬青岛海洋城市精神的重要一环,为学校的发展注入了新的元素,我们为此确定了与区域发展相协调一致的"海纳百川,逸群高远"的海逸文化基色和发展方向与目标。

一、打造有容乃大的蓝色校园

为使学生感受海逸"容"文化的熏陶,学校打造"海纳百川,逸群高远"的门厅文化,海洋地理、海洋人文的旋转文化,开放多元的角馆文化,特色鲜明的教室文化,蓝色主题的景苑文化等文化设计,全方位立体地打造了一个蓝色校园,使学校成为以人为本的教育园、气氛浓厚的书香园、链接社区的开放园、底蕴丰厚的文化园、和谐恬静的交际园、陶冶情操的生活园。

二、建设融合、扁平、自主的管理文化

学校以"融合·扁平·自主"为关键词的海逸"容"管理体系:一是融合,教师来自不同学校,融合为一家人是管理的首要任务。首先是对学校核心理念的学习与认同,了解学校的文化,形成共同的发展理念和目标;鼓励教师开展自主式互动交流平台,在共同分享中融合,增强凝聚力。二是扁平。将管理重心下移,实行纵横扁平化管理体制,纵为教研组——以学科教研为教师们的教学研究、课题研究搭建学术团队;横为年级组——所有干部深入年级组,任课管理,与教师一起构成年级管理团队,大大减少管理层级。三是自主,组建教师学术委员会,形成行政与学术二元管理机制。

三、构建开放、多元、整合的课程文化

我校的海洋教育,以课程支撑彰显学校特色。发挥学校三维课程体系作用,借助课程支撑,发挥地理优势,全方位实施海洋教育,打造"海纳百川,逸群高远"特色品牌。

基础型子课程:以国家课程——综合实践活动、地方课程——蓝色家园为蓝本,构筑培养学生海洋气质的基础型子课程。学校以"蓝色的家园"为总领,引领学生在海洋自然环境、海洋资源与经济、海洋文化与生活等多个领域自主探究,开展研究性学习等综合实践活动,形成了以小学生生活经验发展为主线,遵循儿童生活经验增长规律、认知规律,形成综合化、立体化和序列化的海洋知识结构体系。

发展型子课程:立足学生自身的年龄特点和兴趣爱好,根据学生面向生活、面向社会、发展特长的需要,以"蓝色的家园"海洋研究板块为抓手,向外拓展,通过专题德育活动,走进社区单位,实地开展。学校充分发挥地域优势,盘活社区教育资源,先后与船运大队、边防大队、海事局、航标处、港务局等成为共建单位,将海洋发展子课程开设在这些共建单位中,通过问题式、探究式,引领学生在活动中感受、体验,在

实践中培养学生研究能力、创新意识,提升海洋素养。通过海洋权益馆等校外基地的游学、专职人员的讲授,培养学生热爱海洋、亲近海洋与探索海洋的意识,提高和发展综合能力;其中特别突出了与海军部队联手进行的海洋国防等海洋权益教育实践活动,通过这些社会实践和公益活动,帮助学生树立正确的海洋观,提高了学生海洋素养。

引桥型子课程:立足年级组的自主研发,通过各学科教师共同开展组本联动教研,将三级课程当中有关海洋教育的部分提炼出来,实施三级课程联动授课策略,探索多元的海洋引桥课程。例如:我们进行的海洋主题课程"帆船"等,打破学科界限,多学科教师共同参与整合,联合授课,从文化、历史、结构、体育、艺术等多角度研究探索,形成专题的研究成果。

三维主轴课程的开展,全面提升了我校的办学特色,使海洋走进了学生、教师、家长的心田。学校开发了特色凸显的学校课程教材《蓝色港湾——小港湾的变迁》《我爱游泳》和综合实践活动课程的资源素材"我做我炫""海洋地理""海洋人文",积累了优秀课堂教学的案例库;VR 海洋主题课,形成了体现学校特色的海洋循环主题。

采用"花园式＋徽派"设计,营造"共生"育人环境

崂山区枯桃小学　袁宝盛

青岛市崂山区枯桃小学坐落于崂山区枯桃社区南部,学校占地面积 3680 平方米,建筑面积为 1234 平方米。共有普通教室 9 间、音乐教室 1 间、科学实验室 1 间、微机室 1 间,图书 8461 册。全校现有 9 个教学班,学生 396 名,100% 为新市民子女。

学校现有在编在岗教师 25 人、派遣制教师 2 人、代课教师 6 人,教师平均年龄 33 岁。专任教师中,高级职称 2 人,一级职称 9 人。学校现有校长兼书记 1 人、工会主席 1 人、中层领导 4 人、大队辅导员兼总务处负责人 1 人;山东省优秀德育工作者 1 人、青岛市优秀教师 1 人、青岛市德育先进个人 1 人,获区级综合荣誉称号的有 5 人、开设过市级公开课 1 人、区级公开课 5 人。

2018年10月,学校在青岛市教育局领导的大力支持下,争取财力投资400余万元,将学校进行了彻底的维修改造。装设315kW变压器,对所有电路、水路进行了改造,消除了安全隐患,彻底解决了断水、断电影响正常教育教学秩序的现象;对室外厕所进行彻底改造,改变冬季厕所无法使用的状况;教室内外进行了粉刷、铺设了地板,加设了北外窗,提高了冬季保暖效果;筹建了食堂,自2019年1月2日起,全校师生吃上了学校食堂自己做的安全、卫生、可口的饭菜;加强校园文化建设,对整个校园文化进行了打造,"花园式"学校已基本形成。

整个校园采用"花园式+徽派"设计方式,大门为古铜色自动遥控铁艺门,古朴而典雅。墙体采用白色调+屋顶灰色喷涂,整体彰显徽派特征。

大门外左侧墙体是阳光少年照片墙,所有照片拼成一张世界地图和一张中国地图,寓意"胸怀祖国、放眼世界"。 大门外右侧是"三风一训"+木质围栏美化装饰;大门内右侧围墙墙顶+墙体上部仿真绿植墙装饰。

一进大门对面是一个宽4米、高2.7米的镂空防腐木屏风,上面装饰绿色亚克力雕刻字,主要内容为校徽和"三风一训",让孩子一进校门就能感受到"共生"理念的熏陶。因学校生源100%为新市民子女,学校特意在屏风左侧栽种了竹子,有三个寓意:一是竹报平安,让新市民子女有家的温暖和安全感;二是让孩子们学习竹子刚毅挺拔、虚怀若谷、自强不息、奋发有为的精神;三是祝愿孩子们身心健康、快乐成长,生活学习节节高。

教室、办公室门前搭建长廊+学生作品展示墙,采用防腐木立柱,透光板封顶设计模式,冬暖夏凉,两侧镂空防腐木装饰,作为学生艺术作品展示。教室、办公室外墙裙高1.2米防腐木装饰、北面教室防腐木台阶、北面教室防腐木扶手装饰。外墙体整体彩绘,前排教室花卉鉴赏主题、后面教室经典诵读主题,西排功能室安全教育主题,大树下面搭建防腐木座椅,用于学生休闲阅读,让学生在和谐、自由、民主的氛围中探索真知、拓宽视野、张扬个性、平等交流、多元发展,使生命之花绽放绚丽和多姿,进而彰显出教育生态的"共生"气象。

办公室后面搭建长33米、宽3米、高3米廊架,廊架下面种植各种花草及凌霄、紫藤等;南面停车场三面搭建廊架,种植各类蔬菜及葡萄等,科学实验室西侧建有温室大棚一个,用于学生科学实践,使整个校园彰显自然生态的"共生"现象。

满园春色关不住，盈盈绿意乘风来

——青岛南仲小学"生态教育 和雅育人"

青岛南仲家洼小学　王　健

"东风好作阳和使，逢草逢花报发生。"漫步青岛南仲家洼小学，暖风送来阵阵槐花的清香，墙头盛开的蔷薇姹紫嫣红，"百草园"里百年松树傲然挺立，蜜蜂在花丛间起舞，鱼儿在小池塘里欢快地游动，孩子们在绿意盎然的校园里奔跑嬉戏，在花坛长廊读书休憩……青岛南仲家洼小学的每一天都在"和雅育人"的注脚下温暖绽开。

近年来，学校站在关注儿童健康成长、尊重儿童和谐发展的高度，深入理解"绿色教育"的核心内涵——追求学生与自然和谐共生与可持续发展。学校以"和雅育人"为文化引领，以创建"国际生态学校"为契机，打造和谐优美的和美校园，开展了形式多样的绿色环保教育活动，先后创建了"青岛市环境友好学校""山东省绿色学校""全国环境教育示范校"。

一、"和雅文化"浸润和美校园

在南仲小学，最能体现"天然去雕饰"绿意的是校园一景——百草园。该园是学校为了进一步完善校园格局，建立的以种植为主要功能的综合实践活动基地，园内树木掩映，喷泉叮咚，防腐木长廊绿藤缠绕。围绕百草园，学校开展了"每班认领一棵树、每班种植一块地"活动，每个班级都有自己的绿化区域，组织学生利用综合实践课、早到校、午到校等时间管理，维护刚开辟的瓜果区、蔬菜区、花草区。根据季节的变化让学生观察、记录瓜果蔬菜的生长情况；开展给花坛命名、创作花坛警示语和定期给花坛除草、修枝整叶活动，不仅创设了学校"三季有花，四季常绿"的和美校园环境，还增长了学生的见识，拓宽了学生的知识领域，使爱护、保护植物，保护环境的意识根植于每位学生的心中。在这里，同学们种下绿色的种子、悉心照料绿色的生命，见证生命的成长。在这个播种、栽培的过程中，对爱的理解、对自然的热爱、对生活的情趣，对生命的尊重和关照，一点一滴地渗透到学生的成长过程中。

进入教学楼,学校匠心设计了凸显绿色的教育主题长廊,一楼门厅墙壁是枝叶繁茂象征希望的树型木刻,环境知识介绍组成了"会说话的环保墙";二楼将地方课程与环境教育紧密融合,以海洋教育为主题进行了墙绘;三楼呈现的是师生各异的以"环保"为内容的书法作品,从形式到内容彰显了浓郁的校园文化气息;四楼学生的陶艺版画作品彰显了学生的环保意识和创新思维。

每一个教室和专用教室,各种盆栽植物更为学校带来了勃勃生机,班级里定期更换的环境教育展板、卫生角及垃圾分类标识牌,时时处处从细微之处提醒学生建立良好的环境保护意识和环境保护知识。老师和孩子们精心呵护学校送给他们的百合花、多肉植物,观察、浇水、修剪,在学习工作之余享受盎然绿意带来的勃勃生机。"和雅育人"文化像阳光一样普照整个校园,在悄无声息当中,浸润着每个孩子的成长和每个老师的发展,实现环境育人的目标。

二、"和乐教学"渗透绿色理念

课堂教学是学校教育的主阵地,南仲小学通过"挖掘、落实、拓展"的工作思路,在国家、地方、校本课程以及社团活动中渗透绿色理念,为学生创设"宽和立天地、兴学尚自然"的课程文化。

例如,在语文教学中,每个年级的教材中都有不少篇幅的课文适合渗透环境教育。其中既有优美的古代诗词,又有自然景观的描绘;既有动植物的生长生活的刻画,又有人与自然关系的阐述。教师充分利用现有的教学资源,在不增加课时,不增加课程的情况下,对学生进行环境意识的教育,使学生尽可能地从书本、课堂教学的主渠道获得环境保护知识。比如,在课文《拉萨的天空》的教学中,老师通过图片、影像资料等形式,展示给学生们拉萨美丽的景色,让学生在叹为观止的同时,使学生懂得珍惜大自然的恩赐,懂得保护自然环境。

学校还充分利用好地方课程的教科书——《环境教育》《蓝色家园》。这些教材中每一课的内容,都能让学生在认识魅力大自然的过程中感受到自然的美丽,意识到应该去保护大自然,约束好自己的行为,与大自然建立一种和谐共生的友好关系。低年级以环境保护启蒙教学为目标,教师授课过程中注重结合实际,运用图片、录像等直观教具,诱导学生对环境进行感性认识,以此实现环境教育的目标,培养学生热爱大自然的情操。中、高年级则以《蓝色家园》为蓝本,引领学生在海洋自然环境、海洋文化与生活等领域自主探究。

学校从学生的视角出发,以"百草园"为基地,开设了校本课程"种植",并组织教师编写了校本教材。学校还按年级制定环境教育专题实践活动,从校内走到校外,从学科知识掌握到亲身实践活动,学校组织孩子们走到"二月二农场"认识农作物、到百花苑踏青寻绿,到贝壳博物馆参观,到海底世界探寻海底秘密,开展一系列丰富多彩的绿色实践活动。

作为学校课程的拓展,学校提出"教育一个学生,带动一个家庭;教育全体学生,影响整个社会"的环保教育理念,分级部成立了"环保志愿小队""护绿志愿小队""白鸽志愿小队"。学校组织开展了"你丢我捡,还我一方洁净"的城市卫生保洁、上街义务执勤、我把环保带回家、争当环保小公民等社会公益劳动。学校还邀请家长参与"趣味环保运动会",邀请环保局专家开展环境教育讲座,号召一个教师带动一个班级,一个学生带动一个家庭,通过家庭的辐射和影响作用,激发整个社会都来参加环境保护行动。

三、"和雅德育"打造生态学校

实践活动是实施环境教育的有效载体。南仲家洼小学坚持创新活动形式,拓宽活动领域,开展丰富多彩的环境教育系列活动,为学生搭建广阔的实践平台,使环境知识与环保行为教育有机结合起来。

学校经常性地举行"珍爱生命,关爱家园""保护环境,从我做起""我是节能减排小主人"等主题班队会;每学期的环保征文、绘画活动、环保创意金点子征集更是异彩纷呈,极大地激发了同学们热爱大自然的情怀;尤其是学生纷纷用废旧物品制作工艺品、绿色环保袋设计制作活动及环保科技小发明,既培养了学生的环保意识,又锻炼了学生的创新和实践能力。学校抓住植树节、"熄灯一小时"、无烟日、世界水日、地球日和世界环境日等有利时机举行教育活动。5月22日,学校将结合"世界生物多样性日"开展"多样的生物,多彩的世界"主题活动,届时学校"百草园"将以崭新的面貌开园,环保局专家将为全体师生进行"生物多样性"讲座。

学校将德育特色——108个好习惯的培养同环境教育活动相结合,对学生的环保好习惯、节约好习惯、卫生好习惯、节能好习惯等进行自评、互评、老师评、家长评,将绿色环保教育要点化大为小,化虚为实,层层递进,螺旋上升。学校一直大力倡导"我为校园弯弯腰"这一文明行为,促使学生养成良好的卫生习惯;倡导不使用一次性餐具,促使学生养成节能好习惯;倡导校园垃圾分类处理,将废电池进行统一回收,养成环保好习惯。

2015年,《环境教育》杂志社"绿色小记者站"在南仲家洼小学挂牌。小记者们的重要任务就是参与学校绿化建设、报道学校环保动态。每周,在大队辅导员的指导带领下,小记者们会把身边发生的环保故事、同学们参与环保活动的情况通过学校

"和雅苗苗"广播站及时进行宣传报道。"绿色小记者站"为学生们搭建了一个关注社会、关注环保、关注生活、展示才能的平台。

多年来青岛南仲家洼小学始终重视生态环保教育的开展,获得"全国环境教育示范校""全国生态教育特色学校""山东省绿色学校""青岛市环境友好学校"等荣誉称号。目前,学校正以创建"国际生态学校"为契机,以"和雅育人"为文化引领,深化"绿色教育"的核心内涵——追求人与自然的和谐共生与可持续发展,不断丰富环保教育特色,努力打造温馨和谐优美的和美校园,"和雅育人"之花必将在这盈盈绿意中绽放盛开!

文化突破,打造育德效能新环境

原青岛嘉峪关学校(现青岛市实验小学) 胡繁华

突破,是流淌在嘉峪关学校这片沃土上的血液。学校从办学之日起,就成为市南区校园文化建设的探路者、先行者。十九大以来,学校更是提出了"构建一体化'大德育'格局,加强课内课外、校内校外的贯通融合,夯实核心价值观的根基,在最美景区办最美教育"的目标的引领下,用文化突破,打造育德效能新环境。具体做法为如下。

文化传承让德育"立"起来。"嘉"字在说文解字中就是善、美的意思。东汉许慎《说文》中:嘉,美也;《尔雅》中:嘉,善也,因此在传承学校善文化的基础上,我们凝练出学校的美善教育新主张,提出"在最美景区办最美教育"的新理念,生成"播撒一粒真的种子,萌发一片美的叶子,筑就一座善的嘉园"的办学思想,期望每一个嘉峪关学校的学子,求真、尚善、向美,成为具有中国灵魂国际视野的世界小公民,为文明校园的新发展铸魂。

学校开发的亲子微研学课程同样高度重视文化的传承。研学旅行、阅读实践、DIY 游学书,每到假期孩子们都会收到一份特殊的作业。学校将"研学""旅行""阅读""实践"相结合为孩子们发下了特别的实践任务单——制作游学书。学生在家长的指导下,以问题为导向,通过不同主题的实践研究,追寻一位家乡名人,推介一个旅游景点,记录旅途中的风土人情和历史变迁故事……在行走中,或触摸青岛的历史、习俗，或感受中国的传统文化之美；或采撷世界各地文化之光，用脚步丈量世界，以读书阅人看天下……假期结束，学校从众多作品中选出优秀作品颁发"珍藏证书"，这些游学书将作为学生成长的印记，永久收藏在学校图书馆内，作为实践学习的资源，供学生们互相交流学习，分享成长中的收获。

实践育人让德育"动"起来。我们开设了嘉童学院。为进一步激发学生学习探究的积极主动性，培养创新精神和实践能力，提升综合素养，学校在原有"童行途中"实践品牌的基础上延展成立了嘉童学院。嘉童学院下设嘉童海洋学院、嘉童创客学院、嘉童文学院、嘉童商学院、嘉童礼学院等若干二级学院。为了规范管理，学校制定了《青岛嘉峪关学校嘉童学院管理办法》，依照规范有序管理。学生可根据个人兴趣爱好，通过筛选进入不同学院学习。每个学院原则上每周进行一次集中的活动，每学期完成1~2项规定项目，自选1~3项项目开展实践研究。每年五月份学校还将举办嘉童学院文化节，给各学院的研究成果搭设平台予以展示。

"学院制"有利于搭建个性多样、可选择可持续发展的人才培养体系，学校统筹、利用、整合校内外优质教育资源，助力学生特色课题的实践研究，并保障学生个性发展。学院建设将与学生发展核心素养紧密结合，努力形成社会各界共同支持参与、课内外与校内外相互融通的育人新格局。

家校合作让德育"连"起来。学校建立了学校、年级、班级三级家委会，代表达到近300人，通过家委会会议、家长学校、家长约谈、家长驻校办公、问卷调研以及新媒体平台（对外的微信公众号，对内的嘉优平台）的互动与沟通等及时宣传学校教育工作，积极听取家长建议；以学校开放周活动为契机，组织了"we are family"亲子节系列活动，开发"宝贝一家亲"的亲子秀、"嘉爸峪妈开讲"的家长主题授课、"暖暖的陪伴"亲子阅读等内容，逐步提高家校共育的契合度，形成家校共创文明校园的教育合力；以满足家长不同需求为出发点，设置"三道"家庭课程内容，即为生之道（以健康安全为核心）、为人之道（以道德品格为核心）、为学之道（以学习品质为核心），改变家长学校单一的授课内容，形成多元、全方位、序列性的家长培训格局。

对外交流让德育"活"起来。我们注重借力社会资源。学校积极挖掘社会资源，与武警警卫部队、北海舰队通信总站、海军博物馆、中科院海洋研究所等单位签订实践基地共建协议，通过"综合实践课程"整合，带领学生走入各个活动阵地，开展实践活动，使学生学习视野更加开阔，知识涉猎更加广泛，德育体验更加丰富，收到良好的教育实效。

加强校园文化建设　彰显"惠生"教育特色

青岛西海岸新区董家口小学　李振来

学校文化建设是学校综合办学水平的重要体现,也是学校个性魅力与办学特色的体现,我校积极打造"惠生"教育品牌,建设良好的校风、教风、学风,形成了厚重的校园文化积淀和清新的校园文明风尚,使学生在日常学习生活中接受先进文化的熏陶和文明风尚的感染,促进了学生的全面发展和健康成长。

校园文化建设主要包含物态文化、行为文化、制度文化、精神文化。学校文化可以分为四个层面:一是表层的物态文化。物态文化是师生的研究成果,包括研究课、论文发表、校园环境、学校建筑等;二是浅层的行为文化,包括听课评课、学术交流、教师行为示范、学生行为习惯等;三是中层的制度文化,包括学校常规制度、组织管理等;四是深层的精神文化,这是学校的核心文化,主要包括办学理念、学校精神、团队风貌等。

一、"惠生"物态文化

学校区划为行政(办公)区、教学区、运动区和生活区。学校行政办公楼一栋,教学楼三栋,实验楼一栋,风雨操场一座和餐厅一座。校内花园三个,学校整体环境、建筑在命名上体现"惠生"教育思想,突显学校办学主题。

行政(办公)楼命名为惠德楼;

教学楼命名为惠智楼;

风雨操场命名为惠康楼;

餐厅命名为惠味餐厅;

三个花园分别命名为生智园、生辉园、生锦园;

校园内二纵一横三条路分别命名为惠才路、惠商路、惠心路;

图书馆和阅览室命名为惠智博学馆;

家长委员会办公室命名为惠道办公室;

图书馆和阅览室命名为博商馆;

家长委员会办公室命名为义商办公室；

多功能厅命名为惠生报告厅。

二、"惠生"行为文化

学生行为,必须以《小学生守则》《小学生一日常规》为标准,培养学生知行合一的标准行为规范,例两人以上必须纵队走;上下学、下下操的入诵、站立诵、返回诵等。

三、"惠生"制度文化

学校所有的制度中,目标和落实都体现"惠生"教育的因素、体现"惠生"管理的思想、"惠生"教育的目标。

"惠生"教育管理机构:实行扁平化管理机制。实行"三四五"管理模式,学校设三个年级管理、四个管理团队和五个教研组。

三个年级管理组(级部管理):实行"重心下移,基层为主"的扁平式管理,简政放权,级部主任负责级部所有管理工作,成为一个权力相对扩大、有独立作战能力的团队。

四个管理团队:

业务发展管理(教导处):负责教学研究与管理。包括教学行政、学科教学、教师考核、学科教研组工作等。

学生成长管理(少先队):负责班主任管理、学生管理、少年队工作、家长学校工作、家委会协调工作。

校务管理　(校务办公室):负责党务工作、日常行政、工会工作、妇委会工作、办公室工作、以法制校工作、评优树先工作,学校档案室管理。

后勤服务管理:负责后勤物资保障、资产管理、安全管理、食堂管理、校车运营管理。

五个学科教研组:成立语文、数学、英语、艺体、综合学科五个教研组,在教学业务提高,学生素质培养上,教研组长承担重要责任。

管理方式,由控制式向激励式转变。

四、"惠生"精神文化。

办学目标:全面育人才、育全面人才。

育人目标:全面发展,个性成长,提升品位,健全人格。

办学理念:做更好的自己。

校训：超越自我。

校风：德道有序、知行合一。

教风：敬业、精业。

学风：勤学、会学、乐学。

校徽：校徽周边为海蓝色，象征学校生机勃勃，蓝色发展；中间浅黄色寓意学生天真烂漫，充满童真童趣，显示少年探求新知的渴望；中间底衬为中国竹简，代表中国文化源远流长，我们有责任继承发扬祖国传统文化；竹简上书写不同字体"惠生"两字，代表中国文化博大精深，引导师生学习知识、研究文化，学无止境；中间突出"惠生"两字，阐释学校发展理念和打造的教育品牌。

学校加大经费的投入力度，将学校文化建设的成绩列入各教师绩效考核的范围，促使教师主体参与的积极性。我们相信：通过学校文化建设，一定会营造出良好的育人环境，全方位实施素质教育，促进社会主义精神文明建设，一定会培养出有理想、有道德、有纪律的社会主义事业的建设者和接班人。

书法浸润人生，国学传承文明

莱西市第二实验小学　刘　帅

中国书法是中国传统文化的核心，是我们民族永远值得自豪的艺术瑰宝。学校围绕"立德树人"根本任务，坚持"为学生一生幸福奠基"的办学理念，着力打造"书香墨韵"校园文化，涵养师生行为，"写好中国字，做好中国人"。

一、文化创设，彰显书法特色

优美的环境有着春风化雨、潜移默化的育人功能。我们以翰墨文化为主题，统一规划校园文化。我们精心设计内容全面的书法文化，《中国书法简史》和《书道千秋法帖》长廊东西相对，隶、楷、行三体笔法与书家勤练故事南北相呼，智永禅师的《千字文》、书法名家故事、名家名作赏析布满校园每个角落。2019年修建读写亭，打造莱西市首个智能化书法教室，为师生创建了书香浓郁、墨香飘溢的美丽校园。

二、多元培训，提高书法技能

"林木茂盛，必先固其根"。推行书法教育，必须建设一支强有力的书法教育师资队伍。

1. 专家引领长见识

观念转变是素养提升的基础。学校通过"讲座培训、读书培训、外出培训"三项培训，学校先后邀请苏士澍主席亲临指导，胡一帆、白景峰、司书兵等名家进校培训。教师掌握理论前沿，在反复浸润中展开新思考，形成新理念。

2. 专题培训促提升

通过"书法家进校园、校长大讲堂、名师开放课、午写专题培训"四个系列活动，引领干部教师在多元学习、讨论碰撞、反思总结中，构建全新的教育理念。

3. 校本培训增技能

通过扎实组织"五个一"培训活动，促进书法技能和专业素养的全员提升。"五个一"即每周一训——每周两节全校教师书法校本课，所有教师轮流到专用书法教室接受系统培训。每周一展——创建"书香墨韵书法交流群"，教师每周发布书法作业，相互点评指导，共同提高；每月一评——以评促练，对教师的软笔书法作业、作品等进行定期检查评比，择优在校园宣传栏进行展示；每月一讲——每月月末，省书协会员刘帅校长、张国帅老师、中书协会员孙法琦老师轮流为全校教师上书法指导课，普及书法知识，示范书法技能；每学期一赛——以赛促写，每学期举行一次教师书法大赛，掀起书法练习热潮，书法水平不断提高。一线教师基本具备了三方面的素质：能写一手好字；有较强的理论水平与教学艺术，具有较强的"读帖—临摹—创作—评价"等书法教学能力。勤练书法已经成为校园新时尚，写一手好字已经成为老师的自觉追求。

三、软硬兼修，普及书法课程

1. 硬笔先行

一是组建团队开发"写字指导"校本课程，打造午写课程，每天练字半小时，规范训练，提高书写能力。二是语文课堂加强分类指导，把汉字的起源、顺口溜、辅助线、条形框、笔顺视频等融入课堂，学生写字会观察、会比较、会评价、会修改，俨然一个个行家里手。三是坚持每学期两次考级活动、一次写字大赛，组织隆重的表彰仪式，激发练字兴趣。

2.软笔普及

一是扎实开展全员普及的硬笔、软笔书法课程,一二年级开设硬笔书法课程,三四五年级开设软笔书法课程。二是引进"宣毫"书法教学软件,开启了我校数字化教学的新时代。三是组建班级、级部、校级三级书法社团,让更多的孩子在一笔一画中感悟中华文化的精髓。

四、承办活动，推广书法经验

"书香墨韵"学校文化创建,加速了学校特色办学的步伐,青岛电视台、青岛大众网等多家媒体先后报道学校书法教学经验。2018年10月,学校承办青岛市地方课程教学现场会,交流推广我校书法教学经验;2018年第九届青岛市写字节在我校开幕,青岛市语委办主任朱红卫处长盛赞我校"人人都会写书法,人人都能教书法"。2019年第十届青岛市写字节再次走进我校。如今,95%的学生书写工整美观,真正做到"提笔就是练字时"。

普及书法教育,弘扬优秀文化,将汉字之美、汉字之兴植根于学生心中,进而提升核心素养,是每个二实小人的教育梦想和奋斗目标。"路漫漫其修远兮,吾将上下而求索。"

构建诗意校园，塑造博雅人生

黄岛小学　王卫杰

校园文化是学校教育的重要组成部分,是全面育人不可或缺的重要环节,自新校区建成之初,我们学校经过领导班子们协商讨论,听取师生意见,结合学校多年来坚持的诗教教育学校特色,最终确立了"诗意校园,博雅人生"校园文化主题。

1.校园景观建设——"两园一廊"

学校通过打造诗墙、诗词走廊、专栏、景观,并通过在校园里栽植四季常青、美观的树、花和草等植被进行绿化美化,以中华民族传统文化风格为主充分利用墙壁,形成了独具特色的"两园一廊"的诗意校园文化。具体为:两园即学校精心打造博园和雅园两处景观,博园建有以国学经典为主要内容的国学墙和国学林,雅园建有以经典诗文为主要内容的国魂墙和诗风雅韵古诗墙;一廊是在教学楼西面的博雅少年六字素养浮雕墙,以古风古韵的形式展示"六字"核心德育目标,也是黄岛小学学生应具备的六项基本品质,即"礼、诚、智、孝、俭、恒"。另外,班级黑板报古诗文专栏,定期更新内容。学校成立了广播站社团,每天早晨、中午等课余时间,广播站都会播放经典古诗词。通过这样的校园环境布置彰显诗文特色,浓浓的诗味弥漫在每一个角落,每一面墙壁,每一块黑板,每一片园地都在向师生述说诗文的情韵,孩子们伴着诗韵进出校园,在耳濡目染中亲近诗文。

2. 教学区文化建设——"四层两纵"

教学楼从北至南依次为启智楼、雅正楼、修远楼,楼外主体对应相应的主题装饰。"四层"即学校将教学楼按照楼层,根据不同主题粉刷不同颜色。

一楼黄色走廊墙壁——校园文化设计以传统文化内容为主,涵盖品行、习惯、礼仪教育,凸显我校诗教特色。

二楼绿色走廊墙壁——校园文化设计以培养学生艺术素养和激发阅读兴趣为内容,营造博雅文化氛围。

三楼蓝色走廊墙壁——校园文化设计以动漫、科技、信息技术为内容,打造科技创客工场。

四楼粉色走廊墙壁——校园文化设计海洋教育、岛屿文化、环保教育为内容,彰显海洋特色教育。

每层的走廊内,都有学生自己的绘画作品、书法作品、手工作品和打印的3D作品,内容与整条走廊的风格融为一体,在建设校园文化的同时,培养了学生的动手能力和创新精神。

"两纵"即教学楼有两条主楼梯,北楼梯由一楼至四楼分别以"礼""诚""智"和国粹中的戏曲、剪纸、古代四大发明、近现代的工业革命及著名发明等为主要内容;南楼梯一至四楼分别以"孝""俭""恒"和传统节日、棋艺茶艺、创客及海洋知识等为主要内容。两条主楼梯的设计体现了学校在传承中华优秀传统文化的基础上,与时俱进,大胆创新,着眼未来,培养创新型"博雅"人才。

3. 三室文化建设——"DIY 我的室我做主"

"三室"——教室、办公室、功能室,学校创新性的通过"DIY 我的室我做主"、优秀班级、办公室文化评选等方式,最大化的发挥个人主观能动性,让教师、学生、家长共同参与到学校的校园文化建设中来,精心打造教室、办公室和功能室的文化育人功能,发掘班级文化,做到文化特色鲜明、底蕴深厚和育人效果明显。

除显性的外部文化建设外,学校更加注重隐性的校园文化建设,多措并举通过构建诗意课堂、诗趣课程、诗教特色、诗化管理、诗道润德等多种途径为诗意校园文化的打造提供有力的文化支撑。

通济小学"和文化"建设案例

即墨区通济中心小学　王治国

一，学校情况简介

即墨区通济中心小学位于即墨区朝阳路 277 号,位于即墨城区核心区域,距离即墨区政府 1.5 千米。学校占地 21000 平方米,拥有三座教学楼,教育教学设施齐全,是青岛市规范化学校。

学校现有 26 个教学班,在校学生 965 人,在岗教师 52 人,学历达标率 100%,学校有即墨区级以上教学能手 19 人,青岛市基本功比赛二等奖以上 5 次,即墨市教学基本功比赛一等奖 15 次。

二、问题的提出

学校文化是学校的灵魂。学校经过长时间挖掘、探索和研究,确立以"和文化"作为学校文化立校的主题,主要基于以下几方面思考:

(1)"和文化"的开发和研究符合中国传统文化。

(2)"和文化"的开发和研究与学校实施教育的核心理念相吻合。因此,挖掘和开发"和文化",创建办学特色,提升办学品位,对于本校实施内涵发展战略有着深远的现实意义和历史价值。

三、"和"文化的内容和操作要点

（一）研究的内容

一所学校的文化凝聚和打造必须找到一个内核,我们以"和"为核心,从以下四个板块开发和挖掘学校文化。

（1）凝聚"和衷共济"的学校精神。"和衷共济"的学校精神,就是要使学校群体的每个成员产生一种精神的认同感和归宿感,强烈的责任感和荣誉感,为了实现共同的目标和理想,齐心协力,共同进步,共渡难关,出色地完成学校的各项教育、教学任务。

（2）形成"和而不同"的教学风尚。包括教师的"教"和学生的"学"两方面,体现了"共性"与"个性"和谐共生的关系。倡导教师从"集体备课"走向"个性教学",学生从"合作学习"走向"自主探究"。强调在"和"的基础上,每个人都应有自己"不同"的思维和思想,独立的主张和见解,不人云亦云,墨守成规,只有这样才能有创新和创造。同时。校本课程的开发和利用是形成"和而不同"教学风尚的重要载体。

（3）追求"和悦入心"的教育方式。教育的对象是"人",是一个个鲜活的生命个体,因此,以人为本是教育的前提和根本原则。"爱"是教育真谛,只有在相亲相爱的人际氛围中,在温暖愉悦的教育环境中,才能产生教育的和谐与共振,也才能营造"春风化雨,润物无声"的美妙境界,也才能使教育如一缕缕馨香沁人心脾,回味无穷。

（4）描绘"和谐发展"的办学愿景。我们的办学愿景是"学生个性充分发展,教师实现专业成长,学校品位不断提升,并形成学校、家庭、社区三位一体,协调一致的教育共同体"。

（二）操作要点

学校文化是一种隐性资源,需要经过必要的开发,才能使之表象化,明晰化,更好地被师生知觉;学校文化是一种实践性文化,需要通过师生的践行,才能转化成巨大的物质力量,在学校工作中发挥巨大的作用。学校文化的开发与践行,是学校文化建设的重要内容。

学校文化开发主要包括观照背景、理念构建、文化策划、标识制作、环境营造等。

（1）观照背景源流:历史的,地域的,时代的……

（2）构建核心理念:校训校风,理念风尚,目标追求……

（3）着染文化色彩:整体策划,创意设计,凸显个性……

（4）熔铸恒久印记：独特标识确立，精彩瞬间定格……

（5）浓郁环境氛围：学校、班级、办公室，有形、无形，有声、无声……

（6）促进课程整合：学科渗透，校本课程，综合实践……

（7）形成经典活动：文化艺术节、读书节、科技节、体育节，主题活动，系列活动……

（8）丰富交流平台：师生多向交流，与文本、名师、社会、网络交流……

（9）影响生存状态：精神风貌，教学风格，行为方式，习惯养成……

文化的本质是实践，学校文化不是抽象的教条，而是贯注在学校成员的日常行为之中，通过师生的一言一行来体现，因此没有文化的践行就没有学校文化。

（1）通过培养校风、教风和学风来内化学校文化。学校的办学理念、教师的精神风貌、学生的学习态度主要通过校风、教风和学风来体现的。一所学校是否具有凝聚力，是否处于良好的运行状态，都写在"三风"上，培养优良校风、教风、学风就是在进行学校文化建设。

（2）通过引导师生"遵章守制"来感受学校文化。学校文化是通过教职工在制度规范实践中来表现的，即人们按照规章制度的要求来行事所表现出来的情态就是文化。学校建立宽严适度的制度规范，教育全体师生自觉遵守制度规范。没有科学的管理，正常的教育教学活动就难以开展；不恰当地强调制度的严格，也容易造成人的创造欲望窒息，出现人际关系紧张、气氛压抑的局面。

（3）通过主体活动来践行学校文化。学校的办学思想、丰富的文化内涵，需要转化成具体的行为才能实现"本质力量的对象化"。因此学校通过有计划的活动形式来落实文化实践。

四、健全"和"文化研究机制

（1）学习教育理论。通过建立学习制度，选择学习内容。提倡研究者对某些理论通过比较以及联系实际考察其效果，进行分析和鉴别。

（2）举办学术沙龙。把个人自学与集体讨论、理论研究与实践探索结合起来。学术沙龙的指向，一是交流和讨论学习心得，运用集体智慧对某些理论进行分析和鉴别；二是讨论和交流怎样把理论转化为教育实践活动和教育行为，怎样把教育实践活动和教育行为上升到理论上进行认识和概括。

（3）聘请专家指导。专家指导的形式有学术报告、辅导讲座、现场指导和专业座谈等。专家系统的教育理论素养将引领本课题研究的正确方向，达到理论指导实践，理论与实践对话的理想境界。

（4）组织专题讨论。围绕一定的话题，研究群体自由开放地各抒己见，把专业切磋、经验分享、互助合作、思想碰撞、信息交流真正落到实处，形成一种研究的氛围、一种共同的生活方式、一种平等对话、一种"深度会谈""和而不同"的状态。

（5）组织学术交流。加强与名校的联系，有计划地组织课题组成员外出参观考察，学习先进经验，了解教育改革的动态和信息。

构建适合师生发展的精神家园

平度市云山镇云山小学 张春玲

学校文化是学校的活力与灵魂，是一种记忆、情怀和希望；体现着学校的风采、魅力和特色，是培养新时代高素质人才的要求。近年来，云山小学秉承"着眼发展，注重养成，谋求和谐，创新争先"的办学理念，围绕"培养什么人、怎样培养人"的问题，立足实际，努力构建富有特色的文化体系，缔造适合师生发展的精神家园，给教师搭建施展才能的坚实平台，为学生提供实践创新的广阔空间，让师生置身其中，能感受到"润物细无声"的教育文化。

我们认为：构建学校文化，适合的，就是最好的！

一、积淀精神文化，引领学校发展。

1. 核心文化"春华秋实"，外表于形，内化于心

人要有精气神，作为学校，更要有适合自己的校园文化和精神，审视我们的学校教育，我们走的正是"春华秋实"之路。

以大樱桃、苹果为蓝本的主题雕塑，彰显了浓郁的地域特色，承载着厚重的文化底蕴。"春发其华，秋收其实，有始有极，爰登其质"。寓意先挥汗耕耘，适时播种，后才有丰收的喜悦，契合学校的育人文化。

以"春华秋实"作为学校文化引领，让每一个孩子拥有多彩梦想，学校教育处处都有爱成长，时时都是收获季，"樱桃红了，苹果黄了，我长大了"。给孩子享用一辈子的东西，把学校营造成充满文化、充满智慧、充满人文情感的精神家园。

2. 夯实理念，行稳致远

办学理念"着眼发展，注重养成，谋求和谐，创新争先"来源于学校实际、教师实际、学生实际，是对学校发展的理性思考，是全校的共识和目标。

十年磨一剑，砺得梅花香，理念凝聚人心，理念引领发展。理念的确定已10年有余，我们始终不忘初心，不折腾，不跟风，坚持做实实在在的教育，依然也能够与时俱进，在深度和广度上不断深化其内涵，学校因此取得了可喜的进步，三十多项省市称号就是有力见证。

★着眼发展：着眼学校、教师、学生三个层面的发展，最终落实在学生素质的全面提高。

★注重养成：关注教师和学生两个层面的养成教育，从细节入手，实施精细管理。

★谋求和谐：形成教师乐教，学生乐学的良好氛围，凝聚团结发展的正能量。

★创新争先：承接发展而来，立足学校现状，全校师生都要树立创新争先的意识和精神，是一种共识，是发展的精神支撑。

二、创编校本课程，情系乡情，留住乡愁

积极挖掘隐藏在乡土乡情中的教育资源，开发编写了《樱桃红了》《话说二十四节气》校本教材，开展"爱祖国从爱家乡开始"和优秀传统文化的传承教育，在研究过程中，教师按照学校总的培养目标和课题，选取子课题进行研究，组织开展各项活动，激发学生传承经典文化的热情。

★《樱桃红了》植根于云山，带着浓郁的乡土气息，黄澄澄的苹果、晶莹剔透的红樱桃、碧波浩瀚的尹府水库、历史悠久的云山关，为孩子们提供了学习研究、探索实践的丰富资源，让孩子们记住乡情，留住乡愁。

★《话说二十四节气》让传统文化有了更好地传承。

云山小学地处农村，为让学生更好地观察自然、感知季节变化、了解和学习农事生产，传承优秀的中华传统文化，研究开发了《话说二十四节气》校本教材，引领二十四个班级参与研究编写，每个班级一个节气，班主任带领孩子们从节气三候入手，观察天气以及这个阶段的物候特征，查阅资料了解文化习俗、饮食养生、农事生产以及与这个节气相关的优秀诗词。通过这样的形式，我们力求将学习自然与种植、古诗、烹饪、制作等学科进行融合，全面发展学生的核心素养，让学生在学习传承二十四节气这一优秀传统文化的基础上，更好地适应现代人的生活和精神需要，并对祖先留给我们的这份珍贵的文化遗产中蕴涵的传统智慧进行提炼、升华、传播和

弘扬。

各个班级在研究二十四节气的同时,将优秀的文化传承内化到完美教室的打造中,如三·4班研究的节气是大暑,在大暑这个节气里,正是荷花盛开的时节,她们将班级名称命名为"爱莲",班级口号为"志存高远,和(荷)而不同",意为学习荷花"出淤泥而不染,濯清涟而不妖"的高贵品质,尊重接纳每一个孩子的远大理想。将孩子们喜欢的小哪吒(圣洁的莲花化身)作为班级的吉祥物和助学伙伴,鼓励孩子们在学习和生活中勇敢、正义、顽强、不怕困难。

营造育人文化没有终点,永远在路上,是一项永不竣工的工程,是学校内涵发展的需要,是提高育人水平的需要,通过润物细无声的教育,建设和谐校园,让每个学生成人、成才。营造育人文化,优化育人环境需要学校、社会、家庭的密切配合,全方位提升学校品位,从而推进学校各项工作的全面和更快发展。

浩然正气养太行,文化引领促成长

青岛西海岸新区太行山路小学　肖焕盛

苏霍姆林斯基说,一个好校长就是一所好学校。这句话意味着校长是学校发展的第一责任人,要引领学校的育人文化。太行山路小学确立的育人文化是"正气树人,品质立校"。

一、我们对"正气教育"的初步理解

正气,一直都是中华民族优良传统中的核心价值之一。"正气教育",就是以在师生的生命中培育一股"立天地之间""仰不愧于天、俯不怍于地"之"正气"为目标,以古今中外的名人伟人为榜样,让师生们都能够成长为"正派做人""正直做事""正气立身"的人。

1.正派做人

正派做人包括三个方面,即在工作中,爱岗敬业,不钩心斗角;在生活中,家庭和睦,情感专一;对待他人真诚友善。

2. 正直做事

"正直",一是指公:公平、公开、公道。二是指正:端正、廉洁、坦诚。要有勇气坚持自己的信念。不但要严格要求自己,还要要求身边的人也同时要做到,要以自己的言行影响、感染身边的人,让更多的人也做到正直。正直是在正派基础上的升华。

3. 正气立身

正气立身就是要汲取中华民族五千年文化传统之精粹,融合天地之正气,撷取自然之灵秀,冶养个体精神之浩然磅礴。学生当如此,教师更当如此。

二、我们为什么要做"正气教育"

(一)从历史的角度看,正气引领人类进步、民族富强

不同国家、不同民族,人们对正气的称呼也许不同,但是,几千年里人类正是在正气的引领下,从茹毛饮血的原始社会一步步走向今天的繁荣。

中国共产党成立以来,从开天辟地、敢为人先的红船精神到胸怀目标、矢志不渝的长征精神,从信念坚定不畏艰难的井冈山精神到救亡图存爱国爱民的太行山精神,从全面建成小康社会到实现伟大中国梦……中国革命、建设、改革开放到如今的发展,正气始终贯穿于中华民族伟大复兴之路的过程中,引领我们走向富强走向文明。中华民族的浩然正气,是我们民族的灵魂,是世世代代繁衍发展的强大基础!

(二)从学校自身看,学校名字与"太行精神"颇有渊源

太行山,我国东部地区的重要山脉和地理分界线,具有悠久的历史和厚重的文化底蕴。

抗日经典歌曲——《在太行山上》,充分地体现了太行儿女抛头颅、洒热血,前赴后继,英勇顽强的革命精神和浩然正气。

我们太行山路小学,虽与现实中的太行山相距甚远,但共同的名字,赋予我们共同的信仰和追求。我们理应以太行山英雄儿女的精神为引领,培育和形成太行路小学及其师生坚持正义、信守道义、修为良好、富有爱心、勇担责任的精神特质与思维方式,培育具有"正气"的高尚品质与发展风气,塑造"正气教育"品牌,为师生幸福人生奠基。

(三)时代呼唤正气教育

正气教育也是时代的需要。改革开放以来,中国与世界的联系更加密切。作为

大国,中国正承担着越来越多的国际责任。国际交往中的契约意识就是中国人诚信意识的世界版。只有让正气深入每一个学生的心灵,才能支撑中华民族更卓越地立于世界民族之林。民族振兴的责任需要一代又一代接力完成,今天的学生,就是未来社会的主人,我们就是要从小培养学生们的正气,教会他们心地光明善良、品格正直坦荡地做人做事。这是一件大事,必须从娃娃抓起。

引领学校开展经典古诗文吟诵教学

胶州市北京路小学　张坤霞

"熟读唐诗三百首,不会作诗也会吟"。源远流长的中华文化,精辟深邃的经典诗文,犹如一面面镜子,映照心灵、启迪心智。新课标高度重视经典古诗文的诵读教学,将之作为重要抓手,用以培养学生对祖国语言文字的热爱,提高他们语言积累、理解、运用能力。张校长深爱传统文化,积极组织老师们在全校开展经典古诗文吟诵教学。学校立足长效机制建立,在"读什么?怎么读?何时读?如何养成习惯"等方面,进行了长时间的"长歌行",让"国学之韵"在校园内幽香溢远。

一、解决"读什么",把握"四性"精编校本课程

学校以新课标要求学生在小学阶段背诵优秀诗文160篇、专门推荐的背诵篇目70篇目为基础,把握"四性"精编校本教材,作为学生日常诵读内容。

注重教材题材"广泛性",将教材范围拓宽,选用内容既有《三字经》《弟子规》等韵文,也有来自《论语》《大学》及其他诸子作品的节选,还有唐诗宋词、胶州地方文化以及当今学者所编的《中华成语千句文》等精选贴近生活、文字浅近优美、节律朗朗上口的古诗文作为校本教材。

注重"思想性",放大传统文化价值中推崇的"仁、礼、德、信、勤、诚"等方面的内容。

二、解决"怎么读",构建"五步"吟诵模式

开展吟诵教学,我们在努力探索的基础上,积极走出去,分批次赴北京、台州等地

接受系统培训,在开发实施吟诵课程的基础上,提炼出"五步"自主吟诵课堂教学模式。

"一读"能正确流利的朗读古诗词,做到字正腔圆;"二听"听录音,标平仄,同一内容用不同的吟诵调;"三吟"分四个小环节,学生自吟——同桌互吟——全班展示——教师指导以吟代讲;"四赏"知意,悟情,说说读诗文的理解和体会;"五评"小组内相互吟诵,推选最佳吟诵代表,然后小组代表全班参赛,评出吟诵小桂冠。

三、解决"何时读",抢抓"五时"见缝插针

"课时"诵,将"快乐周五"第一、二节设为专题吟诵课,教师与学生齐读共诵,相互比赛,既和谐了师生关系,为学生树立了榜样,又触发了学生的吟诵兴趣,更提升了自我自身的文化底蕴和道德修养。"晨时"诵,每天早晨学生拿出10分钟先诵经典,再诵其他;"瞬时"诵,每节课前预备铃响诵读经典两分钟;"暮时"诵,每天放学排队时各班诵读五分钟;"休时"诵,周一至周五每晚诵读五分钟,休息日每天诵读10分钟,发班级微信群,老师点评。

四、解决"如何养成习惯",实施"三动"常读成习

国学经典的学习和诵读不仅仅在课堂上,更多的是在孩子们"拳不离手,曲不离口"的习惯中。我们主要从三个方面入手。

实施活动推动。成立教师、学生国学经典社团,开放日邀请家长走进课堂,开展亲子国学经典展示活动,举行师生吟诵联袂大赛,国学经典明星评选等活动,推动国学经典的学习纵深发展。

推动学科联动。我们利用国学经典吟诵本身就带有音乐性特点,将语文与体育、音乐学科进行整合,让文体课与语文课联姻,达到"珠联璧合"之效,"一首诗有成千上万个吟诵调,人人不同"。

"考评促动"。每个学期末,学校要对学生诵读经典的情况进行评价,学校组织对学生进行抽签背诵,考核过关,学生能获得"国学经典诵读进阶证书"。这些措施调动了绝大多数学生自主学习的积极性,他们有兴趣学、有动力学、有目标学,长期坚持逐步养成了学习和诵读经典的好习惯。

建设五味文化新生态 办老百姓家门口的好学校

胶州市第五实验小学 赵建华

胶州市第五实验小学地处城乡接合部。基于学校地域、师资现状与生源特点,我们立足"五味文化"特色,从学校、教师、学生三个层面进行愿景规划,围绕"创办一所怎样的学校、培养什么人、为谁培养人、怎样培养人"的一系列追问进行教育探索与实践,努力落实立德树人根本任务,办老百姓家门口的好学校。

一、办有色彩、有故事、有味道的学校

(一)丰富"五味文化"内涵,创新文化品牌

五味文化缘起于食物的辛、甘、酸、苦、咸五类。在从生活中感受大地的味道、天空的味道、山的味道、海的味道、人情的味道的基础上,提炼出符合学校地域特点、以师生发展为核心的"五味文化"的办学特色。具体落实在教育教学中,即德育的人情味、智育的书香味、体育的阳光味、美育的意韵味、劳动的生活味。基于此,落实到办学和培养目标上,即"办有色彩,有味道,有故事的学校;做有爱心,有气质,有智慧的人师;成有品格、有志趣、有特长的学子"。我们坚持把来自课堂、课程中的原生态成果,如"传承红色基因,放飞雏鹰梦想""大地的味道"等学习过程表现出来,让成果分享出来。学校融铸成了"五实小高品质教育的20个好习惯",形成了"做起来、细品味、出故事"的浓郁校风,这些土生土长的理念,逐渐成为我们广泛认同的价值追求。

(二)加强"五味文化"校园建设,提升办学品位

文化是立校之魂。在文化建设上,我们达成四点共识:一是让每个学生都能找到自己;二是文化和课程、课堂密不可分;三是人人都是文化的创生者和享受者;四是文化成为新常态。走进学校,感受到别致的校园美。"四馆""五廊""一讲堂",即五味创客体验馆、艺术长廊书画馆、海洋生物标本馆、先模人物展示馆;五廊,即"山、

海、天、地、人"为主题的五条文化长廊;"一讲堂"即红色大讲堂。走近校园,你会发现一座座雕塑、一个个展集、一幅幅作品……这里发生着"一包粽子""一句话""一张温暖的假条""一份礼物""五小女排"等故事……学校将这些故事设计打造成了主题人文景观,变凝固的建筑为流动的教育,激励着一批批新入校的青年教师,传递着包容温润、和谐向上的正能量。

二、做有爱心、有智慧、有气质的人师

"老师拿着孩子比家长都好!"这是家长对五实小教师由衷地评价。六年来,我校始终坚持以"爱生如子"为全部师德建设的核心。我们实施"全员导师制",确立"创设平台、协作互助;实施梯队建设,持续发展"的导师培养策略,全学科、全方位追踪研究,关注每一位学生的健康成长,实现全员育人、全程育人、全面育人。"假如你是孩子,假如是你的孩子",这是学校"慧人慧语"论坛上一位首席班主任以"特殊学生的研究"为中心课题,从童心的角度解读学生,做好学生心灵的导师。教师和学生一起建构五味课堂、建设味道教室、社团活动、艺体赛事中,让师生生命成长中有了童年的味道、生活的色彩。

三、成有品格、有志趣、有特长的学子

五实小的校园处处是爱与智慧的原野:课间一声轻轻地叮咛、一个温暖的拥抱;课堂上关注"不会、不想、不说"的学生,建立班级档案,将分层教学、因材施教落实到实践的每一个环节;创客教室点燃着孩子们创新的火花,五味成长币评价见证着孩子们全面发展的足迹,让充满人情味的德育成为历练孩子成长的核心因子。

学校还给学生私人订制了精致的"五味课程"。学校为孩子们设置了30多门富有"人情味、生活味、阳光味、思考味、育人味"的"自主选修课",把山的味道、海的味道、天空的味道、大地的味道、人情的味道都变成了主题研究课程。如,在持续一个月对"大地的味道"的探寻中,出现了赞颂大地的十几首诗歌、十几首歌曲、几百篇文章、上千张书画作品……融化在了孩子的生活里、生命里。为我校每一名学生赋予了更多的缤纷瑰丽的童年时光。

水育文化，育如水学生

——"水育文化"实践探索

莱西市洙河小学　王闰生

质量是学校的生命，文化是学校的阳光。洙河小学因东临洙河而得名，学校在发展过程中，提炼水精神，逐步形成了颇具地方特色的"水育"文化体系，滋润着每一个洙河学子。

一、水之润，精神文化展现文化光彩

经过调研、探索和实践，形成了"行尚善教育，育如水学生"的办学理念和"让每一颗水珠都闪亮"的育人目标，在此基础上，对"上善若水：要有海纳百川的包容精神，要有滴水穿石的勤奋精神，要有饮水思源的感恩精神"的校训、"和谐共进"的校风、"滴水穿石"的学风和"春风化雨"的教风进行了解读和完善。水育文化体系是学校办学方向的引领，也是师生精神方向的引领。

二、水之和，制度文化展现文化气息

为构建和谐的育人氛围，学校从制度入手，形成科学高效管理、全员和谐育人的工作机制。

一是工作手册指导工作标准。

经过"形成初稿—下发讨论—形成定稿—全员通过"四步，工作手册标准成为全校教师做事的基本准则。

二是自主管理落实工作标准。

推行师生"自主管理"，师生参与学校管理，学校各项工作公开透明，师生在监督工作的过程中也约束自己，形成管理的良性循环。

三是校务会议调度落实情况。

每周的校务会议通过"展亮点—点问题—明措施"三步总结工作，及时发现问题，整改问题。

三、水之韵，环境文化展现文化味道

环境对孩子的成长具有潜移默化的作用。为打造浓郁的文化氛围，学校从改善环境入手，让孩子欣闻文化的味道。

一是打造"书山路"外部文化。

学校门前的书山路是孩子每天的必经之路，学校将两侧墙壁打造成诗书文化墙，"读书人生"和"诗词人生"交相辉映，每天漫步其中，书香气息晕染着每一个孩子的心灵。

二是打造"享阅读"内部文化。

若水楼 2019 年 9 月新建启用，学校将大厅设计成"读万卷书，行万里路"主题，每一层的阅读区也成为孩子们下课最喜欢去的地方，浓郁的读书氛围让孩子体会到读书的魅力，激发孩子读书的兴趣。

四、水之善，课程文化触摸文化之根

课程因文化而具有生生不息的活力，文化因课程而具有历久弥新的魅力。

学校积极探索课程文化，为学生素养形成奠定基础。

一是"尚善小事"德育课程。开发"尚善小事"校本课程，将校园礼仪、家庭礼仪、生活礼仪和公共场合礼仪系统分类，利用每周班队课时间以故事为导入，让孩子不仅知道做什么，而且知道怎样做，为什么要这样做，知行合一，学生的良好品格才具有稳固性。

二是"亲近文化"节日课程。春节、元宵节、清明节等传统节日是学生了解传统文化、进行传统教育的好时机。学校对每个节日的实践活动内容进行统筹规划和编排，形成了节日课程，写研究报告，小记者采访，编写绘本，孩子们在实践中感受传统节日的浓郁文化。另外，学校的"三节（读书节、写字节、儿童节）一会（运动会）"课程，也成为全体孩子展示自我的舞台。在读书节中，我们的"图书淘宝"课程和"校园飞花令"课程已然成为学校的一道文化风景。

三是"展我风采"活动课程。"剪纸课程""跳绳课程""劳动课程""公益课程"……丰富的社团课程让孩子们在喜爱的课程里展示特长，发现不一样的自己！

洙河情暖育学子，肩落书香品自高。在学校今后发展的道路上，将进一步完善"水育文化"体系，让洙河学子在有品位的校园中拥有如水情怀，拥有有故事的童年！

精心营造文化氛围，充分发挥育人功能

青岛莱西市泰安路小学　滕立人

我们在加强育人文化工作中，认真研究校情，挖掘文化内涵，实现文化引领，推动学校发展。

一、营造浓厚的物质文化

校园四周内外墙壁聘请专业人员以《弟子规》等传统文化和英雄事迹简介为主要内容，做了文化墙，图文并茂，让墙壁成为学校乃至城市的一面镜子；校门口移动宣传板展示了学校的校风、教风、学风、办学理念，接受群众的监督；校园内，八块大型移动展板，不定时展出学校、老师、同学的活动信息；教学楼内，每个楼梯台阶都写有一句古诗词，每个走廊都有宣传字画；教室的黑板上方正中是国旗，国旗两旁写着"好好学习，天天向上"八个大字，教室北部墙面是"学生成长足迹"大型表格。浓厚的文化氛围，使师生时刻都受到健康向上的文化熏陶，充分发挥了育人的作用。

二、弘扬宽松的师生精神文化

健康宽松的精神文化，给人一种积极向上的力量。我校开设丰富有效的社团，学生自由选择课程，充分放飞自己的个性；定期举行活动，如读书比赛、学生创作手抄报展示、足球比赛等，比赛作品定及时在校园内宣传板中展示，以提高学生参与的积极性。在教师管理上，我们采用人性化管理，以鼓励、帮助为主要方式，为老师营造良好的工作环境，每月评选最美教师，刊登在公众号内。通过丰富多彩的活动，增强学校的凝聚力，加强校园文化设施建设。

三、创设和谐的心理文化

我校要求每位教师努力为学生营造宽松的生存环境，让每一个孩子在成长中感受到老师的爱。我们利用业务学习时间，学习师德师规，以教师职业道德规范来约束自己,开展"敬业爱岗,无私奉献""依法执教"等系列活动,并开展了如何处理偶发事件,如何实施减负的大讨论,创造性地总结出本校的工作方法。对于学困生,我们的教师是采用"倾斜政策"的办法,即"增加一点感情投资,优先一点学习指导,多给一点锻炼机会,放宽一点表扬奖励"。使他们感到教师的关注和期望,增强学习的信心,鼓起上进的勇气,减少他们的心理负担与压力,这也正是新课程理念所提倡的。

四、形成规范的制度文化

规范的生活氛围有助于培养学生的纪律观念和法律修养,提高学习效率,有益于学生的身体健康。我们制定了《优秀大队评比细则》《班主任考核细则》《文明班级评比细则》《三好学生评选标准》《先进教师评比办法》等规章。我们利用少先队值日员检查落实。每周一公布,还开展规范教室、文明班级评比活动。

教育立心　文化育人

——"营造育人文化"专题实践

青岛西海岸新区育才小学　管延爱

我校紧紧围绕立德树人根本任务,以"弘扬中华传统诗教,涵育诗心"为目标导向,致力打造健康而富含人文性的校园诗意文化,让师生诗意地栖居、优雅地学习和工作。

一、完善精神文化体系,引领发展

围绕立德树人根本任务,以推进中华优秀传统文化教育为重点,涵养孩子的诗心、诗情、诗品、诗慧,引导学生用审美眼光观察世界,用诗意情怀体验生活,用艺术思维创生智慧,从而丰富文学知识,提升文化素养,涵养人文情怀,为可持续发展和幸福人生奠基。

（一）办学理念引领

让"尚雅养慧,育才报国"的办学理念引领诗慧教育稳步前行。我们建设了一支卓越的诗慧教师团队,培养了以世界记忆大师丁文萱为代表的卓越雅慧少年团队。我们的这两支团队,在各级各类教师业务比赛和学生技能大赛中,都取得了显著的成就。

（二）践行校训、校风、学风

积极践行"以诗为友,与高尚同行"的校训,弘扬"崇真、扬善、求美、创新"的校风,"居儒典雅,因材施教"的教风和"乐学笃行,放飞性灵"的学风。从办公室到教室,从教师到学生,人人心灵受到诗意润泽,思维灵动,在诗慧教育的园地中灵动、优雅前行。

精神文化,使学校整体面貌体现出诗的韵味和神态,让教育在内容、过程和行为中,时时刻刻有诗的内容存在,也充满着诱人的诗意美感。

二、完善制度文化，发挥有力的制度保障作用

（一）完善工作制度，助力和谐发展

结合新的教育形势,完善了《推进诗慧教育持续发展的指导意见》。这一制度体现了诗慧教育发展的内在规律,引领并保障诗慧教育稳步卓越和谐发展。

（二）丰富制度文化，实施民主管理

完善教职工代表大会制度,让制度执行文化更具人情、更富人性;建立健全教职工管理组织,充分发挥工会乃至广大教职工在教育改革、创新、实践中的作用。学校注意对各项工作情况及时通过教代会、教师会、宣传栏、网站与学校简报登载等形式及时公开,使教师随时了解学校情况,增强对学校工作的理解与支持。学校广开言路,引导积极参与学校管理,促进学校工作全面深入地开展。

（三）彰显制度文化建设的积极作用

坚持"居儒典雅、德艺双馨"的理念,融合新时代思想、文化,努力培植境界高远、底蕴丰厚的诗慧教师;打造了以"激发兴趣,放飞性灵"为理念的诗化课堂;坚守"崇贤尚雅,涵养诗性"的理念,丰富了包含多种类和科目的校本诗品课程体系;坚持"求真向善、立德树人"的德育理念,坚持打造了"尚雅养慧"德育品牌,引领着育才"雅慧"少年内聚智慧,外塑优雅,畅享幸福童年。

三、持续打造环境文化，发挥环境熏陶的教育作用

（一）积极搭建环境文化平台

丰富校园墙内外古色古香的诗画和学生创作的年画作品；用好党员活动室、少先队活动室、育才少儿诗社、书法教室、年画室等特种活动室，充分发挥各特种教室的功能，并以诗慧文化为引领，保证各室主题活动的扎实有效，共同推进诗慧教育水平提升。

（二）彰显诗情诗韵

积极创造优美的诗意氛围，让一曲曲古典诗词吟唱，无形中抚平我们的心情；让"四季诗语"和"山海情韵"主题诗歌展牌，连缀成诗词的海洋；让"诗歌游廊""诗歌超市"这些校园景点，鲜花、绿树、歌声、笑脸辉映成趣。办好《育才报》《育才诗报》《诗慧人生》校刊，让整个校园处处有诗意，时时显诗情，在"诗慧教育"中发挥着传播、引导、激励、向上的作用。

（三）持续打造诗意文化名片

紧紧把握诗慧教育"灵动、优雅、唯美、哲思"的思想内涵，在推进诗慧教育内涵式发展过程中，稳步而有效地打造了诗歌节、读书节、科技节、足球节等诗意文化名片。在各种节庆期间，围绕主题，组织开展了丰富多彩的活动，从不同方面提升了学生的诗慧素养。

且行且歌，育才诗意文化风景清新；诗径通幽，未来发展道路定会风光无限。让我们立足新时代，以诗为友，凝心聚力，不断推动诗意文化建设灵动优雅前行……

以卓越的文化实现学校的自我超越

城阳区仲村小学　栾国锋

校园文化是学校在长期的教育教学活动中积淀、演化和创造出来的，并为师生所认同和遵循的物化环境风貌、价值观念体系、行为规范标准的一种整合和结晶。它不

仅彰显着学校的办学理念和发展方向,更体现着学校特定的精神环境和品位格调,对增强全体师生的凝聚力有着重要的意义。魏书生说:"未来学校的竞争,归根结底是学校文化的竞争,出类拔萃的学校,都有强而有力的校园文化。"一所有深厚文化底蕴的学校,一定能很好地塑造真善美的理想人格。因此,学校要本着以人为本的理念,坚持用社会主义核心价值体系引领校园文化建设,打造体现社会主义特点、时代特征和学校特色的校园文化。

仲村小学是由仲村社区在 2015 年旧村改造农村城市化进程中投资 1 个亿改建的。在搬到新校之初,学校就在思考学校的文化理念和办学思想。在充分发挥全校教师和专家群体智慧的基础上,他们确立了自己的办学思想和奋斗目标。

仲村社区倡导的是"中和"文化,为率先实现学校教育和社区教育的融合,学校文化与社区文化的链接,他们就挖掘社区深厚的文化底蕴,在传承原来仲村小学宽厚根基办学思想的基础上,提炼、确立了学校的核心价值理念:"中和位育"。中和位育出自《中庸》,"中和"是他们的教育目的,教育师生做到不偏不倚,谐调适度;"位育"是教育手段,是定位发展的意思,就是让每个孩子成为最精彩的自己。

对学校发展而言,定位非常重要,适合学校的定位是形成核心竞争力和鲜明的建立品牌的关键。对教师而言,正确的自我定位是教师专业发展的首要因素,所以他们引领教师从天赋才能、知识结构、性格特质等方面认识自我,经营自我,打造自己的品牌。对学生而言,学校和教师要帮助每个学生找到适合自己的位置,教育引导他们发展成长。清华大师潘光旦说:教育的唯一目的就是让人得到位育。他说教育以位育为本,而位育又要以农村为本。

仲村小学东面是虹字河水库,根据学校的位育教育和地理位置,我们提出了"致中和,纳百川"的校训。在实践中培养合作学习的能力、豁达宽广的胸怀、积微成著的品质、不偏不倚的品格。最终学校的培养目标就是通过传统的、面向未来的、国际化的这三位一体的教育,培养学生成为具有中华灵魂、世界眼光、可以面向未来发展的人。

仲村小学是一所农村学校,但学校周边已经有着显著的城市化风貌和未来国际化气息,为适应区域对学校城市化教育要求和未来人才需求,提升办学育人的核心能力,我们就确立了让仲村小学成为"农村学校城市化典范"的发展目标。顶层的发展目标和方向确立后,我们实施了实现发展目标的四大主题行动:一是生命有根主题,二是文化有魂主题,三是教育有人主题,四是人生有梦主题。每一项主题行动都有相关的基于学校和学生实际的课程项目支撑他的发展和实现。在实践中形成的主题文化,学校在教学楼的四个楼层逐步彰显。

在学校理念文化的引领下,他们逐步完善学校环境文化建设。并通过落实国家课程、校本课程建设和实施,把理念文化落实到师生的行为当中去,内化于心,外化于行,在发展中让学校文化逐渐变成了学校的精神气质和文化符号,逐步形成了仲村小学独特的有内涵和魅力的学校文化,以卓越的文化实现了学校的自我超越。学校用短短四年的时间,从一所农村薄弱落后学校迅速提升迈进全区先进学校,学校的校本课程建设和英语教学在全市领先,起到了示范引领作用。

以"文化"引领学校的可持续发展

青岛香港路小学　于庆丽

什么是学校文化? 如何营造学校文化? 这是教育管理者经常思考的一个话题。(英)爱德华·B.泰勒曾说过:"文化是一个复合的整体,其中包括信仰、知识、艺术、道德、法律、风俗以及人作为社会成员而获得的任何其他能力和习惯。"也有学者认为:文化没有终点,只有起点,文化是由内向外的生长,它经历着共同假设——文化价值观——共同的行为——文化象征这几个层次。可见,文化往往是看不见,摸不着,却又无处不在浸染着一个组织和团队。优秀的学校文化是学校团队共同的价值追求和行为准则,是学校发展的软实力,也是学校前行的无形动力!

工作中,如何营造、积淀优秀的学校文化是校长重要的使命之一。一方面学校文化要在传承中创新。校长要善于挖掘学校历史中的优秀基因,合理利用地方特色文化,用心经营团队文化,使其成为团队发展共同的愿景和教育信仰,正可谓虽不能至,而心向往之! 另一方面学校文化建设需要顶层设计、系统思考。学校文化涵盖着不同层面,像理念文化、管理文化、课程文化等都是学校育人文化构建中的重要组成部分,需要校长系统思考、整体设计,而不是各自为政,支离破碎,文化整体的架构应是形散而神不散的体现,指引着学校的未来发展。

来到青岛香港路小学任职的两年中,我带领学校干部教师基于学校发展现状,确立了"让每一个生命幸福绽放"的办学理念,架构了"幸福三原色"的育人体系图谱,将打造"有责任、有活力、有品位"的幸福校园作为学校未来的发展方向,我们认为有责任是打造幸福校园的基础,有活力是打造幸福校园的关键,有品位是打造幸福校园的目标,围绕这三大核心要素,学校确立了培养"有责任、有活力、有品位"的幸福儿童的育人目标。其中,有责任体现在善待自己、关爱他人、奉献社会;有活力体现在积极向上、乐于学习、勇于创新;有品位体现在爱好广泛、情趣高雅、理想远大。我们希望每一个香港路小学的学子通过六年的学习与生活能留下幸福童年的印记,能储备下将来为自己和社会创造幸福的能力。学校从育人目标到教师发展,从课程建设到课堂研究,从学校管理到环境建设都紧密围绕"三原色"核心理念,将学校文化构建理论与实践有机结合,不断积淀学校发展的软实力。

两年来在"幸福三原色"文化理念的引领下,学校确立并完善了"知心求新,追求卓越"的校风,"守心创新,锐意进取"的教风和"负责、善思、合作、创造"的学风。其中,"知心求新,追求卓越"蕴含了作为教育者不仅要不忘教育的初心,掌握儿童的内心,更要在自身原有的基础上不断学习,勇于创新,追求卓越! 有了对学校育人文化及发展愿景的引领与实践,两年来教师团队的向心力和研究力不断提升。20 余位教师在区级以上执教公开课和比武课;学校研发的"责任课程"获青岛市精品课程;学校还荣获中国 WEO 轮滑示范学校、中国 STEM 教育 2029 行动计划"种子学校"、青岛市文明校园、青岛市教育信息化应用创新示范学校、青岛市国际理解教育实验学校、青岛"互联网+"智慧校园十佳应用平台学校、市南区三八红旗集体等称号。教师的发展为学生的成长奠定了坚实的基础,我们的学生在各级各类的比赛中屡获佳绩,综合素养也得到了大幅提升,学校的办学质量得到了社会各界的广泛认可!

总之,学校文化是润物无声的浸润,是点滴尽致的践行。以"文化"引领学校的可持续发展,我将为之而不懈努力!

激发学校文化的内生力

青岛辽源路小学 王 宁

文化就是一所学校的灵魂,学校有了文化,校园就有了无限生机与活力。学校的育人文化呈现在学校每个教师、每间教室、每个角落里,呈现在校园日常的点点滴滴。我们应该营造一种能够浸润滋养学生生命成长的文化氛围。

一、物质文化因地制宜

学校物质文化建设是显性的,每所学校都是各具特色,这是学校文化存在和发展的基础和保障,也是学校文化的物质载体。校园环境对于年龄在 6 — 12 岁,处于生理和心理的不成熟阶段、好奇心强的小学生来说特别重要,身边形象化的优美环境特别能吸引孩子们的注意,带给他们积极的情感体验。根据学校的建筑结构合理布局,把想传递给孩子们的理念、丰富多彩的校园生活的精彩、本校学生群体中的榜样、学生的学习成果等以灵活多样的形式呈现。孩子们在这样的学校文化氛围中能受到感染和熏陶,因美生爱,激发孩子们对学校的热爱。

二、精神文化深入人心

学校承担着立德树人的重要使命,学校价值观的培育意义重大。学校精神文化是在长期的教育教学实践中,在各种办学活动中,在学校文化传统的基础上,并为全体师生所认同与遵循的教育文化。它是学校文化的内核,它影响着一所学校的精神面貌,是师生共同成长、学校长期发展的精神驱动力,也是学校文化中最具"生长活力"的因子。

1.传承精髓、重建内核

2013 年 8 月,我接手辽源路小学时,正赶上全区各校制定《学校章程》和《学校五年发展规划》,在学校发展规划制定意见征集过程中,有老师提出了学校校训雷同,没有校徽、校歌等学校精神文化的修订和创作建议。借此机会,我们在全校师生、家长中进行了校训、校徽、校歌歌词和学校吉祥物的征集活动,大家参与热情非常高涨,这个过程也是全体人员对学校文化进行整理、提炼的历程。我们邀请专家组成了学校文化建设的工作小组,从上交的近百份初稿中进行筛选,在此基础上进行改进、优化和创作,经过全校师生两轮的投票,最后我们圆满完成了学校的校训、教风、学风的提炼和完善,由学校干部教师作词,宋小兵老师作曲完成了校歌的创作,美术老师完成了校徽的设计,设计公司根据学生的意愿完成了学校吉祥物和和、乐乐的绘制并制作了卡通雕像。这是学校精神的象征,是学校教育理念的集中体现,师生的归属感、荣誉感油然而生。这是学校精神文化的灵魂所在,体现出学校独特的心理氛围,稳定而具有导向性,发挥了教化、熏陶、规诫的教育功能。每学年的开学典礼,我们的学生干部要想向新入学的小朋友解读校训,每周的升旗仪式上唱响国歌、校歌,齐呼校训,让学校的文化因子深入童心。

2. 树立榜样，弘扬美德

促进"文化惯性"的形成。学校在办学的历程中都会形成自己的传统。学校要善于在其中寻找有利因素，我们在教师团队中评选最美教师、最美团队等，在学生中开展和乐少年、和乐之星的评选。用榜样的力量激励人、用道德的力量感召人、用成功的事例鼓舞人。

3. 以文化人、注重实践

重视学校的各项庆典活动，形成重要的文化载体。学校文化是在实践中产生，同时也是在实践中得以体现的。学校充分利用开学典礼、毕业典礼、十岁成长礼、入学礼、艺术节、体育节、科技节、读书节等，以及在一些中华传统节日开展形式多样、内容丰富、师生喜闻乐见的庆典活动，让学校文化找到绽放的形式。同时，也形成了学校特有的文化载体，使学校文化既有形式又有内容。

文化如水　真水无香

青岛重庆路第三小学　林　霞

文化如水，滋润万物，悄然无声。优秀的校园文化，可以丰富课程资源，让学生在潜移默化中培养良好的道德情操、激发学习兴趣，培养耐心、恒心与意志，并受到美的熏陶和启迪。

一、用"文化"强化办学理念

办学理念是基于"办什么样的学校"和"怎样办好学校"的深层次思考，一所学校，不管规模大小，也不管办学条件的先进还是落后，要想有所发展，必须要有自己的办学理念。一方面是学校形成或保持自己独有的个性和特色，另一方面又使师生的行为具有更高的自觉性和目的性。为此，我校以"善美相成，慧书人生"文化理念为引领，确立了"写中国字，育民族情，怀天下心，做现代人"育人目标以及"墨香怡情，习字育人"的书法教育品牌，构建了"起笔—运笔—收笔，写好人生每一笔，笔笔生辉"的书法教育模式。让办学理念成为教师的自觉行动。

二、用"文化"生成办学特色

一所学校必须有自己的特色。特色就是特长、独有、领先。以我校校名命名的"重三杯"师生现场书法比赛,已连续举办 14 年,每年 5 月份,都吸引了来自全区千余名师生书法爱好者汇集于我校,展示交流书法技艺,该赛事成为市北区乃至青岛市书法教育一张靓丽的名片,也成就了学校的书法教育特色。

在书法教育特色基础上,我们又借鉴了孔子要求弟子掌握"六艺"课程,立足学生核心素养的培养,构建了"1 + X"的"新六艺"课程体系。"1"即书法必修课,"X"则为"礼、艺、体、技、数"五个领域,整合国家课程、地方课程和学校课程,实现"以礼养德、以艺至美、以体健身、以技育能、以书养慧、以数启智"的最终育人目标。

宽敞的操场围墙上,一幅幅精美的学生软笔书法作品和京韵运动绘画作品,已经成为学校一道亮丽的风景线,也是一张张对外宣传的经典名片。

一楼"妙笔生花"。首先映入眼帘的是独具特色的书画大厅,走廊两侧展示了历届"重三杯"书法比赛的荣耀足迹及学校书法体系的建构历程,学校"笔墨传神"教师作品展、"笔情墨趣"学生十百千工程作品展、"翰墨丹青"家长书画作品展。

二楼"国粹传承"。这里是"指尖上的传承"传统文化特色课程的集中展示,把中华优秀传统文化教育系统融入课程和教材体系,在课程建设中强化中华优秀传统文化内容。"章"显快乐、京韵脸谱、纸上生花、纸扇画、油纸伞、灯笼上的古诗配画、瓢画,既有传统马勺瓢的图案,还有神话传说、京韵脸谱、青花瓷、水墨画等系列作品,将艺术与书法、篆刻、国学经典、研究性学习浑然一体,凸显国家课程校本化、校本课程特色化、特色课程精品化。

三楼"唐风古韵"。优雅韵味扑面而来,依据学校新六艺课程体系中的"明礼",开辟了"经典润童年,明礼塑美德"主题教育长廊,倡导"以礼养德""德成于中,礼形于外,德礼相融",将文明礼仪与思想品德相融合。

四楼"翰墨传薪"。集聚了"书法家进校园"活动掠影和岛城多位知名书画大家的作品,作为学生学习的榜样,时刻陶冶学生的情操。

文化如水,真水无香。文化对人的影响恰如水,无声、无形,却内力无穷,由此,我们知道了"不言"的教导,"无为"的好处。

有无相生，四时充美

青岛无棣四路小学　钟　芳

在学校特色建设发展的过程中，校园文化是学校生生不息的永恒动力，它体现着学校的共同价值和师生的共同情感。我们确立了实施文化管理的理念，形成了"理念引领，外化于形，内化于心"的文化发展思路，从"文化立校"的战略高度，精心培育学校特色文化。

在吸取传统文化精华和广泛征求全校师生意见的基础上，我们依据校情以"有无相生，四时充美"为学校生态文化主题，把办学思想、目标、方向、策略糅合在"生态"文化理念体系里，同时我们以物态的视觉符号为载体陆续丰实学校的生态教育形象系统。

文化是无"形"的，要通过有"形"来实现。我们以"有无相生，四时充美"为学校生态文化主题，对各楼层、功能教室以及班级文化进行逐步系统布设，擦亮生态校园的窗口，使校园呈现出欣欣向荣的精神气象，整个校园处处呈现着和谐的鲜明特征，当你走进无棣四路小学，会被这座精致、和谐的花园式学校所吸引。秀丽的校园景色错落有致，蜿蜒的火炬松、挺拔的银杏、茂密的爬墙虎相映成趣，原木长廊在缠绕的紫藤、葡萄藤路间曲径通幽，"积微亭"掩映在一片浓绿之中。主教学楼各个楼层的特色布设，创建了生态文化"四韵"，学校藤廊亭影、鸟语花香，真正实现了生态学校的构想，让孩子们在润物无声的生态育人环境中健康成长。

为了让"生态教育"理念贯穿于学校教育教学的全过程，学校多次通过解读计划、主题沙龙引导教师学习和讨论，组织全体教师围绕"生态学校建设"这一主题，积极建言献策，让教师不断感悟"敬畏生命、尊重个性、自主多样、共生共长"等生态教育思想的精髓；全力打造"共同学习—快速反应—协同工作—合作竞争"的教师发展共同体，既讲求个人智慧，又注重团队合作，倡导教师做事一丝不苟，做人一身正气，为师一尘不染，引导教师做始终积极追求自我实现，具备应对复杂情境的教育智慧，乐于听取他人质疑与建议的卓越教师，塑造一支和衷共济、执着奋进、主动补位的教师队伍。让生态教育理念成为人人遵循的理想信念。

同时,我们组织学生开展了生态文明班级创建活动,各班师生设计班徽、班训、班级规则,群集了师生的生命智慧,凸显民主和谐管理之风,以"弘国学、扬美德、青青子衿、浩瀚星空、翰墨飘香"等为主题各班设计了自己的班级文化特色,充分调动了学生参与的积极性,让学生用自己的智慧和双手来布置教室,美化教室。充分发挥教室内每一个角落的生态教育作用,每一处的布置既注重整体和谐又突出个性创意。

落实思源德育内涵　打造传统文化特色
提高学生综合素养

青岛广饶路小学　李红玉

我校始终坚持以德育为先,全面育人的办学理念,坚持从实际出发,以思源德育为主线,以传统文化为主轴,从素质教育的高度出发,打造"传承经典,美润童心"的德育特色品牌,走出了一条以学生实践活动为载体,辐射社会、学校、家庭三个维度的辅助平台,形成发现学生价值,发掘学生潜能,发挥学生特长,发展学生个性的活动育人德育特色之路。

一、弘扬传统文化,促思源德育活动成体系

为形成"传承经典,美润童心"传统教育特色,学校以传统文化为引领,化整为零,分层活动,在丰富校园生活的同时,让传统文化教育"润物细无声"。

1. 深挖仪式教育内涵

"开笔礼",是中国古代对少儿开始识字习礼形式的称谓,被称为人生四大礼之一。为使一年级新生接受传统文化的熏陶,把上学求知作为人生新起点,好读书、正品行,学校专门为每年的一年级新生开设入学"开笔礼"活动。孩子们在开笔老师的引领下"点朱砂""拜尊师",用稚嫩的童声诵读誓词并"击鼓奋进""敲钟鸣志",希望参加典礼的学童们能够开启学童智慧,推开这扇知识的大门。在六年级小学即将毕业之际,学校还为毕业班学生举办"饮水思源,感念师恩"的毕业谢师礼活动,倡导学生饮水思源,感念师恩,从小养成尊师感恩的传统品质。

2.紧抓传统节日契机

中国的传统节日形式多样、内容丰富，是弘扬中华民族优秀传统文化和传承中华传统美德的重要载体。在"清明节"（也叫"寒食节"）来临之际，学校举行"春来踏青"清明诗歌朗诵会，在了解清明节文化内涵的同时，诵读经典诗词名篇，体会古人以诗词祭奠先人的风雅，并以此推广并传承中华文化；中秋节期间开展的"中秋月更圆"主题活动，通过"明月千里寄相思"——中秋佳句赏析、"月亮之上"——中秋经典歌曲欣赏、"好吃的月饼"——美食大调查等活动，多层面的引导学生感受中秋文化内涵，体验中华传统文化的博大精深。

3.开辟社团活动舞台

为更好地在社团活动中渗透传统文化教育，学校还专门组建了"京腔京韵"小社团。每周三下午，京剧社团的同学们都会在专业教师的指导下练习学唱京剧。此外在学校举办的"戏曲大讲堂"上，学生们与专业京剧演员交流沟通，认识了生旦净末，了解了唱念做打；他们还根据不同京剧人物的性格特征，动手设计绘制了京剧脸谱的造型，让他们对京剧这一扬名海外的国粹有了更深层次的了解；普及"校园京韵操"，加深学生对传统文化的热爱，在校园内掀起一股学习传统京剧的热潮，也促使孩子们更加喜爱弘扬和传承中华优秀传统文化。

4.参与动手制作体验

如何更好地让学生体验传统文化的魅力，吸引更多的学生关注传统文化，学校提倡让学生"动起来"，在活动中体验，在活动中感知。

学校坚持开展"传统文化进校园"活动，依托传统节日文化，借助传统工艺体验，在"清明节""端午节"期间开展"伞的前生今世"和"端午佩香囊"探究动手实践活动，将传统文化的研究性学习与体验工艺相结合，在传承中华文化的同时也能够体验传统民族工艺的魅力；开展"红领巾小创客"调研寻访，走进青岛纺织博物馆和汉画像砖博物馆，探寻青岛纺织百年发展的历史，寻访"汉字的故事"，欣赏汉画像砖的魅力，动手体验民族工艺扎染、瓦当拓片和画像砖的制作；在新年来临之际，学校还组织开展了"传统民俗迎春节"冬令营活动，学生们通过动手体验制作胶东木板年画、泥叫虎等，从中感受传统新春文化的魅力，增加对"年文化"的了解。

学校传统文化活动的开展，先后被《人民日报》、中新社、新华社客户端、《中国日报》、《光明日报》、《中国教育报》、《大众日报》、《青岛晚报》等十余家媒体报道，提高了学校的办学声誉。

二、重视校内活动，展阳光学子风采新风貌

近年来，学校在拓展社会实践活动的同时，更加注重丰富校内实践活动形式，将德育、艺术、体育等多门类活动有机整合，为学生打造阳光、多彩的校园生活舞台，全面提高学生的综合素养。

1."轮值升旗班"——让特色展示秀出班级之风采

借助每周升旗仪式开展"轮值升旗班"活动。从铿锵有力的齐声诵读《少年中国说》到英文诗歌《再别康桥》；从古装情景表演《草长莺飞春分到》到传统加现代的架子鼓伴唱《说唱脸谱》；从缅怀先烈的《一束鲜花送故人》到放声高唱《我和我的祖国》；从引经据典"上下五千年"到走进"孔子的世界"，每个班的师生拉起"左手右手"，用精彩的展示呈现出不一样的班级风貌。

2.落实"十个一"——用实践搭台亮出少年之英姿

为全面落实《青岛市促进中小学生全面发展"十个一"项目行动计划》，学校以实践保普及，以活动促提高，努力让每一个学生培养兴趣、发展潜能、养成习惯、受益终生。

为了激发学生的爱国热情，增强国防观念和组织纪律性，养成良好的学风和生活作风，学校举行了"红领巾情系迷彩蓝"军事拓展实践活动，通过情境化体验，分别设立了危机阻截、突破封锁线、危机四伏、匍匐前进、胜利会师五大板块的活动，培养学生从小拥军爱军的优良品质，激发建立爱国强军梦。学校在开启"劳动技能课"的基础上，举办"践行'十个一'，劳动最光荣"技能比武实践活动。不论是穿衣服、系纽扣、穿系鞋带三个最贴近生活的比赛项目，还是"穿针引线""南水北调""姜太公钓鱼"等体验活动，学生们通过实践切实感受到了劳动的辛苦与收获的幸福；全校组织开展"童声飞扬，筑梦起航"——庆六一合唱比赛活动，一首首嘹亮的少先队歌曲，唱响学生心中无比的自豪；一首首经典的各地民歌，把中华艺术文化在校园推广传唱；组织开展"蓝蓝的海，青青的岛"贝壳工艺制作夏令营，引导学生关注蓝色海洋，传递家乡特色。

三、增强家校共育，拓亲子教育渠道提实效

1.积极发挥两级家委会作用

成立校级、班级家委会，征求家长意见和建议，携手"家长义工"团队做好"家长驻校"工作；倡导深入开展"亲子运动会""社会大课堂""家长巡考"等家委会实践活动，增进班级家长沟通和亲子互动；持续开展"我做主讲人"家长授课活动，挖掘

优质家长资源,鼓励家长走上讲台,融合互补学校课程体系。

2.提供家庭教育专家指导

针对学校家长对于家庭教育方面有较多共性的困惑,为了提高家长们的家庭教育水平,分享更多科学有效的家庭教育方法,学校联合青岛市妇联,邀请"优秀家长讲师团"的家长及家庭教育指导专家多次走进学校,通过"陪伴孩子健康成长"亲子关系咨询讲座、"智慧父母话家教"主题沙龙等活动,引导家长会们学会重新审视自己的教育行为,转变家校共育观念,切实提高家庭教育实效。

面对时代日新月异的发展和全社会对高质量教育的需求,青岛广饶路小学将本着"文化立校,特色强校,内涵发展"的办学思路,以"广育未来之苗,饶享智趣童年"为口号,培养具有道德素质和文化素养的全面人才,努力创建立足本土、辐射周边,扎根传统的特色德育品牌教育。

以"和善"文化引领学校全面发展

青岛西海岸新区台头小学 李淑红

一所学校之所以会发展成为名校,一定是因为它有独特的灵魂——学校文化。

学校文化是全面提升学校制度、组织、精神、物质建设的助推器,它涵盖学校先进的办学理念、深厚的历史传统、严谨的治学风格、优良的校风学风、和谐的人际关系,以及被校园人所认同的思想道德观念、价值审美观念等内容。这种看不见、摸不着学校文化,却弥散在学校内外,植根于全体师生内心深处,引领师生的思想。因此,在全面推进均衡教育、素质教育的今天,为了将师生的发展融入学校的发展中,培养一批高素质的教师、学生队伍,我们以"文化"引领学校管理,取得了较好的效果。

2012 年,台头小学面临着发展的重要机遇——与区域名校辛安小学实行集团联盟办学。作为联盟办学中的优质学校,辛安小学的"和合"文化经过多年的发展,已经成为学校的主要精神力量和发展内驱力,而台头小学要发展,势必要先与辛安小学的文化融合。经过慎重思考,又根据学校所处台头社区悠久的历史文化,学校决定,以传统文化"和善"作为学校文化的核心——在"和"大文化背景下,发展"善"

文化。

"和"是中华民族传统的人文价值和精神核心,"善"是中国儒家的传统道德目标。"善"的本义为"吉祥",也有"美好、善良"的意思,我们用"善"教育师生"心地仁爱、品质淳厚",进而"做好事、为善行",最终达到"至善"的目标。 以"和善"为核心的伦理思想,会指导我们的师生互相关心,互相帮助,以诚相待,和睦共处;对待任何事情都要秉性正直、诚实恭让,处处为他人着想。如此,"和善"定将成为核心力量,引领全体师生向前不断发展。

一、让"和衷共济"成为团结全体教师的凝聚力

对于一所学校来说,团队精神就是全校上下同心,各部门相互支持,协调一致的群体素养,是现代学校精神的重要组成部分,是促进学校凝聚力、竞争力不断增强的精神力量。团队精神的基础就是尊重个人的兴趣和成就,核心是协同合作,最高境界是全体成员的向心力、凝聚力,反映的是个体利益和整体利益的统一,并进而保证整个组织的高效率运转。

为达到这一目标,我们首先多次组织全体教师共同学习、理解、挖掘"和善"的深刻内涵,并以设计学校校徽这样一个看似平常的过程,引发全体教师的大讨论,最终,我们校徽的内涵是这样的:校徽是一个变体的"善"字,中间部分既是"抬头"开头大写字母"TT"的缩写,也是一个"干事创业"的"干"字;"善"字下面是一片水纹,整个图形呈圆形,颜色为中国传统的大红与黄色的结合,寓意为台头小学全体师生在传统"善"文化的引领下,干事创业,上善若水,台头小学终将如旭日一样冉冉升起,创造最美好的未来。这样一个过程,就将学校文化的烙印刻在老师们脑海中,也就是我们平常说的统一思想,但这个思想,我们不是靠高压、靠灌输来统一的,而是靠我们精神的引领,让老师们从内心来接受。其次,我校建立了一整套以人为本、科学有效的教师评价制度。我们始终认为,好老师是欣赏、鼓励出来的,我们利用升旗仪式、电子屏、校园局域网等平台,对于日常工作中发现的老师们的闪光点——即"善言善行"及时总结表扬,以表扬、奖励促管理,大大调动了全体教师的凝聚力,调动了全体教师的工作积极性。

二、让"与人为善"成为全体师生成长的助推力

首先,"与人为善"要做到的是了解学生、理解学生。

新课程标准提倡贯彻以人为本的思想,强调要以学生为中心并且注重学生的持续发展。学生是一群活生生的、有感情的人,他们原有的知识、智力发展的程度、兴

趣、爱好、学习的目的、态度,以及身体、思想品德表现状况是有很大差异的。要想了解,进而理解他们,不是件容易的事,因此,我们要求全体教师事事留心、时时注意、处处发现,比如,在课堂上观察学生的注意力状况、情绪表现、答题的正误和角度、作业的质量和速度;在课外活动中观察学生的活动能力、意志品质、个性倾向、人际关系和集体观念;在家访中观察学生的家庭表现、家长对子女的要求和教育方法;等等。只有这样,才能从学生的一举一动、一言一行,甚至是极微小的情绪变化上,感知学生的思想和心理状态,把握偶发事件的萌芽,及时采取针对性教育和防范措施。

第二,"与人为善"要了解教师、理解教师。

老师在作为"教师"这一"社会人"之前,首先是"自然人",也有正常人的喜怒哀乐、爱好与追求。我们学校除了设置了人性化的教师量化考核方案外,更注重的是教师内心的需要。因此,经常与教师谈心成了以校长为首的校委会成员的常态化工作,校园内部的及时通、QQ 群也成为我们交心的最好平台,学校每学期都举行全体教师大会,借助这一平台让老师们提交对学校管理方面的意见,并认真进行梳理、讨论,最终以大家能够认同的方式解决,让他们成为学校真正的主人。

第三,"与人为善"要丰富师生的校园生活。

减轻师生的工作、课业负担在我们学校没有成为一句空头支票。我们严格按国家要求开足开齐课时,课余组织了多彩的活动来丰富师生的校园生活,如在师生中开展的"我最喜欢的一本书""我们去看电影吧""趣味运动会""新年联欢会""合唱比赛""小荷花广播站""主题班队会展示"等活动,让全体师生充分放松,享受美好的校园生活。

第四,"与人为善"最要紧的一点便是"爱学生"。

作为教师,最大的"善"便是爱学生。没有爱的教育,是死亡的教育。因此,我们教育全体教师,要了解学生、关爱体贴学生、尊重信任学生,我们为每全学生建立成长档案,建立家访档案,通过家长学校、家长委员会关注孩子们的一言一行,让孩子们在爱中成长。

三、让"日行一善",成为学生道德水平提高的内驱力

"日行一善"就是要求学生从身边的一点一滴做起,每天坚持做一件好事,然后仔细去感受做好事为别人带来方便的同时给自己所带来的快乐。

(1)开展"日行一善"思想教育活动。通过对全体学生宣讲活动主要内容(存善心、行善举、扬善学、成善人)、活动范围(善在学校、善在家庭、善在社会),使学生深刻认识开展"日行一善"的重要意义;充分利用学校微信公众号、网站、手抄报、黑板

报、宣传栏、电子屏等载体,充分利用班会、讲座、家长会等形式在学生当中认真做好"日行一善"的宣传教育工作,营造良好的氛围。

(2)将"日行一善"与常规教育活动相结合。少先队、德育处每年都有很多常规教育活动:如"保护地球妈妈""感恩母亲节""爱绿护绿""学雷锋""缅怀先烈"等等,我们都将"和善"文化融入其中,赋予其新的内涵,鼓励学生以手抄报、黑板报、图画等方式表现出来,日积月累,不仅让学生得到了思想上的升华,而且学生的读、写、画等综合能力也得到了提高。

(3)记"行善日记",将每天做的好事记录下来,然后再传给其他同学,用一件好事,影响全班同学,带动一班孩子,再让每个孩子影响一个家庭,达到学校、家庭、社会三位一体的教育效果。

(4)学校每个学期开展一次"和善之星"评选表彰活动,帮助孩子改正缺点,使其成为一个孝敬长辈、关心他人、自立自理的好少年,并把其先进事迹在学校进行宣传。

四、让"和谐向善"成为学校特色创新的支撑力

打造"和善"教师团队。以"师德工程""暖心工程""业务工程""青蓝工程"为途径,加强团队建设,让全体教师团结一心。2014年,学校争创为青岛市规范化学校及青岛市现代化学校,连续三年被评为区教育工作综合考核优秀单位。

(1)开发"和善"系列教材。集中骨干教师,利用节假日,深入社区、家庭调研,编写了《善文化读本》(低、中、高)《孝亲故事读本》(低、中、高)《丝网花制作教程》、《幸福航标》等校本教材,并在各年级实施,得到学生的喜爱,家长、社会的高度评价。

(2)开设"和善"学生社团。有和善民乐团、武术、丝网花、布贴画、铅笔屑画、书法等,实行走班制,让学生在日常教学及实践中受到传统文化熏陶,并激发了他们对祖国传承文化的热情。

总之,我们这种浸润着浓厚传统氛围的"和善文化"是本着"和而不同,与人为善""和衷共济,止于至善"的宗旨,来营造一种平和安静、谦和真诚、感恩博爱的文化氛围,进而带动学校全面发展。相信在不久的将来,这种文化的先导作用会越来越凸显出来,我们的学校也会在这文化的引领下,不断向前发展,真正成为百姓家门口的优质学校。

读书让生活更精彩 传承让经典更醇厚

青岛市崂山区石老人小学 于新良

走进崂山区石老人小学，一股浓浓的书香气扑面而来：儒家"五常"的墙雕、二十四节气的彩绘、"崇文尚德，知行合一"的校训……安静而又鲜活地分布在校园里，散发着书香的儒雅与醇厚。

每个学期初，石老人小学的小海娃们都会迎来一个神圣的时刻——《小海娃习作集》出版啦！翻开这本小册子，熟悉的校园生活、独特的奇思妙想、有趣的生活场景和性格鲜明的人物……都会出现在你的眼前，这些都是小海娃们用习作的方式呈现的精彩。每一篇文章都融入了小海娃的汗水和见解，都记录了小海娃的成长、思考和创新！生命在他们的笔下汩汩流淌，生活在他们的文字中绚丽绽放！"生花妙笔始于毫末积累，锦绣文章源自品味生活"，这本习作集是学校"读书工程"扎实推进的一个见证。

人手一本的《读书成长手册》是学校读书工程的"百宝箱"。这本成长手册贯穿了学生1到6年级的小学学习生活，里面有"经典诵读积累"，有"书海漫游足迹"，有每个年级"我要读的好书"书目（包括必读书、推荐书和自选书），还有同伴、老师和家长的评价、反馈与激励。与之相匹配的是学校每月开设的课外阅读导读课、推进课和汇报课，以及"阅读达标、星级评价"的促读方式。这本手册的使用大大激发了孩子们主动读书、相互分享、大量积累经典的热情，引导他们一步一步、扎扎实实的读好书、好读书，从而培养了学生的阅读兴趣和习惯，为他们的学习生活注入了书香的力量。

丰富多彩的活动是学校读书工程的靓丽风景。读书展示活动的开展，既可以彰显学生的成果，又可以集大成于一家，让学生们在比赛、切磋中开拓阅读视野，提升语文素养。从日常的"献一本，读百本"的图书漂流活动，到校级好书推荐会；从班级的辩论赛到校级的小海娃论坛；从每学期的"我手写我心——小海娃现场作文竞赛""我的声音最最美——小海娃经典朗诵会"，到每学年一次的"古诗词挑战赛"，孩子们体味到了读书的乐趣与荣耀。学校坚持采取长程设计理念开设活动，开学初发布活动方案、定好活动时间，让学生充分了解活动过程和最终目的。从活动竞赛方案的发布到现场决赛,学生们经历了阅读、积累、观察、运用,再积累、再运用的过程。这些活动不仅仅是为了促进了学生的日常积累,更在于引导学生长读书、读长书,真读书、读真书,关注现实、热爱生活,积累、运用、享受读书带来的乐趣。

"家校互动、师生共营"是学校读书工程的延伸与融合。让家长成为孩子读书的参与者和同行者,不仅可以营造良好的家庭读书氛围,而且也为全民读书开辟了新的途径。采取"家校互动、师生共营"的模式,设立班级图书角、开放师生阅览室,家长、教师共同指导学生选购图书。同时引导家长根据自家情况开设好书品赏日、家庭阅读会等,在学校里评选"书香少年""读书小博士"和"书香家庭",让孩子们的童年浸润在沁人心脾的书香里。

"融读书于学科,落读书于笔头",这是石老人小学重要的读书理念。中高年级设置了周记本、读书笔记本,一二年级开辟了"看图写话"专题训练,让孩子们随手记录读书收获、随时记录生活镜头;开辟班级"每日读诗角",让学生从小"与经典同行,和圣贤为友";成立校级"经典吟诵"项目,设立专项指导教师,选取一到两个班级进行吟诵专项学习与练习,让学生感悟吟诵的魅力,提升自我文化品位。

石老人小学的全体教师以自己对于读书和经典的热爱与执着带动了全校学生对于读书的热爱,推动着学校读书工程的不断完善,引导全体学生和家长走进书的海洋,享受书本与经典带来的精彩和力量。

文化立校,育人无声

崂山区石老人小学　于新良

学校文化是全校师生在共同学习生活中所形成的价值观念、行为准则和生活方式。余秋雨先生认为,文化是一种精神价值和生活方式,它通过积累和引导创造集体人格,营造健康向上、主动发展、富有活力的校园文化,是优质学校的重要体现。

一、精神文化——在传承、积淀中凝练

一所学校的文化、特色一定是在长期的办学实践中积淀、凝练而来,不是来自外来的嫁接或植入。学校的精神文化是一所学校核心的价值观,对于全校师生有重要

的价值引领作用。

石老人小学在传承已有文化传统的基础上,确立了学校精神文化系统。

办学宗旨:让每个孩子扬起希望的风帆。

培养目标:培养身心两健、品学兼优、具有创新精神和实践能力的阳光少年。

文化品牌:以爱导航,扬长激潜。

办学特色:生态教育——尊重差异,扬长激潜。

学校精神:方寸海纳,至爱尽责。

校训:崇文尚德,知行合一。

校风:求真、求善、求美、求新。

教风:修己立人,乐教善施。

学风:爱读书、善思考、勤实践。

校歌:海娃之歌。

学校吉祥物:乐乐、洋洋。

二、环境文化——让学生站立在校园正中央

学校是育人的场所,因此校园的建筑、景观、绿化等每一处场所都是文化阵地。我校努力让校园的每一面墙壁能说话,每一棵花木都含情,每一处景观都蕴含着深刻的寓意。

晓望小学两座教学楼分别突出了行为习惯养成、中华传统美德主题,学生公寓突出温馨舒适的"家文化",餐厅突出勤俭节约、科学饮食主题,校园内布置有海洋文化长廊、书香长廊、安全文化长廊、环保教育长廊和国学墙、生态墙等,杏坛追梦主题石雕、感恩亭、教学楼墙壁浮雕等景观使整个校园充溢着浓厚的文化气息,达到了"文化如水,育人无声"的育人效果。我们建起了学校的天文台:改造原来的锅炉房、煤屋子两层,下面地理,上层天文,望远镜,先后投资 150 余万元,三合一蚌式球顶幕,里面的 VR 教室、科技教室,成为一道新的风景线。

石老人小学的环境文化重点突出了海洋特色文化、书香文化、中华优秀传统文化、科技创新文化等主题。以下细节充分体现了"让学生站立在校园正中央"的理念。

(1)更多的展示学生的作品、成果。班级宣传栏、走廊宣传栏可随时更换内容;大量、及时展示学生的书法、国画、手抄报、习作、手工制作作品等。

(2)教室课桌椅的高度每学期进行调整。

(3)校园之星展示,让更多的孩子得到激励,孩子们一张张天真可爱的笑脸让校园充满成长的气息。

（4）校长室用学生的书法、国画作品装饰,学生以自己的作品能够挂在校长室的墙壁感到自豪。

三、制度文化——唤起师生生命自觉

《道德经》指出：多言数穷,不如守中。一所学校的制度不在多,而贵精。根据学校发展过程中遇到的新问题和育人需要,石老人小学重点建立完善了教师奖惩制度、年度考核制度、绩效工资制度、教科研制度、教职工代表大会制度等,按照现代学校制度要求成立了校务委员会、家长委员会、教师学术委员会、理财小组等机构,充分发挥发挥这些组织参与决策、监督、管理的作用。

坚持管理重心、教研重心、教学重心下移,落实"赢在中层、成在基层"的理念,提高中层干部的策划力、执行力、合作力。推行教研组长负责制、项目管理制度,每个人都是自己工作领域的第一责任人,全程负责工作的策划、推进、总结等。每一位干部教师的主观能动性得到发挥,在成事中成人,用成人促成事。

四、行为文化——科学规范、健康向上

培育"以爱导航,扬长激潜"的生态教育文化品牌,引领每一位教师用自己的爱心、责任心、恒心,尊重差异,因材施教,扬长激潜,培养每一个孩子的自尊心、自信心。追求民主、规范、科学的管理文化和团结、互助、合作、创新的团队文化。

培育生本、生成、生活、生动的生态.高效课堂文化,课堂有笑声、有掌声、有心声、有辩论声,让课堂焕发生命的活力。培育能够满足学生多元发展需求的生态课程文化,构建"三级、三类、三群"生态多彩课程体系,让学生在丰富多彩的课程中找到自己的精彩和快乐。培育师生关系民主和谐、学生人人争当小主人的班级文化,让班级充满成长的气息。

变革学生发展工作,坚持学生立场,培养学生自治力。发展与提升学生在各类学校活动中的主动性、自主性和自我教育的意识与能力。培养学生的主人翁意识——争做课堂的主人,班级的主人,校园的主人,生活的主人。班级小岗位、校园大岗位促进学生自主发展、自我管理。每个班级设置具有班级特色的管理岗位,让学生人人有事做,事事有人管。在校园内成立学生自治委员会,赋予学生大队委、学生自治委员会更多的责任,培养学生的责任心和自我管理能力。

把握学校文化脉搏 促进师生共同发展

青岛嘉定路小学 刘艳华

文化对于一所学校来说,它的真正意义在于当你走进校园的那一刻起,你会发现在教师、学生身上不经意的言谈举止中所流露出来的不同于别的学校的味道。我校自2009年至今不断深化"嘉"文化办学特色,用文化指引行动,从而促进每个人的发展,在师生身上真正体现"嘉"的味道,以期实现学校的发展愿景——嘉言嘉行,嘉校嘉风。

一、在管理中实现情感认同

"嘉"文化倡导三个观点,即:每个人都是重要的(体现全体性);每个人都是主动的(体现自主性);每个人都是快乐的(体现教育为了每个人健康快乐地成长)。因此,在学校管理中,我们重在管"心"。学校确立了嘉小师、生誓词,誓词着重凸显学校精神文化内涵。同时,引领全体人员制定符合我校特色的教师、学生、家长三个层面的主流价值观,大家熟知我们的价值追求。

在此基础上实施"协商管理",它是践行"嘉"文化的一个有效载体,目的在于营造和谐共生、民主管理的氛围。即:教师层面,成立民主管理委员会和项目协商工作坊,进一步拓宽和深化学校的民主渠道,从而激发教师自主参与学校管理的积极性;学生层面,成立校、班两级学生自主管理委员会及嘉嘉义工团,引导学生参与学校活动的组织,提高学生自我管理能力。

二、在教学中遵循文化理念

2011年开始,我校大力推进课堂教学改革,努力探索"教师助导,四轮驱动"教学模式,通过自主预习、自主展示、自主探究、自主拓展四环节的实施,取得了明显的成效,新型的课堂让孩子们的学习发生了巨大的变化,学习能力得到了有效提高,"四轮驱动"教学模式也获得了师生及家长的广泛认可。

实践中,我们将"四轮驱动"教学模式作为落实"嘉"文化理念的重要渠道,努力体现"嘉"文化所倡导的全体性、主动性和快乐性。我们强调学习是学生主动参与体验的过程,激发的是学生的内驱力,并以学习方式为切入点,引导学生开展自主学习、质疑学习、合作学习、互动学习……,使每一位学生参与其中,更好地掌握学习本领,享受学习带给他的快乐,促使他们爱学、会学、乐学。

三、在课程里凸显价值追求

课程是一所学校文化的核心组成部分,它反映了学校的办学理念,因此,我校紧扣"嘉"文化,大力开展课程的研发,使老师们人人都有想法,人人都能创造。设置了更加适合学生发展、顺应时代要求、体现文化理念的学校课程,使全校师生在授课、上课中潜移默化地接受文化熏陶,不知不觉间流露出我们所期待的"嘉"的味道。

课程属于教师,我校成立了课程研究院,鼓励老师们参与课程的研发、调控与实施,引导教师从教学能力向课程能力过渡,从教为主体向课程核心转移,以此引领全体教师关注课程,研究课程。

课程更属于学生,一门好的课程可以让孩子受益终生。我校"嘉如世界"学校课程,是孩子们特别喜爱的一门课程,他们可以参与不同行业,进行职业体验。例如广告设计体验馆,是许多爱好美术孩子的乐园,自从开办以来,学校里的校报、走廊里的广告宣传语……都是由他们团队进行排版设计的。再如小交警体验馆,着实让一些崇拜警察的小男生过了一把瘾,每到学校外出集体活动的时候,他们总能大显身手,承担起了维持秩序的重任。

可以说,"嘉"文化的打造,让学校准确把握了发展的脉搏,有效促进了师生共同提高。

基于学校特点的育人文化营造

青岛市城阳区第二实验小学 万 莉

当学校发展到一个新的高度,就要寻找新的学校增长点。青岛城阳区第二实验小学历经十几年的发展,已经由办学初的二百多人,成长为现在规模 3600 多人的大学校,学校以优质的办学质量成为当地老百姓最向往的学校。特别是学校艺术教育已经成为特色鲜明的学校符号。二小学子的卓尔不群、敏而好学、阳光向上这些特质,亦成为学校文化基因。

学校文化是彰显新时代的教育灵魂,也是学校"强起来"的精神源泉、精神武器和精神脊梁。"新时代学校文化重构"顺应了新时代对教育"强起来"的要求。学校继承原有的"乐生教育"理念并结合新时代学校教育定位,进行了理念系统与课程系统的文化再建构完善,融入了"创",即创生、创意、创新、创造,进而创生新的课程文化体系;引领儿童有创意的学习、生活;培养儿童的创新意识、创新思维能力;力所能及地动手创造,异想天开。这既是新时代办学要求,也是第二实验小学现有发展基础上的再提升,在传承基础上的再创新。"乐创"教育,是第二实验小学教育哲学思想的高度凝练与价值诉求。

一、"乐创"文化的创生

1. 办学理念：向阳而立　乐创未来

向阳而立是落实立德树人教育的形象体现。向着太阳,充满正能量地站立成一个大写的人！立：站立、树立。《左传》提出了为人处世的最高标准："立德立功立言。"教育真正的目的是立己立人。德是教育根基,通过立己立人、立德立言、立志立业,让儿童志向同祖国和人民、未来联系在一起,将爱国、敬业、诚信、友善的必备品格根植内心,弘扬和践行社会主义核心价值观。通过学校教育使学生都像向阳花一样永远追随光明,充满活力,向阳生长,具备心态阳光、心胸宽广、心智聪慧二小特质。

"乐创未来"中"乐"的内涵与外延极其丰富,其本意是一种弦乐器。故有"乐者,天地之和也"之说。因为音乐使人愉悦,欢乐,转义为"乐"快乐、欢乐。教育的目的正是让孩子快乐成长。让学生始终保有对生活的学习的乐趣,通过音乐、悦读等实现儿童快乐成长,基于乐趣,形于创新,视接未来。如果学校内的每一个人都能找到自己潜力禀赋爱好,并能够乐于去创造、去研究,才会适应未来的挑战,这便是人生最美好的成长状态。"乐创"未来,表达的是一种学习生活状态,是一种智慧,一种境界,亦是新时代学校教育的不懈追求。

2. 培养目标：培养根植中华、乐学慧创、行至未来的阳光少年

学校教育一定要明确培养什么样的人？为谁培养人？如何培养人的问题。要做有中国根的教育,培养德智体美劳全面发展的社会主义建设者和接班人,这是使命也是担当。通过教育实现快乐学习、智慧创造,为学生提供可持续发展的、终身受用

的关键品格和能力,成长为无畏将来的心态阳光、心胸宽广、心智聪慧的乐创学子,遇见未来更好的自己。

3.核心素养

教育要顺应每个孩子的天性,尊重学生差异,让学习真实而快乐发生,让层出不穷的创造力成就生命的精彩。学校从乐德、乐言、乐智、乐美、乐健、乐劳六个领域提出我校六个维度的核心素养,即乐于担当、乐于表达、乐于创新、乐于审美、乐于运动、乐于动手。

二、"乐创"课程构建及实施

一所学校特色的核心体现在学校课程体系设计中,学校在以"培养根植中华、乐学慧创、行至未来的阳光少年"目标下,如何将"向阳而立,乐创未来"的办学理念与学校教育活动对接并进一步关联? 依据一切有积极影响的元素都是课程的这种理念,我们构建了乐德、乐言、乐智、乐美、乐健、乐劳六个领域课程体系内涵,形成"乐创"课程体系。"乐创"课程体系通过四维课程,六大领域落实六大核心素养,实现"培养根植中华、乐学慧创、行至未来的阳光少年"的目标。"四维"课程指"基础,拓展,选择,综合"课程四个维度。四维课程的设置,能够更好地关注、推进每一个孩子的特质,发现培养学生成为更好的自己,从而帮助生命获得滋养,茁壮成长。整个课程体系分为品德与行为、语言与人文、数学与创新、体育与健康、艺术与审美、环境与劳动六大领域,培养学生优良品德、乐于担当的品格修养;合作乐群、乐于表达的人文素养;批判质疑、探索创新的科学素养;展示自我、审美爱美的艺术素养;珍爱生命、身心两健的健康素养和乐于实践、尊重劳动的爱劳素养,最终达到"个性发展的乐园、求真慧创的学园、温馨和谐的家园"这一学校教育新样态,打造一所有温度,有故事,有品质的学校。

让学校成为花园、乐园、家园

青岛市城阳区流亭街道流亭小学 韩万青

加强校园文化建设,是新时达教育的需要,是推进素质教育的需要,是提升学校文化内涵的需要,是提高育人水平的需要。近年来,我校立足实际、追求实效,挖掘一切可以利用的因素,开创性的营建校园文化氛围,主要有以下典型事例:

一、精心设置校园环境,做到步步有景,处处育人,让学校成为蓓蕾绽放的花园

其一,注重校园美化、绿化、净化和香化,在花草树木的选择上,保证了春季百花争艳、夏日绿树成荫、秋天丹桂飘香、隆冬蜡梅傲雪,师生们步入校园,犹如置身于一个美丽的大花坛。

其二,打造特色楼道文化。

楼梯间,划出了醒目的中线,台阶上写上了"轻声慢步、行人靠右、爱护清洁"。

墙面上,用童谣的形式提示小朋友"上下楼梯要小心,轻声慢步靠右行,不翻栏杆不跑跳,礼让师长讲文明"。

走廊上,各班都有一块让学生展示才华、放飞童心的活动园地,每月按照学校德育的主题更换内容(如"寒假十个一成果展""可爱的家乡""英雄在我心中""民族精神代代传"等),不限形式、不限材料,不限色彩,只要求学生充分动手参与,千姿百态的"活动园地"是校园一道靓丽的风景。

其三,以传统文化、艺体风采为主题,制作了长达100米大型艺术墙,先后开辟了"学校十年成果展览、寒假特殊作业展示、教师三笔字展示、我做守法小公民、创平安校园、做健康卫士"等宣传专栏,大大丰富了校园文化,开拓了师生的视野。

二、坚持以人为本，张扬个性，构建孩子成长的乐园

1. 精心选择和制作校园音乐，让学生在校的一日学习与生活都受到音乐的提示与陶冶

周一早上步入校园聆听温馨的迎接曲，集会、做操、放学下楼时各层楼会听到不同风格的优美乐曲，升旗仪式上听到管乐队现场演奏的出旗曲、国歌、颁奖曲，课间活动或解散上楼时听到经典的儿歌联唱，每天早上、下午到校会听到优美抒情的中西名曲……

在优美乐曲的提示与感染下，全体师生仿佛置身于音乐的殿堂，每到统一集会、做操的上下楼时，每到上午或下午的放学时，校园内外都是井然有序，形成一道亮丽的风景线，各班路队均坚持到校外的三个街口，杜绝了很多安全隐患，为市民和家长们留下了深刻印象。

2. 设立了"心心语"信箱，给孩子们提供了一个平等倾诉、交流和展示的空间，迈出了学校心理健康教育可喜的一步

学生有什么心里话要对同学说、对老师说、对校长说，有什么好人好事或不良行为要透露，对学校有什么建议……都可以随时不留名地投稿，每天我们都要收到数十张的纸条，字里行间承载着孩子们纯真的童心和美好的愿望，融洽了师生关系，拉近了师生距离，沟通了师生情感，为完善学校的各项工作提供了很多有价值的信息。

3. 奖励优秀道德行为

打破传统德育工作中以"禁止""防堵""限制"为主的方法，通过正面鼓励的形式帮助学生树立自信，解放个性。把学生在校期间每天所表现的优秀道德行为公布在学校和各班的宣传栏上，并以优秀积分的形式记录下来，然后给不同档次得分的同学以不同的奖励：如30分可获得电子阅览室的准入卡，50分可当回出旗（护）手，100分可参与大中队干部竞选，200分可参与"希望之星"评选。这样，通过正面鼓励的形式宣扬了优秀道德行为，帮助学生找到了身边鲜活的学习榜样，让学生的点滴进步和闪光之处得到肯定，让抽象的德育贴近了学生的生活，激励他们不断追求进步，崇尚真、善、美。

目前，我校的"优秀道德行为公示栏"已成为每位学生跨入校园首先关注的焦点。

4. 创新德育评价体系

我校推行了每周"希望之星""红旗中队"，每年"新三好""十佳小公民"等评选制度，掀起了比学赶帮的新高潮，让更多的孩子体验了成功的喜悦，扬起了自信的笑

脸。

三、狠抓全校师生文明形象建设，营造团结友爱、和谐温馨的家园

（1）弘扬"明德雅行"的主题，赋予校训、校歌、校徽鲜明的时代内涵，引领全体师生团结向上，友爱互助，共同托起希望的明天。在每周一的升旗仪式上都有各中队的德育小品，对学生进行潜移默化的影响。

（2）塑造一流师表形象。"其身正，不令而行；其身不正，虽令不从"。我校历来要求全体教师把修身养性作为"为人师生"的基础，大力倡导用"责任、爱心和学识"引领学生健康成长。

其一是在办公室张贴"新世纪教师格言""教师十条禁忌语"，时刻提醒教师规范语言，走进孩子的心灵。

其二是在言行举止上严格要求每一位教师，以潜移默化感染学生。要求随时保持办公用品、书本摆放整齐，用过的物品归回原位，不得乱扔乱吐乱倒，不得边走边吃东西，不得勾肩搭背、大声说笑，不得在校内骑车，不得在升旗等集会活动带挎包、交头接耳，见地上杂物主动拾起，见学生行礼主动还礼等，随时随地为学生做表率。

其三引导教职工人人做到"爱生如子，爱校如家"，牢固树立"校兴我荣、校衰我耻"的主人翁意识。我校在教职工考核细则中，实施了"优秀职业道德加分"制度，对在教育教学工作中涌现出来的"关爱学生""爱校如家"的典型事迹进行加分，并及时在教职工大会上进行表扬，让身边典型的人物和事迹激励人人争当师德标兵。

（3）创新活动形式，培养学生良好行为习惯。近年来我校坚持开展"学生一日常规评比"活动，通过文明中队评选、达标争章、周末例会等形式，帮助学生养成良好习惯。

不定期开展"日常行为习惯实景检测"活动。学校经常在学生毫无觉察的情况下，有意设置特定的情景，让学生参与其中，检测其行为习惯养成情况。如设置这样一个情景：主任到教室里随机点几名学生，说校长找他们谈话，然后领着学生经过走廊、楼梯、操场到校长办公室。在此过程中，已悄悄地从 10 个方面的行为习惯对学生进行了考核。此方法收到了很好的效果。

长期开展"弯弯腰、伸伸手、动动脑"活动，号召同学们无论在校内校外，只要看见地上有垃圾就主动弯腰拾起，像吸尘器一样，使自己路过之处、停留之处、活动之处不留下任何垃圾。同时，主动完成一些自己力所能及、举手之劳的事情，为建设家乡、美化校园、方便他人做出一份贡献。

几年来我校校园文化建设特色鲜明、成效显著凡到校的领导、同行对我们的校园文化建设均给予了高度评价。

营造读书氛围，建设书香校园

青岛西海岸新区崇明岛路小学　宋云健

学校就是读书的地方，营造读书氛围，建设书香校园是校长的必修课。

在校园中，建设名著园、读书长廊等园地，学校的自然景观和人文景观相结合，为学生读书提供惬意的场所，让学生徜徉其中，沐浴书香。

教学楼内设有新教育读书长廊，共有四幅画面，第一幅是亲子共读，小小的萤火虫在黑夜中放出微弱的亮光，我们的家长和老师，仿佛这一只只小小的萤火虫，虽然个人的力量非常微弱，但是每个人都会影响别人一个家长会影响一个孩子，众多的人集聚在一起，一样可以绽放出强大的亮光。相信在点亮自己的同时，一样可以照亮他人。第二幅是改变，从阅读开始。旨在告诉学生，一只毛毛虫的蜕变在于不断地积累，只有量的积累才能导致质的变化，只有多读书才能够加深生命的厚度，才能达到美丽的变身。第三幅是"只有行动才有收获，只有坚持才有奇迹"，主要想要透过画面告诉学生坚持，一只蜗牛爬行虽然很慢，但是只要坚持，不放弃，它依然可以到达它的顶峰。第四幅场景就是照片墙，挂满学校活动的照片，记录了新教育实施过程中的历程。校园里的每一个文化都时刻给学生以熏陶。

为便于学生随时阅读，学校教学楼一到四楼设有开放式读书角，根据不同年龄的学生摆放不同的书籍，并且每月更换一次图书。一年级侧重于绘本故事，二、三年级侧重于童话故事和励志故事，三、四年级侧重于科学类图书，五、六年级侧重于经典名著。同时，学校为各班配备了读书角书橱，学生以班级为单位借阅图书，随时阅读。让图书室的书籍流动起来。

每学期学校提倡各班共读两本书，老师每天规定阅读的页数，布置阅读的任务，第二天课前两分钟进行交流，同时，没读完一本课外书，开展一次班级读书交流会。

班级共读的开展，培养了学生浓厚的读书兴趣。课余时间在学校的走廊、操场、过道等校园的每个角落都能够看到捧着书津津有味阅读的学生。

建立班级读书卡，激励学生养成每日读书的习惯。学生可以通过读书银行卡，不断累积读书数量。凭借读书银行卡的读书数量可以领取读书荣誉证书，进行阅读考级。每学期读书达 10 本可领取读书小能手称号,15 本为读书小硕士,20 本为读书小博士;累积读书 20 本达一级,40 本达二级,60 本达三级,80 本达四级,100 本达五级,120 本达六级,整个小学阶段都可以累积读书数量进行考级。

学校将"读书节"定为节日课程,每学期开展一次读书节,开展海边诵诗、桂花节诵诗、清明节诵诗、书签设计、读书征文等丰富多彩的读书活动。

学校把朱永新教授"让师生过一种幸福完整的教育生活"的教育理念,贯穿在教育生活的每一天中。学校关注每一个学生幸福的指数,开展丰富多彩的活动,远足春游、畅游唐岛湾、校园桂花节等,丰富学生的生活,充盈了学生们当下的生命,让学生有幸福的体验。只有有了教师的幸福,才有学生的快乐。学校关注每位教师的当下幸福,教师诗歌朗读会、踢毽子比赛、元旦庆祝等,让每位教师体验着幸福。学校更关注课堂学习中的幸福感,营造轻松和谐愉快的课堂氛围,构建理想课堂,让师生都能再课堂中体验到幸福。

学校提倡学员读书,力求让阅读成为一种生活习惯,成为一种生活方式,家长的参与必不可少,因此,学校开展亲子共读活动。每天晚上家长陪同学生读书半小时,并与孩子交流读书的感受。

学校还专门成立了亲子共读交流群,每天发布苏霍姆林斯基、蒙台梭利的教育大家的教育理论,同时,家长们再群里一起交流读书感受和亲子共读的方法,努力打造"为爱朗读"的读书品牌。

构建"和美"的育人文化

即墨区灵山中心小学　陈学路

陈学路先生自 2018 年 3 月到灵山中心小学担任校长以来,就为学校带来了和美教育的教育理念。"和"是中国传统文化的精髓所在,孔子提出"和为贵",他强调"君子和而不同,小人同而不和"。《中庸》道:"和也者,天下之达道也"。"和"既是"合为一体"之意,又是"和睦""和谐""和美"之意。而"和睦""和谐""和美",就是古人所谓的义与理。"和而不同"不仅是一种君子的为人、做事之道,也是世界文化的发展之道。

社会活动学家费孝通说:"各美其美,美人之美,美美共同,天下大同。"……"美"是事物发展的最高境界,是人内心感情的最高境界。这里指的不仅是校园环境的物质美,更是人的美,人的心灵美、体魄美、学业美。

在营造育人文化方面,学校秉持和煦德育的教育理念。和煦德育是指通过营造良好的德育环境及开展有益的德育活动,并在此过程中不断"欣赏、善待和发展每个人",使学生潜移默化地受到如阳光春风般的品行教育的育人途径。它是一种充满理解、管放结合的无痕教育。"以优美的环境陶冶人,以规范的管理培育人,以多彩的活动教育人"是我校和煦德育倡导的三大育人理想。

秉持这一理念,陈校长按照"年度有主线,月月有主题,天天是活动,处处受教育"的原则,指引我们开展德育主题教育月活动。

(1)3月份,开展"学雷锋、树新风"主题教育活动。

利用国旗下讲话,围绕"争当雷锋式的好少年"这个主题陈校长生动有趣地为队员们讲述了雷锋故事。各班组织召开主题班队会并出一期黑板报,同学们通过读一本雷锋同志事迹的书、做一件好事、写一篇做好事的日记等等走进雷锋那伟大的精神世界,真正懂得"为人民服务"的真谛。

(2)4月份,结合"清明节"开展祭奠革命烈士活动。

在陈校长的大力支持和帮助下,在清明节前后,我校全体少先队员自行开展了网上祭奠革命烈士活动。广大师生纷纷到中国文明网、人民网等网站搭建的"网上祭英烈"互动平台上祭奠、留言的"网上祭英烈"活动。我校五年级全体师生来到了泉上革命烈士陵园举行了少先队"缅怀革命先烈 继承优良传统"清明节扫墓活动,全体少先队员在革命烈士纪念堂前庄严宣誓,随后瞻仰了临清革命烈士的事迹。

(3)6月份,在队旗的召唤下,大队部举行"争做新时代好队员,我是小小追梦人"新少先队员的入队仪式。

(4)7月份,我校隆重举行了"忆思母校,明天你好!"为主题的六年级毕业典礼。

(5)9月份开展"中小学弘扬和培育民族精神月",为给青少年以价值观的启迪和引导,激发同学们的爱国热情。

(6)10月份,开展少先队建队日活动。为深入贯彻落实习近平总书记"用实际行动把红色基因一代代传下去""从小事做起,从身边做起,努力争做新时代好队员"的要求和勉励,增强少先队员光荣感和组织归属感,教育引导队员们听党的话,跟党走,努力成长为担当民族复兴大任的时代新人,响应上级号召,开展主题队日活动。通过一系列生动丰富的主题教育活动,使广大少先队员进一步了解少先队的光荣历史,增强光荣感、责任感和使命感,让星星火炬代代相传。

（7）11 月份，我校集中开展防校园欺凌活动月。通过国旗下讲话、家访、建立问题学生名单、手抄报、集中教育、主题教育等多种形式保障学生安全。

（8）12 月份，开展宪法活动月活动。12 月 4 日是法制宣传日，为加强学生法制教育，营造学习宪法、尊崇宪法的浓厚氛围，根据上级的统一部署，结合我校学生实际，陈校长制定了切实可行的宪法学习宣传教育活动方案，开展了一系列工作。

（9）1 月份，开展"辞旧迎新表感恩"活动。

学生在活动中无时无刻不浸润在和煦德育的育人理念中。

"和美教育"理念的提出与培植，不仅延续了我校多年办学过程中积淀下来的良好文化精神，丰富了学校的内涵，陶冶师生和谐与美的情操，更为塑造儿童的幸福人生奠定了基础。

建设多元校园文化巧育新人

平度市仁兆镇仁兆小学　高华军

校园文化是综合体现学校教育理念、办学思想、校园风气的"灵魂"。在校园文化建设中，我们紧紧围绕"一个核心""两个途径"进行展开校园文化建设。一个中心是：校园文化建设要以育德为目的，彰显学校"精神"。"两个途径"即要从校园环境文化、班级文化两种渠道整体构建校园文化。既让校园文化涵盖整个校园，形成学校支柱型主流文化精神，又能实现校园主体精神文化的具体化，使其落实到每个班级、每个学生。

一、坚持继承和发扬，努力建设独特深厚的核心文化

办学思想：一切为人的发展服务 教育理念：因材施教、有教无类＋爱 办学目标：创办一所充满爱心、师生向往、社会满意的学校。 培养目标：培养能幸福一生的人。

三风一训：

校训：做人做事，幸福一生。

校风：真　善　美。

学风：尊师、乐学。

教风：爱生、乐教、办学方略。

二、坚持环境育人观，努力建设氛围浓厚的环境文化

1.微笑是最美的语言，这就是最美的校园

"请把我的歌带回你的家，请把你的微笑留下，请把我的歌带回你的家，请把你的微笑留下……"微笑，是这世上最美好的表情。当我们愉悦时会微笑，开心时会大笑，哪怕哭泣时也能破涕而笑。当一个孩子笑的时候，周围的每个人都能从内心感受到温暖；当校园里所有人露出微笑，这就是最美的校园。"今天，你微笑了吗？"

2.建设学校"文化阵地"，使之成为校园精神文化的载体

一进学校教学楼左侧的是名人老子、孔子、孟子画像、右侧是伟人 1964 年 11 月 5 日，应苏共中央和苏联政府的邀请，由周恩来参加了十月革命 47 周年庆典后，周恩来总理走下飞机时，毛泽东、刘少奇、朱德与周恩来一一热烈握手，亲切问候的照片。我们确立了"伟人引航程、名人伴一生"的育人理念，让学生既受到名人的熏陶又感受到伟人历史的成功，使他们能目染之、潜移之、默化之，收到"润物细无声"的效果。通过"仁兆好声音"红领巾广播、仁小微信公众号传播学校的新人、新事、新面貌；建设文化长廊，以书香驿站、学生自己的作品、活动的图片为主，使"墙壁"上所说的话是学生们爱说的话，是他们爱听的话；使每一幅画、每一句标语都激励着同学们奋斗拼搏、积极进取。我们在此基础上组织学生参观了校园文化，开展了"仁小知多少、践行校训"的校园文化等活动，进一步增进广大学生对校园文化的感悟。

三、坚持班级育人观，努力建设现代的完美教室文化

有位哲人曾说过："对学生真正有价值的东西，是他周围的环境。"班级文化是一个学校的活力与灵魂，一个学校若缺乏班级文化，那么就如鲜花缺少水分的滋润一样。学校坚持班级育人观，努力建设现代的完美教室文化。

1.建设个人收纳与风采展示区

学校为每一名学生定做书柜，孩子们在教室里有了自己的小天地，将自己的书包、文具、水杯等置于柜内，不但教室变得整齐划一，也养成一个整理自己日常用品的好习惯；柜子门外就是孩子们自己的小展台，有的班级将每人每周最优秀的书法作品张贴展示、有的将学生的最喜欢的话、读书感悟、学习目标等向大家一一讲述。

2.领导干部与主任携手共建育人观景

学校并安排包括校长在内的所有领导干部帮包班级,作为班级副班主任的身份,与班主任一起荣誉与共一起去探讨研究班级管理,共同搭建完美教室。从班训到班歌、从班级班风到班级愿景,力求让教室的每一面墙壁会说话、让教室的每一个角落都育人。

3.师生合作共谋班级主题

学校每个班级都根据自己的班级特色以及今后的愿景制定自己的班级文化主题,如:阳光班、青竹班、七色光班等。

学校自身是文化的构建,是教育对学校提出的现实使命,它对教育目标的落实、学生的健康成长有着重要的意义,也是德育校本发展的一个新的命题。以上是我校的点滴做法,我们将继续努力,探索优化校园文化建设的新途径。

创设激励手段，营造美育文化

青岛莱芜一路小学　金　颖

教师是学校发展的重要因素,调动教师一切积极因素,最大限度发挥每一位教师的能动性,努力培养一支主动学习研究,勇于创新实践,不断进取,敬业爱生、凝聚力强的教师队伍,在队伍建设中不断提升学校美育文化心教育理念。

一、目标激励

每位教师每学年规划好自己的发展目标,包括行之有效的教育目标,使每个教职工明白自己在具体的工作中应当怎样去奋斗,怎样才能创造性的完成教育教学任务。目标明确了,全体教职工就会按照所规定的目标具体的、有效的去完成各项指标,就会将自己的聪明才智毫无保留的运用在教育教学中。同时,这个目标是有目共睹的,是一把尺子,它可以科学准确的衡量每个人的工作情况。

二、专业激励

学校给每一位教师搭建专业发展的舞台，激励他们各自在专业发展上都有所长，有所发展。学校在专业发展激励上主要分层进行。设名师工作室的专业激励；骨干教师传帮带专业激励；青年教师的拜师激励；根据不同教师的特点，设立学期评优机制，让每一个岗位的教师发挥自己专长。

三、民主管理激励

尊重教师，给予教师权利是对教是最大的激励。学校民主管理机制要体现在教师参政议政方面。首先教工代表大会制度继续落实；第二是教师座谈访谈倾听意见建议的渠道建立，教师反馈分管干部——分管干部积极倾听回馈——落实意见建议上校务会——再反馈，通过这样的程序新成民主管理激励。

四、即时评价激励

教师工作、业绩、师德等方面的表现，要第一时间进行反馈，体现即时性，生成性，让老师们能够第一时间获取榜样示范的力量。学校要建立即时激励负责人，即当日的值周的干部，建立即时激励的途径，即时通、随手拍、电子班牌、微信公众平台等。建立即时评价板块：如党员、团员、班主任等，进行专项的激励反馈。

五、需求激励

满足教师的合理的精神和物质需求，也是促进教师发展的动力之一。工会、德育处、教导处、大队部、后勤等相关人员都要积极了解教师在精神和物质方面的合理需求，积极满足教师们的需求，达到最大程度的关怀和尊重。工会要建立教师生日庆祝仪式，德育大队部要建立教师节、妇女节、三八节、母亲节等女教师节日的庆祝仪式，后勤要积极解决教师在办公环境、杂务处理等方面遇到的问题，积极为老师们服好务，创造更加良好的工作环境，激励教师更好的工作。

艺美空间的幸福时光

青岛福州路小学 赵 妤

一、学校文化背景

近年来,我校秉承"幸福教育"的办学理念,确立了"幸福育人、育幸福人"的培养目标,"和、乐、美"的文化品格,逐步形成并完善了具有校本特色的"幸福期待文化"体系,即:幸福完满课程、幸福分享课堂、幸福体验德育。结合"期待文化",我们在环境建设中发挥艺术学校特色,努力实现"处处是教育之地,人人是教育之师;人育环境,环境育人"的校园文化理念,践行以艺益德、以艺启智、以艺健体、以艺怡美、以艺补劳的工作思路,大力开展艺术普及教育和特色活动,获得丰硕的教育成果。

二、设计理念

为了能更有效地打造学校的艺术特色和艺术气息,学校曾面向全体学生展开"我的梦想秀"调查,了解到孩子们在艺术方面梦想实现的需求非常强烈。因此,我们将今年的环境建设方向定位在张扬"生本"个性上。于是,位于教学楼东侧临近安全通道、孩子们最喜欢的二楼和三楼两个"阳光房",成为突出美术特色的"画意飞扬"和音乐特色的"乐享空间"建设的最佳选择。

我们在设计中努力体现——

(1)校园生命:以生活、游戏、学习为中心,创造充满欢笑及情感的校园。

(2)教育理念:符合现阶段使用,包容未来发展的教育理念与空间。

(3)境教空间:生活化、学习化、情境化、游戏化的校园空间。

三、建设目的

两个艺术空间的设立主要是为学生开展小型的艺术活动提供更为温馨、优雅的空间,提升学生对艺术学习的热情。两个空间既有对艺术知识的传播与普及,还有学校历年来开展艺术活动的照片展示,空间的环境优雅,艺术氛围浓厚,非常适合举办学生个人的美术作品展、乐器演奏分享会,为学生开展小型艺术活动提供了新的平台。

四、主要作用

（1）确立正确的文化价值观。用艺术文化唤醒和高扬学生的生命意识,关注学生真正的精神生活和内心世界。

（2）关注和丰富学生的体验。用于三级课程和国家课程校本化的学习展示;用于"幸福梦想秀",帮助学生搭建能够实现个人梦想的舞台。

（3）加强文化陶冶。教育的本质是文化陶冶。通过"艺美空间"的艺术文化传播、艺术活动展示交流,着力发掘知识的文化陶冶价值,让学生在体验中产生精神上的共鸣,从而发挥文化陶冶功能。

五、特色项目活动

艺美空间的环境文化从舞台搭建、空间装饰、灯光设计等方面投资近 12 万元,于 2014 年 5 月投入使用。充满艺术美感的两个空间,让孩子们更是喜爱无比,彼此学习、分享、收获着,度过童年的幸福时光。

1. "乐享空间"搭建国家课程校本化的展示舞台

在国家课程校本化中,我校自 2013 年将古典吉他课程引进了学生的音乐课堂。古典吉他是吉他家族中艺术性最高、适应面最广、最有深度、最受艺术界肯定的一类,被称为"世界三大经典乐器",同时具备钢琴的富丽堂皇与小提琴的优雅婉转,又有"乐器王子"之称;古典吉他早已经成为一种国际化的正规乐器。学生除了在吉他教室上课、考级外,毗邻吉他教室的"乐享空间"是孩子们最爱秀琴技的场所。乐享空间的小舞台,透过落地窗的满满的阳光,小伙伴们时而喝彩的掌声,长廊上历次演出的剧照……浓浓的艺术情境,让学生们体验学习的快乐,分享收获的喜悦,让学生爱学、会学、学会。

2. "画意飞扬"提供阳光下美术意境

在"画意飞扬"空间里,孩子们更多的是享受在那里寻找大师足迹、感受不同角度阳光下作品的明暗对比、分享小伙伴绘画作品的精彩、动手实践绘画带来的乐趣……

3. "幸福梦想秀"的舞台呼唤个性的张扬

学校在二三楼的"艺美空间"成功举办了"幸福梦想秀"学生个人才艺展示活动。

绘画、书法、歌唱、舞蹈、器乐、手工制作、科技创新等各方面有才艺的学生,通过这个舞台圆了自己幸福成长中的一个小小梦想,受到了孩子们的喜爱。

六、取得成效

"艺美空间"的建设,促进了孩子们学习艺术的兴趣和热情,学校每年都有近50%的学生在全国、省、市、区艺术类竞赛中获奖。近年来,学校艺术工作也收获满满,在全国五艺展戏剧比赛中获得一等奖;多次获山东省中小学生合唱节、戏剧节小学组一等奖;器乐、舞蹈在市、区中小学生艺术节中获一等奖;市北区"3F"美术教学研究暨中小学生现场绘画大赛一等奖、区中小学校园集体舞比赛一等奖……

"乐享空间""画意飞扬"环境文化建设,不仅圆了孩子们的第一个童年梦想,带给他们快乐和收获,我们更期待在20年后孩子们因为小学阶段的艺术兴趣启蒙而幸福生活。这就是我们的幸福期待文化!

锻造银杏德育品牌，启航学生幸福人生

胶州市香港路小学 孙 慧

百年大计,教育为本;教育大计,德育为先。小学教育必须牢牢把握立德树人的方向,以学生的全面发展为目标,凝练教育思想,明确发展方向,弘扬先进教育理念,建构校本德育体系,建立长效德育机制。

一、确立核心主张，让学校有精神高度

学校中耸立着百十棵美丽的银杏树,银杏树能活成百上千年,被誉为植物中的"活化石",寓意着坚忍不拔,代表着永恒的爱。我们将它的精神引申为"健康向上,可持续发展",将银杏树定为校树。

学校充分挖掘银杏树所蕴含的德育元素,以"携爱同行,让每个生命幸福绽放"为宗旨,围绕"文明优雅、坚韧乐观、健康可持续、有价值"四方面的总目标,多形式多途径实施银杏教育。

二、构建办学框架，让学校有思想深度

立德树人，要求把德育渗透于教育教学的各个环节，贯穿于学校教育、家庭教育和社会教育的各个方面，创新德育形式，丰富德育内容，不断提高德育工作的吸引力和感染力，增强德育工作的针对性和实效性。

1. 立足榜样引领，抓好师德建设

通过抓思想，形成共识，抓班子，示范引领，抓制度，加强导向等办法，抓好师德建设，建立一支"有理想信念、有道德情操、有扎实知识、有仁爱之心的"四有好老师队伍。

2. 立足文化育人，抓好文化建设

大力优化校园环境，构建人与自然和谐共生的校园生态体系。打造"建筑育人"文化，让有形的景观发挥无形的育人作用。丰富育人文化载体，拓展校园文化活动阵地，形成丰富多彩的校园文化活动体系，着力打造良好的育人氛围和成才导向。通过"比比谁的金点子多""班级文化建设评比"等活动抓好学校文化建设和班级文化建设，让每一面墙壁说话，让每一处景观育人。

3. 立足学生平安，抓好生命教育

生命只有一次，教育孩子懂得生命的可贵。学校利用主题班会、各种演练、救护知识讲座、"百家讲坛"等方式，多角度、全方位地进行生命教育，让孩子懂得珍爱生命，敬畏生命。

4. 立足学生健康，抓好运动和心理健康教育

通过阳光大课间、上好体育课、运动特色作业单、体育节、运动会、校长杯足球比赛、三铺龙拳普及等途径，引导孩子们重视身体锻炼，强健体魄。重视对学生的心理健康教育。通过心理培训，提升教师的心理素养和心理健康教育能力。通过家长心理沙龙和心理讲座，向家长们传播先进的家庭教育理念和方法。通过心理小课堂和心理游戏让孩子们悦纳自己，感受生命的美好。通过心理健康月和心理舞台剧展演等方式帮孩子解决心理困惑，引导孩子健康快乐地成长。

三、致力内涵建设，让学校有文化厚度

学校德育的根本目的在于培养学生的生命自觉，提升学生人生境界，促使学生不断地成长和成熟、不断地认识自己、超越自己和完善自己，实现"有品质的教育"。

1. 课程育人

课程是学生成长的平台和跑道,在充分发挥课堂教学的德育主渠道作用的同时,从课程规划到实施、评价,统筹安排,整体构建学校课程体系,充分发挥故事、体育、美育、中华优秀传统文化教育课程的育人功能,全面育人。

2. 活动育人

充分发挥学生的主体性,让学生在丰富多彩的活动中全面发展。利用节庆纪念日、学校四节、才艺展示、社团活动等,开展形式多样、主题鲜明的教育活动,以鲜明正确的价值导向引导学生。

3. 体验育人

以小课题研究的形式引领学生们进行社会实践,是有效落实校本课程、培养学生核心素养的重要举措。这种以问题与探究为多维领域的研究,打破了活动时间和活动空间的壁垒,突破了课堂和学校围墙的限制,给学生营造了一个个自主的生活空间,让他们在自己的生活中亲历、生成道德情感,完善、建构道德体系,真正让活动回归生活,发挥生活的教育意义。

俗话说"十年树木,百年树人",每个孩子就像一棵棵幼小的银杏树。老师的爱如同阳光雨露,滋润着可爱的孩子们。学校、孩子和银杏树融合在一起,一起书写着成长的故事,经历着成长的幸福,感受着成长的快乐。

打造"山水洋小"工程 营造良好育人环境

胶州市洋河小学　宋晓亮

胶州市洋河镇位于胶州市西南端,山多林茂,水远流长,洋河小学就坐落在这明山秀水之中。山有精魂,水有灵性,洋河镇的山水孕育了当地人仁厚、诚朴的品质和勤奋、进取的态度。如何将这近在咫尺的山水精神和情怀传承到莘莘学子身上,成为洋河小学打造"山水洋小"工程的初衷和根本遵循。

一、立足山水定主题

山水文化在洋河小学有着坚实的现实基础,师生时刻耳濡目染着洋河山水的人文场景、文化风尚及精神价值。如何充分发挥山水特色优势,转化为实际教学内容,方便孩子们学习领会以及探究入手,首要任务就是将山水特色具象化、主题化。洋河小学广泛征求了各方意见,集中进行了深入讨论,最终确定了以打造"山水洋小 养智怀仁"为育人文化主题,这是对本地山水胜境及人文内涵的点化,"仁智"一词,也正是是对洋河人民美好品性的切当概述和对学生们发展的要求。

二、营建"物象"做载体

确定育人文化主题后,如何将主题用师生喜闻乐见的形式展现出来,成为师生们听得清、看得见、摸得着的具体场景或艺术形象,是文化发挥作用的必然要求。围绕"山水洋小,养智怀仁"的文化主题,洋河小学从"环境文化""走廊文化""班级文化""社团文化"等几个层面,着力突出山水文化主题,学校的文化建设取得了长远进步。

一是立足实际,建设精致化校园。教学楼一楼大厅摆放着每年一度的"十佳少年"和"优秀教师"照片,既是学校山水育人、和谐育人的成果,也是老师、同学们学习的榜样。学校还对校园围墙文化标语和图案进行了全新翻整,突出山水特色,每一处景观都是仁智教育的一个篇章。学校教学楼前广场摆放了文化石——"仁智"石,稳重大气,寓意深刻,成为学校的重要景观。

二是在美化校园环境的同时,学校组织广大教干教师利用节假日时间,对洋河山水进行了大量的走访调研,获得了宝贵的第一手资料。在走廊文化的打造上,以当地最负盛名和学生熟悉的山、水、人为主题,为师生营造了浓厚的山水氛围。

三是班级文化的建设丰富多样。各班根据班级实际情况,打造与校园文化主题相适应的班级文化。大到班级文化的设计思路、日常的班级管理操作,小到班徽班训的设计及含义、墙面的规划,各班师生合作,群策群力,不断改进,全部班级都已经形成了自己独特的班级文化。

四是社团文化助力山水文化宣传教育。其中剪纸社团剪制的庆"七一"7.1米剪纸长卷,被《中国教育报》《山东教育报》《青岛日报》等进行报到;学校师生剪制2019厘米长的庆祝新中国成立70周年的剪纸长卷先后被《大众日报》《青岛日报》、"学习强国"等报道。武术社团在市级比赛中,多人斩获优异成绩,集体获得"道德风尚奖"。

三、文化建设成效显

在"山水洋小,养智怀仁"的育人文化主题指导下,洋河小学特色文化建设成效显著。

学生行为习惯养成成效显著。争创"文明班级""争当文明小使者"活动是学校学生管理的一条主线。每月评选"文明班级"和"文明小使者",并在升旗仪式上由学校领导亲自为"文明班级""文明小使者"授牌挂牌,极大地调动了学生参与活动的积极性,使整个学校的面貌焕然一新,文明行为蔚然成风。

学生良好的学习习惯已经养成。争创"学习习惯示范班"、争当"学习习惯小标兵"活动是学校抓实学习习惯养成的品牌活动。通过对学生的课前预习习惯、课堂学习习惯、阅读习惯、书写习惯进行了规范,让学生认识养成良好学习习惯的重要性,知道良好学习习惯应达到的要求,树立自觉养成良好学习习惯的意识。

学校的学科教学特色初显。"山水洋小,养智怀仁"主题文化倡导下的教育是自然和谐、回归本真的教育。为此学校开展了"晨诵·午写·暮读"活动,倡导回归朴实、自然的学习生活,以此提高文化素养,丰富文化底蕴,营造"书香校园"。

营造大课间育人文化阵地

山东省青岛莱西市姜山镇中心小学 赵 明

校园文化既有配合教育教学的导向作用,稳定教育教学的约束作用,培养学生爱国主义、集体主义和社会主义精神的凝聚作用,又有扩大学生视野、丰富学生知识的融合作用,调动学生上进和学习热情的激励作用以及塑造学生良好个性心理品质和高尚思想品德的熏陶作用。校园文化是指学校生活方式的总和,是指学校这个特殊场所特定的精神环境和文化氛围。校园文化包括了校园生活、校园人际关系、校风、教风、学风以及校园物质环境等。校园文化建设是一项系统工程。其中,物质环境是基础,制度文化是纽带,活动文化是载体,精神文化是灵魂。在这个体系中,物质文化、制度文化和活动文化是显性的,精神文化是隐性的。

古人云:"近朱者赤,近墨者黑。"学校是具有引导功能的教育主阵地。打造校园文化建设,营造教育环境,用校园文化陶冶师生情操,滋养学生心灵,提高学生的人文素养,使校园真正成为学生身心健康发展的育人摇篮。如何挖掘教育的潜能,对师生身心进行滋养升华? 我们决定以学校固有的大课间活动为阵地,创设新的育人文化。

首先,我们确定了大课间活动方式实行动静结合,抛去大课间一直以来都是集体跑操的老套模式。其次,我们研究确立了大课间活动的内容有两个:一个是各年级自选活动项目,充分结合年级特点和学生兴趣;另一个是确定集体静动项目——全体师生《感恩的心》手语操表演。

这样的大课间活动丰富有趣。大课间动感的音乐响起,师生们洋溢着愉悦的微笑,操场没有了整齐划一的跑步声,欢歌笑语飞满操场。

有动有静,动静结合,我们的《感恩的心》手语操表演是大课间活动的一个亮点。都说音乐最能触动人的心灵。《感恩的心》静静地响起,千名师生同表演。起初有些老师感到羞涩,每次看到孩子们诚挚的手语认真稚气的小脸,老师们默默地被感染了,也跟随音乐动情地表演者感受着。

感恩是一种高层次的精神教育。感恩浅层次理解是感谢和报答。但是感恩更深层次的是一种能力;更是一种收获能量与成功的途径;感恩是一种处世哲学;是一种生活中的大智慧。懂得感恩的人也一定是一个收益的人。著名的教育家季羡林老先生说过:"一个懂得感恩的人和一个自私的人,在困难的时候得到的帮助是截然不同的。"学会感恩,你就会有更多的快乐,学会感恩,我们勇往直前。

要想做一名好校长,就要学会细节育人,润人心灵于无声处。用心育人,直面自己的心灵,我们的身心在校园里升华成长,和学生一起长成参天大树。

专业引领　倾力打造　营造和美育人文化

莱西市香港路小学　周　旭

近年来,莱西市香港路小学办学规模迅速扩大,办学声誉日益提升,得到了社会赞誉、上级肯定和家长认可。成绩的取得与我们温馨和谐的育人文化氛围是分不开的。

我校十分重视学校德育体系的建设,学校通过搭建学习培训平台、经验交流平台、读书分享平台、专业发展平台等措施,坚持组织师德活动月活动、组织教师学习师德楷模先进事迹、挖掘身边的教师先进典型、开展"师爱助我成长"系列活动、实施"青蓝工程"、落实教师专业成长"五项制度"等,一手抓师德、一手抓师能,打造出了一支责任心强、能力过硬的德育工作者队伍。坚持以社会主义核心价值观为指导,以打造"崇礼尚序"的德育品牌为抓手,研发"崇礼尚序"德育校本教材,录制 6 个行为好习惯养成教育系列视频,设计"港小"评价币强化过程性评价。通过习惯养成教育和系列德育活动的开展,为学生构建了快乐的成长空间。每学期学生各种小明星的评选,完善了学校的德育评价体系,培养了学生的"五大行为好习惯",提高了学生的整体核心素养。

文化修养会伴随每个孩子终生。我校十分重视文化修养和艺术底蕴对学生成长的重要作用,学校要求校领导带头、班主任及任课教师引领、全体学生积极参与到各级各类读书活动中去。经过我们的努力,香港路小学的读书活动搞得如火如荼。"我的阅读之旅"验证活动、图书漂流活动、图书淘宝活动等给学校增添了浓郁的书香气息。每年一度的读书节是孩子们最期待的盛会,每学期一次的读书交流会是老师们不可或缺的精神盛宴。走进港小,最动听的声音就是孩子们琅琅的读书声,最怡人的画面就是老师和孩子们捧书静读的身影。近年来一直坚持的每天早晨十分钟的读书交流活动、每周风雨无阻的两次阅读活动课以及各级读书小明星、小博士的评选,不仅增加了孩子们的阅读积累,更使"爱读书、读好书"的理念在每个港小学子的心里蔚然成荫。最是书香能致远,香港路小学在打造书香校园、营造良好育人文化的路上,迈出了坚实而有力的步伐!

要营造良好的育人环境离不开扎实的理论基础。因此,我校要求校长及各分管领导熟知校园文化建设的基本理论,重视学校文化潜移默化的教育功能,理论与实践相结合,把文化育人作为办学治校的重要内容与途径。学校围绕"大爱"文化主题,在两栋教学楼的六个走廊分别打造了"爱海洋、爱祖国、爱自己、爱他人、爱读书、爱科技"的专题教育长廊,在操场四周的围墙上,打造了"爱运动"主题文化墙,让学生目之所及均是爱的语言、爱的提醒、爱的教诲,学生在校园中随时随地浸润在爱的文化氛围中,感受着爱的气息。同时还依据学校办学理念和学校发展现状,修订了校歌,录制了校歌 MV,作为学校放学时的音乐循环播放,增强师生作为一名港小人的自豪感,激发学生爱港小的热情。此外,学校还充分发挥了教室板报、教室展示墙、学校宣传栏的作用,定期展示孩子们的优秀书法绘画作品和感人事迹。采用多种方法,将各种优秀的文化融入学校教育。精心营造的人文氛围、优良的校风、严谨的教风、扎实的学风以及优美的校园环境赢得了每一个港小学子的心。

不同年龄段的孩子思想品德的形成和心理发展有特定的特点和规律。因此,根据学生身心发展的特点来组织各种主题教育活动和社团教育活动就显得尤为重要。学校要求各处室精心设计每一次校园文化活动,充分利用重大节日、重点活动并能有效结合优秀传统文化的时代意义和教育价值,开展一系列的主题教育活动。许多活动如"重阳节孝亲敬老""我是当代小雷锋""我是环保小卫士""我是交通小使者"等,引导学生在活动中实践、感悟、升华并不断提高自身的核心素养,受到了学生及家长的一致好评。学校秉承"培养兴趣爱好、扩大求知领域、提高实践能力、奠定人生规划"的指导思想,通过社会、校内、家长三条途径挖掘教师资源,组建学校和级部两级社团共70余个。每周三、周四社团活动日的时候在孩子们喜欢的课程天地中看着孩子们热情洋溢的笑脸,我们发自内心地觉得为孩子们搭建这样的平台是教育的使命、学校的职责。

除此之外,我校还特别注重凝聚学校文化建设的力量。发挥学校、教师、学生的主体作用,同时依托家校共育数字化平台、家庭教育服务站、各级家委会等外部枢纽,倾听家长心声。规范学校、级部和班级三级家委会的组织机构,坚持家委会参与学校管理,让家委会"有位又有为",进一步壮大学校文化建设力量。借助家校共育数字化平台向家长传播先进的教育理念,营造家校共育的和谐氛围。借助班级、级部和学校三级微信群,家校开放日及调查问卷等平台,开展家校沟通,拉近学校和家长的距离,助力学校的育人文化更加绿色健康。

路漫漫其修远兮,吾将上下而求索。我们对教育事业的热爱和执着,推动着香港路小学育人文化环境的不断完善。和美的育人文化是每个港小人不忘初心、砥砺前行的勇气和动力,营造和美育人文化需要我们每个港小人共同努力!

实施人本管理,培植幸福团队文化

胶州市第六实验小学　张淑红

"她治学严谨,善于研究思考;她坚忍执着,再硬的骨头她也能啃下来;她成绩优异,数学被她教活了。她是一株催人奋进的'万年青'。她是谁呢?有请王艳英老师……"伴随着催人奋进的颁奖音乐,王艳英老师走上台来。

这是我们学校举行"感动校园人物"颁奖典礼的一幕。聆听着隽永感人的颁奖词,老师们为获奖同伴高尚的师德所感动;当热烈的掌声一次次响起,获奖老师感受着团队的情谊和伙伴的鼓励。

获奖的王艳英老师教学技艺精湛,而更令人感动的是她的敬业精神。有一年冬天她患上面瘫,只请了一周的假去治疗,稍有好转就回到了教室。其实我们知道,这种病是多么需要保暖,但她每天带着大大的口罩,包裹着厚厚的围巾,穿行在寒风里;进入教室,马上打开"包装",宁肯让自己难看的容颜展现在孩子们面前。但在孩子们眼里,王老师一定是最美的,所以她当之无愧地成为年度感动校园人物。

"感动校园人物"评选活动,每年一届,已连续评选了12届82位老师。这种创意不是对央视简单地的模仿,而是出于这样一种深刻认识:教育是美丽的事业,更应当是温暖的职业;只有让教师感觉到温暖和幸福,才能培育出幸福的学子;美丽是互相感染的,绽放了自己,也扮亮了群体。这也是学校实施人本管理、塑造激励文化的典型做法之一。

多年来,我重视对老师的人文关怀,关注教师的成长需求,创设多种机会激励教师,努力将学校办成有温度的家园,形成独特的学校文化。

一、创新沟通渠道,营造温馨家园

政令畅通是每一个管理者的理想愿景,但面对着较高素质的教师群体,能否让行政命令变得有温度呢? 甚者,能否不再用什么理念和道理去急切地格式化教师的脑袋和生活呢? 为此,我们创新了沟通渠道,以形成人人重视沟通、学会沟通、真诚沟通的氛围。

我们始终贯彻"管理即培训"的思想。每学期开学,我们会雷打不动地向全体教师传达并解读学校工作意见,让老师们明确学校的发展理念和工作思路,找准角色,明确责任。在布置每周的日常工作时,也总要挖掘知识点、抓住创新点,让与会者学到点什么。"日拱一卒,功不唐捐",学校的办学目标慢慢地成为教师的自我体认和自觉行动。

我们校级干部有个不成文的规定,每周至少要与2位教师谈心。谈心不拘场合,校园、操场、餐厅、教室……可以随时就某一项工作进行交流和碰撞。对好的做法进行及时的表扬和认可,而对于出现的问题和值得商榷的地方,不是当众批评,而是在静悄悄的状态下得到解决。

每年秋季趣味运动会、冬季越野长跑比赛,春季的三里河、少海新城游园活动,外出采摘活动等,学校总是想办法老师们在紧张的工作之余,娱乐身心,增进感情交流。针对当下人们娱乐健身的生活需求,学校还专门开设了教师体育课,聘请专职教师任教,全员参与,进行球类、健美等项目的辅导。

二、创新评价方式,体现个人价值

实现个人价值是教师这个群体的普遍追求。学校不可能让人人成为名师,但每位教师都应该享受到工作所带来的幸福感受。为此,学校在评价中重视了捆绑式评价,将对教师个体的评价变为以办公室为单位的幸福团队评价,加大了学科平均成绩与级部总体成绩的权重。每一次总结会,都成为团队成员一起回顾、总结、分享的平台,从而让全体教师形成一种思想:每个人对香小团队都很重要。

学校领导干部总结自己所分管的工作,谈工作过程中让自己感动的人和事,谈老师为学校发展和学生的进步呕心沥血、献身教育的故事,谈毕业班老师迎难而上、团结无私的奉献精神……

让各办公室负责人当主角,以夸团队的形式进行总结。在这些负责人的口中,教师认真负责的态度和才华让我们感动,老师身上不为我们所知道的细节和故事让我们敬佩。这种形式既展现了每位老师的闪光点,又促进了学校大团队的凝聚力。

实施人本管理,时时处处充满人性化关怀,点燃了教师们的工作激情。全体教师扎实奉献,努力拼搏,形成了"工作着,学习着,幸福着"的良好氛围,创造了令人满意的工作业绩,并形成了"朴实而正气,高雅有内涵"的团队形象和以"幸福"为核心的学校文化,也促使我们这所年轻的学校迅速崛起,成为教育园地的芬芳花朵。

"十个一"点燃校园红色文化火种

青岛西海岸新区红军小学　王新华

青岛西海岸新区红军小学坚持以"传承红色基因、培育时代新人"为主线,王新华校长着力打造学校红色教育品牌,让理想信念的火种代代相传。学校确立了"以红养正、为学生的终身发展奠基"的办学理念,让红色基因在学生心田里生根发芽、茁壮成长。习近平总书记在学校思想政治理论课教师座谈会上的讲话精神,更加坚定了学校营造红色育人文化,传承红色基因,培育时代新人的信心和力量。

　　为进一步传承红色基因,培育时代新人,学校结合办学特色,深入挖掘红色教育资源,围绕"传承红军精神,培养红色传人12品"目标,将红色教育"十个一"项目,纳入学校"扬红励志"品牌建设和特色建设中,定时、定量、定内容将红色教育贯穿于教育教学的各个环节。

　　（1）每天唱响一支红色歌曲。通过每天入校、课间操集会等时间段的"传唱红色歌曲"活动,激发学生的自信心与民族自豪感,充分唤起对革命历史的回忆,展示小红军的时代风采。

　　（2）每天诵读一首红色诗词。读史使人明智,读诗使人灵秀,读红色诗词使人励志。为推进学校"以红养正"特色课程实施,学校每天课间操时间组织学生诵读一首红色诗词,让诵读红色诗词成为学校文化立校的正能量。

　　（3）每月讲一次红色故事。为进一步落实学校红色课程的具体要求,引导学生关注革命教育、关注社会,学校每月组织学生开展"讲述红色故事 传承红军精神"讲故事比赛,努力实现学校师生都爱读红色故事、会讲红色故事。

　　（4）每月办一次红色手抄报。学生通过手抄报描绘长征途中的感人故事,被革命先烈们不怕牺牲、排除万难的精神鼓舞,纷纷表示要传承红军精神,做新时代好少年。

　　（5）每月读一本红色书籍。结合"十个一"项目中精读一本好书的要求,学校在落实上级推荐阅读书目的基础上,开展了每月读一本红色书籍的读书活动。在校园内营造浓厚的阅读氛围,形成良好的读书习惯,校园里处处洋溢着浓浓的书香气息。

　　（6）每双月出版一本红色校刊。《红星校刊》是学校全面开展红色教育的阶段性成果展示,全体师生每期人手一本,通过阅读,让红色教育走进师生的学习和生活中。

　　（7）每学期组织一次红色研学活动。积极利用当地资源,拓展红色教育外延。"重走革命长征路"——杨家山里抗日战争纪念馆、海军公园……学生通过这种集体旅行走出校园、丰富知识,重温长征时期艰苦卓绝的岁月,有效地把红色育人文化教育延伸到课外。

　　（8）编写一本红色校本课程。学校编写的"红星在我心中"在2017年青岛市中小学、幼儿园精品校(园)本课程评选活中被评为精品课程。学校创办的《红星校刊》,为红色教育提供了良好的载体。学校开发的"根植大珠山,孕育红军娃"获区级校本课程评选一等奖。近期,学校又开发了《红星闪闪》校本教材。

　　（9）每学期组织观看一部红色影片。红色观影活动,学生感受到了红军战士浴血奋战的悠久历史,了解到了建党至今坎坷历程以及今日的美好,激发了学生的爱国热情以及身为当代小红军的自豪感和责任感。

（10）每学期开展一次"五星少年"评选活动。通过评选，在学生中树立红星少年典型，以榜样的力量示范引领，促使学生提高思想道德素质，养成良好的文明行为习惯，形成优良的校风、学风和班风。

通过"十个一"活动的开展，红色教育遍布学校每一个角落，红军精神浸润师生心灵，红色基因根植于师生心中。学校积极探索红军精神与新时代核心价值观有机结合，不断创新红色教育教学，增强红色教育实效，营造红色校园文化，让红色真正成为学生成长的底色，把红色火种播进一代代少年儿童的心中，汇聚起同心共筑中国梦的磅礴力量！

阅读天地促阅读

青岛明德小学　袁　云

青岛郑州路小学自 2009 年起确立了"小山鹰"特色文化，近年来，在发展的过程中，我们认识到依据"培育健康快乐、自信自强的现代人"办学目标所构建的多维课程体系，尽管深受学生欢迎，但课堂教学改革的深度不够，学生的学业成绩有待提高，师生的创新实践意识需进一步激发。意识到了差距，我们就要想办法解决，因此设计了丰羽行动——双翼齐飞计划，一翼为教师，一翼为学生，并且通过"阅读工程"为切入点来实现突破。今年的环境文化建设项目："山鹰宝贝阅读天地"就是为了支持阅读工程来进行的。

一、建设内容

一处丰羽阁、六面阅读墙、八个怡情角、20 个班级"读书吧"，以此构成了"山鹰宝贝阅读天地"的总体建设布局。

二、建设目的

目的之一是为师、生、家长营造良好的读书氛围，使读书成为一种风气，一种习惯，充分体现环境育人的思想。

目的之二是通过环境建设,以点带面,促进阅读课题实施、梦想图书漂流、书香家庭建设、阅读明星评选等一系列读书活动的开展,激发学生的阅读兴趣。

目的之三是促进师生全面发展,通过阅读让教师的专业智慧不断积累,让学生的知识阅历更加丰富,以实现"双翼齐飞"计划。

三、实效性

首先表现在符合学校文化建设的总体需求。"山鹰宝贝阅读天地"的建设就是为了营造好的读书环境,解决学生们回家无书可读,无环境读书的状态,使校园随处,孩子们随时可以读书。为课堂上可以高高举起的小手,为丰富的知识面,为培养健康快乐自信自强的现代人这一目标奠定基础。

其次表现在符合学校教学活动的需求。我校 2013 年底参与山东省重点课题"阅读中外经典,享受读书乐趣"的研究,以"读千古美文,做少年君子"为主题的 6 面阅读墙的建设,可以将课题研究成果部分可视化,以促进孩子们参与读书活动的乐趣。

同时还表现在符合学校主题教育活动的需求。作为上海真爱梦想基金会支持学校。梦想中心书籍在班级读书吧的漂流使用,以及梦想课程当中电子阅读的探索,再有"营建书香家庭"这一系列活动、"山鹰宝贝阅读天地"都起到了锦上添花的作用。很大程度上改善了学生由于家庭因素导致的阅读量不多、阅读书籍面窄的现状,让学生"博约乐学,多元发展",让教师"学思促智,厚积薄发"。

四、三个创新点

第一、它的建设达到了预期的目的,与学校课程、育人目标和文化总体氛围相契合,得到了师生家长的认可,并进行了充分利用。

第二、它在设计建设上考虑到了学校空间的利用,学生的年龄特点和可持续发展的需要,形成了比较精彩的视觉传达,感染和影响了全校师生。

第三、"山鹰宝贝阅读天地"之读书吧和美读角等小景点的设计,凸显了大功能,从一定程度上引发了学生兴趣,解决了无书可读和读书难的问题。

"山鹰宝贝阅读天地"建设历时 10 个月时间,建设费用及活动花费约为 4.5 万元,建成后学生的知晓率和参与率达均达到 100%。同时这一特色项目所支持的"阅读工程"在近期局工会组织的学校特色品牌项目征集活动中荣获一等奖并被选送到青岛市工会参评;在市北区"十二五"教师阅读工程推介会上做了专题的经验介绍,受到了一致好评。

以上就设计理念、建设目的、主要作用、建设经费、周期及项目建成后围绕特色项目开展过的有关活动及取得的成效等六个维度进行了阐述,接下来,让我们的小山鹰宝贝引领大家到"阅读天地"畅游一番吧!

"营造学校育人文化"的一点体会

青岛市城阳区惜福镇街道棉花小学 王红梅

学校是传播文化的场所,学校办学实际上就是办文化。学校的一草一木,都应该为教育教学服务;学校的每一项活动,都应渗透、弥漫着文化气息,都应具有共同的文化追求。学校文化是一种汇集,其中的每一个个体,都像是涓涓细流,心之所愿地朝着学校文化的大河汇聚而去,融在一处,使学校成为一个生命体。因此,校长对学校的领导,最重要的就是对学校文化的领导——营造学校育人文化,用文化精神培育人,促进人的全面发展。

一、校园文化环境的建设——挖掘学校文化的草根

文化环境对人的发展有着不可低估的重要影响,"孟母三迁"正说明了文化环境对人成长的熏陶作用。学校环境的美化、净化、绿化,不仅反映了师生良好的精神面貌,也反映了学校的校风。我认为,校长必须当好文化环境的设计者,科学规划、精心设计,通过校园建筑、雕塑、图书、广播、网络等,营造一个良好的生态环境和教育环境。如果将学校的一些核心理念、校训、校风、教风、学风等文化元素以适当的方式呈现在校园里,这对师生无疑是一种耳濡目染的教育,从而起到春风化雨、润物无声的育人效果。优美、恬静、整洁的校园,不仅可以给师生提供良好的学习、工作和生活环境,更重要的是给人以艺术的感染和美的享受,潜移默化。

二、师生精神文化的营造——寻觅学校生活的实践之泉

学校精神文化是一所学校得以持久发展的关键,是学校发展的灵魂。校长必须创立并传承好学校精神文化,把握住学校发展之"魂"。对于山区学校而言,善于利用自身优势,活用教学资源,接触社会、了解大自然,在实践中增长知识,形成品格,也是学校精神文化的一种体现。而歌唱、书法、舞蹈、乒乓球等社团活动的开展,以

及定期举行的课外活动,或通过学生兴趣点的扩散,或渗透在寓教于乐的过程之中,同样也是丰富了校园课余生活,充盈了师生精神文化,对于陶冶情操、培养师生健康心理、开阔眼界等起到了积极作用。

三、学校管理文化的构建——编织学校文化管理的网络

学校文化管理的至高境界,就在于创造一种促进人不断学习和积极发展的组织氛围。人是管理的起点,也是管理的终点。校长在经营学校管理文化时,应强调以人为本的思想和科学管理手段的结合,使刚性制度闪耀人文的光辉。工作中,充分尊重、信赖、依靠、激励师生成长,让师生在学校中切实感受到学校制度文化的良好氛围和浓浓的人情味儿,愿意并主动发挥自己的才干,从而形成强而有力的向心力和凝聚力,推动学校健康快速发展。也就是说,让管理者和被管理者为了共同的目标而携手并进,成为合作的伙伴。在科学管理中,直接管理人的行为,教师的一言一行都有制度约束,是典型的法治;而学校管理的最高境界是文治,善于管理人的思想,间接影响人的行为,才是一种有效的管理方式,即:以学校文化来治理,将理性与非理性相结合,无形中编织成学校文化管理的网络,实施有人情味的管理。

学校管理是科学,是艺术,更是文化。如何让学校文化促进内涵发展、办出学校特色、丰富学校精神,正是需要我们不断努力的……

"仁和教育" 1391 发展策略及责任分解

西海岸新区辛安小学校长　赵德明

一、 "仁和教育" 的指导思想

为全面落实"立德树人"的教育根本任务,继承和发展中国传统文化,把传统文化和国际文化视野有机结合起来,学校将以建设"仁和教育"体系为抓手,以"规范、创新、提升"为着力点,以"博文约礼,胸怀天下"为灵魂,秉承"尊重生命成长,培育有仁爱之心、有中国灵魂、有生活情趣和扎实学识的新时代少年"的办学理念,全面实施"1391发展策略",增强学校办学活力,推动教育教学质量的提高,实现"校园充

满活力、师生幸福的高水平现代化小学"的办学目标。

二、"1391"的精神元素

第一个"1"是指一个办学理念：即尊重生命成长,培育有仁爱之心,有中国灵魂,有生活情趣和扎实学识的新时代少年。（校长室）

三、"3"是指三条工作主线

一线：加强党的建设,完善教育现代化管理体系,推动干部教师队伍作风转变,构建学校、家庭、社区、社会教育共同体,建设活力、幸福校园。（党建办）

二线：建设"仁和教育"学校文化体系,培养学生正心、明德、躬行、至善的道德素养;丰富完善"人生八德"德育体系,推动"三风"建设。（德育处）

三线：实施课题带动,深化"活力课堂"教学改革,建立完善的师生评价体系,提高教育教学质量。（教导处）

四、"9"是指九项重点工作

一是加强干部教师队伍作风建设,全面提高教师的道德素养和专业化水平。（校长室）

二是进行"仁和教育"学校文化探索,丰富完善"人生八德"德育体系。（德育处、少先队）

三是实施《弟子规》《论语》等经典文化进课堂工程,实施文化传统育人。（教导处）

四是进行活动、仪式等校本课程开发和研究,丰富校本课程资源。（教导处少先队）

五是以课题研究为抓手,进行活力课堂教学改革,建立完善的师生评价体系,建设活力幸福教室。（教导处、教师发展处）

六是构建心理健康教育、安全教育、职业生涯教育等全员育人教育体系,实现精准育人。（教导处）

七是建设学校、家庭、社区、社会教育共同体,建设"家长课堂",建立"校长 对话家长"制度,实现"精准对话"。（德育处）

八是全面落实"十个一"工程,推动学生全面发展的活动课程的开发研究。（教导处）

九是实施师生读书三年行动计划,推动全校师生活动的开展,全面提升阅读质量。（教师发展处）

五、最后一个 "1" 是指一个工作目标

把学一个校建设成为 "校园充满活力、师生幸福的高水平现代化小学"。

教育的本质是提高生命的质量和提升生命的价值,让生命充满活力,让教师幸福自豪,让学生的生活情趣得以彰显,我们将探索 "仁和教育" 的实施途径,实现办学目标。

画好学校文化这个圆

青岛北山二路小学　高先喜

如果我们把学校文化比作一个圆,那么它的圆心就是它的内涵,它的半径所及就是它的外延。怎样把学校文化这个圆画大,最根本的做法就是从学校的实际出发,以价值观念的变革为核心,强化师生认同,并不断丰富发展。

一、确定圆心,构建学校文化的内涵

圆心即学校精神。学校精神是特色发展之魂,她赋予学校以生命,是全校师生共同建设、共同享有的价值内核。在充分调研、酝酿和思考的基础上,我们融合师生的集体智慧,将 "一得育人" 作为圆心,尝试将许多支离的、分散的工作粘连、集合、凝聚起来,让这根线闪亮、发光,让它缠绕、影响着学校每一个成员的价值选择、人格塑造、思维方式、道德情操以及行为习惯。

二、扩大半径,丰富学校文化的内容

明确了学校文化的圆心之后,我们就要来扩大它的半径所及,通过精心打造学校环境文化、完善学校制度文化、缔造学校精神文化、创造学校行为文化等,不断让文化的半径愈发延伸,通过文化的力量提升学校的吸引力和影响力,让学校文化这个圆的外延闪烁光泽。

(1)立精神文化于校,得特色发展之魂。一是设计品牌标识,凸显文化理念。将 "一得" 以篆书的形式置于标识中心,寓意学校文化理念根植于传统的中华文明之中。"一" 为基石,"得" 为助力,日积月累,终有所成。整个标识图案色彩绚丽,红黄蓝三

原色寓意校园生活丰富多彩,成人成才多种多样。二是完善"三风一训",实现文化引领。"一点一滴一得,日省日臻日新"作为校风,与"一得育人"文化理念一脉相承。校训"一得日进,修德日新"突出"一得育人"的培养目标,"进德修业,乐教善教"的教风,突出修德、修业是做一名合格教师的基本要求。"勤思善问,以求一得"的学风,传达给学生一种受用终生的学习态度。

(2)植管理文化于心,得持续发展之基。一是发展团队文化,以"三环制团队"建设为主题,推行扁平化的管理模式,使全校教师积极、有效地参与学校管理,形成了优良的学校管理共同体。二是打造班级文化,以落实《学校班级文化实施细则》为抓手,通过营造班级氛围、设计班级形象、制定班级公约、形成班级特色等多项举措,实施对学生的人文管理。三是加强推介宣传,组建"一得文化"宣讲团,通过每周"巡回演讲"、每月"主题讨论"、每学期"校外专讲",加强"一得育人"文化特色的宣传。

(3)寓行为文化于人,得内涵发展之力。一是关爱育成长。"关爱育成长"作为首批区级德育品牌,是对学校关爱文化打造的高度认可。学生在教师的精心培育下,具有浓浓的关爱之心,校园的关爱氛围在学生和家长之间形成了良好的共鸣。二是收获助发展。通过丰富多彩的"教学一得"活动,为教师们的专业化发展搭建了广阔的平台。三是体验促提高。以"善行一得,集美日新"为目标开展美德教育,将学校文化和道德教育紧密融合,为学生搭建了属于自己的"校园节日"平台。将"一得育人"文化的儒雅韵味与深刻内涵融入学校课程建设中,构建了极具魅力的"男生课堂"和"女生课堂"。

(4)置环境文化于情,得和谐发展之美。楼内因地制宜,将大厅文化、走廊文化、楼梯文化做出了层次。一是在四个楼层中建起了"一厅一主题,一厅一特色"的大厅文化。二是走廊文化中突出版块化,"时光邮局""创客空间""如花绽放""缤纷下午茶"等内容,体现学校文化的互动性。三是楼梯文化中以蓝色畅想为主题,以图文并茂的方式呈现海洋教育的内容,突出了楼梯文化的精巧细致。楼外因景制宜,将文化石、景观墙、校园路和建筑小品做出了新意。结合帆船运动的校本优势,建起了帆船景观路;以"无难事"命名的运动攀岩墙,激励学生坚韧得毅、攀高得志;另一处紧邻的"有节园"石竹小品,引导师生将竹子节节攀高、积极向上的气质加以内化。

确定了圆心和半径,还需要一位合格的画圆人,这件事情就责无旁贷地落到了校长的身上。校长在学校文化建设中关键作用,这作用主要体现在传承、发展、践行和提炼四个方面。校长文化素养的优劣,在很大程度上决定了学校文化品位的高低。为了更好地实施学校的文化建设,作为一校之长,自己必须以一个学习者、思想者和研究者的姿态,去努力画好学校文化这个圆。

践行"品·智"教育　建设文化大学

青岛大学路小学　张文龙

一、"品·智"教育的立意和目标

始建于 1933 年的青岛大学路小学,办学历史悠久,文化根基深厚。曾有一大批历史名家、书画大师、戏剧名人诞生、教书、求学于此;校址为 1933 年 9 月落成的两湖会馆;校园周边坐落着闻一多等一大批名人故居及亚洲最大的海洋学府——中国海洋大学。如何赋予这所历史文化丰厚的老校以全新的具有时代精神的教育内容,建立立德树人新模式,是学校近期探索的主要命题。鉴于学校是真正发生教育的地方,是国家课程意志落实的主场地;鉴于教育部颁布的中国学生发展核心素养,全面规定了新时期学生成长的着力点和落脚点;鉴于学校文化特色和业已形成的文化育人模式,学校在综合论证,全面思索的基础上,形成了"'品·智'大学"的品牌定位,确立了"'品·智'教育"的立德树人新模式。

"'品·智'教育"的立意和目标如下。

(1)基于国家课程意志,打牢学识根基。

(2)基于学校文化特色,夯实文化根基。

(3)基于学生核心素养,奠定立人根基。

二、"品·智"教育的依据和内涵

(一)基于教育部颁布的中国学生发展核心素养的三个维度

中国学生发展核心素养,以科学性、时代性和民族性为基本原则,以培养"全面发展的人"为核心,分为文化基础、自主发展、社会参与三个维度,表现为人文底蕴、科学精神、学会学习、健康生活、责任担当、实践创新六大素养,细化为人文积淀、人文情怀、审美情趣、理性思维、批判质疑、勇于探究、乐学善学、勤于反思、信息意识、珍爱生命、健全人格、自我管理、社会责任、国家认同、国际理解、劳动意识、问题解决、技术运用等十八个基本要点。学校对应三个维度、六大素养、十八个要点,在"品·智"教育的各种落实途径中给予了体现:如校本课程中的"我眼中的大学路""名人故居探访"等重在提升学生人文积淀、人文情怀和审美情趣,"道德情感课堂"辩论赛、我是交警等契合了社会责任、理性思维等要素,橄榄球、游泳等切合了健康生活、珍爱生命的要求,趣味数学、航模、VR 等体现了技术运用、勇于探究的要点。再如学校开展的主题活动,分月份分主题,结合节日,对学生的国家认同、社会责任、人文情怀、审美情趣等品格进行淬炼和提升。

(二)基于特色文化

(1)大学路街区文化:古建筑艺术、古树木等。

(2)名人文化:闻一多故居。

(3)高校文化:中国海洋大学。

(4)历史文化:老青岛博物馆。

(5)学校特色文化:"品智"文化。

三、"品·智"教育的途径与实施

"品·智"教育基于上述缘由而形成,从以下五大途径而展开,五位一体,全面渗透,处处落地,力求高效。

(一)打造"品·智"生态课堂

课堂是教学主阵地、主战场,"得课堂者得天下"。学校下大力气改革课堂组织形式,让自主落地、合作生根、探究闪现、快乐充盈,构建了以生为本、充满生命活力的小班化生态课堂:

基于课堂的学习理念:学生成为主角、学习成为快乐、高效成为结果

基于课堂的主体定位:以学生为主体、时间和思维体现以学生为主体、结构和流程落实以学生为主体

基于课堂的形式结构:目标定向、学案导引、小组生成

小班化生态课堂由课堂要义、预设效果、基本规范、评价标准、小组学习与评价五部分组成,充分体现了课堂改革的意义、教学转化的意义、学习快乐的意义、合作共赢的意义、效率保障的意义。

(二)构建"品·智"课程体系

确立"3560"课程体系:3 个层级——国家课程、地方课程、校本课程;5 大板块

（校本课程）——文化特色课程、核心素养课程、学科整合课程、艺体竞技课程、体验实践课程；"60"——开设五大类共六十门课程。

增强操作性,确立"三结合"的实施策略。教师内部培养和外部引进相结合,学生自主选课和走班制相结合,课内学习与课外实践相结合。

立足特色性,打造传统文化课程的核心品牌。文学欣赏、青岛地方文化课程,让学生作好中国文;国学启蒙课程,让学生悟出中国韵;书法课程,让学生写好中国字;国画课程,让学生画出中国魂;姓氏启蒙课程,让学生做好中国人。

强调研究性,把教材研发作为课程深化的主要途径。成立课程研发中心;坚持"生动、生本、生活"三原则;加强使用注重推广,行助学生个性发展。其中《趣味数学》《橄榄球文化》教材已作为校本教材使用。

发挥示范性,打造一流的环境氛围。"始终在大学读书"的校训、校园石雕、走廊及处室文化、藏书6万余册的图书室、VR 教室……无不潜移默化地熏染着学生地心灵。

突出过程性,切实取得课程实效。实行走班制教学,实现课程个性化定制;举办课程节,为学生搭建展现自我、汇报成果的舞台;开展立体、多元、多维度课程评价,确保课程实效。

（三）落实"品·智"一日流程

一日流程就是将学生一天的生活学习进行程序化管理,使学生遵守一日活动的时间顺序、具体要求和行为规范。一日流程有利于学生迅速构建学习生活秩序,有利于核心素养中自主发展和自主管理的养成。一日流程涵盖校内、校外全部时空,包括入校、卫生、晨读、演讲、课堂、课间、午餐、午休等十几个时间段,每个时间段都有明确的任务要求。同时,对班主任、任课教师、餐厅等指导监督人员的职责给予明确,切块管理。流程管理实施以来,教室、餐厅等场所的秩序井然有序,确实让学生舒心、学校放心、家长满意。

（四）开展"品·智"主题活动

主题活动是学生接受"品·智"教育的重要方式,学校根据校学生的特点、一年中不同时节的特点,组织开展"月主题"活动,力求月月有主题,生生皆参与,人人有评价,以主题活动促进"品·智"教育开展:

月份	九月	十月	十一月	十二月	二月	三月	四月	五月	六月
主题	尊敬老师尊重知识	爱我校园爱我家乡	感谢父母感恩社会	辞旧迎新快乐成长	做文明少年，为队旗添彩	团结同学助人为乐	革命传统记心间	劳动最光荣，学习也幸福	诚实明理爱国进取
重要节日	教师节中秋节	国庆节重阳节	感恩节	迎元旦	元宵节	雷锋日植树节	清明节	劳动节	端午节

主题活动一般为四个步骤：一是主题发布，通过各种平面和互联网媒介使全体师生 100% 知晓；二是开展活动，涉及学生成长方方面面，包括校外社会实践、社区服务；三是家校共育，将活动成效向家庭渗透，充分提高家庭参与度；四是活动评价，以学生自主评价为主，每月一汇总，每月一表彰。

"品·智"教育新模式建立以来，青岛大学路小学融合各类教育资源，形成了整体推进的良好氛围，学生得到了全方位的教育熏陶，综合素养、实践能力及师生的精神面貌都有了质的飞跃，"品·智"教育已成为一张全新的教育名片。

营造育人文化　走内涵发展之路

青岛长沙路小学　康彦华

学校文化是教育实践中积淀和创造出来的，并为其成员认同和遵循的价值观念体系、行为规范准则和物化环境风貌的一种整合和结晶。学校文化是根本、灵魂，它制约着特色学校的创建，决定着特色学校创建的方向和档次，要想创建特色学校，先要有良好的学校文化做基础。

一、从学校层面来讲，准确定位，丰富内涵，是学校文化建设的方向引领

学校文化建设创建是要明确学校发展方向，明确一所学校要走向何方，

同时也要明确我们是从哪里出发，这涉及学校文化建设的一个定位问题。要进行文化定位就要注重学校文化建设的挖掘与打造，丰富学校发展的内涵，积淀学校发展的内力，从而推动学校教育教学工作深入发展。2006 年，长沙路小学提出了"关

爱育成长"这一理念,并尝试在德育工作中实施"关爱教育",激发学生的关爱潜能,培养学生的关爱之心,营造校园的关爱氛围。在"绿叶关怀节""好伙伴帮帮日"等每年的关爱活动中,"七彩虹教师志愿者团队""小伙伴互助团队"相继成立起来;感动学校关爱事迹的评选、家校携手关爱共育的家校活动也相继受到了各级领导的好评和各大媒体的关注……关爱行动渗透在了学校教育教学的每一处,逐渐形成了一种文化,并形成了我们学校的特色项目,推动学校走特色引领发展之路。可以说,关爱教育铸起了我们学校特色发展的"魂",我们清楚地认识到学校要有更大的发展空间必须高起点,走文化立校之路,才能进一步推进素质教育,办人民满意的学校。因此,在"关爱"文化基础之上,学校进一步凝练了"一得育人"文化特色,实现了学校特色延承与发展地有效对接,让学校的特色发展有了更加坚实的基础和明晰的方向。"一得育人"文化特色所具有的开放性和总揽性的特点,彰显出其广阔的前景和强大的生命力。

二、从教师层面来讲,强化培训,提高师德,是学校文化创建的关键环节

我们认为,学校文化建设的推进,关键是教师,学校管理者要充分唤醒教师生命的自觉,要实现从"管理教师"到"激活教师",最终让教师成为学校文化建设的主动参与者,

长沙路小学学校秉承"一得育人"文化品牌,推行"自主和谐"团队管理文化模式,强化学校"团队建设一得",凝练了"简单快乐细致成功"的团队精神,精心构建了"四级团队",将"四视"师德理念渗透于教师队伍的建设发展之中,并以"走内涵发展之路"为落脚点,教师团队发展的多轨运行,共同发展,给学校教育教学工作带来了生机和活力,同时也给学校文化带来了新鲜的内容和形式。教师不再是相对孤立的工作群体,而是教师之间的合作与对话,获得了自身成长和学校提升的双赢。同时,树立干部教师"品牌发展一得"思想,以"一师一品"的形式,将学校"名师梯队培养工程",与学校争做特色名校有机地结合起来,通过"教师树品牌——部门亮品牌——团队强品牌"的递进式品牌创建过程,让全体干部教师在品牌的创建中,都能有所提升。

"一得育人"文化品牌,凝结着全体教师对教育的赤诚,对孩子们的爱心、对工作的理解,承载者所有人的理想,渗透到学校的每一个角落。所到之处,皆有文化,所到之处,皆见慧心。犹如点点春雨,染就了一片新绿。这细雨无所不在,让孩子们在益然生机中浸润成长。

三、从学生层面来讲，活力校园，自主发展，是学校文化创建的价值追求

《国家中长期教育改革和发展规则纲要》指出，要把育人为本作为教育工作的根本要求，尊重教育规律和学生身心发展规律。这深刻强化了教育培养人的重要使命。怎么培养，培养的人是每一位校长始终思考的问题。长沙路小学围绕"依校育师、以师促校，以高质量的学校、高素质的教师，促进学生的全面发展"的办学理念，把"积跬步，致千里"的品牌信念，"乐思、勤思、善思"的品牌细节，真正转化为师生自身提升的动力，达成校师相依、师生相依的成长愿景。在"一得育人"的感召下，我们以丰富的"校园节日文化链"为导向，搭建了"校园节日"平台，促使学生感知愉悦、有所获取。以活力校园为载体丰富社团课程，拓宽实践课程，促进学生的全面、自主发展。

"一得育人，文化蕴校"，让长沙路小学找到了前行方向，那就是以"文化"的氛围熏陶，以"文化"的姿态教育，以"文化"的态势发展。而在"一得"又"一得"的积累中，我们积累了高度和力量，学校的文化氛围正日益浓厚。

在今后的学校发展之路上，我们将秉承持之以恒的信念，将"文化"内化到学校工作的每一处，将师生的每"一得"作为学校前进的每一步，静心做教育、精心做教育，将特色发展作为提升的内助力。一路走来，无论是品牌发展还是特色发展，最得利的还是学生们，看到孩子们优雅、自信的笑容，看到孩子们快乐成长的轨迹，作为一线教育工作者我们是开心的，我们是欣慰的，做出自己的文化特色，做出自己的前行特色，做出自己的发展特色，我们用我们的特色，在为孩子的特色成长铺就一条五彩之路，愿每一个孩子都能在这条路上越走越远。

青联希望小学构建人文校园为特色的校园文化建设

青岛市青联希望小学　郭光辉

青联希望小学近年来不断优化育人环境，营造良好的育人氛围，除了绿化、美化校园外，还重视构建人文校园。

2016 年 9 月，学校秉承"培养健康人"的育人理念，旨在培养立德修行、身心阳

光,有一定审美能力,富于创新精神的人才,因此学校不断加强人文校园的基础设施建设,创新人文校园活动的内容,拓展人文校园活动的领域,规范人文校园活动的模式,努力构建具有特色的人文校园体。

一、改善校园面貌,优化育人环境

学校把校园环境建设作为突破口,抓好人文校园建设的物质基础,努力营造整洁、优美、富有教育意义的育人环境,达到学校环境育人的教育目的,真正体现人文校园建设的精神实质。校园净化、美化、绿化、育人化、语言文字规范化是校园环境建设的着力点。

(一)校园净化、美化、绿化

学校通过加大值周卫生检查力度,做到校园各个区域无白色垃圾和其他杂物,保持学校干净、整洁,四季常青,空气清新宜人,学生食用无污染健康食品。

学校要在净化的同时做到美化,开荒种草,在草坪上建荷花池,令校园充满大自然气息,四周栽种着四季常青的矮植,让人绿色充盈心间,走进校园感觉这不仅仅是一所校园,更是一座花园。

(二)校园育人化

教室是学生学习、生活的主要场所,也是人文校园建设的一个重要窗口,学校要在班级文化建设评比的基础上,按统一要求布置,同时又提倡各班级在兼顾规范的同时,适当创新,进一步提高了各班级文化建设的品位,为全校同学营造了一个优美的育人环境。还有,把刺耳的下课铃用轻松悦耳的音乐取代,建立心理咨询室,咨询室里面装饰着同学们的手工制品,暖色调的椅子,创造易于沟通的环境。

(三)语言文字规范化

学校必须提倡把普通话作为校园语言,要求教师上课、与学生交流、谈话等活动,必须使用普通话;学生在校内必须使用普通话,提倡使用礼貌用语,不说脏话,粗话;公用文字规范化,学校公文、标牌、墙报等校园文字使用规范化。校园内杜绝不健康报纸、杂志、歌曲、图片等文化垃圾。

二、开展丰富多彩的活动，深化文化内涵

（一）主题教育活动

学校要营造浓厚的文化氛围，经常开展丰富多彩的主题活动，运用学生喜闻乐见的形式进行教育。我们探索了各年级班级德育主题活动序列，争取做到周周有重点，月月有主题。

（二）传统节日专题活动

学校要结合重大节日、纪念日，结合学校典型事迹，注意传统节假日专题活动的开展。如元旦开展盲人摸象、贴鼻子、钓鱼、套圈、投篮、猜谜语、对对联等游艺类活动；安全教育日开展"安全教育班队"活动和安全教育讲座；清明节开展"革命传统教育"活动；劳动节开展"热爱劳动"活动；教师节开展"四个一"（即：一句祝福的话、一件好事、一张贺卡、一封信）活动；国庆节开展爱国主义手抄报比赛、爱国诗歌朗诵比赛。

（三）基地实践活动

学校充分发挥教育基地的育人功能，依托派出所，定期开展法制安全活动；充分发挥校外阵地的活动育人功效，带学生走进高凤翰纪念馆、胶州市博物馆、胶州市美术馆，胶州一中武术展馆等。以工作简报、阅览室、红色社团等为依托，讲述历史、宣传时事，让学生爱国守法，具有社会责任感和集体主义意识；设立艺术宣传栏，开辟"艺术天地"，定期展示学生书法、绘画、写作等作品，为学生的才艺提供了展示的舞台，激发学生的荣誉感和成就感，让他们在实践中体验、感悟、成长。

一年级新生习惯养成记

崂山区东泰小学　梁泽旭

一、指导思想

小学阶段是培养习惯的关键期,一年级又是最佳期。据调研,到了初中再培养习惯就难多了。一旦养成了不好的习惯,再想改正就困难多了。所以,作为教师要把培养学生良好的学习、行为习惯,作为教育教学工作中的一项重要任务。

二、实施内容

《东泰小学一日常规》《小学生守则》《小学生日常行为规范》。

三、保障措施

按照"低起点、细要求、强训练、常评价、勤引导"的方式,做到两个落实,抓住两条途径,认真做好学生良好习惯培养工作。

1. 两项落实

（1）成立一年级良好习惯培养领导小组,负责协调全体任课老师齐抓共管,做好落实。

（2）建立长效机制。把学习习惯培养纳入班级整体工作计划,作为一项常规性、基础性工作,强化措施,坚持不懈,切实抓实、抓好、抓出成效。将建立周例会通报制度,将习惯养成作为重要内容每周一次进行情况通报。

2. 两条途径

（1）在学科课堂教学中渗透培养。

课堂教学是培养学生良好习惯的重要途径。教师要在课堂教学中,结合学科特点寻找最佳切入点,指导学生养成良好的习惯。

（2）家校配合，形成合力。

由班主任指导和督促家长配合学校共同抓好对孩子的教育，形成家校合力、齐抓共管的局面。

四、对教师的要求

1. 齐抓共管

班主任与各任课教师要明确培养学生良好习惯的目的、意义、责任与义务，齐抓共管。

班主任要定期召开班队会，组织学生认真学习《东泰小学一日常规》《小学生守则》《小学生日常行为规范》的具体要求，让学生明白从小养成好习惯的重要性，明白养成好习惯是自己成人成才的需要。

任课教师要与班主任密切配合，结合学科特点寻找最佳切入点，指导学生养成良好的习惯。课上严格要求学生，课下发现问题及时指出并纠正。

2. 持之以恒

学习习惯的培养难在起点，贵在坚持。对学生良好的学习习惯的培养必须要持之以恒，搞一阵风式的运动只能是徒劳的。

3. 反复训练

习惯的培养是不能单靠说教的，要靠严格的训练：训练过程中重要的四个字：严格、反复，要翻来覆去，没完没了地进行训练。好的习惯不是一个月两个月，甚至不是一年两年就能够形成的，如读写姿势正确一项，就必须每次写字都要提醒学生坐正立直，坚持很长一段时期，反复训练，慢慢地孩子就养成了好习惯。不能企图只提醒两三次学生们就能做好。

五、整改目标

整个活动分三个阶段完成，每阶段两周。

1. 第一阶段目标

全班学生熟知《东泰小学一日常规》《小学生守则》《小学生日常行为规范》内容，并能落实。

2. 第二阶段目标

全班90%以上学生课堂上"四姿"（站姿、读资、坐姿、写姿）规范；一日常规内容落实到位。

3. 第三阶段目标

全班学生都能严格遵守《东泰小学一日常规》《小学生守则》《小学生日常行为规范》,并能很好的落实,班级面貌一新。

习惯养成教育是小学教育的重要任务,也是一项艰巨的任务,希望每一教师努力做到"教孩子六年,想孩子六十年",坚持"有效方法＋持之以恒＝习惯"的培养策略,创新育人方法,创出自己的特色,争做习惯养成教育优秀教师。

"ze 教育"培养学生良习美德

崂山区第三实验小学　王秋霞

教育是面向未来、面向未知的事业,在做好当下的同时,我们需要思考二三十年后,我们将要交给社会、交给国家一个什么样的人。崂山区第三实验小学从 2015 年开始加入华东师范大学"新基础教育"研究,以培养主动、健康发展的人为目标,坚持重心下移,关注每一个学生,将学生"主动性""潜在性""差异性"聚集到"具体个人"的概念上,把教育价值观聚焦到为每一个学生的终身学习与发展、实现幸福人生奠定基础上。学校围绕"ze 教育"体系,从一则,树立规则意识;二责,有责任担当;三泽,知感恩、懂回报;四择,会选择有目标四个方面对学生进行多维度的习惯与能力培养,落实立德树人的教育目标。

一、规则意识，从班级公约开始

孟子曰:"离娄之明,公输子之巧,不以规矩,不成方圆。"说明了在社会中,所有人做任何事情,必须遵循一定的规则,否则会给他人带来危害性。学校各班班主任组织学生、家长代表、任课教师,围绕"民主与平等、共识与规则、责任与担当"三个要素共同修订完善了班级公约,在遵循"有约在先、自愿接受、尊重人格"等原则的前提下增加了惩戒内容,学生的认同和家长的认可赋予班级公约新的生命力。学生只有真正发自内心地遵守规则,遵纪守法,才会"有耻且格",在自我改造、陶冶和锻炼中,真实实现人格上的自重、心灵上的自省,思想上的自警,精神上的自励。

二、责任担当,从小岗位练起

责任心,是个人对自己和他人,对家庭和集体,对国家和社会所负责的认识,情感和信念,以及与之相应的遵守规范、承担和履行义务的自觉态度。"中国学生发展核心素养"中明确提出"责任担当"为六大素养之一,培养学生社会责任感既是国家意志的体现,也是时代发展的要求。

学校将班级岗位建设与班级小干部培养进行融通,以项目管理的做法帮助学生在岗位工作中得到充分锻炼和提高,提升自身领导力。学校还着力研究班级隐性文化建设,班主任、学生、家长共同参与了班徽、班旗、班训、班歌的设计,形成各班的独特文化,学生的归属感、荣誉感极大地提高。不断推进班级值周班长制度,让人人都有机会参与班级管理,并通过自主管理增强集体荣誉感。

三、润泽生命,从活动做起

学校围绕"山海·四季"主题,从"春之生""夏之长""秋之收""冬之藏"四个方面构建校园四季系列活动,培养学生热爱自然、感恩生命的情怀。一是利用读书节、艺术节、运动会、春秋两季实践活动等校内文化节,增强学生参与意识,丰富学生情感体验。二是利用传统节日,充分挖掘其育人内涵。开展"赏二十四节气,品五千年文明"活动,把中秋节、重阳节、元旦等传统节日与二十四节气的研究有机整合,分层设计活动目标、流程与评价,丰富学生人文体验,使之成为学生终身受益的成长资源。三是通过感恩教育、"三节"活动、"光盘"行动、参观污水处理厂、为环卫工人、公交司机送温暖等活动培养学生感恩、节能、关爱他人的意识,并邀请法制、安全、国防、爱眼等各个领域的专家进行专题讲座活动,培养学生的公民意识。

四、学会选择,为幸福人生奠基

华东师范大学李晓文博士《"新基础教育"学生发展工作的观点和原则》一文中提出的"潜能发展观"纠正了我们对"学生成长需求"的误解。原本我们所认为的"成长需求"就是学生的"内在需求",满足学生的成长需求就是"顺应学生内在需求",于是就产生了许多偏执的做法:学生不想做的,就不强求他做;学生想做的就让他做。而"潜能发展观"则提出学生"内在需求与可能性基础上的发展",使我们理解了学生是"成长着的人",有着无限的"可能性",而学生要向着哪些"可能性"发展,教师的引领作用起到至关重要的作用,而教师的引领就是教会学生选择——择善而从之。

学校开设的"悦课程"，遵循"促进学生个性发展，尊重学生个性差异"的原则，建立多样化、可选择的校本课程体系，现在有近四十余门校本课程供学生选择，基本满足学生的个性化发展需要。其次，学校基于大数据背景下建立"yue 动之星"评价体系，引导孩子们"择善而从"，从课堂学习、课余活动、艺术体育的社团活动、社会实践、家庭生活等领域，进行全过程、全方位的评价。学生在自主参与评价的全过程，并逐渐懂得：成功来自每一次正确选择的累积。另外，学校还筹办了"yue 星超市"，学生可以通过自己点点滴滴的进步摘星并兑换心仪的物品奖励，进而激励孩子们自我约束、追求卓越的意识。

学校"ze 教育"德育工作体系，坚持多元融通，实现了德育工作的常态化综合育人目标，能够满足学生的发展需求，为培养新时代小学生奠定了良好基础。

生长教育——学校文化建设顶层设计

青岛重庆路第二小学 邱 涛

青岛重庆路第二小学是一所有着六十年历史的老校，古韵悠然、底蕴深厚，英才济济，桃李满天下。学校有一流的师资队伍，一流的硬件设施，一流的科学管理，致力于建设一所品位高雅、异彩纷呈的岛城名校。为实现这一目标，全校师生同心协力，锐意进取，着力打造着富有特色的生长教育体系。

在学校文化构建中，"生长教育"办学特色的发展并不是一蹴而就，孤立产生的，它是重二几任领导班子，十几年的努力，从历史传承到自觉培育，一步步发展起来的。学校以"生长教育"为核心发展理念，以"尊重生命、尊重规律、尊重个性"为教育理念，以"厚德、博学、尚美、致远"为校训，以"多元生长、快乐相伴"为校风，以"尚德、敬业、博学、善导"为教风，以"深思、善问、乐学、知新"为学风。"三大精髓、五大支柱"是"生长教育"的灵魂和精神。三大精髓是尊重生命、尊重规律、尊重个性。五大支柱是营造生长的环境，建设生长的课程，研发生长的课堂，学做生长的教师，培育生长的学生。

（1）营造生长的环境。走进重庆路第二小学，生长的元素充满着校园的每个角落,体现着一草一木总关情。葱郁灵动的绿藤映入眼帘,精巧别致的小木屋,藤蔓缠绕之下的志学廊错落有致,教学楼门厅里灵动别致的怡情瀑、精巧细微的慎思墙、时时更新的视野窗三足鼎立,交相呼应。"一徽一章""一厅一廊""一报一刊""一阁一角""一偶一馆"富有重二特色。

（2）建设生长的课程。重庆二小的课程文化是在提高国家课程实施水平的同时,突出了一条主线,即建构"生长树"学校课程群。学校课程委员会以"生长树课程"为主干,制定了学校层面的《学校课程规划方案》,以"国家课程、地方课程、学校课程"三大领域为主题,以"少先队活动课程、主题探究课程、特色社团课程、经典吟诵课程、多彩微课程、早安物语课程、午间休闲课程、爸妈课程秀"八条精品课程为渠道的学校课程架构。

（3）研发生长的课堂。"三个尊重"体现在重庆二小课堂上就是追求生长智慧课堂,使生长智慧课堂成为一种生命的享受,一种规律的再现,一种个性的满足。重庆二小的课堂充溢着几个鲜明的学习标识:"快乐的感叹号"" 快乐的小问号""快乐的省略号"。追求生长课堂的标点行动,使学校文化进入了课堂,与改进教学过程、提高教学质量、形成教学品位和追求教学风格相结合,给予了学生生长、发展的机会。

（4）学做生长的教师。重庆二小教师有一个个性化专业发展的教师团队——杨柳书院。杨柳书院内设青年教师的"成长园"、骨干教师的"智慧团"、名特优教师的"聚星轩"。它们引导着教师以生长教育思想启迪自己,在个性化成长中不断提升专业素养,完善自我。

（5）培养生长的学生。学校成立的"杨柳苗苗"社团包含"苗苗艺术团""篮球少年团""足球追风少年团""小小义工社团"和"少年消防团"等。社团的活动带动了学校文化的蓬勃发展,给了学生自己的生长阵地、张扬个性的舞台、持续发展的土壤,让他们走出校园,走向社会,开拓和丰富了学校文化的内容,打亮了学生的精神底色。

学校将可持续发展的"生长教育"理念渗入到管理的方方面面,先后获得了:国际生态学校绿旗、国家级绿色学校、全国生态文明教育示范学校、国家语文教师专业化发展工程基地校、山东省精神文明单位、山东省规范化学校、山东省艺术教育示范学校、青岛市文明校园、青岛市花园式学校、青岛市教书育人先进单位等多种荣誉称号。

"不积跬步,无以至千里;不积小流,无以成江海。"我们坚信,再宏大的办学理想,再深厚的学校文化,最终都要落实到点滴的办学实践中去。今后,我们将在各级领导的关心指导下,围绕学校实际,抓好教育细节,于细微处见深度,在细小中见广度,尊重生命,尊重规律,尊重个性,让重庆二小,这所60多年的老校,文化内涵不断丰富,师生智慧不断成长,学校和谐可持续发展。

"泉"文化引领龙泉小学校园新气象

青岛西海岸新区龙泉小学 王 朋

青岛西海岸新区龙泉小学是2019年新建学校,学校紧临龙泉河。周边有龙泉河西、龙泉河东、龙泉河北、龙泉戚家、龙泉王家、龙泉赵家等社区,更有形成了独具地方文化的青岛市非文化遗产——龙泉庙会,地域文化底蕴深厚。

学校在"泉"文化的引领下,以"一切以孩子的发展为中心"为办学理念,以"让每个孩子都焕发生命的活力,培养具有文明、健康、阳光、自信、弘毅的好少年"为育人目标,全体师生同心互助,携手发展。

环境文化:正厅侧墙的"龙泉梦",在习近平主席伟大"中国梦"的思想指引下,龙小学子有着我们自己的"梦"——"龙泉梦",其中土地意味着孕育,契合我们学校培养新一代人才的意象。以阳光下健康活泼的孩子形象为主体,龙泉河、五线谱、龙泉小学建筑为呼应,蜿蜒起伏,首尾相连,自然与人文互生互寄,相得益彰,在抽象展示龙泉河地区悠久传统文化精髓的同时,突出了学校"一切以孩子的发展为中心"的办学理念。希望全体少先队员们承载着中国梦、少年梦在党的光辉照耀下,破浪前行! 西厅侧墙的"龙泉志",是以龙泉河的传说为背景,形象地描绘出了龙泉庙会由来,人物、图画绘声绘色,仿佛在给我们讲述很久之前的那个古老传说……与对侧的校史墙相呼应,诠释着"泉"文化内涵,生动地传达着对于学校的责任、使命,全体教师坚持奉献精神、集体精神、团队意识、大局意识和合作品质,用无私的爱滋润着每一个学生! 希望龙泉学子能够高扬征帆,奋发向上,持之以恒,成长在祖国母亲的怀抱,努力成长为象泉一样纯洁明净心灵的好少年。

内涵文化:"雏鹰争章"活动是"中国少年雏鹰行动"的重要组成部分,把对少年儿童的思想道德素质、科学文化素质和健康素质等方面的要求,学校围绕以吉祥物——"龙龙""泉泉"为主线,与"雏鹰争章"相结合,组织实施的"龙泉"雏鹰争章成为学校的一个亮点工作。争章分为个人章和集体章。个人章具体内化为必争章和选争章,其中必争章渗透"十个一"项目行动计划学习内容,使其真正融入每一位学生的日常学习和生活中,选争章则涵盖多个方面,可以让学生们不断为自己确立新的目标,发现自己的潜能,看到自己的进步,证明自己的进步。喜欢表现的人,喜欢音乐的人,喜欢帮助他人的人,勤奋好学的人,对各种活动有着好奇心的人,都能找到各自的兴奋点,并为之努力"争章",这样的聚集带给学生们积极向上的心态和饱满的精神状态。集体章则作为班级量化考核办法,以吉祥物"龙龙""泉泉"为模型,在校园内外秩序、纪律方面表现优秀的班级获得纪律优秀奖章"龙龙",在卫生方面表现优秀的班级获得卫生优秀奖章"泉泉"。

龙泉小学全体师生秉承"知行合一,精益求精"的龙泉精神,带动着校园内外整体文化素养的提高,推动着学校办学各方面不断完善,在校园"泉"文化的引领下,努力打造学校内涵文化的进一步升华,进而激励着龙泉小学全体师生不忘初心,砥砺前行!

第三部分

中 学 教 育

校容校貌环境文化育人案例

莱西市城北中学　仇洪财

美化校容校貌、建设校园环境文化是全面实施素质教育的有效载体,是学校办学水平的重要标志,是学校精神风貌的具体体现,是学生文明素养道德情操的综合反映,是提升教育内涵、促进教育可持续发展的重要途径。城北中学就此宗旨实施了以下方案:

一、完善校园设施

学校大门、旗台旗杆、围墙、橱窗(宣传栏、公示栏、学习园地)、垃圾箱等完整、美观;校牌、科室牌、班牌、宿舍牌、卫生包干区标志、上下楼梯印有诗句的标志、紧急疏散路线标志、安全标志、厕所标识等标准统一、美观大方、醒目规范、版面质地好,能体现学校特色。

二、美化校园环境

(1)校园卫生整治。对教学楼室内外环境卫生进行全面整治。及时清运校园垃圾,做好清扫保洁工作。做到校园卫生整洁,环境宜人。

(2)校园绿化美化。以改善校园生态环境和校园的对外形象为出发点,合理规划校园绿化分布,采用青草与花,合理配置不同外形、不同季节的植物品种。校园处处有绿化,四季有花香,校园整洁美观,为师生创建一个绿色、洁净、优美、舒适、和谐的校园环境。

三、提高文化品位

(1)学校的办学理念:快乐学习,奠定梦想基石;快乐教育,成就幸福人生。办学特色:快乐教育。这些写在校园的醒目位置。在校园的适当位置有:教育方针、学生守则、学生日常行为规范、中国地图、世界地图等。

（2）读书长廊。学校在走廊位置设计了读书长廊，创作引导学生勤奋学习、健康生活、养成良好行为习惯的人物形象等，着力营造文化氛围。

（3）走廊文化。悬挂张贴名人名言挂图、展示师生书画作品，同时也可作为名师展示或学生个性展示走廊。

（4）围墙展示。可以开展涂鸦活动，也可以书画中小学必背的诗词作品、还可以作为学生社团成果展示、校友风采展等。

（5）办公文化。根据学校和班级特色，布置办公室、教室、功能室以及卫生间文化，如学习园地、名人警句、格言、师德师风标语、主要的规章制度、师生的书画作品等。

（6）温馨提示牌。学校的各个角落都要设计具有教育性、激励性、人性化标语，包括激励类、提醒类、环保类、安全类，甚至小到一句"走路轻轻、说话悄悄"的文明标语。或者由学生设计创作的富有个性、文明高雅的警示牌。树木悬挂介绍标志。同时也征集学生们的话语，把学生想对老师说的话有代表性地放在墙上。民主化设计也是特色之一。

我校校容校貌建设统一规划、设计，体现了一定的文化内涵，力争使学校的一草一木一墙一砖都会"说话"，使学生随时随地都受到书香文化的感染和熏陶，体现校园"处处皆教育"的深刻内涵，提升校园文化层次。

文化与特色并举　全力打造美丽校园

莱西市河头店镇中心中学　王晓东

校园文化是一个不断建设、反思、提高的整体工程，是学校可持续发展的动力，是学校综合办学水平的重要体现，也是学校个性魅力与办学特色的体现。为落实教育部《关于加强校园文化建设》文件精神，在莱西市教育和体育局关于开展"美丽校园"创建活动的意见指导下，我校特制订本方案。

河头店镇中心中学今年4月份，整体搬迁到新校，办学条件得到极大改善。学校又积极筹措资金，投资40余万元，安装窗帘、饮水机线路改造、食堂改造、厕所改造、校园绿化、花廊工程、弱电工程、篮架安装、校园文化一期工程等，更加完善了学校的基本配套设施,为教育教学打下了坚实的基础。

一、指导思想

以"学习践行科学发展,构建和谐校园"为统领,全面贯彻教育方针,不断深化课程改革,以中华民族的优良传统和社会主义荣辱观为导向,要形成"精神文化是根本、环境文化是基础、课程文化是核心、社团文化是载体、网络文化是补充、制度文化是保障"的格局。体现我校"关爱学生,面向全体,不让一个学生掉队"的办学理念,引领教师专业成长,促进学生健康成长和家长的素养提升,从而为学校的可持续发展奠定基础。

二、领导小组

组 长:王晓东。

副组长:徐振军、江学波、李延强。

成 员:郭光明、李霜、孙云峰、孙志军、李全云、各班主任。

三、实施原则

(一)整体性原则

校园文化建设是一个系统工程,需要整体规划,使学校教育功能充分发挥,各教育要素全面协调发展,达到学校自然文化景观与人文景观相和谐。要符合党和国家的教育方针,围绕学校中心工作,密切联系社会实际,体现时代精神,同时,校园文化建设在功能中应该是一个统一的整体。

(二)育人性原则

创建校园文化的目标在于落实立德树人的根本任务,促进青少年学生的全面自由充分发展。根据学校实际,结合时代特点和形势需要,发挥校园文化建设的育人功能,使广大师生在校园文化建设中提高思想道德修养和良好行为习惯养成的整体素质。

(三)特色性原则

深入挖掘学校文化内涵,继承学校办学传统,在充分继承学校历史文化的基础上,因地制宜、因校制宜,培育"一校一品",彰显办学理念和办学文化,形成与时代特征相符合的鲜明的办学特色。

（四）发展性原则。

学校从整体上、校园文化建设上要坚持继承与发展的原则,精心设计、主题鲜明、内容丰富、形式多样、特色明显,做到硬化、净化、美化、文化,各个场所布置个性鲜明,符合特点,能使用规范字,体现浓厚的学校文化底蕴和办学特色。把学校的发展建立在科学的、与时俱进的、具有持久生命力的举措上,促使学校不断超越自我,不断创新发展。

四、整体思路

（一）注重校园文化建设

中心中学根据学校实际,认真总结学校办学经验,科学提炼学校的办学理念、育人目标、办学特色和"一训三风"。

校风:严谨求实,团结文明。教风:爱岗敬业,教书育人。学风:尊师守纪,乐学善思。校训:勤学 修德 明辨 笃实。

以师德建设为切入点,努力形成良好的教风,采取切实可行的措施,全方位培育优良学风,加强校园文化建设,培育文明校风,提升师生的道德水平和"精气神",让学校真正成为师生成长的乐园与家园。

（二）营造和谐优美的环境文化

2016 年新建校园,在校园净化、绿化、美化的基础上加强文化建设,充分利用校园的一草一木、一砖一石,体现教育的引导和熏陶作用,运用板报、橱窗、走廊、墙壁等一切可以利用的媒介,充分发挥其教育功能。确立"五 jing 教育"为文化创建核心,涵盖安全、纪律、文明、卫生、学习五个方面,延伸至教室、办公室、功能室、走廊、餐厅、厕所诸场所。

（三）打造教学特色，全面育人

"师友互助",这一策略既是学生课堂学习的主要模式,也是教师课堂教学运用的主要教学策略。这一策略的核心观念就是:调动教师教学的自主性和积极性,把课堂还给学生,让学生成为学习的主人,最大范围的实现学生的平等发展。

"师友互助"将 1 个老师关注 40 个学生,演变成 21 个师傅关注 20 个学友,把课内与课外、老师集体讲解和学生一对一讲解结合在一起,实现了点对面与点对点的结合,极大地增加了课堂有效学习时间,极大地调动中下游学生学习的积极性。

（四）创建丰富多彩的社团文化

校园文化的载体主要是各种各样的集体活动。我校积极开展丰富多彩、形式多样的活动。成立各种兴趣小组：体育方面——篮球、乒乓球、足球等；音乐——葫芦丝、二胡、合唱、舞蹈等；美术——书法、绘画等；综合——剪纸、七巧科技等；信息技术——打字、电脑绘画、程序设计等。

大课间活动与育人创新教育相结合。在大课间活动中，通过具体活动育人，实现个体与整体协调发展的理念，渗透德育教育的同时，发展学生特长。结合组织集体项目训练，培养集体主义、合作意识、吃苦耐劳的精神。通过大课堂充分发挥艺体的综合教育功能，收到显著效果。

（五）构建科学规范的制度文化

以现代教育理论为指导，建立现代学校制度，以完善的学校法人制度为基础，加强依法治教、依法治校和民主管理，建立健全学校行政管理、教育教学管理、后勤管理等方面的管理制度，充分体现学校制度文化的影响力和学校规范管理的水平。逐步完善《河头店镇中心中学教职工考核制度》《河头店镇中心中学教职管理十条》等。

校园文化建设是一项周期长、见效慢的复杂的系统工程，需要我们实践和思考的问题还很多，我们要真正做到思想重视、大胆探索、不断实践、及时整改，时刻拥有"以文化经营学校，让环境成为隐性课堂"的理念和做法。

冷戈庄中学开展文化育人创建活动实施方案

平度市冷戈庄中学　辛绪照

为贯彻落实科学发展观，全面实施素质教育，促进学校内涵发展，切实加强校园文化建设，培育学校个性特色。根据上级要求，结合学校实际，特制定我校文化育人活动实施方案。

一、指导思想

以《教育部关于大力加强中小学校园文化建设的通知》精神为依据，以全面贯彻党的教育方针、全面提高教育教学质量为宗旨,以全面实施素质教育、培养学生创新精神和实践能力为出发点,突出"以人为本、文化育人"的教育理念,建设充分展示学校办学特色、具有传承性的校园文化,为学生的成长、教师水平的提高和学校的发展创设优良的人文环境与和谐发展的氛围,使校园成为师生健康成长的乐园。

二、工作目标和任务

进一步树立文化育人的教育理念,完善学校管理,用文化的方式发展有灵魂的教育;优化绿色环境文化,加强学校绿化、美化工作,提高学校绿化率和美化程度;打造民主高效的学校教学文化,进一步转变教育观念,推动提高教育教学质量;努力营造丰富、愉快、文明、向上的校园生活,培植艺术、体育与校本教研特色,涌现一批特色学科;到 2020 年,使我校成为个性鲜明、环境优美、人文气息浓厚的绿色校园、和谐校园;以办学条件现代化、教育教学优质化、学校发展特色化为标志的学校教育文化初步形成。

三、活动内容

我校将结合实际,因地制宜,遵循"总体规划、分步实施、体现个性、促进发展"的原则,通过加强学校物质文明建设,形成学校的物质文化;通过全员参与、开展各种创建活动,形成学校的行为文化;通过完善学校的规章制度,形成学校的制度文化;通过提炼体现时代要求的办学育人理念,培养优良的校风、教风、学风,形成学校的精神文化;通过改革教师的教学行为和教学理念,营造师生自觉遵循的"平等、合作、生动、互动"现代课堂文化。

(一)努力培育校园精神

校园精神是校园文化的核心,是学校的灵魂,是育人目标的高度概括。校园精神不但是对学校传统的继承和发展,而且还应是时代精神的集中体现,表现为师生共同的价值取向、行为方式和工作目标,突出表现在校风、教风和学风上。

(1)加强校风建设。校风体现着一个学校的优良传统、精神风貌,校训、校风主题词要规范、科学,具有本校特色,师生人人了解内容,知道含义;校徽设计要图文并茂、寓意深刻,能体现本校特色;校歌内容要健康向上,富有朝气,旋律优美。同时,通过举办校史展览等活动,增强师生对校史、校风的认同感和自豪感,从而增强凝聚力和向心力。

(2)营造优良教风。要围绕"爱生"和"敬业"为核心的师德规范,确定学校教风主题词。主题要内容明确,通俗易懂,体现以学生发展为本,符合教育规律,教师能理解掌握并运用在教育教学活动中。组织形式多样的主题学习活动,提高教师的理论修养和业务水平。

（3）培养良好学风。学风内容能体现以学生为中心,符合学生自身发展特点,对学生健康成长起到潜移默化的作用。学生熟知其内容并运用在学习实践活动中。

（二）加强校园环境建设

校园环境包括校园建筑、校园活动场所和所有教学设施设备。在学校环境建设中提高文化品位,科学规划,合理布局。在规范化、标准化建设的基础上。形成自己独特的文化风格。把校园环境建设与创建特色学校、文明学校和花园式学校等相结合,通过3年的努力,抓出成效。

（1）校园的净化。大力加强学校的卫生保洁工作,全面治理校园内存在的"脏、乱、差"现象,办公室、教室、实验室等教育场所,寝室、食堂、厕所等生活设施做到干净整洁,保持公开栏、宣传栏的整洁、有序。全体师生有很强的环境意识,无乱扔纸屑、杂物现象,使校园始终保持干净整洁、文明和谐,成为师生工作、学习、休憩的理想场所。定期、不定期进行各种形式的检查评比,开展"卫生标兵""文明班级""文明办公室""文明寝室"等评比活动,提升校园环境建设水平。

（2）校园的绿化。以实用、经济、美观为原则,以绿色植物造景为主,适当设置花坛景点,做到点面结合,布局合理,搭配协调,绿树成荫,赏心悦目。校园绿化提倡立体性和园艺化,使地面绿化与空中绿化相结合,并寄寓一定的象征意义,提高绿化的文化品位。加强对绿化工作的目标责任制管理,组织全校师生定期对全校花草、树木进行修剪、养护,努力使校园春有花、夏有荫、秋有果、冬有绿。

（3）校园的美化。学校的各种标牌设置做到美观、精致。走廊、过道和室内,饰以与环境相协调的体现社会主义核心价值观、公民道德规范、职业道德要求、素质教育实施、课程改革目标、人文精神培养、终身发展需要等内容要求的名人画像、名人名言、名家字画、或师生的书画、美工作品、学习园地等。挖掘、保护校园内或校园附近的自然、人文历史景观,使学生耳濡目染,在潜移默化中受到艺术熏陶和思想感染。

（三）组织开展校园文化活动

精心设计和组织开展内容丰富,形式多样,吸引力强、调动学生主动参与校园的文化活动。

（1）充分利用"五四"青年节、"七一"建党纪念日、"十一"国庆节及教师节等重大节日,"九一八""南京大屠杀""烈士纪念日"等国耻纪念日,清明节、端午节、中秋节、重阳节等传统节日,设计、开展丰富多彩的活动。利用入学毕业、入队离队、入团、成人仪式等各特殊意义的日子,开展主题教育活动。坚持每周一次的升旗仪式,发表紧密联系学生实际,内容生动具体的国旗下讲话。

（2）从学校实际出发,组织校园艺术、体育、科普等各种融趣味性、思想性和知识性为一体的文娱活动,以及多种形式和内容的学生社团或兴趣小组,如成立文学社、书画社、举办文艺汇演、组织小制作比赛、运动会和才艺大赛等。通过活动,拓宽学生知识视野,培养学生生活技能,规范学生的言行,陶冶学生的情操,丰富学生的精神文化生活。

（3）充分利用学校阅览室和图书室,积极创建"书香校园"。办好学校图书馆室,在增加藏书量的同时,开放阅览室,积极引导学生多读书、读好书、好读书,培养良好的读书习惯,利用讲座、演讲、征文、校园读书月等形式,推动学生读书活动的开展,丰富学生的精神世界。

（四）开展学生课堂文化建构行动。

学生学校生活的 80％以上时间在课堂,课堂是学校教育教学的主要场所,文化充盈于课堂之内,渗透于师生之间,是课堂的主要养分。课堂文化建设应以行为实践为主要形式,促使学生逐步产生积极的学习情感、思想品质和习惯,形成民主平等、合作探究的文化意识形态。

（1）以完善教研组建设为重点,进一步完善校本研修制度,鼓励探索新的教师学习制度与方式;坚持开展中心备课组集体备课活动;及时总结、推广校本教研制度建设的经验和成果,形成有特色的教研团队文化和校本研修文化。

（2）重构课堂教学模式,开展有效教学的理论与实践研究,及时总结新课程实施过程中的新经验,开发多种有效的教学模式,积极构建课堂的"情感文化",创建"情境课堂"。实现从"记忆型教学"向"思维型教学"的转变;积极构建课堂的"质疑对话文化",创建"问题课堂、互动课堂";实现从"应试型教学"向"素养型教学"的转变。

（3）重科研、重学习,打造学习型校园。通过举办教学改革前沿讲座、教师读书活动等,营造教师学习环境,搭建教师交流平台,促进教师专业发展。

（4）积极开展"精品课"评选活动,学校在 3 年内培育 5 名市级教师的"精品课"、特色课,树立了各学科课改典型课例。

（五）打造校园文化特色与品牌

在活动开展中，立足校情，大胆创新，打造学校亮点。

（1）与学校办学理念相结合。从办学理念出发，从学校历史、师生规范、专业特色、校园标识等方面综合考虑，全面规划校园文化建设，形成有鲜明特色、统一和谐的校园理念形象。

（2）与学校整体优势相结合。以现有校园文化状态为基础，与学校整体优势相结合，根据时代发展的需要规划校园文化发展的前景。在规划时，着力以特色立校，以特色确定学校人才培养中的定位，体现校园文化特色。

（3）与当地人文资源相结合。在进行校园文化建设中充分挖掘当地人文资源、民俗风情、红色资源，建立沙北头庄户学院德育实践基地，对学生进行爱国主义、集体主义教育，引导学生树立正确的人生观、世界观、价值观。

四、保障措施

（1）加强领导，强化责任。学校成立由校领导、处室主任、团委、班主任等组成的文化育人活动领导小组，负责校园文化建设和特色创建规划与具体实施。校长作为第一责任人，亲自抓，负总责。

（2）以人为本，全员参与。校园文化建设与特色创建是一项系统工程，涉及学校的方方面面和各个层次。师生是学校的主体，既是校园文化的建设者和塑造者，同时又受到文化氛围的陶冶、引导和塑造。为此，要动员他们投入到活动中去，充分发挥他们在校园文化建设和学校特色创建中的主体作用。

（3）加强督查，定期通报。学校根据规划，扎实有效推进工作。领导小组将对活动开展情况进行跟踪、指导、督促，及时发现问题，并实行校行政办公会定期通报，确保活动顺利进行。

文化育人　教育无声

平度市旧店镇祝沟中学　耿军强

祝沟中学是平度东北边陲的一所学校,近年来我们大力进行文化建设,从环境和校园氛围两个方面加强对学生的道德情操的培养,让学校的每一个角落、每一项活动都渗透、弥漫着育人的文化气息。

正对校园大门是一个"奋斗"的雕塑,这是农村中学不多见的标志性雕塑。它激励着一批又一批的莘莘学子努力拼搏,用心灵之钥打开智慧之门,走向成功的彼岸。雕塑的两边是三条甬路,分别打造了以传统文化、道德教育、红色文化教育为主题的传统文化教育阵地,教育学生传承中华民族的传统美德,从中国共产党的历史发展中汲取经验和力量,努力提高自己的道德素养。

教学楼的右前方有一块巨大的泰山石石雕,是1991届毕业生于2016年为感恩母校捐赠的;实验室的前面有一片郁郁葱葱的玉兰树,是2008届全体毕业生留给母校的感恩林。这已经成为一种传承,每一届毕业生都会给学校留下宝贵的物质和精神财富,感染着在校的师弟师妹感恩母校、感恩老师。每一位新入职的教师也会在校园里栽下自己的成长树,精心浇灌,细心培育,让学生如同这些树苗一样茁壮成长,与校园的传统文化长廊相得益彰,显得那么和谐!

教室的布置也匠心独运各显特色,但都紧紧围绕着文化育人这一主题做文章。即使是一个小小卫生工具存放处,也设计得那么巧妙,笤帚悬挂得整整齐齐,旁边的文字提醒同学们"垃圾不落地,教室更美丽"。

在日常管理的细节上,我们更是精益求精,不放过任何一个对学生进行思想教育的机会。晨读时诵读《晨起自勉文》,鼓励自己做最好的自己;晚自习前诵读《夜幕醒思文》,回顾一天的得与失,做到每日三省吾身,在不断的反思中纠正错误走向未来,调整自己的人生方向,使自己永远行走在正确的道路上。上午第一节课课前学生诵读《弟子规》等传统文化内容,使自己的思想做到尽善真美;下午第一节课前唱一红色歌曲,对学生进行爱国主义教育。学生在饭前都要诵读饭前感恩词,告诫学生一粥一饭都来之不易,都应该感激那些为我们生活付出的父母、老师、同学及餐厅师傅们。每周一的升旗仪式,都由升旗班级进行经典诵读,让学生从传统文化中汲取营养,净化内心。

学校还开展各种书法大赛、诗朗诵比赛、校园歌手比赛、校园艺术节、小制作创意大赛等活动,使学生不仅仅只在书海中徜徉,也应该知道校园中还有诗和歌声。学校每年还举行一次研学活动,让学生走出校园到大自然中去,到社会中去,在研学过程中了解社会,学会团结,认识到集体活动的重要性。学校还组建了志愿者服务队,利用节假日和星期天等空闲时间进行学校宣传或敬老孝老、打扫卫生等社会活动,培养学生的规则意识和奉献精神。

春播种,夏育秧,秋收,冬藏,经过这几年校园文化的建设,祝沟中学已经形成了自己的校园文化。两操期间同学们迈着整齐的步伐精神抖擞地喊着班级的口号;运动场上加油声鼓劲声此起彼伏;走直道拐直角,无论去到哪里,只要三个人以上,同学们都排着整齐的队伍靠右行走;在校园里见到老师时同学们都会停下脚步敬礼问候,整个校园一派和谐的气氛。

环境文化育人案例

平度市古岘中学　李宝进

校容校貌、校园环境文化是全面实施素质教育的有效载体,是学校办学水平的重要标志,是学校精神风貌的具体体现,是学生文明素养道德情操的综合反映,是提升教育内涵、促进教育可持续发展的重要途径。根据上级建设文化校园和学校自身发展的需要,平度市古岘中学加大文化校园的建设力度,制定并实施了以下方案:

一、完善校园设施

学校大门及两侧、围墙、长廊、建筑物、橱窗、等完整、美观,有文化气息和教育意义;校牌、科室牌、班牌、宿舍牌、卫生包干区标志、上下楼梯印有诗句的标志、紧急疏散路线标志、安全标志、厕所标识等标准统一、美观大方、醒目规范、版面质地好,能体现学校特色;校园内各区域均设有相关的知识展板和安全提示。

二、美化校园环境

（1）校园卫生整治。对校园内外环境卫生进行全面整治。及时清运校园垃圾，做好清扫保洁工作，做到校园卫生整洁，环境宜人。

（2）校园绿化美化。以改善校园生态环境和校园的对外形象为出发点，合理规划校园绿化分布，积极筹建四区（教育教学管理区、教学区、生活区、健身区）两园（东曦园、西湖园），采用树、草、花，合理配置不同外形，不同季节的植物品种。校园处处有绿化，四季有花香，校园整洁美观，为师生创建一个绿色、洁净、优美、舒适、和谐的校园环境。

三、提高文化品位

（1）学校的办学理念：为了自信、从容、优雅和更有尊严的未来。办学理念是"为明天奠基"。这些写在校园的醒目位置。在校园的适当位置有：习主席关于教育的格言、教育方针、学生守则、学生日常行为规范、三风一训等。

（2）读书长廊。在教学楼和东曦园位置设计了读书长廊，创作引导学生勤奋学习、健康生活、养成良好行为习惯的人物形象等，着力营造文化氛围。

（3）走廊文化。悬挂张贴文明礼仪、德育教育、汉文化名人名言挂图、展示师生书画作品，同时也可作为名师展示或学生个性展示的走廊。

（4）围墙展示。可以是中学必读的国学名篇、优秀诗词，还可以作为学生社团成果展示、校友风采展等。

（5）办公文化。根据学校和班级特色，布置办公室、教室、功能室以及卫生间文化，如学习园地、名人警句、格言、师德师风标语、主要的规章制度、师生的书画作品等。

（6）温馨提示牌。学校的各个角落都要设计具有教育性、激励性、人性化标语，包括激励类、提醒类、环保类、安全类，甚至小到一句文明标语。或者由学生设计创作的富有个性、文明高雅的警示牌。树木悬挂介绍标志。民主化设计也是特色之一。

我校校容校貌建设统一规划、设计，体现了一定的文化内涵，力争使学校的一草一木一墙一砖都会"说话"，使学生随时随地都受到书香文化的感染和熏陶，体现校园"处处皆教育"的深刻内涵，提升校园文化层次。

和合求真　合和至美　文化立校

青岛第二十六中学　张　艳

一所学校的终极魅力在于它的文化魅力,当一所学校的物质文化、行为文化、精神文化融为一体的时候,它一定是一所优秀的学校。

青岛第二十六中学在"由和致合,由合致胜,合和至美"的和合文化建设理念引领下,着力内涵发展,以优秀的校园文化培育学生,促进学校从优秀走向卓越。

一、追求环境文化之和雅,凸显学校的价值和追求

1. 核心文化价值引领 融合呈现

学校的核心文化包含了师生的理想价值追求——"为中华之崛起而读书";教育的终极目的和学校的阶段发展方向——"立德树人 追求卓越";学校的人文情怀——"学生的笑脸是校园的阳光、教师的幸福是学校的基石"。这句平淡的话语是二十六中人倍加推崇和珍爱的,二十六中人的这种教育情怀得到了各界人士的赞赏。

基于这样的情怀,学校以"建设崇尚人文的现代化示范学校"为办学目标,以"公民意识、创新精神、国际视野、领导素质"为学生培养目标,以"学高为师身正为范"的教师团队建设为实现学校目标的倡导者、执行者、提升者。设计思路上,学生培养目标在学校立柱上加以呈现也寓意学生乃祖国未来栋梁之材。

2. 师生道德引领和美体现

著名教育家蔡元培先生曾说:"欲知明日之社会,须看今日之校园",简约而深刻地指出了校园文化的重要作用。我们清楚地认识到校园文化建设中教师和学生的主体作用。师生笑脸墙的醒目设置,加上浸润师生心灵的道德文化,("千教万教教人求真、千学万学学做真人""爱满天下""从优秀走向卓越""以卓越成就未来")直到"捧着一颗心来,不带半根草去"的大道无痕、大爱忘我的境界提升,都在向我们展现着和雅的环境文化滋养着师生成长、学校发展。

3. 主题文化功能区和而不同

"培养一个优秀学生就是创造一个美好人生"的理念，老师们有着深刻的理解，全体师生致力于让每一个角落都成为泛在学习场，交互交流区，动手体验区，让学生的创意思维化作亲身的实践体验，培育了学生的团队意识、创新精神和实践能力。目前，学校精心建设了"和乐坊""乐体汇""视界窗""弈趣园""创智空间""行知书院""怡心阁"七大主题文化功能区。

"和乐坊"音乐教育区，让学生在体验中感知文化，DIY 音乐创作室、世界名曲视听区、交响乐互动区，为学生们打造了一个特长展示分享、技艺学习切磋、体验音乐和美的殿堂，辅以京山合唱团、民乐团、管弦乐团、舞蹈社团的社团课程，"每周一曲、一歌、一画"的展示课程，合唱节、艺术节的艺术专场会演等，家长每每盛赞：艺韵流转，美抵心灵。在这样的浸润引领中，学生们的艺术素养、品味、表现力令我们赞叹。去年我校荣获市南区中小学生合唱比赛一等奖、器乐比赛一等奖、朗诵比赛一等奖；山海管弦乐团荣获市南区十佳明星社团称号。

"弈趣园"棋类教育区，它的设置是源于国际象棋特色社团课程，在全国中学生国际象棋比赛中我校连续四届获得初中组团体一等奖，一届二等奖，完胜专业的人大附中队，一时在中学生国象界成为传奇佳话。学校每年学校都招收国际象棋特长生。

"乐体汇"体育区助于学生强健体魄，磨炼意志，发展特长，学校荣获青岛市健美操比赛特等奖、帆船比赛第一名、篮球赛第一名、排球赛第三名的好成绩；"视界窗"大学教育区梦想引领成长；"怡心阁"心理咨询区，促进学生身心健康；"行知书院"悦读区，书香致远。学校处处都是学生探究、创造的自由空间，美丽智慧的校园文化随处可见，可感、可参与其中，处处彰显尊重生命、发展学生的理念。

二、追求行为文化之和真，铸就学校的内涵和灵魂

1. 和合课程文化体系，提升课程领导力

在学校的三年规划中曾明确提出"强化质量，关注文化，改革课程、形成特色"的工作思路。所以近几年来学校的行为文化围绕着课程建设展开，完成了"以校为本，提升课程领导力的行动研究"的市级重点课题的研究。

学校积极进行课程内涵的研究，形成"和合课程"的教育特色，体系逐渐完善。先后探索了艺体课程与模块化教学的优合课程，思品课与班会课的整合课程，信息技术和课堂教学的融合课程，"小班化教学"与选修走班教学的契合课程，借力 STEAM 教育促进核心素养提升的综合课程。

课程建设之路深刻改变着二十六中师生的教、学的行为文化的方式,引导师生探究学习、合作学习、跨界学习。

2.和合特色活动课程,促进学生和谐发展

学校以三感教育为德育教育主线,以学生的培养目标为核心构建学校德育课程体系,对学生进行循序渐进的品德塑造和人格引领,培养学生懂得感恩,勇于承担责任,树立青春理想,促进学生和谐发展。

七年级——"感动十四岁":通过贯穿整个初一年级的日常学习、生活,引导学生从感动到感恩,增强学生基本道德意识。

八年级——"感悟青春":培养学生团队意识,为学生搭建挥洒激情的舞台,让学生在阅读和思辨中感悟,在责任意识中成长。

九年级——"感谢成长":三年的培养,学生与母校、老师心心相依,感谢老师成长路上的陪伴。

学校行为文化的系列化活动课程设计,体现在诸多方面。譬如,每年的学校运动会在"最炫民族风""运动畅游中国""运动畅游世界""做自信二十六中人"等鲜明的系列主题引领下,愈加精彩。

"运动畅游中国"主题运动会,每个班级以自己独特的方式呈现一个省的文化特色。"运动畅游世界"每个班级展示对某一国家的文化理解。"做自信二十六中人"班级将学生的培养目标从学生独特视角,创意展现。家长这样称赞道:创意独特,展示精彩,称得上美轮美奂。没有老师的说教,学生在独特的行为文化中浸润成长。

3.和合仪式典礼教育,增强学生对文化理解

庄严的、有意义的仪式和典礼,能够起到感动生命的效果。仪式和典礼以周期性的事件把人们联结起来,形成了学校未成文的文化价值和规则。入学教育仪式教育新生,将他们带进学校团队,形成学生集体归属感和荣誉感。开学典礼有利于把教师与学校的使命联结起来。升旗仪式:则是一个公民爱祖国的表现。仪式和典礼是我们生活乃至生命中文化的重要组成部分,也蕴含着重要的学校文化价值取向。

从关爱学生生命的生长与发展的高度出发,为每一个学生创造发展的机会,让校园成为孩子们活动和学习的场所,让校园成为生命充分生长的空间和展现自我的舞台。这就是我们对学校文化建设的期盼和愿景,我们愿意为之去努力探索。

依山拥海 构建"以海育人"新样态

——青岛第二十六中学海洋教育初探

青岛第二十六中学　张　艳

一方水土养一方人。我校的水土可以概括为五个一,即:"一山一海一园一街一校"。我校背依第一次世界大战亚洲现存唯一的战场遗址——京山,面向旖旎的青岛汇泉湾,正对青岛市文化名人雕塑园,西邻青岛市文化名人街,这样的环境让我们这所学校充满了历史与文化的内涵,也拥有着开展海洋教育得天独厚的优势。因此,"要培养什么样的学生"成为我们一直思考着的核心问题。

市南区教育和体育局在《海洋教育行动计划》中明确指出:"落实立德树人根本任务,积极推进'海洋＋教育',从海的品格、海的人文精神、海的气质中挖掘教育内涵和内容素材,引发教育思想和教育行为"。我们将一直引领我校师生的校训"兼爱齐山,博学济海"融入其中,努力培养学生的海的品格、海的精神、海的气质,以海洋教育的发展构建学校未来发展的新样态。

在我校"十三五"课题《以学校课程构建促学生核心素养发展的学校行动研究》的引领下,学校推进 STEAM 方法论下海洋课程的开发与研究,集中各学科骨干教师力量,成立课程开发团队,凝结团队集体智慧,发挥团队合作互助。深入挖掘国家课程与海洋课程的融通点,形成基于国家课程、体现学科整合、具有校本特色、彰显海洋育人的 STEAM 海洋课程项目学习体系,帮助学生在发现问题、设计方法、解决问题、检测反馈的过程中,在掌握知识的同时,收获思考方法、思维方式。

1. 梳理各学科海洋知识点,丰富国家课程教学内容

我校的海洋课程体系首先以国家课程为基础,挖掘各个学科中的有关海洋教育资源,结合地方教材《蓝色家园——海洋篇》,由浅入深地把渗透相应的海洋教育内容,使课堂更具科学性、探索性、开放性,激发学生的探究兴趣。如,中国南海发现了可燃冰矿体,海洋中蕴藏着如石油、锰结核、富钴结壳、稀土等珍贵的海洋资源;人类活动也对海洋环境造成了影响,温室气体与海洋酸化等。学生在学习海洋知识的同

时,海洋意识也会油然而生,树立国家海洋权益,保护海洋环境和可持续开发海洋资源的责任感和使命感。

2. 依托学科教学,拓展海洋教育课程内容

在课堂上丰富和渗透海洋知识的同时,老师们继续探索、挖掘,通过"学科＋海洋"课程建设,形成海洋生物、海洋地质、海洋国防、海洋科技、海洋环保等不同领域的拓展性学习项目,学生根据兴趣选择项目学习,为同学们的课外活动提供了很好的平台。海水淡化、海水晒盐、海水提溴、海水提镁,海洋资源开发和利用,环境保护和绿色化学等都成为孩子们探索追寻的内容。

3. 促进学科融合,形成 STEAM 海洋课程学习项目

在同学们课堂储备知识、"学科＋海洋"课程拓展提升学习、研究能力的同时,我校借助于 STEAM 课程的方法论,尝试进行海洋课程跨学科融合,形成拓展性项目的深度学习,形成基于"国家课程＋"的 STEAM 海洋课程项目学习。

项目学习是以学科的概念和原理为中心,以制作作品并将作品展示给他人为目的,在真实世界中借助多种资源开展探究活动,并在一定时间内解决一系列相互关联问题的一种新型的探究性学习模式。学生通过海洋知识的学习,探索海洋的兴趣高涨,以自己的兴趣爱好,选择自己感兴趣的内容,比如海港的选址依据;比如洋流漂移问题;比如海上风暴……下午研究性学习课堂展示的"青岛的特色名片——蛤蜊"和实验课程"神奇的海藻"就是同学们进行实践研究的呈现,融合了很多学科知识与内容。同学们通过探究性学习、社会参与性学习和操作性学习等多种实践性学习活动,在不同学科老师的帮助、同伴彼此的交流支撑下,不断提升自己探究发现、大胆质疑、调查研究、实验论证、合作交流、社会参与、劳动等能力。

课程推进以生物组老师为主导,已经开发海洋课程"海洋生物资源的开发与利用",立足青岛,关注科技发展和资源开发对海洋环境的影响,关注海洋生态保护。随着课程的深入开展,需要相关知识链接及方法指导,又邀请部分化学、物理、地理老师参与进来,给予学生专业的指导,共同帮助学生完成这一项目学习。我们围绕青岛的海岸线,采集水样,回校后学生借助中科院海洋研究所、青岛市环境监测中心、中国海洋大学等合作单位进行水中离子检测、水质鉴定等,撰写水质调查报告、海水颜色变化的跟踪调查、污水中某些有害化学参数的调查等小论文。另外,组织同学们到海洋大学、海洋研究所等单位参与海洋科学实验和海洋科学考察等体验学习活动,增强学生的体验学习和探究学习的能力。

同学们在参与课程学习、研究的过程中,有的登上中科院科学考察船"科学号",

探秘蔚蓝海洋；有的考察中华人民共和国水准零点及航海科技博物馆，了解测绘文化、航海文化；有的深入湿地，了解海洋与湿地的关系，理解人与自然休戚与共的命运；有的参观国家深海基地，了解国家深海基地科研室、"蛟龙"号载人深潜器，了解我国深海科学研究、深海装备研发等知识；有的参观海军博物馆，了解海洋国防、海军建设的历史，登上军舰，了解海上辨别方向、旗语等知识，深入研究海洋国防；有的走向海边研究浒苔的成因……

近年来，中国海洋研究所、中国海洋大学海权博物馆、国家深海基地、海洋地质所、海军博物馆、中国新能源生态科技馆、水族馆等青岛周边的研学机构都留下了二十六中学子的足迹。同学们实践操作的过程中感受科学之魅和海洋之美，在提高了同学们学习科学知识的兴趣的同时，也增强我们海洋保护的责任感和使命感。

"国家课程＋"的 STEAM 海洋课程项目学习，促使学生综合运用多学科知识，让学科知识间发联系，知识间发生链接，知识与生活间紧密结合，有利于学生把课本知识转化为实际能力，让学习在课堂发生，以点带面多学科扩展与参与，提高学生的综合素养，不断优化学生海洋知识结构，帮助学生开阔视野，提升学生面向未来挑战的能力，从而不断增强人类命运共同体意识，树立世界眼光和国际视野。

以上是我校海洋教育推进的一点尝试，我们深知，加快推进海洋教育的发展，需要系统设计、逐步推进、注重内涵发展。去年上合组织青岛峰会后，习近平总书记考察青岛，首站就选择了海洋主题的青岛蓝色硅谷，指出"海洋经济发展前途无量。建设海洋强国，必须进一步关心海洋、认识海洋、经略海洋，加快海洋科技创新步伐"。利用海洋知识习得与应用实践的优势，锻炼学生的创造力、团队合作、领导力、动手能力、计划以及执行项目的能力……我们深信，我们的海洋教育是青岛未来海洋发展战略中人才输送的关键一环。依海而生，向海而兴，就是我们心目中真正的教育！

弘扬诚毅精神，建设幸福校园

崂山五中　陆典民

诚毅教育，即"诚朴做人，坚毅做事"的教育。诚者，诚心，诚信，诚朴，真诚，诚可感人，是立身之本；毅者，刚毅，坚毅，毅可移山，毅以行远，是成事之源。学校打造"诚毅教育"，就是用诚毅作为德育的精点，激情拉动学生成人、成才、成功。培养师生志坚永恒的精神，教育学生树立远大志向，追求卓越。

一、整合课程资源，完善"诚毅"育人体系

学校注重开发显性课程资源，同时也注重隐性资源课程的建设和发展。将显性与隐性课程资源结合起来，努力拓宽育人空间。不断挖掘学校发展过程中逐渐积淀形成的"诚毅"精神，丰富学校文化内涵。遵循"诚朴做人，坚毅做事"的学校精神，开展了一系列研究性学习活动、社会实践活动，从理论和实践上多层面、多角度让诚信润泽师生心灵，丰厚"诚毅"文化。

以"微型德育课""体验式德育"为我校的诚毅德育特色，通过微型德育课、体验式教育、诚毅德育的研究和实施，提高班主任工作和学校德育工作的实效性。以"诚毅教育"的理念为指导，积极构建具有五中特色的德育课程体系，完善全员育人导师制、班级教导会制度，实施教书育人"一岗双责"考核制度。

课程方面，学校完善三级课程体系，开展选课走班，满足不同学生的发展需要。拓展"一个核心九个模块"课程体系为"一个核心、七种素养、三级课程融合、七个板块联动"的"诚毅同心课程"。为培养学生的人文素养、科学素养、艺术素养、健康素养、人际交往能力、自主学习能力、国际视野，我们设置了幸福体验课程、科技创新课程、艺术修养课程、运动竞技课程、语言感悟课程、思维拓展课程、放眼世界课程，引进海洋大学师生、青岛大学"未来讲堂"、模拟联合国、外教进课堂等代表性课程40门，并以此为基础成立40个社团协会，为具有不同情趣、差异化的特长爱好、不同发展水平的学生提供了自由选择的发展空间，学校精心制定的选修课程鼓励学生在文学、艺术、科学等多个领域全面发展，让学生在完成文化课学习的同时提升综合素质。

二、打造"诚毅—合作"课堂，助推教师成长

以"诚毅"理念为核心，引领教师形成求真求实的价值取向，形成自主发展的共同愿景。在实现共同愿景的过程中，逐步形成多种形式的学习共同体，如青年教师专业成长共同体、骨干教师论坛等，教师在学习共同体中互动交流，彼此碰撞，切磋技艺，提升智慧，拓宽视野，实现快速成长。诚毅立人的思想深入师生心中，逐步形成宽松和谐、开放高效、激励上进的团队意识，培养起良好的思想情操、道德规范和行为素养，提升了学校的核心竞争力。

在原有的"合作·对话·探究"教学模式的基础上，以高效课堂为追求目标，通

过推行"诚毅—合作课堂"模式实现学生学习方式的转变。认真落实"预学、助学、展学、合学、合究"课堂流程。追求课堂本真,即真探究、真预习、真合作、真评价。

积极落实《青岛市义务教育学科教学改进指导意见》。加强专递课堂、名师课堂资源建设,全面开展"一师一优课、一课一名师"活动。发挥学校名师工作室的职能作用,加强集备、账单式错题管理、学习力、草根课题的研究,提高课堂教学的效率。完善教育科研课题运作机制,强化课题的过程研究。

三、建设诚毅生态文化,浸润学生心灵

以建设"生态园"为契机,建设诚毅生态文化园,体现传统文化和诚毅长廊,以足迹文化、课程文化、课堂文化、诚毅德育为主体构建系统的环境文化体。以诚毅文化为主题建设各功能教室和班级文化、办公文化,形成"两场六园九长廊"环境文化格局。打造特色场景:体验心理、众创空间、社团文化等。此外,学校还组织"诚毅温馨班集体"创建活动,每个教室被布置成了优雅整洁、舒适温馨、充满爱意的温馨家园。"诚毅温馨班级"创建活动美化了学习环境,净化了学生心灵,更让他们感受到了美德的熏陶,营造了良好的德育环境和氛围,发挥了校园文化"润物细无声"的功效。

四、完善"诚毅"绿色评价机制,进行过程性评价

推出"诚毅"月度人物评选活动,对每个级部一月来在德、能、勤、绩表现突出的教师授予月度人物的称号,并在校会上表彰,在校官方公众号上公示,发挥榜样的引领作用;班级评价方面,依据班级量化和成绩每月评出"诚毅班集体",发放流动红旗,以资鼓励。

在班级中强化以小组合作团队创优为核心的诚毅评价机制,引入信息化软硬件,起用即时评价,过程评价,定性与定量评价相结合的"兰尺魔法"评价系统;推行学生诚毅目标管理,充分发挥学生自我发展的内驱力;尽心营造诚朴的竞赛与合作,推行了班级和个人的 PK 大赛。

五、深化 "陪伴合育"为核心的家校合育,将诚毅精神植根于家长心中

充分利用现代化媒体:微信、网络等实现教师对学生课外学习活动有效指导,倡导家长全身心陪伴孩子成长,全面参与学生的课余学习过程,创新陪伴教育方式,如:直播课堂、微信讲堂等。利用社区资源深挖诚毅教育实践基地,如:中国海洋大学实践基地、青岛大学客座讲师团、汉缆企业文化、二月二实践农场,实现三位一体

的社区教育模式。通过周边资源切实开好感恩教育、励志教育、理想教育、传统文化、人生指导等课程，让学生学会生存，学会生活，学会发展。学校还邀请家长走进校园，请进班级，参加学校和班级的规划和日常管理工作工作。这种全开放式的办学模式，彰显了学校"家校合育"现代教育理念，同时也将学校的办学理念、诚意文化精髓植根于家长心中。

六、组建"诚毅"志愿者团队，拓展育人空间

组建"诚毅志愿者"团队，参加各项公益活动，把课堂延伸到社会中。组织了清理大河东水库沿线垃圾等活动。在沿途拾捡垃圾的过程中，不时引来过往游客的赞叹，有些游客还被志愿者们的行为所感染，也纷纷加入捡垃圾的行列中来。此外，还组织了诚毅爱心柜走进沙子口大集活动。我校的志愿服务队把同学们捐出的书本，衣服放到学校诚毅爱心柜中，在沙子口大集上发送给需要的群众。志愿服务队的热情感染了周围的群众，很多人自发参与活动中来，有的还记下了学校的电话，表示要把自己的爱心也通过这种形式传递下去。

我校的刘诺丫同学和同学们自发组成了"诺亚舟公益志愿服务队"，积极参加各类红十字公益活动，刘诺丫同学先后被评为"青岛市红十字优秀小小志愿者"，"第四届崂山区美德少年""第四届青岛市美德少年"提名奖和"山东好少年"提名奖。

经过数年的探索实践，我校"诚毅"教育开始结出硕果。先后获得了"青岛市中小学德育工作先进集体""青岛市'做一个有道德的人'主题实践活动示范联系点"和"青岛市优秀家委会"等荣誉。

学校德育品牌建设是学校全局工作中具有战略意义的重要工作，南京师范大学青岛附属学校全体师生将发挥自己的积极性创造性，为学校的品牌建设献计献策、添砖加瓦，使我校"诚毅教育"品牌成为发展亮点。

用完美教育文化润泽文明校园

西海岸新区实验初级中学　李　颖

青岛西海岸新区实验初级中学自 2011 年建校以来，始终以办人民满意教育为目

标,以文明校园创建为动力,努力打造完美教育特色校园文化和文明校园创建品牌。

一、顶层设计,创建工作以完美教育文化为特色

(一)铸立校之魂

我校坚持以实际行动诠释中华优秀思想文化的博大精深,复活了《礼记·大学》中"止于至善"这一中华优秀传统文化的精髓,提出了"完美教育"的办学主张。出台《完美教育文化发展战略》,用精神引领滋养师生心灵。

(二)聚发展之智

立足实际,依托学校董事会、教代会,围绕打造"完美教育文化品牌"进行谋划,把培育和践行社会主义核心价值观作为重要战略方针,纳入学校发展规划,用价值引导丰厚师生精神。

(三)兴文化之风

"完美教育文化解读"全校师生参加;学校宣传片师生是主角;校歌由师生集体创作;五年校庆吉祥物诞生于全校 1800 余师生的共同创意,用文化渗透润泽师生品行。

(四)立治校之本

出台《完美教育法》,实行值周校长制、今日我当家、项目负责等策略,形成"完美共生"的制度磁场。坚持和完善党支部领导下的校长负责制,构建"一主两翼"管理机制,用民主法治提高治理水平。

(五)弘文明之气

以创建"学习型、创业型、奉献型、廉洁型"基层党组织为抓手,发挥好党组织的政治核心和监督保障作用。以"实中论坛""道德讲堂"为阵地,通过签订师德师风承诺书、开展师德教育月、师德考核评价、优秀学生事迹报告会等活动,把党建和思想政治教育纳入完美党员、完美教师、完美学生的成长路径,用道德熏陶涵养师生心志。

二、目标引领,创建工作以立德树人为抓手

(一)完美教室丰盈学生成长

搭建"大文明"舞台,以"我的文化我的班"活动为载体打造完美教室,让学生

人人参与班名、班徽、班风、班训、班旗的创建,并通过环境美化、道德实践、问题导学 4.0 版教材学习、电子书包、课外拓展、社团活动、社区服务、社会实践、研学旅行、科技竞赛等方式,教会学生做人求知,让每个孩子朝向有德性,有情感,有知识,有品行、能审美等方面成长成才。

(二)润德课程讲好实中故事

落实《山东省德育课程一体化指导纲要》,使每一名师生都成为创建活动的实践者和受益者。开设 40 余门润德课程,引导师生树立正确的世界观、人生观、价值观。军训第一课、开学典礼、毕业课程、表彰大会等重大活动,齐唱校歌、齐诵师生誓词,砥砺师生完美梦想。升旗仪式、重大历史事件纪念日、节庆日,广泛开展爱国主义、民族传统、理想前途、责任担当等系列主题教育活动,引导师生做"有根"的中国人。组织开展"我学习、我践行"社会主义核心价值观主题活动,将党史国史、文明礼仪、我的中国梦、做美德少年、遵规守纪、志愿者等道德实践活动贯穿其中,让仁爱尽责、勤奋进取、向上向前成为师生的共识与追求。明星大舞台"晒"出数百位优秀师生,"完美实中"官方微信的影响力长期居于西海岸新区教育前三名,成为唱好实中主旋律的思想文化教育阵地。

(三)七大节日提升文明品质

构建了以"读写节、艺术节、体育节、科技节、吟诵节、社团节、英语节"为主体的校园活动体系,不断提升校园文化活动的思想性、教育性、艺术性。汉字听写大赛、中华成语大赛、"我的一本课外书"好书推荐会助学生在书香润泽中拔节;"共筑中国梦"中华经典诵读大赛中,千人吟诵《少年中国说》《满江红》,让学生在中华优秀传统文化的哺育中茁壮;器乐、曲艺、绘画、京剧、书法、课本剧编写、微电影摄制、游泳赛、足球赛、3D 打印促学生在个性成长中绽放。"七大节日"与完美教育文化牵手,与文明校园创建相约,凝聚成一股至善至美的力量,形成了实中特有的"文明节气"。

实验初中文明校园的创建,提高了办学水平,丰富了育人内涵,提升了师生素质,文明和谐的良好育人环境已然形成,沐浴完美教育文化之光成长起来的实验初中,在未来的日子里,一路收获、一路芬芳。

成全教育理念引领学校发展

青岛大学附属中学　彭念东

什么是学校教育的力量？教育的力量在哪里？学校最重要的力量就是内生力的源泉——学校文化。

学校文化体现在哪些方面？一是体现在学校核心价值理念上，即"成全教育观"——学校之魂；二是体现在我们常见的话语方式上，因为语言背后处处有思维；三是体现在学校日常实践的变革中。

纵观人类社会，教化之本，源于教育，教育核心在文化引领；文化引领首先在于思想，其次才是行政和行为。为实现学校的可持续发展，首先必须在蕴含学校内生动力、体现学校核心价值理念的学校文化上下功夫，不断凝结、提炼、完善学校文化之魂，对于青大附中，学校教育核心的文化引领 即是"成全"教育思想。

一、成全始于尊重

众所周知，教育对象在知、情、意、行各个方面是千差万别的，只有尊重差异，才是真正的尊重人，只有真正的尊重人，才有真正的教育，教育始于尊重。教育要以尊重差异、赏识个体、发展多元、促进学生幸福成长为己任。基于这样的思考，我们不满足于"开足开齐"国家课程，勇敢、愿意、能够对国家课程进行重新建构，实现国家课程校本化。只有这样，课程才能适合学校学生发展。也只有这样，才能培养学生的核心素养，实现学校的发展愿景和育人目标。我们构建出"外圆内方"的课程体系。借助古钱币的形状表达内涵。"内方"让学生保持原有的个性，具备方方正正的品格；"外圆"赋予学生无限的发展潜力，与社会、与自然相融通，达到可持续发展的态势。课程体系涵盖有数学、语言与文学、人文与社会、科学、艺术、体育与健康、思想与品德、综合实践八大类课程群，在这八大课程群中再具体分化为各门具体的课程。青大附中为学生全面发展、个性发展搭建的各级各类、形式多元、丰富多彩的平台，都纳入学校整体课程框架之下，被赋予相应的教育目标与内涵。

二、成全立于共生

在教师专业成长上,学校把教师个人发展与学校发展有机联结,将学校转化为生生、师师、师生学习、研究的共同体,要求每位老师每学期精心备课,准备公开课向全校开放,随时接受其他教师的观摩和学习,力求做到"堂堂都是精品课,检不检查一样精";学校鼓励老师跨年级组、跨学科互相听课,交流切磋,共同提高教学水平。鼓励教师积极参加上级业务主管部门组织的继续教育、业务培训与交流活动。培训学习与活动归来后,在全校或教研组范围内进行学习交流与经验介绍,做到"一人参加培训,全体教师受益"。针对新课程标准,以教研组或级部组为单位进行业务学习,把每学期教学工作总结会作为学校常规性的校本培训,以推出教师公开课、论坛交流的形式,全校切磋教学艺术,推选优秀教师进行经验介绍,实现大家共同提高的目的。教育的质量取决于教师,教师的可持续发展之路促进了学生的可持续发展,实现了学校的可持续发展。

三、成全达于和合

在课堂教学方面,学校着重推动了以下三个方面的具体工作:首先,全面提升课堂教学质量。学校积极开展"有效课堂、有效教学""研学、研法、研题"等活动,每学期引导老师们围绕一个主题进行教学研讨,通过骨干教师先行课、新教师亮相课、课程整合研究课等不同课型,为教师提供相互学习、共同进步的平台,从而使得教师教学水平得以提升,教学质量得以保证;第二,践行健康教育思念。面对原有部分教师挤占学生午休时间讲课的做法,我们主张把时间还给学生,坚决杜绝挤占午睡时间讲课的现象,从而实现课堂教学过程中,学生精神饱满,教师教艺精湛,课堂气氛逐渐积极、活跃;第三,践行优质轻负教育理念。把时间还给学生、还给老师,绝不以时间换分数,集中精力向课堂要质量,切实营造学生乐学,教师乐教,师生教、学共进的局面,真正实现优质轻负。

文化育人

平度市旧店中学 王效光

旧店中学地处大山深处,三面环山,一面临水,钟灵毓秀,英雄辈出,特殊的地理人文环境为我们提供了得天独厚的文化资源,如何立足学校实际,在"旧"言"旧",推"旧"出新,做好校园文化大文章,成为摆在我们面前的一个重要课题。

离学校不远,在东石桥村,有闻名远近的中共平度一大旧址;在罗头村,有令人肃然起敬的中共平度第一个党支部旧址;被搬上银幕的著名话剧《红山枣》的许多素材,也诞生在这片神奇的土地上;离学校不远的北黄同村,也是革命老前辈任瑞卿的故里……

于是,我们发动教师编写乡土德育教材,把革命先辈的英雄事迹写进去,布置学生学习了解,组织他们瞻仰中共平度第一个党支部、中共平度一大旧址,走访任瑞卿故里,每年的清明节前夕,组织团员祭扫烈士墓,缅怀革命先烈英雄事迹,用身边的故事教育他们、引领他们,使不少学生蓦然间感到,家乡之所以能够赢得幸福美好的今天,正是靠着先辈们心系国家民族命运、以天下为己任的气魄与担当换来的,只有接过他们的接力棒,义无反顾地走下去,才会让家乡、让祖国变得更加繁荣富强!他们由衷感到,热爱家乡、报效祖国,就是从自身做起,每天克服一点小毛病,每天做一些有益于个人、家庭、学校和国家的事情!

与此同时,我们还不断加大祖国传统文化教育力度,为他们营造一种浓浓的文化氛围,让他们于不知不觉中受到熏陶感染。让每一面墙壁都会说话,利用宣传栏、看板、黑板报、电子大屏幕、挂图等,宣传我国源远流长的仁、义、礼、智、信,宣传老一辈无产阶级革命家、思想家、文学家、科学家的感人事迹和至理名言,使之时时刻刻地成为学生成长路上一种颇具感召力的精神引领!

立足旧店实际,还应根据学生现状,出台符合旧店中学实际的学生日常行为规范!众所周知,受诸多因素的影响,不少学生缺乏正确的价值观,人生观,言行上以自我为中心,目无校规校纪,散漫任性,这是十分让人头疼的现状。为此,我们利用班子会、教职工大会阐明观点,发动班主任、团委、教导处、政教处和广大教师,把存在于学生身上的种种问题梳理分类,并制定出相应惩戒措施,把要求变成制度,让规矩说话,让制度管人! 组织带班领导、班主任、导护教师、学生会纪检部成员,进行全方位的监督检查,在很大程度上有效遏制了不健康行为。文化是一种软制度,规矩是一种硬制度,只有软硬兼施,互为补充,才会让德育工作落到实处,提升高度!

教育并不是古板枯燥的坐而论道,而应该体现为一种充满诗情画意的高雅行走! 我们不折不扣地贯彻执行素质教育方针,在不断加强学科教学的同时,始终如一地组织学生开展各种各样的校园活动,演讲赛、歌咏赛、情景剧表演赛、黑板报赛、手抄报赛、征文赛、实验操作赛、手工制作赛、篮球赛、乒乓球赛、积分比赛等,各式各样的活动,让学校雨后春笋般地涌现出一批批校园达人,于是,达人榜的栏目里增添了许多诗意绽放的笑脸,校园里增添了许多欢快热烈的笑声。积极主动地组织学生开展丰富多彩的活动,用为他们喜闻乐见的方式引导和激励他们高扬主旋律,活出精气神,不断提高道德素养,成就大写人生,是我们雷打不动的做法!

德育工作的有效开展,有力促进了学校教育教学水平的提升,在2018——2019学年度的教育教学中,我校取得了前所未有的好成绩,七、八年级分别获得了教体局颁发的发展性评价先进级部称号,学校获得了发展性评价先进单位称号。这是我们全体师生凝心聚力、顽强拼搏的结果,也是我们立足当地文化资源,营造良好的校园文化氛围的结果。我们将一如既往地把教育的根深深扎在旧店的青山绿水红色文化间,团结和带领广大干部教师满腔热忱做德育,埋头苦干抓教学,不断取得新的辉煌!

平度市西关中学以文化的力量铸魂育人

平度市西关中学　张国锋

平度市西关中学是一所有着优秀传承与文化底蕴的百年老校,它的优秀传承与文化底蕴不单因为培养了大批优秀学子,更因为这所学校和竞弘道、立德立业的文化氛围。

一、树理念——绘就"文化铸校"画卷

2008 年 9 月平度市西关中学由 3 所学校合并搬迁新址,合并之初,校领导班子就深入分析校情,科学规划发展,一致认为合并后的学校要想凝聚发展合力,必须实现文化的更迭和创新,必须要树立全新的理念,构建全新的具有自身特色的新型复合文化体系,实现学校跨越发展。2017 年以来,青岛市教育部门提出加强学校文化建设,西关中学又大力实施"文化铸校"工程,以文化引领学校发展。

二、建体系——构建"文化铸校"体系

1.精神文化是文化体系建设的精髓

行源于心,力源于志,精神是学校生命力的源。学校将精神文化作为文化体系建设的精髓,用信仰的力量引领学生在成长成才的过程中执着奋进。学校将"和竞弘道、立得立业"的工匠精神作为兴校之魂,传承与发展"文明 合作 求实 创新"的办学传统,以"卓立岛城 享誉齐鲁"为教育使命。如今,这些文化基因时刻激励着师生锐意进取、砥砺前行。

学校深刻把握思想政治工作规律、教书育人规律、学生成长规律,充分发挥课堂教学的主渠道作用,大力推动教育教学改革,促进思政教育与德育教育、学科教学融会贯通,科学地将立德树人贯穿于每一课程之中,深植于每一位教师心中。学校开展以"给学生系好人生第一颗扣子、让学生养成一个良好的习惯、教学生掌握一门喜欢的特长、在学生心中树立一个理想的目标"为主要内容的"四个一"活动,努力使思政工作变成暖心工程,彰显出蓬勃的德育工作生命力。

2.环境文化是文化体系建设的基础

环境文化是文化体系建设的基础,具有强大的育人功能。学校各类专用教室配备齐全,硬件设施达到山东省规范化学校标准,学校尊重学校历史传统,设计风格开阔大气,规划布局合理科学。走进平度市西关中学,校园绿树成荫,这里四季常青,三季有花,随处可见的微景观,时时处处浸润学校的"育人理念"。校园主干道两侧设置了宣传橱窗,草坪设置了遵德守纪宣传牌,学生食堂、公寓楼前安装了宣传栏,使校园景观与周围的环境融为一体、相得益彰。与此同时,学校持续推进"一楼一品"文化建设工程,各级部根据自己理念特点,在学生休闲区创设不同主题的"文化长廊",彰显了学校的办学特色。教学楼长廊以师生活动为主,设有我的家园我做主、我读书我快乐、我是明星我能行、师生书画作品展、手工制作、报刊宣传、课改前沿、班队活动等板块;综合楼及办公楼设有领导关怀、发展规划、校长赠言、师生名言警句、

古典诗词、生活专刊、科技教育等板块,体现"在阳光下健康成长"的主导思想,精心打造属于自己的温馨的家园。学校还打造了党建文化长廊、计划打造传统文化长廊、学生作品展示长廊,打造了海纳百川的微园林景观、小小梅树林景观、月季园地、植蔬实践基地等体现学校自然育人特色的文化氛围。

3. 活动文化为文化体系建设提质

学校以社会主义核心价值观为引领,及时捕捉不同时期的时代特征,并以"道德讲堂""阳光大讲堂"等文化活动为平台,充分利用节庆日开展不同主题教育活动,引导学生弘扬民族精神,增进爱国情感,提高道德素养。

学生社团是承载校园文化的独特载体,学生社团的蓬勃发展,对校园文化繁荣、学生综合素质的提高发挥着重要作用。因此,学校建立了40多个特色鲜明的学生社团,构成了充实丰富的第二课堂,校园焕发出青春的色彩,通过开辟校园文化节、开展多种形式的教育教学活动(包括各类学习竞赛)、开辟常规的"奋进杯"学生体育竞技活动(如象棋比赛、乒乓球赛、拔河比赛,篮球赛、羽毛球赛,足球赛等)、开展元旦"迎春花"文艺汇演、三月五日"学雷锋"活动、校园学生读书活动、举办校园感恩节、学生乐队等系列活动,有效促进了学生人文素质的提升。

搞好教师的团队精神建设。开展多种形式的文体活动(三八节庆祝会、开学送花、特色结婚庆贺仪式、新教师入职活动、青年教师读书会、教学贡献奖、重阳送关爱、退休教师欢送会、退休教师座谈会等),搞好师徒结对、教学研究课、送温暖活动、慰问活动等工作,让师生在活动中感受到快乐、感受到温暖。通过活动的开展,营造和谐的人文环境。

4. 制度文化为文化体系建设增效

没有规矩,不成方圆,制度文化建设对加强校园文化建设,起着决定性的作用。为此,学校制定《章程》,拟定规划,健全制度。学校管理实现民主化、扁平化、合作化,领导干部分工明确,各类制度健全完整,并于今年通过具有学校气息的《西关中学教师集体创优方案》和《教师共同体评价制度》,为学校的发展找到新的增长极。在现代学校的建设和发展中,我们实行项目管理制度,让专业的人干专业的事,以实现专项工作的高品质完成。同时,学校紧抓各项制度的宣传工作,使其得到师生的认可理解,最终形成自我规范、自我管理和自我激励的风气,为师生创造了一个有章可循、激励与约束并重、和谐进取的工作环境。

三、求实效——"文化铸校"有成就

西关中学实施"文化铸校"工程,完善了学校规章制度,依法治校、文化立校,构建了特色鲜明的现代城乡接合部初中学校文化体系。学校结合课程开发,以文化育人的视角设计活动项目,使校园文化活动赋予了灵魂,"活"了起来,有效激活了健康向上的校园精神文化。并通过不断地净化、绿化、美化、优化校园环境,让学生在健康和谐的文化环境中,感受美的氛围、接受美的熏陶、引导美的行为、得到美的升华,强化了校园文化在素质教育中的育人功能。

西关中学通过文化体系的构建,形成了民主型的制度文化、智能型的知识文化、素质型的心理文化、情感型的德育文化、开拓型的观念文化。如今的校园文化,对学生的成长成才和教师的发展提升产生了重要而深刻的影响,使学校成为师生员工赖以生存、实现梦想、成就自我的进步阶梯和重要平台。

回望西关中学的文化铸校之路,无疑走的是一条科学发展的提升路,探索的是一条正确的办学路,"和竞弘道"造就了西中文明厚重的内蕴;"立德立业"赋予了西中艰巨的任务。西关中学,将承载每一个师生的理想在高起点开始新的征程,朝着更加辉煌的明天昂然奋进!

潮海中学多渠道文化育人

即墨区潮海中学 黄祖润

学校文化建设是一所学校师生精神风貌和思想素质、修养的内在及外显表现,是一所学校高层次办学的体现。潮海中学全校师生都以文化定位来加强自身素养的提高,教师和学生具有的鲜明特色,形成独特的学校文化,培育特色人才。我校在文化育人方面的做法如下:

一、创设校园文化氛围

(1)创设各种文化设施,开辟阅报栏、宣传栏、黑板报、图书室、阅览室等思想、文化教育阵地。

（2）及时展出学生书画作品,开辟读书角,组织文学社,创办校报校刊等,使学生随时随地受到感染和熏陶。

（3）建成完善的校园广播系统,成立学生会,利用学校广播及时播发校园新闻和优秀事迹。

（4）在学校主要部位悬挂名人事迹、名言,展示学校的校训和教书育人理念,提升校园文化层次。

二、组织丰富多彩的校园文化生活

积极开展各种健康有意义的课外文化活动,占领学生的业余生活阵地。

（1）各班利用班会、团会,组织学生开展各种小型的文化娱乐活动,为学生举行个人演唱会、个人画展,才艺展示会,活跃学生的课余文化生活;

（2）德育处、团委发挥职能,以广大学生爱好、兴趣为纽带,增设让全校学生自主参与的活动,如诗词大赛、读书分享会、我和名人对话等活动来丰富第二课堂。

（3）学校每年要举办一次以上全校性的大型文体活动,倡导学生参加,使广大学生的艺术素质得到普遍提高,引导校园文化向健康高雅的方向发展。

（三）开展校园文化教育

运用学生喜闻乐见的形式进行教育。

（1）组织学生观看爱国主义教育片或优秀影视片。

（2）利用各种纪念日,组织开展读书宣传活动。

（3）举办各种知识竞赛或演讲会等活动,使学生从中受到直观熏陶和潜移默化的教育。

（4）开展班级形象设计、专业教室美化等活动,浓厚学校文化氛围。

立德树人，活动育人

——学校营造育人文化的几点做法

青岛西海岸新区外国语学校　薛秀花

作为教育者，如果能让家长大致认同我们的教育主张，双方的教育就会形成合力。因此，我们的理念是"参与体验、自主发展、快乐成长"。立德树人、活动育人。以活动促发展，以活动育人才，活动让育人"看得见"。

一、德育活动促发展

为了扎实落实《山东省中小学德育课程一体化实施指导纲要》，坚持立德树人，深化学校"自主绽放梦想"德育品牌建设，学校积极探索新时期高效德育新途径、新办法。实施"立德树人，活动育人；同伴互助，阳光成长"的德育策略；强化共青团建设；构建学校、社区、家庭一体化德育网络；实施年级、班级、小组德育微格化管理；通过"班主任论坛"、设立德育工作示范岗、"蒲公英"爱心社、研学旅行、"德育营养套餐"（学生常规教育月、学雷锋活动月、心理健康活动月、"走过十四岁"青春仪式、毕业季课程、师德教育活动月、国际文化节、校园读书节、科技节等）；举行校园戏剧、班级合唱、"十佳校园歌手"、卓越之星评选等系列比赛。

在家委会的参与和策划下，举行传统节日进校园、阳光同伴志愿者行动等个性化德育实践活动，以及各种学生社团活动等，通过各种方式对学生进行法制教育、国防教育和爱国教育。建立健全"全员、全程、全方位"的德育工作机制，形成学校、家庭、社会融合互动的德育教育网络。在活动中让学生自由选择，自主体验，自我成长。从各方面反馈来看，学生知识的获取能力、动手能力、自我管理能力、协作精神、社会适应力、应对困难的心态和抗挫折能力等都有明显进步，表现出良好的综合素养，个性鲜明、阳光自信，育人效果"看得见"。

二、体育活动保健康

学校始终将"健康"放在学生核心素养的第一位,同时注重发掘学生特长,实施体育基础教育和拔尖人才培养"两翼齐飞"策略。

学校高度重视学生的身体素质,认真落实学生每天体育活动一小时的规定,每天分年级开展"体育大课间"活动。各年级组还根据学生的年段特征,每学期开展学生们喜欢的跑操比赛、足球比赛、篮球比赛、拔河比赛、跳绳比赛、趣味运动比赛等形式多样、丰富多彩的体育活动。学校充分利用校内空间,尽可能多地设置了篮球架、乒乓球台,丰富了同学们课间活动项目。

课堂教学采取模块化教学方式,运动队训练采取"走出去,请进来"的方式,取得了优异成绩。师生健康水平高,学生中考体育成绩优异。学校各体育运动队成绩斐然:每年都向高一级学校输送体育人才十几人;连续多年在全区运动会中名列前茅;鼓励帆船、游泳等体育特长生坚持训练、参加比赛;校男子、女子篮球队、足球队、排球队在区市比赛中成绩突出,其中2017年校男子足球队代表全区参加"市长杯"足球赛,学校被评为"青岛市足球试点学校"。

三、特色活动育英才

为优化英语育人环境,打造学校教育国际化特色,学校摸索出了多平台、重实践的"优学"法,包括课堂小组合作学习、小班化口语教学、活动应用法(英语宣传信息窗、包括英语角、英语广播、英语微阅读等系列英语日常活动)、快乐创造法(包括自创英语短剧、英语演讲)、双语宣传;充实各类英语书籍、视听资料,建立英语教学资源库等。我校与石油大学、山东科技大学等高校和其他校外机构合作,深度开展国际文化节、英语戏剧、研学旅行、国际互访交流等特色活动。学校模拟联合国社团连续4年参加山东省模拟联合国峰会,每期师生代表20余人均全部获奖,载誉而归,学校获得"模拟联合国峰会优秀组织单位"称号。学校挂牌"曲阜师范大学教育实践基地"。

学校每学年一次的国际文化节,为学生搭建了国际交流的平台及展示才艺的舞台,至今已成功举办六届。其中,第五届国际文化节实况在青岛电视台教育频道和西海岸新区电视台教育频道播出,广受各界赞誉。2017年,学校被评为首批"青岛市国际理解教育示范校"。

总之,学校文化应该是立体的多元的,而不是"写在纸上,说在嘴上,挂在墙上"的"应景式学校文化"。只有师生亲自参与其中,才能形成长期积淀并真正认同和遵循,也才能形成学校真正的价值追求,从而影响制约在这个文化氛围中生活的每一个人。

和谐文化引领学校卓越发展

青岛市即墨区第二十八中学　李志刚

学校文化是社会先进文化的重要组成部分,是学校的精神财富和物质财富的总和,是一所学校的灵魂和精髓。担任即墨28中校长后,我立足学校传统实际,本土原创出简洁高效的"和谐互助"教学策略,系统推进"和谐28"文化血脉浸润师生的成长,营造出适于学生、教师、学校共同成长发展的精神家园,形成学校特有的、一贯的文化品格与价值取向。

一、建设品位高雅的硬件环境,创设和谐的物质文化

优美和谐的校园环境有着春风化雨润物无声的作用,有利于学生形成正确的世界观、人生观、价值观。我校的新校园开阔鲜亮,建筑布局美观大方。经过专门设计,校园内的建筑多处暗合28之数:四区六楼十八苑的校园文化格局,每座教学楼设计为28个班,国旗台前种植了7列28株女贞树,喷泉两侧分列8尊的世界文化名人头像,学校校徽中书和金钥匙的形象是数字2和8的艺术变形……28这个数字就这样无形地化身于学校的每个角落。学校还在大楼走廊、办公室、教室共设置了400多个标语牌匾,精心打造了手工制作长廊、书画长廊、科技长廊等七处文化阵地,1000多幅学生作品呈现出一道道校园文化的盛宴。

二、梳理底蕴丰厚的发展历程,传承和谐的精神文化

学校精神文化是学校发展中稳定的核心驱动力量。28中从一所村级联办初中成长为全国名校,学校的发展历程凝聚着丰厚的文化精神。我们将学校的发展历程整理形成了"雷锋展室""荣誉展室""'和谐互助'展室""和谐德育展室""教育集团"等五大展室。2007年,学校组织筹办了隆重的学校40年校庆活动,建设了校史展厅。学校新一届领导班子在征求全体师生意见的基础上,全面丰实了28中文化理念,形成了新的文化定位。学校的校魂是"雷锋精神";由雷锋精神引申出学校校训:用爱

心和智慧开启未来;学校的形象定位是:科研型、示范性、现代化学校;学校的发展目标为:学生成长的摇篮、教师成功的舞台,求知创新的殿堂,和谐发展的乐园……新的学校文化理念,既体现了我校的个性,又具备了社会发展的时代性。它是28中发展的精神意志,也是和谐教育追求的终极价值,为全体师生树立全国名校主人翁意识奠定了心理基础。

三、实施高效人本的精细管理,探索和谐的管理文化

"管理的最高境界是让每个人都觉得自己很重要。"学校管理中的"管",重点不在控制,而在组织引导。我校先后尝试过教研组管理模式、双通道管理模式,现根据5000余名师生的现状,探索出在分管校长领导下级部主任负责制的扁平化高效管理模式。学校改革了教职工例会,将程序规范设计为艺术鉴赏、道德建设、教育论坛、校务工作四大板块。我们还十分注意在细微处关注每一个教职工,因为对教师最好的激励和鼓舞,莫过于学校对他们工作的充分尊重和肯定。学校里每位教职工过生日都会收到一张校长亲笔写就的贺卡和学校送上的蛋糕;新学期开学第一天,学校领导班子早早到校门口列队迎接老师的到来;升旗仪式时高调表彰优秀教职员工等等,这一件件看似简单的小事,真真切切地让老师们感受到了温暖和关心,换来了全体教师的信任,换来上下级之间难得的亲和力,换来整个学校的和谐融洽,使每一个人都充分发挥出自己的才能。

四、打造特色品牌课程,创建和谐的教学文化

教学文化是学校文化建设的重要部分,是弘扬人文精神、培养学生健全人格的主渠道,我校的课程在长期的积淀和不断的创新中开创出了自己的品牌。

"学雷锋活动"校本课程感染人。什么是文化?几十年如一日的坚守就是文化。50多年来,学校领导换了一届又一届,但从没有放松过学雷锋活动,做到了与时俱进,历久弥新,学雷锋活动在28中已经"课程化、系统化、常态化"。届届相传的"雷锋精神"沉淀在校园里,形成了学校数十年的精神谱系,更壮大为即墨的城市精神之一。"和谐互助"课堂教学塑造人。在新一轮课改中,我们从一个人的课改开始"自下而上"本土原创了德智一体、简洁高效、一学就会的"和谐互助"教学策略。山东省教育厅领导评价说:"山东课改有两个典型,东有即墨28中,西有茌平杜郎口。"2008年以来学校先后召开大型现场会40多次,应邀在300多个国家级大型会议上做经验介绍,每学年有近百位教师应邀到全国各地送课,每年有来自全国各地二十多个省市逾万教育同行到校参观学习,"和谐互助"教学策略被全国400多所学

校全面复制引进并取得良好效果。可以说,"和谐互助"作为学校的品牌标识已享誉全国,更成为学校教师组织课堂的常规模式,学生快乐学习的高效方法,学校德育的有效途径,更是学校文化的重要组成部分。

蓬生麻中自然直,向阳花木易为春。文化是一所学校的灵性血脉所在。28 中将进一步系统构建"和谐文化",全力创办富有特色、意蕴深厚、高效优质的品牌学校,用"和谐文化"推动学校深层次、高品位发展。

学校如何打造仪式课程

青岛大学城阳附属中学　牟　兵

仪式课程是把德育活动统筹在课程范围内,不以传授知识和技能为目的,而是作为传递学校文化价值观的重要载体,通过营造隆重、庄严、感恩的环境氛围所产生的强烈感染力来实现德育教育的目的,让仪式课程具有系统性地触及灵魂的特殊教育意义,从而使学校的文化价值观得以认同、强化,使师生联结、凝聚成向上、向善的学校力量,推动实现学校育人文化的传承与创新。

一、学校仪式课程构建的思路

(一)设定课程目标

1. 留下文化印记。让学生从身体到精神都有印记,都有触动。2. 传递丰富意蕴。帮助学生产生安全感、秩序感,拥有归属感、神圣感。3. 穿越生命历程。真正关注学生生命成长的过程性、生命存在的丰富性。

(二)仪式课程的分类

仪式课程可分四类:常规仪式课程(升旗仪式、入团仪式),成长仪式课程(开学典礼、军训闭营仪式、中考誓师仪式、中考送行仪式、毕业仪式),节日、纪念日仪式课程(父亲节、母亲节、教师节庆典、元旦庆祝仪式、5·12默哀仪式、公祭日悼念仪式、元旦庆典),活动仪式课程(健步走活动启动仪式、最美办公室、教室评选、读书节、英语节、运动会、校长杯等）四个类别。其中，又以教师节感恩庆祝、中考誓师大会、国家公祭日祭奠、元旦庆典、毕业典礼五大仪式特别隆重。

另外，还可打造传统节日仪式课程。以春节、元宵节、清明节、端午节、七夕节、中秋节、重阳节为重点，坚持突出培育家国情怀，引导学生把爱国和爱家统一起来，把实现个人梦、家庭梦融入国家梦、民族梦之中。坚持挖掘展现文化内涵，发挥好思想熏陶和文化教育功能，让传统节日成为爱国节、文化节、道德节、情感节、仁爱节、文明节。同时，加大节日文化活动宣传力度，努力营造良好节日舆论氛围。

（三）仪式课程的实施

仪式课程主要是针对德育教育，学校拟由政教处和团支部牵头实施，两部门以一年为单位做好工作计划，合作开展各种德育教育活动，注意收集德育活动组织开展的过程性材料，年终汇编成《仪式课程》校本教材。

二、"仪式"课程的可预见化成效

（一）学生的集体认同感和归属感的强化

立德树人的基本要求就在于在对于集体认同的基础上，明确个人在集体中的地位，并树立起对集体负责、对国家负责的思想意识。

（二）集体荣誉感和团队意识的培养

无论开学课程、毕业课程还是军训课程、元旦课程，无不以班级为单位组织、开展，因此团队合作是必然的要求，如大合唱、集体舞蹈等节目，如果离开了参与者的团队合作意识和集体荣誉感，如果有一位同学不能与团队中的其他同学有效配合，这些节目就会出现问题而导致课程的失败。

（三）意志的磨砺

学校开展的德育"仪式"课程，不仅激发了学生积极向上的道德情感，而且对于学生意志的磨炼起到了积极的作用，尤其是为期一周的军训课程和徒步拉练活动，不仅让孩子们学会了基本的国防知识，学会了"走好路"，而且训练了学生的耐久力和不怕苦、不怕累的意志力。

（四）感恩意识的培养

感恩课程成为贯穿学期始终的课程，无论是父亲节、母亲节还是教师节、毕业典礼的感恩活动,其实都是引导学生懂得感恩、学会感恩,而学校的开学课程和毕业课程以及其他的德育课程也始终穿插着感恩教育的内容和环节。

(五)健康心理的塑造

当前"孩子之所以会出现如打架斗殴、早恋、故意破坏公物等问题,很大程度是由于心理上的问题造成的,要么是成长过程中的困惑,要么是遇到的自身成长过程中出现矛盾和冲突,要么是内心郁结得不到及时的倾诉或者是释放"。"仪式"课程能够在学生心理健康的塑造上起到积极的疏导和影响作用,让孩子们懂得珍惜,学会感恩,以积极的心态、阳光的心态来面对未来人生之旅。

弘扬墨河文化　培育胶西英才

胶州市第十九中学　罗济京

一、墨河文化背景

胶州市第十九中学位于墨水河畔,东临同三高速公路,是一所普通的农村中学,有丰富的人文资源、生态资源,居民文化层次相对较高,关心和重视教育,学生家长对墨河文化有浓厚的兴趣,并提出了许多很好的建议和意见。同时学校教师具有一定的创新精神和科研能力,在学科教学和培养学生的个性特长方面积累了一些经验,这为弘扬墨河文化、培育学生成长提供了保障。

二、墨河文化开发原则

(1)实效性原则。学校在墨河校园文化的开发中,坚持实效性原则,深入研究墨河文化的内涵,遵循墨河文化开发的规律,注重与学校课程的整合,注重育人的实效性。

(2)针对性原则。学校在墨河文化的开发中,坚持立足社区和学校的实际,结合现实资源和文化特点,有针对性地形成了学校的特色。

(3)互补性原则。学校在墨河文化的开发和实施中,坚持与国家课程在形式和内容上有互补性,加强文化育人,促进生命健康成长。

三、墨河文化开发的目标和内容

(一)墨河文化开发的目标

(1)培养一批与时俱进的信息化、科研型的教师。

(2)体现课程改革的基本理念,以培养学生的创新精神为核心内容,以学生发展为本,促使每一个学生生动活泼的发展,让教师、学生共同成长。

(3)拓展学生的知识领域,培养创新精神和实践能力,提高学生自主学习、自我完善的能力。

(4)培养学生的团结合作意识,提高学生的修养和审美能力,增进身心健康,使学生热爱学校生活,适应社会。

(二)墨河文化开发的内容

(1)鉴于学校的学生大部分生活在墨河两岸,一方水土养育一方人,为突出乡土文化,弘扬墨河文化,学校墨河校园文化开发小组经过调研、论证、实践,开发了墨河史话、墨河文学、墨河创客、墨河人、墨河气象观测等系列学校课程。

(2)学校充分发挥学校在墨河校园文化开发中的领导和创新作用。为提升办学品位和特色,学校精心提炼墨河文化的思想内涵:敦品笃行,养正求真。

四、开发和实施墨河文化的保证机制

(一)成立开发小组

学校成立了以校长任组长,副校长、教导主任、教科室主任等中层为副组长的墨河校园文化开发小组。多次召开论证会,制订墨河校园文化开发工作的总体规划,分工做好指导、研究、实施、评估等工作。

多次召开教导会和家长委员会,讨论制订了开发墨河校园文化的有关规章制度并组织实施和考核。开发领导小组成员经常深入墨河校园文化开发的第一线,与参与实施的教师一起研究、了解存在的情况,针对性地开发墨河校园文化。

(二)增加投入为墨河校园文化实施提供保障

学校对参加墨河校园文化开发的教师提供物质支持。设立墨河校园文化开发实施研究的专项经费。为便于更好地开展工作,学校还设有墨河校园文化开发的专属办公场所。

五、墨河文化的影响

（1）突出乡村特色,挖掘传统文化。在调研、论证阶段,就坚持突出乡村特色。学校位于青岛和潍坊交界处,胶州和高密的剪纸和年画、泥塑及茂腔等在民间相当盛行;世界诺贝尔文学奖获得者莫言就生活在墨河岸边,因此学校抓住这一亮点,大做文章。墨河校园文化的开发,迸发出新的育人活力。

（2）立足农村,与时俱进。学校自墨河文化开发以来,根据实际情况,利用农村现有资源,征集教师、家长意见,及时调整,确定墨河校园文化课程的具体内容。让墨河文化时时处处充满育人活力。每一学期做问卷调查,根据学生的需求开设墨河校园文化课程。最初只有书法和秧歌,后来扩充了剪纸、国画、墨河系列等。

（3）取得的成绩。墨河书画社团、墨河创客社团、墨河排球社团、墨河足球社团、墨河文学社团等,多次在青岛 、胶州组织的各级各类比赛中获奖,收效显著。

从一棵树开始的教育哲学

李沧实验初中　李雅慧

学校教育应当为孩子的终身发展奠基,育人如同植树,只有让孩子"根性"饱满,孩子才能获得未来发展的无限可能。青岛李沧实验初级中学"坚持立德树人,不忘教育初心",从"根"开始,构建学校文化与管理体系,学校文化渐入人心,育人管理已成体系,学校发展进入了快车道,各项工作都取得了不俗的成绩。

一、学校文化的主题

文化主题是统率学校文化系统的灵魂,是学校的最高价值追求,也是学校一切工作的起点和归宿,李沧区实验中学的文化主题是:做"根"的教育,为学生终生发展奠基。

根决定了树的生命状态;教育决定了人的生命状态,奠基了民族的未来;教育的核心价值在于让个人根性饱满,让民族基础稳固。

人立于天地间,由两大根系支撑:善(品德)与慧(智慧)。教育的旨趣便是努力让一个人的善根与慧根深深地驻扎心灵。扬善启慧,为每个学生的终身发展奠基,是学校教育的核心价值!

1. "根"教育,符合人之本性

万物皆有根,树有树根,草有草根,人有善慧之根。根不正,苗不正,根气足,枝叶茂。根须是树的生长源,根性是人的智慧源。"欲求木之长者,必固其根本;欲求流之远者,必浚其泉源。"

2. "根"教育,呼应时代发展

今天,我们已进入了一个空前发展的时代。这个时代是网络的时代,是知识和信息的时代,是快速变化的时代。在这样的时代,只有扎住根、扎牢根,我们才能站得稳、走得远,无论是教育还是文化,无论是民族还是个人,根在哪里,生命就在那里,根扎牢了,生命之树才能常青。2014年3月,教育部《关于深化课程改革,落实立德树人根本任务的意见》指出"立德树人是发展中国特色社会主义教育事业的核心所在,是培养德智体美全面发展的社会主义建设者和接班人的本质要求"。2017年1月,中共中央办公厅、国务院办公厅《关于实施中华优秀传统文化传承发展工程的意见》要求将优秀传统文化教育贯穿国民教育的始终。因此,做"根"教育,回归做人之根,涵养民族之根,既是对教育本真的追寻,也是时代发展的要求。

3. "根"教育,注重培育善慧之根

孟子说,"人性之善也,犹水之就下也。人无有不善,水无有不下。"《国语·晋语》云,"善,德之建也"。做"根"教育,就是通过教育弘扬善言善行,做到知善、尚善、致善。

根,有"深藏""稳固"之意。善也好,慧也好,这诸多良好品格皆本源于人的内心,或者说这些品格只不过是本心的外显,本心本来具足,不是外来添加的。从这一点上讲,教育的作用只不过是把那些遮蔽本性的东西剔除,让本性自然显露出其光芒。所以,高明的教育不应该是"带来",而应该是"引发",不应该是"增加",而应该是"培育"。

万物求源,凡事寻根。一棵树的成长,一个人的培育,一个民族的发展,"根"最重要。只有不伤根,把根养好,才能长出健康的"叶",开出美丽的"花",结出丰硕的"果",造就德才兼备的人。从"根"开始的教育,源于一棵树引发的教育思考,是从一棵树开始的教育哲学!

二、学校文化的基本理念

1.办学宗旨

李沧区实验初中的办学宗旨是：扬善启慧，涵根育人扬善，弘扬上善。启慧，启迪智慧。涵根育人，就是在教育教学中滋润培育师、生、家长的善根和慧根，依据学生身心成长规律、基础教育的性质和时代对中学教育的基本要求，培养做人、求知、创新等基本的素质，为学生终身发展提供充足的营养和动力，为学生的和谐发展、持续发展奠定基础。

2.学校校训

尚善通慧，守正出新。

尚善，向善、至善。是在培育师生向善、择善的过程中，达到至善的境界，将善念深深地扎根心中。

通慧，通达聪慧。是品性、身体、智力、能力、智慧融为一体的人生状态，这是我们追求的目标，也是我们努力的愿景。

守正，就是遵循中国传统文化的核心价值。"正"者，大道也。既包含道德操守，又包含客观规律。从哲学上讲，它是事物的本质和规律。一切被实践所证明了的正确东西，以及从无数次成功失败中得出的宝贵经验，都谓之为"正道"。

"出新"，则是不断地追求创新，拥抱变化。事物是发展变化的。守正不是守成，不是冥顽不化。古往今来，适者生存。在不断变革的社会背景下，我们必须吸纳人类文明的一切优长，推陈出新，与时俱进。

"守正"是根基，"出新"是希望。一切从实际出发，不背叛根本，不忘初心，博采众长，以变求新。

学校坚持"扬善启慧，涵根育人"的办学宗旨，秉承"尚善通慧，守正出新"的校训，践行"坚持立德树人，不忘教育初心"，各项工作取得了丰硕的成绩。

仪式感让孩子的学习生活充满美丽的记忆

山东省青岛第四中学　卢宝山

什么是仪式感？

《小王子》中狐狸说："（仪式）它就是使某一天与其他日子不同，使某一时刻与其他时刻不同。"

仪式感是对生活的重视，把一件单调普通的事变得不一样。一个人的早餐可以在地铁上嚼包子解决；也可以早起慢慢准备，铺上你最爱的蓝白格子餐垫，精心挑选的餐盘里每一个水果的摆放都恰到好处。

孩子们的求学时光是孩子最美丽的时光，仪式感让孩子的求学生活充满美丽的记忆。

作为学校，就要在学生学习生活的关键节点通过重大仪式来激励学生、温暖学生，让学生记忆一生，美丽一生。

1. 开学典礼，让学生充满梦想与希望

开学典礼是一个学期的开始，这个关键节点抓住了会让学生一个学期都充满力量，好的开端是成功的一半。

2 月 25 日，学校隆重举行了以"奋斗成就幸福""为奋斗者喝彩"的开学典礼。升旗仪式、学生会主席的发言、奋斗不息的假期学习生活展示、优秀教师的发言、先进班集体的颁奖、《奋斗成就梦想》的诗朗诵、校长致辞、全体教职工及学生的宣誓，处处体现着每一个国开人迎接新任务、新使命、新挑战的决心和勇气，为孩子们注入了一学期的奋斗力量。

2. 中考誓师大会，激发每个学生潜力

3 月 5 日学校举行了以"以奋斗做支点·以梦想为杠杆，撬动命运的地球"地理、生物百日动员大会。领导致辞、任课教师发言、学霸指点迷津、朗诵《奋战 100 天，给未来一片光明》等活动环节的设计，告诫同学们成功和幸福是奋斗出来的，是在学生时期一砖一瓦砌起来的基础，是用双手一点一点拼搏出来的堡垒！"今天的你不努

力,明天的你拿什么说幸福",每个孩子都热血沸腾,这是冲刺的号角,这是奋斗的呐喊,每位学子都摩拳擦掌,准备进入战场。

3.考前助阵,让每个学生充满力量

6月13日,学校隆重举行了"鱼跃龙门·国开必胜"地理、生物中考考前指导暨誓师大会。考前指导——指导学生严阵以待、沉着应战,为同学们打气加油;青岛二中2018年自主招生优秀学生与大家分享备考经验;心理老师荀竹青老师教同学们"如何克服焦虑";学霸加油;班主任寄语;校长助威加油、学生倡议、学弟学妹夹道呐喊、老师与学生的击掌拥抱等环节的实施,使每一个国开学子信心百倍地走上考场!

4.迎接新生活,让每个孩子开启新航程

孩子们小学毕业进入初中拿自己的录取通知书,这标志着孩子们小学阶段学习生活的结束,中学学习阶段的开始。

这个时候的孩子内心对自己生活6年的小学生活充满不舍和回忆,对即将到来的初中生活充满希望和忐忑。

这时候举行隆重欢迎仪式会让学生有种心灵的归属感,让孩子们快速找到自己新生活的家园,这样孩子飘荡的心会有着落,会有一种安全感。

6月23日学校隆重举行了"告别童年·拥抱青春"迎新仪式。与父母走红毯、过拱门,合影留念。在学校合唱团优美的歌声中拉开了迎新的序幕,学校礼仪队的礼仪展示、七彩阳光卡的演示、学校五大组织的主席寄语、感谢父母养育之恩、校长亲笔书写录取通知书、亲手颁发通知书、校长寄语等,让在场的每一位2018级新生学生和家长心潮澎湃,内心感动不已,对中学生活充满了无限向往。

仪式感会让事情充满意义感,"仪式"会赋予某一时间段内发生的特定事件"与众不同"的意义,而仪式感便是在仪式之中产生的体验感。学生在庄严的意识中亲身感受此刻与以往的不同,此刻新生活即将开始,此刻孩子们力量满满。多年以后,当孩子回忆他多彩的初中生活,当年的青春精神、青春气息、青春记忆又历历展现眼前。

青岛启元学校探索育人模式新路径

青岛启元学校　马新卫

《国家中长期教育改革和发展规划纲要(2010—2020年)》提出要"树立科学的质量观,把促进人的全面发展、适应社会需要作为衡量教育质量的根本标准",从"以人为本"的角度,对我们的学校教育要培养什么样的人提出了要求,我们结合学校实际,努力探索育人模式新路径。

一、完善"课程导引,道德践行,美育修行"的育人体系

培养人格健全、素质全面、终身发展的人,把育人为本作为教育工作的根本要求,引导学生形成正确的世界观、人生观、价值观;加强民族精神和时代精神教育,增强学生爱国情感和改革创新精神;加强公民意识教育,培养社会主义合格公民。根据这一要求以及我校的育人目标,未来五年,学校将构建"课程导引,道德践行,美育修行"的德育体系,培养"人格健全、素质全面、终身发展"的人。

二、课程导引,构筑道德的基石

将德育工作纳入课程体系,是学校开展学生教育的重要基础。学校建立并完善德育课程体系,将入校课程、毕业课程、节庆日课程、成长课程等纳入课程总体系中,以课程引领学生未来发展,润泽灵魂,构筑德育的基石。

三、丰富德育课程内容,提高学生德育素养

在落实学生各项德育课程指标同时,通过成长课程、开学典礼、社团活动等各类活动中,逐步建立"成长班级""成长社团""成长评价"等富有九年一贯制学校特色的学生成长类课程,丰富体验,养成良好的道德素养,做文明启元人。

四、推进"学生九年艺体评价体系"的实施

以《青岛启元学校九年一贯制艺体培养体系》为依托,落实国家课程标准,明确学生培养目标;挖掘校本课程资源,进一步丰富现有校本课程内容,增加每个孩子的选择权和参与度;加大艺体选修课程的管理,让每个学生在九年的学习中,力争掌握艺术或体育方面2～4个特长;加快校际艺体活动交流,采取专家引领、访学观摩、现场笔会等形式,提升活动影响力,促进学生素质提升。

五、开展丰富主题活动，让个性更加彰显

一是根据学生自主发展的需求,学校团委将成立学生议事会组织,意在为学生提供社会化发展平台和素质厉炼,目的是让学生以研究的态度、以学习的目的、以实践的形式,参与活动,参与研究,为学生素质发展目标的实现搭建一个新的舞台。二是打造精品社团,为学生的自我锻造搭建平台。学校将在现有社团的基础上,打造更具创新力,更有影响力,更有活力的学校社团组织,在社团内涵建设,活动质量上寻求新的突破,让社团真正成为学生科学素质提升、个性发展、能力锻造的场所,吸引更多的同学广泛参与。三是充分发挥学校内"启元论坛""启元周末大舞台""启元书屋"等学生自我管理的平台,让学生通过这些舞台完善自我,发展个性、提高学生的组织策划能力、人际交往能力、团队合作精神。

牵手名校　联合办学

——让优质教育之花绽放广雅

青岛广雅中学　范　磊

2015年8月,青岛广雅中学揭牌。这是由市北区教育局和青岛市初中品牌学校——青岛实验初级中学联合创办的一所依托名校、共享优质资源的公办初中学校。从建校开始,广雅的办学定位是:高标准规划、高品质管理、高水平实施、高质量办学,为青岛市优质教育资源的扩大、跨区域联合办学开好头、起好步。

一、"和雅"的学校文化体系：凝心聚力

一所学校发展的内驱动力就是学校的文化引领,广雅中学的办学理念是:"为学生一生奠基,为民族未来负责。"学校秉承了"人本立校、快乐育才"的办学特色,积极践行"崇德、敬业、乐群、好学"的校训,倾情营造"广思博学、品雅志远"的校风。学校通过深入挖掘"广者大也,雅者正也"的文化内涵,构建了学校的发展愿景,逐步形成以"和雅"为中心的教师文化、学生文化、课堂文化、校园文化和管理文化有机结合的学校文化体系。学校以此凝聚人心,聚合力量,保持着广雅前进的动力。

二、"正雅"的学校治理体系：激发活力

2017年8月,学校西校区启用,实行东、西两个校区并行管理。学校领导班子创新管理模式,开创了"条块结合管理模式"。主校区设立全校统一的职能部门,各职能部门在东校区派设管理人员。学校领导班子对全局工作、重点工作进行集权式管理,即"条块结合,以条为主",充分发挥学校对校区的纵向管理;对涉及各年级的教育教学活动进行分权式管理,即"条块结合,以块为主",充分发挥各校区和各年级课程实施、活动开展的自主权。

学校坚持以人为本的管理思路,做到知民情,顺民意,聚民心,用民智,构建开放、民主、公开、规范的科学管理模式,积极创造条件,引导师生自主参与学校管理。学校还通过校务公开栏、校园网络平台、微信公众号、校长接待日、校园开放日等家校沟通机制,形成家校合力,提升办学的社会满意度。

三、"儒雅"的教师管理体系：专业提升

学校善于做好教师队伍建设的"五子工程",即指路子、结对子、压担子、搭台子、树样子,在师德上铸造师魂,在业务能力上激发活力,在发展环境上搭设平台,从实践指导、高端培训等方面向青年骨干教师倾斜,帮助好学上进、业务精湛的青年教师脱颖而出。对青年教师实施梯度培养和目标管理,对新入职教师安排"双导师",设立了"广雅·大家"讲坛,通过聘请实验初中的名师作为青年成长团队和"广雅·大家"讲坛讲师,助力青年教师的成长,实施"青蓝工程"。针对骨干教师数量不足的现状,学校重点加强了中青年骨干教师的培养,做好骨干教师队伍建设规划,建立骨干教师培养的选拔和保障机制,明确培养目标、培养对象、培养措施、管理考核和奖励办法、实施"凤凰工程"。

四、"博雅"的课程实施体系：快乐育才

学校积极构建学科课程与活动课程相结合、必修课程与选修课程相结合的课程体系。在规范国家课程、地方课程和校本课程实施的基础上，深入推进地方课程和校本课程的深度开发与应用，形成具有鲜明特色的、符合新课改理念的课程体系。学校还将德育课程化，实施了"三大育人工程""八大德育课程"，着力于"养成教育、自主教育和理想信念教育"的实施，学校还调动校外资源，建立实践活动基地，与党史纪念馆成为共建单位。

学校一直在努力探索以培养核心素养为目标的课程建构，突破三级课程界限，尝试构建包含基础型课程、拓展型课程和活动型课程的学校课程体系，建立优势的课程群。为此，学校开发了"雅趣 60 分"选修课程，让每位学生根据自身的兴趣爱好，自己选择课程，广泛培养学生的能力和特长，还给学生自主空间，为学生营造宽松愉快的学习和成长环境。

学校在特色课程、快乐课堂改革方面积极探索，发展学生的创新思维和实践能力，培养学生动手操作、主动探究的意识，延伸与生活接轨的课堂经验。在教学中，努力建立以"快乐、平等、尊重、宽容、批判"为特征的课堂文化。教师关注的是愉悦的课堂，关注的是学生的学习愿望和能力的形成，使学生逐步养成"自主学习""合作学习""探究学习"的习惯。

五、"隽雅"的学生管理体系：展现素质

每学年新生入校时，学校制定出的《方领矩步，静思常悟——在校生活三字经》规范学生言行把文明礼貌教育作为德育工作的重点。学校还开展了"人文育人行动"，结合学校文化建设，积极推进文化宣传，努力使学生做到眼中有文明景、手中做文明事、口中讲文明语、胸中有文明观。

在育人目标上，学校以"培养具有国际视野，家国情怀，学艺双馨，品雅志远的阳光少年"为目标。每学期开展主题教育周、教育月活动，同时注重传统文化教育力度，通过组织志愿服务、演讲朗诵、书法绘画、主题宣传，征文比赛等丰富多彩的校园活动，营造良好的育人氛围。

学校围绕"争做隽雅学子"开展了形式多样活动，每学期举办"隽雅学子讲堂"活动、综合实践活动、科技创新大赛、体育节、文化艺术节活动等，活动的开展极大丰富了师生课余文化生活，展示了师生的才华和创造力，提升了学生的审美情趣、审美品位。

六、合作办学，共享资源：特色发展

学校一直在进行联合办学的探索。在教育教学上与实验初中保持"五同步"，即：重大教育教学活动同步，教师培训同步，教育科研活动同步，集体备课同步，学业检测及质量分析与监控同步。借力实验初中的优质教育资源、高水平师资队伍、名师团队，在学校管理、课程建设、教学改革、学习方式等各个领域积极探索成效显著。2018年9月，青岛广雅中学分别在跨区域合作办学现场会和推进会上做了典型发言。

目前，广雅中学进入新的发展阶段，广雅中学全体师生将以此次为契机，鼓足干劲，抓住机遇，以先进的办学理念、现代化的办学条件、高品质的管理、高素质的教师队伍致力于学校制度建设、课程建设、德育体系建设，着力于培养国家未来的建设者，努力将学校建成一所青岛市优质的现代化学校。

不忘初心，携手前进

——青岛实验初中社会主义核心价值观教育文化

山东省青岛实验初级中学　陈　思

深入贯彻落实党的十九大精神，扎实推进社会主义核心价值观的培育和践行活动，融入学校发展各方面，深化"人本立校，快乐育才"的办学特色，办人民满意教育。

加强组织领导，积极践行社会主义核心价值观。制定《青岛实验初中社会主义核心价值观主题教育示范点创建活动实施方案》，成立以孙晓东书记为组长，中层以上干部、骨干教师为主题的领导小组，具体组织学习活动。

一、把社会主义核心价值教育与课堂教学紧密结合起来

充分发挥课堂主阵地、主渠道作用，利用思政课、语文课、传统文化、历史、书法、绘画、音乐等课程，有计划地从不同角度和不同方面贯穿和渗透社会主义核心价值观教育。与此同时，及时总结，形成校本课程，其中"初中物理微课程""快乐启航""心海导航""英语口语交际""笛声飞扬"评为青岛市精品课程。"家乡的建筑""书

法与篆刻""龙腾华夏,凤翔九州""3D 创意设计"等多门课程被评为优秀课程。

二、把社会主义核心价值观教育与教职工思想道德建设紧密结合起来

（1）压实党总支在培育和弘扬社会主义核心价值观的责任,党政领导班子成员自觉带头践行核心价值观,突出党员干部的模范带头作用。形成党政群齐抓共管、全校共同参与的工作格局。

（2）将社会主义核心价值观教育与师德建设有机融合。开展"不忘初心、牢记使命、争做四有好教师"主题师德教育活动,引导广大教工争做"四有"好老师,助力教师专业成长。学校打造"齐鲁名师—岛城名师—学校名师"省市校三级名师梯队,依托两个市级工作室—苏美荣名师工作室、孙梅名师工作室和本校四个校级名师工作室,大力进行教师培养。学校教师队伍卓越,师生关系融洽,教育教学成绩连续多年名列前茅,深得岛城人民信任。

（3）积极参加教书育人楷模、最美教师等选树宣传活动,以学校"名师梯队"和"第四批名师"的培养宣传为抓手,引导广大教职员工向模范学习,遵循教育规律,培植教育情怀。近三年我校先后在市级媒体报道名师事迹 20 多次,其中集中整版报道学校教师队伍建设成效 3 次。

三、把社会主义核心价值观教育与校园文化建设紧密结合起来

通过校园广播、橱窗、板报、横幅,学校网站、微信等网络媒体加大宣传力度,拓宽宣传宽度,营造社会主义核心价值观建设氛围。

充分发挥校园文化的熏陶作用,用生动活泼的形式进行以构建社会主义核心价值体系为导向,以建设良好校风、教风、学风为核心,以优化、美化校园环境为重点,建设体现社会主义核心价值体系、体现社会主义文化特点、体现时代特点和学校特点的校园文化,学校"快乐教育"品牌深入人心。

四、把社会主义核心价值观教育与学生道德实践活动紧密结合起来

始终与德育实践活动紧密结合,与学生的综合素质评价紧密结合,以实践和活动为桥梁,引导学生在实践中牢固建立社会主义核心价值观。走进社区、养老院贡献爱心;展开以"建立社会主义核心价值观"为主题的读书、演讲、征文、艺术表演、辩论会等活动。以各种节日、宣传日、纪念日、升旗仪式为契机,组织学生展开道德实践活动。我校获得山东省校园学生才艺大赛管乐合奏一等奖。多次组织学校"科技嘉年华"活动,学生的科技素养得到较大提升。今年学校先后获得第 39 届世界头脑奥

林匹克竞赛中国区决定"古典类"和"表演类"双料冠军,被评为青岛市首批奥林匹克特色学校、全国青少年奥林匹克联赛信息学金牌学校。

完善《山东省青岛实验初级中学德育工作行动纲领》《山东省青岛实验初级中学德育大课表》《山东省青岛实验初级中学学生过程管理制度》《山东省青岛实验初级中学德育工作标准手册》,用制度规范,用计划引领,纵横结合,形成了良性育人机制。

五、完善学校、家庭、社会三结合的教育网络,形成育人强大合力

编制《全员育人》手册,倡导学校教职员工全员参与育人过程、全面关心学生健康成长。整合家长资源,实施"引进来"的育人模式,先后进行"法律大讲堂""深海探秘"等系列课程。开展"600分钟亲子共读"活动。制定家委会每月例会制度,做好"告别童年,拥抱青春"主题活动等。充分利用各种社会艺术资源,老舍故居、青岛市美术馆、博物馆都是学校的校外活动基地。

优化育人文化,提升学校品质

青岛六十二中　刘文波

青岛六十二中是一所正在发展中的学校,近几年,正面临发展的新机遇和新挑战,加强校园文化建设,优化育人环境,提升学校办学品质,是学校的重点工作。

一、立足需求,科学规划

学校文化面向的主体是老师和学生,因此,学校文化建设必须紧紧围绕师生进行,要加强校园文化的主导地位,首先需要改变以往由校长一个人或班子几个人的意识主导校园文化建设的做法,应从满足老师、学生的文化需要出发,提供文化内容。突出教师学生需要学什么,学校就准备什么的特点,让学校文化成为共识,更有针对性。首先要理顺干群关系,调动教师的工作积极性,在教师中要树立敬业精神、进取精神、团队精神。其次学生中要树立典范,营造进取向上的良好范围。这样,就会在学校形成自上而下,共同认可和遵循的学校文化。

二、以人为本，营造良好的硬文化

优美的校园环境对学生良好品质的培养和行为的养成有着潜移默化的影响。在到青岛六十二中任职后，首先是对校园整体环境进行了规划和调整，对于部分功能区域进行调整，比如学校操场西墙原来放置了很多废旧课桌椅等办公用品，不但不美观，还形成了卫生死角，经过硬化后再铺设塑胶，安装健身器材，原来的露天仓库变成了师生的健身场所；再比如国旗旗杆的位置，原来所在的位置在教学楼通向操场的通道上，学生上下课间操或升起时都不方便，通过调整，将旗杆挪到操场的另一边，为师生提供了更多的活动空间和便利……所有的调整和改变都是以师生需求为中心，赢得了师生的认可。

根据学校学生的特点和教育教学的需求，在教学楼内、学校重视厅廊文化氛围，创设文化走廊，让校园文化成为德育教育的重要阵地。学校文化充分体现人文关怀和环境育人的氛围，使学生无论学习生活都受到积极的情趣格调熏陶，既对学生产生了一种约束力，又体现了教育性。

三、形式多样，打造和谐的软文化

学校文化最终目的是浸润人，成长人，成就人，归根结底是促进师生的发展。学校一是开展教工趣味运动会，歌咏会、读书沙龙、心理沙龙等活动，加深教师之间的理解与交流，形成干群之间，教师之间良好融洽的关系。二是倡导师生之间建立平等、和谐、民主、宽松的朋友式的师生关系，拉近教师与学生的距离，让学生感受到教师的关爱，很受学生欢迎。三是用多彩的活动感染学生，开展学生喜闻乐见、展现自我丰富健康的校内外活动，陶冶学生情操、培养学生积极健康向上的学习和生活态度，学校开展以提高学生素质为目的的艺术节、合唱节、科技节等；充分利用重要纪念日、节假日、升旗仪式等有利时机，组织开展形式多样的专题教育活动，均取得了良好效果。

坚持文化立校，创建幸福校园

青岛市即墨区大信中学　刘泽涛

为进一步提高教育教学质量，彰显学校的办学特色，大信中学经过广泛讨论，确定了实施文化管理的办学策略，明确了学校办学思想为：以人为本，文化立校；办学目标为：文化校园，幸福校园。

大信中学文化主题：生活化教育。教育就是生活，生活就是教育，学习是师生生活的重要内容和良好习惯，进而生成生命的重要组成部分。所以，学校教育应当寓于学生生活的方方面面，为他们的终生发展奠定坚实的基础。

大信中学的办学理念：品德是修出来的，能力是练出来的。品德是修出来的：《礼记大学》中的"修身、齐家、治国、平天下"的道德观，强调了修身养性对于道德水平的重要性。为此，我们确定了以培学生的责任心为主题，采取丰富多样的教育手段，来提升学生的思想道德水平。能力是练出来的：我们将引导教师，要教育学生从学会知识，提升到通过学会知识达到开发智力，培养能力和增加智慧上来。换而言之，即让学生通过学习生活，变得更加聪明。因此。我们在课堂教学中重点做好"四度"，即：密度（课堂容量大），宽度（学习内容广，前后衔接）、深度（举一反三）、梯度（学习内容由浅入深）。

大信中学校训：为自己负责，为家庭负责，为社会负责。"为自己负责"，就会自尊、自立、自强、自律；"为家庭负责"就会懂得爱，实践爱，做好该做的事；"为社会负责"就会自觉遵纪守法，就会宽容，就会爱国爱党，为社会发展而努力。即在继续坚持爱心教育的基础上，教育学生为了个人的前途和父母的幸福，为了承担未来建设祖国的重任，做一个敢于负责、勇于负责的人，从而激励学生努力学习，励志成才。

传承孔子文化 弘扬国学经典

胶州市第十七中学 史文江

2017年暑假,胶州市第十七中学投资10万多元建设了孔子学堂,配备孔子文化的相关书籍,学生书法练习用具及学生礼仪服装等物品。2017年9月正式启用,开设孔子文化课,这成为胶州市学校中的第一个孔子学堂。孔子学堂的设立对弘扬我校"仁·和"理念,开发完善传统文化系列课程起到了推动作用。9月25日,学校自主开发的校本课程《春秋孔子——论语》正式进入孔子学堂中授课,贾铭洪老师为专任教师。

2018年3月,中国孔子文化基金会为学校授"孔子学堂"牌,成为青岛市首批授牌"孔子学堂"的学校。之后,济南孔子文化基金会和胶州孔子六艺文化园的领导又到胶州市第十七中学为学校举行"孔子学堂"揭牌仪式,胶州孔子六艺文化园向胶州市第十七中学捐赠一尊孔子半身像。由此,"孔子学堂"在胶州市第十七中学落地、生根,发芽,成长。

"学而时习之,不亦说乎,有朋自远方来,不亦乐乎……"在胶州市十七中学的孔子学堂里,学生们手持孔子经典书籍,在老师的带领下进行诵读,郎朗的读书声响遍教室的每一个角落。学校重视学生的阅读积累,在已有阅览室的基础上,又专门购进孔子文化相关书籍,供学生阅读。

在传承孔子文化的工作上,学校不遗余力,大力实施"请进来走出去"战略。学校聘请孔子文化基金会的专家学者来学校指导、讲课,进行教师培训等。组织教师、学生外出学习,到胶州少海孔子六艺文化园及其他相关地区学习体验,增长见识,拓宽知识面。创办学校孔子文化社团,组织孔子文化的好学者设立孔子文化研究学会,在老师指导下进行孔子文化的深入研究,形成自己学校的成果。

2018年5月,胶州市第十七中学组织学生分批来到胶州市孔子六艺文化园进行研学旅行,感受孔子思想,体验传统文化魅力。学生们身穿汉服,头戴冠冕,排成整齐的队列,迈着郑重的步子来到孔子文化广场,举行了祭孔仪式,现场气氛庄重严肃,每个学生都表现出对至圣先师孔老夫子至高无上崇敬。通过庄严的仪式感,在学子的心中播下一颗尊敬师长、知之明理、潜心向学的种子。祭孔仪式结束后,学生们来到孔子学堂上了一节理论与体验结合的国学课程,诵经典,练书法,让学生们在无形中浸润仁义礼智信,温良恭俭让。在感受体验中滋养性情,在耳濡目染中和谐心灵,实现立足自我的发展与成长,成为最好的自己。

2019年暑假,学校又组织40多名教师赴曲阜、尼山进行孔子文化专题研学旅行,老师们收获满满,对传承弘扬国学文化充满信心。

孔子学堂是弘扬优秀传统文化的载体和平台,学校将孔子学堂打造成为学生的精神家园、道德高地。学校将通过写好字、读好书、做好人的系列活动,让传统文化听得懂、记得住、走得远,让传统文化根植我们的生活中,用传统文化涵养社会主义核心价值观。学校将通过弘扬国学、诵读经典、品行礼仪、道德讲堂等传播孔子"仁、义、礼、智、信"等文化精髓,发挥学堂教育基地的作用,引导师生广泛参与,使之成为"兴趣的学堂""道德的学堂",从而培养学生积极向上的人生精神,塑造学生的高尚人格,树立学生正确的人生信仰。

胶州市第十七中学虽然是一所农村学校,但学校牢记习主席"为中华民族谋复兴"的伟大使命,努力探索孔子教育思想引领下的现代学校发展模式,坚持以"仁·和"为办学理念,不断深化德育教育,努力培育现代少年君子,力争打造具有鲜明儒家文化办学特色的品牌学校。

崂山十中"一生一策"精准育人文化

青岛市崂山区第十中学　尹相京

崂山十中是崂山区办学规模最小的公办初中学校,近两年学校各方面工作频频在崂山区教育圈崭露头角,社会认可度、家长满意度逐年提高。

2017年以前崂山十中面临大多数城乡接合带学校的共同问题——生源流失问题,学区内部分成绩优异的学生流向区内直属学校,剩下大多数学生因家长忙于生计,无暇顾及孩子的学习、心理等情况,致使不少孩子自由散漫,不求上进,小学阶段没有养成基本的学习习惯。作为校长我基于学校实际和学生构成大胆探索学校发展的可能性,提出"一生一策"精准化育人教育。

首先，认清学生"低起点"现状，对学生进行总体评价，比如：该生的优点、缺点、历年成绩跟踪、优劣势学科、培养目标等，制定"导师制"制度，每名老师包干3～5名学生，每名领导包干对应老师，针对学生不同学情，分别用相应的教育方法和措施，从心理上鼓励他们增强克服困难的信心和学习习惯的改变。"让学生发一次作业，帮老师做一件事，禁用刺激性语言……"老师们的耐心和爱抚在后进生的转化过程中起到关键作用，通过捕捉学生"闪光点"，点燃学生前进的火苗，让学生产生巨大的学习动力。

从思想上做文章，从抓常规上来落实。学校进一步细化学生一日常规细则，加强学生时间管理观念，从早晨到校开始，如何放书包、多长时间交作业、打扫卫生、上课坐姿、作业完成情况……，对学校在校的每个环节进行具体量化，加强反馈，学生学习习惯逐渐改善。

教学部门对学生作业进行精细分层，毕业班学生分层落实到个人。班主任、学生导师、任课教师全员家访，定期和家长集体"会诊"，适时了解学生心理和习惯养成情况，及时改进调整方法，紧抓学生薄弱环节进行交流、指导，帮助学生培养良好的学习习惯。

学生100%参与学校音体美活动是我校另一个校园亮点，不管学业多紧张，学校一直坚持像其他科一样要上好音体美课，甚至要求更高，学校副校长参与音体美组教研活动。就像学数学不在于今后能够用到多少数学知识，而是训练逻辑思维能力和空间想象能力一样，音乐、美术、体育的意义也不在于要多培养音乐家、画家或奥运冠军，而是通过学生体验来加快传播美的知识的同时，培养了人审美的情趣，磨炼人的意志品质这个过程。因此在学校艺术节、体育节等活动之初音体美老师要进行深入探讨，充分考虑到学生的个体差异和心理活动等因素，制定学生敢参与、可挑战、能进步的环节，让每个学生都参与并从中收益。

崂山十中"一生一策"精准育人文化在学校内部生根发芽，短短两年就结出累累硕果。在2019年中考中成绩再次突破，并且有2人考入青岛二中，1人考入58中，结束了多年以来没有学生升入优质高中的尴尬局面，极大地振奋了全体教师和学区内学生家长，外流生源大幅减少，甚至出现了部分学生申请转回学校的局面，随后的2019年崂山区初中教学工作会在十中召开，也更加印证了上级主管部门对崂山十中办学的认可。

崂山十中"一生一策"精准育人文化渗透到校园建设的各个角落，影响着每一个十中人，老师们开始重新审视自己，焕发起学习热情，必将和十中一起走向更高的舞台。

以文化人，润物无声

——校长如何营造育人文化

平度市张家坊中学　陈同光

　　文化即以文化人。学校文化即一所学校经过长期发展积淀而形成共识的一种价值体系，也是一所学校办学精神与环境氛围的集中体现。营造学校育人文化，能使师生时时浸润其中，处处受到心灵洗礼，从而使我们的教育达到"润物细无声"的境界。

一、培植育人文化核心价值观

　　价值观是基于人的一定的思维感官之上而做出的认知、理解、判断或抉择，也就是人认定事物、辩定是非的一种思维或取向。一个学校没有一个正确的核心价值观做指引，则不可能有奋进向上的工作学习氛围，更谈不上学校向好向上发展。基于这种认识，我们通过品牌建设、特色打造、更新校风校训、拟定育人目标等内容，在校园文化理念中融入能引导师生积极向上发展的正确价值取向，通过长时间培育，以达学校快速发展之目的。

　　具体教育实践中，我们以"做一片爱的绿叶，播一粒真的种子，成一座美的校园"的文化倡导为统领，确立了"大美坊中，成就人生"的教育品牌，开展了"生命舒展，人人精彩"的特色打造，以"修德、乐学、尚美、求真"为校训，以"明德、知礼、笃志、弘毅"为校风建设目标，倡导"敬业、博学、乐教、爱生"的教风和"博闻、强记、乐学、善思"的学风，确定了"品正、学高、志远、行敏"的育人目标，设计了阳光活力的校徽。

二、营造舒心优美的校园文化环境

　　洁净优美的校园环境。进入一所学校，首先给人的第一感官是这所学校是校容校貌。校容校貌的整洁与否，最能体现这所学校的文化内涵。我们从绿化、美化、净化入手，下大气力整治校园环境，并充分利用学校宣传栏、电子滚动屏幕、校园广播站等平台，结合时政，定期更换内容，使师生从中受到熏陶教育，营造起了洁净、优美、安全的校园文化氛围,为师生打造起了舒适舒心的学习工作生活环境。

三、凸显校园文化建设内涵发展

1.室外文化建设

大门两侧的学校简介、党建、校长寄语、传统文化、安全板块,教学楼前两侧布置的以传统文化、师生表彰、学生自主管理等内容的版块,引领文化建设的正确导向。

2.室内文化建设

教学楼内开展了基于学校办学方向,营造了综合文化氛围,教学楼一楼安全文化、二楼传统文化、三楼德育文化、四楼海洋科技文化体系。

以师生为主体,打造群众文化符号。文化营造以群众为主体才有生命力。基于此我们开展了以师生为主体的班级文化符号的打造。如班牌设计、公约的提炼、目标的上墙、作品的展示、优秀作业试卷的展示、优秀师生团队的表彰等。教室内,学校统一设计了卫生角和图书角,按统一标准布置,其余则是以同学们自己的作业展示、学习体会、学习方法等为主要内容进行美化装饰,为同学们营造了一个优美的学习环境,让每位师生时时处处感受到学习奋进的文化氛围。

3.寝室文化建设

寝室文化是校园文化的重要组成部分,良好的寝室文化是学生健康成才的必要条件。我校寝室文化建设立足"整洁、文明、健康、和谐"的设计理念,在班主任老师及生活指导老师的精心规划下,文化氛围大为改观。统一布置了走廊、室牌、就寝制度、安全提示等内容,达到了规范学生行为、养成良好就寝习惯的目的。

4.饮食文化建设

在文化环境创设上,进行了科学的、有针对性的装饰,既有饮食文化的介绍,又有科学、营养配餐的要求,遵循温馨、卫生、科学、节约的规范化管理要求,通过文明就餐、光盘行动等方面的检查评比,形成文明有序的就餐行为,养成良好的节约习惯。

显性文化体系的建设完善,浸润师生的心灵,营造起促进师生健康、积极向上的文化氛围,真正做到让墙壁说话,发挥其不可替代的育人功能。

5.活动文化建设

利用各种纪念日、节假日组织开展宣传活动(如春节、植树节、学雷锋、清明节、中秋节、重阳节及七一、八一、十一等)。

每年举行七年级新生的开学典礼、毕业生的毕业典礼、少先队的入队仪式及新团员的入团宣誓,增强学生的仪式感和责任心。

定期举办家长开放日活动,搭建家校交流互动平台。

开展传统文化教育强基固本,举办各种知识竞赛或演讲、朗诵比赛等活动,使学生从中受到直观熏陶和潜移默化的教育。

开展各种校园文体活动(师生趣味运动会、清明诗会、五四合唱、端午故事会、金秋文艺汇演),增进师生交流,努力构建领导、教师、学生之间相互尊重、民主和谐的人际关系,努力营造厚德、博学、务实、创新的优良校风。

6. 习惯文化建设

我们以班级特色文化建设为突破,努力打造内涵发展的习惯文化氛围。立足班情,凝练班风、班训、目标、口号、班级公约,打造富有特色的班级文化,以班级文化建设推进学校文化建设。注重学生学科素养培育,在市局提出的"十个一"基础上结合我校"十二常规教育",总结归纳了我校素养培育的"18 工程",通过每天早操后的单词背诵、早读前经典诵读、午饭后汉字书写、食堂用餐前的古诗背诵以及快乐大课间、路队、红歌联唱等活动课程的开展,以"微习惯成就大梦想"培育学生的素养。

"18"素养工程的实施,培养起学生良好的学习生活习惯,促进素质的提升,夯实成才的根基,现在已经收到了显著效果。

多名学生在平度市中小学电脑制作活动程序设计比赛、平度市中小学春季田径运动会、平度市"国开"杯中学生美术创作大赛、学科素养大赛中获得团体和个人奖励,2018 年我校代表平度市参加青岛市体育抽测取得了平度市第一名的好成绩,学校在全市第一届校长学校德育工作论坛上做了典型经验交流,得到了与会领导的一致好评。

7. 制度文化建设

校园制度文化具有强烈的规范组织秩序性,属于校园范围内必须强制执行和严格遵守的规范性条文。校园制度文化建设是校园文化活动开展的基础和保证。学校的校规、校纪、教学及管理制度"全",做到事事有章可循;内容"细",条例明确,操作性强;执行"严",纪律严明,赏罚分明。我们以《未成年人保护法》《中学生守则》《中小学生日常行为规范》为基准,制定了我校《学生手册》,作为学生规范养成的学校法规;以《教师法》《教育法》及学校《章程》为依据,修订了符合新时代要求的教师绩效考核、工作量、考勤、评优晋升等制度,加大对教学的奖惩力度;坚持教代会制度,坚持民主议事制度,坚持校务公开制度,坚持依法治校、依法执教。制度文化的建设做到了民主、公开、公正,有力地促进了奋进的校园风气的形成。

校园文化建设,是一项长期的系统工程,是润物细无声的育人过程的具体体现。今后,我们将顺应当前新形势,继续坚持"以人为本,让学生快乐;重塑文化,让教师幸福"的文化建设理念,不断优化校园育人环境,不断挖掘校园内涵文化,为实现将张家坊中学建成校园文化品牌学校而不懈努力。

内外兼修,多措并举,办人民满意的教育
——青岛启元学校家校工作案例(调试外部环境)

青岛启元学校　李　东

青岛启元学校是一所九年一贯制学校,学生需求、家长诉求、社会要求与其他学校不尽相同,如何办好新时代人民满意的教育是学校发展面临的主要课题。经过多年的探索与实践,学校逐渐形成了"倾听·沟通·改进·宣传"家校工作长效机制,并成为创办人民满意教育的重要举措之一。

一、在倾听中发现

1. 创新家校互动模式

学校不断完善家校联系制度,定期开展校园开放月、班级开放周、校长接待日系列活动,让家长及时了解学生在校情况,倾听家长意见、建议。利用互联网新媒体组织"虚拟校园开放日"活动,通过多机位、云切换等现代技术对校容校貌、课堂教学、社团活动、教研集备和学生活动进行现场直播,让公众多角度、全方位地了解学校教育教学成果,并通过互动交流、活动留言等形式及时关注社会需求和家长诉求,构建校内外合力育人共同体。

2. 聚焦热点痛点问题

为解决 2019 年新生入学安置难题,在上级主管部门的大力支持下,学校实施了东校区改造工程。东校区的改造、装修、环保、交通、安置等一系列问题随之而来,成了民生舆论的热点、家长关注的痛点。学校通过召开"新校区公告会、新班组联席会、

新教师见面会、新同学家长会",周密做好东校区建设过程中每个第一次的筹划,让社会及时了解安置方案、改造进程和后续工作,引导家长正向思考问题,缓解焦虑情绪,信任学校工作,最终实现了东校区的平稳启用。

二、在沟通中融洽

1. 家校沟通,稳中求实

学校在日常工作中重点做实四个层面的家校沟通。一是学校层面,定期通过家委会、家长会、校园开放、家长信、微信平台等方式加强家校沟通,拉近家校距离;二是年级层面,重大年级活动都会邀请家长代表到校,对于家长提出的意见、建议由分管领导和年级主任现场解决;三是班主任层面,通过家长会、家访让家长更加全面地了解班级工作,了解学生的在校表现及其他各方面的情况;四是学科教师层面,学校要求每一位任课教师结合导师制的开展,对于学生的学习、生活经常与家长进行沟通和交流,及时发现并消除家长的不解和困惑。

2. 建言献策,稳中求新

学校充分调动每一位家长参与学校管理的积极性,全面彰显家委会自治管理特色。通过提案制、议案制两制并行的工作模式,鼓励家委担任管理主角,引导家长多维度建言献策、多渠道了解学校。近一年来,家委员会提交了50余条提案,先后就《发掘校外资源优化实践活动》《如何落实减负提质》等10余个教育热点、难点问题展开讨论协商,审议通过了《校艺术节方案》《家校合育实施意见》等7个具有代表性的议案,促进了民主管理,优化了家校关系。

三、在改进中提高

1. 查不足,确定工作提升点

对于家长普遍反映的问题,在工作中坚持问题导向,强化整改落实。一是分层认领整改清单。对于日常征集到的意见、建议,召开办公会进行专题研究,并由分管领导、中层干部进行一一认领,层层明确责任人和整改时限,定期督查整改进度。二是定期向家长反馈问题的解决情况。成立了由学校干部和年轻教师组成的工作小组,定期对家长进行回访,及时反馈家长关心的问题整改落实情况,并在办公会专题汇报。对于那些不能马上解决而通过一段时间努力解决的,学校会通过各种形式向全体家长及时反馈,确保与家长的有效沟通。

2. 明方向，确定工作着力点

打铁还需自身硬，提高教育满意度的关键在于落实好立德树人的根本任务。在对去年满意度测评进行大数据分析的基础上，学校梳理了三个家长需求较为集中的问题作为今年工作的着力点，一是全面提高中考成绩，满足学生、家长日益增长的普高教育需求；二是大力加强教师队伍建设，消除家长对教师队伍年轻化的顾虑；三是积极推进课程改革，适应社会对教育多样化、选择性的需求。为此，学校把以上工作列为今年校办实事的前三位，由校长作为第一责任人，带领相关干部制定实施方案，细化落实举措，压实工作责任，在全体干部教师的共同努力下，最终圆满完成预期目标。2019 年中考优质高中和普通高中录取率均再创新高；青年教师成长迅速，有 6 名教师在市青年教师基本功比赛中获奖，9 名青年教师入围区优质课决赛；小学全面铺开根基教育和衔接教育，在关注学生全面发展的同时，鼓励个性成长，共开设了 49 门社团课程、7 门衔接课程，在艺体活动和科技竞赛中频获佳绩，实现了教育教学双丰收。学校以实际行动赢得了家长的广泛信任。

四、在宣传中认可

新闻宣传是学校工作的重要组成部分，是展现学校办学成果的直接渠道，是营造和谐教育环境的重要举措。学校把做好新时代教育宣传工作摆在重要位置，与学习强国青岛平台、《半岛都市报》《青岛早报》《青岛晚报》、青岛电视台等省市级媒体建立了良好的长期合作关系，今年来开展的教育教学活动被市级主要媒体报道 38 次，被《市北专报》采用 1 次，被《市北教育》采用 30 次，共推送官方微信 384 条，学校群众满意度不断提高。

总之，学校内外兼修，多措并举，不断完善"倾听·沟通·改进·宣传"家校工作长效机制，进一步激发了广大家长关注教育的强大凝聚力，营造出基于尊重信任的和谐融洽的教育生态，实现了学生、教师、家长三个生命群体的共同成长。我们相信，在上级部门的正确领导下，学校干部教师将不忘初心、牢记使命，以实际行动提升民众教育获得感，办好新时代人民满意的教育。

家校合作，德育过程系列化

青岛超银中学（广饶路校区）　梁之合

"广饶学子，向阳而行"。超银中学（广饶路校区）在"阳光教育""全员育人"的道路上不断探索。学校的每一位老师，每一个班主任、每一个干部，从学生入学的那一天起，就对他们进行正面教育，培养学生凡事往好的一面想，往积极的一面看，形成"阳光的心理"，"阳光的思想"，"阳光的品质"进而做出"阳光的行动"。超银学子目标高远，积极进取、刻苦自信、坚忍不拔、敢于担当的精神底色，造就了超银广饶建校十多年来不可思议的一届又一届学生奇迹。阳光教育，离不开老师们课堂上，作业批改中，班会课上，升旗仪式上，个体谈话中，或潜移默化，或开诚布公的全员教育。更离不开学校老师、学生以及家长全员参与的主题教育。我校主题教育以"重过程、抓细节，强体验"为根本原则，让学生在参与中体验，在体验中感悟，在感悟中升华，在升华中践行。它是通过活动参与的形式，有意识地深度培养学生积极的思想品质、良好的精神状态，进而形成良好的学习内驱力的"阳光教育"。

以本学期德育专题教育为例：

本学期"阳光教育"总主题：成长——感恩——责任——落实行动。

副主题：

（1）阳光心态——我成长，我快乐。关键词：感恩、坚韧、越自律越自由、我自信我担当、爱与责任。

（2）阳光思维——这事我这么看。关键词：顺境与逆境、竞争与合作、批评与表扬、痛苦与快乐、严与慈。

德育活动参与者：学校、家长、班主任、任课老师、学生五方合作。年级主任总负责，家长、班主任、任课老师、学生创造性完成各自部分

基本思路：

第一步（开学首月）：父母、老师感悟学生的成长。

父　母：准备孩子从小到大的照片，配上一些简洁的语言——展示孩子成长带给家人的快乐和幸福，回忆一路走来的酸甜苦辣。

学生：写家人成长小传，用自己的方式记录、讲述着爸爸或妈妈的童年、求学、求职、恋爱、结婚、生子的过程和难忘的故事。

班主任、老师：①写寄语，回顾孩子学校成长历程；②配合家长把相关内容做成影像文件；③组织一次主题班会：成长快乐。"顺境与逆境""痛苦与快乐"，邀请认可老师、个别家长参与。

第二步（次月）：学生体验"成长"，感悟家长、老师的"爱"，感恩身边的人。

学　校：组织国旗下讲话和班会主题活动。

学生：写自己成长小传，用自己的方式记录、讲述自己成长中难忘的故事。

班主任：组织一次班会，学生之间进行交流，体悟自我成长和家长老师的爱。

第三步（第三个月），学校组织一次演讲活动：主题是"责任与担当""越自律越自由"或"严与慈"。

第四步（第四个月）：爱的表达。

班主任、教师：写寄语。

父母：为孩子写一封信，谈自己的真实想法。

学生：看父母信后，写一封回信。

组织一次主题班会："爱的表达"。以实际行动担起应有的责任。班会邀请老师参与。

只有真正获得了切身体验的东西，才容易入其脑入其心，珍藏久远，成为其德性中的有机组成部分。教育是引领更是影响，而对学生引领和影响的最有效的方法是让学生参与到活动当中。在家校多方互动活动中，在学生自身的体悟中形成的观念，比单纯的口授教育，更就实际效果。

弘扬中华优秀传统文化，筑牢自主和谐发展根基

青岛西海岸新区灵山卫中学　宋志红

德育为首、立德树人是我校一贯遵循的办学宗旨，党的十八大以来，习近平总书记多次强调要传承和弘扬中华优秀传统文化。他深刻指出中华优秀传统文化是人们进行道德教育修养的"好教材"，强调"要始终把弘扬中华民族传统美德……作为极

为重要的战略任务来抓,为实现中华民族伟大复兴的中国梦提供强大精神力量和有力道德支撑"。

几年来,我校立足实际,努力实现传统文化的创造性转化、创新性发展,使之与现实文化相融相通,为学生自主和谐发展筑牢根基,取得了较为显著的成效。

一、融优秀传统文化于教师培训中

能否完善中华优秀传统文化教育,或者说中华优秀传统文化教育质量如何,关键在于广大教师的素质和业务水平。学校始终把教师的培训工作放在十分重要位置,建立了教师培训机制,定期开展不同形式不同内容的培训,提高了广大教师的教学水平、科研水平和自身素质。

二、融优秀传统文化于学校文化建设中

校园文化作为一种环境教育力量,对学生的健康成长有着巨大的影响。环境无小事,处处能育人。我校通过精心设计和认真实施环境文化建设,赋建筑、围墙、地面以生命,让校园内的一草一木、一事一景、一砖一石都体现出一定的文化意蕴,营造出丰富的具有浓厚文化气息和文化内涵的立体校园文化环境,潜移默化地对师生进行着浸润和熏陶。

三、融优秀传统文化于学校立德树人的实践中

一是学、习《常规、守则》,明礼知耻。每学期开学第一个月,学生要学习、背诵《中学生日常行为规范、守则》,并进行班级、年级、学校三级考试,督促同学们熟知这些自治的法,形成思维定式,形成尊师、爱校、友爱、自主、和谐、团结、向上的良好舆论氛围。

二是阅读经典,传承文明。大兴读书之风,让阅读成为习惯。举行诵读比赛、演讲比赛、读书沙龙和校园之星评选活动,用身边的故事、思想、情感和语言的魅力传播崇高,教育影响他人,从而在思想品质、道德修养等方面得到熏陶与教化,点亮学生心灯,让学生做精神富有的人。

三是"唱响教育歌,打牢规范心基"。学生、班级、年级、团委学生会等集思广益创作出各级各类文明教育歌,学生充分利用升旗仪式、午间广播、课间操、集会、课前二分钟等时间呼、诵教育歌,将规程内化成学生的自主行为,强化学生文明习惯,养成教育实效,从而打牢规范心基。

四是德育活动序列化、课程化,促进学生自主成长,和谐发展。学校深入扎实地

开展传统文化养成教育,学校每月确定活动主题,组织专题教育活动,为每一个学生打造序列化精品德育活动,学生的品性德行在经历、体验、感悟中获得规范与提升。

四、融优秀传统文化于学校学科教学中

一是挖掘教材中相关"传统文化"元素,采用学生喜闻乐见的形式,把传统文化融入地方课程、语文、思品、音乐、美术等学科课堂教学中,有机渗透传统文化教学,让学生在学习文化知识的同时,还能感受到中华民族丰富而独特的传统文化。

二是开发校本教材,传承中华优良传统。立足学校及学生实际,先后开发了《和言雅行》《经典诵读》《校园里的中草药》等近 10 门校本教材,将必修与选修有机结合,培养学生良好的人生观、道德观、价值观,张扬学生的个性,促进学生的自主和谐发展。

五、融优秀传统文化于家校合作中

"孟母三迁""岳母刺字""曾子杀猪",这些成功的教子范例都充分表明,家庭是孩子的第一所学校,家长是孩子的第一任教师,家长的一言一行,无不潜移默化地影响着子女。对青少年进行中华优秀传统教育,除了学校教育和社会教育外,家庭教育因其独特的无法替代的作用而成为优秀传统文化教育十分重要的阵地。我校始终重视家校合作,对学生进行优秀传统文化教育。学校充分利用 QQ、微信、三人行网络班级、荔枝电台、班级晚报、班级网站、班级贴吧等与家长进行及时的沟通和有效的交流,形成家校合力,强化对学生的优秀传统文化教育,共同促进学生"自主和谐"成长。

青岛超银中学德育为首营造校园文化

青岛超银中学（镇江路校区）　张丽梅

"营造育人文化"把德育工作摆在素质教育的首要位置,全面加强学校的德育体系建设,超银中学张丽梅校长坚持德育为首的教育思想,坚持德育在学校育人文化中的导向作用,多年来超银中学坚持坚守着学校育人文化德育为首的教育之道。

1. 坚持主题教育，让学生健康成长

超银中学一直坚持初中三年的系列"主题教育"：七年级以"养成教育"为主，从行为习惯入手，综合多种教育方法，培养礼仪习惯、学习习惯、卫生习惯、思维习惯。八年级以"青春教育"为主，采取行之有效的教育方式。九年级将教育主题确定为"成功教育"，正确引导学生如何面对挑战，走向成功。初中三年的系列"主题教育"，从学生入校第一次集会的任课教师介绍到毕业时学校领导亲临教室与学生话别，都充分尊重了学生的个性发展，并及时扫清了学生成长道路中的障碍，收到满意的效果。

2. 倡导自主管理，让学生自立自强

学校一直倡导学生自主管理模式，学校成立学生自主管理委员会，各班成立班级自主管理委员会。实践部的义卖、体育部的"校内篮球联赛"曾被岛城媒体报道，"五彩阳光育人"也是超银学校的德育特色。学校也为学生自我管理提供平台：每周一双语升旗仪式由学生自己组织，五千多学生的大型校运动会学生参与裁判工作，艺术节学生竞聘筹划组织各项活动……丰富多彩的活动为学生提供了施展才华的舞台，培养了自主精神，提高了自治能力，领悟了付出与收获的真谛，增强了主人翁意识。

3. 注重文化熏陶，让学生自尊自爱

学校文化是指学校教育教学活动所建立起来的一整套价值观念、行为方式、语言习惯、制度体系、课程设置、教学传统、知识符号、建筑风格、校风校纪等的集合体。注重德育建设是超银校园文化建设的重点，学校注重"草木生情、墙壁说话"的校园环境的德育文建设，更注重"雷锋学校、雷锋精神"的品牌内涵文化建设。对学生进行情感教育，唤醒、培育学生内心深处的道德情感，用人性良知唤起学生觉悟。学校以校训激励师生弘扬道德精神，增强荣誉感、责任感，奋发向上。

4. 走向社会实践，让学生自我锻炼

为促进学生综合素质的提高，超银中学学生社团每学期依托社会实践基地，举办各项活动。"绿色环保社团"组织参观考察青岛污水处理厂，"生物科协社团"组织了"张村河水质调查"活动，"春秋史学社"组织了"青岛名人故居现状"考察及"旭说历史"的活动，"文学社"组织了"海云庵广场经典诵读"活动，"地理兴趣社"组织了"一战遗址——青岛山炮台考察"活动等。活动的组织都是由学生社团自我规划、自己讨论制定活动方案，有的社团还制定出应急预案。通过这些活动，学生们的社会责任感得到了加强，这些德育活动也丰富了校园文化建设。

5.体验学农学工，让学生自我教育

根据市教育局安排,超银学校每年组织七年级学生入驻市素质教育基地,进行为期一周的素质教育实践活动,八、九年级前往市劳动技术教育中心,进行为期一周的学工活动。这些活动,为学生参加实践提供平台,活动中真正体现"重心下移,以生为本"的原则,充分发挥学生"自我教育、自我管理、自我实践"主体功能:学生自主管理制定各种活动方案、自律部负责各项检查评比、文体部负责文体活动、宣传部负责板报评比。学生们在实践活动中不仅接触了陶艺、茶艺、机器人制作等20余种技能,培养了创新精神和实践能力。德育为首的校园文化为初中生活留下了一笔笔丰厚的精神财富!

青岛九联中学育人文化引领学生成长

青岛九联中学　解　磊

亚斯贝斯认为:"教育的本质是陶冶。"青岛九联中学在校长解磊的影响下,整个校园的文化氛围浓郁温馨。

1.班级文化影响学生行为

幽雅的班级环境,包括物品的摆放、墙面的布置、黑板的利用等,都起着春风化雨、润物无声的作用。为了实践文化引领的管理理念,营造融洽、积极向上的班级文化氛围,优化育人环境,促进班级管理,学校各班级积极开展班级文化建设活动。同时,为了检查工作落实的有效性,促进班级之间相互学习,取长补短,由各年级组长、教师代表组成的评委小组依次到各班级进行参观评比,评比项目包括整体效果、清洁卫生、物品布置、环境布置、组织管理、精神面貌等,用班级文化影响学生行为。

2.精神文化浸润学生心灵

学校精神文化主要包括学校价值观、学校精神、学校形象三个方面的内容,青岛九联中学以"塑造健全人格,培养家国情怀"为办学理念,坚持"培育爱国、诚信、自主、担当的现代公民"为育人目标,围绕"全面提高教育教学质量"这一中心工作,注重校园文化建设,强化学生习惯养成,质量立校。每个人心中都有梦想,都有心中的

英雄,从古至今英雄的事迹和精神,激励了一代代人奋发向上,努力拼搏。学校要求同学们根据自己的实际情况,确定自己的座右铭,当学生在学习和生活中遇到挫折困难时,他们就会从中获得战胜困难的决心和勇气,提升心灵高度。

3.行为文化实现学生价值

学校在解校长的倡议下开展了各项活动,通过行为文化让学生实现价值。

"笔落盈尺,记录精华"为主题的读书活动和优秀读书笔记展览,激发学生们取长补短,互相促进,让书香溢满校园,阅读成为一种风尚;各种主题的演讲比赛,增强大家的自信心和表达能力,缓解学习压力,丰富课余生活,努力构建和谐的校园生活;现场写作大赛,营造良好的文化艺术氛围,全面提高学生的综合素养,激发全体学生学习兴趣,提升学生的写作水平;经典咏流传校园大赛,响应落实党的十九大报告"推动中华优秀传统文化创造性转化、创新性发展"的精神,让中华文化的瑰宝——诗词中的美好情感和主流价值观在当下产生共鸣,提升学生的文学修养和语文素养,咏经典诗词、品诗情画意、书青春壮志、播校园文化,全校师生去咏唱经典、去品读名著、去拥抱大师情怀,用快乐阅读来滋润心灵,用实际行动来传承中华优秀传统文化,助推九联中学"书香校园"的打造。

育人文化是一门艺术,学生的思想引领和人格塑造,是一个漫长渐进的过程,它需要像载歌载舞的水一般灵动、诗意、执着,用文化浸润学生的心灵。"路漫漫其修远兮,吾将上下而求索",青岛九联中学将继续在解校长的领导下,呵护学生的成长,创设一份和谐,一份快乐,真正使我们的教育"随风潜入夜,润物细无声。"

让校园成为师生的"温馨家园"

平度市南村镇郭庄中学　侯　刚

"温馨家园"是学校的德育品牌,也是平度市十佳德育品牌之一,我校充分利用这一资源,并结合地域和学校特点,来营造育人文化,用文化带来的力量温暖心灵,力求把学校变成"心灵之家""智慧之家""大爱之家"。

一、用温馨的学校硬件物质环境熏陶人

（1）构建美丽校园，优化育人环境。设置多种校园文化功能区，让每一面墙壁都会说话，发挥隐性教育功能。

（2）形成班级文化特色，营造温馨氛围。学校创造性的让全校学生共同参与年级、班级文化建设。在老师的指导下，学生自主设计班级环境，凸现出班级特色和散发出浓郁的文化气息，教室的墙壁变成了学生学习创造的天地。不一样的年级不一样的班级有不一样的栏目。彰显个性的班风折射出班级特色；室内的环境设计别有新意：名人画像、名言格言、学生书画散发出浓郁的文化气息；"社会一角"使学生对社会多一份关注、多一份了解、更多一份职责；"学习园地"展示了学生各类优秀作品，使学生感受到学习的快乐、知识的魅力；"班级之星"带动了全班，坚定了信心；"父母的叮咛"让孩子们读懂了父母的融融爱意、良苦用心；"巧手慧心"展示学生的个性、才华。

二、用温馨的课堂教学环境感染人

（1）丰富课程文化，实行"小先生制"。学校不断开发校本课程，并根据学生情况将同质分组和异质分组相结合，在课堂教学中营造"活跃、宽松"的学习氛围，培养更多的"小先生"。体现课堂的丰富性、多样性和灵动性，让学生在生动活泼的氛围中增强浓厚的学习兴趣、养成良好的学习习惯、奠定厚实的学习基础。

（2）实施"学生成长个性化辅导制"。通过"学生成长个性化辅导制"的实施，使教师从学生的"学业导师"真正变为"人生成长导师"，真正做到"教师人人都是导师，学生个个受到关爱"。

（3）注重教研的实效性。学校鼓励教师开展多种形式的校本教研活动，将研究作为教师教学生活的重要资料，倡导反思性教学，鼓励同伴合作与互助，努力改善教师的教学方式和转变学生的学习方式，鼓励教师大胆进行教育教学改革，参与课题研究，创新教学模式，研究、撰写教育教学个案，生成体现个性的教学风格，促进教师由教书匠向研究者转变。

三、用温馨的班级人际环境同化人

（1）注重强化习惯养成教育工作。学校组织各班开展每月一个好习惯活动。各班在活动过程中开发温馨措施，定期召开创建温馨教育主题班会，激发学生"用我的言行，带给他人温馨"。

（2）充分发挥学生自主管理委员会的作用。让学生参与学校的民主管理，锻炼

他们自理、自治、自强、自律的能力。

四、用温馨的师生心理环境塑造人

（1）家校联手，形成教育合力。

（2）注重学生心理健康教育，给特殊学生"输氧"。

健康教育课程育人。首先对特殊学生建立心理档案，并根据学生情况实行分类，然后对这些学生兼周一次进行辅导。

开展活动辅助育人。通过"八项规定"立规矩，使日常规范具体化，标准化，并开展养成教育系列活动。通过缤纷社团活动，隆重节日典礼活动，读书节、艺术节、家长节等活动不断积淀学校独特的文化内涵。

课题研究带动育人。学校在开展心理健康教育活动中，重点突出"四个一"：一个心理信箱，一个"心语室"，一个档案袋，一个广播站，通过一系列举措，形成教育的合力。

校园文化建设活动，是一项长期的活动，因此，我校已经构成了活动开展的长效机制，将坚持不懈的长期开展下去，并在实践中不断调整和充实活动的资料，使这项活动真正成为提升学校办学水平和品位、实现学校可持续发展的推动力。

立足现实育特色　文化立校强内涵

青岛市即墨区环秀中学　孙福安

绵长的文化血脉将赋予学校深远的意义，每个学校在历史的发展过程当中都有丰富的文化积淀，这是一种重要的、不容忽视的教育资源，一个学校的成长，取决于学校文化的塑造，是学校教育价值观念的选择和时代要求。

青岛市即墨区环秀中学是由原河南联中、三里庄中学、庙头中学合校而成，不同学校的文化底蕴、教师的工作作风与方法、学生的学习态度与认知习惯在这里产生碰撞与交融。多年来，学校经多方调研，长期摸索实践，走出一条秉持"追求卓越，幸福成长"的办学理念，坚持文化立校，以文化人的办学之路，办学水平不断提升，赢得了社会各界的广泛赞誉。学校先后荣获"中华传统文化教育优秀示范学校""青岛市文明单位标兵""即墨区教书育人先进单位"等60余项荣誉。

一、铸造有"厚度"的幸福感文化

学校文化必须以人为本,关注人的需求,提升师生的幸福指数,让教师获得职业幸福感,教师愉快工作,学生快乐学习,学校发展也会得到事半功倍的效果。为此,学校为全体教师提供可口午餐、三八妇女节献花,教师生日写贺卡、送鲜花、送蛋糕等,让教师从精神、物质两个层面感受到教师职业的幸福感。正能量教师群体,成为学生们幸福的引路人,每时每刻总是在关心着学生的学习,关注着学生的点滴,关爱着学生的成长,赢得家长的认可,社会的美誉度,夯实学生幸福成长的根基。

二、构建有"宽度"的环境文化

古人云,"蓬生麻中,不扶自直";"入芝兰之室,久而自芳"。学校文化的育人作用如春风化雨、润物无声,使得学生在学校里时时被感染、处处得熏陶、事事有感触、人人受教育。为此,学校着力建设"德""信""礼""仁"为主题的楼层文化,在原有开放式书屋、"群英榜"、"荣誉墙"、"心愿墙"、家训长廊等基础上,我们在博学楼一楼建设了开放式阅览长廊;在一至五楼楼梯建设了以"善德、孝德、勤德、俭德、诚德、和德"为主题的楼梯文化,设立宣传牌200余块;在三至五楼走廊建设了以"学生之星、教师风采、即墨风俗"等为主题的走廊文化,设立师生荣誉照、活动照片等500余张;进一步实现了"让墙面说话,以环境育人"。

三、打造有"硬度"和"温度"的制度文化

制度文化包括学校的规章制度、师生的行为规范、生活方式等,是精神文化的"行为工程"。学校先后制定了《教职工考核细则》《环秀中学学生之星评选方案》《环秀中学习惯养成评价标准》《学生生活力行手册》等20余种规章制度,实现以制度管人、管物、管事,彰显制度的"硬度"。为表扬先进,激励优秀,弘扬校园正能量,学校每年教师节邀请退休老教师到校与师生相聚,感谢他们数十年为教育事业和学校的发展付出的汗水、心血和智慧,并从他们身上,学习继承环秀中学的精神与坚守。学校每年举行一届的"老骥伏枥奖"和"卓越教师""卓越团队"评选活动,学校出台了《环秀中学老骥伏枥奖评选实施方案》《环秀中学"卓越教师""卓越团队"评选实施方案》,采取教师自荐和级部推荐两种形式,学校成立评审委员会进行严格工作程序,评选出在一线辛勤耕耘的"老骥伏枥奖"教师,平均年龄达54岁。评选出"卓越教师""卓越团队",都是在每年中考、会考中,为学校发展做出突出成绩,为学生前途

提升做出卓越贡献的老师和团队。这些举措,树正气、凝人心、展形象、赢美誉,体现了制度的"温度"。

总之,文化是学校多年积淀生出的气质,是一所学校区别于其他学校的根本,是实现学校可持续发展的内在动力,大力进行学校文化建设,可以在学校形成一种催人奋进的精神和斗志,可以大幅提升办学内涵,进而推进学校全面进步。

"德孝"文化引领学校发展

胶州市第二十三中学　刘作星

学校提出"以德润身、以孝感人、以勤兴校、全面发展"的方针和"立校德为先 发展人为本"的办学理念,将德孝教育作为德育工作的主要抓手和特色。

一、"德孝"的内容

"德"的主要内容我们分解为具有高尚的道德品质、健全的人格和健康的心理、文明的行为;通过"德"的引领,将"孝"分解为让学生学会感恩、讲秩序、规范行为、懂得尊重。

二、"德孝"的教育的主要途径

1. 文化引领

(1)在学校门口、楼道入口、宣传栏、教室等场所布置"社会主义核心价值观"及"中国梦"宣传内容,并要求全体师生能熟练背诵。真正起到润物细无声、潜移默化的效果,努力达到社会主义核心价值观入室、入口、入心的教育效果。

结合学校的"德孝"教育特色来给每座楼命名:实验楼——尚德楼;教学楼——启德楼、润德楼、颂德楼;体育馆——盛德楼;学生公寓——乾德楼、坤德楼。餐厅——思源斋。

(2)根据"德孝"教育特色来布置校园文化,教学楼一至四楼的文化主题分别为:德育导航、孝爱传递、翰墨书香、闪光星河。德育导航部分主要通过德育故事、中学生传统美德等对学生进行思想品德教育；孝爱传递分为孝爱传递、感恩的心、学会做人三部分，主要通过古今孝爱故事和学生自己的孝爱故事以及各教研组根据自己学科特点来设计的"如何做人"来对学生进行教育；翰墨书香和闪光星河部分主要是通过古今中外有关德孝论述内容和学生理想教育为主题。综合楼一至五楼的文化主题分别为德孝之启智篇、德孝之实验篇、德孝之师爱篇、德孝之科技篇和德孝之艺术篇。每层楼都根据各自特点紧扣"德孝"主题来设计文化。餐厅命名为思远斋，紧扣饮水思源、厉行节约这一主题对学生进行教育。

（3）在每个班级建设了以《弟子规》《孝经》中的经典故事为主要内容的德孝文化长廊，在学生中普及国学教育。

2. 课堂引领

（1）要求每位教师在国家课程的课堂上每节课都要对学生进行德孝教育，并要求将德孝教育内容写在备课本上，作为常规检查的一项重要内容。

（2）编写《尚德立身　孝亲敬老》《德在我心中——我的德育小故事》校本教材，安排专任教师讲授，对学生进行道德教育。

（3）家长走进课堂，除了和学生一起听课外，他们还担任起学生的德育老师，通过讲述自己的经历和体会，教育学生珍惜生活，感恩祖国、感恩社会、感恩学校、感恩家长。

（4）每学期通过各种家访活动和开办家长学校，主要从"善、孝、和"三个方面下功夫。"善、孝、和"包括家庭教育中的劝善、孝道、和谐、勤俭、励志等方面，通过和家长进行沟通，探索德育新途径，形成社会 - 学校 - 家庭三位一体的德育体系。

（5）通过班会课，根据每周校长国旗下的讲话内容对学生进行跟踪教育，班会课的形式多种多样，可以教师主持，也可以学生主持，通过学生谈体会、写感受来加强道德教育。

（6）每天晨读，学生必先读《弟子规》以及一些经典名句，让学生读圣贤书、立君子品、做有德人。

3. 活动引领

重视实践活动对学生的教育效果，通过进行各种实践活动来加强学生的德育。

（1）每学期通过举行体育节、艺术节活动，一方面营造了积极向上、清新高雅、健康文明的校园文化氛围，另一方面也加强了班级凝聚力，增强了学生热爱学校、热爱班级的情感。

（2）举行"彭成感恩教育"感恩教育系列活动，全校师生和家长一起聆听彭城等专家的演讲,活动形式新颖多样,富有情趣,起到很好的教育作用,活动教学生学会爱他人,学会感恩,学会沟通,真正感受到了激情、感恩、付出这一主题。

（3）重视学生的社会实践活动,每学期组织学生走进敬老院活动至少两次;带领学生慰问"空巢老人",既使老人们心灵得到安慰,也使学生受到了很好的中华民族的传统美德教育,树立了尊老爱老的思想。

（4）在学校里设置"蔬菜园""果树园"和"养殖园"实践基地,通过让学生定期到实践基地参加实践活动,培养学生热爱劳动、勤俭的美德。

4. 榜样引领

学校把孝敬父母作为青少年思想道德教育的切入口和着力点,扎实开展教育活动,让学生拥有一颗"孝心",对于他们身心健康发展,培养正确的世界观、人生观和价值观,至关重要。因此我们每学期都举行"德孝"小明星评选活动,要求每位学生能够说感恩的话、做孝敬的事、推广孝敬美德、摘录孝敬长辈的文章和故事等。学校在每个班级评选出 2 名"德孝小明星",然后举行德孝小明星事迹报告会、在宣传栏张贴宣传他们的事迹和照片,引导学生向身边的榜样学习。

5. 今昔对比引领

（1）建立德育室。德育室内容主题为爱祖国、爱家乡、爱学校,通过国家、家乡、学校面貌的前后变化对比,激发学生感恩祖国、感恩党、热爱家乡、热爱学校的情感。

（2）建立民俗博物馆。民俗博物馆内陈列着过去的一些生活用品以及农耕用具,主要是让学生通过这些物品来和现代化、机械化进行对比。通过今昔变化,让学生感恩时代,认识到今天的幸福生活来之不易,教育学生珍惜生活。

弘扬传统文化，传承红色基因

平度市蓼兰镇蓼兰中学　隋有善

学校是一个文化组织。学校文化的本质在于用文化精神培育人,要坚持以人为本。促进人的全面发展,学校文化建设重在营造学校育人文化。蓼兰中学遵循科学发展观的要求,以传统文化、红色精神教育为主要内容,以培养具有基础文明素养、社会责任感、民族精神的新时代青少年为目标,全面推进学校的育人文化,全面提高学生的思想道德素质。

一、传统文化进校园

中国优秀传统文化的意存高远,可以培养学生们的古典文化底蕴和健全人格的宝贵资源。

我校积极引领师生拓展校园文化,为优秀传统文化创造更好的沃土、更好的氛围:

(1)重视师资力量的培养,教师们开口就是"白日依山尽",而不能仅仅是"柴米酱醋茶"。

(2)整理、编印《学记》《论语》,让师生共赏经典。

(3)加强校园文化建设,要形成一个学生愿意学习优秀传统文化,愿意体验优秀传统文化,愿意交流优秀传统文化的环境。

(4)与社会主义核心价值观相结合;围绕传统文化和社会主义核心价值观,我们开展丰富多彩、形式多样的校园文化活动、德育主题实践活动:

①学生手抄报作品内容丰富,雅俗共赏,形式新颖,每份手抄报均由学生自编自绘。

②国旗下的经典诵读。将国学教育日常化,使经典诵读成为学校的时尚。

③重视传统节日,让学生从中感受文化的氛围。

④尊师重教,每年9月28日举行拜师礼活动。全体师生齐诵《论语》,一股浓郁的古风在校园里弥漫。

少年智则国智,少年强则国强!我们要从国学文化这片广袤的精神大地上,为学生的成长开拓资源,为学校的发展注入动力,在传统文化的薪火相传中继往开来。

二、红色精神育新人

红色精神文化作为"立德树人"任务的第一"德",进教材、进课堂、进活动、进头脑。

(1)挖掘和利用身边独特的红色资源,打造"红色校园"。

(2)打造"党红蓼中"党建品牌,引领教育教学科学发展。

编印《红色读本》,开展"红色教育"。

通过红色精神主题活动、手抄报比赛、征文比赛等形式,弘扬老区精神,传承红色基因,逐渐形成了一条以"传唱革命歌谣、参演革命舞蹈、吟诵革命诗歌"为主题的红色教育路线,将红色教育系统、深入地渗透到学生心中,用红色精神引领学生成长。

学校文化建设与学校发展是水乳交融的关系。学校是一个文化组织。学校文化的本质在于用文化精神培育人。而不是用技术行为打造人。学校教育的核心是育人,要坚持以人为本,以学生发展为本。学校文化建设重在营造良好的育人文化。营造良好的学校育人文化,是树立学校品牌形象,提升现代学校核心竞争力的所在。

文化馨香满校园

青岛市即墨区金口中学　苑强先

学校的空间范围是有限的,但其中的育人空间是广阔的——无处不育人。我们金口中学地处偏僻的山村,教育环境相对比较薄弱。所以大力开展校园文化建设,有利于提高因为地域限制的教育教学质量,规范学生的行为习惯,培养学生良好的意志品质,全面促进学生身心的健康发展。

1. 结合学校独特的地域文化打造统一的学校理念文化

金口中学位于卧牛山南麓,山清水秀、虽然是偏远的乡村小镇,但是文化气息浓郁。这里是卧牛山战役的发生地。西北临卧牛山战役烈士陵园。德育处与团委用心配合,开展系列活动,寓教育于活动之中。每年清明节扫墓活动,我们会请老战士给学生讲革命战争,少先队员、新团员从这里宣誓——努力学习,报效祖国!青年教师们在这里向烈士们致敬,表达自己对教育工作的忠诚和决心——努力培养合格的接班人!

此外,德育处与团委每年举办三月份"学雷锋"系列活动、爱心助学、"党在我心中"为主讲题的演讲活动等都能体现出学校的理念文化,是学校的本质、个性、精神风貌的集中体现,是校园文化建设的核心,是学校发展的内在动力。一系列活动的开展,让我们学校统一思想,培育完整的"人",实现教育的"铸人铸魂",增强了学校持续发展动力,切实提高学校的教育教学质量,使这里的孩子同城里孩子一样,享受高质量的教育。

2. 根据学校的理念文化打造校园的景观文化

在我们中学营造同城里学校标准一致的校园景观文化,让偏远乡村的孩子和城里的孩子一样享受到温暖宜人的校园环境和高质量的教育氛围。

我们在校园室外景观和室内装饰上都做了大量的工作,每一个标语、每一幅图画都体现出我们对学生给予的要求和希望。它们互为补充、相互促进、共同提升学校的文化品位、打造高质量的校园环境,达到环境育人的目的。通过校园景观文化的打造,让校园的一草一木、一砖一瓦、一墙一壁等一切设施都会说话,让每一个校园角落都有"凝固的音符美"的闪现。让校园成为活教科书。美丽优雅、清洁舒适、宽敞明亮、文化氛围浓郁的校园环境给我们这里的学生带来了良好的外部条件。学生耳濡目染,自觉去珍爱它,并乐于在这样优美而富于教育情怀的校园环境中努力进取、茁壮成长。

3. 积极创建学校的制度文化

"积一千、累一万,不如养成个好习惯"。制度是形成校园文化的"定型器"。学生文明习惯的养成需要有形的校园制度文化来浸润、濡染。由于我们学校地处偏远乡镇,学生的整体素质不及城里的学生。为此,我们树立"先做人后成才"的教育理念,把德育教育放在首位。同时,我们制定了一系列的学生行为规范制度,"没有规矩、不成方圆",通过合理而有效的制度文化建设,规范学生的行为,使他们从小就养成文明礼貌、踏实负责的良好习惯。

4. 开展丰富多彩的校园文化活动

学校精神和理念的形成是一种潜移默化的、渐进的过程,渗透在学校工作的方方面面,散见于学校管理的每个细节。以丰富多彩的文化活动为载体,不失为培育学校精神和理念的一个较好的途径和方法。

在教师中:①深入开展社会主义核心价值观教育,校党支部、工会制定了金口中学"两学一做"活动实施方案,结合师德教育,签署师德建设责任书、承诺书,从中央提出的做合格党员扩展到做合格教师。②广泛开展校园文化体育活动,增强凝聚力,愉悦教职工身心。组织教职工参加即墨区教育工会比赛,在教职工中举行跳绳比赛、保龄球比赛,秉承"我参与、我运动、我健康、我快乐"的宗旨,为全体教职工营造了一个宽松和谐快乐的工作氛围。

在学生中:我们每年有运动会、场地赛、拔河比赛、体操比赛、学校艺术节等,丰富了学生的课余生活、陶冶了学生的情操,凸显了学生的个性特长,增强了伙伴间的合作和团队精神,体现了活动中锻炼人、活动中塑造人的活动目标。

博采众长　聚焦成长

——青岛三十七中集备管理与教科研工作案例

青岛三十七中　邓欣元

我校 2018 年、2019 年初中学业水平考试取得了出色的成绩,究其原因有两点:科学的集备管理和扎实的教科研工作。

一、集思广益、智慧共享

1. 合作氛围的营造

建立了以评价团队为主线的教学质量考评制度。

建立了全体中层以上干部、教研集备组长和学科骨干教师组成的文理科课堂教学监督评价指导小组。

分管主任明确指责细化分工(分管主任 - 语文英语历史道法、数学地理艺术体育、理化生信息,发现典型,搭建平台 - 中陶会讲学稿学会、国家级重点课题子课题研究、青岛市教学联盟校活动 - 小班化、愉悦、作业改革、局属教科研共同体等、校教师论坛 12 月论坛省地理教学基本功特等奖微格教学,初一数学集备组集备成果展示,初二语文周单元计划提升学生语文综合素养成果展示)。

2. 集体智慧的梳理小结提升

合格的集备活动要素:定人定时参与、自备交流(课前完善课件)、补备讨论(课后完善导学案)、梳理小结(形成集备记录上传并发给每位教师)。

(1)常规集备:集备组的老师,每人精备一周的课,主备老师向全组说明课标要求、学习目标和重、难点,根据教学环节设计提出自己想到的好方法和遇到的问题,以及怎样处理好自主探索与合作交流的关系等,然后老师们从每节课的导入,到例题的选择、课堂练习的设计,再到课堂问题的设置、课后作业的布置,集体讨论群策群力,做到放大优势、解决问题。

集备后主备老师还要负责课前自备交流后完善课件,课后反思补备讨论后完善导学案。

（2）专题集备:学校重点工作的集备组推进国家课程校本化研究,激趣导学合作学习课堂教学模式的构建与实施研究,分层次教学研究,小班化教学研究;集备组专项工作,如先行课,学科教学中问题梳理与问题解决等。

例如,2017版与2018版《升学指导》变更研讨。结合课程标准集备组分析增、删、改的内容,提出对《升学指导》中2处改动的存疑,汇总老师们不同专题集备的存疑问题既可以作为下一次专题集备的主题,又可以作为集备组教科研的小课题。集备记录的呈现汇总小结成了PPT,便于老师们日常查阅。

例如复习课作业分层设计与评价专题研讨。以《二次函数的应用—利润问题》复习课为例:

学困生作业:教师将例题进行简单的变式,设置成低起点,多层次的小问题呈现给学生,要求他们通过基础练习,加强对基本知识的理解和运用;只要他们能独立、按时完成基础练习题,老师就给予及时的表扬,鼓励,帮助他们树立学习数学的信心。

潜力生作业:规范梳理例题＋2017年中考题的22题,要求潜力生夯实基础,答题规范,建立起此类问题的数学模型,增强分析问题解决问题的能力。进行作业评价时,老师适当从严,作业除要求整齐认真,解答准确规范,还力求解题方法灵活简练。

优秀生作业:2016、2017年中考题的22题,要求通过比较两年的中考题,体会二次函数在中考的考点类型,考查方向,做出规律性的总结提升,进一步积累方法,优化解题策略,培养举一反三的能力。对优秀生,从解题准确规范、方法新颖简洁、注重从一题多解等角度从严要求。

3. 特色集备

例如中考前,数学组为学生印发的《中考小贴士》,给出了中考数学试卷的答题技巧、格式规范,注意事项等,同时向学生汇总从中考前一天到考试结束整个过程中,学生有可能会遇到的问题,帮助学生做好心理准备,帮助学生保持良好的心态、充足的自信。

二、课题引领、科研兴校－课程建设、课堂教学改革、教师专业化成长,落脚点学生成长

十二五期间,学校先后立项并结题市级及以上课题5项,校级课题34项,研究成果获2017年度市级教学成果二等奖一项,三等奖一项;十三五期间,学校立项并结题国家级课题1项,省级规划课题1项,立项研究进行中国家级课题1项,国家级课

题子课题1项,市级规划课题2项,市教育学会课题3项,校级项目推进工作室8个,教育科研的扎实推进使得学校沿着明确的改革目标、任务和路径稳步前行,教师队伍专业化成长不断提速。

（一）教科研工作推进思路：分析优势劣势机遇挑战

1. 梳理问题

学生发展	问题一：如何激发学生自主合作探究意识，培养学生自主合作探究能力，促使学生进行主动的知识建构，为学生终身发展奠基。 研究过程中产生的新问题：如何为学生提供个性化的学习方案，满足不同学生的发展需求
课程与教学改革	问题二：如何引导教师将先进的教学方法内化整合为自身的教学经验，形成学科系列化的教学案例及指导意见，切实提高教师课堂教学设计和实施能力。 问题三：如何探索并形成"激趣导学、合作学习"教学模式的理念和应用性理论，形成适合学情特点的不同学科、不同课型的课堂教学课堂教学程式及具体操作方法，在实施过程中如何完善学校课堂评价体系。 研究过程中产生的新问题：2013年学校率先实行小班化招生，如何探索适合学生差异特点和"减负增效"的教育策略，在分层次教育实验中开拓创新，形成具有特色的小班化教学模式
教师队伍建设	问题四：学校如何通过加快自身的内涵建设来促进教师队伍的整体融合和个体适应。 研究过程中产生的新问题：如何在整体推进的基础上形成骨干教师的个性化教学风格，不断扩大名师群体，形成合理的教师梯队，扩大教师队伍的知名度和影响力

2. 课题引领

十二五立项与结题课题

课题级别 立项时间 结题时间	主持人	课题名称	课题编号	立项批准部门
市级规划课题 2011.11 2015.11	张瑞海	1."激趣导学、合作学习"课堂教学模式的构建和应用研究	QJK125C016	青岛市教育科学研究工作领导小组
市级教师课题 2011.11 2013.11	高明清	2.初中一年级语文教材有效整合研究	QJK125D013	青岛市教育科学研究工作领导小组
国家级重点课题子课题 2012.3 2014.11	张瑞海	3.教师专业成长中的个性化教学模式研究	111820089-ZA-44	全国教育技术十二五规划重点课题"个性化学习开发与提高教学效益研究"总课题组专家指导委员会
市级规划课题 2014.3 2015.11	邓欣元	4.小班化背景下的教学设计与课堂评价改革研究	QJK125C239	青岛市教育科学研究工作领导小组
市级教师课题 2014.3 2015.11	薛虓嵩	5.基于学习方法指导的初中生物课堂教学改革研究	QJK125D045	青岛市教育科学研究工作领导小组

十三五课题

序号	级别	课题名称	课题负责人
1	国家级已结题	小班化背景下英语分层走班教学探究	邓欣元 宫颖
2	省级已结题	小班化背景下的分层次教学研究	孙康功
3	国家级	基于STEAM教育理念的初中python编程教学模式探究	鞠秀燕
4	国家级重点课题子课题	基于信息技术支撑的个性化教学策略研究	邓欣元
5	市级	中学生"双减负"问题的行动策略研究	崔虹琳
6	市级	《"互联网+"条件下初中地理提高学生图文转换能力的实践研究》	李世军
7	教育学会旗帜项目	"党旗映团旗 党建带团建"育人工作法	崔虹琳
8	教育学会雁阵项目	STEAM教育模式与中学物理教学应用研究	林柏权
9	教育学会青蓝项目	微课在道德与法治教学中的应用	江丽

3. 项目推进

（1）2015年成立5个优秀教师发展工作室。

（2）2018年成立8个项目推进工作室。

序号	工作室名称	工作室负责人
1	班级系列教育活动设计与实施工作室	张成永
2	学生阅读能力提升工作室	张业芬
3	学生分层走班研究工作室	肖传魁
4	学科作业改革工作室	赵秀燕
5	"双减负"研究工作室	毛伟青
6	学科发展方案开发工作室	薛虓嵩
7	项目学习研究工作室	薛虓嵩
8	创客教育工作室	贾道坤

（二）具体工作开展

1. 激趣导学 、合作学习 课堂教学模式的构建与实施研究：导学案为载体，创设情境设置问题激发兴趣，师生共同合作完成教学目标的一种教学方式

（1）通过学科导学案的设计编写，实施"学案导学"。

导学案四合一：教学案、学习案、听课笔记、作业，有统一要求的各学科模板。课前集备定稿、课后集备完善，不同集备组之间大循环，实现资源共享。

（2）理清"激趣导学、合作学习"课堂教学模式的基本实施流程。

学校成立课题研究小组，制定研究方案，出台《青岛三十七中关于有效实施"课堂激趣"策略的意见》《关于推进"激趣导学，合作学习"课堂教学模式研究提高教学水平的意见》《关于进一步推进"激趣导学，合作学习"课堂教学模式研究提高教学水平的意见》等管理制度。

"请进来，走出去"、召开专题研讨会、组织学习培训论坛活动开展专题研究。

课例研究：试水课、研究课；过关课、公开课；优质课、示范课；三年三个轮次教师全员参与，磨课的过程中学校课堂教学监督评价指导小组进行跟踪指导，形成了教学模式的基本流程，即复习旧知诊断补偿、明确目标激趣导入、自主探究合作学习、质疑答疑拓展提升、当堂测评盘点收获等五个基本环节组织实施。根据模式基本程式要求，学校修订完善了《青岛三十七中课堂教学评价观测量表》和《教师听课记录表》，作为教师听评课学习的重要载体。

（3）"课堂激趣"专题研究。各集备组以设计有价值的、有启发性的、难易适度的问题为"激趣"突破口，即将知识问题化，能力过程化，把握学生需求，通过自主学习、合作交流等方式，使学生在解决问题的同时既掌握了知识，又培养了能力。学校汇总出台了"课堂激趣十六法"。

2. 小组合作学习

建立合作竞争并存的小组运作体系分组"相对"均衡：同组异质四人小组，保护组内"短板"，锻炼小组的包容力和适应力。

让小组成为学习共同体：选好组长——为人、威信、学业、责任心；做好组内的角色分配—引领组织、积极参与、加强关注；营造好组内文化—组名、组牌、组名言、小组特色活动。

建立小组评价机制：模糊式与精细式并存、差别式量化记分。

建立小组激励机制：集体激励和荣誉激励（周冠小组、月冠小组、最优小组、赶超小组）资源激励（借书优先、活动优先）……

开展常态化的小组管理；切忌朝令夕改。

课程提升内涵　特色助推发展

青岛西海岸新区外国语学校　于福清

青岛西海岸新区外国语学校依托名师工程，充分发挥齐鲁名校长、省市名师和校内骨干教师的人力资源优势及引领作用，利用名师课堂、青蓝工程、名师培训班等形式，努力打造一支职业道德高尚、业务精湛的"四有"型教师队伍，引领学校发展。

一、深化课堂改革，打造高效课堂

深入推进"数据分析""课堂诊断""课堂氛围"三大教学策略，优化"自主合作、主动参与式"高效课堂教学模式。在培养学生方面，实施"培优补弱、聚焦中等生"的策略，使每个孩子都能在自己原有的基础上得到提高，达到提质减负的目的。

二、创新课程体系，实现全面育人

创新课程体系，立足学校实际，实现国家课程与地方课程校本化实施，开发了教育国际化课程、精品化校本课程及德育实践类活动课程，助推学校内涵发展。

三、强化特色教学，拓宽国际视野

为打造富有时代特征、国际化特色的国际化校园文化，学校继续强化外国语教学特色，通过校园标识英语化，建设英语村、国际文化长廊，开设英语学习园地、中英文校园广播和日常交际英语化等，营造特色教育氛围，拓宽学生国际视野。

四、培育德育品牌，注重立德树人

深挖德育教育内涵，建立并形成具有简约、民主、开放特征的学生管理文化。"自主绽放梦想"德育品牌创建为青岛开发区德育品牌。

五、注重科技教育，培养创新精神

2014 年,学校科技馆落成,引进科学实验器材 161 套件,场馆面积 200 平方米,购置 3D 打印机两台。科技馆共接待校内外师生超过 1500 人次。开设了科技教育课程,发展学生创新思维,几十位同学获得科技比赛奖项。

六、开展小班教学，实现因材施教

"小班化"教学的实施,增加了学生享受多种教育资源的机会,实现了因材施教,促进了每一位学生全面而富有个性地发展,为实施素质教育创造了一个崭新而又广阔的空间。今年中考,我校小班将近 90% 的学生升入了普通高中,2 名学生进入全区前十名。

仁山载物，慧海育人

——崂山八中"山海"特色文化之路

崂山八中　　肖世强

青岛市崂山区第八中学,是崂山区第一所省级规范化学校。背靠巍巍青山,面向仰口海湾,依山傍海,得天独厚的地理位置为学校开展"山海"特色校园文化建设提供了地缘和资源优势。

一、以"人"为本，体现山海品质

（1）培育山海品质的教师。有名师则有名校,无名师则无名校。学校积极搭建平台,鼓励教师走出去,倡导名师引进来。通过交流与切磋,使全体教师以开放的眼光去接纳、学习最前沿的教育理念,不断提升自己的知识层次,扩大知识面,拓宽思路,把知识进行融会贯通,孜孜不倦地努力提高自己的教育教学水平,追求教学的最优化,在教学实践中形成自己的个人风格和个人特色,从而推动学校发展。

（2）培育山海品质的学生。学生是明天发展的生力军。面对经济社会的飞速发展,学习型、素质型、发展型、创新型的新型人才日益紧缺,今天的他们就要为明天做好准备,改变自己的落后思想,改变不良的行为习惯,接受新的优秀观念,以良好的心态学习,以积极的态度面对人生,学会为自己的未来不懈努力,不断提高自己的素质,逐渐养成优良的行为习惯,这正是山海品质的体现。

（3）打造山海品质的家庭服务站。如果说家委会是家庭与学校互动沟通的纽带,那么家庭服务站就是家校合育的活动阵地。为了使家长们更全面细致地参与学校管理和监督工作,实现学校、家庭、社会教育一体化、优质化,学校与社区手拉手,开设了家庭教育服务站,通过家长借阅图书、名师进社区的方式,让先进的教育理念走进千家万户,让学校的山海文化深入人心。

二、以"物"为基,营造山海氛围

一直以来,以山海校园文化作载体、以山海品质为核心,是学校新时期德育工作的切入点与落脚点。经过多年的努力,一个以山海为主题的,集教育性、知识性、艺术性于一体的山海校园,被打造得独树一帜、别具魅力。校园内绿树成荫,花鸟成趣:极高的绿化覆盖率,加上艺术化造型的校园建筑,使整所学校更显现出一种自然之美、和谐之美。立在校园中央的文化石上镌刻着"厚德、博学"四个大字,仿佛在告诉学校每一个师生学会做人、学会求知的真谛。三座教学楼分别以"求索、求真、求知"为名,凝聚了山海品质核心内容,也以此提醒全校师生要时刻以此作为自己做人的目标。

在校园的主建筑走廊上,"海洋文化长廊"更是蕴含着浓厚的文化内涵。师生们可以在这里欣赏海洋的壮美,探索海洋的秘密,感受海洋的博大;而表现山海品质的校园主题雕塑"少年中国说"及名人雕像更能体现出山海校园物质文化与精神文化的高度契合;楼梯间,以"法制、安全、环保、健康"为主题的温馨标语随处可见;教室外,主题宣传栏关注社会时事,聚焦热点话题,时时更新,与时俱进;课间里,走廊上半开放式的书屋为师生提供了徜徉书海、放松心情的好去处……开放宽松的校园文化氛围每时每刻都在启发学生以"海的宽容和律动""山的坚实和沉稳"塑造自己的人格,追求人生的未来。

三、"活动"为载体,实践山海品质

为了让山海文化浸润到全体师生的点滴生活,学校开展了丰富多彩的主题教育活动、志愿者活动以及社团活动,让山海品质的种子在全校学生中播下,让学生感受到自己是学校主人的自豪感,使整个学校充满浓厚的山海文化气氛。

每周一的主题升旗仪式上,"小小演说家"社团慷慨激昂的演讲如习习海风,动人心神;集体活动时,校园文明志愿者随处可见,维持活动秩序,保证现场安全;教师、学生志愿者团队深入社会,义务劳动,发挥自己的榜样作用;各班级结合山海主题,打造班级文化,布置教室,营造生动活泼、洁净素雅、健康文明、催人奋进的良好育人氛围;设立山海信箱,让学生有充分发表自己见解的空间,促进学生创新精神的形成……

以此,让每一个角落、每一面墙壁、每一块石头、每一幅草坪都能说话,都能感染人,使全体师生感受到学校山海文化的内涵:像大山一样厚重,永不动摇;像大海一样进取,永不停歇;像大山一样,包容万物;像大海一样,海纳百川;像大山一样,踏实谦逊;像大海一样,开放包容。

路漫漫其修远兮,吾将上下而求索。崂山八中将继续深化"山海"特色校园文化建设,营造浓郁的校园文化氛围,实现人文环境和自然环境的有机统一、协调发展,使师生沉浸在文化的氛围中,达到陶冶情操之目的;同时在以"山海文化"为主体的前提下,鼓励各班发展多元化的班级文化,使"山海文化"落到实处,深入一线。

导师引领　全员育人

青岛 65 中　林中先

为加强学生的思想道德建设,构建"全员育人、全程育人、全方位育人"的德育格局,使学校德育工作更加贴近学生的学习和生活,切实提高德育工作的实效性,学校逐步推行全员导师制实践,以为学生的发展提供更适合的教育和资源,推进学校的持续变革与发展,进一步提升学校办学品质。

一、探索建立分类型、有重点、面向全体学生的导师制教育模式

"面向全体":指学校为希望导师带教的学生提供选择和安排导师的机会;"分类型":教师和学生都具有差异性,学校为不同类型的学生选择适合自己特点的导师提供一种可能;"有重点":指针对不同学生的特点,导师对学生有重点地进行针对性的导教导学。通过建立新型教学人际(师生、生生)关系,加强师生互动、生生互动,关

注学生的非智力因素,在导师的个别化指导和同学的合作学习过程中,培养学生良好的习惯、科学方法和健康的身心,培养学生的主动学习和问题探究的意识,培养学生的实践能力和创新精神,努力为学生提供适合的、可选择的个性化教育,为学生的可持续发展奠定基础。

二、建立完善的导学关系

1. 导学关系的确定

（1）学校通过一定渠道向学生公布任课教师的信息资料,明确招生意向和接纳学生的人数。

（2）学生根据自己思想、学习、生活等方面的需求选择可能对自己帮助最大的教师。

（3）导师选择学生过程中要平等协商、互谅互让,确保师生配额合理。

（4）政教处、班主任在充分尊重导师和学生的前提下对师生的互选做适当调整,以保证每位导师带徒计划的完成。

（5）签订师生协议。

（6）班主任、政教处编制本班和全校的学导关系登记表,并建立起各种活动档案,导师和学生都要认真履行协议的有关职责和义务,保证各项活动的顺利开展。

2. 导学关系的变更

学生每年有一次自主申请变更导学关系的机会,在学期结束时以书面形式申请变更,申请书需陈述变更理由。因导师调动岗位或其他原因被终止导教资格的,其学生可以在未满额的导师中重新选择。

三、明确职责，发挥导教双向主动效能

导师的基本要求是对受导学生进行思想引导,学业辅导,生活指导,心理疏导。

思想引导主要是教育学生遵纪守法,培养学生自主、自律意识,培养学生良好品德。学业辅导主要是按因材施教的原则,指导学生自觉学习,参加社会实践活动和进行科学研究,培养学生观察、分析、解决问题等能力,端正学习态度,激发学习动机;帮助学生了解自己的学习潜能和特点,教给学生学习方法,培养学生的学习能力,使学生顺利完成教学活动的各个环节,并且取得相应的学分,完成中学阶段的学习任务。心理疏导主要是关心学生的身心健康,及时帮助学生消除和克服心理障碍,激发他们自尊、自爱、自主和各方面蓬勃向上的愿望。生活指导主要是关心学生日常生

活、帮助学生适应中学生活,明确生活目标,端正生活态度,树立正确的世界观、人生观和价值观,学会生活,养成良好的生活习惯,提高生活质量。成长向导主要是帮助学生了解自己的能力倾向和职业兴趣,为将来正确选择职业打好基础,做好铺垫。

导师和学生应主动利用课余时间,开展导教导学活动。导教形式包括个别导教、集体导教、自主学习、实践活动等,导师应运用不同的形式对学生进行针对性的个别化指导。学生至少每两周一次向导师汇报学习生活情况,导师每月至少与学生谈话交流一次。交流谈话可以是一对一,也可以是一对多,必要时也可以采用书信来往、电话、电子邮件等形式。

导师应在确定导学关系后,即引导学生制订切实的三年发展规划,并根据学生实际,制订三年导教规划。导师应在每个寒暑假结束前,指导学生制订新学期学习计划,并制订具有针对性的学期导教计划。

导师要主动与学生家长取得联系,通过家访、接待家长来访、电话或信件等多种形式,了解学生本人及家庭情况,要注重家庭背景和学生的思想、学业、心理的相关分析,有针对性地组织结对学生、家长间的交流,共同做好学生的工作

四、制度保障、协调推进

建立教育小组制度。班主任是班级教育小组的组织者,要认真协调好每位任课教师的导师工作,期中、期末要组织导师群体人员和学生群体人员参加的座谈会、讨论会、联谊会等,学校每学期召开导师经验交流会、案例分析会、总结表彰会等,促进导师制度的不断完善。

建立工作档案制度。导师的工作要有计划、有步骤、有目标。每项活动都要有时间、地点、主题、内容纪要、工作后记等。政教处要编制《导师制工作手册》,并指导导师认真填写。要把导师制工作档案统一纳入学生成长记录袋的管理系统中。

建立导师培训和考核制度。学校导师制领导小组定期组织导师进行教育学、心理学等相关知识的培训,举办导师工作研讨及案例交流等活动,不断提高导师的育人能力、工作水平及研究水平。学校导师制工作小组根据下列四种情况,采取定性与定量、过程与结果相结合的方法进行考核:一是每位导师的工作手册记录情况;二是受导学生和家长对导师工作的评价;三是受导学生的实际表现(包括品德和学习情况);四是班主任和学科教师的评价。学校每年对导师进行考核,每学年评出若干名"校级优秀导师"予以表彰。

坚持文化立校　提升学校内涵

青岛西海岸新区滨海初级中学　陈瑞尧

滨海初级中学以办让人民满意的教育为宗旨,突出"文化立校、质量强校"的办学思路,以人为本抓管理,改革创新促质量,打造特色提素养,全面提高教育教学质量,借助西海岸腾飞的契机,不断提升学校内涵,推动学校驶向健康发展的快车道。

一、优化育人环境,努力改善办学条件

1. 建设美丽校园,优化育人环境

一直以来,学校内部对校园文化建设未形成合力。部分教师认为,校园文化建设是学校管理层的事,因而参与的积极性和主动性不高,未能发挥应有的主体作用。也有人认为,学校要把主要精力放在教学工作上,师生的着力点应放在课堂教学上,放在提高学习成绩上,学校充其量带学生搞点文体活动就可以了。正是这种对校园文化建设认识的不到位,使学校在校园文化建设上缺少科学规划,没有长远考虑,有的即使是开展了也是应景之作,项目单一,形式单薄,作用不大,与学校内涵发展的思路不合拍。

学校认为,只有优化育人环境,树立鲜明的学校形象,形成有深厚文化底蕴的校园文化,才能创设更好的育人环境。我们通过多次座谈讨论、组织外出学习逐渐使教师形成共识。我们加大投入进行校园环境建设,粉刷了教学楼内外墙,整治了校园边角,提升了绿化质量,硬化了门前道路,更换了校内路灯,使校园环境焕然一新。我们制作了电子屏、宣传栏、大厅走廊匾牌与板报,装修了多媒体教室和会议室,力争让每一面墙都说话。我们注重两大文化阵地建设:一是建设室外宣传阵地,学校建成了以"感恩教育"为主题、以学校主干道为中心的"民族英雄"教育宣传走廊,建成了"梅兰竹菊"四君子教育走廊和"仁义礼信"传统文化教育走廊,并与形式多样的校园教育活动相结合,使师生在活动中感受教育,浸润身心;二是打造室内文化,学校在教学楼内打造了两大主题教育阵地,一是以"感恩、励志"为主题的室内教育,二

是以"诚信、礼仪"为主题的班报教育,营造了良好的校园文化氛围和育人环境。

我们精心规划了校园环境建设,力求使校园环境赏心悦目,竹园、樱园独居个性,东桥、西桥两相对应,2015年学校被表彰为青岛市环境友好单位。今后我们将精心设计校园一草一木、一砖一瓦,力求让学校优美的自然环境与和谐的人文环境有机结合并形成特色,把育人目标和学校文化融进校园的每一个角落。

2. 改善办学环境,提高师生教育和生活质量

学校积极争取区教体局和办事处的支持,深挖自身潜力,努力改善师生生活环境。我们利用五年的时间,将教师微机实现了更新换代,更换了教师座椅,整理改装了办公室及教室用电及上网设施,更换了照明灯具,粉刷了学校内的各建筑外墙,整修了教师休息寝室。我们在各教室和专用室安装了班班通设备,更换了教室办公室的门,硬化了学校篮球场地,铺设和整修了所有道路,改造了教师餐厅,扩建了学生餐厅,规范划设了教师停车场地,大大优化了教师的工作生活环境和学生的学习环境。

二、培育学校特色,提升学校文化建设水平

1. 展现精神文化,凸显学校灵魂

精神文化是学校文化的核心,是学校发展的精神动力。为了展现学校的精神文化,凸显学校特有的"精气神",我们从校风、教风、学风、校规、校歌、校徽入手,重新完善师生规范,彰显学校特色,形成师生内心认可的办学理念,以理念和精神引领学校走内涵发展之路。一是以现代教育理念为指导,我们提出了"为心灵播种希望 让生命更加精彩"的办学理念,学校形成了"诚信做人 砺志博学"的校训,"文明和悦 勤勉敬业"的校风,"尚德博学 严爱相济 因材施教 持之以恒"的教风,"主动乐学 深思善问 自主合作 日有所进"的学风。二是在培育学生具有自信、自强、自立品格的同时,对他们开展感恩父母、感恩师长、感恩社会、感恩自然的感恩教育,打造感恩教育德育品牌。

2. 构建制度文化,保障和谐发展

为构建系统、科学、人文的制度文化,保障办学理念的落实,学校主要做了以下几方面工作:一是完善学校章程。结合学校教育教学实际,学校完善了学校章程,将学校的各项规章制度及岗位职责进行细化,凸显了"行政管理精心规划,教学管理精耕细作,学生管理精雕细刻,后勤管理精打细算,全面质量管理精益求精"的制度特色。二是实行自主管理。在教师层面上,学校充分发挥教代会的作用,实行了"全员参与,自主管理"模式,学校的各项常规工作均由教师参与管理评比。在学生层面上,实行

班级自主管理,每位学生参与到班级管理中来,形成了"自我约束、自我管理"的管理格局。三是加强学校制度建设。师生的日常行为规范是学校文化建设的重要组成部分,也是学校文化建设的归宿。我们重新修订完善了学校教育教学管理制度,通过严格落实管理制度促进学校的民主管理,实现制度管理和人文管理的结合。我们实行教师阶段工作通报制度,对呈现的优异表现及时进行表扬并对存在的问题进行通报批评。在教师管理中我们以制度管理为抓手,以师德教育为思想引领,开展"爱与责任"为主题的教育活动,树立敬业奉献学习典型,使他们发挥模范带动作用,带动全校教师以校为家,树立校兴我荣、校衰我耻的荣辱观。在严格落实管理制度的同时,我们努力做到尊重关爱教师,工作上是高标准严要求,不折不扣维护管理制度的尊严,生活上又尽最大努力去关心和爱护,把大家庭的温暖及时带给每一位教职工。这些措施,促使全校教职工积极认真地履行职责,把学校的要求变成踏踏实实的行动,自觉对学生的思想品德、知识学习、行为习惯、安全卫生等方面进行了细致的教育和严格管理。

通过建设制度文化,学校规范了教师的一言一行,保障了办学理念的落实,学校形成了文明和谐、合作共赢的氛围,同时也加快了教师的专业成长。

三、抓好教师文化认同,实现干群凝神聚力

滨海街道过去环大珠山设置了几处联中,后全部并入滨海中学,经过与几处联中的多次整合后,现在教师队伍中有几个小团体,这也属正常,但学校必须让主流意识和主流行为紧紧团结在学校周围,必须在教师中形成对学校办学理念和规章制度的集体认同。"心动才会行动。"心思用到哪里,哪里才会闪光。教师有什么样的情感、态度、价值观,就会有什么样的教育行为,就会有什么样的工作方式。学校认为,只有建设好教师文化,抓好教师文化认同,才能实现干群凝神聚力,保障学校和谐发展。为此主要做了以下工作:

一是进一步健全了激发教师内在动力的激励约束机制。适时完善教师考核办法,对教师关注的热点问题处之以公、待之以诚。学校深入落实《关于深入开展教育干部"到一线、接地气、办实事"主题实践活动的实施意见》,在全校中广泛开展"到一线、接地气、办实事"主题实践活动。学校领导班子加强与教师的理解、信任与沟通,营造和谐的教育环境。通过与教师沟通交流,对教师工作生活中的困难或困惑,能排忧解难的就尽力而为,难以解决的就做一个倾听者、理解者,力争让教师少些无谓烦恼,多些阳光心态,促使教师变"要我发展"为"我要发展",做到"心"沉下去,"工作"细下来,做好每一天的每一件事。

二是进一步强化教师履行岗位职责意识和全校一盘棋意识。教育教师做人要简单，做事要踏实。进一步强化教师的自律意识，一堂课、一次谈话、一次批改作业，教师大多都是在"单独行动"，没人监督，难以考核，这就要求教师必须具有"慎独"精神，默默地自律。要使广大干部教师人人明白团结出效率，团结见成绩，团结令人身心愉悦。在我校，教师之间逐渐形成了互相帮衬、取长补短的团队精神，这种风气的形成与学校管理密切相关。广大干部教师明白工作是一个人安身立命的根本，工作体现价值，工作带来光荣，工作丰富人生。教师能够与单位同事团结共事，依靠集体的力量推进工作，形成了一个团结协作、扎实工作的富有活力的工作群体，学校也逐渐形成了心齐气顺、风正劲足的工作新局面。

三是丰富课外活动，张扬师生个性。教师的健康与幸福是学校工作稳定发展的重要组成部分。每年我们都要组织形式多样、丰富多彩的课余活动，如教师书法比赛、篮球赛、乒乓球赛、趣味体育节等，旨在通过系列活动的开展丰富教师的课余生活，活跃校园文化氛围，愉悦教师的身心，提升教师幸福指数，增强学校的凝聚力。

近几年，学校通过抓好教师文化认同，增强了教师的凝聚力，激发了教师干事创业的热情，助推了教师的专业化成长，学生素质得以全面提升。在山东省教师远程研修中我校有多名教师的作业被省专家推荐，我校有多名教师的论文发表在中心教育刊物上，有1名教师在青岛市优质课比赛中荣获一等奖，有1名教师荣获青岛市主题班会优质课二等奖，有1名教师被评为青岛市教学能手，有3名教师举行过青岛市公开课，有10名教师举行了区级公开课。在每年的中小学生艺术节、科技大赛中我校学生都有十几人次获奖。

学校文化是学校发展的内动力，只有精心培育好学校文化，才能夯实学校管理的根基，才能不断提升学校内涵，推动学校健康可持续发展。滨海中学正处在办学水平提升的关键时期，我们将进一步坚持文化立校，优化学校管理，大胆创新，勇于实践，深入探索素质教育的有效做法，努力开创我校教育教学工作的新局面。

"海洋+传统"文化

——青岛西海岸新区第七初级中学学校文化简介

青岛西海岸新区第七初级中学　王玉存

青岛西海岸第七初级中学始建于 1990 年 8 月,现有 30 个教学班,1388 名学生,132 名教职工。学校占地面积 85.5 平方米,校舍建筑面积 15713 平方米,生均 11.32 平方米;体育场面积 14544 平方米,生均 10.48 平方米。是青岛市现代化学校、青岛市文明单位,山东省首批标准化学校,山东省规范化学校。在办学过程中,逐渐形成了以海洋文化为引领,传统文化遍地开花的校园文化。

1. 亲海怡情,打造蓝色海洋教育

以现代海洋教育为主线形成校园海洋文化,积极开展"蓝色海洋教育",以课程为依托,以活动为载体,优化校本课程体系。学校领导是实施海洋教育的第一责任人,以超前的理念为指导,始终站在海洋教育的前沿,为海洋教育的不断优化提供了保证。立足校本培训和专家团队进校园,进行海洋教育教师培训,将海洋知识与相关学科教学有机结合,将海洋教育渗透到各学科课程教学,建设了一支素养高、能力强、业务专的蓝色海洋教育的专业师资队伍。开发了海之湛蓝系列校本教材,有《青岛海洋文化》《30 种海洋生物素描》《6 种海洋动物折纸》《沙雕制作与欣赏》等;改革了课程设置,构建海洋教育课程体系。学校充分利用"快乐星期三"社团活动时间,师生一起,人人有项目,人人在参与。多彩的活动架起了师生沟通的新渠道,共同推动了海洋特色创建。

2. 书写教育,弘扬中华书法文化

以硬笔书法为切入点,率先启动了硬笔书法特色学校建设,达成"字美"教育目标。以创建"灵、秀、洁、雅、朴、正"的校园文化为追求,以弘扬书法艺术为主题,赋予学校的每一个角落、每一面墙,每一寸土地以艺术性,逐步使校园处处成为育人的教材,处处成为美的景观。一是将设有历代碑帖欣赏、书法知识、作品点评、小小书法家和师生优秀作品等专栏等,给学生提供了展示自我的机会,树立了习字学习榜样,鼓励学生观摩学习、互相借鉴、取长补短,且定期更换作品,满足学生的成就感;二给学生提供了更广阔的书法展示平台,在全校各班开辟书法园地,让稍有习字基础的学生都有机会进入书法园地,展示自己的作品;教学楼的走廊悬挂学生书写的名言警句装裱一新;三是创刊校刊《翰墨》,每学期出版一期(寒暑假出版),全校学生每人一份,里面选登了学生的书法作品,让学生把我们的成果带回家中,带到社会上,使之成为我们对外宣传的一个窗口。在教师层面,扎实落实粉笔字是课堂教学评价的重要指标,把钢笔字作为常规检查的重要内容。坚持每月对教师的书法水平进行考核,期末列入综合考核,实行了奖优制度。加强习字质量监管,教导处建立了"习字考核评分表",对各班书写质量进行实验的横向、纵向对此,帮助教师确立扶优补差的意识,鼓励教师抓大面积提高习字成绩;在学生层面,各学科的试卷均设置了卷面分。教师以备课组为单位,学生以班级为单位,每周活动课时间进行集中展示,评选出校园的"书法星"及"小小书法家",学校结合艺术节、传统节庆等展出了学生的优秀书法作品,在全校营造浓郁的书法氛围。

3. 艺体教育,传承传统民族文化

学校以打造民族素质教育品牌为统领,重点在足球、毽球、围棋、太极拳、书法、民乐、民间艺术等方面办出特色,办出成效。开设"崇文尚武,乐善养生"的民族艺体教育课程,同时,逐步拓展具有浓郁民族特色的项目,真正传承中华民族文化,打造民族素质教育品牌。把七中建成民族素质教育"社区学校",让七中成为风河南岸的民族文化教育中心,推动风河南岸人"字美、体健、人慧"的民风建设。

精心规划设计组织了各种校园活动,军训,秋季运动会,经典诵读。把活动办成陶冶学生情操,丰富校园学习生活,受学生喜爱的精品。结合上级安排和节日庆典时,在学生中开展征文、演讲、辩论活动,培养学生演讲表达能力。积极支持学生社团活动,加强指导与管理,使之成为发展学生特长,培养学生创业能力的载体。让学生在校三年德智体美都能得到持续发展,从而逐步实现"二大目标",一是三年实现"三百""四千"目标。"三百",即人人会唱100首经典励志歌曲,人人背诵100首经典古诗词,人人能讲100个读书(海洋)故事。"四千",即实现1000人写字养性,1000人围棋启智,1000人踢跳健身,1000人太极讲道。(具体办法见《黄岛七中特色品牌创建实施方案》以及《黄岛七中"阅读经典书籍,营造书香校园"活动方案》)。二是学校通过制定长远规划,不断提升"人文、科学、身体"三大素养,培养优秀的人才,并借助新区的发展,力争三十年实现"七中学子"字美、体健、聪慧的目标。

提升人文素养 活跃校园文化 服务学生发展

——胶州七中"营造育人文化"案例

胶州市第七中学 冷建栋

胶州市第七中学是位于胶州市区的一所底蕴丰厚的普通初级中学。它的厚重不仅仅是因为青岛市首批教育改革十面红旗学校,更因为它突出文化育人特色,坚持创设文化育人、活动育人、实践育人的校园文化氛围。丰富多彩的校园文化活动,为创办社会满意、家长放心、学生喜爱的学校提供了广阔平台与有机载体。

学校每年一届的校园科技节、文化节、艺术节,已连续举办了 24 届。每年的艺术节由庆国庆红歌合唱比赛拉开序幕,到第二年 5 月底汇报演出,历时两个学期。十多项比赛都是由各班采用竞办的方式自己组织,通过普通话朗诵、征文、书法、绘画、双语演讲、曲艺、演唱、器乐、电子板报、航模等比赛为学生提供展示、交流、提高的平台,努力让每一位学生都能参与的学校活动中来。

"歌声、琴声、声声入耳,朗读声、演讲声,声声汇心。"这些活动不仅丰富了学生的课余生活,加强了校园文化建设,而且直接提升了学生的综合素养。校园艺术教育中,通过多渠道、多层次的活动形式,开辟了广阔的活动空间,使学生在活动中将优秀品质内化于心,提升了学生的人文素养。

为增强学生体质,增添校园的生机与活力,学校每年举行体育节、召开运动会。与一年一度的校园科技文化艺术节相呼应,学校每年春天开展校园体育节活动;每年秋季,学校举行广播体操比赛、趣味运动会等活动。例如,体育节期间,利用课外活动时间,各级部举行踢毽子比赛、跳绳、乒乓球、接力赛等形式多样、学生喜欢的活动。此外,春季运动会更是学生喜欢的项目,通过参与活动,增强了学生体质,凝聚了班级向心力,活跃了校园文化。

在学校科技节、文化节、艺术节、体育节的引领下,为进一步发展学生个性特长,提升学生素养。学校按照"一年出成绩、两年上水平、三年成品牌"的发展思路和学生"自主管理、自主学习、自主发展"的管理思路,先后成立了艺术类、体育类、科普类、文学类社团共 41 个。通过开展"培育特色"系列活动，进一步丰富学生校园文化生活。

此外，学校积极营造读书氛围，开展读书活动，打造书香校园。通过宣传栏、手编报比赛、广播站、校园有线电视台，以及国旗下讲话等途径，在学生中积极倡导，深入开展阅读活动，指导学生快乐读书、有效读书。学校全面开放阅览室，有序进行图书借阅；大厅内、走廊上处处摆放图书，各班建有图书角，倡导学生利用课余时间随时随地进行阅读，并将阅读和写作相结合，指导学生学会观察，学会体验，懂得感恩，懂得珍惜，从而实现阅读与写作相结合，健康写作，快乐写作。通过阅读、写作，促进学生人文素养的提升，打造书香校园。

第二实验初中以大秧歌引领校园传统文化建设

胶州市第二初级实验中学　李　疆

胶州，钟灵毓秀，人文荟萃。胶州大秧歌作为非物质文化遗产，沉淀着人们对历史的记忆，表达着人们对美好生活的向往。作为一所新办学校，在李江校长的带领下，第二实验初中立足地域优势，挖掘教育资源，积极推动非物质文化遗产进校园活动，打造浓郁"地方味"教育，使传统文化焕发出勃勃生机。

从建校初期开始，学校利用课间操、下午第四节自习课等业余时间，组织全体师生共计 300 余人学跳胶州大秧歌。从身段训练、面部表情、声音气势等方面，进行系统培训。原汁原味的大秧歌，吸引着老师和孩子们。男生人手一对棒槌，女生人手一把扇子的原生态大秧歌呈现在全校师生面前。随后，组建成 300 人的大型广场秧歌队伍，场面宏大，气氛热烈。2016 年秋在胶州市第八届全民运动会开幕式上，我校大型秧歌方队首次精彩亮相，受到市民以及领导们的广泛好评。学校因此荣获"第八届全民运动会突出贡献奖"。2016 年 9 月 27 日，学校还被中国舞蹈协会授予首批"中国秧歌艺术传统校"称号，至今，胶州市荣获此殊荣的只有三所学校，当时《光明日报》予以关注和报道。

随着办学的不断深入，胶州大秧歌在我校不断深化推广，形成了浓郁地方特色的传统文化氛围。每届学生都在优秀传统文化的熏陶下健康成长。2017 年 10 月新一届300人秧歌队伍,受邀参加央视大型纪录片《影像中国胶州志》录制,一群土生土长的胶州娃扭着胶州秧歌登上了央视大舞台。2017年参加胶州市第八届机关运动会开幕式。2017、2018连续两届胶州市中小学生艺术节秧歌专场比赛获得一等奖。2018年3月胶州市新春秧歌会,2018年9月中国秧歌节,都有我校秧歌队的精彩亮相。

为了进一步弘扬发展胶州地域特色文化,2018年9月在李江校长的大力倡导下我校又开启了"传统胶州秧歌"进校园活动。此次活动学校邀请了胶州秧歌第六代传人——东小屯村的李在会和杨茂坤两位老师,从手眼身法步各方面对师生进行系统的培训。通过学习,大家接触到了最原汁原味的胶州秧歌,了解了胶州传统秧歌和广场秧歌的不同之处,对胶州传统文化有了更深层次的理解,对于校园文化的形成起到了极大的推进作用。

到现在为止,我校历届近三千名师生都掌握了基本的秧歌动作要领。大秧歌作为胶州的宝贵财富,已经在我们第二初级实验中学的校园里广泛传播并焕发出新的光彩!我校高度重视和弘扬本地区优秀传统文化,以优秀传统文化助力学校文化的形成,帮助学生树立正确的世界观、人生观、价值观。

制度文化引领下的干部队伍建设

城阳六中 刘方明

在学校管理中,制度管理还是人文管理一直是人们讨论的热门话题。最佳的办法是人文管理和制度管理相结合。但在实际工作中,两者往往发生冲突。制度适合于全体干部老师,是大家共同遵守的"法律",人文关怀有时候会发挥制度无法替代的作用,但毕竟不能适合于全体教职工,有随意性和主观性。城阳六中,多年来一直坚持制度文化引领,通过教代会,征求大家意见,在实践中,形成和完善制度,发挥了不可替代的作用。

2002年六中合校以后,师生陡然增加,当初的学校领导在以往基础上,就对领导干部考核有明确规定,经过多年的发展,干部考核制度进一步完善,加上近些年教体局对校级干部的考核,更增加他们的压力。城阳六中领导干部考核分为管理考核和教学考核两个部分。管理考核,由教职工从履行职责、管理水平、工作业绩、创新精神等四个方面对领导干部进行全员评议。在这种机制下,全体干部无私奉献带头苦干成为自觉行为,大家严格要求,做教师表率。在今年的分层级聘任中,某位领导因为任课节数不合要求而自觉退出竞聘。在教学成绩考核中,领导干部成绩和普通教师统一评价标准。由于教学成绩和职称晋升挂钩,历史上,也出现过领导干部因为教学质量不高而在职称晋升中落于下风的案例。

多年以来形成的机制,加上有效的思想工作,六中干部任劳任怨,无论是教育教学还是其他管理工作都能高标准完成,很好发挥模范带头作用,领导们带头苦干,就是无声的号角。每学期,学校会组织全体教师对领导干部进行民主评议,评议结果跟绩效工资挂钩,增加了领导干部的压力,也提高了干部的积极性。

营造乐学育人文化　全面提升学生素养

山东省青岛第三十三中学　王明强

良好的育人文化对培养学生的发展成长有着积极的意义,我们的做法主要是以德启智,德智合和,让学生享受生活的阳光和快乐。

学校秉承"德育为先"的教育理念,始终坚信:德育工作到位,学生就会显现出一种积极向上、文明有礼的状态,这样就能为学生在智育的发展方面打下基础,使学生能够享受到初中生活的趣味。

一、军训、整训，体现责任担当，培养学生坚定的毅力

从新生入学第一天开始,学校就通过军训从坐、立、行、走等各方面培养学生良好行为,我校的军训从初一开始坚持由体育老师进行训练,严格要求,保证军训的质量,后期的整训则由班主任完全接管,确保军训效果的有效延续。同时,注意做好学生的入校教育,充分利用军训和新学年开学前的整训时间引导初一新生掌握《入校守则》的各项内容,确保树立起作为初中生的规矩意识,也便于老师对在前期中小衔接中了解到的表现不良的学生进行特别的重点关注,开好"小灶",对症下药,基本上能够转变多数的不良意识,个别的学生因为种下了讲规矩的意识,在后面的发展中

偶有不良行为,也在可控的范围内,到了初三年级,困难生几乎没有。另外,每学期开学初,学校都会安排整训工作,并在午间穿插收心教育,帮助学生们调整身心状态,更快地从假期的闲适之中抽离,全身心地投入到新学期的学习当中,同时,学校邀请了家长代表参加观摩,展现孩子们的蓬勃朝气,赢得家长对学校工作的认可和支持。

二、主题活动,积淀人文底蕴,让仁爱成为品格

学校坚持以传统文化经典塑造学生良好的品质,定期开展主题教育活动引导学生享受高品质的学校生活,例如,每日的经典诵读、每周的升国旗仪式、每月的主题教育以及传统节日教育等活动,全面丰富学生的德育生活,提升学生的思想素养。班级和团队管理则坚持让学生成为自主管理的主角,明确学生自主管理的要求,全面规范团队建设,广泛开展学生的自主实践活动,锻炼提升学生自立、自理的能力。学校还积极开展各种小明星的评选,进行隆重表彰,用身边的榜样感染广大同学,在良好氛围的带动下,学生文明礼貌、道德品格、学习品质等行为表现全面提升,笑容始终洋溢在学生的脸上。

三、多彩活动,坚持实践创新,建立自信的品质

学校还通过"阳光体育"和艺术教育改善学生体质和修养。体育活动方面:每个"大课间"都安排有充分的文体活动,按班级划分活动区域,先班级自主活动后学校统一组织,各班进行丰富多彩的文体活动,各项体育活动积极开展,太极拳、丢沙包、跳绳、篮球、足球…做到了学校有特色、班班有特色、人人有技能。"绳动校园"是我校的群体运动项目,以课题带动活动开展,学校已组队参加青岛市绳操展演,还为此承办了青岛市体育教研工作会。同时,学生坚持大课间和业余时间进行足球、健美操等项目的训练和比赛,此项活动受到广泛关注和学生的欢迎,校女足连续多次荣获"区长杯"冠军。艺美方面:音乐素养有口琴、合唱、竖笛、朗诵等活动社团,美术素养有剪纸、绘画、书法、手工等学生团体,学校下大力气培养学生多方面技能,校园处处是活动的场所,每位学生都能养成至少一项有益的爱好,这无疑建立起了孩子们的自信心,增强敢于参与竞争、展现自我的魄力。

莱西七中用心营造育人文化

莱西市第七中学　赵树斌

　　莱西七中是近些年由薄弱学校快速发展起来的当地一所窗口学校。学校发展的奥秘之一,是坚持以人为本的先进教育理念,并通过用心营造育人文化,对学生进行全方位的浸润、教育和培养,从而使校园生态、学生的生命状态不断改善,学校教育教学质量不断提升。

　　一是精心营造育人环境。环境对人的成长具有潜移默化的作用。2012年发展之初,学校将发展方略、校训等用石刻文化固定下来,置于校园显要位置,使全体师生甚至学生家长,对学校教育理念等耳熟能详,入脑入心。在校园东侧设计了一处雕塑园,精选了孔子、陶行知和苏霍姆林斯基三位古今中外的大教育家,安置他们的雕像,并把他们的简介、著名教育箴言等做成石刻,布置在园内,周围进行绿化美化,让师生在园中憩息、游玩中,近距离接触教育大师,经常接受他们的教育熏陶。同时,学校近些年来,加大投入进行绿化美化,使原本光秃秃的校园,变得绿树葱茏,生机勃勃。

　　二是在一日常规中渗透自我教育。教育的终极目标是学生的自我管理,自我教育,莱西七中在学生一日常规的每个环节中渗透自我教育。每天早晨预备铃响后,全校学生都要伴着音乐,站立、挺胸抬头齐唱校歌,之后要大声齐呼班级誓词。在每天的唱呼氛围中,进行自我激励,自我教育。课间操各班级学生在整齐的跑步过程中,不时大声齐呼班级口号,自我激励。呼喊声此起彼伏,震撼人心,斗志昂扬。中午,学生到校后先进行20分钟的钢笔字书写练习,预备铃响后全体站立朗诵经典诗词。在日复一日、年复一年的诵读、练习中,学习和理解中华优秀传统文化,不断提高书写技能。放晚学前,各班级学生都要进行10分钟"暮省",对一天的学习、活动、生活进行书面梳理、反省、检查,养成自我反思的习惯,不断提升自我管理能力。

　　三是用心设计各种活动。活动是直指心灵的教育,用心设计各种活动,并逐步做到课程化,是教育成功的有效途径。近些年来,七中主要开发实施了入校课程、离校课程、社团活动课程以及研学旅行课程等。其中,以军训和规矩教育为核心的入校课程,对使学生迅速完成小、初转变过度,起到很大作用。学生从入学到毕业这四年的主要活动的音像资料,学校都会保存建档,在学生毕业前,学校会为每一届毕业生精选、制作一个短片,回顾他们初中四年的成长历程。毕业典礼上,每当播放视频短片时,学生亲眼看到自己的成长,往往会热泪盈眶,对老师,对母校充满感恩之心。家长们看到孩子一天天长大,也往往对学校的用心、对孩子们的关爱充满感激之情。

和美校园文化养成

城阳和美教育集团 张 颖

一、大力推进学校环境文化建设

1. 优化学校人文环境

(1)深入开展文明校园、和谐校园的创建活动,提高师生的文明素养,倡导和谐的人际关系。

(2)树立学校品牌形象,加强师生品牌教育,引导师生时刻牢记和美教育集团精神和校训,让和美少年精神、校训以及校内的各种雕塑、提示牌,从不同的角度体现出学校的办学特色和办学理念。

(3)发挥校友在校园文化建设中的独特作用,用优秀校友的先进事迹,激励学生学习榜样、立志成才、报效祖国。

(4)认真组织学校每一次嘉年华活动,充分发挥和挖掘开学典礼、毕业典礼等仪式活动的教育功能,激励学生奋发向上、拼搏进取。

2. 加强学校人文景观建设

(1)认真抓好绿化美化工作,创造优美的自然环境,激发学生的爱校热情,陶冶学生的情操。

(2)认真贯彻落实《班级环境建设标准》,积极开展班级环境建设示范班的创设活动,使班级环境、校园环境优美整洁,令人赏心悦目。

(3)在校内公共场所设置具有丰富内涵的文化作品,营造高尚健康的教育氛围。

（4）建立校园人文景观,充分利用校园的每一个角落,营造良好的育人环境和氛围,使校园内的一草一木,一砖一瓦都体现出教育的引导和熏陶。

3.加强学校文化设施建设

（1）按照有关规定,设计和建设教学、体育、科技、文艺、图书馆、阅览室等活动场所,逐步完善校园文化活动设施,为开展校园文化活动提供必需的场所。

（2）加强校园电视台等舆论阵地建设。充分发挥其在校园文化建设中的重要作用。

二、大力推进校园精神文化建设

（1）帮助全体树立共同理想和坚定的信念,培育自强不息、不怕困难、勇往直前、争创一流的共同意志和奋斗精神,形成与时俱进、崇尚先进、勇于创新的共同追求和开拓意识。

（2）深入开展校风建设,全面贯彻落实《中小学生守则》《中学生日常行为规范》以及校规、校纪,指导学生养成健康、文明的行为习惯,使"团结、勤奋、文明、求实"的校风,变成学生的自觉行为。

（3）继续培育"乐学、勤思、刻苦、创优"的学风,激发学生的学习兴趣,培养学生热爱学习、乐于探究、刻苦勤奋、积极向上,争先创优的良好品质,引导学生上好每一节,完成好每一项作业。

（4）认真抓好班级和团队工作,建设健康向上、团结互助、热爱集体、快乐和谐的良好班风。

（5）精心组织形式多样,丰富多彩的校园文化活动。

①充分利用好"六一"儿童节、"七一"建党纪念日、"十一"国庆节及教师节等重大节庆日,清明节、端午节、中秋节、重阳节等传统节日,设计、开展丰富多彩的教育活动。

②利用入学、入队、毕业等有特殊意义的日子,开展主题教育活动。

③办好体育节、艺术节、合唱节、科技节、读书节等深受学生喜欢的节日,通过高品位的校园文化活动,陶冶学生的情操,培养学生积极、健康、向上的兴趣与爱好。

三、大力推进学校制度文化建设

（1）坚持和完善教代会民主管理制度,推行校务公开,不断扩大广大师生员工对学校工作的知情权、参与权和监督权。

（2）坚持以人为本的思想,建立健全学校管理的各项规章,依法规范学校的决策体制,完善决策过程和工作规则,实现决策的规范化、科学化、民主化,形成依法办事、民主管理、以德立校的运行机制。

（3）进一步修订和完善学校部门规章,并将其汇编成册,作为处理学校内部工作的依据。

（4）建立落实《中小学生守则》《小学生日常行为规范》的配套规章,创建学生自我教育体系,强化学生遵规守纪意识,培养学生良好的文明行为习惯。

经营"家园"式学校，做有温度的教育

莱西市实验中学　刘本帅

关怀人的成长是教育的本质追求,实验中学以"关注民生、服务师生、关注发展、促进和谐"为总体目标,坚持重实践、见行动、办实事、见实效的工作原则,打造"家园式"育人环境。

一、实施名师工程

目前学校拥有市级以上优秀教师、优秀教育工作者、优秀专业人才、教学能手等教师上百人,为了体现名师价值,学校大力宣传表彰做出突出贡献的基层一线教师,充分展示广大教师立德树人、关爱学生、无私奉献的精神风貌和人格魅力。在教师节期间,学校开展"最美教师"评选活动,对魅力教师的事迹进行大力宣传表彰。老师们深受感染、鼓舞和促动,整个学校营造了争做名师的氛围,师生关系空前和谐。最美教师的评选活动像一面镜子,照出每个教师在日常的教学和教育工作中的优缺点,促使每个教师加强自我修炼,要求自己:设计独树一帜的个性化教学思路、寻求与众不同的个性化教学艺术、塑造别具一格的个性化教学风格、展现略高一筹的个性化教学品位。

二、创建"书香校园"

采取有效措施扩大师生的阅读面和阅读量,全面提高学生读写能力,建设书香校园,为师生的共同成长打下坚实的精神基础。建设完成高标准开放式师生阅览室,进一步强化阅览室硬件配备,配齐配足学生必读书目,通过每周增设一节阅读课,加强教师指导阅读的方式,创设书香浓郁的读书环境与氛围;开展形式多样的阅读活动,如开展征文比赛、读书笔记展品等活动,培养学生强烈的阅读兴趣和良好的阅读习惯,端正书写态度,增强写字兴趣,引导广大学生读好书、写好字,展示学生丰富的读写想象力和创造力,让学生培养阅读习惯,体会汉字之美。

三、以人为本,开展暖心行动

坚持慰问制度,在三八妇女节、教师节等节日开展多种的庆祝活动;为每一位教职工预定生日蛋糕,组织全校女教工查体,走访看望生病住院的教职工、困难家庭,为教师送上关怀;积极为教师办理工会互助保险,为生病住院的教师办理药费报销手续。一系列"暖心"行动,为广大教职工送去温暖,解决了后顾之忧,增强了幸福感和责任感。做好困难学生精准扶贫工作;认真组织开展"春蕾女童"行动和"希望工程",为家庭困难学生排忧解难。

四、加强校园文化建设,让校园成为学生活动的乐园

广泛征集教学场馆的个性化命名,掀起一股扮靓校园的热潮,极大地鼓舞了师生参与建设校园的主人翁意识;大力实施"阳光体育"工程,组织学生大力开展健康、文明、安全的课间体育活动;利用"雏鹰文学社"的阵地,定期刊出师生优秀文学作品,增强师生的文化熏陶;进一步规范升旗仪式,充实国旗下讲话内容。每周一的升旗仪式,由各班推选优秀学生担任升旗手和护旗手,由老师进行培训,国旗下的献词主体明确,体现时代性和学校的德育主题。以上活动的开展,提升了校园文化氛围,丰富了学生的课余文化生活,使学生的思想品德在浓郁的文化氛围中得到熏陶。

五、改善办公条件,创建美丽校园

开展"校园无破损"活动,校容校貌焕然一新,获评莱西市"美丽校园"称号;建设行知园,打造"文化走廊",设计"足球文化墙""足球喷泉",整修"学思园",这些特色建设使学生身处充满知识性、艺术性、趣味性的校园环境中,使校园充满独特的文化符号。为每个办公室安装空调,改善了教师办公条件;完成了门卫室改造工程,改建了家长接待室和教师无忧之家,解除了教师的后顾之忧。

总之,我们的目的是着力打造"家和"文化,把学校当家来经营,把全体教职工当成自己的家人,把学生当成自己的孩子,加强和美校园文化建设,努力让实验中学这个家园越来越和睦、越来越美丽,让每一个家庭成员都能舒心、快乐、幸福!

关于营造学校育人文化的几点做法

青岛实验学校　李爱华

　　学校育人文化的定义虽然有广义和狭义之分。但是无论怎么定义,其关键词有三个"度",一个是深度,师生认同和遵循。第二个是广度,长期积淀。第三个是厚度,积极的价值追求。学校育人文化一定是立体的,不是扁平的,也不是线型的。

　　没有师生认同和遵循的学校文化,是没有生命力的。这是学校文化的核心,也是关键所在,师生不认同,社会也就不认可;师生不认同,也就不会遵循,没有遵循也就不会有传承,也就不成其为文化。没有师生认同和遵循的学校文化,就是空中楼阁,或是"写在纸上,说在嘴上,挂在墙上"的"应景式学校文化"。其次,学校文化必须是师生在学校长期的教育实践中积淀和创造的。没有一个长期积淀的过程,师生的认同感就无从谈起。积极的价值追求是学校文化的意义所在,它能影响制约在这个文化氛围中生活的每一个人。这是一种无形的力,一种巨大的力,也是一种隐形的力。

　　青岛实验学校是一所新建校,其学校育人文化的营造就是学校属性和特质建设的重要组成部分,建校以来,主要做法如下:

一、着力营造育人人本文化

　　现代学校文化建设要突出人本文化建设。依据现代教育的管理思想,倡导人文情怀,突出以人为本的管理理念。教师和学生做出了令人感动的事情需要学校及时整理提炼出来,校园或者教室里随处可以看到身边的榜样,自己人的真故事,使得师生感受到学校对他们充满的关爱。比如,学校大厅内醒目的位置挂着巨幅照片,照片中讲述的故事就是、一位敬业的小学包班教师因为工作投入忘记吃饭,班级同学悄悄去餐厅为老师买饭,食堂叔叔听说此事被感动,免费为学生送午餐,师生和教工用行动诠释着社会主义核心价值观中的大爱。

二、营造有温度的育人制度文化

学校的制度建设是学校文化建设的政策保障,也是学校文化建设的重要内容。在制定各项制度的过程中,要站在科学发展观的高度,科学、合理地进行决策。一是要从学生出发,促进学生成长为第一要务。二是要众筹智慧,实行民主化决策。比如,教代会采用代表牵头、主席团成员协助、代表全员参与、群策群力解决痛点的项目式组织形式,学校几乎所有的制度都来自一线、服务一线,教师是设计者更是践行者,让冰冷的制度有了温度。

三、营造浓厚的育人物质文化

一所新学校,文化健全需要一定的时间。学校首先加强文化管理。通过引进第三方公司,如物业、保洁、保安、运维、诊断等专业公司,让专业的人做专业的事,让规范成为一种常态。其次,营造学校文化氛围。从净化、绿化到美化入手整治学校环境,创设各种文化设施,开辟文化教育阵地等。另外,及时展示学校课程教育成果。让德育教育、养成教育,兴趣队组和各种活动在课程中落地。

营造育人文化,培养四有新人

平度市实验中学　耿金堂

国无德不兴,人无德不立。立德树人,是教育事业发展必须落实好的根本任务。学校文化则是实现这一根本任务的重要基础。

学校文化是学校建设发展中形成的特殊文化,由全体师生在学校长期的教育实践过程中积淀和创造出来,并为全体师生所认同和遵循的价值观,精神行为准则、规章制度、行为方式、物质设施等的一种整合和结晶。

实验中学以"学生视角、服务教学、课程拓展、形成特色"为基本思路,把"立德树人"作为为根本任务,紧紧围绕"为谁培养人、培养什么人、怎样培养人"核心问题,秉承"虑事精心、过程精细、结果精品"工作要求,逐步形成内涵丰富、特色鲜明的学校文化。

一、校园文化重品质

学校连廊、回廊、转角处等不同地方都承载不同的育人功能,成为校园的"文化水渠",有着"小廊道、大用场"的文化意义。博学楼走廊以中华优秀传统文化为主线;格物楼和致知楼走廊以艺术(音乐、书法、绘画)、创客教育、探究实践为主线;崇学楼和笃学楼以学生成长的足迹为主题;楼梯转角介绍优秀毕业生故事和国内一流大学。

学校在南校区西部场地打造建设红色文化广场,打造以"长征精神"为文化主题的红色教育基地。分为六大板块:长征简介—长征路线图—长征故事—长征精神—走好自己的长征路(校长寄语)—走好自己的长征之路(教师、学生怎么做),通过红色文化建设,让长征精神深入师生内心,落实师生行动,鼓励全校师生在新的时代走好自己的长征之路。

北校区重点建设孔子文化广场,结合古诗文学习,完成背诵《论语》一百章,形成《论语》学习特色。校园文化展示新风貌,传递正能量,是学生的第二课堂,潜移默化影响学生,真正做到步步是景,处处育人。

二、班级文化创特色

学校倡导"一班一品牌",每个班级都有班徽、班歌、班旗、班级目标,《班级公约》,各班设立了图书角、作业橱、小组合作展、积分公示栏等,美化了教室环境,提高了学生自我管理意识。初一·7班的"刚7连"已经成为人人皆知的"班号",初二·8班的英汉双译班级文化,也是独具匠心。

17级1班的班徽设计尤其富有特色。整个班徽以太阳为原型,周围橙色的光圈,象征着同学们如红日般自信激昂的精神风貌。橙色光圈上方的"阳光、自信、笃学"六个大字作为班级的班风,将引领同学们在奋斗中度过三年初中生活。图案主体以白色、亮色为主调,象征同学们在斗志昂扬的精神引领下有无限发展的未来空间。绿色铅笔,不仅代表班级序号"1",还象征着以立笔架构理论知识方能扬帆起航。图案正中的帆船以铅笔"1"为杆,以倒悬的数字"7"为帆,整个图案以绿色为主色调,充分展示17级1班学子齐帆追梦,共度学海的奋斗目标。下方打开的书,支撑整个图案,既是书海,又是阶梯,托起理想的风帆,驶向成功的彼岸。

三、宣传文化求创新

学校发挥校报、校刊传统媒体的功用,突出学校网站、微信公众号新媒体优势,开辟"实验美文""卓越学子""实验好家长"等栏目,网上网下相结合,讲述实验好故事、传播实验好声音、弘扬实验文化精神,营造良好的育人氛围,办人民群众满意的教育!

新思想引领新时代,新使命开启新征程。我校将继续坚持"质量立校、特色强校、文化润校"的办学策略,积极构建校园文化,以素养教育为引领,以"六个一"工程为主线,以课堂教学改革为载体,一如既往地加强学校文化建设,把我校学生培养成为"有灵魂、有梦想、有智慧、有品位"的四有新人而不懈努力。

从艺友学习走向教育现代化

崂山区汉河小学　　李传峰

2014年我有幸加入了崔仁波齐鲁名校长工作室。借助这一平台,在崔校长的引领指导下,静心思考,愈发感受到:回归教育本质,以人为本,多元发展,强调人的存在与成长,是教育现代化的出发点和落脚点。围绕"课程与课堂""学生与教师""适合与发展",我们审视过去、实践现在、畅想未来,紧抓艺友学习的主线,向着教育现代化行进。

1. 课程——完善艺友学习的内容

课程是教学的载体,决定着我们"教什么"。本着教师发展"1＋1"、学生发展"基础＋个性"的原则,学校进一步完善了艺友学习的内容,努力把一切教学行为课程化。

学生·适合。学生是一个个鲜活的生命个体,适合孩子的教育就应该是多样化的、可选择的教育。我们以国家课程标准为底线、以学生生命成长以及民族社会发展的需求为上线,构建了相对完整的艺友学习课程体系:学科课程—拓展课程—乡土课程—兴趣课程。具体来说,学科课程,即国家《基础教育课程设置方案》中设置的课程;拓展课程是对国家课程的二度开发;乡土课程则立足本土,从海洋探究、走进崂山、传统游戏等方面引领学生胸怀世界,提高人文与科学素养;兴趣课程则以社团为组织形式,充分尊重学生的兴趣爱好,给每个孩子搭建了快乐成长的平台。

教师·发展。学校的育人目标决定了学校课程建设的方向,教师的意识行为则决定了课程实施过程的质量,其中,课程开发意识则是关键所在。课程开发初期教师踌躇与徘徊的情绪,现在已经转化为教师的课程意识。在专业发展的路上,课程开发让老师拓宽了广度、挖掘了深度,教学做合一,促使教师及时优化专业素养、更新知识能力结构,展现了多样成长的新活力。

2.课堂——舒展艺友学习的过程

课堂是全面实施艺友学习课程的主渠道,体现着我们“怎样教”的思想。以人为本就应该让教学过程给予学习共同体——教师与学生生命成长更多的时间与空间,亦师亦友、教学相长也应该成为促进生命成长的新型师生学习关系。

艺友学习方式。艺友学习的本质是相学相师,亦师亦友,课堂教学过程就是生生互动、师生互动、共同发展的过程。其基本运作模式呈现为:

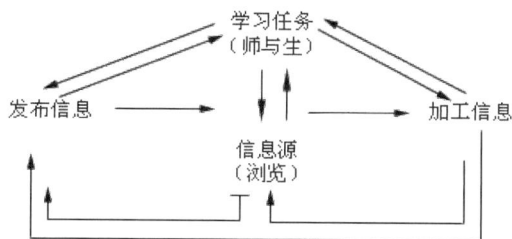

在这一过程中,生生、师生同伴互助,以须知和未知作为学习的信息源,通过质疑、探究、展示、推敲等环节合作完成学习任务。比如在高年级的语文主题学习中,我们侧重单元、课时整合,以学生自学为主做好预学单,然后小组合学做好共学单,用一、两节的时间完成成果展示、精讲提升,节约的课时进行读写拓展延伸。课堂上学习内容更加精炼与明确,学习过程更加开放与开智,学习生产力得到增值。

艺友研修方式。教师作为学生学习的共同体,人文素养与专业素养应具有高效的“示范性”。教师们通过“集体备课”“沙龙研讨”“公开课堂”等活动将“同伴艺友”常态化。同时,我们还与省内外的名校名师艺友,进一步扩张了教师学习的内需力。

3.评价——提升艺友学习的品质

课程的核心是内容和过程,课程的本质是教育而非教学。以人为本的教育现代化应该把教学的效果放到生命成长的大背景下去思考、规划,课程评价也必须适应、促进艺友学习的品质。

学业评价。学生学业的评价主要是发展性评价。所有课程建立学生评价表,从学习态度、动手操作、合作能力、创新能力、成果展示等维度进行生生之间的自评与互评,最终以"五星、四星、三星、二星、一星"进行等级综合评价。

美国作家特伦斯.E·迪尔曾讲道:"每一所学校都有其不可言传的独特之处,这种独特之处就叫'文化'。"我们认为,学校文化的核心就是重塑一种教育理念与价值追求。课程就是学校教育活动的核心。只有将课程的内容、学习、评价等要素融合起来,形成对学生、教师全方位的熏陶,才能让每个生命个体承载、释放出学校文化,成为学校可持续发展的支柱。而我们正从艺友学习开始,向着教育现代化的方向前行。

让学生成为校园文化建设的主角

青岛滨海学校　　陈祥波

文化,既是一种精神,也是一种力量。对于学校而言,文化是一所学校的"身份证",更是学校发展的根基和灵魂。学校文化的呈现更多的是通过人来表现的,走进一所学校,学生和教师展现出来的气质就代表了学校的文化。

青岛滨海学校让学生积极地参与文化实践,让学生成为校园的主人,成为创造校园文化的主体,这样更有利于他们成长为动手能力强、文化内涵深的创新群体,更有利于发挥校园文化对学生的熏陶作用,发挥校园文化在素质教育方面的天然优势。

一、从发展理念上确定学生的中心地位:为学生的发展付出

校园文化建设的最高境界是使学校充满童心童趣,处处彰显学生的存在,呈现儿童的作品,表达儿童的视角!

走进青岛滨海学校,从校长室、办公楼到教学楼,学生的绘画和手工作品随处可见,学校通过提交作品、设计展示区、制作展示牌等过程,既展示了学生的才艺,又让学生成为校园文化建设的参与者。

学校的"校礼"——校际交往的礼物,也是学生的作品,甚至于学校的校徽也来自学生和家长的设计。

学校处处成为展示学生艺术创造力和表达力的舞台,学校被学生放到了舞台的

中央。

二、不断加强学生的自主管理，突出学生的主人翁地位

学校充分发挥共青团、少先队、学生会等群众组织在学校决策机制中的作用。制定和完善具有学校特色的学生会章程和少先队大队委员会工作制度。做好学生干部选拔任用工作，制定学生干部考核办法。学校充分尊重学生会、少先队大队委员会的意见和建议，指导学生组织开展好工作，实现学生的自我管理和自我服务。现在，课间操评比、课间秩序督导和学校升旗仪式等重要活动组织，到处到能看到学生会和大队委小干部的身影。

三、在课程建设和课堂中突出学生地位

学校将核心素养贯穿于整个教育活动，渗透到各个学科中，把核心素养的价值追求和目标框架落实到课堂教学中，做到结论与过程的统一，认知与情意的统一，构建体现核心素养要求的课程目标体系。学校把课程作为教师和学生共同探求新知的过程，让学生参与课程开发的过程；把学生的个人知识、直接经验、生活世界看成重要的课程资源，尊重"儿童文化"，发掘"童心""童趣"的课程价值，尊重学生的个人感受和独特见解，使学习过程成为一个富有个性化的过程，使课堂教学成为富有智慧挑战、生命气息的生成过程；从有效促进学生素养发展的角度，创设与现实生活紧密关联的、真实性的问题情境，让学生通过基于问题或项目的活动方式，开展体验式、合作式、探究式或建构式的学习，把知识学习与社区服务、社会实践、参观考察、研学旅行等结合起来，使学习过程更多地成为学生发现问题、提出问题、分析问题、解决问题的过程。

四、学校文化建设为学生发展预留空间

青岛滨海学校让学生参与学校文化建设，设计校徽、书写校名、打造校园小景，使学生在内心深处体验到学校文化元素的意义和价值，获得愉悦的心灵感受、富有启发的心灵触动和有价值的文化体验。

在学生的艺术展现力还没有达到一定的水准的情况下，学校舍得为学生"留白"。作为一所新建校，学校的校门口没有悬挂校名，学校的文化石上是空白的，因为学校在等待着孩子们书写的优秀书法作品；学校的墙壁、角落都是留白的，那是在等待孩子们的创意与设计。学校通过网站、微信公众号和家长信，广发"征集令"，让全体学生参与校名、校训、教育理念等文化内涵的撰写，让学生苦练书法，并邀请专家点评

和指导书写,学生带着目标在一笔一画书写中也将学校的文化写进了自己的心中,落实到了行动中。

和乐相融　适性发展

——青岛市城阳区第二实验中学校长矫伟影响下的校园文化

青岛市城阳区第二实验中学　矫　伟

城阳区第二实验中学坐落于城阳区礼阳路107号,是2009年成立的一所局属初中学校。办学十年来,在矫伟校长提出的"和乐教育,适性发展"的办学理念引领下,城阳区第二实验中学坚持以"品质教育"的实践研究为重点,推进学校内涵发展,创设良好育人环境,构建起多元和谐、富有现代气息的校园文化。

学校现有教学楼、办公楼、报告厅、艺术楼、综合体育馆、多元学习中心及餐厅等十余处主体建筑,建有400米塑胶操场和笼式足球场五片。拥有教育综合馆、海洋文化馆、未来中心、多媒体教室、舞蹈教室、音乐教室、书法教室、心理咨询室、卫生保健室等二十余个专用教室,教师办公室环境优雅,学生教室明亮安静。学校重点打造教室文化、走廊文化、办公室文化、教学楼文化,构建具有艺术气息和人文气息的现代学校氛围,营造整洁舒适、文明向上、快乐温馨的学习、工作、生活环境。

城阳区第二实验中学构建的"和乐教育"文化特色,为每个人的和乐成长、实现自己的人生价值搭建平台。"和"是和谐、融合之意,是一种环境氛围,人和人之间融洽相处;"乐"是快乐发展,是一种心境和期许,师生在快乐的心境中成长,获取快乐,感受快乐。"乐"中有"和","和"中有"乐","和乐教育"包括两层意义:一是和而不同,各得其乐;二是和谐融通,共生共乐。"和乐教育"文化理念是让每一名师生在和谐的环境中快乐健康地成长。

承担这一理念的是实验二中丰富多彩的和乐教育特色课程。涵盖心灵课程、文化课程、艺体课程、思政课程、实践课程的以学生发展为导向的"和乐"课程体系,为学生的发展提供多样化的平台,引领学生在课程认识、实践和体验中养成现代公民必备的素养,促进他们成长为最好的自己。因材施教,和乐相融的教育方式使学生各展所长、适性发展,充分调动起学习的主动性;让学生站在舞台的中央的教育思想使他们自信、乐观、阳光,乐于与他人分享、交流、合作,团队凝聚力、向心力显著增强。近年来,结合"和乐"育人文化,矫伟校长还致力于培养学生的人格独立意识,旨在激发学生学习的内驱力,唤醒其自主意识,使学生在城阳区第二实验中学中得到更多锻炼和成长。

不只是学生之间、师生之间,全体教职员工之间也紧密团结,和乐共处。幸福快乐的氛围让教师从享受生活的平庸到享受生命的卓越,每名教师都有自己的校内课题和三年规划,三十多名教师成长为省市教学能手和优秀教师。全体教职员工的工作积极性和热情被充分调动起来,大家像热爱自己的青春一样热爱教育事业,像热爱自己的家庭一样热爱共同的校园。以此为基础,城阳区第二实验中学师生关系和谐、教师乐教、学生乐学、其乐融融的校园精神风貌和文化氛围愈加浓厚,各种形式的德育活动异彩纷呈,学生们的现代化素养在潜移默化中一天天滋长。

在制度建设上,城阳区第二实验中学也注重将"和乐"文化理念贯穿到校园管理之中。矫伟校长将PDCA管理模式引入校园管理的各个方面,通过高品质管理建设,全面提升学校综合软实力;坚持有法可依,有章可循,刚柔并济的原则,将刚性制度管理与柔性人文关怀相结合。加强基础、发展内涵,实验二中的校园正在日益发展成为一个有温度、有厚度、有高度的温馨家园。

和乐教育的理念使得"和乐相融,智达高远"的校训传遍校园的每个角落,适性发展的思想滋润着所有师生的心田。城阳区第二实验中学凝练特色、提升品质、打造品牌,对高品质校园的建设和追求一直在路上。

让度假区中学成为学生向往的乐园,教师幸福的家园

田横岛省级旅游度假区中学　陈懋庆

马克思说过:"社会环境对人的身心发展起着重大的影响。"社会是人类生存和发展的大环境,校园是学生学习和生活的小环境。学校教育目的的实现,很大程度上

是学校创设的教育环境的结果。苏联教育家苏霍姆林斯基也认为："用学生创造的周边情景,用丰富的集体精神生活的一切东西进行教育,这是教育过程中微妙的领域之一。"近年来,我们度假区中学按照"软硬结合、和谐宽松"的要求,不断优化育人环境,营造良好的育人氛围。

一、硬环境的建设——净化、美化、绿化

走进度假区中学的校园,就像打开一部立体多彩、富有吸引力的教科书。呼吸着校园特有的清新空气,走在林荫道中,置身草坪花带之中,徜徉在曲桥、小径、雕塑、壁画前,欣赏着玻璃橱窗展出的绘画、书法、剪纸等美工作品。教室窗明几净,学生彬彬有礼,让人感到自然美、艺术美、文化美、整洁美、文明美,使人的心灵得到净化,行为得到规范,语言变得文雅,思维像清泉汩汩流出……度假区中学校园环境的营造,无疑是开拓了第三课堂。在这里,学生感受到一和向上、进取的气筑学生在这和环的陶下,他们的性格逐步优化,情趣逐步高雅,行为逐步文明。学生在对美的欣赏中获得了美感,在美的愉悦中激发了热情,丰富了情感,净化了灵魂,轻松愉快的心情伴有奋发向上的斗志。在校园的建设过程中,我们一刻也没有忘记校园环境的建设对学生的影响就是一门隐性课程。强化学生健康成长的文化环境、教育情境、精神氛围,对学生发生潜移默化的影响也尽在"芝兰之室,久而自芳""篷生麻中,不扶自直"之中。

二、软环境营造——校风、学风、教风和良好的人际关系

如果说,校园建筑环境的净化、绿化和美化,构成育人的硬环境的话,那么,建设优良的校风、学风,建立和谐融洽的师生人际交往的心理环境,有计划有组织地展开丰富多彩的文化活动,则构成了育人的软环境。学校的校风、教风和学风,是校园文化的核心内容,又是校园文化中表现最活跃、最有教育力量的因素,既是培育师生良好思想、行为的土壤,又是校园的文化赖以存在的支柱。因此我校通过多种形式不断优化学校的校训、校风、教风。使良好的校风、学风、教风在学生的精神世界里留下了深深的印记,并影响着他们终生的学习和生活,使师生优良的精神面貌、道德风尚、行为习惯渗透在学校的各方面。美化校园的心理环境,建设融洽和谐的师生关系,实际上反映了一所学校的精神面貌。在良好师生关系的构建中,我们坚持教师一言一行、一举一动对学生的表率和楷模作用。因此我校确立平等民主的新型的师生关系。学校每年通过都在教师节、学期末表彰一批热爱学生、师德高尚教师的形式为师生的课外交往创造良好轻松的环境和氛围。使良好的师生关系,成为师生心灵沟通、民

主教学课堂和谐氛围的重要保证。

三、和谐宽松的育人环境促进了校园文化的蓬勃发展

校园文化活动,是校园文化建设的动态形式。它的健康发育,发挥着独特的育人功能,成为校园文化建设中最具生气、最具活力的部分。每年的校园文化艺术活动,对学生获得全面和谐发展起着重要作用。学校把每年的3月定为艺术节系列活动月。如通过学校举办的校园小歌手大赛,舞蹈、器乐、合唱大赛,学生个人书画作品展,个"江山如此多娇"专题摄影展等;另外,通过我校特有的"乡村少年宫"整合学科课外活动的广泛开展,为发展学生个性和才能拓展了广阔的空间。近年来,学生获奖成果累累:获即墨区各级各类比赛一等奖多次,展现了一个优美校园魅力四射的一面。

总之,校园环境的建设,良好的校风、教风和学风,和谐的人际关系,活跃的文化活动,构成育人的无形推动力,促进学生思想观念的现代化,塑造健康完美的人格,培养丰富的想象力,熔铸新型的精神品质,催人奋发,催人向上,把师生紧紧糅和在一起,享受着共同的荣誉和成功。

营造温馨和谐育人环境

平度市明村镇明村中学 董希平

明村中学充分发挥校园环境潜移默化的教育作用,大力加强校园文化建设,打造陶冶学生情操的温馨环境。

一、充分利用楼内公共区域,让每一面墙壁会说话

学校重视"楼道文化""楼梯文化"建设,处处充满浓厚的文化氛围。台阶上、楼道拐弯处,有标语提醒学生上下楼梯守规则,有秩序;墙壁上,时时处处提醒学生要惜时、勤学;名人像、语录牌、科学家照片和谐悦目,相得益彰,鼓励师生们开拓进取。

二、抓班级文化建设,给学生提供展示自我的舞台

学校为每个班级设置文化长廊,分为"班级文化建设""习惯贵在养成""树立人

生坐标""优秀学子风采"四个板块,学生优秀的文章、绘画、手抄报及书法作品、精彩的思维导图都可在这里展示,学校文化长廊已经成为我校一个亮点。

三、开展"读书工程",浸润书香校园

明村中学以活动推进,以读写支撑,启迪智慧,涵养德行,形成学习传承传统文化的良好氛围,形成文明向上的良好风气。

学校开展"读书工程"。每年拨出专用经费购置图书资料和报纸杂志。教师以身作则;在班级开辟阅书角;图书室全天开放,阅览室每天课外活动时间向学生开放,同学们在闲暇时间,读经典名著,品鉴古诗词、享受经典的熏陶,学校书香氛围浓郁。

学校把写好规范汉字与实施素质教育、学校精神文明建设结合起来,多渠道宣传规范汉字书写:激发学生热爱祖国语言文字的热情;每周一节书法课,定期开展书法竞赛、优秀书法作品展等活动,提高学生的汉字书写能力和书法艺术欣赏水平。

校园文化建设,是一项长期的任务。我校将坚持不懈的深入开展下去,并在实践中不断调整和改进,进一步提高学生文化修养,陶冶情操,培养审美情趣,提升学校办学水平和品位,实现学校可持续发展。

营造育人文化　做好德育教育

即墨区灵山中学　陆金祥

校园文化建设是学校工作重点,更是学校德育工作的重点,能对学生起到潜移默化的教育作用。灵山中学是一所乡镇中学,教学资源距离其他学校有一定的距离,而且孩子们业余爱好比较单一,综合素质远不及城市孩子。但学校很重视在点滴中营造育人文化,渗透德育教育。

学校充分利用每个墙面,让墙壁说话,关爱学生,营造好的育人氛围。走进校园里,每一面墙壁上都有不同主题的黑板报,格式不一,但内容精彩。每当重要节日,墙壁都会更换主题,使学生参与设计,学生们每次从校园经过,都可以欣赏漂亮的板报,在无形中受到了德育熏陶。

在学校管理中,始终把班级作为最重要的单元,要求班主任在级部的统一带领下,抓好班级管理,搞好班级文化建设。因为班级是促进学生身心健康成长的重要基地,班级文化的优劣直接影响着生活在其中的每一个学生。学校非常重视对学生进行礼仪方面的教育。班级管理工作中,首先做好学生的行为习惯养成教育,包括卫生习惯、生活习惯、学习习惯以及自觉遵守各种纪律的习惯。每学期初,各班级组织学生学习两个周的《中学生日常行为规范》《中学生守则》等规定,营造积极向上的班级氛围。班级文化建设也进行得如火如荼。各班让学生参与设计班规、班训,在班中墙壁上书写催人奋进的话语,班级设立图书角,开展图书漂流活动,打造书香校园。

学习把立德树人作为教育的根本任务,把德育教育渗透在平时的各项活动中。利用升旗仪式,对学生进行爱国主义教育;结合宪法日、良法知识竞赛等活动,加强对学生的法制教育;通过举办读书征文比赛、爱心义卖、演讲比赛、学雷锋等活动,对学生进行理想信念教育和感恩教育,引导学生感恩社会,热爱祖国,树立远大理想。通过办中国传统节日黑板报、座谈会、节日联欢会等,增强学生对中华优秀传统文化的了解,同时在活动中发挥了他们的兴趣和爱好,锻炼了能力。

为了促进学生全面发展,学校根据教师资源和学生兴趣,探索符合学校情况和学生发展需求的特色课程,开设了新闻与写作、书法、诗词、英语口语、舞蹈与合唱、象棋、足球、健美操等社团,于每周三下午78节课定期开展活动,激发他们的潜能,在一定程度上也为"十个一"的贯彻落实打下了基础,并得到了家长和学生的一致好评,也取得了一定的成绩。

"校园文化是道德教育和素质教育的灵魂。"营造良好的校园文化,是引导孩子们成长成才的重要环节,对学生进行德育教育是一项长期的系统工程。营造育人文化、做好德育教育,灵山中学一直在路上,一直在努力。

培育文化基因　筑梦激励教育

青岛市即墨区七级中学　孙元兵

七级中学是一所青岛市规范化学校,始建于1992年,是在原先五处联中的基础上经过数次合并、数易其址建成。现有20个教学班,学生838人,教师75人。作为一所农村中学,在国家推进新农村建设的背景下,我们越来越清晰地认识到:学校教育要获得长足的发展,离不开文化的滋养。通过培育理念文化、环境文化、课堂文化、教师文化、德育文化、艺体文化六大文化工程,构建起激励式德育、激情式课堂、激活式管理、激趣性社团,使学校的文化软实力和办学品位不断提升。

一、规划现实与理想共鸣的理念文化

德国著名教育家第斯多惠指出:教育艺术的本质不在于传授本领,而在于激励、唤醒与鼓舞。这是我校"激励教育"办学特色的直接启发。我们认为:"激励教育"就是以人为本,就是尊重人、关心人、激励人,实施激励教育的根本目的在于激发潜能,鼓舞人心,激励志向,即在"尊重差异,尊重个性,尊重多元"的过程中,让每个人的身心都迸发出正能量,为教师和学生创造充满向上、温馨的氛围,力求把学校教育变成学生精彩生活的一部分,把工作变成教师精彩生活的一部分。校训"仁厚博纳 笃志力行"是在吸纳中华优秀传统文化的基础上,结合学校实际提出的。"仁厚博纳"着眼于宏观,对广大师生在做人和处事方面提出了要求。"笃志力行"着眼于微观,指出要获得成功,必须身体力行。它要求我们七级中学人既要有仰望星空的情怀,又要有脚踏实地的实干精神。

在现代学校制度建设方面,学校按规定程序修订学校章程并依据章程实施教育教学活动,规范学校治理行为,依据章程要求修订相关规章制度,健全校长负责制,建立校务委员会和教职工代表大会。上学期学校召开了第四届教代会三次会议,会议修订完善各项规章制度,通过了校徽设计、楼房命名、校园文化建设诸多方面的规划;每学期举行两次家长会和家长开放日活动,加强家校沟通;学校秉持"开放办学"理念,广泛吸纳社会资源,率先成立家长委员会组织,邀请青岛市大明路小学家委会成员到校指导工作;学校还成立了学生会组织,加强学生的自主管理。通过多方参与,把学校文化的创建过程,变成激发师生、社会和家长广泛热情参与的过程,从而提高了师生对学校愿景的认同感,增强了主人翁意识。

二、营造独特与典雅共赏的环境文化

环境文化既是学校文化的物质载体,又是学校文化的重要表现形式。学校十分重视文化基础设施建设,在"五区六楼七园"的景观布局基础上融入艺术元素、人文元素、生命元素。以艺术画廊、文化长廊、墙面艺术作品、励志语录等为载体,让每一面墙会说话能育人,使学校精神植于心灵,隐于校园,融于言行,形成雅致谐和的校园环境文化。

我们广泛发动师生参与社会调查,通过走村入户、查阅文献掌握了第一手资料,编辑了十余万字的校本教材《家乡美》,并以七级历史沿革、七级之最、七级风土为板块,打造文化长廊,徜徉长廊间,勾起一抹乡愁,图文并茂的家乡风物为七级社区文化的保存传承做出了应有贡献;先后共投入30余万元建设读书吧、学生阅览室、文化长廊、图书漂流站、图书角;为加快教育信息化建设步伐,学校还投资20余万元建成高档录播教室,投资50余万元更换师生用计算机150台,投入25万元进行多功能厅升级改造,投入10余万元建设"云+端"智慧教室;在校园绿化及排水方面学校投入20余万元,使学校的环境育人功能和现代化水平大幅提升。

蓝村中学校园文化育人出效果

蓝村中学　王高洪

教育规律是教育发展过程中其内部存在的必然联系,是我们必须遵守的客观规律。近几年来,蓝村中学按照"规律办学,文化立校"的原则,坚持校本课程建设,每天必须有一节自习课,减负增效,取得了比较好的成绩:八年级参加青岛市体育抽测合格率达97.83%,七年级参加即墨区体育抽测合格率为100%,两次抽测均为即墨我第一名;七八年级在期末抽测中在同一区域名列前茅,九年级中考成绩在全区第10名,优秀率为第9名,各种比赛成绩喜人。

一、树立"规律办学,文化立校"的办学理念

在"规律办学,文化立校"的办学理念的引领下,结合学校实际,在现有校园文化建设成果的基础上,进一步整合规划,合理配置,让物说话,让墙育人,营造和谐、优雅、富有特色的校园环境与校园文化,使校园的一草一木、一亭一径均成为心灵净化与心灵升华的育人场所。

通过校园文化建设工程的全面实施,明确校园文化的育人功能,提高校园物质文化质量,提升校园精神文化层次,逐步构建具有蓝村中学特色的校园文化体系,将蓝村中学办成学生喜欢、家长放心、社会满意、领导肯定的平安、健康、文明、优雅的和谐校园。

1. 重构校园环境，打造物质文化

加大对校园的绿化、美化工作，并加强对全校师生的公德意识、环保意识、爱校意识教育，努力营造一个干净、整洁、美观、有序的校园环境。校园环境的布局与建设，坚持以人为本，体现学校文化特色。校园建筑与校园文化有机融合；环境布置集绿化、美化、育人为一体，柿子园、红枫园、李子园等30多个园林都标示了名称及说明；"让学校的每一棵树都说话"的设计，融情感陶冶、人文关怀、生命价值于其中。

2. 坚持以人为本，建设制度文化

校园内严谨规范的秩序、师生们积极向上的情绪，让师生深深体会到科学的校本管理文化，是校园文化中其他各要素得以正常、高效运行的润滑剂，其潜在的功能无疑是巨大的。因此，我校必须努力建立适用于教师、适用于学生发展需求，实现学校发展目标的民主管理制度。管理上"以教师发展为本"，业务上为教师提供一切可持续发展的空间，提供教师展示才华的舞台，生活上提供物质与精神和谐统一的必要保障。不断扩大社会、家长、教师、学生参与学校制度建设和日常管理的途径，形成人人参与管理的学校制度文化。

3. 管理规范行为，培育行为文化

校园行为文化建设目标是整合他律，强化自律。对于行为文化的设计，需要经过学校全体员工的反复讨论一致认同，以体现民主管理，倡导师生自勉自律，以达到全校师生员工共建校园行为文化，共造校风，共守校规的目的。学生上学，下学，集会，上课、跑操等行为文化初见成效。

4. 充分发挥学生社团的作用，积极开展校园文化活动，营造健康向上、生动活泼的育人环境

学生社团活动是校园文化建设的主阵地之一。学校必须充分发挥学生社团的作用，积极开展校园文化活动，陶冶学生情操、净化学生心灵、提高学生综合素质、促进学生全面发展。

二、学校注重内涵式发展，积极开发校本课程

我校在严格开设国家与地方课程的基础上，开足开齐课程，并结合学校实际，学校在校本课程开发中做了积极探索与尝试。

1. 研究文化课教学的校本课程

管崇福、王德欣等老师积极探索教学过程的校本课程，挖掘教学过程内涵式的发

展,总结成功的经验,编写为教学经验的校本教材。

2.探索园林培植校本教材

我校20多个园林现已分到各个班,每班负责一个园林,实行班级负责制,由专业教师指导管理,每天记录园林的成长,成熟后将作为新的校本教材提供下一级学生使用。现在我们尝试着将学校每一项的工作梳理,编册成书,为下一步的工作提供借鉴。

弘毅崇文　以"文"化人

青岛西海岸新区弘文学校　王金奎

"弘毅崇文,以'文'化人",是青岛西海岸新区弘文学校的校训,旨在突出文化在学校建设中的引领、导向功能。

"弘毅"一词出自《论语》:"士不可以不弘毅,任重而道远。"我们把足球课程作为学校的特色之一,得天独厚的环境条件、优秀的教练队伍、优异的参赛成绩是学校特色的基础,更让我们坚定信心的是"团队合作、顽强拼搏、永争第一、遵守规则"的足球精神和"弘毅"的文化内涵。

"崇文"一词中的"崇"字,《说文》曰"崇,尊崇、推崇"。"文"是汉语中内涵极其丰富的字眼,学校要关注生命,让校园充满积极、向上、健康的生长气息,培养崇尚文化、身心健康、品格坚毅的学子,实现学校和师生的共同成长。学校的文化基调是"简约、淳朴、幸福、成长"。弘文学校是学生健康成长的学园,是师生幸福生活的乐园。学校的培养目标是"做有梦想、有智慧、有担当的弘文学子",让学生有山之风骨、水之灵性、海之包容。

弘文人推崇人文思想、文明行为和先进文化。依托青岛市黄岛区图书馆尼山书院弘文分院和青岛市名师工作室落户学校的契机,我们把"国学经典"和美文诵读作为学校的另一特色,进而打造书院文化。

同时,学校汲取中国传统文化精髓——和合哲学,融合干部、融合教师、融合学生、融合社区、融合文化,初步构建起"和合教育,以'文'化人"的框架。以"和合"为旨归,以"创新"为途径,以"生长"为目标,造就充满生机和活力的弘文校园。

学校文化建设规划

平度国开实验学校　　石伟娟

古人云,"近朱者赤,近墨者黑"。学校的校容校貌,表现出一个学校整体精神的价值取向,是具有强大引导功能的教育资源。校园文化建设的终极目标就在于创建一种氛围,以陶冶学生的情操,构筑健康的人格,全面提高学生素质。因此,要加强校园文化建设,发挥学校师生在校园文化建设中的主体作用,构筑全员共建的校园文化体系。校园文化不能一蹴而就,作为校长,做好学校文化建设规划至关重要,下面我从物质文化建设、精神文化建设和制度文化建设三方面对学校校园文化建设进行规划。

一、物质文化建设是基础,是校园文化建设的重要组成部分和重要的支撑

完善的校园设施将为师生员工开展丰富多彩的寓教于文、寓教于乐的教育活动提供重要的阵地,使师生员工教有其所、学有其所、乐有其所,在求知、求美、求乐中受到潜移默化的启迪和教育。

(1)学校以"国际现代化一流学校"的标准精心打造,建有空中操场、游泳馆、海军史展馆、跆拳道馆、山地生物园、石刻文化长廊和标准化的实验楼、多媒体教室、图书室、音乐、美术等设备齐全的功能教室。

(2)重视校园绿化、美化和人文环境建设。要把校园建成育人的特殊场所,充分利用校园的每一个角落,营造德育的良好环境和氛围,使校园内的一草一木、一砖一石都体现教育的引导和熏陶。栽种高秆女贞、雪松、国槐等苗木共计2万余棵,开辟了牡丹园、月季园、芍药园、蓝莓园、海棠园、种植园、生物园、樱花山等园林式景观,校园内的绿化逐渐形成了"一路一景,一区一特色"的格局。

(3)餐厅前面利用天然地势建设特色鲜明的长城墙,在墙上悬挂中国传统文化常识,孩子们每天从此经过,耳濡目染,铭记在心。在田径场周边墙上制作中华传统美德系列宣传画——二十四孝,向孩子们宣传孝道。让孩子们时常驻足欣赏,将孝亲

敬老真正记在心田。打造石刻和书法小亭。聘请名家书写镌刻,让其成为学校的一道亮丽风景线。用枯树制作路牌和路标,为校园增添古色古香的风韵。

优美的校园环境,高雅的校园文化,处处给人以奋进向上的力量。为师生活动提供更好的设施设备,学校将继续加大投入。

二、校园精神文化建设是校园文化建设的核心内容,也是校园文化的最高层次。学校将以"尊重生命,为学生一生发展负责"为办学理念,立德树人

(1)创设书香校园,师生养成良好的阅读习惯。根据学校实际情况,小学下午安排两节阅读课,初中每周大休周日返校安排三节阅读课,每天中午安排5分钟的"我说你听·读书交流时光",休息日至少30分钟亲子阅读家庭作业,每天小学不少于30分钟、初中不少于20分钟的在校阅读时间。每天早上跑操结束,每天安排两名学生到全校队伍前演讲,给每个孩子敢于在大众面前展示的机会。学校建有近1000平方米的图书阅览室,环境优雅,让人流连忘返,还甄选了32套复本50本的图书,有计划进行"同读一本书活动",教学楼每层楼都设置了2个图书漂流站,每个教室都有图书角,同学们开展"好书分享"活动,师生随时随地可以捧书阅读,全力提升师生文化素养。每天晨读和下午的读书时光为同学们提供了时间保证。

(2)全面开展校风、教风、学风建设。在规范办学行为、继承优良传统的基础上,遴选和集成社会的先进文化,弘扬主旋律,大力营造优于社会环境的独特氛围,使教育和引导体现在细微之处,体现在师生之间、同学之间相互关怀和关心之中,体现在班级、团队组织的温暖和鼓励之中,体现在高年级同学对低年级同学的爱护和帮助之中。

(3)扎实开展师德教育,建设热爱学生、为人师表、教书育人、钻研教法、不断探求的优良教风,倡导教师关注每一个学生每一天的学习生活,及时鼓励学生的进步,及时发现解决每一个学生遇到的困难和问题,让学生在校园都能健康快乐地成长。

(4)认真抓好班级和团队工作,建设团结友爱、互相帮助、快乐和谐、健康向上、争做主人的良好班风,倡导营造充满正气的浓厚氛围,引导学生自己的事情自己做好,他人的事情帮助做好,集体的事情一起做好。加强对学生的教育和引导,落实好《中小学生守则》和《中(小)学生日常行为规范》,开展"最美教室"评选活动,师生发挥创造力和想象力,利用废旧物品打造环保班级文化。

(5)组织开展形式多样的校园文化活动。要精心设计和组织开展内容丰富、形式多样、吸引力强、调动学生主动参与的校园文化活动。充分利用好"五四"青

年节、"六一"儿童节、"七一"建党纪念日、"十一"国庆节及教师节等重大节庆日、"九一八""南京大屠杀"等国耻纪念日,清明节、端午节、中秋节、重阳节等传统节日,设计、开展丰富多彩的活动。利用入学毕业、入队离队、入团、成人仪式等有特殊意义的日子,开展主题教育活动。坚持每周一次的升国旗仪式,发表紧密联系学生实际、内容生动具体的国旗下讲话。

三、制度文化推动校园文化建设发展

"没有规矩,不成方圆",只有建立起完整的规章制度、规范了师生的行为,才有可能建立起良好的校风,才能保证校园各方面工作和活动的开展与落实。但仅有完整的规章制度是远远不够的,还必须有负责将各项规章制度予以执行和落实的组织机构和队伍,因此,还要加强相应的组织机构建设和队伍建设。充分利用制度管理文化建设。组织文化建设研讨会,不断丰富文化内涵。

关于学校精神文化建设的几点思考

莱西市姜山镇泰光中学　于同磊

学校精神文化建设是学校文化建设的核心内容,也是学校文化的最高层次。它主要包括学校历史传统和被全体师生员工认同的共同文化观念、价值观念、生活观念等意识形态,是一个学校本质、个性、精神面貌的集中反映。学校精神文化又被称为"学校精神",并具体体现在校风、教风、学风、班风和学校人际关系上。

一、校风建设

校风建设实际上就是学校精神的塑造,校风作为构成教育环境的独特的因素,体现着一个学校的精神风貌。在校风体现形式上,校风主要表现在校训、校歌、校徽和校旗上。好的校风具有深刻"强制性"的感染力,使不符合环境气氛要求的心理和行为时刻感受到一种无形的压力,使每一位学校人的集体感受日趋巩固和扩展,形成集体成员心理特性最协调的心理相容状态;好的校风具有对学校成员内在动力的激

发作用,催人奋进;好的校风对学校成员的心理发展具有保护作用,对不良的心理倾向和行为具有强大的抵御力量,有效地排除各种不良心理和行为的侵蚀和干扰。

二、教风建设

教风是教师在长期教育实践活动中形成的教育教学的特点、作风和风格,是教师道德品质、文化知识水平、教育理论、技能等素质的综合表现。要抓好校风建设首先必须抓好教风建设(包括工作作风建设),因为学校是育人的场所,是人才的摇篮,而教师是人才的培养者,理应在"三育人"(即管理育人、教书育人、服务育人)的过程中发挥主力军的作用,只有在干部职工中树立起实事求是、艰苦奋斗、勤政廉政、团结协作、高效严谨、服务周到、细心耐心的工作作风和在教师中树立起为人师表、教书育人、治学严谨、认真负责、耐心细致、开拓进取的教风,才能引导和促进勤奋学习、积极向上、严谨求实、尊师重教、遵纪守法、举止文明的优良学风的形成。总之,没有良好的工作作风和教风就难以形成良好的学风。

三、学风建设

学风是指学生集体在学习过程中表现出来的治学态度和方法,是学生在长期学习过程中形成的学习习惯、生活习惯、卫生习惯、行为习惯等方面的表现。优良学风像校风、教风一样,对学校教育教学质量的提高,对学生人格品质的发展和完善,对培养学生成为德、智、体、美、劳全面发展的接班人,都有重要意义。

四、学校人际关系建设

学校人际关系包括学校领导之间的关系、学校领导与教职工之间的关系、教师之间的关系、教师与学生之间的关系、学生与学生之间的关系。良好的学校人际关系有助于广大师生员工达到密切合作,形成一个团结统一的集体,更好的发挥整体效应。

学校文化内生

青岛滨海学校　李全慧

　　学校的差异性在当今时代愈来愈得到承认和提倡。其实,不论是理论上的"学校存在的价值","为什么要办这样而非那样的学校",还是实践中的"我为什么要办学校","我为什么能办成这样而非那样的学校",这样一些从教者必须要回答的问题,其答案都在这所学校自身之中。即造成差别的决定性因素只能存在于这所学校之中,它既是实然状态的学校现实差异的核心表现,也是应然状态的发展愿景的逻辑起点。所以内生性才是学校的文化表征,学校文化内生是学校差异性的本质表达。

　　所谓内生,就是靠自身发展,强调立足本土文化和自身基础,利用学校自身的优势资源,整体建构学校的育人模式,倾心而作,倾力而为,打造属于自己独特样态的学校。这要求学校要不断地挖掘和解码学校的文化基因,探寻影响学校发展的关键性因素或敏感因子。作为校长可以把学校拟人化并时刻作审辨式的哲学思考:"我是谁? 我来自哪里? 我为什么出发? 我要走向哪里?"从而科学规划愿景,适时调整方向,尽快付诸行动,创造"一切都不曾重复,一切都独一无二"的教育。

　　青岛滨海学校位于欢乐滨海城,可以从哪些方面去提炼学校文化呢? 可从办学历史、校名、校舍造型、学校所在的地域等挖掘。就滨海学校而言没有任何的历史传统渊源,只有从学校所在地域、校名来寻找学校文化的根。学校名为"滨海学校",位于滨海新区欢乐滨海城内,毗邻大海,是青岛市区离海最近的学校,在诸多学校要素中,发现其独特的文化基因——滨海、海洋、水文化的元素,将其提升至统领全局的"品牌状态",并从中国传统文化中寻求学校文化的源头,群策群力、顶层设计,内生学校文化。

　　内生学校的文化理念,这个过程是一场教育的冒险,充满奇迹,充满发现。经过认真论证和思考,确立学校的校训——至善。至善是新样态学校的最高信仰,取自"上善若水",源自《礼记·大学》"大学之道,在明明德,在亲民,在止于至善"。止于至善,意为达到最完美的境界,是一种以卓越为核心要义的至高境界的追求。"至善"同时也有不断向尽善尽美的"至善"境界前进的意思。表示滨海人力求最好的决心和毅力。"至善"充分体现滨海人的共同信仰,每个人的生命都有出彩的机会,通过不懈的努力都能在人生中遇到最好的自己。

教育理念为"学无涯,行有格"。源自明·张岱《〈廉书〉小序》:"学海无边,书囊无底,世间书怎读得尽。"语出《礼记·缁衣》:"子曰:'言有物而行有格也,是以生则不可夺志,死则不可夺名。'"

办学理念为"海纳百川,各尽其善"。"海纳百川"源自晋·袁宏《三国名臣序赞》:"形器不存,方寸海纳。"海纳百川既展示了滨海人的宽广的胸怀,又有包罗万象的意思,充分体现滨海文化的多样性。"各尽其善"意为学校的人人、事事、物物都尽自己的力量,各个方面都力求达到完美的境界,力求尽善尽美。

育人目标是"弘其毅、启其智、健其身、雅其性"。"弘其毅"是抱负远大,意志坚强,源自《论语·泰伯》曾子曰:"士不可以不弘毅,任重而道远,仁以为己任,不亦重乎?"教育本身就是启蒙的过程,"启其智"是开启学生智慧的法门,使其更聪颖而"不惑"。以道启心、以心启智;"健其身",指使其身心健康、强壮;"雅其性",指使其本性正确、合乎规范,进而变得更加高尚而美好。

办学目标是"建设一所有人性、有温度、有故事、有美感,具有滨海文化气质的新样态学校"。学校定义为新样态学校,充分体现空间和理念上的滨海文化气质,具有"四有"特性,通过凸显人性、温度、故事和美感来彰显民主幸福的团队特色。

学校文化内生,需要学校具有以"至善"为最高信仰的"教育良知",需要具有摆脱各种功利、私欲、庸俗等困扰的勇气,需要有"两个超越"的实践智慧,即超越外部发展标准转向内生内发,超越技术工具发展方向转向追求学校的"精气神"。一所关注文化内在的学校,有内生精气神的学校才是本真本色的学校。

风雅国城育慧爱少年

城阳区国城小学　郝玉芹

学校课程文化重在内生与系统建构,这是学校办学的根基与长远发展的脉络。城阳区国城小学重视学校文化建设,通过专家引领,团队打磨使学校办学方向逐步清晰,文化顶层设计逐步完善,使学校发展在传承、创生中融入新内涵。

国家确立的"核心素养"中突出强调个人修养、社会关爱、家国情怀,更加注重自主发展、合作参与、创新实践。由于学校新市民子女占70%,学生来自全国各地,地域不同、习惯不同、文化不同,我们以爱的教育为出发点,兼顾国际视野与本土文化,以孩子的健康成长为己任,作为国城学子更要有家国情怀、文化传承、大家风范,我们为学校名称赋予了"国之风 雅之城"的新内涵,并由此提出了"风雅国城 慧爱童年"的新办学理念。"风雅"一词源自《诗经》,意思"高贵典雅",指外貌或举止端庄或高雅。"风雅"是对文明的萃聚、传播和践行。今天,我们越来越深刻地认识到"风雅"文化和文明对于修身、尚德、励志、益智的价值。我们今天增强文化自信,就应弘扬中华优秀传统文化中的风雅精神。进一步使风雅从成人走向儿童、从形式走向内涵、从表层进入精髓、从观念跨向实践,不断加大认知强度、提升精神高度。由此确立了"国风、雅城、慧爱园"的办学目标,围绕着"文之风、德之雅""慧之风、思之雅""美之风、健之雅"六大核心素养,从人文与品德、数学与科技、体育与审美三大课程领域入手,构建了"三风三雅"课程体系,努力培养"学识卓雅、品行高雅、举止优雅"的慧爱少年。

在阳光城阳理念的引领下,我校以打造阳光校园、构建阳光课堂、培育阳光少年、开展阳光活动为目标;以建立有人性、有温度、有美感、有故事的特色校园为基础,立足我校的实际情况,进一步深化改革,结合我校文化内因,形成明确统一的办学宗旨和发展方向:以学生发展、健康成长为主体,落实好学校教育特色,张扬学生的个性,关注学生个体发展,弘扬爱国,新时代少年精神,逐渐彰显出体育、艺术、科技、双语四大特色。四大特色各美其美,美美与共,构成了学校的一道亮丽风景。本学期,孩子们在四大特色方面取得的成就耀眼夺目,尤其在艺术方面,在老师和孩子们的共同努力下夺得一次次桂冠,展示了我校艺术素质教育的风采:国城宝贝们登上央视的舞台参加六一节节目录制;戏剧团荣获区长杯戏剧与戏曲比赛中获得一等奖,并参加青岛市艺术节戏剧展演;朗诵团荣获区长杯朗诵专场比赛中二等奖,并在青岛市艺术节朗诵展演中收获佳绩,古筝、二胡、手风琴、合唱等各项活动也已遍地开花,获奖无数,屡次登上省市级舞台……我们学校不仅是知识的校园,更是艺术的殿堂。

2019年作为全省"工作落实年",我们要坚持"干"字当头,凝聚智慧,开拓进取,勇于担当作为,狠抓工作落实。严格按照"解难题,强内涵,争一流"的总体要求,以"想透、说清、干实"的标准,瞄准新目标,落实新措施,实现新发展,为学校发展做出新的更大的贡献。

平度市胜利路小学文明素养教育实践

平度市胜利路小学　赵　艳

为加强学生的文明素养建设,营造文明、和谐、有序的校园环境,促进良好学风、校风的形成。平度市胜利路小学在加强学生文明素养建设方面进行了卓有成效的探索。

（1）加强宣传,营造氛围。举行了文明素养塑造工程启动仪式,使全体学生明确此项工作的目的与意义。充分利用板报、宣传栏、广播、公众号等,营造浓厚的宣传氛围。

（2）培养骨干,示范效应。成立了"绿芽"文明素养志愿服务队,并与七彩自主管理委员会相结合,充分发挥两支队伍的先锋模范作用。自管会与志愿队要带领全体学生积极投入到文明素养提升活动中,创新载体,结合公益劳动、社区服务、志愿服务等社会实践活动,充分利用现河植物园、博物馆、敬老院、德育基地、科普基地等场所开展文明素养教育活动,使学生在实践中感受文明,践行文明。

（3）规范管理,强化意识。学校把文明素养教育纳入常规管理,制定和完善学校、年级、班级管理制度,从行为规范抓起,注重常规管理,落实管理责任,做到人人会管理、处处有管理、事事见管理,在管理中渗透行为规范要求,强化学生的文明素养意识。

（4）多管齐下,提升内涵。学校把文明素养塑造工程与学校的各项工作及内涵发展要求有机结合,把文明素养教育融入教育教学的各个环节,实现多管齐下,共同参与。

一是主题引领。扎实组织文明礼仪成长仪式主题序列活动。一年级的入队仪式;二年级的小队成立仪式;三年级的班委成立仪式;四年级的集体生日仪式;五年级的结对仪式;六年级的毕业典礼。积极构建体育节、艺术节、科技节、读书节四大主题教育节活动体系。引导学生积极展示自我,享受成功,获得快乐。

二是课程开发。做到教育内容课程化,编写了《好习惯铸就人生》《爱在这里流淌》等系列文明素养教育教材,有计划、有层次地推进学生的文明素养养成过程。

三是家校联动。开展"家校携手同行"共育活动,学校与家长双方紧密配合,实行习惯养成教育家长评价反馈制度,达成共识,为孩子创造一个良好的成长环境。

(5)加强考核,完善激励评价。学校加强"日常化"的考核评价管理,根据不同学段制定《文明素养评价标准》,做到每天检查,日日反馈;各班也要注重每日评比,及时评比。通过考核评价,学校、级部、班级分层分阶段评选文明素养之星、文明素养优秀班级。对班集体和个人进行表彰奖励。

提党课品质,润支部文化,育家国情怀

青岛五中　李　红

中共十九大报告中提出:我们党要始终成为时代先锋、民族脊梁,永葆旺盛生命力和强大战斗力。《中国共产党支部工作条例(试行)》中规定:"三会一课"应当突出政治学习和教育,结合党员思想和工作实际,确定主题和具体方式。

青岛五中党支部共有党员41人,接近全体教职工的半数,所以党员队伍的政治建设尤显重要。党支部积极响应党的号召,十九大以来创建"松兰先锋"党建品牌,并不断完善。支部坚持做到月月有党课,在提升党课品质上下功夫;周周有学习,在提高学习内涵上做文章。全面提升党支部自身建设要求,从思想到业务,打造坚强的战斗堡垒。

一、举旗帜——党课定位政治方向

系列党课和专题党课相结合。开设"学习十九大,开启新时代"系列党课作为学习主线,同时在第一时间开设"习氏金句、习氏用典"等专题党课,带领全体党员紧跟党中央的时代脉搏。

课上学习与课后落实相结合。课上,党支部以课件和书面学习材料带领全体党员系统学习中共十九大报告各个部分的主要内容,准确把握党的政治方向和大政方针。党员立足教育教学岗位,将学习落实到实践工作中。

二、育新人——党课把握教育方向

课上学,体现时代性。党支部利用专题党课,先后组织全体党员学习了习总书记的系列讲话:"在两会上的讲话""在纪念五四运动100周年大会上的讲话""在亚洲文明对话大会开幕式上的主旨演讲""在不忘初心,牢记使命主题教育工作会议上的讲话",第一时间学习、领会党中央指明的教育方向。

课后做,突出实效性。党支部为树身边的先锋榜样,开展"松兰先锋"推选活动,至今共推选20位师德、学习与业务俱佳的优秀党员。开展"松兰.悦动课堂"研讨活动,党小组长率先开课,在教研组营造研究的浓厚氛围。

三、兴文化——党课立足文化根脉

一个主渠道:党课。中共十八大以来,习近平总书记多次谈到家风并将家风建设提到制度高度。党支部继续开设系列家风家训党课,开设了"钱氏家风""查氏家风""聂氏家风"等党课。

三个辅渠道:"松兰先锋"党建品牌、"松兰先锋"党建校报、"松香兰韵"干部教师文化。每月出刊1期"松兰先锋"党建校报;积淀"松香兰韵"干部教师文化,分别开设"松香兰韵"干部成长讲堂和老师讲堂,评选首届十大读书明星教师(其中8名党员)。

中共十九大以来,在新的政治形势和时代形势下,如何提高党课品质,更好地突出党课的政治性、教育性和文化性,始终是我校党支部着力探索的课题。

在探索中,紧跟党中央的精神,落实上级党组织的要求,结合本校情况,逐渐形成了党课的风格:举旗帜、育新人、兴文化。每节党课力求将政治方向正、教育意义强、文化气息浓三者融为一体,吸引了党员和群众的关注,并从课内向课外延伸,取得了比较好的效果。

恰如十九大报告中所说"实践没有止境",党课的空间广阔,青岛五中党支部会继续探索,在内涵和外延上下功夫,以党建促校建,勇于担当,不断前行!

"合悦文化"引领学校内涵发展

青岛西海岸新区黄山初级中学　纪克宁

文化是学校的灵魂,是师生成长的精神源泉。学校文化是多年办学传统的一种积淀,学校管理应当与时俱进,在传承中发扬光大。我自2019年6月担任黄山中学的校长,发现学校虽花费巨资建设壮观的教学楼、拥有先进的教学设施,也拥有较强的师资,可是文化底蕴后劲不足,教师凝聚力不强,教学质量令家长担忧。此时,有一种校园文化引领,已是大势所趋,经过学校班子充分酝酿,广泛征求社会各界意见,在传承学校"愉悦"文化的基础上,借助新建教学楼鸟瞰图像一个"合"字的灵感,毅然决然打造"合悦"文化——合作学习,悦读人生。在合的过程中识大体、顾大局、容差异、谅小过、寻愉悦。"合悦文化"突出的不仅是师生生命个体的快乐,还突出了共享成功,共享成长的快乐。在打造合悦文化方面,我校采取了以下创新举措。

一、营造浓厚"合悦文化"氛围

根据学校43年的发展历史,挖掘学校历史文化,根据学校的历史文化、办学理念、校风校训等创编《黄山中学赋》,墙壁、楼道、门牌、楼名、班级宣传栏等处处体现合悦文化。

二、修订完善各项考核制度

在考核制度上,充分体现合作,各项考核采用捆绑式,一荣俱荣,一损俱损,不仅考核的是个体,也考核团队,教师评价实行捆绑、团体考核,让每一位老师在自己的岗位上,不论担任什么角色,都有责任感,都感受到"一只独放不是春,百花齐放春满园",共享共同进步的快乐。

三、打造 "33TS"合悦课堂

在课堂教学中,打造"33TS制"小组合作模式,把全班分成六个小组,每个小组学生水平均衡,T即老师,S即学生,三对三师徒结对,师徒进行合作互助学习,师教徒,师徒互帮互学,合作学习,共同提高。小组内合作,小组外竞争。让每一个学生都成为课堂的主人,学习的主人,共享成功的快乐。

四、构建"合悦"评价机制

科学评价不同层次的学生,打破传统只评价优秀学生的做法,增加对学困生、潜力生的提高评价,并通过分段分层设置进步奖,鼓励全体学生动起来,让每个层面的孩子都能享受到进步的快乐,挖掘其内驱动力;让不同层次的学生在各自的领域内获得成功的体验。通过对班级各竞争小组的评价和班级的整体评价,鼓励各小组之间、班与班之间的合作和竞争,以评促学,激发学生主动学习的兴趣和快乐。

"合悦"文化的引领,学生合作学习了,共同进步了,教师积极性大大提高了,教学质量教育教学管理出现质的飞越了,"合悦"文化的引领,使每一位师生都感受到共同进步的快乐,促进了学校的内涵发展。

根深叶茂　春华秋实

青岛西海岸新区铁山学校　吕献志

在学校常规工作中,学校实施了"135工程",坚持"一根主线",把握"三个目标",重点抓好"五项工作"。

第一,文化引领和谐发展。

新校初创,文化肇始。学校努力寻找学校文化的发源,开展师生文化创意大赛,凝聚智慧、动态生成,取"根深叶茂、春华秋实"之意,实施"根实教育"。学校组织学生、发动家长,搜集杨家山里红色教育素材,完善基础课程、修身课程和发展课程相结合的内涵发展课程体系,培养特质丰富的的未来公民。

学校移栽了50棵绿植,筹划杏坛、贞园、竹林、枫谷等8大植物园。一棵硕果累累的杏树,常吸引师生和来客驻足深思。三家喜鹊"落户"校园,构成一幅尊重自然、相容共生的和谐新诗画。

学校围绕九年一贯特点,选派中学教师参与六年级教育教学活动,通过"四学部负责制""大学科垂直制""九年一贯制"的探索,整体设计教育环境、课程设置、师资选配、教学过程、指导形式及管理方法,实现中小学段一体推进、一贯发展。

第二,大力提升师德素养。

学校发展,关键在人。优化整合两支队伍、两个学段、两种机制的两所学校,需要学校制度先行、规范前置,捋顺心理预期、构建竞合机制。一是干部先干一步。抓落实从校长开始,实行"干部学部轮岗、教师跨段交流"机制。二是做事民主公开,让教师明白政策规定、请教师全程参与过程。三是疏解职场压力。通过多种方式和途径,形成"工作上一步、待人让一步"的工作定位。四是强化作风建设。以党员活动室为载体,开展十九大精神学习和"两学一做"主题教育,组织师德承诺活动,完善师德建设长效机制。

第三,努力提升教学质量。

教学质量是学校发展的生命线。学校充分发挥发展中心、学区和学校"三个平台"的作用,一是开发了七个类别的学校课程,组织学生自主选课走班。二是抓住课堂这个"牛鼻子",着力打造以自主合作探究为主要特征的课堂教学模式。三是落实全员育人导师制,对成绩突出的教师和学生予以表彰。四是着重培养班级和备课组两支教师团队的竞合意识,建立青蓝工程帮扶对子,促进青年教师尽快成长。五是编印《根实教育文摘》,为教师提供简洁、实用的提升平台。

第四,力促学生全面发展。

学校坚持立德树人教育理念,将年级德育目标与学科教学有机渗透融合,把社会主义核心价值观、中华优秀传统文化融入教育全过程,开展每日"八问"和月度"小梦想"展示活动,通过编印《新生手册》、评选学习标杆、推举文明标兵、表彰进步之星、汇编优秀试卷、开办根实书院等,培养学生的良好品德、学习习惯。

第五,确保学校安全稳定。

学校清醒地认识到,学校安全重于泰山。学校信奉生命第一、事在人为理念,严格实施网格化管理,坚持安全工作"四不"原则:①对师生的安全管理不放松、②安全网格化落实不缺位、③常规安全值班巡查不懈怠、④中小学部安全教育不脱节,工作靠前抓,教育常态化,综治保平安,确保学校和师生安全稳定。

开展系列主题教育营造育人文化

青岛胶州英姿学校 王金玺

新的时代需要新的教育,新的教育需要新的理念。随着课程改革的不断深入,学校德育工作也面临着新的课题,多年来,我校一直坚持开展系列主题教育活动,营造良好的育人文化,学生素养不断提升。

一、转变德育观念,形成主题教育理念,提升学生素养

"没有爱就没有教育",教育的本质就是爱,没有爱,就没有教育的存在。作为教师,要有爱,要会爱,要博爱,要自爱;铁的纪律,是基于对学生的"爱";也体现了对学生的"爱"。我校的德育工作注重体现如何完善学生的品行与性格,定期带学生走出校门,让学生在回归自然中提升人品,在生活体验中感受真善美,提升学生素养。

我校的德育工作在形式上改变传统的刚性教育和说教教育,我们提出了"爱的教育,铁的纪律"的育人理念,通过开展以"七彩英姿,快乐逐梦"为主题教育目标,采取了春风化雨式的暗示教育、温情教育。学校重视礼仪常规教育,《礼仪文化》课已成为学校的特色校本课程,小到"站姿、坐姿,见面问好、待人接物",大到"特定场合礼仪规范",理论与实践相结合,教育与引导相结合,带来的是校园之内学生对老师、客人甜美的问候,教学楼内右行礼让蔚然成风,轻声慢步彰显文明风度。"清除杂草的最好办法是种植庄稼",一种思路的转变,换来一生习惯的养成,谁能说这不是一种成功呢?

二、加强德育建设,主题教育制度保障,提升学生素养

学校以政教处为主阵地,把德育工作放在重要位置,以养成教育为基础,以学科渗透为主渠道,保障开展有效的主题教育,不断加强和改进学生思想政治工作。着力加强了"两个建设":①加强德育制度建设。一是建立健全了班级动态量化管理制度,大处着眼,小处入手,狠抓养成教育,每双周对班级工作进行量化评比,体现时效性、动态化的特点。二是着力改革了学生评价制度,建立了科学有效的德育评价体系,增

加了评价的尺子,让更多的学生体验成功喜悦,个性得到充分发展。②加强德育队伍建设。一是加强班主任队伍建设,坚持班主任例会制;二是充分发挥学生在德育工作中的主体作用,强化学生自我教育、自主管理,成立了学生会,培养了学生自我管理、自我教育、自我监督、自我服务的能力。

三、开展系列教育活动,提升学生素养

落实学校德育工作"月系列活动"和"周系列活动",着力加强三个教育:一是爱国主义教育,弘扬主旋律。通过每周一的升国旗仪式,重大节日纪念日等开展庆祝纪念活动,进行爱国主义教育和理想信念教育;二是艰苦奋斗教育,组织学生参加体验活动、参与希望工程等,从生活点滴入手,开展有目的的教育活动;三是加强学生的实践能力,培养学生在实践中成才,丰富多彩的实践活动,使学生的综合素养普遍提高。

总之,通过主题活动,带领同学们走进知识的海洋,去感悟传统文化的精髓,去了解自然、探究世界。对学生行为的养成、品格的内化、人格的完善和全面发展起到了潜移默化、润物无声的作用。"爱的教育,铁的纪律",是我校德育教育不变的追求,"七彩英姿,快乐逐梦",今后我校会继续探索和创新丰富多彩的主题教育活动,寓教于乐,不断提升学生素养,努力打造民办教育品牌学校。

一体一贯　融合发展

青岛西海岸新区弘德学校　王连英

弘德学校依托一体化办学优势,致力于建设老百姓家门口的优质校,一年来,学校成为全国九年一贯制学校联盟成员;荣获全国第七届中小幼"我的模式,我的课"大赛优秀组织奖;2017年黄岛区中小学生暨教职工田径运动会体育道德风尚奖;在2017年5月在全国跳绳赛中获得优秀组织奖;在黄岛区"保护野生动物,共筑碧水蓝天"知识竞赛中获优秀组织奖。2017年3月在全国首届九年一贯制联盟成立大会上做题为《衔接融合,贯通一体,全面提升学校品质》典型交流,并接受天津电视台专访。6月1日区人大领导到学校看望孩子们,对学校办学较高评价。教师有22人

次获全国、省、市、区各级比赛大奖；学生有 18 人次获各级比赛 25 项奖励。其中，全国跳绳比赛，获 12 项国家级大奖。

一、文化引领，凝聚育人力量

（一）"和美"文化凝聚学校共同愿景

办学校办的是一种精神，一种文化。实施一体化办学以来，弘文"和合"文化催生了弘德的"和美"文化。在"和美"文化的引领下，全校教师、学生、家长展开大讨论，提炼出"以德立校，和美育人"的办学理念，确立了"和而不同，各美其美，美美与共，成就最好"的价值追求，合力创建"教育生态和美的新优质学校"。

（二）"和美"文化激发弘德向上力量

在和美文化浸润下，学校干部躬亲示范、团结协作、激情奉献，一肩挑数职，样样做精细，事事严落实；全体教师精诚合作，注重学科素养与教学研究的双提升，力求"和合共进，美教精艺"；全体学生主动求真、向善、养正、尚美，"明德博学，日进绽美"。目前，学校初步形成"师生和敬、干群和畅、心境和悦、内外和顺、整体和谐"的局面，凝聚起弘德人干事创业求发展的不竭动力。

二、规范落实，实现安全有序

（一）建章立制，让学校步入健康发展快车道

规范是新学校发展的根基。学校广泛征集民意，修订和完善并由教代会通过了《学校章程》《学校五年发展规划》，建立起集"学校章程、发展规划、岗位职责、行事规则与程序文件"等要件构成的现代学校治理体系，重视制度的内化，重建学校教师的规则感和稳定感，建立起全面、具体、周全和明确的行为规则，让教师感到稳定和秩序，凡事有准则，凡事有程序，凡事有负责，凡事有监督，实现了"制度规范行为，行为养成习惯，习惯积淀文化，文化润泽制度"的良性循环机制。

（二）落实创新，为师生成长得美美与共打好底色

注重师生常规高位夯实，日督查、周展评跟进到位；并建成学生"我们快乐的一天"和教师"我们美好的一天"主题长廊，图文结合，直观形象地展示了师生一日行为规范，耳濡目染中明晰细节要求，日久天长中成就师生的美言美行。

（三）压实责任，让校园安全稳定有序成为常态

组建了干部、教师、学生三级安全工作队伍，逐级进行责任分解，构建了全覆盖网格化的安全工作体系，形成了"责—督—评—纠"工作落实机制，开展"重做""回头看"活动，学生上放学路队、校车、就餐、午休、课间、课堂秩序发生了根本性的转变。

三、质量立校，提升师生素养

（一）让"美课程"成为促进学生快乐成长的载体（美课程体系）

（1）美德课程。我们坚持生活德育理念（让德育回归生活，将德育奠基在学生的日常生活之中）实施优秀传统节日和校园主题节日课程，设置进阶式活动菜单，在实践与体验中涵养学生人文素养——"美心"；编发中国传统经典读本，每日晨读、暮吟、餐前诵读，"我行我秀"，校园读书节，厚积而薄发——"美言"；推行"一日常规"实践课程，落实中促进行为养成——"美行"。

（2）美智课程。学校将学科教学、实践探究与大厅文化紧密融合，彰显"九美"（"汉字之美""数字之美""文学之美""科学之美""探索之美""实践之美""书法之美""色彩之美""音乐之美"），培塑学科素养，开启学生智慧人生。

"弘德小匠人"课程，让学生在栽培、观察、写作、交流中学会学习与实践、合作与分享，成为"美智"课程的亮点。

（3）美艺课程。注重教师特长的发挥和学生个性特长的培育，研发20余门社团课程，开展小学"快乐周三"、初中"快乐周五"选课走班活动，实现了全员参与、人人发展。传承历史文明的"胶南年画艺术"乡土课程，是我们"美艺"课程的重要组成部分，胶南年画教育基地、胶南年画展室落户弘德。

（4）美体课程。开足课时，坚持阳光体育运动，把跳绳作为特色体育项目，开设"七彩"绳操课，一根细绳，跳出健美身体与五彩生活。

（二）让"教研训"模式成为打造德艺双馨教师队伍的平台

（1）塑师德。学校全面落实教育系统作风建设年要求，成立督查中心，推行"6S"管理，坚持党员干部率先垂范，带动全体教职工自查自纠，形成了"用心做教育"的良好氛围。

（2）强师能。学校完善研训机制，开展《学科课程纲要》研究与编制，推进各学科"半日教研"活动。按照"业务干部说思路提要求——教研组集备磨课——教师精品课堂展示——学科全员评课议课"的流程，深入开展课例研讨活动，形成"日常随

时研,每周重点研"的教研氛围。

四、一体办学，促进融合共赢

（一）教师：一体教研训，协力提师能

弘文弘德两校名师与培训资源共享,小初衔接、伙伴课程、德育一体化等课题研究同步,"说课标 说教材""我的模式我的课""我讲我的读书故事演讲"等活动同台竞技,共同成长。

（二）学生：一体搞活动，引领提素养

两校执行统一的学生养成教育规范标准,开发实施相通的九年一贯的学校课程,组织开展协同一体团队实践活动(如藏马山旅行研学、区运会方队展示等),凝聚共同智慧,整合教育资源,有效促进了学生素养的同步提升。

（三）学校：一体促管理，携手共发展

元旦,两校共同组织"融合迎新"元旦晚会;学期末,干部一起述职,一起研讨新学期工作;共赴天津普育学校参会学习,携手加入"九年一贯制全国优质学校联盟",实现了融合凝聚,助推了两校共同发展。

学校依托班级建设、师生活动让文化落地生根,进一步彰显"和美"文化的魅力,今后要聚力提升以培育学生核心素养为核心的教育教学质量,推进九年一体的校本化课程改革,进一步优化干部教师队伍,真干、苦干、加油干。合心、合拍、合力！抓安全保稳定、抓质量促提升、抓规范育特色,以担当赢得发展、以实干增强实力,不断创出新精彩、实现新跨越,为"教育,让新区更美丽"品牌增光添色！

传统文化植根校园　涵养师生家国情怀

青岛市即墨区普东中学　王霄业

普东中学是一所农村学校,经过几代中学人的努力,学校逐渐形成了科学的管理

机制,保障了教育教学高效有序开展。但也仍有困扰:优秀学生和骨干老师"流失"现象比较突出,生源质量相对较弱;德育工作的切入点和落脚点还不够精准,系统性还不强。

认识到"症结"所在,我们以塑造正确"三观"为标靶,建构"一二三四"育人体系,从传统文化中汲取养分,濡养师生思想和灵魂,培育具有"中国情怀、世界眼光"的新时代人才。

一、抓住一个根本——立德树人

爱国,是每个公民基本的道德操守。教育解决的是"培养什么人、怎样培养人、为谁培养人"的问题。

我们必须以"立德树人"为根本,紧紧围绕学生应具备的核心素养发力,把理想信念和爱国主义这些"根"上的东西抓实抓好。这样培养出来的学生才能"正",才称得上社会主义合格建设者和可靠接班人。

二、围绕两个核心——引入经典,解读校训

老一代普东人将校训确立为"崇德明理,博学笃行",我们几经研讨,从传统经典中寻找思维灵光,提炼了校训"八义"解读,即:礼、义、廉、耻,文、行、忠、信。

礼、义、廉、耻,源于《管子·牧民》,解释了何为"崇德明礼",即懂礼、明义、守廉、知耻。文、行、忠、信,源于《论语·述而》,是"博学笃行"的内涵,告诫学生在学习知识的同时要注重修炼品行,勤勉尽责、诚信守诺。

一年来,我们在修订了《普东中学礼仪读本》,内容涵盖校训解读八义,让学生认真研读;并将"八义"用篆、隶、行、草、楷五体书法镌刻于八块石柱上,分列教学楼前的甬路两侧,使师生每天都能看到,时刻谨记和遵行。

三、设立三层德育目标——孝悌、忠恕、通达

根据学生的特点,我们将"孝悌""忠恕""通达"分别确立为七、八、九年级的德育目标,为学生"量身定做"施教策略,将"隐性"的校训要义贯穿到"显性"的传道授业中。

通过"给父母写一封信"的活动,让学生发现父母的不易,把"孝悌"之善铭记于心;通过"人人有事干,事事有人管"的学生自主管理模式,增强学生的责任意识,把"忠恕"之义实践于行;通过开展《我们的理想与目标》主题班会,让学生深入了解自我,寻找实现自身价值的最佳途径,让"通达"之美闪耀于自己的人生。

四、营造四个维度的校园文化

围绕"中国情怀、世界眼光"这一育人目标,我们分别以"走进即墨""魅力齐鲁""立足中国"及"放眼世界"为主题打造教学楼文化空间,给予师生全方位、有质感、直抵心灵的浸润熏陶。

春风化雨,润物无声,学校悄然发生着令人欣喜的变化。在普中人的不懈努力下,学校连续六年获得即墨区初中教学工作先进单位。今年中考再一次以优异的成绩名列全区镇街第一名。

苏东坡曾有言:"无意于佳,乃佳耳"。教育其实需要安静,做教育需要情怀。不忘初心,方得始终。作为一名教育工作者,能在自己的岗位上做一些让师生身心受益的事情,多年以后回忆起来,一定会令自己感到幸福和无憾。

打造校园文化，实施文化育人

平度市崔家集镇中庄中学　袁书慧

校园文化建设是学生成人的重要途径,我校以建设优良的班级文化为核心,以丰富多彩、积极向上的校园文化活动为载体,扎实抓好品行养成教育,从而打造优良的校园文化,实施文化育人。

一、努力营造优美的校园育人环境

走进中庄中学的校园,清新的空气扑面而来,令人神清气爽,四季常青。特别是夏季校中路上一棵棵树木绿荫如伞;一个个花园,鲜花五彩缤纷,清香扑鼻;校门口办学理念、办学目标,校风、校训、教风、学风、校徽及其他的宣传字画等;张贴于校中路两侧宣传橱窗的显著位置,学校教室的屋山上新加 33 块的教育语言展篇,包括"仁、义、礼、智、信"的五常之道,给学生以做人的起码道德准则,"温良恭俭让、忠孝廉耻勇"的传统美德的教育,教育学生要处处与人为善。还有爱国教育、励志教育、安全教育、食堂餐厅里的彰显节约光荣,浪费可耻的热爱劳动、珍惜粮食教育;校园里的每一堵墙都变成了无声的教育者。

二、人人参与，构建各具特色的班级文化

教室是学生在校园里感情最深、影响最大、最主要的学习、生活场所。在校园整体规划的同时，学校还创造性的让全校学生共同参与班级文化建设。学生自主布置班级环境，凸现出班级特色和散发出浓郁的文化气息。黑板前上方的国旗和自尊、自律、自主、自理的班风；每个班级黑板上的励志警句，以及中队角、四个自信，四个意识的宣传画；班级公约、评比栏；获得奖状、文明班级的锦旗、中学生守则、中学生日常行为规范等布置在教室的四周。在打造优美教室方面，力求做到整体布置规范、美观、和谐、内容健康、有教育意义，彰显了温馨教室建设理念。

三、开展丰富多彩的文化活动

1. 主题鲜明，形式多样的主题班会

根据新时期青少年的心理特点和目前社会普遍关心的问题，我校开展了养成教育（主题有：做一个讲诚信的人、做一个有责任的人、自信与成功等）；感恩教育（主题有：感谢父母、感谢老师等）；心理辅导（主题有：如何适应新环境、克服心理压力，相信自己、如何正确对待失意等）等主题班会。主题鲜明，形式多样的主题班会，已成为我校德育教育的一道亮丽的风景。

2. 国旗下的讲话，庄严的正面教育

我校坚持每周一的升旗制度，充分利用国旗下的讲话对学生进行正面教育，如爱国主义教育、前途理想教育、集体主义教育、文明礼貌教育、诚实守信教育以及每周升旗学生都充满激情的朗诵《中国少年说》等。

3. 发挥媒体的作用，营造良好的文化氛围

我校充分利用好广播站、橱窗、黑板报等校园文化设施，充分发挥其宣传作用。学校广播室每天根据学生年龄和兴趣特点，在不同时段设计了不同的广播板块，大大活跃了校园文化氛围。橱窗、黑板报也成为学校专题教育的宣传窗口，学校和社会的重大事件、评论及学生对专题教育的体会都能够在校内橱窗和黑板报中得到直接的体现。开展"校园文明班级""校园文明之星"的评比，通过树立榜样，创设条件，让学生在实践中懂得人要做自己言行习惯的主人。

4. 开展各种课内外活动，搭建个性发展平台

如"感恩教育""创建安全文明校园""珍爱生命，拒绝毒品""拒绝管制刀具进校园""养成良好行为规范""节约从我做起""弘扬民族精神""环保宣传"等专题

活动,既进行了思想品德教育,又丰富校园文化生活,开拓了同学们的视野;"体育运动会""读书专题征文比赛""社团文化展示节""校园艺术文化节""手抄报比赛""经典诵读""书画大赛""获奖作品展"等课外活动,为学生提供表现舞台,展现了学生的个性特长;开展的"绿色环保宣传""消防应急演练""地震应急演练"等实践活动,让师生学会面对突发事件紧急自救的知识,大大增强了师生的安全意识。

规范养成教育、增强未成年人道德建设实效

青岛市崂山区第三中学 范延松

学校作为加强和改进未成年人思想道德建设的主阵地、主渠道,对提高未成年人思想道德素质负有重要责任。崂山七中始终以"责雅"育人理念为引领,创建育人文化,不断完善德育思路,增强未成年人道德建设实效,在学生的养成教育方面取得了可喜的成绩。

一、加强未成年人道德建设队伍,提高全员管理的水平

1. 加强德育领导力量

学校成立了以校长为组长,分管校长为副组长,政教处、团委、级部负责人及班主任为组员的德育工作领导小组。形成了分管校长—政教处—团委—年级主任—班主任(任课老师)这一条"德育线"。领导小组始终贯彻"责雅"的理念,使每一个学生都有闪光之处,有计划有目的地开展德育工作,分工明确、措施到位。

2. 进一步加强师德建设,培养高素质的德育队伍

建设好一支高素质的教师队伍,尤其是一支高素质的德育教师队伍。学校每年开展评比优秀德育工作者、优秀班主任,进一步激励教师特别是班主任教师做好未成年人思想道德建设的工作。每年教师节期间,表彰一批师德标兵、最美教师。

对德育队伍进行有针对性的系统的培训,认真学习党和国家的相关文件精神,全面落实习近平总书记在全国学校思政理论课教师座谈会上的重要讲话精神,加强对未成年人思想道德建设的研究,进一步加强理论修养,切实提高业务水平。

坚持政治学习和师德培训制度,以教师职业道德为重点,强化教师思想道德建设,通过撰写师德论文、师德案例;提炼师德格言;签订师德责任书;"廉洁从教"等主题教育活动;教师节宣誓等形式,强化教师教书育人,服务育人,管理育人的意识。同时将师德考评纳入教职工年度考核中。促进了教师自身素质的提高,营造了人人关心学生健康成长的良好德育环境。

3. 重视思品课教学,强化思政老师在学生教育中的作用

习近平总书记2019年3月18日在全国学校思政理论课教师座谈会上强调,办好思想政治理论课关键在教师,关键在发挥教师的积极性、主动性、创造性。思政课教师,要给学生心灵埋下真善美的种子,引导学生扣好人生第一粒扣子。学校高度重视思品课程的教学工作,开足开齐思品课程,在加强思政老师的教育培养同时要求学校全员育人,寓德育于各学科教学之中。

4. 抓好班主任工作的管理和培训,发挥班主任骨干作用

制定了《崂山七中班主任工作条例》,落实班主任考核制度和评优、评先、晋级优先的制度。坚持班主任周例会制度,每季度一次班主任培训,每学期一次班主任经验交流会,加强对班主任的培训和业务学习,提高班级管理水平。

加强未成年人思想道德建设课题的研究,加强班主任间的集体备课,有针对性地开展多种形式的讲座和服务咨询。以班会课为突破口,每周一个主题,系统地进行未成年人道德建设教育和习惯养成教育,所有班主任都能精心备课,认真上好班会课,及时总结。

二、建立健全各项规章制度,落实各项量化管理考评细则

完善《班主任量化管理考核细则》《卫生量化管理标准及检查方法》《学生日常行为规范管理实施细则及量化标准》等规章制度,成立各种量化考评小组,对各班的学习、纪律、卫生、课间操等各项工作进行科学量化和评价。定期公布成绩,对成绩优秀班级及时予以表彰。每学期开学前,提前制定好切实可行的工作计划,班主任根据学校总计划制定自己的工作计划,目标明确、责任到位。

三、重视学生心理健康教育

加强学生心理健康教育,提高道德修养水平。学校建立心语室,经常采用聊天、谈心、分级部讲座等形式教育学生树立自己的人生目标,坚定自己的信念,积极努力实现自己的目标。教育学生积极参加体育锻炼,增强体魄,养成良好的生活习惯和学

习习惯,培养学习兴趣,积极进取,乐观处世,快乐度过每一天。

四、加强学生的爱国主义、集体主义教育;提高学生的实践能力和创新能力

每年组织初一新生军训,把每学期的第一个月确定为日常行为规范教育月,组织学生进行日常行为规范教育,学习《守则》《规范》和学校的各项规章制度,使学生明确规范、行有所依。

围绕社会主义核心价值观,积极开展爱国主义和优秀传统文化等教育,培养学生积极向上的人格和典雅的品质。同时,学校规划了"快乐四季"的雅行教育活动:春天是书香少年读书节,夏天是阳光少年艺术节,秋天是金色少年体育节,冬天是创新少年科技节,一系列精彩纷呈的活动,使学生在热闹有益的活动中受到熏陶感染,养成良好习惯。

学校成立了音乐、体育、美术、科技等兴趣小组,各兴趣小组都有专人负责,有计划地开展组织训练。学校每年举办体育节、艺术节等活动,活动内容包括校运会、篮球赛、跳绳比赛、课间操比赛、校园舞比赛和文艺汇演等群众性的文体活动。这些活动的开展,极大地激发了同学们的参与热情,形成了良好的课外文体活动氛围,为良好校风的形成起到了积极的推进作用。

组织学生参加素质教育实践活动,学习豆腐制作、打中国结、绢花制作、农作物种植等,开阔了视野,增长了见识,磨炼了意志,陶冶了情操。通过这些系列活动的开展,使学生的思想品德和行为规范素质同步提高。

五、加强校园文化建设,做好宣传教育工作,让校园处处见德育

(1)围绕学校的各项工作重点,定期更换学校宣传栏。

(2)建设并充分利用德育室和团员活动室。

(3)坚持做好校园广播站的宣传活动。

(4)坚持升降国旗制度,搞好升旗仪式。

(5)各班定期更换黑板报、宣传栏,由团支部负责定期检查,记入班级量化成绩。

六、加强教育合力、共创未成年人道德建设新局面

重视家长学校的建设,定期召开家长会,定期组织班主任家访,举办家长开放日并邀请专家给家长上课,组织家长撰写"教子一得"和家教论文,积极向有关杂志投稿。

学校重视与街道和居委会的联系,做好家长的沟通教育工作,定期深入到居委会、社区、家庭,及时沟通反馈学生表现情况,对优秀学生通过社区予以表彰。重点学生建立"家长、学校联系手册",促进学生全面发展。

总之,我们坚持不懈地做好未成年人的养成教育工作,至今已经取得了良好的效果。在未来的工作中,我校将在责雅课题的引领下,不断研究教育规律,拓宽未成年人道德建设的教育途径,以崭新的姿态迎接迎接崂山七中美好的未来。

传承与创新

——青岛沧口学校校园文化建设

青岛沧口学校　　张　伟

学校是传承和发展文化的重要场所,尤其是学校的师生,更是校园文化的活载体。因此,学校将不仅仅要求每一门课程而是整个学校生活的每一项活动,都应渗透、弥漫着文化气息,都应具有共同的文化追求。特别在新一轮课程改革的实验活动中,加强校园文化建设,使学校课改工作能在一种浓厚的文化氛围里进行,这将无疑是推动课程改革科学有序健康向前发展的内在动力。

青岛沧口学校规模设置为56个教学班。总占地面积4万平方米、建筑面积3.6万平方米,建有体育馆、游泳馆、学术报告厅、校园电视台、专业录播教室、陶艺室、茶艺室、未来教室等现代化专业处室。

一、文化强校提升学校内涵

学校文化是一个不断建设、更新、提高的整体工程,是学校综合教学水平的重要体现,也是学校个性魅力与办学特色的体现,更是学校培养适应时代的高素质人才的内在需要。作为普罗米修斯全球互动教学示范学校、山东省艺术教育示范学校、山东省优秀文化传统传承学校、青岛市现代化学校、青岛市2014年度素质教育改革创新十大名校,青岛市最具社会满意度十大名校的青岛沧口学校在"厚德博学修艺致远"的校训引领下,从文化立校高度,本着"九年携手、一生相伴"的办学思想,以及做有根的教育课改理念，"内涵发展、特色提升、铸造品牌"的发展理念，逐步形成学校教育品牌。

校园文化作为一种教育力量，是学校发展的灵魂，能够凝聚人心，陶冶情操，塑造健康人格，提高人文素养。校园文化的孕育、产生和功能要依赖于一定的物质基础，在校园文化构成的要素中，最直观、最外显的因素就是校园内的设施和环境，校园里大小园林、道路、装饰、景观它能为人们的感官所直接触及，即可美化环境又以独特的物质文化形态影响着学生，青岛沧口学校通过校园文化的建设、精心设置，提炼给学生以精神环境的陶冶和教育，提升学生的内涵发展。

（一）孔子文化——校园的核心文化

孔子，中国著名的思想家、教育家、政治家，儒家学派的创始人。两千多年来，他的有教无类、因材施教、循循善诱、学思结合、知行统一、温故知新、举一反三等教育思想对我国的教育产生了极为深远的影响。在世界各地，孔子的塑像都穿越了历史的硝烟尘雾，闪耀着熠熠光辉。"天行健，君子以自强不息；地势坤，君子以厚德载物"，在青岛沧口学校校园广场上白色大理石孔子塑像高高地矗立在美丽的校园中，成为我校一处重要的人文景观。塑像高：稳稳地立在刻有孔子讲学浮雕的花岗岩底座上，面前是"六艺广场"，两侧是杏坛路，周围载种上桃树、李子树，寓意桃李芬芳。"仰之弥高，钻之弥坚"，面对圣贤，师生们感受到的是一种来自伟大心灵的力量，有助于我们建设和谐向上的校风，弘扬诲人不倦的师风，形成见贤思齐的学风。

我们的校风是：勤奋团结务实创新。校训：厚德博学修艺致远。学校精神：勇于出海。

（二）校花校树——校园的精神文化

学校的校树——枫树

学校的有一棵五角枫树，也有人因其果实像元宝形状而称之为"元宝枫"，它栽种于20世纪20年代学校校址初建之时，象征着学校的文化传承。唐朝杜牧《山行》："远上寒山石径斜，白云生处有人家。停车坐爱枫林晚，霜叶红于二月花。"枫树，代表永久，也象征火红、热烈、赤诚。外表高大、表皮灰暗而粗犷，散发着苦涩气息，内部却蕴蓄了无限的芬芳，宛如我们的教育需要坚守、宁静、内涵，这正是枫树带给学校的文化象征，同时它还象征着兴旺发达、子孙繁盛，寄意于教育薪火相继，生生不息，自强进取。

学校的校花——丁香

学校有一棵的丁香树栽种于20世纪50年代,她象征的是淡雅、美丽。师心淡泊,文明至美,寓意于丁香焉。淡淡的丁香,萦绕在每一位学子记忆中的芬芳,是无数学子心中永远的牵挂。

学校的校石——泰山石

在学校东门泰山路尽头有一块泰山石,它取自于泰山山脉周边的溪流山谷,质地坚硬,基调沉稳、凝重、浑厚,历经年代久远、河流冲刷形成美丽多变的纹理,千变万化,包罗万象,直接还原了大自然景观。我们取其古朴、苍劲、凝重的格调,让师生在观赏之余感受心灵与自然的沟通,体会"天地精气结,石里有乾坤,清净无燥气,返璞以求真"的精神气概。

(三)校徽校旗——校园的标志文化

学校校徽图案整体展示了学校"修艺致远·彰显特色"的理念。图案以篆书字体为基础要素,体现百年老校的历史底蕴。图案以蓝、红、白为主色。外圆蓝色,代表大海,象征青岛沧口学校坐落在美丽的青岛李沧区西海岸周边;内圆红色,代表热烈、喜庆,取自学校教学楼外立面颜色,字体用白色,代表纯洁、高雅,取自学校维尔纳艺术中心外立面颜色。

青岛沧口学校校旗以蓝、红、白为主色。蓝色象征大海,美丽博大的李沧区西海岸赋予了学校宁静、豁达与活力;红色取自学校教学楼外立面颜色,它彰显了学校热烈的气氛,祥和的文化;白色取自学校维尔纳艺术中心外立面颜色,学校一直用艺术培养学生纯洁、高雅、活泼的气质与内涵。

(四)古老钢琴——校园的艺术文化

青岛沧口学校现存有青岛市最古老的钢琴,它制造于1860年,产自奥地利,为奥地利皇室专用钢琴,现已列为青岛市文物。这款钢琴的品牌为"werner",它就像是一位艺术老人一样屹立在学校维尔纳艺术中心展厅中,以独特的历史文化引领师生享受艺术的熏陶。

(五)交流空间——数字化校园文化

现代化教育设施是学校物质文化的组成部分,它是实施优质教育的重要基础。青岛沧口学校作为普罗米修斯全球互动教学示范学校,实施信息化引领战略,打造智慧型数字校园,以学校文化命名的"紫丁巷、枫玩吧、珊瑚角、2014飞翔吧、1923咖啡吧、子衿书院、大枫树演播厅、丁香花演播厅、三角钢琴演奏区"等各种数字化的交流空间为学生们打造的是一所现代化高科技的校园。我校的"iPad未来教室"是青岛市首家具备"全媒体兼容、数字化分享"特点的现代化高科技教室。该教室最大的变化是取消了黑板和粉笔,也见不到传统的教科书,取而代之的面向全班教学的六块互动液晶4K高清大屏,以及面向分层和分组教学的三块电子互动课桌,还有针对个性化教学而配备的300台iPad电子书包。三种功能各异的交互式设备,将"以学生为中心"的理论要求变成了技术支持下的真实世界。为老师们开展"翻转课堂"教学研究、孩子们开展合作学习和探究性学习营造了一种良好的数字化校园文化。

(六)走廊文化——校园的人性文化

叶圣陶先生说过"教育就是培养习惯",而习惯往往是在无声的"软环境"中逐渐养成。青岛沧口学校在美化绿化设计时特别注重环境的审美品质,校园处处充满着人文精神。厚德楼、博学楼中各个楼层的文化都有明确的主题,比如小学部的绘本文化、童话世界、海洋文化、国学经典、传统老游戏的新玩法,中学部的科技街、书吧街,连廊处的扇文化、福文化,爱因斯坦、贝多芬、童第周、钱学森、老校友名录等等中外名人相片墙,教室里各具特色的班旗、班训、图书角、学生们的书画作品,教学楼大厅里的三角钢琴、维尔纳艺术中心大厅的乐器展示和演奏区,孩子们随时随地就可以拿起身边的乐器组建成一个小乐队,以美怡情,培养高雅情趣。大厅文化、走廊文化、教室文化、围墙文化、空间文化几乎相衔接又各具特色,走在沧口学校的校园里你会发现好像每一面墙壁都在说话,每个角落都育人,他们随时无声的提醒学生修身正己,崇德向善。

二、特色兴校铸造品牌发展

青岛沧口学校本着"九年携手,一生相伴"的办学思想,致力于办"全面加特色"的品牌学校,通过"学校大特色,班级小特色,班班有特色"的特色创建,形成"自我教育、自我管理、自我发展"的育人模式,逐步形成"修艺致远 艺润校园"的学校德育教育品牌,打造幸福文化,实现"艺润九年 幸福绽放"的学校艺术教育特色,以幸福教育培养幸福的人,为学生的幸福人生起航,为教师的幸福成长铺路。

"修艺"指学校以开展大艺术教育特色活动为抓手,通过开展课程即艺术,生活即艺术,活动即艺术的"三艺"活动,践行"九年携手一生相伴"的办学思想,培养"合格加特长"学生,促进学生全面发展。

"致远"指通过学校的大艺术特色教育活动,实现三个发展目标:学校的可持续发展,教师的专业化发展,学生的主体发展。体现学校"发展第一、力争一流"的工作精神。艺术奠基,幸福人生,从而实现以艺育人、以艺促教、以艺兴校。

学校倡导树立大艺术教育观,将艺术教育融入充实的课堂内,寓于丰富的活动中,贯穿到多彩的生活里,使校园时时处处洋溢着艺术的气息,陶冶高尚的道德情操,形成全面加特色,合格加特长的人才培养模式,实现全面发展的育人目标。

品牌标识释义:图形以三个充满流动感的"Y"首尾相接,相互融合,寓意通过"三艺"模式的教育,使学生不断在艺术熏陶中成长,让思维在艺术中碰撞,图形又似三只有力的右手,相互配合,寓教育于活动中,让活动在艺术中飞扬;远观图案,醒目的的大红色充满青春与激情,圆润的外形充满动感与和谐,寓意让生活在艺术中升华。

学校的建设和发展实现了由文化引领向特色发展的过渡,我们将继续秉承"内涵发展、特色提升、铸造品牌"的发展方向,以特色打造品牌、以文化提升品位,精心打造"修艺致远""艺润校园"特色教育品牌,努力建设高质量,有特色,现代化,市内领先,省内一流的品牌学校而奋勇前进!

立足育人视角加强校园文化建设

山东省青岛市第六中学　刘　霖

青岛六中充分发挥校园文化"以美育人、以文化人"的作用,紧紧围绕"以加强校园文化建设为突破口,实现校风学风的整体提升"的工作目标,立足育人视角全面加强学校校园文化建设工作。

鉴于青岛六中迁入新校不久,校园文化正在建设中的校情,学校专门成立了校园文化建设小组,深入分析了当前校园文化建设现状和存在的不足,立足育人视角,从物质文化、精神文化、制度和行为文化三个层次提出了加强学校校园文化建设的具体措施。

一、物质文化是基础和载体

（1）进一步优化校园环境：在民俗园等学生活区位置及学校内部道路两旁植树、种植花草，进行了美化；在体育场围墙上设置体育宣传口号、宣传图画和运动类雕塑等。校门口设电子宣传屏幕，校门显著位置设计国家的教育方针和我校校魂、校训。

（2）让楼内每一面墙壁说话：在行政楼、教学楼和艺术楼分别设计不同的主题文化墙。行政楼规划凸显国家大政方针和学校办学理念等，教学楼则分区域设定德育、文化、科技主题，如以春夏秋冬四季为主题引出十个一项目中的诗词、阅读、艺术、体育、研学等版块，以立德、立艺、立善、立言、立行为主题张贴名人名言警句、历史故事、科学知识等；艺术楼走廊则悬挂学生作品和名家作品鉴赏、推介国内外名校，设置橱窗区域随时展示师生作品，激励学生的同时拓展了学生的学习与交流平台。

二、精神文化是核心

（1）充分发挥美术特色学校校友资源，广泛征集徽标方案的基础上，聘请在中央美术学院任教的毕业生团队与学校一起梳理学校文化，重新设计了整套的 VI 以及校区内所有的导视系统；聘请在华东师范大学任教的毕业生为新校区进行了绿化设计等。

（2）与德育课程相结合，对学生进行潜移默化的教育熏陶。坚持国旗下的讲话制度，对学生进行爱国爱校正面教育，如爱国主义教育、前途理想教育、集体主义教育、文明礼貌教育、诚实守信教育等等，每周升旗仪式上全体学生诵读校魂校训；坚持每周班会制度，对学生进行日常行为习惯的养成教育和校情教育；组织广播站，优化校园音响系统，上下课电铃设音乐铃声，课前进行温馨提示，课余分时段播放时事新闻、安全常识、音乐鉴赏等，让学生在愉悦的心情中增进知识、陶冶情操。

三、制度和行为文化是保证

制度建设采取"从师生中来、到师生中去"原则，借鉴成功经验，结合本校实际，建立健全各项制度。做到"大家的制度大家定、大家的制度为大家"，形成"人人定制度、制度管人人"的和谐制度建设新局面。

抓好校园制度文化建设，也要重视抓好学生的行为文化建设。当务之急是要重视课程文化、课堂文化及教师文化和评价文化的建设，尽可能做到校园文化建设与学校中心工作的有机结合，互相渗透，实现相得益彰。不断创新运动会、体育节、艺术节、读书节、开学典礼、毕业典礼等活动的举办形式；积极营造"书香校园"氛围，在每一楼层开设图书阅览区，让每个学生都能"好读书、读好书、书读好"；实施特色大课间活动。在组织好各社团文体活动的基础上,加强安全演练、消防演练、逃生演练、文明礼仪、体质锻炼等活动,构建"平安校园""和谐校园";用好美术馆,定期举办师生作品展,并与各大高校联系举办高校师生作品邀请展、青岛市师生美术作品展、校友作品展等等。

充分挖掘互联网在校园文化传播方面的巨大潜能,在微信公众号开辟了印象六中、文明六中、唯美六中三大板块,及时推送校园新闻、好人好事,营造积极向上的校园文化氛围。

传统文化春风化雨,和谐教育润物无声

平度市第九中学校长　赵子军

中国传统文化内涵丰富、博大精深,是人类文明发展的重要精神财富,为我们当代德育建设提供了丰富的源泉。因此,平度九中在赵子军校长的带领下以立德为出发点,以树人为落脚点,以优秀传统文化教育课程开发为支撑点,开始了和谐教育的全新探索,引领学生学习传统文化,探寻文化之根。

传统文化博大精深,要引领学生探寻文化之根、重塑做人价值必须进行精心遴选。《弟子规》的核心思想是孝悌仁爱,把抽象的教条化成日常的行为规范,易于理解,便于行动,学校决定将《弟子规》作为推进传统文化学习的第一步。

一、《弟子规》学习,初尝国学经典魅力

学校发起"诵读、践行《弟子规》"系列活动。倡议全体师生、家长共同学习《弟子规》。

随后,利用每周一升旗时间,开展全校集体诵读《弟子规》活动,诵读形式由个人领读到多人领读再到多个班级领读。随着诵读活动的逐渐开展,《弟子规》作为一颗规范思想行为的种子,逐渐种进了学生的心田里。在全校诵读的带领下,很多班级利用课前时间诵读《弟子规》,语文教师课前带领学生诵读《弟子规》,班内制作了手抄报、黑板报,撰写了学习笔记,班级墙上张贴了学生的作品。整个学校掀起了诵读、学习《弟子规》的热潮。

在诵读的同时开展了"《弟子规》大讲堂"系列活动。讲座由对《弟子规》有专门研究的老师分不同篇章开展,结合生活、学习实际给师生具体讲述《弟子规》的含义以及如何让《弟子规》指导师生的学习和生活。

《弟子规》的学习对学生良好品行的培养起了潜移默化的作用。为监测和巩固共读《弟子规》活动成果,学校在高一级部进行了践行《弟子规》"谨信"原则的无人监考知识检测,效果良好。《弟子规》逐渐成为九中学子的为人处事的道德纲要,学生逐渐开始自觉检视自己的行为,在言语、行动、举止、待人、接物方面变得彬彬有礼。

二、成立国学苑，推进传统文化的深度学习

初尝传统文化的魅力后,学校拓展传统文化学习的广度与深度,一是印发《传统文化经典导读》。二是策划成立国学苑,国学苑在三个年级分别设立"厚德""弘毅""致知"班。每个国学班学员从各级部每个教学班中选一名国学代表组成,三个国学班选定主讲老师,定期授课。国学代表根据在国学班的学习,带领自己所在教学班的同学诵读、学习国学。

三、全方位课程渗透，营造国学"文化场"

每一所学校都有其独特的文化,尽管它不可触摸,却是客观存在,浸润着场中的每一人。因此,学校在国学苑尝试成功之后开始通过课程进行传统文化的全方位渗透。

一是改造校园物质环境,打造传统文化主题的隐性课程。二是开发传统文化校本课程"成人""孝德""繁星"。三是开展丰富多彩与传统文化相关的活动课程。活动增强了传统文化对学生的吸引力和感染力,让学生对传统文化产生认同感和自豪感,孝道文化等中华传统美德也逐渐在学生的道德生活中扎根。

文化引领　机制保障

青岛西海岸新区实验高级中学　张宏昌

提升学校管理水平和效能,一靠文化引领,二靠机制保障。

形成主流文化——塑造集体人格,增强团队意识。

集体人格,当大家在一起的时候,往往也会表现出一个集体在人格方面的共性,这就是集体人格。平常我们谈起德国人,人们的印象就是严谨,谈起法国人,人们的印象就是浪漫,谈起中国人,人们就想到勤奋,大到一个国家是这样,小到一个单位也是这样,学校教职工朝夕相处在一起,不仅仅只是因为在做相同的事而聚在一起的集体,更应该是一个为了共同的目标需要彼此同心同德的团队,人在一起不叫团队,心在一起才是团队!对于一个团队而言,拥有共同的集体人格非常重要,因为它综合了我们每个人的特点,代表了我们每个人共有的某种特性,包含了大家共同的思维模式、行为模式和情感模式。如果一个集体时时能够体现出强大的凝聚力,那是集体人格的灿烂与辉煌。我们要思考,如果谈起实验高中,我们的集体人格又是什么?进取、尽责、敬业、互助……在我们身上有这些词的影子,但我们不能止步于此,需要继续努力,每一个实验人都有责任,通过自己的努力去塑造属于我们自己的集体人格,让其成为这个团队的标志。

学校将践行"五心"理念,筑牢和谐基础。团结全体教职工,以"聚心"凝聚共识,以"真心"真诚服务,以"公心"赢得尊重,以"悦心"丰富生活,以"恒心"促进发展。以温情的人文关怀不断提升每个教师的温度,让一大批有工作激情和教育情怀的教师成为校园一道亮丽的风景线,力争实现让全体教职工"心情愉快地来到学校上班、心甘情愿地干好本职工作、心平气和地处理各种矛盾、心存高远地规划个人生活、心存善意地对待每个学生、心怀感恩地热爱自己学校"。

依靠机制运行——以制度管人、用办法管事。

完善常规工作运行管理制度,优化运行机制。修订完善《学校管理制度》《教学管理制度》《安全管理制度》《安全应急预案》《学生管理制度》;明确岗位职责、工作制度、操作流程,优化目标机制、动力机制和约束机制。

完善岗位责任制,实行项目负责制和重点工作统筹协调机制。对全员岗位职责进一步理顺,要人人有事干,尽职尽责,事事有人干,尽善尽美。对阶段性专项工作实行项目管理制,负责人有权统筹全校资源,提出实施方案,将任务细化、责任细分、时间细排后提交协调会研究;对阶段性重点工作,在实行项目负责制的基础上,建立专项工作协调会制度,会议一般由校长主持召开,项目负责人确定时间、分解责任、布置强调。

创新工作落实机制。汇总报告促落实——编印学校工作信息、部门工作简报;评价通报促落实——建立学校重点工作通报制度,行政办公会交流通报制度;督导推进促落实——建立学校工作督办制度,印制个人工作备忘录;师生反馈促落实——定期召开师生座谈会,建立校长信箱畅通沟通渠道。

扎实推进校园文化建设，积极营造良好育人氛围

青岛第六十八中学　郭　俭

青岛六十八中校园 2013 年开始建设,2016 年 6 月 20 日整体迁入,新校园占地102 亩,建筑面积达 6 万平方,校园建筑整体布置合理,景观设计优美。自新校建设以来,就在不断地加强和完善校园文化建设工作。

校园文化建设主要有物质文化、精神文化和行为文化,学校教育要做到教书育人、活动育人和环境育人。进一步加强学校的校园文化建设,营造和谐的育人环境,对学生的素质培养有着积极的作用,下面主要介绍下学校的物质文化建设。

为了营造良好的育人环境,学校对校园文化进行了整体设计规划,确立了学校的主色调,VI 系统,对文化建设方面要既有对学校理念、校风学风的充分展现,又有对学校民族团结教育等特色的体现。迁入新校以来,分区域一栋楼一栋楼,扎实推进校园文化建设工作,不断优化校园育人环境。

坚持政治引领,以文化人,以文育人。学校校园文化建设坚持政治引领,育人为本的原则,把"培养德智体美劳全面发展的社会主义建设者和接班人,办好人民满意的教育。"以及全国教育大会会议精神等内容都放在了学校的醒目位置。将社会主义核心价值观融入教育教学全过程,在校园里、教室里、餐厅里处处都有核心价值观

的展现。

学校为更好地发挥全员、全程、全方位育人要求,形成彰显时代特征、学校特色的校园文化,学校精心打造了每个教学区域的文化氛围:三栋教学楼学生教室楼层都体现了中国传统文化、励志教育等内容;教学楼内的语文、数学、物理等8个学科空间呈现了各学科核心素养、学科知识思维导图;教师办公室楼层重点突出了全国教育大会精神、四有好老师、四个引路人等内容;校园内生活区域充分展现出我校民族团结教育特色,求真楼则以突出海洋教育特色,尚美楼更多展示学生的艺术风采为重点。

学校具有个性特色的校园文化、校训、校风、校歌、校徽等,充分体现了学校的育人理念。重视校园、班级、宿舍的文化建设,落实党的教育理念,既有统一布置,又灵活推进ECM管理,建立了各具特色的班级文化,提升了学生的综合素质,培育了积极向上的教风、学风。

学校在每年的宣传工作中,也重点以围绕学生活动,充分展示我校师生精神风貌为主,突出主题教育、落实"十个一"项目、学生形象、精彩展示等内容。校园文化建设反映了我校的办学水平,体现了学校的人文精神,塑造了学生良好的精神风貌。

校园文化建设是学校教育的有机结合,它把德育的教育思想、理念溶于文化氛围中,发挥了潜移默化、熏陶感染作用。开展好校园文化宣传工作,营造良好的育人环境,在物质文化建设方面,充分发挥好以文化人、以文育人校园文化的独特价值。

胶州四中注重文化立校文化育人

胶州四中　　周华文

学校不是钢筋混凝土的大楼,而是有文化的圣地。唯有文化立校,才谈得上传承文明、以文化人。胶州四中一直坚持文化立校、文化育人的理念,致力于校园文化景观和文化活动的创新融合,将理想信念和文明知识的种子播种在学生的心田,使学校成为每一个孩子梦想起始的地方。

在学校物质文化建设方面,校园、道路、教室、餐厅、包括宿舍,学校不仅仅是简单的绿化、净化、美化,而是根据各功能区的性质设计不同的"文化符号",而且,很多地方都是用学生自己的作品来装饰,更加注重人文景观的熏陶和文化气质的浸润,让师生时时刻刻浸润其中,以达润物细无声的功效。

学校加强制度文化建设,建立和健全各种规章制度,让广大师生明晓何可为,何不可为,如何为。学校的规章制度是全方位的,做到事事有章可循;内容具体明确,操作性强;纪律严明,赏罚分明。最终实现自我约束、自我管理、自我激励和自我成长。有意识的、有形的规章制度更多的是一种手段,是为了实现无意识的、无形的自我成长要求。

校园科技文化艺术节是胶州四中的一大亮点,每年的科技文化艺术节历时三个多月,内容涵盖科技、文化、艺术等各个方面,全校师生全员参与,同台展示。从艺术节的方案设计,到过程性组织、选拔,直至最后的成果展演,全部由学生自己组织完成,既让师生展现了聪明才智和才艺,也充分锻炼了同学的组织能力,更让师生受到了文化的熏陶。

学校还根据学生的意愿,组建了近40个社团:飞天航模社团,让学生尽情飞翔;科创社团,让学生遨游在梦想的天空;书法社团,让学生笔走龙蛇;舞蹈社团,让学生舞动青春;合唱社团,让学生唱响明天;民间艺术社团,让学生体味传承民间艺术……各种社团的组建,让每个学生都能找到自己的舞台、适合自己的天地。

胶州四中一直致力于中华传统文化教育的实践和探索,初见成效。中华传统文化是中华民族生生不息、团结奋进的不竭动力。加强中华优秀传统文化教育,是构建社会主义核心价值体系、有效推进未成年人思想道德建设的重要手段。让传统文化走进校园,是深化中国特色社会主义教育和中国梦宣传教育的重要组成部分,也是培育和践行社会主义核心价值观、落实立德树人根本任务的重要基础。学校从课堂到课外,时时刻刻注重用传统文化点亮学生美好的心灵,用传统礼仪引导学生待人接物,用传统活动激励学生成长,用胶州的地方文化丰富生活。

胶州四中多年来一直用有形的和无形的文化感染人,教育人;注重文化立校,文化育人。这些多年来凝聚着四中人心血的文化符号和文化底蕴一直鼓舞、激励着一批又一批的青年学子。

让图书馆成为促进学生成长的乐土

青岛十六中　田广廷

图书馆作为一所学校的组成部分,在学校的教育教学中扮演着极为重要的角色。然而,随着网络信息技术的迅速发展,学生获取信息的途径和手段更加多样,学校图书馆的借阅量也在逐年下降,图书馆的作用似乎不再像以往那么突出。那么如何在新的时代背景下更好地发挥图书馆的作用,如何让图书馆真正成为促进学生成长的乐土和书香校园建设的主战场,正在成为学校面临的一项重要课题。

为此,学校从学生成长的根本需求出发,以立德树人为根本任务,采用"软硬兼施"的图书馆建设思路和手段,努力吸引和引导学生多读书、读好书,将图书馆建设成为促进学生成长的乐土和书香校园文化建设的主战场。

一、加强硬件建设，让图书馆成为最具吸引力的最美校园风景

（1）从结构改造入手,将隔间式改造成一体化综合阅览区,为学生自主自由阅读提供便利。学校图书馆建造之初,根据管理需要建设成为不同功能分区的"隔间式"结构,这样的结构固然有利于管理,但不利于学生自由自主阅读。为此学校经过多方考察学习,投入200余万元,对图书馆进行了综合改造,将原来的隔间式结构全部打通,改造成为一体化综合阅览区模式,使各功能区之间既相互开放有相对独立,极大地满足了学生自由自主阅读的需求。

（2）从学生美育要求入手,对图书馆建设精心设计,打造"中国风"图书馆优美环境。学校聘请专业设计公司,对图书馆的装修、布局、环境进行整体设计,以中国风作为图书馆设计的核心要素,突出传统文化特点,在一体化整体化的基础上,合理设置教师阅览区、自主阅览区、视听区、电子阅览区、学术报告区、藏书区等不同区域,吸引学生徜徉其中,感受到环境之美、阅读之美,使之成为学生最乐意去的最美校园风景区。2017年学校图书馆获评全国最美书屋。

（3）从学生的阅读需求入手,对图书布局设备进行重新规划和调整,打造最方便的自主综合借阅区。为方便学生自主借阅图书,学校将原来集中收藏在书库中的图

书根据学生借阅情况和图书新旧程度进行布局调整,将学生借阅最多、最新购进的图书放置在综合阅览区内,方便学生随手取阅。同时将手工借阅全部改造为自动借阅,实现学生无论几本书都是一卡一点借阅,让学生不再为借阅困难发愁,也大大节约了学生时间。

二、加强软件建设,让图书馆成为学生能力培养、人生涵养的乐土

(1)建立健全图书管理制度,为学生提供最优质的服务。学校建立了图书馆工作人员管理制度、新书上架管理要求、学生借阅管理制度等制度要求,明确责任分工,积极营造和谐优美、服务优质的图书馆管理氛围。图书馆将所有书目数据存储各班级电脑内,及时发布新书目录和新书介绍,方便学生随时查询借阅。

(2)建立班级图书管理员队伍,发挥学生在学校图书管理中的作用。全校每一个班级都有一至两名图书管理员,学校统一颁发聘任证书,将学生图书服务工作纳入学分管理,充分调动学生参与图书管理的积极性,既解决了图书馆工作人员不足的问题,又调动了学生参与实践的积极性,也增强了学生为同学老师服务的责任感。

(3)积极组织开展各种阅读活动,让学生热爱读书、喜爱分享。结合青岛市教育局"十个一"行动计划,学校组织开展了诗朗诵、经典分享、读书经验交流等评比活动,为学生提供展示个人风采,分享阅读感受的平台,通过活动让学生感受到阅读的快乐和成就感,从而吸引更多的学生走进图书、感受书香。另外学校还在高一高二基础年级每周开设一节阅读课,图书馆根据指导教师提供的书目提前准备相关书籍,让学生边读边记、边体验边思考,不断从书籍中汲取营养,涵养生命。

爱读书以一种美好的习惯,更是学生吸取智慧、涵养人生的重要手段和途径。作为教育者,作为学校要为学生读书提供更加优美的环境、便利的条件和展示分享的平台,学校将继续完善图书馆建设,使图书馆真正成为促进学生成长的乐土。

营造育人文化

青岛市城阳区实验中学　纪永强

学校是文化场所,把学校办成有文化的精神家园是校长的重要使命。如何将"用

三年的教育,影响孩子一生"的办学理念落地生根,积淀成实中的一种文化,以影响一届又一届学子,这是我一直思考的一个课题。我认为一个人受教育的时间是有限的,文化育人、文化影响却不能一蹴而就,因此必须立足教育规律,从长远谋划,从全局谋划,从细处谋划,努力形成属于学校特有的"雅"文化。这种"雅"既可以是一种显而易见的建筑设计、校舍布局、花草树木,也可以是一种浑然天成的耳濡目染,还可以是教师的言传身教,但核心一定是精神层面的,它虽然看不见摸不着,却渗透到教育教学的方方面面。

一是努力营造优雅的环境文化,带给师生美的享受。现在校园里花树品种繁多,走在学校的角角落落,抬眼回眸处,都有风景,都在育人,雅俗共赏,美了四季,影响了学生。我们还会利用不同的时节和不同的课堂,带领孩子们走入校园,零距离感受学校的美,感悟人生的意义。这样,我们不仅营造了优美的校园环境,还将这份环境变得鲜活,"一花一木即成文章,一画一书皆显诗意",行于校园之角角落落,人人皆可领略到学校教书育人之用心、用情!

二是精心确定出三风一训、学校校徽。我们的校徽是这样的:图形以"城阳实验"的首个拼音字母"cysy"的变形为创意点,用"城阳实验中学"的基本元素构成"城阳实验中人"在知识的海洋和竞争的浪潮中奋力拼搏,扬帆远航,用作弄潮儿的抽象视觉图像。标志整体是以帆船的流畅的流畅、海洋的博大和奋勇争先的气势来表现。图形下面的波浪形代表知识的海洋、知识的浪潮,同时表示学校坐落在海滨城市。上面的帆船表示学校乘风破浪、拼搏进取、奔向美好未来的精神风貌,同时表示学生在知识的海洋中扬帆远航、志在四方。图中红点表示学校目标明确、欣欣向荣;学生朝气蓬勃,充满希望。整个校徽标志用深蓝、浅蓝和红色组成,代表了进取、科技、传统、现代、希望和理想。另外校歌等理念载体,形成师生发展的价值导向。

三是注重打造高雅的大厅文化、走廊文化和班级文化。"百师图"激励着教师扬师德、铸师魂,"百学图"鞭策着同学们"学不可以已";典雅的楼道文化让书香浸润心灵,让传统和现代完美结合,流动的图书馆是"校园无处不书香"的壮观一景;温馨的班级文化记载着孩子们成长的足迹,营造出健康向上的氛围。

四是为每座功能楼和每条道路命名。学校将五座大楼分别以修身、明德、致知、求真、力行命名;我们紧紧围绕学校的德育品牌(雅行润德)、党建品牌(崇实润中)和教学品牌(纳川致远)及学校的整体布局,为三纵三横 6 条路确定名称:雅行、润德、崇实、润中、纳川、致远,引导着孩子们用文明的言行滋养心灵,用踏实的努力成就梦想,用宁静的心修身致远。

五是让教师成为文化育人的符号。从某种角度来看,教师文化是学校文化中最不可或缺的方面,因为教师与孩子朝夕相处,"亲其师,信其道",教师对学生的影响是不可估量的,一句话可以拯救一个孩子,一个不经意的举动也可以毁掉一个孩子。所以,我们非常注意教师素质的培养,我们成就了教师,教师才能成就孩子。我们坚持让教师立足三年规划学生发展,从每届七年级摸学情,立档案,进行育人跟踪,撰写育人案例,举行育人论坛,进行"全员、全过程、全方位育人",让教师成为校园行走的文化名片,让教师的文化引领无处不在,无时不在。

青岛第四十四中学"亦生亦师 共生共长"校园文化解读

青岛第四十四中学　张青涛

山东省青岛第四十四中学是一所有着五十多年办学历史的老校,1964年建校,学校在建校50周年之际,结合"亦生亦师"教育特色,对校园文化重新进行梳理,进行顶层设计,积极创设良好的育人氛围,以文化人,亦生亦师、共生共长。

一、"亦生亦师　易知易行"制度文化

现代学校制度建设是深化课程教学改革、促进教育内涵发展的关键因素。近年来,学校不断健全以《学校章程》为引领的学校各项管理制度,建立了"亦生亦师 易知易行"的制度文化,汇编了《青岛四十四中学现代管理制度》及《青岛第四十四中学管理权限工作流程》;构建了"亦生亦师"特色下的《尚进教师多元评价体系》和《乐群学子多元评价体系》;建立了"双十字"教师自治组织常态化机制,建立教师学术委员会、师德委员会;加强了教师考核、评优评先、岗位晋升、日常管理的痕迹化管理;建立了学校文化、年级文化、班级文化、小组文化四级塔式文化。学校通过"学校管理＋信息化",以大数据管理推进了学校管理的实效性,让教师在发展中进一步感受与学校发展相连、学生发展相连,易知易行。

二、"亦生亦师 教学合一"教学文化

2006年学校创立的"亦生亦师,教学合一"自主学习课堂教学模式被评为青岛市优秀教学法,叫响了"亦生亦师,教学合一"的课堂教学文化品牌,成为学校的教学文化。课堂教学提倡师生互动、教学相长,打造"生态"课堂,即课堂应是充满生机与活力,展示精彩生命的课堂;课堂是生生之间、师生之间动态的、生成的,预设与生成缺一不可的课堂;课堂是基于学生的生活经历、充满生长气息、促进师生共同发展的课堂。在课程建设方面,学校创建了"有根的未来公民"的课程体系,确立了学生的八大素养培养目标:健康身心、民族情怀、创新精神、多元视野、独立精神、自律能力、团队精神、领导能力。围绕这八种素养,进行五个领域的课程设计:①基础性课程;②拓展性课程;③选择性课程;④融通性课程;⑤嵌入性课程。课程体系的构建,打通了教育与教学之间的壁垒,将学生的德育活动与课堂教学有机融合、将校内资源与校外资源有机结合、将学校与家庭有机结合,使得教学变得更加立体化。

三、"亦生亦师 知行统一"德育文化

"亦生亦师 知行统一"学校的德育文化品牌是基于"亦生亦师,教学合一"的课堂教学文化建立后提出的,构建的"知行"德育课程是"有根的未来公民"的课程体系之下的嵌入性课程,是基于学校学生道德认知及道德行为现状,依托多元化的活动、真实性的情境让道德教育浸润学生内心的实践课程。德育课程以创新、协调、绿色、开放、共享作为课程架构的逻辑主线,针对各年级学生的身心发展特点,创立了五大类课程类型。即①创新—幻城课程:"幻城"是学校为学生提供社会化发展平台和素质历练而设立的学生自组织。学校在校园中建立新华书店、超市、邮寄中心等城市模拟文化,由学生组织进行自主管理。②共享—班会课程:主题班会是学校每周一次的常规性德育课程,每个年级根据学生年龄特征设置不同主题。③开放—行走课程:每年的微学程让学生走进农场、博物馆、青岛港、太阳能小镇等体验成长。④绿色—生涯课程:开设校友课程、专家课程、学长课程、家长微课程,激发学生的生涯规划意识。⑤协调—节日课程:以校园节日为载体,举行主题教育活动,践行尊重、沟通、感恩、责任的核心价值观。

多维思考，为班级文化建设提供有效助力

青岛第四十四中学　张青涛

班级文化是"班级群体文化"的简称，是学校文化重要的组成部分。我校以学校文化为引领构建了学校文化、年级文化、班级文化、小组文化四级塔式文化。而其中班级文化又是最重要的组成部分，起到贯彻学校、年级文化，引领小组文化形成与深入的重要作用。班级文化的形成需要平台，需要抓手，更需要学校从制度、物质保障等方面提供的助力。由此考虑从以下方面帮助班级建立良好的班级文化。

一、以近远两期规划为抓手，督促班主任构思班级文化的发展愿景

班级文化的形成必须建立在班级发展愿景的基础上，由班主任进行良性引领促动发展，由此班主任必须要为班级整体长远发展做出提前谋划。

指导班主任建立班级近远两期发展规划。远期规划为班级长远的发展愿景，是班级集体发展的终极目标。近期规划以学期为单位，通盘考虑班级本学期需要组织的相关活动，如班会、志愿活动、读书节、戏剧节等。再以前期构建的班级文化为基础，思考一条主线，将学期活动系列化，以一个主题贯穿，从而不断对班级学生进行班级文化的熏陶，同时深化本班的班级文化。

二、以"慎独"机制为引领，督促班级形成良好的制度文化

班级制度文化是班级文化重要的组成部分。七年级的学生已经开始有个人的主观判断，他们渴望"民主"，又缺乏"自律"，由此他们的活动会在"指责他人不公与自己不断犯错"的矛盾中展开。由此，以"班级共同愿景"与"个人成长促进"相辅相成，共同促进班级制度文化的形成。自上学期开始，建立了"慎独班级"自我申报机制，慎独班级，即，不需要班主任的管理，学生内部通过明确的分工以及共同建立的班级公约，进行自我管理。这样，不仅提升班级干部的工作能力，而且让班级公约落地，同时也为班级"民主"发展提供平台。

三、以"乐群之星"自荐机制为动力，促使班级形成良好的精神文化

"成就感"是维持个人向既定目标发展的强大动力。个体的发展离不开"内驱与外驱"双重动力的协调推进。学校的教育管理更多给予孩子是制度的约束，以及外定目标的引领。加之初中教育通常单一化的评价方式，很容易使孩子两极分化。他们的个性不能得到充分的发展。即使我们设计再多的评选奖项也不能面面俱到。而通过单纯的增加奖项，被动的评价学生，又极易形成"被评奖"的情况，学生得来的奖几乎没有付出努力，自然也就不在乎，促进的效果微乎其微。

为改变这种方式，我们实行"乐群之星"自我申报机制。即学期初，学生以个人发展情况为基础，确定本学期"个性发展"目标，并制定相应达成的条件。例如：学生可制定"每天坚持体育锻炼，使1000米跑进4分钟"，"每天坚持练琴，使钢琴考到10级"，"每天坚持整理笔记"等等，学期末进行成果展示，经班级同学认可后即可获得相应称号。当班级中每个人均有向上的动力，班级良好的精神文化也自然形成。

四、以"小咖秀"加强归属感，丰富班级物质文化

班级文化的形成离不开班级物质文化，千篇一律的教室不能很好地凸显班级的特色。而由班级学生自我设计、布置、创作的班级物质文化，更能体现学生个人在班级中的价值，同时强化学生的"自我效能感"。

四十四中每个班级均由班级学生自我设计与布置，并提供相应作品进行装饰，随处可见的"小咖秀"更增强了学生的归属感。"领地"意识的不断强化使学生逐渐形成"爱班，爱集体"的观点，更能为整个集体向上生长做出努力。

完善四级塔式文化，促进学生个性成长

青岛第四十四中学　张青涛

"亦生亦师，共生共长"是青岛第四十四中学的文化品牌，在此基础上打造德育品牌"亦生亦师，知行统一"，并不断完善年级文化建设、班级文化建设、小组文化建

设,构建学校四级塔式文化结构,努力营造适合学生个性化发展的生态育人环境。

什么是文化?作家梁晓声概括为根植于内心的修养、无须提醒的自觉、以约束为前提的自由、为别人着想的善良。塔式文化结构下年级、班级、小组文化建设既相互关联又有各自不同的内容和任务,结合学生实际大致划分为年级文化建设篇:清洁文明的年级环境 、昂扬向上的年级精神、和谐友善的年级人际关系、丰富多彩的年级文化活动,让年级学生受益无穷;班级文化建设篇:"思齐班""博艺班""睿智班"……一个个性鲜明的特色班级产生,一间间教室传递出温暖的、融洽的、充满情趣的、主题多元的文化气息,有自己的故事,有自己的生活;小组文化建设篇:个性鲜明的小组宣言、比学赶帮超的小组氛围、团队作战的向心凝聚力,一个个优秀的学习共同体将在这里产生。

一、 "小组个性 + 特色"的小组文化建设

在多年的教改实践中,小组文化形成了包括小组划分、加分激励、动态管理、小组成果展示等比较成型的经验。完善塔式文化结构过程中,各班级继续深入探索小组文化建设的新举措和新特色,更多的小组实现了个性化、特色化发展,如:组名、组训、组规等,都彰显出班级特点、小组特点,每学期学校会推出一批新的特色小组进行展示、表彰。

二、 "班级规范 + 特色"的班级文化建设

各班级同学普遍采用头脑风暴、思维导图、PPT 等形式,进行班级发展规划的制订研讨,同时形成班级班旗、班徽、班规,同学们参与研讨过程,更加易知易行,形成共识。各班级强化环境育人作用,对教室文化建设进行了精心布置,"图书角""英语角""才艺展示区""荣誉展示区"等包括在窗边和特定位置的绿色植物,内容丰富但又有明确的区域功能划分。每个学年学校组织评比"最美教室",增强学生的班级荣誉感和凝聚力。学校组织丰富多彩的大型活动,如"文化节"、"戏剧节"、运动会、安全演练等,也是增强班级凝聚力、发挥班级集体智慧的一个个平台。每天放学前"整理课程"独具特色,对当天情况进行总结、反思,不断改进、修正,朝着班级规划目标不断前进。每学期的"班级文化展示"也为各班展示班级文化建设成果提供了一个有效交流的平台。

三、 "年级品牌 + 创新"的年级文化建设

近两年学校加强了年级文化建设,努力将模糊、概念化的年级建设要求进行细

化、落实并抓出特色。校长提出总体建设思路和要求,分管校长带领德育干部、年级组长进行商讨。首先确定了各年级的文化关键字,七年级"启"、八年级"勉"、九年级"搏"并深挖文化内涵进而达成共识,继而各年级设计自己的文化标志,将年级文化具化为具体条目,可操作性强。在环境育人方面,各年级在教室布置方面有年级统一的布置区域和重点栏目主题,其他部分展示各班特色,有的年级在开放空间设置了年级、班级文化展示区,学生的美术、摄影、书法、制作作品为开放空间增添了一道亮丽的风景。其次,每学年各级部都对新学年年级的主要任务、年级班级文化建设经验、新的创新实践做法进行探讨,年级组长还对年级文化建设经验进行总结并在对外交流和校内培训中进行展示,赢得较好的反响。

搞好校园文化建设　营造尚美向上氛围

青岛西海岸新区实验高级中学　张宏昌

学校结合自身特点,以学校文化为主线,在精神文化、行为文化、制度文化、物质文化四个层面上着力,不断挖掘和创新学校文化,发挥文化育人作用。

创新育人模式。以立德树人为目标,创新德育模式,打造"三四一"德育工作体系。三层:学校层面定方案(系统性)、部门层面选专题(自主性)、教师层面有措施(创造性);四线:课堂教学线(是主渠道,重在渗透、塑造和影响)、班级管理线(是主阵地,落实主题班会、全员育人导师制)、活动体验线(是重要载体,主要有校园文化节、艺术节、体育节、科技节、读书节<含演讲朗读表演展示>、团委学生会系列活动、社团活动等)、社会参与线(是必要拓展,家校合作、军校合作、研学旅行、社区服务、职业体验等);一聚焦:课程化。学校要对德育体系进行梳理,把日常的德育教育形成课程。

利用文化元素。坚持"以人为本、实验创新"的办学理念,形成了"敬教创新、开拓奋进"的校风,"严谨求实、奉献进取"的教风,"崇德砺志、勤奋求知"的学风,设定了"做豪迈的现代人"的校训,校歌(《飞向明天》)、校徽等校园文化标识师生认同度高,让每一个学生在完成学业的同时,能够身处其中、潜移默化地陶冶情操,完善人格,并让这种文化不断激励学生努力前行。在每学年开学初,组织新入职教师学习

《新进教师入职培训手册》，组织高一新生学习校本课程《新生入学第一课》，熟知学校文化元素，使其尽快融入校园文化氛围，促进文化认同和价值认同。

营造文化氛围。在教学楼、实验楼等公共空间，布置书画作品，悬挂科学家、思想家画像及传记，布置师生艺术作品，建立文化长廊，营造高尚的人文氛围。制定了《班级文化建设方案》，各班级在班级文化建设方案的指导下，开展本班级的各项班级文化建设。各班级根据本班实际，师生共同制定班级公约，具有明确的针对性和可操作性，作为班级全体师生共同遵守的一项行为准则。各班利用室内黑板报、室外宣传栏、悬挂励志标语横幅等形式，展示班级文化。为了让墙报主题明显，设计美观，班级墙报整体划分为三大区：目标展示区、班级荣誉区、班级文化区。黑板报设标语口号区、常规反馈区、每日一题区三个板块。积极培育和践行社会主义核心价值观，抓好宣传阵地建设，充分利用各种宣传阵地，全面做好社会主义核心价值观的宣传工作，在校园可视区域、固定场所安装了宣传牌，让学生在日常能天天看、时时学。抓好课程开发，形成校本课程，积极推动核心价值观进教材、进课堂、进头脑。教师办公室育人文化气息浓厚，每个办公室均张贴《社会主义核心价值观》《中小学教师职业道德规范》和《青岛西海岸新区实验高级中学教师每日八问》。

学校每年举行毕业典礼，让良好的师生感情、良好的学风得以升华和传承。每年举办校园文化艺术节、体育节、体育运动会等全校范围的活动；积极开展学生社团活动，培育学生多方面的兴趣爱好，如航模社团、科技社团、年画社团、书法社团等，学生参与度高，学习效果明显，多次在航模大赛、区级艺术节中获奖；利用端午节、清明节、中秋节等传统节日开展经典诵读活动，让学生深切感受到中华民俗文化魅力。

营造育人文化

——让"公约化"管理成为一种文化

青岛西海岸新区第二中学　张德建

在巡视宿舍时，发现很多班级的宿舍门上张贴着一种统一格式的卡片，卡片标题是宿舍公约，下面列着一些诸如"按时起床、午晚休后不说话……"之类的话。询问年级主任后得知,这是级部推行的一项管理举措——"公约化"管理:就是宿舍(或班级)成员之间达成系列共识,并在日常学习生活中相互监督提醒,甚至是惩罚。

我为这种管理的智慧而欣喜。但在深入了解后发现:公约存在泛化、固化、随意化等不良倾向。

首先,推行"公约化"管理,并非所有管理都实行"公约化",千篇一律的做法显然是不可取的。作为"公约",只有在相处紧密或相互影响较强的成员之间才能形成,这样的"公约"才能具有约束性,否则,一方面很难形成"公约",另一方面即便形成所谓的"公约",它对成员也很难起到约束作用。如此看来,从空间上说,诸如宿舍、教室、办公室、餐厅等;从时间上说,诸如自习课、课间、办公时间等;从成员上说,诸如同桌、小组、备课组、教研组等等。因其成员之间相互非常熟悉,或相互影响比较直接(如餐厅)等,就很容易形成"公约",形成的"公约"也因成员都有监督的可能而具有约束力。但如果以年级,甚至以学校为单位就很难形成"公约",即便制订了所谓的"公约",也会因为成员彼此之间较为生疏,或很少产生较为直接的影响而无法形成监督,它也就自然而然地失去约束力。

其次,所谓"公约",顾名思义就是某个群体的成员之间自主形成的约定。但自主并非自由放任,它应该是在管理者的引导下自主形成的。确切地说是在管理者的引导下,让成员按照学校的教育理念和管理规范自主形成所在群体的相互约定。

再次,"公约"的内容不是一成不变的,随着公约目标的达成和新的目标的出现,它应该适时地进行相应的调整。

最后,"公约"的内容不能与班规校纪产生冲突,更不能超越班规校纪之上。它只能是在班规校纪的允许下,甚至是为了更好地执行班规校纪而进行的成员之间的自主约定。

显然,推行"公约化"管理,要在适用性、自主性、动态性、合"法"性四个方面审问之,笃行之。

营造育人文化

——精神文化是文化体系建设的精髓

莱西市第一中学 刘同光

行源于心,力源于志,精神是学校生命力的源。莱西市第一中学将精神文化作为文化体系建设的精髓,用信仰的力量引领学生在成长成才的过程中执着奋进。学校将"自强不息、志在一流"的精神作为兴校之魂,传承与发展"厚德重智,为国树人"的办学传统,以"培养既有东方传统美德又有世界文明素养的现代中国人"为教育使命,深挖"自理、自律、自励、自尊、自主、自强"的高中生"DNA"。如今,这些文化基因时刻激励着师生锐意进取、砥砺前行。

学校深刻把握思想政治工作规律、教书育人规律、学生成长规律,充分发挥课堂教学的主渠道作用,大力推动教育教学改革,促进德育与智育融会贯通,科学地将思想教育贯穿于每一课程之中,深植于每一位教师心中。学校通过开展各种活动,努力使思想政治工作变成暖心工程,彰显出蓬勃的思想政治工作生命力,让师生真切触摸到获得感、幸福感的同时,激发了全校勠力同心干事创业的团结伟力,学校发展迸发出澎湃的活力。

一、环境文化是文化体系建设的基础

环境文化是文化体系建设的基础,具有强大的育人功能。走进一中,校园主干道两侧有莱西一中校友捐赠的风景石,镌刻着励志名言,中心大道设置了宣传橱窗,校园景观与周围的环境融为一体、相得益彰。与此同时,学校持续推进"一级部一品牌"文化建设工程,各级部根据各级部特点,创设不同主题的"文化墙",完善的校园设施为师生的教育活动提供了重要阵地,让师生教有其所、学有其所、乐有其所,在求知、求美、求乐中受到潜移默化的启迪和教育,更加彰显了学校的办学特色。

二、活动文化为文化体系建设提质

学校以社会主义核心价值观为引领,及时捕捉不同时期的时代特征,并以"道德讲堂""名师大讲堂"等文化活动为平台,充分利用节庆日开展不同主题教育活动,引导学生弘扬民族精神,增进爱国情感,提高道德素养。

学生社团是承载校园文化的独特载体,学生社团的蓬勃发展,对校园文化繁荣、学生综合素质的提高发挥着重要作用。通过举办"文明宿舍创建""文明修身活动"等系列活动,有效促进了学生人文素质的提升。学校始终把教风学风建设作为提升核心竞争力的重要抓手,全面实施"人人进步计划",每年开展"教风学风建设"活动,进一步加强教职工基本职业素养和学生基本文明道德建设,富有学校特色的教风学风建设框架基本形成。

除此之外,学校积极引企业文化进校园,利用校园网、校报、公众号开辟专栏,把科研教学名师、优秀学生作为展示宣传的主体,以他们生动感人的事迹来感召学生。定期邀请各大院校专家学者、优秀毕业生走进校园开展讲座和报告会,弘扬时代风尚,拓宽了学生的视野、增强了学生的全面素质。

三、制度文化为文化体系建设增效

"没有规矩,不成方圆",只有建立科学的规章制度,规范了师生的行为,才能建立良好的校风、教风。制度文化建设对加强校园文化建设,起着决定性的作用。为此,学校修订完善了各类规章制度,规范了工作流程,建立了职责明确、勤政高效、和谐进取、开拓创新的管理体制和运行机制,构建了符合学校改革发展实际和教育规律的规章制度体系,形成了校园内严谨规范的工作秩序,营造了师生员工积极向上的精神风貌。同时,学校紧抓各项制度的宣传工作,使其得到师生的认可理解,最终形成自我规范、自我管理和自我激励的风气,为师生创造了一个有章可循、激励与约束并重、和谐进取的工作环境。

营造育人文化

——丰富学生活动内涵 提升学生核心素养

青西新区第八高级中学　于庆杰

近年来,青西新区第八高级中学坚持以"教育让新区更美丽,八中让师生更美好"为目标,倡导三种意识:质量第一意识、团结协作意识、改革创新意识。学校积极拓宽育人渠道,营造心齐气顺、和谐奋进的校园文化,为全面提高教育教学质量奠定基础。

一、创新管理模式,提升育人水平

"正副班主任"制,落实无缝管理。相邻两个班级为一个单元,互为副班主任,出台《正副班主任管理条例》,纳入班主任考核。周"双班会"制,提高管理效能。周一为主班会:在常规班会的基础上,增加点评周末两天生活为重点的环节;周五为副班会:中心为指导周末学习和生活。周"双班会"制使学生的自主管理更条理、更加高效。月"班级管理论坛"制,提升班主任素养。每月召开一次班主任工作交流论坛,针对教育工作中的典型现象或典型问题,推动班主任努力摸索教育规律,互相借鉴,集思广益,提高育人实效。

举办"班主任节",提升班主任的职业幸福感。学校定于每年的12月份最后一个周的星期一为班主任节,整个12月份,以"班主任节"为契机,开展系列活动,有班主任的、有任课教师的、有学生的,最后一个周的周一把活动推上高潮。班主任节不仅仅是向老师送上一束鲜花,向老师说几句感激的话语,更是全校师生对班主任工作的肯定和认可。

二、拓宽育人渠道,落实育人效能

强化常规活动月先行,为整个学期的学生管理奠定基础。学期初开展强化常规活动月,制定活动方案,针对学生的常规管理难点、重点问题提出高标准要求,开展星级学生、星级宿舍等项目评选,让高标准的规范融入日常行为中。

红色主题教育与重大纪念日相结合。学期初,梳理本学期的重大纪念日,如五四运动、九一八事变等,制定可行方案,开展红色教育系列活动,开展爱国主义教育,落实立德树人目标。

问题为导向,重点突破。学期初,各级部反应学生的背诵意识不强,导致学生语言学科的学习成为难点。学校政教处在调研、探讨、论证的基础上,开展了激情晨读、激情课间操活动,有效的破解了难题,充分调动了学生的积极性。

小活动,大道理。结合学生的实际情况,开展了"三做"活动,教育学生从自我做起,从现在做起,从点滴做起;开展了"日积一语、日行一善""弯腰行动"等小活动,潜移默化,润物无声。

三、丰富家校内涵,提高合作实效

结合"万名教师访万家"文件要求,开展了"坐到家长炕头上"活动。利用周末和节假日积极联系家长,和家长共商教育孩子的措施,拉近了家长与学校的距离,提高了家校合作、共同与人的目的。

举办家长培训,提升家庭教育的质量。学期初,政教处制定家长培训计划,充分利用校内和校外的资源,每月举办一次主题家长培训会,加强对家长的培训,提升家长的素养。其中,超前培训活动深受家长的喜欢,如让高二年级的班主任代表给高一年级的家长做报告。

召开家长会,争取家校合作。每学期定期召开两次主题家长会,一次为期中考试后的专题家长会;另一次为分层学生家长会,根据学生特点,分批次召开家长会。形式多样、灵活的家长会,为学生管理注入新的动力。

丰富家委会活动内涵,提升家校合作实效性。家委会不仅是家校合作的桥梁和纽带,更是家长参与学校管理的载体。本学期,我们努力创造机会,让家长走进学校、走进教育,参与学校管理。开展"家委会驻校办公活动",家长发现问题,帮助学校自觉主动地思考解决问题的办法;激情早读、激情课间操、艺术节会演等活动都有家长参与的身影和智慧。

营造育人文化

——倡导先进办学理念　引领学校科学发展

青岛西海岸新区第五高级中学　丁纪申

一个学校的办学理念,不是随意妄断的;一个学校办学理念的形成,也不是任意凭空捏造的,更不是照搬照抄的。一个学校正确的办学理念的形成是有一定的依据的。它应该遵照国家的教育方针,遵循教育的普遍规律,结合每个学校的具体特点经过深思熟虑的思考酝酿提炼而形成的。因此学校的办学理念既具有普遍的共性特点,又具有极其鲜明的个性化特点。青岛市西海岸新区第五高级中学的领导班子根据区教育体育局的文件,依托当地的具体教育形式,在遵循办"人民满意的教育"的前提下而形成的。因此它具有"五中特色",具体体现在以下几个方面。

一、树立正确的发展观

1. 学校发展观

依据国家规定,根据上级精神,以学校为本,强调学校的一切改革都必须"为了学校"的发展,是"基于学校"的实际,所有的教育教学活动也必须在"学校"中进行,为此,我们学校的领导班子为了学校的长远发展做到未雨绸缪,运筹帷幄,做到了以学校为本。

2. 学生发展观

中华人民共和国的教育法律法规明确规定,教育要以学生为本。一切为了学生,为了学生的一切,为了一切的学生,这是教育的根本目的之所在。教书育人,以学生为中心,一切教育教学工作都要围绕学生的全面发展而进行。学校也正是这样做的,一切的教育教学活动都要求以学生为中心,都是为了学生的终身发展,做到了以学生为本。

3.教师发展观

"百年大计,教育为本,教育大计,教师为本"。教师是一个学校教育教学工作的执行者,教师是教育事业的第一资源,教育质量的关键在于教师;办好人民满意的教育关键在教师。没有教师的质量就没有教育的质量;没有教育的质量就没有人才的质量,教师质量的高低决定着学校目标能否实现,甚至可以说决定着学生未来的发展,五中的领导们认识到这一点,强调教师要树立终生发展的理念,不断地提高自己的教育教学能力和水平,从而做到了以教师为本。

二、提倡全新的教学模式

所有教育教学目标的制定与实施都要紧紧围绕三点:知识与能力、过程与方法、情感态度和价值观,近几年来,学校在实际的教学过程中,大力提倡全新的教学模式,为学生的基本能力和长远发展而努力。

1.自主学习　合作探究

过去的教学模式无外乎就是教师的一言堂,忽视了学生的个体感受和接受知识的能力,一味为完成教学任务而教学,根本没有把学生放在主体地位,而现在五中的老师们在实际的教学过程中角色地位和学生发生了转变,即学生是主体,教师是主导,这也完全符合新教课改教学理念。现在课堂上,学生是学习的主人,是发展的主体,教师只是主导。在学习过程中,学生通过自主学习和合作探究,能很好地享受学习的乐趣,并在此过程中提升了自己的学习能力,为终生发展打下良好的基础。全新教学模式的提倡,学生由原来的被动接受学习变为现在的主动参与学习,逐渐成为学习的主体,并走上自主学习、自主发展的道路。

2.多元驱动　问题导学

成功的教学所需要的不是强制,而是激发学生的兴趣。以往在我们实际教学过程中完全没有注意到学生的学习兴趣,所有的问题都是预设的,可以说是在固定的事先设计好的模式下进行教学,而现在要求教师在教学中不用预设的课堂,提倡生成的课堂,那就是在自主学习、合作探究的基础上,进行多方面的互动,多角度、多层次思考问题,解决问题。教师在实际的教、学生在实际的学的过程中会生成一些问题,而这些问题都不是预设的,这些问题可以通过各种各样的学习活动去解决,真正锻炼提升学生的学习能力、解决问题的能力,关注了过程,提升了学生学习的自信心。

营造育人文化

——营造育人文化

青岛三十七中　周　强

青岛三十七中借校址搬迁的契机,更新完善学校理念,结合传承、挖掘志成、礼贤、崇德、同济的历史文化精神,征集教师(我希望在一所怎样的学校里工作)、学生(我希望在一所怎样的学校里学习)、家长(我希望孩子生活在一所怎样的学校里)的"金点子",将在融合百年礼贤文化,丰富和完善"志者竟成"励志教育内涵上做更广泛的调研和深度的思考,全面打造"崇礼尚志,德贤同济"的校园文化品牌,助力学校长远发展。

校园环境建设以德育人,以文化人:学校积极营造审美教育氛围,体现文化品位。发挥学生主体作用,引导学生自主设计和组织学校的外语节、体育节、艺术节,指导学生运用宣传栏、校园电视台等宣传平台,广泛开展丰富多彩、形式多样的实践活动,形成各具特色的校园文化氛围,体现学生生活空间有多宽广,德育教育途径就有多宽阔。

通过文化建设把学校教育、家庭教育、社会教育紧密结合起来。学校每年均列支专项购书专用资金,为书库增添大量新书以供学生借阅。语文老师大力倡导读书风尚,阅览课、分享课精心备课,固定阅读的时间,让每一位学生静静地享受校园环境文化和书香文化与自己心灵的沟通。各班高度重视班级文化建设,打造"奋进之舟"——拟班名、释班名、画班徽、定班规、宣誓言、创班歌。借助学校军训、运动会、传统节日、艺术节等契机营造积极健康的班级文化氛围。

营造育人文化

——推动美丽校园建设，营造学校育人文化

山东省胶州市第一中学　王持九

胶州一中搬入新校以来，一贯注重校园育人文化环境建设，经过十几年的努力，尤其近几年的着力打造，形成了校园育人文化内容丰富完整，精神昂扬，格调清雅，文化氛围浓郁的现代化校园，先后被评为省级文明单位、省级规范化学校。一中育人文化建设，侧重汲取优秀的传统文化元素，体现朝气蓬勃的时代文化气质，营造了具有一中特色的育人环境，成为一中一张亮丽的名片。下面就一中育人文化环境做一简要介绍。

一、汲取优秀传统文化，映照鲜活时代精神，形成完善的育人文化体系

在育人文化建设方面，一中一贯重视传统、紧扣时代，强调育人文化的体系化。逐渐形成了红色文化系列、德育文化系列、励志文化系列、阅读文化系列、科技文化系列、法治文化系列、"静"文化系列、习惯文化系列、心理健康文化系列、阳光体育文化系列、卫生文化系列、传统文化系列、地方文化遗产系列等丰富而完备的育人文化体系。例如：红色文化系列，就包括了红色讲堂、严力宾烈士事迹展室、国防民防展室、校史展室、英模人物走廊、红色文化走廊、严力宾烈士雕像、新时期党建文化门厅、早期战机等，以红色讲堂为核心，以国防民防展室、校史展室、红色走廊为体，以严力宾烈士事迹展室为亮点，以散布校园各处的红色标语为呼应点，形成了体系完备、点线面结合、覆盖整个校园的红色文化展示网，成为优秀的爱国主义教育基地。例如：德育文化系列，汲取传统儒家仁、义、礼、智、信的核心文化元素，对优秀的传统育人文化做系统展示，结合现代教育理论，借鉴世界优秀教育成果，形成德育文化大系列，遍布教学区、办公区、宿舍区，凸显德育位置，强化德育功能。

二、注重效果，因地制宜，形式灵活多变地展示校园育人文化

在育人文化建设的过程中，一中依据校园具体环境、学生活动区域、路线以及建筑形式的不同，结合文化内容，制作形式多样的文化展示样式，形成了场馆文化、走廊文化、道路文化、橱窗文化、外墙文化、教室文化、办公文化、宿舍文化等多样化的、全覆盖的育人文化环境格局。例如宿舍文化，就采取了外墙宿舍文明文化、橱窗心理健康文化、橱窗卫生文化、橱窗红色文化、楼内走廊书画艺术、宿舍习惯文化、宿舍周边安全横幅文化等相结合的方式，形成了一个集安全、文明、健康、卫生、习惯、艺术为内容的形式多样的育人文化展示区，营造了优良的宿舍文化环境。

三、挖掘传统园林之美，引领校园美育潮流

当下的时代，是一个"绿水青山就是金山银山"的时代。胶州一中对校园环境的重视由来已久。2003年便被评为青岛市花园式学校，2005年又被评为山东省花园式单位。一中在校园景观建设中强调整体规划，重视汲取中国传统园林艺术的优秀元素，结合现代材料运用，营造既具有传统文化意蕴、又符合现代审美的校园景观，强化美育功能，形成校园育人文化特色。一中景观以湖、塘为体，以河、溪为链，以依水系而置的众多景致景观小品为点，环绕主体建筑群，形成了一个精美的珍珠链，加之周边花木繁茂、品类众多，将一中映照得美轮美奂。南部景观以广场藤萝架、南湖、"高山仰之"峰为中心，向东、向北双向延展。向东有南湖湖心亭、曲桥、"论语"简林、松下清话、玲珑鱼、百果园、温碧潭、双亭、文笔峰、松石图画、桃花溪、松子岛等，向北有柳溪驳岸、后湖奇石等；北部以小莲塘"明水一泓、眉山一抹"景观区为中心，包括濯足石、振衣岗、荷亭、风林台、水口石汀以及周边的追梦、千页小山、曲水廊桥、梅林、香桥、凌云石、求索石、北水湿地、玉带水、奇石小瀑等众多景观。其间，亭台路桥，做工考究；山峰驳岸，自然化机。花木巧修，不失天趣，野花随意，烂漫人心。四季时现花海，晨昏忽闻幽香。荷招游鱼戏水，树集百鸟翔鸣。松石图画，竹林幽径，步入一中，处处可得清新隽永的景观气象。学在一中，诗意的育人环境濡养了一批批诗一样的心灵。

数年来，一中人深挖传统园林艺术之美，营造丰富的园林景观，精心打造园林化校园。倡导校园美育，引领校园美育潮流，已形成鲜明的一中校园特色。

孔母入都，孟母三迁，育人环境决定着未来发展。育人文化建设是一个大课题。一中将本着精益求精的精神，紧随时代，深化校园文化课题研究，继续为优化育人文化环境、培育更多更优的人才而不懈努力。

学本化核心素养培养模式

城阳三中 葛永信

核心素养包含终身学习能力、合作交往能力、自主创新能力、个人发展能力以及品德修养能力。钟启泉教授指出，核心素养是支撑"有文化教养的健全公民"形象的精神支柱；决定核心素养形成的根本要素，在于教育理念的更新与教学方法的改进。在这一理念的指导下，城阳三中始终坚持生本教育观，以课堂教学为主阵地，兼顾多种教育策略，提出了核心素养培育的具体目标，包括批判性思维能力、探究能力、合作能力、创造性解决问题能力、自主发展能力和爱、责任、诚信与孝德等品格特征，初步建立起以学生核心素养为中心，体现道德品质、公民素养、学业水平、交流合作、艺术素养等多个维度的学生素养培育机制。

一、在学本课堂中激发核心素养

落实核心素养的主渠道是课堂，最根本的是教与学的方式的转变。学校秉承以学生学习为本，以"先学后教、互助展评"为特征的课堂教学核心理念，"一条主线，三个基点"，逐步构建起高效、愉悦、师生共同发展的学本课堂。一条主线：坚持"先学后教"为核心价值的学本课堂教学模式。在"先学后教、互助展评"的学本课堂上，学生在独立思考的前提下相互合作，在多样思想的碰撞中生成智慧，在自主探究中发展独立精神、动手能力，在展示互评中相互借鉴，在反思总结中提升自我，而这也正与核心素养培养创新精神、探索意识、动手能力的育人目标不谋而合。

二、在自我教育中养成核心素养

"每一个学生都是一个富有的矿藏"，自主发展就是让学生在生命成长的每一个阶段都有认识并发挥自身潜能的机会。学校为学生提供了自主体验和发展的舞台，激发学生自主培育核心素养，形成了独具三中特色的学生自我教育体系。

一是国学引领，熏陶自我。不仅课堂教学渗透传统文化的精髓，学校还开展了雷锋精神践行、清明祭奠、重阳孝德、"国学进校园""小手拉大手 文明一起走""开学第一课"和本学期以来开展的全校大阅读等文化特色浓郁的德育活动，引领学生领悟传统美德,养成高尚道德品质。

二是体验生活,锻造自我。"四三七"(即四德教育、"三 jing"、"七个德育理念")德育体系提供了一种生活化的德育氛围,让学生在自我锻造中不断提升多种核心素养。如,体育艺术节上学生自主管理、自我设计,体验施展才华,发展科技、艺术素养;参加模拟联合国大会并获奖、常年举行的科普报告讲座启发创新素养;王春来老师孝德报告、关爱"夕阳红"志愿活动弘扬孝德精神,养成感恩意识;"泰山讲堂"心理辅导、"做自己的人生冠军"励志报告、"向国旗敬礼"、抵制校园欺凌等活动赋予学生责任与诚信的特质。

三是自治自律,提升自我。学生权益部、校长联络员架起学校与学生之间的桥梁,学生自治会、自律会开启学生自主管理模式,全员育人、定期表彰奖励进步、优秀学生,在军训中融入爱国主义和人生规划教育等举措激励学生实践创新,在社会化的德育环境中提升公民素养、交流合作素养。

三、在多元评价中提升核心素养

我们深深懂得,完善而科学的多元评价机制是教学方式和学习方式改革取得成功的关键,也是核心素养形成的依据和保障。我们调整与重建教学评价标准,使之既注重教师角色转变、又关注学生个体差异。以此为指导,我们将过程性和终结性评价相结合,以教师、同学、学校和家长共同参与的多元教学评价为主体,突出与教学活动相融合、与学情诉求相贴合,追求实效性、激励性和发展性。如,课堂教学评价,重视教师自我评价,自评与他评相结合,采取"大评课"、"示范课"、"城乡交流课"、高考复习研讨会和与城阳六中结成教育发展共同体等形式,使课堂教学评价成为多主体共同参与、交流、对话与协商的过程。教学评估调查表从教师教学、课程性质、课堂文化、作业布置等 4 个维度共计 20 余个观察点对课堂进行观察,引导教师重视自主、合作、探究的教学方式。以核心素养为蓝本制定的学生基础素养评价表则从 6 大方面 31 个子项目入手,对学生的学习态度、学生习惯、学习方法知识和技能、探究与实践能力、艺术素养合作交流与分享等方面进行动态而又个性化的评判,成为学生综合素质评价的重要依据。

建设特色的学校育人文化

青岛六十六中　李世杰

山东省青岛第六十六中学(原青岛铁路中学)是一所具有近百年历史的老校,它以它厚重的历史底蕴和独特的人文情怀影响着每一位六十六中学子。学校通过建设人文的环境,挖掘学校的历史,打造学校特色,实践着"以人为本,促进学生全面发展"的核心文化理念。

一、挖掘学校历史育人功能

2015 年学校 90 年校庆之际,学校启动校史馆建设,校史馆全面记录了学校 90 年的发展历程,集中表现了学校发展脉络和丰厚文化底蕴,发挥着独特的育人功能。

学校成立历史文化项目研究团队,挖掘搜集,补充完善校史馆史料,聚焦发挥育人功能。借助馆内丰富的展品将学校的荣辱兴衰一一展示,可以看到学校的发展史与奋斗史,与青岛的革命和建设史紧密相连。重温不同时期师生的学习生活,感受到学校的文化底蕴,促进师生爱校荣校思想的形成。

全校师生,尤其是刚进校的师生参观校史馆成为进校"必修课"。入校师生通过亲临其境的参观和专家的精彩讲解,明晰本校的发展历史,感悟到核心办学理念和校园文化,从名人辈出的优秀校友中激发信心,树立远大理想。这种强烈而温馨的感受,逐渐转化成为强大而恒久的精神动力,激励全校师生刻苦学习,爱岗敬业,内化为立志成才,爱校荣校的精神力量。

二、打造民族团结教育特色

学校自 2005 年开始承办内地新疆高中班,有八个民族的学生共同学习生活,民族团结教育成为学校的办学特色之一。学校成立德育项目开发团队,积极探索适合我校的德育课程。通过开展"民族团结教育月""经典诵读""每月一讲"等系列活动。加强各民族同学的交往、交流、交融。引导学生学习各民族优秀传统文化,树立中华民族共同体意识。培育学生热爱祖国、热爱中国共产党,热爱社会主义的思想。民族团结教育丰富了学校的德育体系和内涵,成为学校德育教育一道亮丽的风景。

三、建设多元的文化平台

（1）校园、教室、走廊都是学校的教育阵地。每一面墙壁充实着教育的素材,分为:社会主义核心价值观板块、中华传统文化板块、现代科技板块、艺术体育板块。每年举办读书节、科技节、艺术节、体育节、学科节等节庆活动,为学生提供多元化发展平台。

（2）校园广播是青岛六十六中的一个校园亮点活动,中午的广播时间设置了新闻联播、音乐之声、美文赏析、名人坊等节目,早自习前和晚饭期间,播报传统文化的内容,提升对学生传统文化的学习热爱。

（3）构建校园文化网络交流平台,利用学校微信公众号平台,开展丰富多彩的师生、校友、家长交流研讨,借助微博、微信等新媒体进行线上传播交流。及时向老师、家长、学生传递信息,经常推送有利于学生成长、教师发展、家庭教育的学习资源,把网络阵地也发展成校园文化宣传的阵地。

学校的校园文化建设,带动了学生和教师们文化素养的提高,推动着学校人文环境的不断完善。"人人"都是校园文化的建设者,我们会进一步明确学校特色,传承与创新,形成更具特色的青岛六十六中文化。

新文化引领学生个性发展

青岛实验高中　苏延红

青岛实验高中以"新人文"教育为学校发展特色,弱化教育的功利性,注重学生的生命成长和精神成长,效法新人文主义把人从被工业化的工具化、模式化异化中解放出来,把学生从应试教育的牢笼里解脱出来,实现个性成长,特长发展。

一、理念文化,让实高学子体悟成长之美

"新人文"教育理念的提出,切中了教育的时代弊病。自 2014 年以来,青岛实验高中逐渐打破课堂、教师、教材、学科为中心的传统教育模式,建立起学生、活动、社

会为中心的新型学习模式,形成了个性鲜明,特质突出,生动活泼、极具张力的普通高中教育新生态。

二、标识文化，让实高学子浸润儒雅之美

学校建筑在徽派建筑灰白色彩的基础上加入了红,结合学校的办学理念,我们将这三种颜色定性为学校的主体色。灰为所有颜色的底色,但却不与其他颜色相争,我们命名其为"人文灰";白,温润、大气,高贵、典雅,又象征象牙塔里的氛围,我们命名其为"象牙白";红,我们命名其为"状元红",寓意每一个学生做自我的状元,成为最好的自己。

学校校徽选用红色,与校园建筑颜色相呼应,采用教学主体建筑九宫格形态为根本。加入数字"9"与传统回纹的形态创意演变,与九宫格形态贴合并代表"天地之至数,始于一,终于九焉。"寓意循环往复的新人文精神,将传统与现代完美结合。

学校设计了具有实验高中特色的校服。红灰白三色调凸显内涵,立领、盘扣等传统风格融入其中,T恤、短裙、棒球服等时尚元素相得益彰,既注重传承,又彰显现代,充分体现出新时代高中学子的精神风貌,赢得了学生们的喜爱。接着,学校又设计了学校的吉祥物"梦想精灵",寓意着实验高中的每一个孩子能够逐梦前行,梦想成真。

三、手册文化，让实高学子拥有严谨态度

自2014年开始,学校逐渐形成"一工作一手册"的工作原则,在每项工作开始之前,都会首先设计一本指导手册,作为本项工作的抓手。最初的手册为《学生手册》,学生入校时下发,一用三年。包含学校的常规纪律要求,学生的自我点滴记录,三个学期的自我规划等。接下来有《寒假学习与生活指导手册》《暑假学习与生活指导手册》,列入寒暑假工作计划,各学科寒暑假作业清单,每学期休业式表彰名单、学生寒暑假社会实践表,以及其他寒暑假工作落实清单等,是学生过好寒暑假生活的良好助手。《学生全员导师制工作手册》,是学生全员导师制实施的重要抓手。手册里列明了该导师负责的所有学生的基本信息,进行导师活动的时间、地点、内容,都要做好详细记录。是休业式上表彰优秀导师的重要凭借。还有《"十个一"项目行动计划评价手册》《"内驱力"培养黄金时间规划手册》《学生学法指导手册》《研学指导手册》等等。"一活动一手册"保证了活动的高质量完成,使得学校的德育工作有载体,有长效,充分体现了精致管理的要髓。

全面打造坚毅文化

莱西二中 郑文波

莱西二中认同坚毅理念的价值观,注重培养学生的积极心理品质,在安吉拉"坚毅"理念的基础上提出"坚实明志,弘毅致远"为核心价值观的"坚毅"教育,结合高中阶段学生的心理意志品质和人生方向,引导学生打牢自身基础,追求发展志向,以坚毅品质精神负重任而行远道

一、管理文化——坚毅之志

重在培养干部师生坚毅的品格,让干部师生有激情、踏实地工作和学习。以目标管理为导向,以精细化管理为原则,将目标、实施、控制、评价等环节细化,细化到每一步,细化到每个人,让每一个个体都通过目标的细化看到可行的前路,让每一项工作通过精雕细琢达成高标准的成果。

二、课程文化——坚毅课程

建设"坚毅课程体系",把课堂当作磨炼意志、塑造坚毅品质的"练习场"。旨在培养"具有坚韧力、成长力和卓越力的坚毅少年"。

学校实行学习导师和生涯规划导师"双导师"制,为每位学生指明方向,有针对性、系统性地进行学习计划和生涯规划,不断学习与体验,甚至是挣扎与冒险,为学生奠定适应未来社会"大课堂"的基础;另外,针对学生的系统思维训练与计划意识,可引进房超平专家的"思维导学"理念方式,培养学生思维力和学习力,激发内驱力,打造高效课堂。

三、教师文化——博毅之师

博,即博识、博爱。教师首先要学识渊博,成体系的教育理论,树立超前意识、增强面向未来的优势。同时,教师也要有博爱精神,爱教育事业,爱每一个学生,关注

每一个个体的潜能和特性,即尊重每一个,发展每一个,鼓励个性化教育,突出以人为本的理念,给予爱的支持与帮助。

毅,即坚守、自律。教师成己达人,有自我成就的意识和坚守,不断丰富知识素养的同时坚守道德底线,一举一动都要能成为学生的榜样模范,对学生言传身教,打造"黄埔军校"式的高品质教师队伍。

四、学生文化——弘毅之士

"士不可以不弘毅,任重而道远",致力于培养弘毅少年,让每个学生都成为有志之士,都有着为个人进步和国家发展担责的觉悟和能力。弘毅少年有远大的志向和持续的努力,有着对积极乐观、勇气远见、坚韧不拔等意志品质的养成,有着对感知外界、承担责任、创造未来能力的追求,有着致远的方向和实践创新的意识能力,着力发展坚韧力、成长力和卓越力。

五、环境文化——志毅校园

校园环境是展现学校文化和体现办学理念的重要窗口,同时校园环境文化是无形的教育,是无声的教科书。特色校园环境文化对于创立学校品牌,彰显学校个性具有举足轻重的作用,同时,校园环境文化既是学生健康生活的基础,又是对学生进行健康教育的重要资源或手段。

校园文化建设以"志毅"为主题,做墙壁文化建设,讲坚毅故事,通过文化墙展示仁人志士、知名校友及身边榜样的坚毅成长之路,树目标,看未来,来激发师生的自主发展愿望,传承坚毅精神。可以坚石、沙砾、松竹梅等作为文化标志符号,也可以"明志""弘毅""致远"等词命名建筑楼。班级文化可以全班选择一位"坚毅致远"的伟人或是可以代表坚毅精神的主题实物作为班级主题文化进行装饰打造,而非单一的标语式装饰激励。

用优秀传统文化为学生成长培根铸魂

青岛六十七中 施宝书

青岛六十七中自 2010 年开始国学教育探索,很好地发挥了优秀传统文化立德树人作用,国学课程建设卓有成效,成为学校发展的创新项目和特色发展的靓丽名片。

一、先进的课程目标和准确的育人定位

学习中华优秀传统文化价值体系的过程,是"把知识消化于生命,转化为生命所具有的德性"的过程。我们将课程目标确定为培养学生健全的人格,为今后的幸福人生奠定扎实的基础。四大育人定位一是汲取优秀传统文化丰富内涵,突出其唤起文化自觉、恢复文化自信、实现文化认同、增强民族凝聚力方面的作用;二是文化浸润学生身心,突出其在塑造学生的道德品质、文化素养、心灵滋养、健全人格方面的作用;三是汲取治国理政思想,突出其在培养学生社会责任感方面的作用;四是了解传统文化在科技发明方面的历程,突出其在培养学生创新精神和实践能力上的作用。

二、开发特色校本课程

先后开发并出版了《国学原道》《节之韵》《经典诵读 72 篇》等教材,并成为青岛市精品课程,山东省优质课程资源。《国学原道》分为 8 个板块,32 个专题。如"山海生命"选取盘古开天、女娲传说、夸父逐日、大禹治水、刑天舞干戚、精卫填海、嫦娥奔月、羿射九日等故事,分为创世纪、奋斗篇、抗争篇、探索篇几个部分,通过"阅读指导—智慧之灯—资料链接—探究讨论"等流程,凸显责任、奉献、进取精神。我们认为,中华民族童年时期的本原精神反映在以《山海经》为代表的各种神话故事中,无论是夸父精神、刑天气概,还是精卫风采,或是女娲气度,每一个人物,每一个故事,都展现出了中华民族最为本真的精神气质。从这种无意识里爆发出来的文化能量,一次又一次地在中国历史上蔚为大观。当学生们以良好的人生态度、崇高的思想境界和健全的人格、道德和智慧投身于社会时,将毫无悬念地成为社会的首选,时代的宠

儿,最富有创新、进取精神的人。

三、学习活动化、情境化,构建全面实践体验课程

一是在各种节庆都要组织活动,端午节组织"我们的节日——端午",中秋节,组织"醉美琴岛月——中秋诗文赏评会",春节前,开展新春楹联大赛,深秋初冬组织"彩叶节",每年坚持做,每次都创新,比如孔子文化节,已经举办了三届,每次一个鲜明主题,如第一届"铸中国品格,享出彩人生",第二届"习君子六艺,传礼乐华章",第三届"厚植家国情怀,礼赞 70 华诞",而且成为岛城文学界、艺术节大咖聚集的盛会,影响力巨大。二是精心设计打造曲阜寻根之旅、北京科技之旅两条研学路线。三是成立四叶文心社、汇文诗社、大风书画社等,编写《国学快讯》《宏曦》和《四叶文心》报纸杂志等,使国学教育阵地化、常态化。

四、书香浸润心灵,打造书香校园

依托"整本书阅读与研讨",组织共读一本书活动,坚持每周给学生编写课外读物《悦读》,领学生观看《朗读者》《品读》等节目,将图书馆搬到教室。加强纵深阅读,引领学生向经典篇章学习,向大师学习,注重挖掘、发挥中华传统文化里能对学生产生正面、积极作用的精髓知识,结合时评类作文写作指导,引导学生正确认识、思考社会、生活中的各类现象,帮助学生建立、健全以中华传统美德为核心的正确的人生观价值观。

城阳一中多元化育人实践

城阳一中 刘 伟

教育是培养人的活动,只有坚持以人为本,用多样化的培养模式和方法,尊重和关爱学生的生命本性,呵护和激励学生多元成长需求,才能真正创建促进学生生动活泼成长的学校环境。基于这种教育理解和追求,近年来,城阳一中坚持把尊重人、激励人、提升人和发展人的理念贯注于教育教学的全过程,积极创建"多元化育人"办学特色,努力为每位学生提供适合的教育,为全体学生奠基幸福人生、创造美好未

来,促进了学生多元发展、全面发展、个性发展和终身发展,让学生有更多的选择权,更加自由灵动地成长。

1. 坚持文化育人

学校把尊重、民主、人文、卓越的思想渗透到管理中,积极建设"人文一中、诚信一中、和谐一中","让教学更有智慧,让师生更讲道德,让校园充满活力,让学校更具美感",学校逐渐成为师生工作、学习、生活的乐园和精神家园。2017 年 10 月成功举办百年校庆,进一步彰显了丰厚的学校文化。"修德求真,和而不同"的校训、"敢于担当、追求卓越"的学校精神,让学生对学校发展产生了认同感,引领学生不断追求进步和成功。

2. 坚持活动育人

学校始终坚持育人为本,德育为先,在"诗歌节""读书节""体育节""艺术节""科技节"和大型感恩励志报告会、学生社团社会实践等各种活动,发掘学生潜能、激活学生天赋、发展学生特长,培养学生的良好品质、爱国情怀和社会责任感。

3. 坚持课程育人

课程是人才培养的载体,完善的课程体系,为学生提供多层次、多样化、个性化选择。学校坚持以课堂作为育人主阵地,以"学生发展为本"为目标,将社会热点话题、生活现象融于课堂,创设平等、和谐、快乐、自由的学习氛围,用课堂生成问题激活学生深层次思维,提升学生发现、分析、解决问题的能力和自主、合作、探究学习能力。以领导力培养、科技创新、学术探究、综合实践等课程的开发开设为重点,开设了多门类校本课程,努力激发学生的成长动力,塑造快乐、独特、卓越的个体。如通过"中学生领导力"课程,让大批学生的领导力得到了有效开发和提升,学校领导力社团连续多年获得全国中学生领导力大赛一等奖和特等奖,多名学生被评为"年度中学生领袖"。

4. 坚持平台育人

学校积极构建大学课程先修、科技创新实验、奥林匹克竞赛指导、领导力培养、学科兴趣拓展、学术研究活动、特长发展等平台,探索不同潜质学生发展指导和培养机制,让每个学生都有获得成功、创造精彩的无限可能,都能拥抱幸福人生、走向美好未来。

加强校园文化建设　营造尽善尽美的育人环境

青岛五十八中　袁国彬

多年来,五十八中从文化立校高度,致力于打造"责任、诚信、感恩、宽容"的和谐、健康的校园文化,营造尽善尽美的人文氛围,做好卓越人才培养的奠基教育,使学生成为校园文化的参与者和建设者。学校先后被评为全国德育工作先进集体、全国平安和谐校园、全国青少年文明礼仪教育示范基地、全国优秀家长学校实验基地等。

一、完善校园文化制度,畅通育人渠道

(1)践行文化育人机制。我校采取"走出去学,请进来教,坐下来写"的方式,建设学习型校园。组织教师分别到北京师范大学、东北师范大学、南京师范大学进行高端研修,极大提高了教师的专业化发展水平。外出学习遵循"321"制度,即"发现对方三个值得学习的优点,对比找出自身两个需要改进的地方,并提出一条合理化建议"。邀请全国师德模范吕文兵、心理专家李克福、新东方董事长俞敏洪等到校举行报告会,拓宽育人思路。定期为教职工发放图书,订阅报纸、杂志,教师的阅读也带动了学生的阅读,读书已经成为师生的一种习惯和生活的重要组成部分,促进了书香校园建设。2009 年开始,举办教师论坛,至今已举办读书实践交流、课堂教学感悟等主题论坛 20 余期,教职工 100 多人次登上讲坛,发言人中也包括门卫,论坛成为教职工展示能力和水平的舞台。教职工撰写的优秀案例、论文,结集出版了《小细节 大教育》《展师德风范 筑育人丰碑》等多本书刊。在广大教师中推行"一岗双责",在年度考核时既考察教师的教学工作,又考察其育人工作,引导大家履行"教书育人、为人师表"的职责,把"人人都是德育形象,事事都是德育资源"落到实处。争当育人模范、践行文化育人,已内化为全体教职工的自觉行动。

(2)实施民主管理机制。为使学校决策更加民主、科学,我校开通了校长公开电话、电子信箱、短信平台、官方微博等。聘任学生校长助理,至今已坚持七年,他们每周四大课间将征集的建议提交校长办公会。学校共收到建议 300 余条,其中超过半

数提案被学校采纳,如:高一、高三学生在大餐厅错时就餐,给每个教室安装开放式书架、安装遮光窗帘等。学校还成立家长委员会,发挥委员们的作用。有的家长对"怎样做合格的高中生家长"比较困惑,学校为家长们订购了《陪孩子走过高中三年》一书,并邀请上一届家长为下一届做经验介绍讲座;每年的直升考试、特长生测试均邀请委员们全程参与,保证了招生的公平、公正、透明。实施"问脚"机制,学校每项新举措出台时,都要征求各方意见。本学期开展的"影响学生学习效率提高因素"问卷调查中,在 25 项选项中,参与调查的 1260 名学生中 79% 的学生将"自主学习的时间是否充足"排在第一位,而教师却将此项排在了第十位,根据调查结果,学校适时调整了课程设置和课堂教学策略。在教师中开展"当一天学生"活动,为教师改进自己的教育教学取得最前沿的参考。

（3）建立人文关爱机制。购置爱心伞、超市小推车、夜间巡逻车,安装电子巡更系统,学生校服加制荧光条,体育场安装净化水设备,教学楼每个楼层配置微波炉,女生宿舍安装电吹风,安排专人在开水房为学生打水等,富有人文关怀的细节举措,老师们全心全意为学生服务的责任心、爱心,诠释了鲁迅先生所说的"教育是植根于爱"的真谛。多年来,我校一直关注家庭贫困学生成长,相继出台了走访摸底、自尊保护、应急资助等一系列富有特色的爱心资助机制,不让一个学生因家庭困难失学。2006 年,成立青岛五十八中"爱心基金"账户,近几年,爱心账户累计支出 125 万元。《青岛日报》头版头条对爱心账户进行了报道,青岛电视台党建频道播出了学校专题片《爱的'谐'奏曲》。

二、丰富校园文化活动，促进学生全面发展

（1）弘扬自主管理文化,使学生成为自主教育的主体。作为寄宿制学校,从早餐到晚睡,从宿舍到餐厅,从纪律到卫生,从班级管理到校园活动,等等,都由学生会自主组织管理,以培养学生的自律意识和自理能力。升旗仪式、成人仪式、运动会、电影节、读书节、艺术节等大型活动,均放手给学生,充分发挥学生的想象力、创造力,展示他们的组织才能。每年的运动会开幕式两千多名学生以班级为单位全部登台表演,历时近三个小时,给大家奉上了一场场精美的视觉盛宴。

（2）活跃学生社团文化,让学生体验成长的幸福。在学校的指导下,学生们组织成立了金钥匙交响乐团、天籁文学社、民乐团、动漫社、电声乐队、模联社、合唱团、微电影协会等 30 多个学生社团,组织了丰富多彩的活动,学生能力在活动中得到了锻炼和提高。交响乐团从 2011 年开始,每年在青岛大剧院举行专场音乐会。2016 年,交响乐团获全国五艺展一等奖,校园电视台被评为全国十佳校园电视台。在市中学

生第二届电影节中,周乔俏同学蝉联最佳导演奖,《有一个父亲叫老师》等5部微电影分获最佳影片奖、金奖等奖项;学生编导的公益微电影《我的十八岁成人礼》首映式在市中心血站举行。现高三学生、文学社成员李雪静同学撰写的13万字长篇小说《豆蔻》在《青岛早报》连载并出版发行,成为岛城第一位校园少女作家,并获第八届全国青少年冰心文学大赛金奖。

（3）拓展社会实践文化,增强学生的社会责任感和公民意识。近几年,我校将以挑战自我、强化集体意识为目标的30公里长途拉练纳入军训课程,开创了岛城高中军训"拉练"先河。今年又将消防演练、应急疏散演练、文明礼仪培训等内容纳入军训课程,将国防教育与安全教育、文明礼仪教育有机融合。学生们的社会考察、志愿者服务、公益活动将我市的"红飘带"精神不断发扬光大。春节前夕,学生们组织了"拒绝燃放烟花爆竹,文明共享新春佳节"志愿者主题活动,进行了"拒绝燃放烟花爆竹"公益微电影拍摄,向全市市民发出禁燃烟花的倡议,走上街头进行公益宣传与免费口罩发放活动。

三、重视校园文化环境,培育高雅情趣

我校着力建设宜人宜学的校园环境,特别注重环境的审美品质,注重自然、人文和科学景观的交相辉映,以使其影响人、感召人、净化人、陶冶人。"滴水穿石,日月生辉"的学校标志景观,中外名人塑像,"读书要用心 做人要善良"和"细节决定成败 习惯决定命运"的展牌,文化长廊,柿林中为方便学生休息、交流而摆放的石凳,毕业生赠送母校的日晷、地球仪等,以及散发着"书香味、人情味、咖啡香味"的"三味书屋"让文化与校园和谐温馨地融为一体,不断提醒学生修身正己,崇德向善。清晨校园的琅琅书声、课间的世界名曲欣赏、校园电视台剪辑播出的"每日新闻"等,启人心智。在校园文化潜移默的熏陶中,每一位五十八中学子变得更加阳光、自信、儒雅、大气。

办学就是办文化。在今后的工作中,青岛五十八中将发扬60年积聚的人文精神,关注校园文化的育人功能,让每个细节都散发文化的芬芳,凸显文化育人的内涵,把学校建成师生共同的精神家园,办好人民满意的教育,为岛城教育的发展和"中国梦"的实现贡献自己的力量。

"尚德笃行" 德育品牌建设

青岛三中　许　帅

青岛三中于 2012 年五四青年节之际,举行了全校教师、学生大会,正式启动"尚德笃行"德育品牌创建工作。经过长期扎实有效的品牌创建,"尚德笃行"德育品牌获评"青岛市中小学十佳德育品牌"。

一、谋而后动,动必有成,齐心合力做好德育品牌名称的确定工作

学校根据《青岛市教育局关于在全市普通中小学开展德育品牌创建工作的实施意见》要求,在深入审视反思本校办学传统和现状的基础上,结合学校"明德崇和"学校文化建设与学生实际,广泛征求教师、学生和家长意见,最终确定"尚德笃行"作为学校德育品牌。在此基础上,学校广泛发动师生,集思广益,确定了彰显"尚德笃行"德育品牌内涵和学校特色的品牌标识。

二、谋事先谋人,不断提高德育队伍工作科学化和艺术化水平

加强教师自主学习,在学习中不断提高育人能力和水平。学校投入资金,为每位任课教师都订购了一份(一本)教育教学的杂志或书籍。鼓励老师在课余时间,多读书、读好书。从书本中吸取营养,学习先进教育教学理念。注重专家引领,在反思中实现专业化成长与发展。采取"请进来,走出去"的办法,学校不断加大德育队伍的培训力度。培训对老师们改进工作思路和工作方法,不断提高工作的科学化和艺术化水平帮助很大。

三、知行合一,在道德体验中提升学生人文素养和道德品质

充分发挥课堂教学的德育主渠道作用。学校围绕品牌建设多次召开学科教师专题研讨会,强化学科教师的德育意识,深入挖掘学科德育资源,充分发挥学科教学的育人作用,坚决克服只教不育,重教轻育的错误思想,努力提高每一位教师育人的使

命感和责任感,真正实现教书育人的有机结合。特别是学校的政治、语文和历史等学科,在这一方面做了大量的探索,形成了富有特色的学科德育模式。

通过丰富多彩的活动,促使学生在实践中体验、感悟、提高和升华。搭建平台,发挥学生所长,让学生在才艺、特长展示中增强学生的成就感和价值感。积极开展学生志愿者活动,打造学校"爱心加油站"志愿者品牌。

四、三位一体,全面实施全员育人导师制和班级教导会制度,增强学校、家庭和社会德育工作合力

全面推行全员育人导师制。学校在教师中全面推行全员育人导师制。着力构建"教书育人,管理育人,服务育人,全员育人,全面育人,全程育人"的德育工作机制。各班根据学生的兴趣爱好、个性特点、学习成绩、家庭情况等综合因素,对学生进行科学合理的分组,每组由一名任课教师担任导师。导师在认真完成教学任务和相应职责的同时,主动加强对受导学生思想、学习、生活等方面的教育和引导,做到"思想上引导、心理上疏导、生活上指导、学习上辅导",促进了学生的健康成长、快乐成长和全面成长。

积极组织开展班级教导会。教导会由学生代表、家长代表和班级全体任课教师参加。教师、家长、学生就学校工作、各项活动及学生成长等方面进行了全面深入的交流。通过交流,家长对学校的开展的各项工作,尤其是学校的民主化管理、"自主、互助、展示"课堂教学改革和全员育人导师制,给予了高度的评价和肯定。班级教导会加强了老师与家长、老师与学生、学生与家长之间的沟通,既指导了学生的成长,又促进了学校的发展。

充分利用社会资源,引导学生积极投身社会实践。学校在青岛市李沧区社会福利院挂牌成立德育和社会实践活动基地。这是岛城第一所在社会福利院建立志愿服务、德育和社会实践基地的高中学校。学生定期到福利院开展活动,受到工作人员和老人们的欢迎。学校还制定了《青岛三中学生假期社会实践活动方案》,引导学生开展以社会参观活动、社会调研活动、社区服务活动、职业体验活动为主要内容的社会实践活动。学生在实践和体验中得到感悟和提升。

依法治校、自主办学

青岛第二实验初级中学　战志蛟

一、章程诞生的过程就是现代学校制度实施的过程

青岛第二实验初级中学是 2009 年新建的一所公办初级中学,科学规划显得尤为重要。为此,学校专门举办了"学校战略发展研讨会",邀请中央教科所副所长、山东省教科所所长、青岛市教育界老领导、国家督学、高等院校的专家、家长代表、教职工代表和社区代表等各界人士参与,请他们一起商讨学校未来发展的战略规划,为章程的制定提供科学有效的保障。

在充分学习研讨的基础上,学校成立了《章程》起草委员会,成员由校级领导、各职能处室负责人和政府、教师、学生、家长、社区代表组成。委员会成员认真学习《教育法》《义务教育法》《国家中长期教育改革和发展规划纲要》(2010—2020 年)及省、市级规划纲要等一系列教育法律法规,把握其精髓,为章程的制定奠定基础。在章程制定的过程中,严格法律程序,广泛吸纳社会各界的意见和建议,确保章程的科学性和严谨性,为学校未来发展保驾护航。

首先,充分发挥教师的主人翁作用。其次,广泛征求家长意见。其三,获取相关专家的指导。最后提交校务委员会审议通过

经过这样一个严密而完整的制定程序,学校章程得到了学生、教师以及家长的一致认可,各种力量迅速凝聚在一起,为学校的发展奠定了扎实的基础。所有参与章程制定的人员无不认真地表达自己的意见和见解,由此折射出民主的气息,现代学校制度的魅力。

二、章程蕴含的鲜明特色

(一)确立了适应时代发展的办学理念

办学思想：成就教育。

办学理念：成就梦想。

校徽：校徽图样为　　　寓意为：胸怀世界，勇于摘取各个领域的王冠。

校歌：校歌为《山的那边是大海》，寓意为：胸怀世界，向着理想飞翔！

（二）构建了符合现代学校制度的组织机构

1.改革传统的行政机构，实现由管理向服务的转变

为改变干部的管理理念和工作作风，突出"育"和"导"功能，学校首先从内部管理机构进行革新。

学校设支部委员会、校务委员会、教代会、家长委员会四个并行的机构，以促进民主决策、相互监督、相互制约，推动现代学校制度建设。

改组传统的中层部门，学校行政机构设立了党政服务处、学业指导处、生活指导处、师生发展服务处和教师发展指导处，替代了传统意义上的办公室、教务处、政教处、总务处和教科研室。以内部机构革新为抓手，强化学校行政组织对教师和学生的指导与服务职能。

2.成立校务委员会，让教师、家长、社区代表参与学校管理

成立校务委员会。由政府举办单位代表、学校管理层、教师代表、家长代表、社区代表和专家学者等多方人员组成，作为学校的决策、咨询、监督、协调机构，确保民主监督、自主管理、社会参与的有效性。

3.创新学生干部组织，让学生做校园的主人

最好的教育是自我管理的教育。为让学生自我教育、自主管理、自主发展，学校创新了学生组织机构，构建起学生会、自主发展委员会、自主管理委员会、民主参事会和生态环保委员会五个平行组织。所有学生干部均由班级推荐、个人自荐、公开竞选产生。

4.完善教代会组织，保护教师的合法权益

教代会是学校的群众组织。凡涉及中层干部换届、特长生招生、教师考核、教工绩效、教师合法权益等重大事项时，必须提交教代会讨论酝酿，由教代会代表表决通过，以保护教师的合法权益，调动广大教职工参与学校管理的积极性和主动性。

5.创新家长委员会组织，让家长更好地发挥监督管理的职能

家长委员会是代表全体家长参与学校民主管理，支持和监督学校教育教学工作的群众性自治组织，是联系家庭与学校的桥梁与纽带。

校级家长委员会由 40 名家长代表组成。委员会下设四个分会,分别是膳食工作委员会,安全工作委员会、教育教学评价委员会,学校管理监督委员会。班级家长委员会由七名家长代表组成。所有委员会的代表皆由各班推荐、家长表决通过,然后由学校颁发聘书进行认证,以保证代表的广泛性和参与性,更好地发挥监督与管理的职能。

(三)以《规划手册》引领师生的职业和人生发展

依据学校五年发展规划,围绕"成就教育"的办学思想,制定《教师专业发展手册》。《手册》依据省、市、区的教师专业发展特点,制定符合教师自身特点的菜单式发展目标和发展计划,从而让教师在专业发展上有"长跑或短跑"的选择自由,成就教师的专业发展目标。《手册》的建立,旨在帮助不同层次的教师主动积淀自己的内涵底蕴、寻找和规划专业发展的方向和阶梯。《手册》引导教师明晰专业发展目标和主要任务,这其中既包括准确有效的长期发展规划,又包括各学期的发展目标,并将发展目标进一步分解为若干子目标,如师德表现、班级管理、教学水平、参与校本教研活动记录表、阅读课外书目记录表、个人专业发展等,让目标具体化,更具实效性。让老师们在教育发展的大背景下重新审视自己的工作习惯,寻找自己进一步发展的起点和思路。有了发展规划手册的指引和帮助,教师们会逐步稳健地做好各项教学工作,正确地走在专业发展的道理上,并且渐行渐远。

学校为学生印制《生涯发展规划指导手册》,手册设计别具心思,结合学生年龄发展特点和学习能力,分年级编制内容。《手册》整合了丰富的规划知识和技能培养练习模块,成为学校生涯规划课程的重要组成部分,使得学生的生涯发展规划路线集理论、实践操作和经验为一体。《手册》的编制着重凸显学生主体地位,具有实践性、层次性、趣味性,引导学生能利用比较科学、全面的方法对自己进行分析,清晰地了解自身角色特性、深入了解自我的兴趣、性格和能力倾向,从而有针对性地进行自我调整和能力锻炼储备,树立自己的专业意识,初步确定自己的职业方向,为建立适合自己的职业生涯规划方案打下基础。根据人生规划课程标准、结合学生使用《手册》情况,学生、教师均会成为发展评价的主体,采用形成性评价和终结性评价相结合的方式,通过任务完成情况、作品展示等方法评定学生的生涯素质和规划能力,促进学生不断发展。

（四）充满民主色彩的管理文化

1. 学校如何决策

学校《章程》在第十一条学校决策形式中列明学校的决策过程有五种形式。分别是：

（1）校务委员会。由学校领导、教师代表、家长代表、社会代表等人员组成。校务委员会主任由校长担任。校务委员会主要负责审议有关学校发展、学生管理的重大事项。

（2）党支部委员会会议。由学校党支部书记组织定期召开支部委员会，研究商讨学校发展的重大问题和教工福利待遇等问题。

（3）校务会议。由校长定期组织召开校务会议，依据《学校校长工作暂行条例》，研究、决定学校行政工作重大问题。校务会议人员由学校的正副校长、党支部正副书记、工会主席组成。

（4）校长办公会。由校长组织每周召开校长办公会，讨论研究学校日常工作中的有关问题，中层以上干部参加会议，必要时可根据议事内容召集有关人员列席参加。

（5）教代会。由工会组织召开，讨论通过与教职工利益直接相关的重大事项。

我们的感悟：

如此决策，岂能不科学合理？ 校长，只是执行总裁。

2. 如何保障师生的知情权

学校《章程》在第十七条明确了学校建立健全信息公开制度。学校实行校务公开，切实保障教师、学生的知情权、表达权、参与权和监督权；同时向社会公开学校相关信息，以适当方式为学生及其家长了解学生的学业成绩及其他有关情况提供便利。

财务、绩效、考核、评聘、评优等皆在第一时间公示。

我们的感悟：

公开、公平、公正是现代社会的标识之一，越是公开，越能得到群众的认可和支持！

3. 如何保证学生的话语权

民主参事会是五大学生组织中颇具威慑力的组织之一。参事会的参事们会定期向学校教育教学管理问题发问，并责令校方改进。如作业量问题、食堂配餐的科学性、校园指示引导牌等问题，常常令管理者和教师无言以对，只能默默改正。

我们的感悟：

让学生有话语权，更能激发孩子的主人翁意识，更能激发孩子的正能量。

加快学校文化建设，营造和谐育人文化

青岛市即墨区实验高级中学　王崇国

一、指导思想

通过开展富有成效的学校文化建设活动，不断丰富办学内涵，提升办学品位，促进学生全面发展和健康成长。

二、总体目标

按照"校园建设营造整体美、环境绿化营造自然美、团队精神打造人文美、人际和谐营造文明美"的文化建设思路，形成优良的校风、教风和学风，全力打造"平安校园、书香校园、生态校园、文明校园、人文校园"，努力实现学校精致，校园和谐，管理精细，质量领先的总体目标。

三、主要任务

（一）加大投入，提升文化硬件水平

通过建设，营造一个具有浓厚文化气息和丰富文化内涵的校园环境，使师生置身于其中就可陶冶情操、美化心灵、激发灵感、启迪智慧。

（1）营造幽雅、恬静、健康、温馨的文化氛围。校园布局合理，功能分区明确，建筑物协调和谐，以校园荷塘、樱花、榉树、柿子树、山坡绿地为依托，进一步提升绿化、美化水平，做到校园环境宁静优美，树木花草相映成趣，道路平坦整洁。

（2）进一步明确功能区划分。建设好新综合楼，校园建筑布局更加和谐，功能更加完善，高水平规划建设好综合楼周边建设；深度建设如意长廊为文化长廊，如名师宣传，科学家宣传，最美实验高中人物宣传等。

（3）提升绿色校园水平。开展校园十景（樱花大道、法桐大道、樱花园、桃园、李园、柿子树园、榉林、竹林、常春藤长廊等）推选（建设）及景观说明；校花、校树推选及说明；做好校园景观植物管理、保护、利用和欣赏，如用树叶型书签给乔灌木命名并介绍习性，花木修剪造型、花木摄影等；规划建设好新综合楼周边景观，高层次设计建设行政楼前景观。

（4）道路征集命名，并设立说明牌。道路指引牌采用环保节能技术，昼夜都可以识别。结合我校的发展历史和办学理念，分南北方向和东西方向两种类型，分别进行命名，如六艺广场东侧路命名为创新路，六艺广场西侧路命名大学路，宿舍北侧命名为致远路。

（5）丰富完善校史馆。全面展示我校办学历程，展示我校的办学成果，明确未来的办学方向，作为新高一学生入学第一课教育基地。

（二）匠心打造，提升文化软实力

践行"教师第一、学生中心、课堂至上"核心理念，加快推进"打造拥有人文情怀、鲜明特色、一流育人质量的现代化卓越品牌学校"，以活动为载体，深度推进"十个一"项目建设，提升学校文化品位。

（1）深入开展传统节日活动和国家重大节庆日、革命纪念日、世界主题日活动。结合学校的德育活动，利用升旗仪式、班队活动、学生社团，校外实践等多种形式，培养学生的家国意识，落实传统教育。发挥团委、学生会、各社团生力军作用，弘扬传统文化，加强对学生的熏陶。

（2）办好校内科技节、读书节、体育节、艺术节。结合学校的德育方案，通过丰富的文体活动，培养全面发展的接班人。

（3）仪式感教育。结合校园特色文化活动项目，继续开展仪式教育，组织好新生入学、开学典礼、成人礼等大型的仪式，通过仪式和宣传，增强学生的现场感、代入感。

（4）打造高品位宣传阵地。加强对校园网站和微信公众号的管理，严格稿件的审核和发布制度；发挥校园网站、微信、微博、广播站的文化宣传阵地作用；开辟班级主页和教师主页，及时对网站内容进行更新；发挥图书馆、漂流书柜及电子阅览器的文化阵地作用。

（5）加快现代学校制度建设和学校治理模式改革。结合山东省普通高中办学自主权试点工作，推进现代化学校制度建设，大力推进基于民主决策、权责分明、效率优先、扁平管理原则的学校治理模式改革，优化机构设置，提高级部主任负责制效率,打造教学管理一体化、师生管理一体化、过程评价与结果评价一体化学校管理模式,鼓励级部、职能处室进行内部管理体制创新;进一步完善向老师报告、听老师意见、请老师评议的充满生机活力的现代学校制度。

营造校园文化氛围 促进师生和谐成长

莱西实验学校 吕建刚

学校的精彩不在于装备有多么的完美,而在于把和谐发展、人本理念渗透到学校工作的各个细节之中,在于用文化底蕴、人文精神来濡染和浸润受教育者,以勤勉的教师来言传身教,尊重学生的个性差异,因材施教,为每个学生搭建适合发展的平台,让每一个学生成为可造之才。

一、创造优美舒适的校园环境

文化之于一所学校的意义,犹如灵魂之于生命、思想之于人类,是一所学校凝聚力和活力的源泉。一所高水平的学校,不一定有着高楼大厦和高新设备,但一定有着具有人文气息的环境,由此体现出的富有魅力的学校文化会衍生出一股强大的文化力,它润物无声,它无时不在,无处不在,能使学校品质卓然,独具特色。实中秉着"让每一块墙壁都会说话,让每一棵花草都能传情,让每一幅图画都能会意"的环境文化育人理念,对校园建设的设施、植被以及人文景观进行了细致规划,大到主体建筑,小到角角落落,每个细节都精心斟酌、精心策划,力图创造一种积极高雅、赏心悦目的视觉效果,使师生一走进校园就能触景生情,心旷神怡,积极进取,奋发向上。与此同时学校还加强校园的净化、绿化、美化,时时保持校园环境的整洁,力求做到"春有花,夏有荫,秋有果,冬有绿",努力创造优美舒适的校园环境。

二、构建和谐互助的人文环境

学校的主体是由教师和学生构成的,和谐的人际关系主要目标在于使教师的教与学生的学都能达成最佳效果。

（一）打造德艺双馨的教师团队

纽曼在《大学的理念》中有一段话："任何学科的一般原理，大家可以足不出户，通过书本而知之，可是细节、色彩、口吻、氛围、生气，使得一门学科融入我们血脉的那股生机，凡此种种都要从师长那里把捉，因为学科已经在他们身上获得了生命。"我想，这段话很好地诠释了教师存在的价值，至少是教师在当今存在的价值。写在书本中的知识，主要是一种记录和陈述，而教师所做的不是简单的、纯粹的知识陈述，而是融入教师的理解、教师的精神、教师的情感、态度和价值观，体现出了教师的个性风格。

教师的任务就是要为知识赋予生命。我想，这是纽曼给我们的一个很好的、很重要的建议，学校关注教师的专业发展，定期举行交流课研究课，老师们互相听课评课，学习借鉴他人优秀的教学方法；对新岗教师进行三三五模式的培训，师徒结对，通过以老带新，举行新岗教师交流课、过关课、汇报课等等，帮助新岗教师快速成长起来；加强师德建设，学年初，以《中小学教师职业道德规范》为基本要求，开展"师德教育月"活动，先后举行"学生最喜爱的教师""最受学生敬重的教师"评选活动，并以"寻找四中最美教师"为主题，录制关于学校优秀教师的故事，在全校范围内宣传优秀教师事迹，通过树立典型、宣传典型，指引教师文明执教，健康发展，在教师群体中形成良好的导向作用。通过学生评教、家校平台交流互动等多种形式，及时采纳建议，积极推动教师整体素质的提升。

（二）搭建学生个性发展的平台

学校以学生成长为根本，本着"尊重差异、多样发展、挖掘潜能、一样精彩"的理念，让每一个学生在特长研讨和生涯规划中，摒弃自身欠缺，梳理发展兴趣，确立发展方向，寻找足够自信。同时，为每一类学生的发展设置不同的课程：文化上有基础走文考之路进高校，专业上有特长走体艺之路进高校。这样，不以文化优劣分层次，不以分数高低定班级，而是立足特长求发展，基于成长定课程，充分开展课外活动，促进学生全面而又有个性地发展。

目前，我校在各年级开足开齐艺体必修科目的同时，注重艺体学校课程的开发，先后开设音乐类钢琴、萨克斯、葫芦丝、舞蹈等，美术类绘画、硬笔书法、毛笔书法等，体育类校园青春健美操、篮球、乒乓球、羽毛球、足球、武术等15门艺体学校课程。

学校定期举办书法、绘画、课本剧、合唱比赛，每年还围绕节日开展系列文艺活动，如"五四青年节""教师节""元旦"等举行大型文艺演出，给学生提供充分的机会，展示其才能，培养其个性和创新能力。

"让校园充满成长气息,让师生体验成功的喜悦",我们在思考、在探索、在实施,我们坚信,通过不懈的努力,我们定会把学校打造成师生和谐成长的乐园!

"气"功:做浸润着风度的教育

青岛西海岸新区第三高级中学　刘光平

学校是学生成长、发展的地方,更是培养人的精神气质的地方,学校教育的本质,是使人向善,使我们的学生文明、儒雅、大气、健康,即有风度。在我们学校发展过程中,我们积淀底气、激荡儒气、展现大气。通过做好"气"功,提振精神气质,让我们的教育浸润着风度气象。

一、积淀底气

底气与学校底蕴常常密不可分。积淀底气就要追根溯源,就要从学校的底蕴里去发现去提炼,然后注入师生精神里面。青西三中是有着六十多年历史的老校。一任任校长带领着老师们前赴后继,探索,完善,固化,然后与时俱进,不断丰富和发展,终于形成了以"严""细""勤""实"为核心的三中办学理念,我们精心挖掘其内涵,做成牌匾,悬挂在勤勉楼,让底蕴不再沉默,而是形成让三中人引以为豪的历史优越感,担当学校历史发展者责任感,维护学校声誉的使命感。挖掘底蕴,唤醒底气,从而积淀底气。让底气氤氲在整个学校里面,熏染着整个学校教育。我们重新设计了校徽,把三中历史和新时代教育思想作为元素嵌入其中。我们新建了校史墙,让若隐若现的三中历史清晰地走到所有三中人的视野里。借助底蕴的挖掘,整理,展示,三中厚重跌宕起伏的历史让三中人思考进取,积淀到血液里灵魂里,变成昂扬而雄浑的底气,张扬着三中风度。

二、激荡儒气

风度离不开儒雅。儒雅让人显得高贵。我们办儒雅学校,将中国传统文化与现代教育有机结合,引导老师做儒雅教师,引导学生做儒雅学生。我们新立了孔子像,求本探源,传承儒家文化;每学期举办经典诵读活动,向经典致敬,接受经典洗礼;

开展道德讲堂,叩击学生灵魂,唤醒学生对真善美的追求;进行国学知识竞赛,回归传统,吸取精髓。我们在教学楼每个楼层设立了读书角,打造书香校园,让学校真正成为充满书卷气息的育人场所。我们用富有文化气息的名字,为每一座楼命名。开展远足活动,读万卷书与行万里路结合。通过学校物质与环境、课程与活动、行为与精神等层面的共同作用,努力培养"情趣高雅、语言文雅、行为儒雅、气质优雅,具有良好的行为习惯和社会公德"的学生。

三、展现大气

大气的学校追求为每一位学生提供更大的自主成长空间。今年校容校貌焕然一新,砖红色外墙雍容典雅,恢宏大气,新修葺的花园简洁疏朗,不失尊贵。楼内每一面墙或悬挂或裱贴宣传画,恰当得体,文化气息浓厚。合唱节学生盛装展示,青春而理性;体育节师生竞技,入场式如诗画如梦幻。大气的学校,老师不再把自己当作火车头,拉着学生跑,而是把每一个学生视为一节动车车厢,让他们都拥有自身的前进动力。大气的老师宽容、睿智,有魄力,为人坦荡,个性鲜明。大气的学生是有思想、有品质、有品位、有价值的学生。

"气"本是无形的,我们却通过有形的载体,让学生生活在一种"气氛"里,浸润其中,被熏染,被教化,慢慢变得有底气、儒气、大气,渐成风度。

第四部分

职 业 教 育

山东省轻工工程学校墨子校园文化建设

山东省轻工工程学校　迟本理

理念是行为的先导,文化是发展的灵魂。学校文化是立校之本,兴校之源。建设特色墨子校园文化,是为进一步丰富和完善学校发展内涵,对于提升办学水平,塑造学校形象,锤炼卓越团队,提升文化软实力,更好地履行育人职能,办好人民满意的教育,具有十分重要的意义。结合几十年工科办学,迟本理提出构建墨子特色校园文化体系。

一、加强墨子校园文化建设的意义

墨家文化浩若瀚海,最为称道者或为以下数项:兼爱平等的博爱主义理念;非攻和平的乌托邦理想;尚贤尚同的贤人治国方略;非命尚力的自强不息精神;敬天守法的行为处事准则;自主创新的科技发展模式;扶弱利人、助人为乐的侠义情怀;互利双赢的经济、人际关系理论。墨子的这些思想和主张,具有极强的现实意义,对弘扬学校"情铸金蓝领"的教育品牌,对我校"又红又专"办学思想、"崇德尚能、笃学致用"办学理念和"倾情打造金蓝领、服务现代制造业"的办学使命有着启发和借鉴作用。

二、建设特色墨子校园文化主要措施

（一）文化引领

（1）每年新生军训下发《墨子文化手册》渗透墨子文化知识的学习,渗透墨子兵器和现代国防知识。

（2）充分利用校园广播站和校园电视台的宣传作用,每天用故事讲解形式和视频形式播放墨子文化历史故事。

（3）每学期各班召开不少于2次以墨子思想为主题的班会。

（二）思想引领

（1）利用出版的《墨学研究13篇》，让广大教师在初步了解墨子主要思想和主张的基础上，通过研读，挖掘墨子文化的时代价值，进一步挖掘墨子思想和职业教育的契合点，"拿来主义"为我所用。

（2）充分调动学校墨研会各位老师的积极性，发挥团队作用，每学期出版一期《墨子校园文化论坛》并争取在市级以上刊物发表或出版全国中心期刊。

（3）利用"墨子文化十分钟活动课堂"、墨子主题班会等形式，每学期在校内进行2～3次观摩课，争取在市级教研层面进行推介。

（三）环境熏陶

建成墨子文化墙，墨子文化长廊，墨子铜像和铜书，墨子主要思想石头刻字，墨子十大主张竹简和基地培训楼内墨子文化宣传栏。建设几组大型墨子雕塑，进一步美化、亮化校园墨子景点建设。

（四）课堂渗透

挖掘教材，在课堂中加大墨子文化和思想的渗透，让学生有所感、有所思。另外，要创新教育方式，利用"十分钟生活化活动课堂"、主题班会、AB剧、情景剧、辩论赛等形式把墨子文化渗透到课堂中。

三、实施墨子校园文化活动精品计划

（1）加强校企合作，邀请企业专家参加每年一度的"墨子杯"校园技能大赛，提升学生技能，为将来顶岗实习和就业打好基础。

（2）文化艺术活动。以墨子思想为主题积极开展各类特色鲜明、参与面广的学生活动，精心打造读书节、五月诗歌朗诵比赛、金秋十月歌咏比赛、学生辩论赛等墨子品牌文化活动，进一步丰富同学们的校园文化生活，拓展学生素质。

（3）宿舍教室文化。宿舍教室文化要以墨子特色理念文化进行布置和建设。让墨子思想时刻都能影响、感染学生和教师。核心价值观：兼爱 共赢

学校训词：兼善工学　兼爱天下。

人才理念：尚贤任能　适才适位。

学生价值观：德与能并重　知与行共进。

（4）继续搞好爱心帮扶和导师制等活动。用墨子"兼爱"思想，关爱每一个学生，尤其是"兼爱"后进生和家庭贫困学生。班主任和广大教师要有责任心，除关爱他们

的学业状况和校园表现外,还要关爱他们的家庭情况,方能对症下药,方能塑造他们的价值观和引导他们的人生观。

(5)加大班干部和学生会干部队伍的培养力度。用墨子"尚贤""尚同"思想加大对干部队伍的培养。"尚贤"就是尊重、重用贤人,"官无常贵,民无终贱,有能则举之,无能则下之。""尚同"就是"选天下之贤可者"。教育过程也应该有这种不分贵贱唯才是举的意识。

平度师范学校儒家校园文化建设

山东省平度师范学校　王启龙

理念是行为的先导,文化是发展的灵魂。学校文化是立校之本,兴校之源。建设特色儒家校园文化,是为进一步丰富和完善学校发展内涵,对于提升办学水平,塑造学校形象,锤炼卓越团队,提升文化软实力,更好地履行育人职能,办好人民满意的教育,具有十分重要的意义。近年来,我校结合几十年基础教育师资力量培养经验,探讨构建儒家特色校园文化体系并取得较好效果。

一、加强儒家校园文化建设的意义

早在西汉时期,董仲舒就提出了"罢黜百家,独尊儒术"的思想,记载了汉武帝的做法是"罢黜百家,表章六经"。该思想,已非春秋战国时期的儒家思想原貌。而是掺杂道家、法家、阴阳五行家的一些思想,体现了儒家思想的"兼容"与"发展"特性,是一种与时俱进的新思想。最为称道者或为以下数项:民贵君轻、兼爱平等的博爱主义理念;修身、齐家、治国、平天下的理想;和遵循"道之以德齐之以礼"的圣人治国方略;"吾善养吾浩然之气"的自强不息精神;悲天悯人、仁爱和平、温、良、恭、俭、让的行为处事准则;因材施教、自助助人、自主创新的科技发展模式;为天地立心,为生民立命,为往圣继绝学,为万世开太平的侠义情怀;遵守五伦、五常、四维、八德的人际关系理论。孔子的这些思想和主张,具有极强的现实意义,对实现"立德树人"的教育总任务,对我校"学高为师,身正为范"办学思想、"崇德尚能、笃学致用"办学理念和"倾情打造一流的基础教育师资力量、服务现代基础教育"的办学使命有着启发和借鉴作用。

二、主要措施

（一）文化引领

（1）每年新生军训下发《孔子文化手册》《弟子规》等渗透孔子文化知识的学习，渗透儒家思想和中华优秀传统文化的学习。

（2）充分利用校园广播站和校园电视台的宣传作用，每天用故事讲解形式和视频形式播放孔子文化历史故事。

（3）每学期各班召开不少于2次以孔子思想为主题的班会。

（二）思想引领

（1）利用出版的《群书治要十讲》，让广大教师在初步了解孔子主要思想和主张的基础上，通过研读，挖掘孔子文化的时代价值，进一步挖掘孔子思想和职业教育的契合点，"拿来主义"为我所用。

（2）充分调动学校儒学研究会调动各位老师的积极性，发挥团队作用，每学期出版一期《孔子校园文化论坛》并争取在市级以上刊物发表或出版全国中心期刊。

（3）利用"孔子文化十分钟活动课堂"、孔子主题班会等形式，每学期在校内进行2～3次观摩课，争取在市级教研层面进行推介。

（三）环境熏陶

建成孔子文化墙，孔子文化长廊，孔子经典文化铜像和铜书，孔子主要思想墙壁、石头刻字，孔子儒家思想竹简和基地培训楼内孔子文化宣传栏。进一步建设以儒家思想命名的校园文化路，进一步美化、亮化校园孔子景点建设。

（四）课堂渗透

挖掘教材，在课堂中加大孔子文化和思想的渗透，让学生有所感、有所思。另外，要创新教育方式，利用"十分钟生活化活动课堂"、主题班会、AB剧、情景剧、辩论赛等形式把孔子文化渗透到课堂中。

三、实施校园文化活动精品计划

（1）加强家、校、社合作，邀请传统文化讲师、专家来学校讲学，并参加每年一度的"孔子杯"校园儒家文化知识大赛，提升学生文化涵养，为将来顶岗实习和就业打好基础。

（2）文化艺术活动。以孔子思想为主题积极开展各类特色鲜明、参与面广的学生活动,精心打造读书节、五月诗歌朗诵比赛、金秋十月吟诵、歌咏比赛、学生辩论赛等孔子品牌文化活动,进一步丰富同学们的校园文化生活,拓展学生素质。

（3）宿舍教室文化。宿舍教室文化要以孔子特色理念文化进行布置和建设。让孔子思想时刻都能影响、感染学生和教师。核心价值观:仁爱、和平。

学校训词:兼善工学 仁爱天下。人才理念:尚贤任能 适才适位学生价值观:德与能并重 知与行共进

（4）继续搞好爱心帮扶和导师制等活动。用孔子"仁爱"思想,关爱每一个学生,尤其是"仁爱"后进生和家庭贫困学生。班主任和广大教师要有责任心,除关爱他们的学业状况和校园表现外,还要关爱他们的家庭情况,方能对症下药,方能塑造他们的价值观和引导他们的人生观。

（5）加大班干部和学生会干部队伍的培养力度。用孔子的"尚礼重德""天下大同"思想加大对干部队伍的培养。"尚礼重德"就是崇尚礼节、礼贤下士、以德服人的理念,子曰:"己所不欲勿施于人。"孟子曰:"行由不得反求诸己。"身为干部一定要以身作则,坚持原则,懂得反思,在成长的路上不断凝练和提升的能力和素养。天下大同是儒家的最高理想,与费孝通提出的"各美其美,美人之美,美美与共,天下大同"的十六字美育方针和习主席提出的"人类命运共同"如出一辙。教育过程也应该有这种责任担当、胸怀天下的意识和格局。

建立"五美"培养模式，打造新时代特色女生

青岛幼儿师范学校 于 朝

青岛幼师是培养幼儿教师的摇篮,幼儿教师文化修养的高低直接影响孩子们的启蒙教育和身心发展。目前该校女生比例约为90%,在多年的理论研究和实践工作中,该校以"尚美润德"为培养目标,建立了"五美"女生培养模式。

一、以爱育美，加强品德教育

该校坚持立德树人根本任务，不断完善具有幼师特色的德育体系，加强学生品德修养教育。通过主题班会、师德活动、传统文化教育、女生节等方式进行"爱国家、爱他人、爱自己、爱职业"等主题教育活动。

二、以教铸美，提升综合素养

"亦生亦师，教学做合一"作为该校的教学理念，体现了幼师特色，突出了学生"成师"的能力培养。该校通过文化课夯实基础，技能课挖掘潜力，专业课助力成师，成熟的课程体系成为女生学习能力和综合素质提升的主阵地。

三、以健修美，完善健全人格

习近平总书记强调，"体育承载着国家强盛、民族振兴的梦想。体育强则中国强，国运兴则体育兴。"该校开展特色运动会、健美操、体育节女生团队活动，开设心理健康教育课程、女生系列讲座、定期为女生开放心理咨询室，提高女生的心理健康水平，塑造女生心灵美、形体美的新时代女生形象。

四、以勤炼美，铸就奉献精神

"劳动是人类的本质活动，劳动光荣、创造伟大是对人类文明进步规律的重要诠释。"为提高学生的劳动意识和能力，提升学生奉献社会服务他人的良好品质，该校积极开展值周劳动和志愿服务活动，培养女生独立自主的意志品质，提升学生关爱他人、奉献社会的意识和能力。

五、以艺润美，滋养心灵成长

艺润校园，美促成长。该校以艺术教育为抓手，为学生搭建多元发展平台。积极研究艺术教育改革，提升学生美育实效。天歌舞蹈队、蒲公英少女合唱团等多次在全国及省市比赛中荣获大奖。学生在过程中付出努力，收获自信，促进心灵成长。

"五美"教育模式能够有效针对女生的整体特点和个性化特点进行更加有针对性的培养，更利于在教育中扬长避短，开发潜能。"五美"教育模式的实施取得了以下成效：

一是建立了合作分享的女生集体文化。女生在班级中，在团队活动中，以爱为中心，以合作共享为出发点，形成共同的价值观、理想、信念与追求，进而产生强大的凝聚力和积极的团队精神。

二是建成了特色鲜明的女生课程教育体系。该校开设丰富多彩的课堂教学课程,既有文化基础课,还有技能技巧课以及提升实践实训能力的专业课;设置特色鲜明的女生社团活动及校本教育课程。提升女学生文化素质,唤起女生的生命感、价值感,提高女生生存竞争力,造就知性、智慧、从容、大气的新时代女生。

三是打造了清新高雅的女生艺术活动平台。该校成立了舞蹈队、管乐团、合唱团等艺术社团,开展了一系列清新高雅的艺术活动,参加省市级比赛活动,提升学生的艺术修养,提高女生的品位与气质。

青岛商务学校全力打造"有声有色"校园文化

青岛商务学校　马素美

校园文化是学校精神、学校活动、学校秩序和学校环境的集中体现,具有继承、导向、凝聚、激励和调节功能。近年来学校在"铸造尊严"德育品牌的创建和维护中,全力打造以校歌、红歌、校园歌曲为"声",以"红蓝绿"三色文化和我校校本特色梦文化为"色"的《有声有色》校园文化,编撰了与之配套的同题读本,给师生的成长给予指导和帮助,为学校的健康可持续发展增抹了绚烂的色彩。

一、构建以爱国主义为核心的红色文化

组织学生以"追寻红色记忆,探索美丽中国"和"寻访金陵　筑梦名校"为主题,赴泰山、曲阜、孟良崮、南京等地开展了系列传统文化和革命文化之旅活动;读书节期间,组织开展阅读红色经典、品读红色家书、红色大讲堂等活动;借助学生志愿服务活动开展职业服务,组织美术专业师生到平度市云山镇贫困村义务绘制壁画,为岛城实施教育扶贫和乡村文化振兴战略贡献力量。

二、构建以海洋环境与生物技术专业为依托的蓝色文化

开设《环境保护》课程,指导学生撰写环境保护方面的研究性学习论文。曾荣获青岛市优秀志愿服务项目称号的学校"守护海洋"小分队,常年开展护海、美海行动。先后与八大峡边防派出所联合组织"给大海搓澡"等保护海洋教育活动,走进国家深

海基地,以"海洋、科技、发展、文化"为主题的"美绘海洋"手绘活动,把多彩的青春,画在了"蛟龙号"的家——国家深海基地,此举充分彰显出学生们对大海浓浓的热爱,和中职生良好的志愿服务意识与团队协作精神。成立创客环保工作坊,组织学生参加全国和市级中学生水发明比赛,致力于培养环境保护意识及科技创新能力,提高水环境意识,推动学生们的参与水资源保护行动。

三、构建以环保教育为主线的绿色文化

积极开展环境教育与节能教育的特色活动,开设海洋监测规范、环境监测、室内污染监测与防治等相关课程,组织辅导学生开展环境保护、节约方面的教学以及研究性学习。组织学生利用所学专业知识,开展职教义工进社区活动,指导社区居民掌握蔬菜中残留的农药去除方法、了解啤酒品鉴知识和科学健康饮酒常识,义务发放大气污染防范和垃圾分类小贴士等,用自己的微博之力,宣传环保知识,发动全社会协力保护环境。结合世界环境日、地球日、粮食日、植树节和标准化食堂建设等节点,开展"倡导低碳生活""文明餐桌"、领养绿植等主题系列教育和实践活动,引导师生树立保护环境和节约资源意识,培育节约资源的良好风尚,以实际行动巩固我校获得的青岛市建设节约型学校先进单位、青岛市公共机构节水型单位等荣誉成果。

四、构建以"铸造尊严成就梦想"为教育目标的校本特色梦文化

学校结合"铸造尊严成就梦想"人才培养总目标,引领高一学生以好习惯铸造尊严、高二学生以高技能铸造尊严、高三年级以好习惯铸造尊严,将重要纪念和节庆日、校园艺术节、体育节、技能节、读书节等融入校园文化建设和传统文化传承之中,通过成立"尊严与梦想"教育宣讲团,开展"尊严教育进课堂""企业文化进校园""职教义工进社区""道德讲堂班班设"系列活动,打造校园"梦文化",激发全校师生以正确的人生观、价值观追逐个人梦、职教梦、中国梦。当前"有尊严地生活,创造性地工作"已成为全校师生追梦、圆梦的导航仪和助推器。

推进企业文化进校园，打造新时代
特色鲜明中职校园文化

青岛西海岸新区高级职业技术学校　吕恒杰

笔者2018年起参加青岛市教育局面向全市职业学校校长组建、由青岛电子学校崔西展校长担纲主持的"崔西展名校长工作室"，接受崔校长的指导，耳提面命、努力成长。崔西展校长作为全国职业教育先进个人、全国优秀教育工作者、全国第四届黄炎培职业教育杰出校长，是一位特别有情怀、特别爱研究、特别有思想的职教先锋。在崔校长的指引下，笔者在任职学校实行校园文化重塑，突出校企合作、工学结合职教元素，推进企业文化进校园，把知行合一作为校园文化的核心要素进行统筹规划、对学校原文化建设从点到线到面进行全面重构，突出校企合作、工学结合育人模式在实现"立德树人"总要求中的引领作用，注重在校企合作中引进和融合优秀企业文化，对学生进行前置性企业文化熏陶与训练，助力学生顺利实现从学校到企业的跨越。

引进"6S"企业管理模式，编制"6S"校本教材，将"6S"管理理念与方法全面推行到实验实训管理和日常的教学管理、学生管理中，让学生受到现代企业制度的训练。学校对师生"6S"管理模式进行专题培训，还专门编印了《学校6S管理培训手册》，对学校各方面推进"6S"管理的步骤和目标提出了具体要求，各专业科、处室、实训室等相关负责人均制订了切实可行的计划，采用分级管理、责任到人的办法推进"6S"管理。

把企业文化进校园当成系统工程，在推进中不断丰富优化。组建近了50多人的企业文化讲师库，每月举办一次以上大型企业文化讲座活动；编辑企业文化大讲堂专用校本教材，并及时更新；定期邀请企业文化讲师座谈，对讲授课题进行研讨、对新校园文化建设提出指导意见；组织学生教师对收看、收听讲座；将企业文化大讲堂纳入各专业课程内容，列入对各专业科、班级考核评定。

建设了专用展室，采用声、光、电等多种技术手法，为主要合作企业打造分展区。

同时,组织教师、学生定期到企业参观、见习,感受现代企业文化气息,一方面让教师明确企业对人才综合素养的需求,明确企业到底需要什么样的人,该怎样培养企业真正需求的人才;另一方面让学生明确企业对员工的要求,明确需要调整和努力的方向。

利用大力推进实施"现代学徒制"的有利契机,对学生按照"双主体办学、双导师育人、双场所教学、双身份学习"的要求,由企业导师和学校导师共同组织学生开展生产性实训,深度贯彻企业文化,促使学生的岗位角色意识、综合职业素养、实践动手能力、专业操作能力、协同沟通能力发生很大改变和提升,整体精神状态发生了深刻的变化,以前懒散、拖沓的状态不复存在;学生的个人行为习惯发生了深刻的变化,实现了由"游击队"到"正规军"的可喜转变;学生的角色意识发生了深刻的变化,作为企业的"准员工",他们对企业、对岗位不仅没有抵触,还普遍形成了自己的专业认同感、职场归属感和社会责任感——一个眼神、一个或站或坐的姿态,都深刻反映着这群孩子由内而外的变化。

而50多家合作紧密型企业的共同感受是,通过与高职校合作,在人才培养过程中注入文化元素,培养出来的学生接受能力强,对企业文化认同度与企业忠诚度普遍较高,能自觉遵守企业规章制度,特别对于安全生产、6S管理等方面在入企后可省去大量专题培训时间,提高了效率,降低了人力资源成本。

规范·品牌·服务

即墨区第二职业中专　金积善

一直以来,即墨二专共青团团委根据局团委和学校党委的总体工作要求,结合自身实际,以青少年思想道德建设为中心,积极响应局团委和学校党委的组织号召,不断创新团的工作方式,重点加强团组织自身建设,提升共青团干部工作水平,增强团组织的凝聚力和吸引力,持续深化团规范化建设及特色品牌活动开展,服务青年学生的成长成才。

一、重规范，抓基础，增强干部素质

规范团员发展的流程，团员档案材料的填写等，做到档案完善。学校团委以团课、团日活动等为载体，实现了理论学习的"经常化"；以民主评议为基础，实现了团组织奖励、团员"推优"的"民主化"。在青年教工团支部、各班团干部、学生会干部中实行个月例会制度和培训制度，增强团干部素质，实现了团队工作的"制度化"。

二、重品牌，显特色，凝聚团队力量

1. "青创 YI 家"创客、创业平台稳步发展

即墨二专团委在即墨区团委、局团委的领导下，创建青岛市首家中职学生创业实战基地"青创 YI 家"，并在中国（即墨）梦想商都大学生电商孵化中心成功落户，学校的学生常年在此进行创业实战，并接受阿里巴巴电商培训，享受电商平台的多种免费资源和服务，为学校学生在学校和社会间架起了一座桥梁，为他们就业创业打开了一扇窗口。学校团委又开设"青创 YI 家"校内创客、创业平台，使更多学生从中受益。同时多次承办青岛市"青创 YI 家"创客、创业现场会，将创业、创客教育真正地融入学生学习生活中。

基于创客教育，学校积极探索服装专业教学改革也得到了即墨教育和体育局、青岛教育局的认可。"创客教育模式"在山东省巾帼文明岗创新成果展示中被山东省妇女联合会评为"2016 年度山东省优秀巾帼文明岗创新成果"，也是省内唯一一个职业学校获此殊荣。

2. 创建"梦想·JIA"共青团品牌项目，打造"五个一"德育活动品牌

即墨二专自 2006 年实施推进"五个一"系列德育活动，暨每天一早唱、每周一读书、每月一主题活动、每学期一设计、每年一节日。2008 年初具规模，形成一套比较完善的德育体系，并初有成效。2016 年学校"五个一"德育课程体系被评为青岛市精品课程。

学校团委以"五个一"系列德育活动为基础，积极开展活动，如以五四青年节为契机，举行"十八而志，感恩与成长"十八岁成人礼，"青创 YI 家"最美服装展示活动，校园文化艺术节，"职业生涯规划设计"比赛等，丰富校园文化生活。得益于这些活动的举办，近年来学校学生在全国文明风采大赛和青岛市"我与职业系列活动"中取得了优异的成绩。在"职业生涯规划""职业和生活中的美"等项目中连续四年获得国家级一等奖。

三、树典范，强多元，助力成长成才

近年来,学校团委不断拓展志愿服务领域,结合青岛市的职教义工志愿服务活动,学校分专业的组织志愿者到不同的行业进行志愿服务活动。护理专业每周六周日在即墨区医院开展"便民就医"护导项目,服装专业"织梦义工"去即墨区红领集团、即发集团、即墨港中旅童装峰会进行职业体验,学校幼师专业"晨曦义工"去即墨区机关幼儿园、实验幼儿园进行职业体验,志愿者本着"奉献、有爱、互助、进步"的精神,成功打造了二专志愿服务品牌。

学校团委积极助力于社团文化建设,学校社团文化蓬勃发展。目前,学校共有包括百灵社团、舞韵舞团、有戏话剧社、科技社团等在内的十几个社团。其中在学校团委的组织领导下,舞韵社团在山东省中学(中职)社团舞蹈比赛中获省二等奖;百灵社团的作品《明月诵》获山东省中学生经典诵读大赛第二名,学校科技社团在山东省智能车比赛中荣获一等奖,并多次参与青岛市科技创新大赛屡获佳绩。此外,学校各社团组织参加了上级团组织举办的"好书伴成长""绘本剧比赛"、国学达人挑战赛、演讲比赛、中学生电影节、中学生社团文化节等活动,多次获得个人和集体各项荣誉。

在上级团委和校党总支的正确领导下,学校团委取得了一定成绩,连续被评为"青岛市五四红旗团支部""即墨区优秀团委(团支部)","即墨区青年先进工作单位",个人连续五年被评为"即墨区优秀团支部书记",为学校的发展做出了应有的贡献。

当然,"路漫漫其修远分,吾将上下而求索",在工作中尚有许多不足之处。我们将在新的形势下,再接再厉,同心同德,努力开创共青团工作的新局面。

"多维·交互·内修"提升学生人文素养

青岛华夏职业学校　侯　蕾

多年来,青岛华夏职业学校恪守"为学生终身职业素质发展奠基"办学理念,打造"自主·合作·开放·创新"职业生命成长教育特色,潜心基于文商类学生职业生命成长需要的"身心素养、人文素养、职业素养、创新素养"培育,实施"多维·交互·五

修"提升学生人文素养培育工程。

一、课题引领，培育队伍，为工程实施提供支撑

（1）课题引领。学校先后成功青岛市十二五规划课题"'自信、负责、成功'自主德育模式"和中国职业技术教育学会德育工作委员会德育专项课题——中等职业学校提升学生人文素养的实践研究、"三全耦合"育人实践研究、中等职业学校社团建设促进学生综合素养发展的实践研究，结合人文素养构成维度拟定《学生人文素养现状调研问卷》，梳理提升学生人文素养亟待解决的问题——缺乏自信、适应能力偏低、文明素质和道德素质不高、人文知识不足，形成《学生人文素养培育实践方案》。

（2）培育队伍。学校出台《班主任队伍建设指导方案》，采用建机制、重教研、细督评、强培训、勤反思"五位一体"的培养模式，建设以"角色多维、能力复合"为特质的德育队伍。重新定位班主任的工作角色，扩展班主任能力域，全面打造班主任成长引领者、职业指导师、心理辅导员"三重身份"，开设班主任论坛"争鸣"，出台《华夏红·全员牵手导师制实施方案》，配套制定《学生成长手册》，为每名学生选配职业发展导师，形成提升学生人文素养的个性化指导体系。

二、问题导向，构建"多维·交互·五修"工程实施体系

（1）分层递进，自信修行。学校实施以"尊重差异、分层递进"为特质的德育目标分层教育，其核心功能是尊重学生差异，还原学生的主体地位，自主选择合适的教育，培植自信，以责修行，促进职业生命自主成长。实施过程中首先确立三级培养目标，即德育总目标、年级目标、各年级层次目标，指导学生根据职业综合测试数据合理定位，自主选择适合自己的最近发展区，完成德育目标定位。其次配套《德育目标分层管理细则》，构建各年级、各层次德育内容和职业成长体系，引领学生循序渐进，促进自主发展。再者实施德育学分管理，科学学生评价体系，强化成功体验。每学期学生均可根据自己的提高水平调整自己的德育目标体系。学生成为教育舞台的主人，在"每天进步一点点"的成功体验中夯实文明习惯，逐步强化自主意识、发展自主能力，以责修行，积淀自信，自信修行。

（2）文化引领，自省修德。我们精心培植以"自主·诚信·创新"为特质的校园文化。全力构建以"精神文化、制度文化、标识文化、行为文化"为中心的多维文化体系，形成"华夏宣言、华夏气度、华夏风骨、华夏色彩"四个单元主题文化；就学生人文素养薄弱环节及发展所需，融合传统文化和职业文化，将理想信念、职业精神、道德品行等核心德育内容，系列化为校本教材《花开的声音》和以"仁义礼智信、忠孝

谦勤勇""诚信十字诀"为内容的《与诚信有约》,开设华夏讲堂,以文化人,丰富内涵,自省修德。

（3）创设媒介,自学修身。学校推行"双三十"教育行动计划,结合人文素养构成要素,设计了华夏学生人文素养提升必做三十件事和技能素养提升必做三十件事,分置各个学期完成,构建任务实践载体、实施平台和评价体系,以点带面,循序渐进,引领学生在体验中不断夯实人文底蕴,提升自身素养,实践内化,自学修身。

（4）任务推进,自觉修业。我们将班级生活定位为未来公民生活的预演。学校出台《班级建设指导方案》,摸索形成了"目标引领—舆论先导—制度保障—细节管理—文化熏陶—实践锤炼—网络辅助—科学评价""八步联动"班级建设策略,打造基于"学生职业生命自主成长背景下"的班集体,制定班级建设阶段任务书,将对学生职业理想、职业精神、职业规范、职业道德和职业能力的培养分置于四项核心任务和26项子任务中,提高学生职业匹配度,自觉修业。

（5）多元发展,自化修能。打造"多元发展、知行合一"的活动平台,举办文化特色鲜明的"四节一会",推行"双助长"行动计划和"双轨"育人行动计划,每个教研组配备一名外聘专家、每班配备一名优秀毕业生,分别指导教师、学生成长的"双助长"活动中,校友导师团的言传身教引发了学生"做最好的自己"的强烈愿望;课堂、社团"双轨育人"活动中,40余个文化社团为学生的特色发展提供了舞台。同时开展义工"四进""我与诚信有约""八礼四仪"等主题活动,举行"文明风采"大赛,开展锤炼学生人文素养,自化修能。

学校人文素养培育工程形成了完善的体系,学生在自我教育、自我服务、自主交往的良性轨道上自主发展,逐渐丰厚的人文底蕴彰显出我校作为全国中等职业学校德育工作先进集体、山东省德耀齐鲁示范基地及青岛市首批德育品牌"信责达远"的独特育人魅力。

着力春季高考　圆学生升学梦

城阳区职教中心学校　张　葵

在春季高考中,城阳区职教中心学校本科达线人数连续 10 年位居青岛市前列,成就了 15 个市春季高考状元。近三年,学校 356 名学生考入青岛大学等本科院校,春季高考成为学生追求美好未来的一条光明大道。取得骄人成绩,源于以下几个方面的做法。

一、奋勇争先抓教学

(1)实施分层目标教学。我校在总体备考策略上采用阶段分层,通过一月一课表、实施动态教学,增强阶段教学的灵活性;在专业课教学上采用学生分层,通过小班化、分组练、过关制,强化技能教学,提高专业技能考试高分率;在文化课的教学上实行目标分层,对部分专业和部分弱科,采用"低起点、小步子、快节奏、多循环"的方法,通过月考,增强目标教学的针对性。实行分层教学,提升了学生的学习信心,较好地解决了学生"不会学、学不好"的问题,提高了学生的学习热情和学习效率。

(2)加强教师队伍建设。我校春季高考取得如此成绩的背后,是升学部高三团队勇挑重担的执着付出,我们坚持打造一支素质优良、甘于奉献、团结奋进的教师队伍,托起了中职学生上大学的梦想。

(3)凝聚家校合力。每年高三学生报到第一天,我们组织高三家长会,举办"为梦想而来,我陪孩子读高三"主题班会,树立考本科的奋斗目标;举办家长开放日,从解决手机管理问题入手,引导家长如何配合学校做好高三工作;发放高三家长告知书,指导家长管理好学生的假期和休息日,家校形成合力,激发学生内在学习动力,助推学生取得优异成绩。

二、坚持不懈抓管理

(1)更新发展理念。在新时代职业教育背景下,调整我们的办学理念:有本科升学愿望的,我们开设高考辅导班助其圆梦本科;有专科升学愿望的,我们开设三·二连读和五年一贯制,助其圆梦专科院校;有出国愿望的,我们举办赴韩国留学班,助其圆留学梦;有体育特长的,我们培养其考取高校专业资格证书,参加全国普通高考助其圆大学梦;有就业愿望的,我们就培养学好技能,以岗位定制谋求高收入的工作。我们认为:为学生打开多扇成才的大门,搭建成才立交桥,帮助学生实现心中的梦想,就一定能受到家长的欢迎,得到社会的认可。

（2）调整管理模式。一是学校成立了升学部,教育教学全抓,教师学生全管,把升学的学生集中在一个区域单独管理,营造春季高考氛围,单独作息。二是加强制度建设。我们制定了《城阳区职教中心高二学生分流方案》和《城阳区职教中心升学班动态管理办法》,每一届学生在高二进行升学与就业分流。通既尊重学生的升学愿望,又控制升学班的学生数量,形成了科学的学生分流机制。三是完善聘任机制。学校制定了《城阳区职教中心升学部高三任课教师选拔制度》和《城阳区职教中心升学部高三教师交流制度》,既保证了各年级的教学衔接又通过春季高考锻炼了队伍,形成了梯队流动的良性循环。四是坚持例会制度。学校每周组织高三教师例会,深挖考纲考点;每次月考后组织协调会,从班级第一名到最后一名都逐一分析,从目标生到边缘生齐抓共管,一个也不放弃;在每一个关键节点开好每一次会议,组织好学生动员会、教师协调会、技能考试鼓劲会,高考出征会,凝聚信心,鼓舞斗志。

（3）完善激励机制。学校制定了《城阳区职教中心春季高考奖励办法》,争取区级财政支持落实《春季高考奖励办法》,参照普通高考进行政府奖励。这些措施大大激发了广大教师从事高考辅导工作的积极性。

三、展望未来 增信心

最近,山东省教育厅等11部门联合发布的《关于办好新时代职业教育的十条意见》明确规定,自2022年起,春季高考统一考试招生报考人员为中等职业教育应届毕业生,春季高考本科计划将逐步达到应用型本科院校本科招生计划的30%。从这一文件中我们可以感受到春季高考的春天即将到来,也预示着在春季高考的路上我们还大有可为。

弘扬劳模精神　厚植工匠文化

青岛财经学校　孙丕珍

党的十九大明确提出,建设知识型、技能型、创新型劳动者大军,弘扬劳模精神和工匠精神,营造劳动光荣的社会风尚和精益求精的敬业风气。

青岛电子学校坚持以劳模教育促进教职工队伍建设改革,坚持创新劳模教育理念、方法和内容,做实叫响劳模教育品牌,深化劳模教育和劳模理论研究,更好地发挥劳模的榜样、示范、引领作用。

学校把技能大赛、劳动竞赛作为激发职工和学生创造活力的重要载体,把提升职工素质、学生核心素养作为转变发展方式的基础工程,加强师生技术技能培训,开展新发明、新创造活动,完善师生成长成才机制,造就一支有智慧、有技术、能发明、会创新的技术工人大军,努力建设知识型、技术型、创新型学生队伍。把工人阶级伟大品格和劳模精神作为激励全体师生奋斗的强大动力,广泛宣传劳模事迹,用劳模的优秀品质和先进事迹感召师生、引领社会。

在团岛灯塔,青岛电子学校劳模学校正式成立。学校聘请了"全国劳动模范""全国五一劳动奖章获得者""全国技术能手""享受国务院特殊津贴""青岛市政协委员"王炳交作为青岛电子学校劳模学校的校长。劳模学校的建立,使得学校有了更鲜活的德育活动教育基地。在灯塔学校,师生们对全国劳模王炳交以塔为家,为经济建设保驾护航的守塔精神有了更深刻的体会,深深被王炳交同志燃烧自己、照亮世界的精神境界所折服,也被王炳交同志爱岗敬业、忠于职守、吃苦耐劳、勇于创新的劳模精神所感动,决心以劳模为榜样,在灯塔精神的鼓舞下,不断超越自我,完善自我。

在电子学校,全国总工会副主席、全国劳模许振超出席了王炳交《劳模诗集》新书首发仪式,他对"炼技能专长,成行家里手"的切身体会,鼓励着电子学子利用好时代机遇和大好青春,扎扎实实做人做事,创造更加卓越的成绩。

在电子学校,现任山东省教育厅厅长,时任市委常委、市总工会主席、市教育局局长邓云锋出席了"劳模工匠进职校"活动启动仪式。他要求广大师生珍惜与劳模近距离接触的机会,立足本专业,认真专注、刻苦勤奋、学有所长、报效国家。

在劳模精神的感召下,青岛电子学校成立了青岛市劳模崔西展名校长工作室、黄炎培优秀教师刘天真名师工作室、工会委员陈钊名班主任工作室等五个工作室。学校工会组织工会委员利用月例会深化劳模理论研究,组织各工会组利用工会学习时间充分讨论,讲收获、写体会、谈发展,鼓励名师带高徒,广泛开展岗位练兵、技能比赛和技能交流,弘扬工匠精神。激发了学校师生立足岗位、争优创先的积极性和主动性,以便更好地发挥劳模的榜样、示范、引领作用。

经过奋斗,电子师生协力共创技能大赛新的辉煌。在分布式光伏发电系统的装调与运维、物联网技术应用与维护、计算机检测维修与数据恢复等赛项中披金斩银,将国赛奖牌数增至为:9金,27银,12铜。在全国中小学创新教育与实践活动决赛中更是收获颇丰,将多个冠亚军奖项收入囊中。大奖的获得,离不开"工匠教师"们的付出,离不开"匠心学生"的努力。在青岛电子学校,众多师生身体力行诠释着职教内涵、工匠精神。

教育部职业教育与成人教育司司长王继平在视察调研青岛电子学校时,寄语学校"德技并修",期望勉励电子学校全体师生继续砥砺前行,取得更大发展。学校将继续坚定弘扬劳模精神、厚植工匠文化,让劳动光荣、技能宝贵、创造伟大的时代风尚成为校园精髓,继续开拓进取,敢为人先,办好人民满意的职业教育。

传统文化进校园"武"动青春

莱西市职业中专 王振忠

优秀传统文化进校园是固本工程、铸魂工程、打底色的工程,为落实好这一工程,莱西职业中专认真研究,不断探索,从办好活动转向办好课程,让传统文化不仅走进学校,更走进课堂。2018年11月,该校正式启动"中华武术进校园"活动,2019年1月举办成果汇报展演,7月应邀参加青岛(莱西)2019世界休闲体育大会开幕式演出,获得圆满成功,多次在相关会议上做经验交流。该校在传统文化进校园工作中走在了前列,形成了特色。

一、统一思想，提高认识

制定了《"中华武术进校园"活动实施方案》，明确了活动开展的具体目标：以太极拳、中华武术的学习为载体，着力培养学生对武术的兴趣、爱好，使学生能够掌握武术基本手型、步型和简单的武术组合动作，能熟练掌握一套武术套路，达到强健体魄、增强素质的目的，完善学校体育传统项目建设，打造教育特色。学校成立了领导小组和工作小组，聘请河南省嵩山少林寺武术馆教练担任武术教师，形成了完善的组织机构和工作体系。

二、统筹规划，全面推进

（1）注重基础，夯实基本功。结合武术教学的特点，教务处统筹规划，重新调整全校课程表，保证每个班级每周至少有一课时用于武术教学。以河南省嵩山少林寺武术馆编写的武术操为基础，从最基本的手型、手法、步型、步法入手，循序渐进。对较难的动作，先分解成几个分动作，分动作练习熟练后，再连续起来形成一个完整的动作，确保每个动作都能按规格顺利完成。

（2）以点带面，提升影响力。从各班级挑选部分功底较好的学生，组成校队，下设武术操、通臂拳、八段锦、六合拳、少林阴手棍、太极拳、太极扇七个分队，每个队设队长、副队长、秘书长各一名，负责本队队员的组织与训练。大校队由教务主任带队，每天按时组织训练。以学校武术队为依托，又将每个班级分成 7 个小组，由武术队队员任组长，班主任、学部主任、政教处、教务处靠上抓，优化训练氛围，扩大武术训练的影响力。

（3）比学赶超，增强内驱力。将学生武术套路表演纳入一年一度的体育第二课堂活动，举办班级内部小组比赛、学部内部班级比赛、学部之间项目比赛、全校项目比赛等，激励师生积极参与，营造浓厚的比学赶超氛围。

（4）"三定三严"，提高实效性。"三定"，即定项目、定人员、定场地；"三严"，即严管理、严训练、严质量。借鉴齐鲁师范学院武术教育中心的管理模式，学校成立了武术训练中心，由教务主任担任组长，体育教师和爱好武术的教师为组员，每人负责一个训练项目。每天早晨、课间操、大课间三个时间段，各项目组负责人要按时组织学生进行训练，保证训练效果。

（5）多元评价，激发自觉性。学校先后出台了《学生武术基本功考核评价制度》《武术教学常规考核评价制度》《发展学校武术特色激励制度》《"武术进校园"活动考核评价制度》等，并根据《青岛市促进中小学生全面发展"十个一"项目行动计划》要求，修订完善中职学生综合素质多元评价体系，将学生武术运动技能纳入考核评价范围;对于高职学生,则将参与武术训练情况纳入学分管理,调动了学生的自觉性和积极性。

该校"武术进校园"活动得到了青岛及莱西市有关领导和专家的高度评价,获准成立"登封市少林武术协会莱西市分会",被吸纳为"国际少林武术家协会会员单位",并成为"齐鲁师范学院武术教育中心教学实践基地"和"齐鲁师范学院武术教育联盟试点学校"。

职业学校必须具备的五种文化因子
——崔秀光校长的职教发展理念案例

姜秀文

崔秀光是青岛经济技术开发区职业中专党总支书记、校长,青岛市连续两届名校长工作室主持人,齐鲁名校长培养工程人选。1986 年从山东师范大学毕业后,崔秀光便投身了钟爱的教育事业,2005 开始担任职业学校校长,与职业教育结缘已有 33 年。

崔秀光校长在教学和管理岗位上积极推行"做中学、做中教、教学做合一",积极开展校企合作、中德职教合作,率先实践现代学徒制;积极倡导职业教育中应当有"人",坚持以学生为中心教育理念;进一步完善了"四成"教育的内涵,将原来的"成人、成才、成事、成功"细化为"成善良之人　成技智之才　成创新之事　成济世之功",创造性的应用陶行知的"生活教育理论"培育塑造学生,努力实现"把需要工作的人,变成工作需要的人"的职业教育愿景。为此,提出了新的学校发展观"动、走、转、变"——随着经济发展方式转变而"动";跟着产业调整升级而"走";围着企业技能型人才需要变化而"转";引领社会和市场需求而"变"。崔秀光校长认为"职业学校就应该有职业学校的样子"。样子是外在,本质则是学校的核心文化。职业学校校园核心文化必须具备五种文化因子。

一、必须有职业自信

自信的学生、老师是一所学校气质的集中体现。一名学生、一位老师、一个学校，需要对从事的专业、职业、对学校整个团体有高度的认同感，并在教与学的互动中不断体会到获得感、幸福感。崔秀光校长带领师生以专业部、专业集群建设为依托，将职业文化、专业特色融入文化墙、校园景观中，形成了可以看得到职业自信；通过企业文化进校园、行业专家讲座、大赛获奖师生报告会，树立职业形象典范，形成了可以听得到的职业自信；通过技能节、作品展、百千师生进企业，营造热爱专业、崇尚技能的校园氛围，形成了可以摸得着的职业自信。提出了符合职校发展的素质教育观：能力本位的教学观、立德树人的德育观、人人成才的学生观、适应需求的质量观。

二、必须有职业技能

职业技能教学是职业教育区别于其他教育的本质区别，实施技能教学是职业学校重要特征。崔秀光校长将"做中学、做中教、教学做合一"的课堂教学模式改革与德国"双元制"本土化实践结合起来。通过密切的中德职教合作，先后选派 32 名专业教师赴德国开展专业技能教学培训；完成了全校 46 个实验室的理实一体化改造；在酒店管理、物流管理、汽修等专业率先实施了校企合作现代学徒制教学。良好的校园价值观逐渐形成，崇尚工匠精神、热爱技能学习成为校园共识；"把需要工作的人，变成工作需要的人"，"为学生就业升学铺路，为学生终身发展奠基"成为全校教师不断为之奋斗的目标。

三、必须有企业参与

职业教育与企业有着先天的依存关系。校企合作是办好职业教育的本质规律。为破解职业学校"校企合作、产教融合"的难题，崔秀光校长推动实施了校企合作共建共享生产性实训基地、校企融合开展现代学徒制教学、企业文化与课程融合、德国双元制教育模式借鉴、国际化职业资格认证的引入和实施五项举措，实现了校企合作教学环境的融合、课程文化的融合、师资师傅融合、生产实训的融合四个方面的融合，形成了 1 个专业＋1 家校企合作生产性实训基地＋N 项合作项目的"1＋1＋N"校企深度合作模式，有效地推动了教育教学质量的提升。

四、必须有项目推动

崔秀光校长倡导推到围墙办职教、开放办学。有项目就有活力，在项目中锻炼干部、培养教师；在项目中提升学生素养，促进学生发展。崔秀光校长推行项目化管理，通过中德（青岛）职教合作示范基地建设项目、青岛-汉斯·赛德尔基金会职业能力发展中心建设项目、中德职业教育联盟项目、AHK职业资格证书培训考核项目、中德职教论坛项目确立学校中德职教合作办学特色，为教师国际化师资培训、学生国际职业资格认证打通了通道。通过青岛市首批现代学徒制试点项目、青岛市名师名校长工程项目、青岛市精品课程建设项目提升学校整体教学水平与教学能力，拓展师生发展空间。通过全国教师信息化教学大赛、全国职业院校技能大赛、教育部"中德诺浩汽车高技能人才培训工程"项目、教育部"德玛吉校企合作"项目、山东省示范性及优质特色中等职业学校建设工程项目促进专业建设、提升师资水平、赢得学校声誉、提升学校形象。

五、必须不忘初心

崔秀光校长强调职业教育中"人"的存在。学生是有待发展的人，不是机器和工具。他认为在纷繁职业教育项目和持续的教学改革中，不能忘掉"促进人的发展"这个职业教育的初心。他用陶行知先生的"生活教育理论"培育塑造学生，推行了领导包靠教学部、中层以上干部包靠班级、全员育人导师制度；积极推进"扎扎实实抓教学，不遗余力抓德育，尽心尽力抓管理，时时刻刻抓安全"的教育教学风格。同时注意加强学生心理健康教育和美育教育，注重采用现代教育技术培养学生的良好素质，实现了学生管理的精细化，学生的守纪意识、文明习惯、自理能力明显增强。

崔秀光校长在长期的职业教育管理过程中，积极创新、扎实实践，逐渐形成了以校园核心文化为引领的学校管理理论体系，在中德职教合作、校企合作、专业建设、教学模式改革、职教师资培养等多个方面有着自己独到的见解。他连续两届担任青岛市名校长名校长主持人，为青岛市职业学校校长培养做出了突出贡献。

以学校培养目标推进校园文化建设

青岛外事学校　褚维东

青岛外事学校坚持"培育具有本土文化特质、国际视野的报关商务和航空外事人才"的培养目标,确立了"国际风范 青岛风格 外事风采"的校园文化建设特色,全面优化学校育人环境。

一、以学校教育理念引领校园文化建设

学校以"人本 开放 和谐"教育理念为统领,凝聚全校师生智慧,确定了"明德 规则 雅致 创新"的校风、"修身 爱生 博学 严谨"的教风和"勤学修德 立业报国"的学风,成为全体外事人的精神追求和行动指南,努力实现"行业看重、企业首选、学生喜爱、家长放心、教工自豪"的国家级重点职业名校的发展愿景,培育具有本土文化特质、国际视野的报关商务和航空外事人才。

二、以学校制度建设构建学校文化自觉

学校依据《章程》构建依法办学、自主管理、民主监督、社会参与的现代学校制度。一是按照《章程》的框架脉络,修订完善学校教育教学、行政管理、优化外部环境等规章制度;二是加强师德师风教育,梳理负面清单,规范教师公职人员行为;三是学校校务委员会、三级家长委员会、学生会、专业建设委员会参与学校治理;四是师德与学术委员会行使师德、学术事务的决策、审议、评定和咨询等职权;五是教职工代表大会审议学校重大问题。 全体师生自觉养成、自觉践行、自觉维护,形成学校的文化自觉。

三、以优美环境培植文化浸润沃土

在校园环境建设上,学校坚持时时育人、事事育人,培植外事独特的文化沃土。一是认真落实青岛市教育局《关于加强和改进全市中小学校园文化建设的实施意见(试行)》和《全市中小学校园文化建设实施细则》相关要求,在明显、重要位置固化"坚持中国特色社会主义教育发展道路,培养德智体美劳全面发展的社会主义建设者和接班人"等德政工程等标语。二是以学校校训、德育品牌等命名学校主体建筑。三是按照"国际风范 青岛风格 外事风采"的原则,营造楼层文化。四是遵循"点滴尽致 立人达人"的校训,加强学校全方位管理,打造特色、精致、品质校园。

四、以校园主题活动营造外事特色文化

一是以融合式理念落实"十个一"行动。发挥外语特色,在一本书、一次演讲、一篇周记等项目实施上,形成中英日韩语并行联动机制,共同提升学生人文素养;注意优秀文化传承,在一首歌、一项艺术才能、一项体育技能等项目实施上,引入胶州秧

歌、崂山剪纸、京剧、太祖长拳等岛城非遗项目,以传统艺体增强学生文化自信;在一次研学上,实施国内国外两条路线,厚植传统文化,培植国际视野。搭建包含"十个一"行动项目在内的学生综合素质评价平台,配合"十个一"手册,探讨形成线上线下有机融合的评价机制,以多元评价引领学生阳光成长,凸显国际风范、青岛风格、外事风采。

二是通过丰富多彩的主题节庆活动,厚植师生中华传统文化素养。学校重视节庆活动和民族传统节日的文化教育,以灵活多样的方式在清明节、端午节、劳动节、五四青年节、建军节、国庆节开展具有教育意义的庆典活动。

三是开展国际理解教育。通过课堂教学渗透、校园文化活动、友好学校教育教学交流、普适性师生国外游学体验、个性化学生留学等形式,在提高中华文化自信心和影响力的基础上,开阔师生国际视野和国际思维,增强学生分析解决实际问题的全球化意识,出版了《最好的课堂在路上》。

四是开展"劳模工匠进校园、青春导师进课堂"活动,营造"劳动光荣 技能宝贵"的价值导向。建立"劳模·工匠"工作室,组织"劳模进校园暨青春导师讲坛"活动,讲述职校生成长的故事,分享职场经验;出台《青岛外事学校劳动教育实施方案》,将校内日常值日劳动与节假日家务劳动相结合,开辟"二月二"农场为校外劳动实践基地,建立校内微型农场"外事农场"由各班级认领、命名、管理,促进学生每学期学会一项家务劳动和生活技能。

五是选树学校榜样楷模,发挥示范引领。每年评选文明组处室,评选表彰美丽教师、优秀学生,全方位进行宣传,发挥激励引导作用。

青岛艺术学校营造红色基因育人文化

青岛艺术学校　王守暖

习近平总书记强调:"红色基因就是要传承。中华民族从站起来、富起来到强起来,经历了多少坎坷,创造了多少奇迹,要让后代牢记,我们要不忘初心,永远不可迷失了方向和道路。"青岛艺术学校重视传承红色基因工作,从校园文化入手,采取"请进来—走出去"的方式开展系列传承红色基因活动,取得了一定成果,现将工作情况总结如下：

一、重文化，营造红色基因氛围

学校积极将红色基因融入校园文化建设中，将传承红色基因工作做到润物细无声。在教学楼设立社会主义先进文化宣传角，通过向学生宣传雷锋精神、大庆铁人精神、九八抗洪精神、抗震救灾精神、两弹一星精神、载人航天精神，引导学生大力弘扬社会主义先进文化。建立革命文化宣传角，通过向学生介绍红船精神、井冈山精神、苏区精神、长征精神、延安精神、西柏坡精神，使学生了解蕴含于革命文化中丰富的革命精神和厚重的历史文化内涵。从而增强学生的民族自豪感，坚定"四个自信"。

二、请进来，学习红色基因的理论和实践精髓

为进一步厚植师生的红色基因，学校邀请青岛市社会主义学院教授、宣讲团团长王继军以"中国道路与文化自信"为主题举行讲座，围绕"不忘初心、牢记使命，深入学习贯彻党的十九大精神"，"万众一心，开拓进取，把新时代中国特色社会主义推向前进"两个角度，从全面把握习近平新时代社会主义思想，铭记共产党带领下的中国几十年来取得的历史性成就和历史性变革、传承红色基因等方面，进行了全面而细致的解读。"站起来、富起来、强起来"，一路走来令我们深刻认识到红色的基因才是我们走中国道路和坚定文化自信坚实的根基，坚定了师生不负青春韶华，像革命先辈那样奉献社会、报效国家的决心。

三、走出去，做红色基因的传承人

学校在教学楼设立雷锋角，竖有雷锋雕像，墙壁上挂有雷锋日记，让雷锋精神时刻萦绕在学生的眼前，达到入心入脑的效果。学校开展"学雷锋、知雷锋""学雷锋、讲雷锋""学雷锋、做雷锋"系列活动，做到让学生从认知到行为全面向雷锋学习。让每一个学生都能做到互敬互爱，共同进步，做新时代的"雷锋"。2019年先后有30约个班级，累计千余人参加学雷锋和志愿服务工作，形成了争做雷锋精神践行者、传递人的良好局面。

为把红色传统发扬好，把红色基因传承好，引导学生树立正确的世界观、人生观、价值观。学校组织开展了"传承红色基因，铸就爱国梦想"研学活动。通过对琅琊台军演基地的参观，实地了解红色传统文化，激发学生的爱国主义情怀，做新时代中国特色社会主义事业合格的建设者和接班人。

酿制有味道的学校

——胶州市职业教育中心文化育人工作记

胶州市职业教育中心学校　匡德宏

去过胶州市职教中心学校吗？去过的人念念不忘，没去过的人心怀向往。因为它不仅是国家级重点中等职业学校、山东省示范性中等职业立项建设学校，更是一所有味道的学校。什么味道呢？

未闻其声，先感其味。

走进职教中心的办公楼，处处可见"心情舒畅地来校工作和学习，心甘情愿地把该做的事做好，心平气和地处理好各种矛盾，心存高远地规划专业发展，心存善意地看待学生的言行"的宣传牌。让老师们"五心引领"心中记，快乐工作好心情。关心的味道溢心间，快乐的滋味荡心头。

走进职教中心的专业系，专业系宣传栏"教师风采"的橱窗里，那一张张热情洋溢的工作照和那一句句或励志或勤奋或希冀的座右铭，集中体现了教师们积极、健康、向上的精神风貌，增强了教师的责任心，展示了教师的风采。座右铭橱窗挂，高尚师德显风采。没有热忱，世间便无进步。激励让人奋进。榜样的味道，让人羡慕嫉妒但不恨。

走进职教中心的教学班，"蓬生麻中，不扶自直；白沙在涅，与之俱黑"这句话告诉我们，文化环境是一种无形的教育力量，教师要培育学生良好的品性，很关键的一点便是为学生创设良好的成长环境。为此，组织开展了"创建班级文化特色，塑造学生良好品性"的主题活动，要求各班根据学生特点、专业特色，打造自己的文化品牌，力求做到"让每一块墙壁都成为会说话的老师"。余秋雨说"文化是一种养成习惯的精神价值和生活方式，它最终成果是集体人格。"这里散发着浓浓的文化的味道。

爱国爱校主旋律。国旗挂在黑板的上方正中央，让学生时刻面对国旗，心中时时记得祖国，增强爱国之情。在国旗两侧是我们职业教育中心的校训：德以修身，技以立业。让学生牢牢记住，只有努力学习，养成良好的品德，掌握一技之长，将来才能自食其力，回报家人，服务社会。罗曼·罗兰说："爱是生命的火焰，没有它，一切变成黑夜。"细品这爱的味道。

十六字箴言学做人。在黑板上用醒目的黄色张贴"择善人而交，择善言面听，择善书而读，择善行而从"十六字箴言，时时提醒学生在生活中要选择品行好的人来交往，选择内容好的书来品读，选择善意的话来听取，选择善良的行为去学习。陶行知有一句名言："千教万教，教人学真；千学万学，学做真人。"这是教育的真味道。

专业精英激兴趣。各专业系根据专业特点，如计算机专业，在教室左侧中央墙面统一设计张贴了"中国IT精英介绍"，让学生了解计算机专业领域精英们的成长经历及取得的辉煌成就，激发学生学习专业的兴趣，确定自己未来的人生目标。同时各个不同的专业方向还有不同的专业展板，如动漫专业设计了优秀的动漫作品展示，等，让学生充分了解自己的专业及未来的发展方向，目标明确了，学习积极性更高了。苏格拉底曾说"世界上最快乐的事，莫过于为理想而奋斗。"梦想的味道很甜蜜。

读书角落香书苑，书香袅袅绕校园。利用"读书角"创立学习园地。充分发动学生，把自己多余的书籍带到班级，建立"读书角"，学生们交换借阅，利用课外活动时间，开展读书交流会，写读书心得，办手抄报，展示自己的特长，增强学生的自信心，这样既控制了学生早退，又增加了阅读量。"读一本好书，就是和许多高尚的人谈话"，持之以恒读下去，自会"腹有诗书气自华"，这是书香的味道。

物品摆放讲规范。"做一个有细节的人"是卫生角的宣传语。讲桌干净，物品摆放一致；桌椅摆放整齐，桌面上桌洞里书本摆放有序；卫生工具摆放在前门后，拖把依次摆放，笤帚按要求摆放。这是精致有序的味道。

味道何来？匡德宏校长便是这味道的酿制者。温文尔雅的她以自身的修养与魅力感染熏陶着这所学校，让它醇香迷人。

"唤醒心灵"特色德育模式

青岛交通职业学校　刘　军

青岛交通职业学校是一所以交通运输专业为主要办学特色的中等职业学校，为青岛市首批开办职业教育的学校，是山东省重点职业学校。现有"3+4"分段培养本科、三二连读五年制大专、职业中专三个学历层次,开设汽车运用与维修、航海技术(帆船游艇方向)、汽车营销与服务、汽车车身修复技术等专业。近年来学校评选为全国优秀家长学校、全国中等职业学校文明风采竞赛优秀组织单位、青岛市精神文明单位、青岛市文明校园、青岛市五四红旗团委(校团委),"爱车先锋"青年志愿者服务队被评为青岛市青年文明号、青岛市优秀志愿服务团队。学校以"身心双健,德技双全"为培养目标,注重培养学生的身体素质、心理素质、人文素养、职业精神、职业能力等,努力提升学生的综合素养,构建特色德育工作模式。

一、构建 12345 德育特色工作法

青岛交通职业学校德育品牌"唤醒心灵"被评为青岛市中职首批德育品牌。学校以"唤醒心灵"为核心引领,融合汽修专业特色和学生实际,构建"一二三四五育德工作法"。即在"一个德育网络,重点建设两支队伍,设立三大节日,规划四项活动,着力实施五大主题教育"框架下,实施体验式德育。

(1)构建一个三位一体育人网络。成立学校德育工作领导小组,形成学校、家庭、社会三位一体的综合育人体系。

(2)重点建设两支育人队伍。加强德育管理队伍建设,提高学校育人工作质量,加强家长队伍培训,提升家庭育人水平。

(3)设立三大校园节日。以品德立身、以技能立业、以体育强身、以综合素养成人,形成"科技技能节、体育节、艺术节"三节鼎力局面。

(4)规划四项重大系列活动。"情满校园系列"以爱育人,"万名教师访万家"以情暖心、"一二三职业体验活动"开启职业之旅、社团创客培训鼓励创新创业。

(5)实施五大主题教育:社会主义核心价值观教育、中华优秀传统文化教育、心理健康教育、法制观念教育、安全素养教育。

二、完善育人体系,形成七彩德育课程

以"七彩交通好儿郎"为具体成长目标,倡导人人出彩,成就七彩人生。"七彩"即以"红橙黄绿青蓝紫"七种颜色代表七种培养课程、七种具体培养目标,形成七彩德育课程体系,即"红色德育课程、绿色智育课程、橙色健康课程、黄色安全课程、蓝色技能课程、青色创新课程、紫色艺术课程"。

三、倡导文化育人,形成校园育人文化氛围

规范校园文化内容,丰富校园文化内涵,为培养德智体美劳全面发展的社会主义

建设者和接班人营造良好的育人氛围。

（1）坚持立德树人，校园内体现校徽、校歌、校规校训、教风学风等文化内容，形成引领全校师生共同进步的精神力量。

（2）结合职业学校特点，把劳模工匠精神、"校企合作、产教融合、工学结合、知行合一"与学校建筑有机融合，走廊、墙壁张贴悬挂革命领袖、英雄人物、劳动模范、科学家、大国工匠、优秀毕业生、校园代言人等内容，张贴师生手工、摄影作品，展示汽修、帆船等特色文化，给学生以美的愉悦和潜移默化的情感熏陶。

（3）加强班级文化建设，在文化建设中体现实用性和引领性、规范化和特色化、传统文化和企业文化相统一。实施班级文化星级评比，教室文化规范、整洁、有序、美观，教室正前方悬挂国旗标识，墙壁张贴社会主义核心价值观、中小学生守则等内容，设计班级 Logo 和班徽、制定班规，提炼班训，实施精神引领。

（4）开展阳光校园创建活动，创文明校园，做文明学生，人人都是学校代言人。开展"我的宿舍，我的家"宿舍文化建设。

和竞弘道，立业立人

青岛军民融合学院　孙军辉

青岛军民融合学院（青岛市黄岛区职业中等专业学校）由黄岛区职业中等专业学校、青岛电大黄岛分校、青岛市第二技术学校、黄岛区电子学校、黄岛区卫生进修学校等五所学校跨行业、跨部门整合而成，2009 年 10 月正式启用。面对多校整合的复杂环境，石兆胜校长致力于新的校园文化建设，为做好新校精神引领、凝心聚力谋求新发展实现新跨越奠定精神基础。立足为什么办学、要培养怎样的人、以何种方式去培养人等，在分析评估原先五所学校的基础上，结合升格后的发展实际，大胆创新，形成了独具职教特色的核心理念："和竞弘道，立业立人"。围绕核心理念，形成新的"一训三风"和新的物质文化建设、制度文化建设方案。

校训："和竞弘道"

校风："金的人格，铁的纪律"

教风："谦和仁爱、点石成金"

学风：“善问明理、苦练技精”

我们把“和”文化确定为学校核心文化理念，既是对中华传统文化的传承，也是传统文化在职业教育阵地的传承和创新。“和”意为和谐，既“和而不同”，又“兼容并蓄”，既“求同存异”，又“优势互补”，我校五校合一，正需要“和”理念来引导并推进校际融合，学校自身独特的教育性质，需要我们开展有“职教特色”的“素质教育”，使走出校门的毕业生成为“创新、包容、厚德”的合格公民。引入“竞”文化，是基于现代企业制度下开启的企业文化建设。我们发现，所有企业文化都隐含着一个颠扑不破的理念，即其赖以立足的“竞”字，不竞无以生存、不竞无以发展，“竞”文化是企业文化的精髓。所以“竞”文化进校园，既是我们中职学校文化建设的特色，也是对职业教育文化内涵的丰富和发展。学校“和”“竞”文化的融合，对“道（真理）”的发扬光大，既体现了一所学校的历史使命担当，又体现出了职业预备教育所具有的企业特色、职业境界。

以理念为核心，我们挖掘学校文化资源，设计学校文化形象，提炼学校文化精髓，把富有魅力与激情、具备熏陶与激励作用的学校文化化为师生共同的价值观，凝聚为学校之魂并化育人人。

以“和”倡导师生乐活人生的理念，以“竞”倡导师生对工匠精神的追求，为此核心，让教师们在文化中自我发展，让孩子们在文化中熏陶成长。

一、“和”润于心

我校以核心理念“和竞弘道”中的“和”来统领四座教学楼的命名，和真楼、和善楼、和美楼、和谐楼的冠名本身即昭示着学校育人的内涵和我们培育社会主义合格建设者、接班人的目标，倾注了学校对学生的人文关爱——人之立世，当和润于心。

二、“竞”立于世

实训基地作为职业学校开展技能教学和训练的重要场所，各车间的命名统一以核心理念“和竞弘道”中的“竞”来统领。六座实训车间自北向南分别为：竞进楼、竞取楼、竞技楼、竞艺楼、竞业楼、竞成楼。寓意为以昂扬的“进取”精神、精湛的“技能技艺”、实现奉献社会的“事业成功”。昭示了学校中职学校的鲜明特色，蕴藏着对广大学子的殷殷希望——人之立业，当竞立于世。

三、风骨品性

宿舍楼分别命名为“松园”“竹园”“梅园”“兰园”，以此激发文化联想和文化自觉,让学生在潜意识中学习松竹梅兰一样的风骨和品性。师生对教室文化、厅廊文化、宿舍文化、餐厅文化、宣传栏等共同设计、制作,体现了师生的共同思想、情感与审美观,提高了学生的审美能力和创造美的能力。另外,校训文化石、弟子规文化墙、名人雕塑等都是无言的教育,在校园的每个角落陶冶学生的情操,规范学生的行为,净化学生的心灵,在潜移默化中带给学生精神上的感召。

利器在握,方能自如弘道。在"一训三风"的浸润下,我校师生精神面貌焕然一新,学校时时、事事、处处见证着教育的成效,形成了青融人独特的气质和内涵。陶行知说:生活、工作、学习倘使都能自动,则教育之功效定能事半功倍。我们相信,有厚重的文化积淀、有规范的管理,我校必将在内涵发展的道路上行稳致远。

增强校园文化底蕴　营造优美育人摇篮

——青岛西海岸新区黄海职业学校"五文化"特色育人机制

青岛西海岸新区黄海职业学校　刘志强

健康和谐的校园文化能给师生创造一个有形而庄重的心理"磁场"环境,能在无形中浸润师生的灵魂,发挥"润物细无声"的育人魅力。执行校长刘志强在治学育人的同时一贯秉承着依法治校、质量立校、特色兴校、人才强校的发展战略。刘校长的办学实践告诉我们,要充分发挥校园文化的功能作用,就应当注重发掘学校特色,全方位建构校园文化,使其成为全员育人的辐射源,素质教育的能量库,教职工躬身践行的教科书。坚定不移地走内涵发展、特色发展、和谐发展、创新发展的道路,形成五文化育人多行并举的治学机制。拟结合校长对西海岸黄海职业学校的校园文化育人的建设,谈点认识和体会,并求教于大方之家。

一、开展国学教育,以优秀传统文化育人

刘校长历来重视传统文化教育,开设了专门的优秀传统文化教育课,进行中华优秀传统文化进课堂的国学普及活动。一方面,开展了"诵读经典""红歌传校园"活动,课前、课间休息、放学站队、两操等时段,经典诗文、红歌传遍校园。另一方面,举办

道德大讲堂、中华文学经典作品诵读大赛,邀请名家学者来校开办讲座,2015年学校获评"齐鲁诗教先进单位"。我校基于国学教育机制,形成了《中华优秀传统文化融入课堂的教学模式创新实践》的典型案例。师生耳濡目染、潜移默化地受到良性熏陶,起到了隐形教材的作用。

二、坚持雷锋精神教育，以红色文化育人

在学校德育树人方面的建设,刘校长坚持学习雷锋精神的德育方针。优美的校园环境本身就有着春风化雨,润物无声的作用,有利于陶冶学生的情操,有利于培养学生的集体意识和协作精神,有利于培养学生的健康个性。其次是美育功能。校园环境的净化、文明礼貌语言的使用、和谐人际关系等优良的校园文化有利于培养提高学生审美、造美的能力。再次是实践功能。自建校以来,学校一直坚持与时俱进学雷锋,形成了"三位一体"常态化学雷锋机制,开展雷锋精神阵地建设、品牌活动、实践教育,把雷锋精神融入学生教育、管理、服务的全过程,将学雷锋活动常态化、品牌化,让雷锋精神融入学生头脑。以创建达标、争先创优竞赛活动为载体的校园文化既增强了学生的竞争意识,又使其在实践中得到锻炼,提高了竞争能力。

三、突出职业素养教育，以工匠精神实践育人

校园文化内涵发展的关键是育人者的素养水平。刘校长始终把提高教师素养放在第一位,从把学校建成学习化组织的理念出发,努力营造自主的培训氛围,扎实地开展校本研训工作。正是因为如此,学校一直注重在学生中弘扬工匠精神,培养学生的创新意识、综合设计能力与团队协作精神,不断加强学生动手能力的培养和工程实践训练。我校基于工匠精神机制,形成了《十年牵手,校企协同育人结硕果》的典型案例。

四、加强创新创业教育，以创新精神协同育人

在上级部门的支持下,我校先后投入大量资金使学校基础设施到位、教学设备齐全,同时,刘校长始终致力于学校的长足发展,努力改善办学条件,营造一个有利于创新创业的育人环境,比如在2016年,阿里巴巴山东省内首家电商人才培育基地落户学校,为学生创新创业提供支持。《中高职学徒制衔接的教学模式探究与应用——以电子商务专业为例》获山东省教育科学研究课三等奖。大量的投入为繁荣校园文化提供了前提为提高学生素质,发展学生特长奠定了基础 。

五、建设特色体育项目，以体育精神育人

丰富多彩的体育活动，与优美的教育环境、良好的校风相得益彰，针对学生集体观念淡薄的现象，学校按培养计划开足体育课程，开展了荷球、瑜伽等特色体育课程项目。在国家级和省级赛事上取得了优异的成绩。比如在 2018 年，学校瑜伽队参加"庆华健身杯"山东省健美健身锦标赛获得女子个人亚军；全国学生荷球锦标赛中，我校荷球代表队取得了"全国中学甲组第二名"的好成绩。2019 年，"英吉多杯"健美健身锦标赛中，集体组分获第一名、第二名；女单第一名。

校荷球队荣获"全国荷球锦标赛季军""全国学生荷球锦标赛（CUKA）中学生组第三名"。

总之，繁荣校园文化，创造良好育人环境，构建和谐、人文校园是一项系统工程，我们必须深刻理解"育人文化"的内存意蕴，在校园文化的建中，结合学校实际、学校发展规划及教育形势的发展，以人为本，大力改善学校文化建设的硬环境和软环境，努力拓展校园文化发展的空间，增强校园文化特色底蕴，营造浓郁而优美育人环境氛围，有效地提高育人质量，这我们是学校文化建设的目的也是题中之意。只要我们坚持不懈地探究实践，就一定会取得丰硕的育人成果。

青岛高新职业学校充分挖掘育人文化中的德育元素

青岛高新职业学校　于江峰

目前学校所采取的德育课程一般有以下三类：一是学科性德育课程，主要是思想品德课、职业道德、公民教育、法律基础课等；二是学科渗透性德育课程，是各任课教师在课堂教学中所进行的德育渗透；三是活动性德育课程，一般是指学生处、团委、学生会、班级有目的、有计划、有组织进行的德育活动。上面提到的三类德育课程一般称为德育的显性课程。显性德育课程不是德育课程的全部，还需以隐藏于校园中的隐性德育课程来支撑和配合。

隐性课程的概念产生于 20 世纪六七十年代，教育专家发现，学生除了在教师引导下从教科书中或从学校安排的活动中学习外，他们还从学校的制度、管理、集体生

活、学校风气、师生关系中受到影响。有计划、有目的的课堂教学有时会产生与之相反的"无意识的学习结果",课程内容无形中受到社会价值体系、意识形态的过滤,学校的规章制度、课堂纪律也渗透或折射出价值观、道德观的要求。专家们认为这些因素以隐蔽的、潜在的、浸入的方式作用于学校生活中的每一个学生,这些影响有时比我们的教学计划安排的课程或活动更有效地发挥着作用,我们这些称为德育的隐性课程。

隐性课程真正体现了"无处不教育""人人都是德育工作者"的大德育理念,青岛高新职业学校的校园隐性德育课程大体有以下几类。

一、隐藏于学校物质文化之中的隐性德育课程

青岛高新职业学校非常重视物质文化建设,提出"让每一面墙都说话""一草一木都育人"的口号,让全体同学参与到班级文化建设中来,这就是在挖掘学校物质文化中的隐形德育课程。

学校物质环境不仅是校园美的象征,同时还蕴含着丰富的德育内容。洁净的教室、宽阔的操场、树荫庇护下的木栈道、绿丛掩映里的读书亭,虽然这些都是没有生命的存在物,但其中却蕴含着丰富的感情色彩——"这是我们大家共同的家,我们要好好爱护她",她从中所折射出的关爱、付出、给予、进取、自信,就像空气一样,无色无味,却无处不在地影响着我们,熏陶着我们。我们踏进一所学校,从她的物质文化环境上我们就能知道她倡导什么,追求什么。教育社会学家科尔曾指出:"物体在空间里的摆设并不是随心所欲的,房间以其物质形式表示着该场所与机构的精神与灵魂。一位教师的房间可以告诉我们他的性格以及他正在干什么。"苏霍姆林斯基曾说:"孩子在他周围——在学生走廊的墙壁上、在教室里、在活动室里——经常看到的一切,对于他的精神面貌的形成具有重大意义。"因此,"用环境,用学生自己创造的周围环境、用丰富集体生产的一切东西进行教育,这是教育过程中最微妙的领域之一。"

二、隐藏于学校制度文化之中的隐性德育课程

学校的制度文化,是学校日常工作、学习和生活中具体体现出来的学校管理的独特风格,是学校全体成员共同认可并自觉遵守的行为准则。学校的各项规章制度、守则规范和组织机构都集中体现出学校领导者的思想和价值观念。学校的管理制度是以学生为中心,还是以权力为中心;是以学生发展为目标,还是以管理控制为目标……无论管理者有哪种倾向,在制度执行中,它都会以潜在、隐性的方式影响着学

生的思想观点、价值观念、道德品性和行为方式等等。那些没有把学生作为道德的主体建立起来的制度,将会削弱学生道德行为的自觉性和坚持性,增加逆反性和抗拒性。

2019 年青岛高新职业学校建立学生六大自治组织,引导学生自我管理,自主发展,就是充分挖掘隐藏于学校制度文化之中的隐性德育课程。

三、隐藏于学校精神文化之中的隐性德育课程

精神形态的隐性德育课程比较复杂多样,主要包括学校的校风、班风、学校传统、领导方式、人际关系、教师言行等等。这些精神环境集中体现和反映了学校的历史传统、精神风貌以及学校成员共同的价值追求、道德水平和行为模式。不仅如此,由于学校精神环境是通过学校所有成员共同的教育实践,并经过历史的积淀、凝练和发展而成,它所传承的道德价值和人文精神已浸透在学校的每一名成员身上,形成了一种集体性格,学校这种独有的个性魅力,使生活在其中的每一名成员都深受影响。

在一个讲文明礼貌蔚然成风的环境中,学生往往会自觉规范自己的言行,在一个肮脏、杂乱的环境中,乱丢杂物、随地吐痰的行为很难避免,这就是破窗效应。青岛高新职业学校每年都带领学生到国外研学,发现有些学生在国内有乱丢垃圾、随地吐痰的现象,但出国交流的时候,他们都能很自觉的规范自己的行为,做到彬彬有礼,这应该就是受到环境等隐性德育课程影响的结果。

青岛高新职业学校不断强化"人人都是德育工作者"意识,我们每个人只要走进校园就是一个隐性课程,不管你是传达人员还是保安,不管你是教师还是工人,你的穿衣打扮,言行举止,品格修养,情感态度价值观无一不是隐性课程,时时刻刻都在对学生产生着影响。正如俄国教育家乌申斯基所说:"教师的人格对于年幼心灵的影响是任何教科书、任何道德格言、任何惩罚和奖励制度都不能代替的一种教育力量。"

我们强调德育隐性课程的重要性,并不是忽略德育显性课程的作用,只有两者相互配合,相互补充,才能取得"随风潜入夜,润物细无声"的良好效果。

加强校园文化建设案例

青岛市城阳区职业教育中心学校 王建国

在新形势下,中职教育要落实科学发展观,把加快中等职业教育发展与繁荣经济、促进就业、建设先进文化紧密结合起来,大力推动职业教育快速健康发展。校园文化是一个不断建设、反思、提高的整体工程,是学校可持续发展的动力,是学校综合办学水平的重要体现,也是学校个性魅力与办学特色的体现,更是学校培养适应时代要求的高素质人才的内在需要。王建国校长在工作中主要从以下几点做起:

一、大力发展形式多样的校园文化

（1）以"育人"为主线,以活动为载体,持续开展"晨读圣贤书、午唱励志歌、暮练静心字"活动,提高学生文化素养;开展"阳光男生、优雅女生"等主题活动,提高学生职业素养;创立尚艺社团,"以美育人,以文化育人",提高学生艺术素养;橄榄球队、足球队、健美操队、举办体育节,提高学生身体素质;成立"尚技义工"志愿服务社会,增强学生的社会责任感。

（2）加强制度文化建设,打造平安和谐校园。学校建立健全完善的安全网格化管理体系,实施科学有效的管理措施,抓牢抓实安全工作各项制度;建立法制长廊,开办法制教育,采取严格、高效的安全教育管理措施;开展地震逃生演练、消防安全演习等安全应急演练,不断提升师生安全意识、自救能力,为师生创造一个文明、安全的工作学习环境。

二、引进企业文化，为学生搭建有利平台。

（1）将企业文化、企业理念引入校园。学校教师在学校进行文化课、专业课基本知识和技能传授对过程中,不断将企业相关文化灌输到学生心中。充分发挥载体的作用,利用各种校园媒体,对先进的企业文化进行广泛宣传。同时,注重宣传先进的企业文化以及行业劳模和学校优秀毕业生的事迹,引入先进的企业文化,使之扎根于校园文化的土壤中,使学生更多地了解社会、了解企业,树立正确的职业观,强化就业、创业意识。

（2）学生到定制企业实地"企业观摩"，了解企业发展历史、企业文化制度、规章制度、场地设施，生产过程等情况。企业负责人就有关行业新技术、职校生学生职业规划等主题进行讲解，并与同学们就企业文化、技术工艺、自身能力如何提升等方面进行了互动。置身于企业生产第一线，融入企业员工中，从而切身感受企业文化，将工匠精神嵌入职业教育人才培养，实现校企合作互利共赢。

学校通过创新校园文化建设，与市场紧密结合，同时根据市场对人才的需求，结合中职学校办学特色和专业特点，为学校开创改革发展新局面提供浓厚文化氛围和精神动力，将新理念融进学校精神文化，使之成为全体成员的共同观念，共创校园精神。学校多年积累、沉淀所形成的理想信念、人生观和价值观，是中职校园文化的核心和灵魂，是校园文化的深层次体现。

用"家文化"传递教育真谛

莱西市职业中等专业学校　范旭政

莱西职业中专坚持以"爱心、责任、奉献、和谐"为核心的"家文化"育人理念，打造因爱而聚、有家而安的和谐校园文化。

一、塑造"家"之形

走进校园，目之所及的每一处设计都着眼于学生的情感体验，从色彩到格局、从内容到结构，都是为了给学生带来家一般的感受。文化长廊、大理石长凳、幽雅的小径让学生们在紧张的学习之余得到惬意的歇息。教室门口的班级口号、班主任寄语、教室内的作品展示、班级成员风采展等，异彩纷呈，和而不同。

以行业专家、名家来命名的教学楼，以行业领军人物、专业优秀毕业生以及砺志标语为内容设计的楼道、走廊、实训室，激励学生争当"名家"。LED宣传屏、遍布校园角落的摄像头，教师全天候24小时值班，实现了安全管理的无缝隙、全覆盖，打造了安全和谐的"家"的氛围。

二、完善"家"之规

按照青岛市现代学校制度建设要求,制定了学校章程,梳理完善了 7 大类 139 个规章制度。在学生管理方面,将仪容仪表、集合上操、内务卫生、遵规守纪、值班管理等九个方面的管理标准细化,使学生管理实现了一日生活制度化,行为习惯规范化,着装礼貌文明化,内务卫生整洁化,物品摆放整齐化,站队集合快速化,文体活动群体化。

三、丰富"家"之味

一是主题活动增强爱校情怀。以主题班会为载体,围绕"学校是我家,我们都爱她"的主题,开展各种和谐班级创建活动;以主题团日活动为载体,开展"争做向上向善好青年"活动,举办以"我爱我'家'"为主题的征文活动,增强了学生的爱校情怀。

二是爱心捐助传递温暖真情。组织师生积极参与赈灾捐款、慈善一日捐、救助困难同学、为患病师生捐款,用实际行动阐释中华美德。

三是社团活动丰富精神家园。以社团活动为载体,开展群体性文体活动。通过活动凝聚向心力,培养学生"顾大家"的合作精神、团队意识。

四、传承"家"之学

一是传承中华传统文化。开展"武术进校园"活动,以武术操、武术套路教学为突破口,以大课间体育活动为抓手,注重武德教育,将习武同思想教育紧密联系,不仅让学生强身健体,传承中华武术,更培养爱国情怀,民族精神。

二是挖掘学校历史文化。上好"开学第一课",围绕校史进行专题讲座。开展演讲、征文等比赛,吟诵学校历史,讴歌学校华章,抒发爱校情怀。

三是构建课程特色文化。学校立足实际,立足于学生学情,先后编写了《小故事大道理》《成功在手中》《良好学习习惯培养手册》等校本教材 10 余本,构建富有特色的课程文化。

五、落实"家"之责

针对学生的年龄特点和心理特点,我们有步骤分阶段开展工作,让学生知责任,明责任,负责任,尽责任。

一是主题教育唤醒责任。高一重点围绕诚信教育、感恩教育、爱心奉献教育、心理健康教育四个主题,高二重点围绕合作意识、效率意识、标准意识、安全意识四个主题,通过生动的案例讲述,使学生获得感性认识,通过小组讨论,让学生进行理性的思考,进而全面唤醒学生的责任意识。

二是小事做起体验责任。将校园卫生区划分到各班级,卫生间、走廊也安排对应班级负责,让学生在清扫的过程中体会劳动的艰辛,增强"家"的责任意识。

三实践活动践行责任。组织学生走出校门,积极参加志愿者活动,与当地社区敬老院定期开展"关爱老人"义工活动。参加中国乒乓球俱乐部超级联赛、2018悦水悠扬桨板俱乐部精英赛志愿者服务以及青岛(莱西)世界休闲体育大会开闭幕式节目表演,与青岛市红十字会莱西血站每年都会联合举办"十八岁成人礼"活动,培养学生"舍小家、顾大家"良好品行。

坚持以人为本,文化精神育人

莱西市机械工程学校　贾喜捷

学校文化已经成为学校综合实力的重要特征,蕴含着一所学校的办学品位。学校文化的本质在于用文化精神培育人。学校教育的核心是育人,要坚持以人为本,以学生发展为本。学校文化建设重在营造良好的育人文化。营造良好的学校育人文化,是树立学校品牌形象,提升现代学校核心竞争力的所在。学校文化建设是个复杂的系统工程,营造育人文化是多方面、全方位的。主要应在以下几方面努力。

一、以先进的办学理念、办学思想引领

学校文化建设与学校发展是水乳交融的关系。校长是学校发展和学校文化建设的引领者。"一个好的校长就是一所好的学校。"这是从校长的办学理念、专业素质能力和人格品质魅力三方面来说的。首先一点,校长要以先进的办学理念来引领学校发展和营造学校育人文化。这里所说的办学理念是一种办学观念,是办学思想、灵魂和信念,它的内容包含有办什么学校、实施什么教育和培养什么人才等三个重要命题。

校长的办学理念、办学思想蕴含着学校育人的文化精神,决定并影响着校长教育管理的行为,师生的学习、生活方式及生命发展轨迹,学校育人文化的品牌形象。校长办学思想是对办好学校愿景的描述、主张和解释,是对办好学校的理性思维和整体认识。校长办学思想明确,办有灵魂、有文化的学校,学校才能创新和发展。校长办学理念要先进,办学思想要正确,要坚持以人为本、以学生的发展为本,具体来说应具有以下三个特征。

第一,要充分体现国家的培养目标。要通过对办学理念和办学思想的实践追求,使党和国家教育方针得到全面落实,使国家课程改革得以全面实施,要确保人才培养目标和办学方向正确,要使学生在德智体美等方面全面和谐发展。

第二,要充分体现对主体生命的尊重和关爱。要以人为本,通过办学理念的实践追求,给每个学生注入富有价值内涵的、既有的客观精神文化,最大限度地使全体学生得到充分发展,以提升学生健康成长的生命质量。

第三,要有鲜明个性特征的育人文化。一个富有思想又讲究实际的校长。要对学校历史文化积淀进行分析反思、审时度势、把握现实、憧憬未来,力求办出个性鲜明、具体实在的学校。努力打造学校个性品牌文化。使学校具有竞争力。

学校的办学理念、办学思想包括校长的教育观、教学观、学生观、课程观、质量关、人才观和管理观,决定并影响学校办学目标的过程和方法、学校文化发展所从事的具体实践行为、学校教育的品质。校长办学理念、办学思想的提出,不是给人听和看的"口号"和"标语",而是学校师生共同追求的理想精神,是一种认同并付诸实践行动的文化信念。

二、以和谐的学校育人文化熏陶

和谐的学校育人文化指学校文化整体环境而言,包括校园文化。学校是教书育人的文化圣地,学生每天都生活在校园中,学校文化就像空气一样无处不在。是"活生生的自然",无不影响着每一个主体的生命存在。我们所说的教书育人、管理育人、服务育人、环境育人是指学校文化育人环境的全部,即学校人为创造的有形与无形的客观存在的总和,主要分为物质形态的视觉文化、制度规范文化、管理行为文化和精神文化四方面。

学校文化建设四方面内容之间的关系是相互联系、相互依存、相互促进的。营造学校育人文化,就必须使这四方面内容和谐一致,形成一个和谐统一的育人文化圈。营造和谐的学校育人文化环境,就要使上述内容相辅相成,和谐统一。

校园文化建设与和谐校园构建的思考

平度市职业中等专业学校　张培生

校园文化是学校发展的灵魂,是凝聚人心、展示学校形象、提高学校文明程度的重要体现。校园文化建设的终极目标就在于创建一种氛围,以陶冶学生情操,构筑健康人格,推动校园和谐发展。校园文化建设与和谐校园构建相辅相成,相得益彰。

一、校园文化建设与和谐校园构建必须坚持以人为本的理念

在校园文化建设过程中,要加强制度建设,要充分体现对广大师生员工有足够的理解和尊重,真正做到尊重人、关心人、理解人、爱护人和激励人;要充分体现依法治校,依法办教育,保障学校正常的管理秩序、教学秩序、生活秩序,为师生员工提供一个和谐、宽松、民主法制、公平正义的校园环境。要积极改善办学条件,改善教职工的生活条件。有关师生员工切身利益的事项,要注意发挥教代会、职代会以及工会、共青团、学生会等群团组织的作用,大力推进民主办学,使各种激励措施、奖惩办法更符合客观实际,激发师生员工的积极性。

二、校园文化建设与和谐校园构建必须注意校园特色文化的传承

构建和谐校园,发展中国特色社会主义文化,建设社会主义文明,归根到底是建设民族精神。民族精神是民族文化最本质、最深刻的体现。弘扬和培育民族精神,必须把中华民族的历史传统和新时期形成的时代精神结合起来。在构建和谐校园,加强校园文化建设过程中,要注意校园特色文化的传承,强化青年学生对国家的认同感、归属感,牢固树立国家利益高于一切的观念。在构造校园文化建设总体规划时,要注意民族精神的传承。积极探索适合青年学生特点的各种教育形式,选择一些重要节日,重大历史事件和历史人物的纪念日,开展丰富多彩的教育活动。学校在其办学过程中,会不断形成自己的光荣传统,会留下许多宝贵的人文精神,是加强校园文化建设的重要财富,需要进一步的发掘和整理,以丰富校园文化建设的内涵。

三、校园文化建设与和谐校园构建必须强化环境育人功能

加强校园文化建设、优化育人环境,发挥环境育人功能,对构建和谐校园有着十分重要的意义。因此,校园规划必须充分考虑到整体化、生活化、人性化、开放化、多样化和现代化,实现人文环境和自然环境的有机统一协调发展。尤其在校园建设风格的设计上,校园审美色彩的铺垫上,校园音乐的选择上,师生着装的规定上,教室空间的布置上等都应充分考虑自然与人文兼顾,活泼与庄重兼顾,整齐划一与体现个性兼顾。同时要注意精心选择制作一些有典型教育纪念意义的雕塑、画像、名言警句、标语口号等,以衬托校园的整体育人氛围。

四、校园文化建设与和谐校园构建必须积极体现时代要求

和谐校园应该是充满活力的校园,这就要求校园文化建设必须符合时代精神,要重视营造尊重科学、崇尚真理的校园精神和民主、开放、丰富、生动的校园文明,从而对社会主义文化建设起到支持、引导、辐射的作用。同时,校园文化建设要有利于加强对学生个体的引导,用健康向上的主流校园文化去熏陶教育学生。要注意拓宽学生的知识面,改善知识结构,培养学生的表达能力、交际协调能力,组织管理能力,以及积极主动的参与意识、竞争意识和成才意识,促进学生个性的全面发展。要增强学生的自尊心、自信心和社会责任感。使我们培养出来的学生走上工作岗位以后能够满足面向现代化、面向世界、面向未来的要求。成为知识经济时代生产力发展的中坚力量,成为先进生产力的开拓者和先进文化的弘扬者。

总之,校园文化的发展和繁荣是和谐校园的一个重要特征,对于促进和谐校园的形成具有不可替代的作用。

风采竞赛融入校园文化　活动育人促进学生成长

青岛旅游学校　王　钰

近年来,青岛旅游学校扎实推进文明风采竞赛活动,在全国文明风采大赛中共获得 7 个一等奖、13 个二等奖、4 个三等奖、2 个优秀奖。《中国职业技术教育》(2016

年第16期职教活动周专刊）刊登了我校的摄影作品《听泉》和工作案例。学校将文明风采竞赛活动与明星社团、礼仪特色、校园电视台和"修身·立人"表彰等工作有机融合，为辅导教师和学生团队的成长奠定了坚实的基础。

一、与明星社团建设有机融合

青岛旅游学校建有社团活动中心，有近40个学生社团，各社团都有具体的负责教师，学校统筹安排活动时间和场地，在学生综合素养发展与评价网络平台上开辟社团活动专栏，定期展示社团活动，学生要上传社团活动记录并纳入综合评价。其中礼仪队、朗诵社、表演社、摄影社等是学校重点打造的明星社团。潘月华老师带队负责的朗诵社团就常年开展活动，先后参加了青岛市五四成人仪式等活动积累了经验，锻炼了队伍，并形成了梯队建制。参加文明风采大赛的高年级选手登台竞赛，低年级选手现场观摩，赛后交流心得，形成很好的传统。

二、与打造礼仪特色有机融合

学校将礼仪教育纳入课堂教学计划。在每周二的早自习课上，开展礼仪晨读活动，讲授礼仪文化、现场培训，落实实践育人的理念。学校礼仪教师团队8人，由国家级礼仪培训师宋书灵主任带领，走入政府机关、企事业单位、中小学讲授礼仪课程，传播礼仪文化。学生礼仪队成立十几年，参加了奥帆赛等大型礼仪服务活动，打造礼仪服务名片。礼仪队参演的节目《随我飞翔》《逐梦蓝天》连续两年获得全国文明风采大赛二等奖。以礼仪活动为主题的摄影作品获得一个一等奖，两个二等奖。

三、与班级文化建设有机融合

为了提高全国文明风采大赛的广泛参与度，青岛旅游学校将全国文明风采大赛的赛项进行归纳、整理，纳入班级文化建设之中。学校制定了《青岛旅游学校班级文化建设方案》，要求各个班级结合大赛，每班推出一个特色活动。班级结合专业、教师和学生特点，制定规划，打造特色。学校每学年组织评选班级文化建设特色班，并在全校进行展示、表彰，以此推动大赛项目在各个班级生根发芽。近两年来，学校涌现出朗诵特色班、合唱特色班、舞蹈特色班等一批文化建设特色班。班级文化建设为文明风采大赛提供了丰富的创作资源和学生队伍。

四、与校园电视台建设有机融合

学校聘任有北京电视台工作经历的教师负责校园电视台的管理，规划4档栏目，全校展播。《一个垃圾袋见证的文明》《青春不散场——毕业季》等视频节目在全校引发了强烈反响。校园电视台负责举办微视频大赛和展播、表彰，从校级比赛中培育优秀作品。摄影教室成为摄影爱好者的活动阵地，专业人员定期开展培训，组织摄影比赛和讲评。在近两年在摄影和视频制作比赛中，学校获得全国两个一等奖，两个二等奖。

五、与"修身·立人"表彰有机融合

全国文明风采大赛的开展离不开师生的广泛参与，激励机制和制度保障特别重要。青岛旅游学校研发了网络版中职学生综合素质发展与评价系统，从思想品德与公民素养、学业水平与专业技能、身心健康与艺术素质、职业素养与实践能力八个方面对学生进行评价，其中文明风采大赛的成绩是重要的加分项目。在爱心企业的捐赠下，学校设立了每年 10 万元的"修身立人"奖励基金，有风云、风采、风范、风尚四个表彰项目，其中风云奖重点表彰在文明风采大赛等方面取得优异成绩的教师和学生，先后发放奖金 13.4 万元。学校每年都组织隆重的颁奖典礼，走红地毯，读颁奖词，现场直播，青岛市教育发展基金会理事长程友新亲自为师生颁奖，十多个师生个人和团队获得奖励，起到了重要的榜样示范和激励作用。

青岛电子学校校园文化建设思考

青岛电子学校 唐好勇

一、问题的提出

浓郁的文化氛围、优美的育人环境，体现一个学校的文化积淀和底蕴，它不仅对学生的学习、生活、心理起到良好的调节作用，而且对规范学生的行为习惯，促进学生全面素质的提高起到潜移默化的作用。在校园文化建设方面的一些做法提出来供大家交流、探讨。

二、问题解决的方法

1.打造书香校园，彰显人文教育

为给全体师生创造一个更优雅的教学环境，为将电子学校打造成更有品位、有内涵的特色职校，多年以来我校全体教师就在校园文化建设上大下功夫。我们在校园内根据不同的区域创建不同的阵地和版块，我校积极开展校园文化建设活动，到目前为止，学校已布置完成以展示学校校训、办学理念、育人目标的标语，以及以古诗文诵读为内容的大型喷绘，以此营造浓厚的校园文化氛围。另外还有国家教育方针、国家教育政策、无书香不阳光、社会主义核心价值观大道、雕塑墙、经典古诗文、醒目标语、师生礼仪守则等项目营造浓厚的育人氛围，让学校的一草一木、一砖一瓦都散发出文化的芬芳，彰显了我们电子学校的办学特色和校园内涵。此外，我们在教室里也设立相应的各类园地，如图书角、学习园地、风采展示栏等平台，让学生积极主动地投入到了学习和生活中，进取，拓展，超越，创新！很多来访的人都说："这样的校园文化建设不仅彰显出了电子学校独特的办学特色和校园内涵，而且还育人于无声。"

2.中华经典古诗文诵读

中华古诗文历史源远流长，名篇佳作美不胜收，是民族文化的根基和典范，是人类对自然界和社会人生的一种特殊感悟和认知，是真、善、美的艺术结晶。千百年来，万口传诵，哺育了一代又一代人，成为祖国文化的命脉。让学生从小多读优秀古诗文，积累名言警句，不仅有利于开发语言能力，拓展他们的知识面，培养对文学的兴趣爱好，打下扎实的文学功底，提高学生的人文素养，还有助于学生吸取中国传统文化的精华，感受汉语言文字的优美和伟大，培养热爱中华民族优秀文化的思想感情，陶冶他们的情操和审美情趣，全面提高整体素质。

学校广泛开展了古诗文经典诵读活动并形成特色。为传承中华经典，丰富了学生语言积累，提升学生语文素养，学校编写了一套古诗文诵读校本教材，制作20余幅以古诗文为内容的大幅喷绘版面，并在学生中广泛开展古诗文经典诵读活动，要求各班每天抽出至少半个小时的时间进行诵读，诵读活动以自读和集体诵读结合的方式进行，各班集体诵读主要利用早晨和课前进行诵读，教师给予必要的指导。学校校本教材上的内容和喷绘版面内容各年级段要按要求诵读并背诵，每生每期不少于20首／篇。每学期期末，学校以比赛的方式，对班级诵读工作进行验收，评选优秀班集体和诵读小能手，予以表彰奖励。目前，无论是上课前还是放学路队上，学校到处充满朗朗的诵读声，传承中华文化的氛围十分浓厚。

为了促进落实职教文化课对古诗文教学的要求，继承和发扬中华民族的优秀文化,加大语文积累,提高古诗文诵读水平,学校每学期至少开展一次"优秀古诗文诵读"比赛活动。特别是今年的庆"五四"诗歌朗诵会,更突出了古诗文诵读这一校园文化建设特色。通过形式多样的诵读活动的开展,使我校的文化气息更浓,文化品位更高。

3.成功创办校刊

校刊是学校校园文化建设的重要组成部分,是学校深层次的精神底蕴与人文内涵的浓缩。

在教育局领导的关心与支持下,在全体师生的共同努力下,在学校原有校报的基础上,2010年起,电子学校第一期校刊——《电子学苑》创办成功。崔西展校长为校刊作序。校刊的成功创办,为每一位学生提供了一个展现自我才华的舞台,为每一位教师搭建了一个交流、成长的平台。

4.校园精神文化建设

校园精神文化建设是校园文化建设的核心内容,也是校园文化的最高层次,具体体现在校训、理念、目标以及班风和学校人际关系上。

我校确立了"修身、砺志、笃学、践行"的校训,"成就一个学生,幸福一个家庭,奉献整个社会"的办学理念,"打造新电子,服务新经济"的办学目标,"炼技能专长,成行家里手"培养目标。好的校训具有对学校成员内在动力的激发作用,催人奋进;好的办学理念可以形成团结协作、高效严谨、开拓进取的氛围,推动学校的教学管理和教学质量的和谐发展,稳步攀升;好的办学目标和培养目标可以使学生成为德、智、体、美、劳全面发展的人,技能出众的人。

三、解决后的反思

"校园文化"是一所学校在其建设和发展过程中全力塑造而形成的,并为全校师生所认同的学校精神风貌和物质状态,它是学校素质教育的重要组成部分,也是反映学校办学水准与文明程度的重要标志。优秀的校园文化,能以感染、凝聚、激励等形式,促进学生的知、意、情、行向有利于人才成长的方向发展。要使学校教育工作行之有效,除正面教育、积极灌输外,还必须充分挖掘和利用校园文化的潜移默化作用,高度重视校园文化建设。校园文化对学生的影响虽不是立竿见影的,但却是稳定渐进的,要相信,优化的校园文化建设必然会结出硕果。

青西新区高职校构建校园工匠文化培养体系

青岛西海岸新区高级职业技术学校　张继军

在职业教育新一轮改革发展过程中,学校与企业共建"一线两翼三进四化"中职生基本职业素养培养体系,即以培育学生工匠精神为"一条主线",进行学校和企业"两翼"的理念文化、制度文化、环境文化和行为文化"四面文化"深度融合的工匠文化体系的建设,实施工匠文化"进校园、进班级、进课堂"的"三进"行动,极大提升了学生的综合职业素质。

一、一条主线——培育学生的工匠精神

我校更新育人理念,把"追求卓越"的工匠精神作为新时代职业教育的灵魂。通过开展工匠精神座谈会,明确了三个定位:一是明确了人才目标定位,把"培养具有工匠精神的高素质技术技能人才"作为我校的人才培养目标。二是转变育人理念,把工匠精神作为新时代我校教育的灵魂,贯穿于人才培养的全过程,并成为我校学生的价值导向和时代精神。三是明确了办学特色定位,努力打造工匠文化特色品牌,在"立德树人"的总要求下,传承中华优秀传统文化,弘扬爱岗敬业、专心专注、精益求精、执着坚守、传承创新的工匠精神,促进工匠文化与经济建设深度融合,服务新旧动能转换,为新区域经济的发展培育时代工匠。

二、"两翼"文化——提升学生职业道德素养和文化素养

以提升学生职业道德素养和文化素养为着力点,校企共同打造学生核心素养的工作流程。将学校文化和企业工匠精神渗透到教育教学各个环节,根植于学生的思想和行为中。创新多元合作办学机制,形成有利于促进校企合作的人员配置、场地和设备管理、教学运行、科研管理及社会服务的制度体系和工作流程,组织实施高水平合作交流项目,推进产教融合、校企合作的不断深化。

三、"三进"行动——工匠文化根植于学生的思想和行为中

实施企业工匠文化"三进"行动,将企业文化和工匠精神渗透到教育教学各个环节。"进校园",建立了企业文化展厅,企业文化长廊。在校园推行6S管理。"进课堂",开展企业文化"大讲堂",并编写企业文化教材。"进班级",开展企业文化主题班会,和"企业化班级"管理创新活动。学校校企文化融合的德育工作体系被教育部评为示范校建设典型案例。

四、"四面"文化——建构学生工匠精神的多维培育体系

(一)以理念文化涵养工匠精神

学校文化有明确的核心理念,并在学校章程、规划或人才培养方案中明确了学校的使命、发展愿景、育人目标:

核心文化理念:校企文化融合"追求卓越"的工匠文化

办学宗旨:立德树人,服务社会,办人民满意的教育

发展愿景:将学校打造成一所现代化的优质特色中职学校

育人目标:培养德智体美劳全面发展的社会主义建设者和接班人,培育具有工匠精神的高素质技能人才。

育人理念:对每一位学生负责 让每一位学生成功

德技并修 知行合一

学校坚持正确的文化建设方向,贯彻党的教育方针,落实社会主义精神文明建设要求和立德树人根本任务。

学校在精神文化培育、提炼和形成过程中,借鉴和吸纳企业的核心价值观、企业精神、战略目标、经营理念等精神文化,把企业所崇尚的创新意识、诚信观念、竞争意识、质量意识、效率意识、服务理念以及敬业创业精神渗透到学校的校训、校风、学风、教风等核心理念中去,融企业精神与学校精神于一体,用企业精神教育人、引导人、鼓舞人和塑造人。

学校凝练形成师生广泛认同的、彰显学校价值追求的核心文化理念和凸显学校特色的校训、校风、教风、学风及学校精神。

校训:诚信 敬业 创新 和谐

校风:崇德 尚能 正气 进取

教风:爱生 敬业 求真 善教

学风:勤学 敏行 专注 超越

学校精神：追求卓越

（二）以制度文化塑造工匠精神

学校先后开展了两次制度废改立工作，使学校核心价值理念在制度中有所体现，如学生多元发展性评价制度，鼓励学生把追求卓越的工匠精神融入"学分储蓄银行"等机制，极大调动了学生综合素质的提升；学校融合企业管理制度的精髓，在学校的行政管理、教学管理和学生管理等方面引入现代企业管理办法，在制度层营造企业管理的文化氛围；学校建立了三级校园文化建设工作机制，成立了活动领导小组、活动工作小组、物品购置、设施及文化建设小组、档案组建小组；通过干部专题行政会议、全体党员大会、全体教职工动员大会等，宣传校企文化融合打造工匠文化理念。

（三）用环境文化熏陶工匠精神

学校积极推进校园物质环境的企业化，在校园绿化美化过程中有意识地融入企业文化元素，使学校成为具有浓厚职业氛围、深厚人文意蕴、幽雅物质环境和一流文化品位；学校利用企业文化资源，把战略合作企业的生产经营理念及产品介绍引入校园；走进学校，既能看到布局科学、如诗如画的优美校园环境，又能体会到校企融合、开放办学的文化氛围；既能感受到学校与企业风雨同舟的厚重历史，又能感受到同步发展的蓬勃朝气；让学生"悄声"体味企业目标、企业使命、企业精神、企业标准，感触可亲可近的典范、可学可赶的榜样，不断提高职业素养；在校内企业化实训基地，学生不但能接触到企业尖端生产设备，充分感受海信企业文化，还能在真实的生产实训模式下接受"双师"的"工匠文化"指导，真正实现"实习场所像车间一样，实训教师像工程师一样，实训作品像产品一样"。

（四）以行为文化引领工匠精神

学校以文化活动为载体，实施"润物无声"的职业素质养成教育，进一步促进学校文化与企业文化有机结合。加强学校校风、师德师风、教风、学风的建设，发挥校风、师德师风、教风、学风在校园文化中的建设作用；加强学生思想政治教育，调动学生积极参与社会实践、志愿服务等活动，提升学生思想政治素养。通过系列评比活动，加强模范师生的榜样引领和典型带动作用；通过美育、体育、劳动教育提升育人成效，通过廉洁教育培养学生正气；加强国际交流，促进文化交流，提升师生人类命运共同体意识。

"自信、负责、成功"自主德育模式生成

青岛华夏职业学校　吴章鑫

青岛华夏职业学校坚持立德树人,深化"自信、负责、成功"自主德育模式建设,以"大德育"教育理念为引领,以培养学生德智体美劳全面发展为目标,以核心素养培育为核心,在抓重点、抓落实、抓质量上下气力,全力构建富有创新特色的"德育一体化"育人格局,推进德育特色化发展。

一、以课题引领，深化德育一体化建设管理体系

学校依托中国职业技术教育学会德育工作委员会两个立项课题:《校企合作视域下中职德育一体化育人实证研究》和《职业素养培育视角下的中职学校传统文化教育的实践研究》,进一步完善《青岛华夏职业学校德育一体化建设实施方案》,从"大教育""大德育""大社会"视角,对学校德育课程体系、学科育德体系和德育实践体系进行拓展、创新与重构,以培育中职生核心素养为核心,深化"自信、负责、成功"自主德育模式建设,整合、优化"育德"元素,使"立德树人"贯穿于教育教学全过程,充分发挥"德"之根本性、引领性作用。为进一步引领德育工作研究新方向、新高度,促进德育体系的整体构建,创新德育的途径和方法,同时促进德育队伍由经验型向科研型转变,不断丰富提升专业化发展。

二、深化爱国主义教育和传统文化教育

结合五四运动 100 周年和新中国成立 70 周年,按照青岛市 2019 年全国中等职业学校"文明风采"德育实践活动要求,学校积极组织学生参加以"爱国、奋斗"为主题的征文演讲、职业规划设计、才艺展示等活动。为进一步深化传统文化教育,传承红色基因,厚植学生爱国主义情怀,各班级积极开展"坚定理想信念,立志成长报国"主题教育活动,加强"诚信文化"教育、八礼四仪等主题实践教育,齐唱国歌、齐诵"诚信之约"两项内容,已经成为每个班级每天必修的"第一课",入脑入心的教育效果逐

步达成。种种融合传统文化教育、仪式教育的活动,助力培养学生的理想信念,体现了"信责达远"德育品牌的教育魅力。

三、弘扬社会主义核心价值观教育

学校设计开展了班主任主题班会设计比武,不断加强班级舆论建设,开展以理想信念、职业精神、道德品行等核心德育内容为主题的教育活动,加强学生基础行为习惯和基础文明习惯教育。严格落实手机管理规定,下力气提高学生文明程度,在仪表仪容管理、见面问好、爱护公共环境等方面,坚持常抓不懈,一以贯之。

四、发挥集体教育作用,深化班级建设

在夯实活动教育效果的同时,落实特色班级建设工作。在规范化班级建设活动中,各班级形成、完善自己的文化班级建设方案,确定班级建设目标、班训、班规、班级公约等,并在班级建设发展中逐渐深化,各班级在物质文化建设方面,精心设计教室文化墙内容,发挥"一桌一椅一墙一栏"的作用,营造班级环境育人良好氛围。

五、进一步深化自主教育

继续加强学生干部队伍建设,建立两级、分层管理模式,学期初完成了第九届学生校长助理的选拔、聘任工作,形成了以学生会、学生校长助理两支校级学生干部队伍为主线,班级学生干部队伍为分支的立体化学生干部队伍管理体系。加大学生自主管理力度,选拔部分班长,经过培训后,参与学校日常管理与考核中,既促进学校整体工作的高效推进,也拓宽了班级学生干部的视野,营造了互相学习、互相借鉴、互相进步的比、学、赶、超的氛围。做学生文明行为习惯的督察员,锤炼了责任意识,增强了职业素质。学生会通力合作,完成了大量的检查、督导、反馈、统计与汇总等工作,在学校招生、志愿服务等工作中,发挥带头作用,成立校园专项治理队伍和安全巡查队伍,有力地彰显出学校自我管理、自我教育自主德育效果。

以德育教育为抓手，全面提升职业素养

平度市职业中等专业学校　孙世伟

一、坚持以德育为首的育人理念，德育工作制度健全，措施得力，成果显著

（1）学校建立了一支由党、政、团、学工处、教导处、班主任组成的完善的德育工作队伍，围绕学校德育目标开展工作，实施了德育队伍专业化发展培训工作；建立了导师育人制度，为每个学生配备了一个导师，导师每周找学生座谈，填写育人纪实，保证了学生的健康发展。

（2）学校开展了以文明修身工程为主线的德育系列教育活动，通过班主任例会、主题班会与升国旗仪式，以及传统节日专项活动、社区服务等形式全方位开展德育教育，提高学生的文明修养。

（3）学校还重视通过德育课实现对学生职业道德的培养，由德育组牵头，启动了职业素养培养工程，在中国职业技术教育学会德育工作委员会德育教学研究会主任蒋乃平的指导下，编写了《职业素养培训指南》，以案例的形式指导学生提高职业素养。为了保证学生心理健康，学校开设了心理教育课和心理咨询室，设有专业教师从事心理教育和咨询辅导工作。

（4）重视德育评价制度建设。学校实行了学生思想道德学分评价制度，每学期班主任对学生的操行进行评定，记入学生档案。

二、坚持以德育促学风建设，使学生学有所长，学有所得

为进一步抓好学生的学风建设，培养学生良好的学习及日常行为习惯，促进学生素质的全面提高，学校制定了《平度市职教中心关于利用课外活动、晚自习进一步提高学生素质的指导意见》，各专业部根据《指导意见》，制订了具体的实施方案。这一举措将课外活动、晚自习内容与完成课程作业、专业技能提高、文明风采大赛、学生素质提高及学生的自我管理有机结合起来。主要表现在三个方面：

（1）分类规划了训练和活动内容。

基础训练类：即书法（每天练字 300 个或 1 页书法）、阅读（励志类美文）、周记、释读弟子规等；

就业创业类：即优秀毕业生报告会、校友企业参观、服务居民的社区服务、专业的创业导师引领。

征文类活动：即每学期开展一次征文比赛。

设计类活动：即每学期至少开展一次职业生涯设计、或动漫画设计、或创新设计、创意设计等。

影视类活动：即每班每周组织看一场电影、或各种教育教学资料片。

实践类活动：即各专业技能训练。

作业类任务：即课程作业。

（2）开展"文化四季"主题活动。

春季的绿色之歌——体育节

夏日的红色之歌——文化节

秋季的金色之歌——艺术节

冬天的紫色之歌——技能节

（3）做好"五分钟整理教育"：

即每天花五分钟整理课桌椅：每节课课前半分钟先整理课桌椅，上午下课、下午下课、课外活动和晚自习结束再各花半分钟整理课桌椅。学生个人物品摆放是否有序，教室里清洁用具是否在固定的位置，全班的课桌整理是否整齐。细节决定成败，"五分钟整理"从细节、规范入手，帮助学生养成好的习惯。所以在某种意义上来讲，整理课桌就是整理人生，这是学生成功创业的基点。

城阳区职业中专着力打造"融"文化、
构建立德树人育人体系

青岛市城阳区职业中等专业学校　苟钊训

城阳区职业中专创建于 1958 年,近年来学校逐步完善立德树人模式,彰显新时代办学特色,逐渐形成"融六艺,达四方"的办学理念。以"五融"作为育人核心,从"境""行""技""艺""师"五个维度全面渗透德育措施,形成"师则授业与传道相融合,生则学养与技能相融汇"的校园文化特色。

一、融德于境——别有幽愁暗恨生,此时无声胜有声

学校以"文化引领教育"为导向,立体化推进校园文化建设,努力使文化浸润校园每个角落,感染每一个人、激发每一个人。

以"融"为文化建设核心,推出孔子六艺、勤学乐知等主题墙壁文化,建设三友乐园、三味书苑等景观文化,对校徽、校服、校卡等进行统一设计,将学校的办学理念、学科专业特点转换为可视的象征符号,使校园处处充盈着融合、优雅、灵动的文化气息;加强校企合作,引进企业文化,按照企业要求把实训室包装成"车间",把学生包装成"工人",营造"工匠伟大、劳动光荣"氛围,设置"企业文化长廊",宣传"大国工匠"精神;重视技能比赛文化引领,设置荣誉榜,张贴历年技能大赛获奖者和升入高职院校学生图片,汇聚榜样的力量,发挥榜样的典范作用。

二、融德于行——操千曲而后晓声,观千剑而后识器

学校以德育活动为核心,通过多元德育措施,为学生搭建认识自我、发展自我、超越自我的舞台。

抓好德育常规活动,实施"十个一工程",制定编印《城阳区职业中专日常管理守则》,引导学生言行,规范学生的日常行为习惯;依托传统节日厚重内涵,开展中华传统文化教育;鼓励创设班级文化特色,开展"温馨班级""书香宿舍""优雅女生""儒

雅男生"评选,扎实推进校园文明礼仪教育活动;设置心理咨询室、宣泄室、心理健康必修课,关爱学生心灵,提升学生的心理健康水平;搭建平台,接轨企业文化,设立学生创业中心,邀请劳模、技术能手入校授课,借助"优秀毕业生报告会""企业家创业讲座",了解行业规范和企业文化,缩小产教融和距离。

三、融德于技——宝剑锋从磨砺出,梅花香自苦寒来

面对"中国制造"向"中国智造"强力迈进格局,学校积极创建"人人皆可成才、人人尽展其才"育人氛围。一方面开展个性化精细培养,掌握一门技术,精通一门手艺;另一方面开展职业道德塑造,为其未来的职业发展奠定坚实的基础。

举办师生"融之技技能比武月"活动,激励学生做中学、学中做,通过技能比赛开门视野,找到差距,明确目标,实现自我飞跃;践行服务发展宗旨,凭借技术优势,打造"融家职教义工",开展职教义工进社区活动,助推"奉献、友爱、互助、进步"社会风气形成。学生在志愿服务中提升专业水平、获得职业成就感、升华灵魂、实现价值。

四、融德于艺——坐久不知香在室,推窗时有蝶飞来

"融德于艺"即通过主题鲜明,丰富多彩的文体活动体现出"德足以昭其馨香"深刻内涵,不断将学校德育建设引向深入。

创建体育艺术特色品牌。以排球运动为龙头,组建武术、足球、篮球、乒乓球、啦啦操等体育社团;以手工制作为统领,组建声乐(含合唱)、器乐、舞蹈、围棋、书法(篆刻)、绘画等艺术社团;启动阅读滋润精神,思考孕育智慧"墨香校园"工程。开放图书馆、阅览室等场所,在各楼层安置图书架,在各班级设立图书角,努力形成"读好书,习美德,立良行"风尚;开展课外群体活动,丰富大课间和阳光体育形式。增加跑步、跳绳、踢毽子、团体操、交谊舞等运动项目。

五、融德于师——无声润物三春雨,有心护花二月风

"融德于师"是校园文化建设前提,学校重视师德建设,夯实师德修养,通过开展师德师风主题活动,提高教职工职业道德修养,增强遵纪守法、爱岗敬业的自觉性,造就"以德立教,德识相长"、全员育人、全过程育人、全方位育人良好氛围,以良好的校风、教风、学风,推动校园文化建设整体提升。

建立健全师德考评制度和师德档案制度,完善教师岗位聘用制度、教职工绩效考核办法,出台《班主任量化评比方案》《名师、名班主任评选标准》《师德建设先进

集体、师德标兵评选办法》等制度,认真开展师德考核,将师德表现作为教师年度考核、职务聘任、职称晋升、派出进修和评奖评优的重要依据,激励教职工在工作中争优创先。

第五部分

特殊教育

"规范＋特色"　打造校园文化

青岛市中心聋校　袁凯道

青岛市中心聋校长期坚持以听障学生终身发展、融入社会为本,凝练了"融合、健康、尊重、快乐"的办学理念,引领校园文化建设,形成了"规范＋特色"的校园文化品牌。

规范的校园文化,紧紧围绕立德树人的根本任务,高扬新时代旗帜,传承红色基因,培养和践行社会主义核心价值观,传承中华优秀传统文化等,在校园显著位置制作宣传标语墙,教学区张贴名人画像、名言,在教室规范张贴国旗,在明显位置张贴《中小学生守则》和养成教育的具体要求,打造校园文化精品主题宣传活动,引领校园文化。

特色的校园文化,彰显了学校的办学特色。

一是根据听障学生的特点,在不同的场所设置不同的内容图案,以达到不同的育人效果。学校在优化校园环境基础上,利用不同的建筑空间和用途,设计了大门文化、雕塑文化、教室文化等。

二是建立了学生体验活动的"行知园",栽种了多种蔬菜和果树,一年四季,发芽、开花、结果、收获,使学生通过劳动体验生命教育。通过劳动,让学生与大自然亲密接触,体验了劳动的艰辛,懂得了珍惜、尊重和感恩。

三是在休息区设立开放图书馆"快乐书吧",每年投入上万元订购50多种杂志报纸,学校图书馆有38000多册书籍满足不同年龄学生随时借阅;宿舍每楼层设立开放式读书角,各班建立班级图书角和班级流动图书馆,培养学生读书兴趣,提高阅读水平,在阅读中亲近经典、品味经典、传承经典,养成读书的好习惯。

四是各班级对教室中团队活动角、黑板报、图书角进行了布置,营造了良好的班级文化氛围,展现了学生多元、活泼、个性的精神面貌,培养了学生的集体主义观念、动手能力和审美能力以及良好的习惯,让班级管理工作规范化、制度化,打造班风纯、学风正的良好局面。

五是不同功能区的走廊文化、区角文化、班级文化、环境文化,使师生时时都在接受文明、健康、向上的文化熏陶,这些别具匠心的安排达到了"让每块墙壁都说话","每一处景物都传情"的效果。学校为凸现环境文化的教育魅力,还在绿化、美化、上下功夫,如今踏进校园均可见绿树成荫,花朵亮丽,布局合理,清新宜人,具有花园式风格,达到了美丽的环境净化人,文明的环境熏陶人,健康的环境教育人的育人效果。

"规范＋特色"的校园文化发挥着育人作用,无声胜有声。学校将继续大力加强校园文化建设,倡导特色,丰富载体,追求独有性、自主性、丰富性、知识性和实用性,用优美的校园环境陶冶学生,用优秀的校园文化塑造学生,让全校师生在活动中发现精彩的自己,不断推进高品质校园文化建设工作。

物质文化是校园文化建设的基石

崂山区特殊教育学校　高秀娟

校园物质文化实质上就是学校文化的物化形态。是校园文化的"硬件",是由学校师生员工在教育实践过程中创造的各种物质设施,它们能够迅速为人们提供感觉刺激,给人一种有意义的感情熏陶和启迪。良好的、富有个性的校园物质文化建设,一方面可起到美化环境、装饰校容作用,另一方面又能影响学生,起到陶冶情操、净化心灵的作用。

学校是师生员工工作、学习的场所,舒适幽雅、空气清新的校园可以安定情绪,启迪思想,陶冶情操,校园的建设是达到此目的的重要手段。我校首先精心构建以学生为中心,以绿色校园为背景的外部环境设施,充分体现陶冶育人的作用,学校有教学区、办公区、生活区、训练区。我校的每一处景点,都负有教育的使命,在一定程度上陶冶着师生的身心,涵养着他们的人格,秋天当师生漫步校园时,一阵阵桂花香沁人心脾。

第二是精心设计楼道文化。我们根据德育任务和学生特点进行选择和加工,以"爱满特教"为理念,创造了一个优雅适宜,富有教育性、艺术性的楼道氛围和环境。一楼的主题是"汇爱",汇聚爱的力量,展示社会各界对学校和学生的关爱照片。二楼的主题是"会爱",让学生学会爱自己、爱他人。三楼的主题是"绘爱",让学生学会表达对别人的爱,包括对父母、对老师、对朋友的爱意。一楼楼梯间的墙壁上,点缀的是学生的作品,二楼的楼梯间张贴着生物起源的图片,主题是"爱 - 孕育生命"。楼梯的转角处,张贴的是良好行为习惯的图片,一幅幅简洁明了的图片,一件件蕴涵童趣的工艺制作,一处处巧妙的布置,潜移默化地影响着每一位学生,远胜于空洞地说教,陶冶了学生情操,净化了学生心灵,收到了润物无声的效果。

第三是室内文化的建设。教室是学生生活、学习的主要空间,它的文化建设尤为重要,班级内文化环境的设置如果充满浓郁、健康的教育氛围,学生会自然地耳濡目染。我们的正副班主任都在教室里办公,所以后面的墙上就贴着"四有好老师"和特教老师需要的"五心",时刻提醒教师要牢记立德树人的使命。教室的前面墙角处摆着各种漂亮是的花,北面墙上有一块还布置着优点墙,上面的卡片记载着学生的进步足迹,好人好事。后面安放了一个图书架,上面是孩子们喜欢的各种绘本,供学生课余时间阅读。

精心设计的校园物质文化,既美化了学校,又营造了良好的育人氛围。

心理"七色光",阳光育人共成长

青岛市城阳区特殊教育中心 刘佳胜

阳光心理是学生健康成长的保障。学校坚持以"让每一个孩子都阳光"作为学校的办学核心,营造"阳光育人、爱满校园"的校园环境,打造"七色光"心理健康教育品牌。

"七色光"源于学校阳光教育理念,将"红橙黄绿青蓝紫"与心理工作的组织领导、师资配备等七个方面相结合,突出"心育七色光、共享阳光梦"的心理特色。

一、红色机制:让心理工作常态化

红色给人力量,点亮前进的方向。学校构建"三级联动"工作机制,第一级指以校长为组长的心理健康教育领导小组,负责制定心理工作规划、规章制度等;第二级指由专兼职心理教师组成的心理项目组,负责实施心理健康教育活动;第三级指一米阳光心理工作室,主要面向辖区内学校、社区开展心理活动,发挥辐射作用。

二、青色工程：让专业的人做专业的事

青色是我国特有的一种颜色，"青出于蓝，而胜于蓝"，在传承与超越间实现自我成长。学校结合特殊学生教育和康复的双重需求，由专兼职心理教师开设心理健康课，进行心理辅导，由在医院聘请的心理康复师进行心理干预，逐步构建一支兼具"教育与康复"双重职责的"双师型"团队。

三、蓝色装备：让学生获得最大化心理感知体验

蓝色有理智、精准的意象。学校建成 7 个全感官专用室，包括多感官训练室、可视音乐康复室、沙盘游戏室等，让学生通过视觉、听觉、嗅觉、味觉、触觉等全身心的感官体验与心灵取得连接，形成沉浸式心理体验，全力打造心理健康教育的科技蓝，让学生在"身动"中获得"心动"。

四、绿色课程：让生命绽放独一无二的精彩

绿色给人蓬勃向上、充满生命力的感受。结合特殊儿童身心发展不平衡、差异性大的特点，学校将"心理教育"与"心理康复"相结合，形成"1+3"心理健康教育课程体系，以人为本、尊重生命，在自主、合作、探究中挖掘学生生命潜力。

沙盘游戏、表达性艺术康复和园艺康复主要以个训和同类型小团体辅导形式开展，以特殊学生的情绪康复、适应性行为训练为主要内容。2010 年，学校引入沙盘游戏，90% 的在校学生进行过沙盘体验，累计个训时间达到 3 万分钟；2016 年，学校在市内首先引入园艺康复课程，以"我的植物标志""农夫心田""我与植物共成长"等为主要内容，打造心灵绿洲，在亲近植物中改善学生情绪和行为问题，实现身心的和谐发展。

五、紫色合作：启动"家庭—社会—学校"合作的"心"能量

紫色是由温暖的红色和冷静的蓝色化合而成，跨越了暖色和冷色。学校启动"心桥"活动，聘请专家到校做心理培训，专兼职心理教师为 50 余个家庭提供了心理帮扶服务，家访率达到 100%，并多次走进辖区中小学校开展心理活动，在全国、省、市、区做经验交流，心理工作辐射面不断扩大。

六、黄色科研：为心理健康教育提供"心"活力

黄色是所有色相中最发光的颜色，给人充满希望和活力的色彩印象。学校形成

"1+N"科研模式,即每学年一个在做课题,每学年多项科研成果,成为心理活动开展的动力源。

七、橙色送教：让每一个孩子都有"心"阳光

橙色是暖色系中最温暖的色。学校心理活动不仅面向校内学生,也为不能到校就读的送教上门学生和在普通学校随班就读的学生带去心灵的温暖。学校成立"诚心诚意"心理送教团队,教师制定个别化心理康复计划,每周一次走进学生家中,为学生进行情绪和行为干预;每月一次走进随班就读融合学校,为随班就读学生提供心理综合辅导。2017年至今,心理送教团队为10余名重度残疾儿童送去上百节心理辅导课,同时对家长进行心理辅导,得到社会一致好评,《半岛都市报》曾进行专题报道。

营造学生中心、特色引领育人文化

莱西市特教中心　王曙光

在蓬勃兴起的学校文化建设运动中,莱西市特殊教育中心始终坚持以生为本,立足学校实际,在育人文化建设上走出了一条学生中心、特色引领的路径,充分体现了"立德树人"的学生发展要求。

一、努力加强校风、教风和学风建设

一直以来学校坚持"一切为了学生,为了一切学生,为了学生一切"的原则,本来"以生为本,育残成才"的教育理念,规范办学行为。首先,学校始终坚持以人为本、科学发展的理念,施行民主科学管理,大力培养全校教职工的主人翁意识,充分调动其工作的积极性、主动性和创造性,彰显文明和谐的良好校风。其次,扎实开展师德师风建设教育,形成热爱学生、为人师表、教书育人、不断创新的优良教风,打造一支具有爱心、耐心、细心的教师队伍。第三,积极开展"大手牵小手,关爱你我他"等各种团队合作活动,强化学生团结合作的集体观念。高年级生与低年级生、本班与其他

班级自愿组合,构建"手拉手"互助小组,围绕洗脸、洗手、穿衣、叠被等内容随时进行互助帮扶,丰富德育活动的同时促进养成教育。

二、积极打造主题校园环境文化建设

学校充分利用校园的每一个角落,营造的良好环境和氛围。结合学校实际和学生发展需求,学校打造了"两主路""三墙壁"文化。两条主路两旁架设了警示牌、刊报栏、宣传橱窗,各种名言警句震撼人心、催人奋进。墙壁以主题方式进行分类,绘制各种相关图画和文字,包含"生活适应"主题墙、"安全"主题墙、"爱的教育"主题墙、"海洋教育"主题墙和"班级文化"主题墙等,让每一面墙壁都能说话,每一面墙壁都有意义,每一面墙壁都成了学校独特的风景。另外,学校对校园净化、绿化、美化方面也做出要求,校园整洁干净,师生卫生习惯好,绿化有整体规划与设计。

三、积极开展形式多样的校园文化活动

首先,学校借助清明节、端午节、中秋节、重阳节等传统节日,以及"六一"儿童节、"十一"国庆节、教师节等重大节庆日,精心设计和组织开展内容丰富多彩、形式多种多样的主题教育活动。其次,坚持每周一次的升国旗仪式,发表紧密联系学生实际、内容生动具体的国旗下讲话,激发学生爱国情怀。第三,积极开展"学国学·诵经典"比赛、"讲故事"比赛等活动,通过引导学生诵读《三字经》《弟子规》唐诗等国学经典文化,讲述自己感兴趣的童话故事、身边感人故事,培养学生良好的语言组织表达能力,同时使学生了解祖国优秀的传统文化,陶冶情操。第四,学校成立了体育队和文艺队,有计划地对学生进行特长挖掘和能力训练,既培养了学生一技之长,又增强了其自尊、自信、自强的信念。第五,提倡班级自助管理,鼓励各班级打造属于本班特有的班级品牌,开展建设班级品牌、富有创新性的班级活动,让每一位集体成员都参与其中,呈现自己的风格和特色。

营造育人文化的方法策略

青岛市盲校 韩胜昔

德育,终极目标就是育人。无论是显性的物质文化还是隐性的精神文化建设,都必须以学生的健康成长为出发点和归宿。营造和谐共处的氛围,其目的就是塑造健康向上的精神,达到凝聚人心、陶冶情操和健全人格。

（1）营造良好的育人文化,是校长的应有素质。这既可以反映校长办学方向和理念,也能反映校长对学校的价值领导。学校的校园文化是学校的教师、学生的为人方式的体现,是学校里的事的处理方式的体现,是学校里的一草一木作用发挥的体现。抓住了育人文化的营造,也就抓住了学校管理的灵魂。

（2）学校是一个育人"场",就像物理学中电场、磁场的"场"。学生进入这个"场"后能被影响、被感染。校长不是"教育的施工队队长",高水平的校长靠文化治校,靠价值观、理念、精神引领学校发展。

（3）学校是一个有灵魂的地方,而文化就是这灵魂的香水。每一个人、每一件物品、每一个事件、每一次活动、每一种声音、每一个墙面,都是这香水的分子。它们弥漫在校园的每个角落,动态地改变着学校文化的味道,熏陶着每一个学生。而当我们浸润其中时,又是以文化人的过程影响着我们价值的建构与气质的养成。这种相互推动、彼此成全的过程,也是形成学校文化育人特色的基点所在。

（4）美育,使人愉悦,是美的主要功能。春有花,秋有果,树有鸟,池有鱼。置身优美的环境,自然会受到美的感染和熏陶。借助美育能够达到内心浸润、无声滋养,达到潜移默化的教育作用。

（5）站立在文化中央的,是人。要营造育人人本文化,要把握共同规律,寻找本校特色。要满足孩提时代的童趣,要看孩子喜不喜欢、感不感兴趣。引发孩子们的关注和参与才可能带给他们快乐而积极的心理体验。

（6）学校育人文化是立体的,要有深度、有广度、有厚度。没有师生认同和遵循的学校文化,是没有生命力的。师生不认同,社会也就不认可;师生不认同,也就不会遵循;没有遵循也就不会有传承,也就不成其为文化。文化是长期创造,经过反复而漫长地不断积淀的产物。学校文化必须是师生在学校长期的教育实践中积淀和创造的。没有一个长期积淀的过程,师生的认同感就无从谈起。积极的价值追求是学校文化的意义所在,能影响制约在这个文化氛围中生活的每一个人。立足长远,不是一阵风,这是一种无形、巨大的、隐形的力。

(7)学校育人文化包括观念文化、规范文化和物质文化。观念文化也叫精神文化,是学校文化的内核和灵魂,是学校组织发展的精神动力。包括办学的指导思想、教育观、道德观、思维方式、校风、行为习惯。可分解为四种成分:认知成分、情感成分、价值成分、理想成分。规范文化也叫制度文化,是校园文化建设的必然产物,发挥着育人职能的制度保证。是一种确立组织机构、明确成员角色与职责、规范成员行为的文化,有三种表达方式:组织形态、规章制度、角色规范。物质文化是学校教育教学及其管理活动的物质基础。是学校文化的空间位置形态形式,是学校精神文化的物质载体,物质文化包括环境文化和设施文化。

(8)学校育人文化建设的核心内容是精神文化建设,包括办学的指导思想、教育观、道德观、思维方式、校风、行为习惯等,主要是师生在学校内部的共同劳动中所产生的情感、意志、信念、兴趣、习惯等心理素质的综合。它对形成学校师生群体积极向上的思想行为将起到不可替代的作用,是学校组织发展的精神动力。以先进的办学理念、办学思想、良好的教风、学风、校风引领,以和谐的学校育人文化熏陶,以民主宽松的管理文化发展,以创新的教学文化提升。

(9)借助学校育人文化建设,创建特色学校。明确学校特色与文化建设的目标、定位与规划。建设一支与之相适应的教师队伍。立足课堂教学,打造学科特色。强化校本研训,让学校文化能够传承。持之以恒,常抓不懈,开展一系列活动。发挥自身优势和寻求外部支持,获得同行和社会认可。打造"阳光校园"。

钻石画育人三部曲

青岛西海岸新区特殊教育中心　王永宾

学校以"钻石画"为切入点,创立学校育人特色,营造学校育人文化,谱写出以校园环境、课程教学和艺术休闲活动为载体的"钻石画育人"三部曲。

一部曲：创设钻石画氛围，注重环境育人

学校紧扣艺术休闲教育特色——钻石画，营造极富艺术韵味的校园环境。学校选择学生制作的优秀钻石画作品，设计以钻石画为主题的校园文化长廊，介绍钻石画知识、推介学生钻石画作品。会议室、教室、走廊均悬挂钻石画作品，如十二生肖、江山如此多娇等，集艺术美、自然美、文化美于一体，创设"一草一木都能说话，一砖一瓦皆可育人，让每一面墙壁充满文化，让每一面墙壁育人"的充满艺术氛围和人文精神的校园环境。走进学校，仿若置身于浓烈的钻石画艺术氛围内，对所有师生是一种艺术文化的熏陶，潜移默化地影响着师生们。2019年1月，学校成立卢方圆钻石画工作室，依托工作室展示钻石画制作过程，陈列钻石画作品。

二部曲：加强钻石画教学，注重能力育人

学校在开展德育工作时，始终关注德育的实效性问题，德育、文化与课程三者相互融合，能够在文化的统领下发挥课程系统化、持续性的功能，切实起到育人效果。学校结合钻石画特色开设钻石画选择性课程，部分班级将"钻石画"作为班级特色课程。学校成立卢方圆钻石画工作室，由卢方圆老师负责从事钻石画选择性课程教学工作，每周开设2节钻石画课程，学校结合智力障碍学生年龄特点与认知基础，自主开发钻石画校本教材，并开展针对性的钻石画教学工作。钻石画班级特色课程由班主任及包班教师结合本班学生特点，选择不同规格的钻石画，引导学生进行制作。钻石画课程的开设强调了艺术学习与品德教育的互动与融合，将钻石画制作过程中寓涵的修身养性、与人交往、品味艺术的道理传授给学生，拓展了学校德育的路径、形式和内容。

三部曲：活用钻石画载体，注重快乐育人

学校充分利用节日，开展与之相应的系列化德育活动。助残日学校开展选择性课程展示活动，学生向家长及社会志愿者现场展示钻石画制作；研学活动中，学生展示钻石画作品并进行义卖，将所筹资金用于社会公益活动。同时钻石画也作为学校与融合教育姊妹学校、爱心企业的纽带，承载了学校与融合教育姊妹学校的友谊，传递了学校对爱心企业的感谢。在钻石画制作、展示、赠送的过程中，引导学生感受快乐，培育他们喜爱了解钻石画的文化自觉。

通过"钻石画育人"的德育实践，学校逐步探索出一条德育与艺术文化相结合的育人文化道路，由此，学生参与的德育活动丰富而生动，学校的德育内涵闪耀着艺术文化的光芒，学校的育人文化熠熠生辉。